U0861530

汕尾市城区年鉴

SHANWEI SHI CHENGQU YEARBOOK

2019

汕尾市城区人民政府地方志办公室　编

方志出版社
Publishing House of Local Records

图书在版编目（CIP）数据

汕尾市城区年鉴. 2019 / 汕尾市城区人民政府地方志办公室编. -- 北京 : 方志出版社, 2020.3
ISBN 978-7-5144-4140-6

Ⅰ. ①汕… Ⅱ. ①汕… Ⅲ. ①区(城市)－汕尾－2019－年鉴 Ⅳ. ①Z526.54

中国版本图书馆CIP数据核字(2020)第043527号

汕尾市城区年鉴（2019）

编　　者：汕尾市城区人民政府地方志办公室
责任编辑：陈　菁

出 版 者：方志出版社
地址　北京市朝阳区潘家园东里9号（国家方志馆4层）
邮编　100021
网址　http://www.fzph.org
发　　行：方志出版社图书经销中心
电话（010）67110500
经　　销：各地新华书店
印　　刷：深圳市金丽彩印刷有限公司

开　　本：889×1194　1/16
印　　张：26
字　　数：707千字
版　　次：2020年3月第1版　2020年3月第1次印刷
印　　数：0001～1000册

ISBN 978-7-5144-4140-6　定价：300.00元

汕尾市城区地图

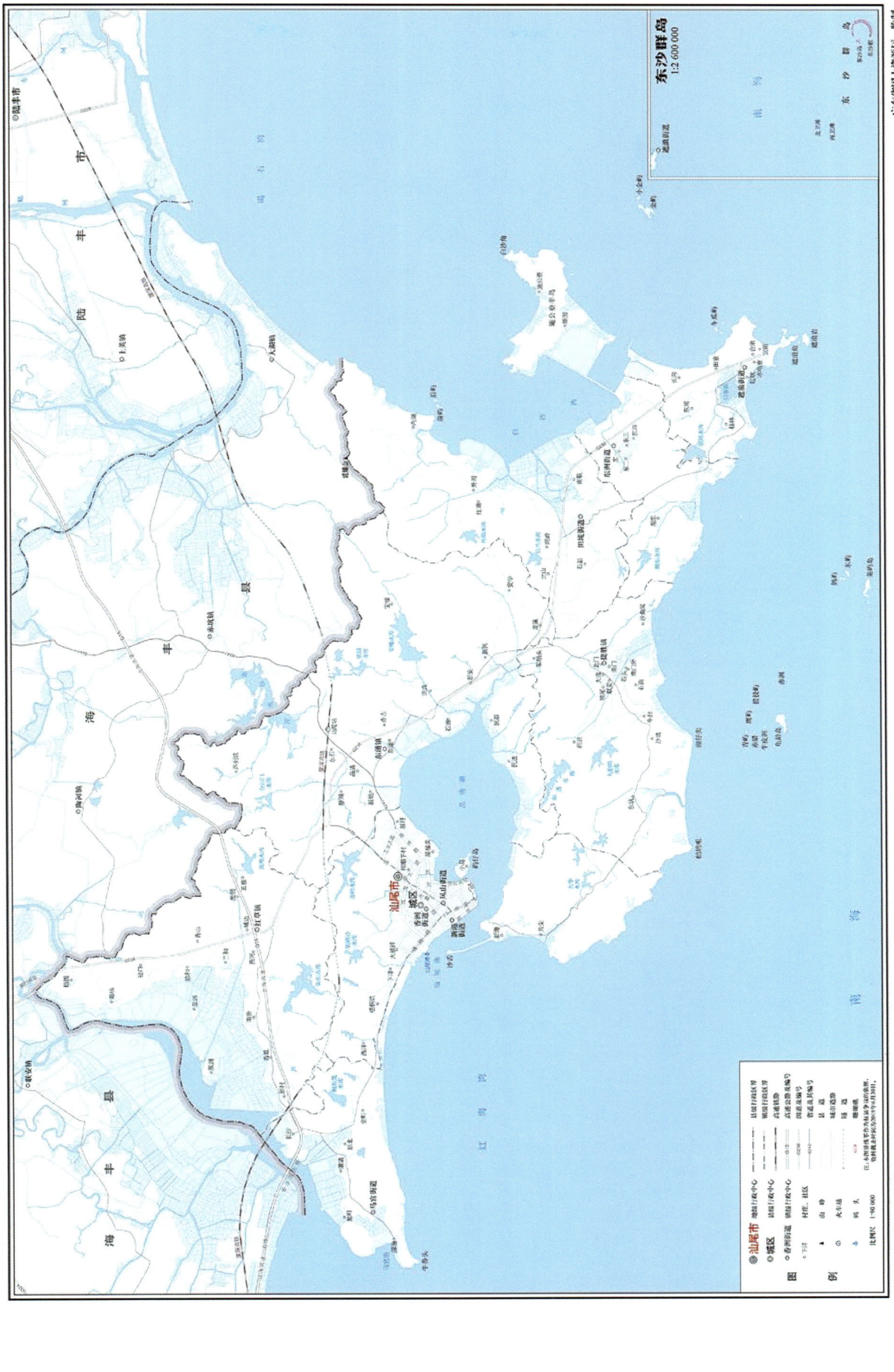

审图号：粤S（2018）033号

广东省国土资源厅 监制

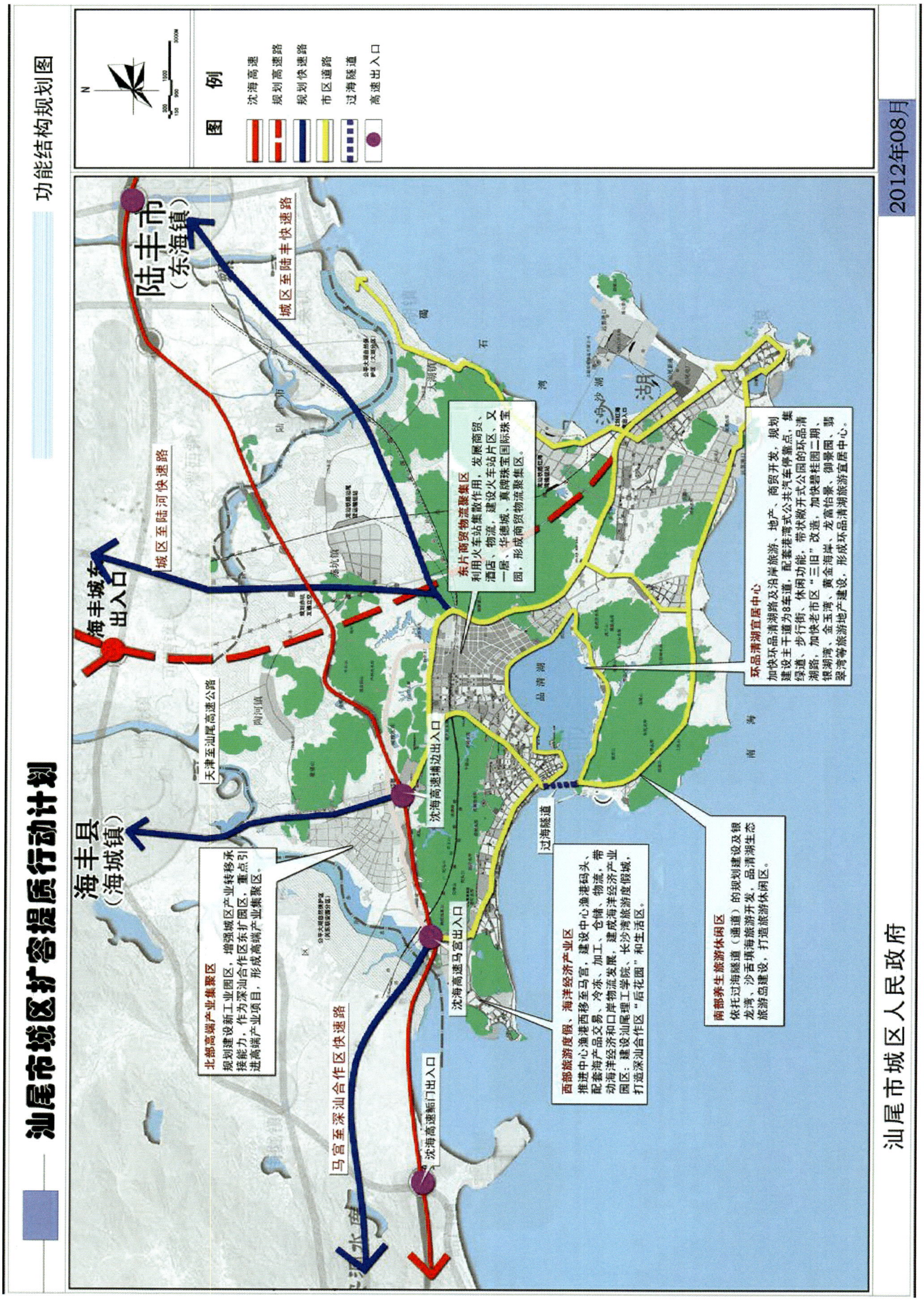
汕尾市城区扩容提质行动计划
功能结构规划图
图例
汕海高速
规划高速路
规划快速路
市区道路
过海隧道
高速出入口
2012年08月
陆丰市（东海镇）
城区至陆丰快速路
城区至陆河快速路
海丰城东出入口
天津至汕尾高速公路
海丰县（海城镇）
汕海高速埔边出入口
汕海高速马宫出入口
汕海高速鲘门出入口
马宫至深汕合作区快速路
过海隧道
品清湖
东片商贸物流聚集区
利用火车站集散作用，发展商贸、酒店、物流，建设火车站片区、又一居、华德城，黄牌珠宝国际珠宝园，形成商贸物流聚集区。
环品清湖宜居中心
加快环品清湖路及沿岸旅游、地产、商贸开发，规划建设主干道为8车道，配套港湾式公共汽车停靠点，集绿道、步行街、休闲功能，带状敞开式公园的环品清湖路，加快老市区"三旧"改造，加快碧桂园二期、银湖湾、金玉湾、黄金海岸、龙富怡景、御景园、翡翠湾等旅游地产建设，形成环品清湖旅游宜居中心。
北部高端产业集聚区
规划建设新工业园区，增强城区产业转移承接能力，作为深汕合作区东扩园区，重点引进高端产业项目，形成高端产业集聚区。
西部旅游度假、海洋经济产业区
推进中心渔港西移至马宫，建设中心渔港码头，配套海产品交易、冷冻、加工、仓储、物流，带动海洋经济和口岸物流发展，建成海洋经济产业园区；建设汕尾理工学院、长沙湾旅游度假城，打造深汕合作区"后花园"和生活区。
南部养生旅游休闲区
依托过海隧道（通道）的规划建设及银龙湾、沙舌埔旅游开发，品清湖生态旅游岛建设，打造旅游休闲区。
汕尾市城区人民政府

2018年2月7日，副省长叶贞琴（左一）在市委书记石奇珠（左二）陪同下到汕尾市城区国泰食品有限公司开展春节慰问活动。图为市委常委、区委书记李庆新（右一）在国泰陪同调研　　（孙彦修/摄）

2018年11月24日，省委常委、省委宣传部部长傅华（左三）在市委书记石奇珠（左四），市委常委、区委书记李庆新（右一）的陪同下，到城区新时代文明实践中心调研　　（孙彦修/摄）

2018年8月28日，市委书记石奇珠（左二），市委常委、区委书记李庆新（右三）等市、区领导到红草镇检查指导基层人大代表联络站建设情况 （孙彦修/摄）

2018年9月3日，市长杨绪松（左三）在市委常委、区委书记李庆新（右一），区长罗光钊（右五）陪同下到城区田家炳中学调研教育工作 （孙彦修/摄）

2018年12月25日，市长杨绪松（前排右一）等市领导在区长罗光钊（三排右三）的陪同下，到汕尾市城区万盛针织有限公司调研 （孙彦修/摄）

2018年5月22日，区长罗光钊（左二）到东涌镇东涌村调研东涌公园改建情况 （陈春杰/摄）

市委常委、区委书记李庆新在区委八届七次会议上作区委工作报告　（区档案馆/提供）

2018年7月17日，中国共产党汕尾市城区第八届委员会第七次全体会议召开　（区档案馆/提供）

2018年1月24日上午，汕尾市城区监察委员会成立大会召开　（区监察委/提供）

区长罗光钊在区八届人大三次会议上作政府工作报告　　（区人大办/提供）

2018年1月22日，汕尾市城区第八届人民代表大会第三次会议召开　　（区人大办/提供）

2018年1月21日，中国人民政治协商会议汕尾市城区第五届委员会第三次会议召开　　（区政协办/提供）

2018年1月24日上午，汕尾市城区监察委员会举行成立挂牌仪式　（区监察委/提供）

2019年1月19日，在“中国蚝乡——汕尾市城区红草镇晨洲村”成功举办首届晨洲蚝美食节　（孙彦修/摄）

2018年8月23日，区人大常委会组织区人大代表开展创文工作调研活动（区人大办/提供）

2018年2月26日至27日，区政协深入开展政协委员企业走访调研活动　（区政协办/提供）

2018年9月7日，汕尾市城区在城区职业技术学校举行“阳光征兵”摇号活动
（区武装部/提供）

2018年2月17日，市城区举行春节烟花会演
（孙彦修/摄）

2018年7月3日，汕尾市城区第二届荔枝节在城区东涌镇宝楼村成功举行
（区文旅体局/提供）

2019年1月19日，“中国蚝乡——汕尾市城区红草镇晨洲村”首届晨洲蚝美食节现场
（孙彦修/摄）

2018年10月22日，汕尾市城区创文主题文艺系列展演现场
（区文旅体局/提供）

百载商埠——汕尾港，图为中国核动力领域的开拓者和奠基者之一——彭士禄为之题字
（何夏逢/摄）

汕尾滨海大道新姿夜景一角 （何夏逢/摄）

汕尾滨海大道新姿一角 （何夏逢/摄）

汕尾保利·金町湾新姿一角 （何夏逢/摄）

马宫渔港造船基地　（区档案馆/提供）

工业新星——新雅地毯　（何夏逢/摄）

全国农业龙头企业——国泰食品有限公司　（何夏逢/摄）

红草高新区——信利电子城　（何夏逢/摄）

汕尾市城区公安分局

SHANWEISHICHENGQUGONGANFENJU

2018年1月16日至 20日，城区公安分局局长陈少华（左三）前往代表、委员住宿地检查督导市“两会”安保工作

2018年4月9日，城区公安分局政委陈业伟（正对面）参加政工室、警务保障室、新联派出所召开的学习贯彻习近平总书记重要讲话精神的会议

2018年春节，城区公安分局局长陈少华（右二）到巡警大队执勤点慰问民警

2018年4月9日，城区公安分局召开党委（扩大）会议，学习传达贯彻习近平总书记的重要讲话精神和全国“两会”精神

2018年8月29日，城区公安分局“平安汕尾城区”微信公众号启用。图为微信公众号领导及工作人员

汕尾市城区人民检察院

SHANWEISHICHENGQURENMINJIANCHAYUAN

2018年4月18日，区检察院检察长林建新（左三）陪同市检察院检察长袁怀宇（右三）到香洲社区和顺上村调研“旧村庄”改造项目

区检察院领导重视公益诉讼工作，与民行科办案人员对河道污染开展深入调查

为严打黑恶犯罪，区检察院在侦查机关提请批捕之前和移送审查起诉之前，认真组织精干力量主动提前介入侦查

2018年8月29日，区检察院联合区公安分局召开业务座谈会，进一步提高执法司法水平

2018年5月，区检察院举行“两学一做”暨庆祝建党97周年系列学习教育活动

汕尾市城区人民法院

SHANWEISHICHENGQURENMINFAYUAN

2018年9月4日，市中院院长任宗理（后排中）到城区法院调研审判执行工作

2018年12月18日，城区政法委牵头组织召开区执行工作联动机制推进会

2018年5月30日，城区法院开展“传承红色基因，坚定理想信念”主题党日活动，组织党员干警参观海丰红宫红场

2018年3月9日，城区法院志愿服务队到香洲街道开展法律咨询服务活动

汕尾市城区市场监督管理局·工商篇

SHANWEISHICHENGQUSHICHANGJIANDUGUANLIJU · GONGSHANGPIAN

2019年1月31日，市委常委、区委书记李庆新（正对面）到区工商局调研指导工作

2018年10月31日，区长罗光钊（右二）到城区工商局香洲、新港、凤山工商所检查指导工作

2018年，区工商局认真落实区委、区政府及上级工商部门的工作部署和要求，全面推进扫黑除恶和“双创”工作，强化监管，扎实推进工商登记制度改革，优服务、强监管、惠民生、提素质、稳队伍，提升工作效能，狠抓工作落实，为服务城区地方经济的发展作出应有的贡献。是年，累计发放“一照一码”营业执照7076份，办理“个转企”322户，全区新登记注册市场主体5727户，注册资本金28.98亿元，新注册资本（金）比上年增长了9.6倍。共查处经济违法违规案件221宗，罚没款38.96万元，依法立案查处无照经营87宗，引导办照24户，罚没款13万元。共受理消费者申诉案件271宗，调解成功196宗，挽回经济损失82.43万元。

2018年9月27日，区委副书记、区政法委书记郑良斌（正对面）在香洲工商所召开扫黑除恶专项斗争整改工作动员会议，指导并部署扫黑除恶专项斗争整改工作

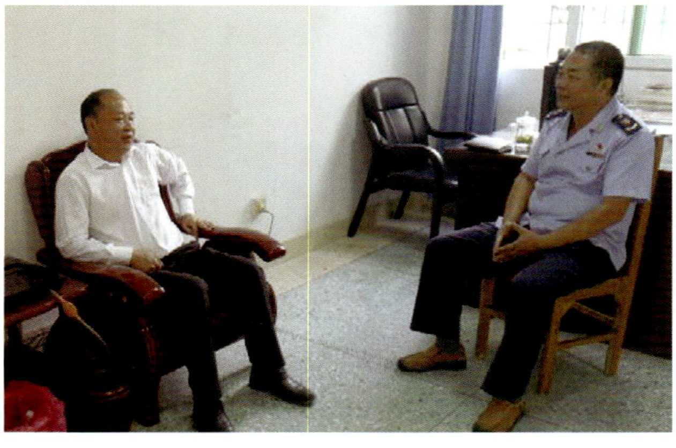

2018年10月30日，区委常委、常务副区长曾向镇（左一）一行到东涌工商所检查指导工作

2018年9月20日，副区长陈景元（右二）到城区工商局参加局务（扩大）会议

汕尾市城区市场监督管理局·食药监篇

SHANWEISHICHENGQUSHICHANGJIANDUGUANLIJU · SHIYAOJIANPIAN

2018年区食药监局深入学习贯彻习近平总书记重要讲话精神

2018年，城区食药监局坚持以习近平新时代中国特色社会主义思想为指导，深入学习习近平总书记系列重要讲话精神，提高政治站位，认真贯彻落实区委、区政府和市食药监局工作部署，优化行政许可，强化监管和整治，加大食品药品抽检快检和行政执法力度，及时消除安全隐患，切实保障人民群众饮食用药安全，坚决守住食品药品安全的底线。是年，共办理食品经营许可1520多件，实现食品药品三级监管网格100%覆盖，共出动执法人员3680多人次，检查食品药品生产经营单位5970多家次，累计发放各类食品药品安全宣传资料9870多份，开展食用农产品快速检测37897批次，食品抽检1415批次，药品抽样127批次，对食品药品违法行为立案70宗，结案70宗，涉案金额3.77万元，罚没款约25.08万元，移送公安机关违法线索6起，转为移送案件3宗。全年没有食品药品安全事故，食品药品安全形势稳中向好。

区食药监局开展餐饮经营单位检查工作

区食药监局开展农贸市场检查工作

区食药监局开展药品抽检工作

城区开展食用农产品"你送我检"免费快检公益活动

区食药监局开展校园及周边食品安全检查工作

国家税务总局汕尾市城区税务局

GUOJIASHUIWUZONGJUSHANWEISHICHENGQUSHUIWUJU

2018年7月19日，省税务局联合党委副书记、局长吴紫骊（左一）前往城区税务局办税服务厅与工作人员亲切交谈

2018年7月20日，区委区政府领导以及市局领导为汕尾市城区税务局揭牌

2019年4月27日，城区税务局走进田家炳中学香洲学校，开展“放飞青春与梦想，70少年写中国”书法活动

税务人员深入企业开展减税降费政策宣传辅导

2019年4月3日，城区税务局开展“减税降费，惠民利企”税宣骑行活动

汕尾市城区文化广电旅游体育局

SHANWEISHICHENGQUWENHUAGUANGDIANLVYOUTIYUJU

2018年10月14日，城区科技文体局、城区旅游局联合在铜鼎山旅游区举办“情暖重阳、登高览胜”活动

2018年8月8日，汕尾市体育局、城区科技文体局联合在凤山妈祖文化广场举办“新时代全民健身动起来”为主题的全民健身日活动

2018年10月20日，中国民协、广东省文联、中共汕尾市委宣传部、广东省民协、广东中华民族文化促进会联合在马思聪艺术中心举行“渔歌里说——我唱渔歌给党听”汕尾渔歌晋京展演汕尾专场表演

2018年2月，在东涌镇、捷胜镇、红草镇、马宫镇、城区消防大队、凤山街道联兴社区等地开展汕尾市“红色文艺轻骑兵”新春走基层送文化系列文艺演出

2018年11月13日，由区科技文体局指导，城区文化馆打造的廉政题材白字小戏《公烛》荣获广东省第九届群众戏剧曲艺花会金奖

2018年10月20-21日，由广东省青少年跆拳道协会联合区科技文体局在汕尾市体育馆举办“快捷杯”广东省青少年跆拳道联赛

汕尾市城区农业农村和水利局

SHANWEISHICHENGQUNONGYENOGNCUNHESHUILIJU

副市长林军（左三）等市、区领导在国庆期间检查马宫港渔船安全生产工作

市委常委、区委书记李庆新在开渔节签名仪式上签名

区委常委、区委统战部部长李振坚（左四）带领区政协委员到军船头村视察新农村建设情况

2019年8月，区农业农村和水利局局长陈伦庭、渔政大队长蔡宏青、教导员颜烈吉巡查汕尾渔港

2019年8月15日，区农业农村和水利局副局长林维忠陪同市水务局局长黄宝俊等市局领导现场检查品清湖（东涌）治理工程安全生产工作

2019年7月10日，区农业农村和水利局副局长林给足、红草镇委副书记、副镇长洪向泊陪同市水务局总工林松辉现场巡查黄江（五雅河）治理工程安全管理情况

全区农村人居环境整治工作推进会

开展春耕现场会，插秧机现场作业展示

汕尾市城区科技工业和信息化局

SHANWEISHICHENGQUKEJIGONGYEHEXINXIHUAJU

学习贯彻习近平总书记参加广东代表团审议时重要讲话精神专题会议

传达贯彻习近平总书记在广东调研时重要讲话精神、省委书记李希在汕尾调研时讲话精神专题会议

2018年7月，举办汕尾市城区首届特色产品推介会

到捷胜镇企业开展弘扬宪法精神暨禁毒知识宣传活动

汕尾市城区教育局

SHANWEISHICHENGQUJIAOYUJU

2018年，城区教育系统坚持以习近平新时代中国特色社会主义思想为指导，以新时代、新要求、新理论、新征程为动力，以推进教育现代化先进区创建工作为抓手，夯实创均创强成果，深化教育体制改革，加快推进优质均衡，全面推进素质教育，提高教学质量，多措并举促进城区教育事业发展。是年12月，汕尾市城区荣膺“广东省推进教育现代化先进县区”称号。

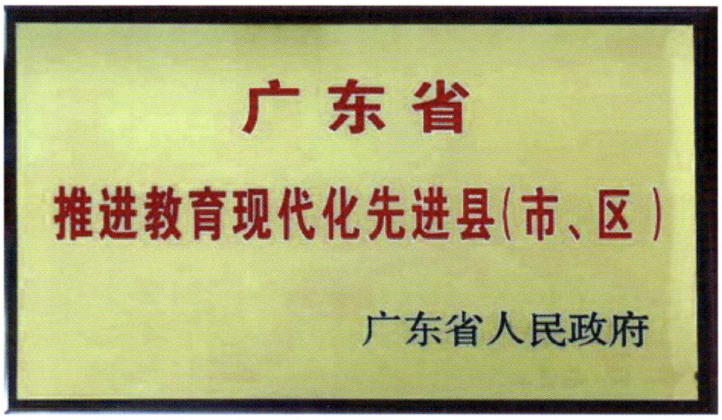

2018年12月，汕尾市城区荣膺“广东省推进教育现代化先进县区”称号

2018年9月，举办“2018年感动城区年度教师评选决赛”

2018年9月，汕尾市城区庆祝2018年教师节大会

2018年12月，举行2018年少先队鼓号仪仗队花样操比赛

汕尾市城区人力资源和社会保障局

SHANWEISHICHENGQURENLIZIYUANHESHEHUIBAOZHANGJU

学习贯彻习近平总书记重要讲话和全国“两会”精神

区人社局党支部重温入党誓词

区人社局党支部开展红色革命根据地学习活动

区人社局开展精准扶贫主题党日

区人社局举办“南粤春暖”招聘会

区人社局深入企业开展工伤政策宣传活动

区人社局承办汕尾市粤菜师傅启动仪式

汕尾市城区发展和改革局

SHANWEISHICHENGQUFAZHANHEGAIGEJU

2019年初，市委常委、区委书记李庆新（左三）在局长黄思平（左二）陪同下调研精准扶贫工作

2018年9月，局党组书记、局长黄思平（左三）陪同区政协委员调研区重点建设项目

局党组书记、局长黄思平（左二）进村入户慰问精准扶贫贫困户

2018年7月1日，区发展改革局开展党日活动，参观海丰红宫红场，缅怀革命先烈

区发展改革局组织干部职工前往挂驻社区开展创文创卫服务活动

汕尾市城区城市管理和综合执法局

SHANWEISHICHENGQUCHENGSHIGUANLIHEZONGHEZHIFAJU

2018年2月，副市长余红（正对面）慰问城区环卫局干部职工

2018年2月，区长罗光钊（左二）、区委副书记、区政法委书记郑良斌（左一）春节慰问城区环卫工人

2018年3月，区环卫局深入学习贯彻十九大精神暨创建国卫和文明城市动员大会

2018年6月，区环卫局召开庆祝建党97周年大会

2018年7月，区环卫局开展七一党日活动重温入党誓言

2018年9月，区环卫局领导干部“加快建设沿海经济带靓丽明珠”专题研讨班

2018年10月25日，区环卫局举行宪法集中学习会

汕尾市城区妇女联合会

SHANWEISHICHENGQUFUNVLIANHEHUI

2018年9月13日，区妇联联合区税务局、捷胜镇妇联开展“中秋送温暖”活动

2018年11月9日，区妇联在汕尾市城区职业技术学校召开全区妇联系统学习贯彻习近平总书记视察广东重要讲话精神会议

2018年5月30日，区妇联联合城区妇儿工委、区教育局、团区委在市马思聪艺术中心举办“童心立高志 共筑中国梦”--汕尾市城区庆祝“六一”儿童节文艺演出

2018年10月23日，区妇联联合市妇联、省妇女维权与信息服务站（汕尾站）、区教育局，在城区东涌镇中心小学组织举办“守护童心，呵护希望”少儿防性侵知识讲座

2018年3月4日，区妇联举办“巾帼心向党 建功新时代”大型广场舞展演活动

2018年5月13日，区妇联联合区科技文体局在市区坎下城广场举办“汕尾市城区巾帼志愿者进基层活动暨庆祝母亲节专题演出”活动

汕尾市城区政务服务管理中心

SHANWEISHICHENGQUZHENGWUFUWUGUANLIZHONGXIN

2019年6月6日，市委常委、区委书记李庆新（右二），区委副书记、区政法委书记郑良斌（左一）、区政府常务副区长曾向镇（右三）到区政务中心检查指导工作

2018年11月8日，区委常委、区委组织部部长孔卓文（右列三）、副区长胡春莲（右列二）到区政务中心调研指导工作

2018年11月7日，副区长胡春莲（正对面）到区政务中心带学习近平总书记视察广东重要讲话精神

2019年3月4日，副区长余正茂（左二）到区政务中心检查指导工作

荣誉称号牌匾

2019年5月29日，“青年文明号”授牌仪式

汕尾市城区住房和城乡建设局

SHANWEISHICHENGQUZHUFANGHECHENGXIANGJIANSHEJU

6月20日，区长罗光钊（右二）前往爱卫专家技术评估前备检点检查指导工作

4月28日，区住建局局长刘宗锐（左一）陪同市住建局局长吴若昊（左二）到城区调研危房改造工作

6月14日，区住建局召开“不忘初心 牢记使命”主题党课

7月4日，召开全区建筑施工安全生产座谈会

5月16日，区住建局与区公安分局、区城管局等有关部门联合执法打击燃气市场违法行为

7月19日，区住建局与区市场监管局联合召开“扫黑除恶”联席会议

汕尾市城区妇幼保健计划生育服务中心

SHANWEISHICHENGQUFUYOUBAOJIANJIHUASHENGYUFUWUZHONGXIN

2019年2月11日，区妇幼计生中心主任林伟强（内排左一）、区妇幼计生中心副主任卓海激（内排左二）、区妇幼计生中心副主任陈裕柱（内排左三），参加全体干部职工大会

2018年10月27日，区妇幼计生中心全体干部职工前往红草镇光明村开展创卫活动

2019年5月20日，区妇幼计生中心举办“有黑必扫、除恶务尽”宣传咨询活动

2018年9月12日，区妇幼计生中心举办“防治出生缺陷，助力健康扶贫”咨询活动

2019年3月22日，区妇幼计生中心举办免费“两癌”筛查、孕前检查和新生儿出生缺陷防控宣传咨询活动

2019年5月15日，区妇幼计生中心举办“防治地贫，认知先行”咨询活动

汕尾市城区工商业联合会

SHANWEISHICHENGQUGONGSHANGYELIANHEHUI

2018年12月10日下午，城区工商联召开“创文”攻坚推进会，部署开展全区工商联会员企业开展“五个一”“创文”活动。区委统战部副部长郑和悦主持会议，区工商联秘书长洪志隆传达全区“创文”冲刺阶段誓师大会精神。图为区委常委、统战部李振坚（正中）作工作部署

2018年10月18日，区工商联（商会）在海珍酒楼七楼会议室举办成立27周年座谈会

2018年11月22日，区委统战部、区工商联（商会）召开民营企业座谈会，学习贯彻习近平总书记在民营企业座谈会上的重要讲话精神

2018年1月29日，城区工商联（商会）组织41位女企业家前往城区社会福利院、光荣院开展“献爱心、送祝福”春节慰问活动

2018年6月10日，区工商联与区政协、市区交警大队、团区委联合在市区妈祖广场举办“安全文明交通，你我共建共享”为主题的助力创文为市民赠送安全头盔活动

2018年区工商联被省工商联认定为“五好”县级工商联

汕尾市社会保险基金管理局市区分局

SHANWEISHICHENGQUBAOXIANJIJINGUANLIJUSHIQUFENJU

10月30日，市人社局、市社保局、区人社局与市区社保分局联合举行社会保障法律法规暨工伤预防宣传咨询活动。图为副区长胡春莲（右二）到场指导

市区社保分局召开学习贯彻党的十九大精神党员干部会议

市区社保分局协助红草社区居委开展宪法宣传及创文创卫活动

市区社保分局开展退休人员领取养老金资格认证工作

市区社保分局协助红草社区工作人员全面检查社区各户住房安全，做好台风“山竹”防御工作

市社保局市区分局党支部开展迎“七一”红色教育主题党日活动

中国共产主义青年团汕尾市城区委员会

ZHONGGUOGONGCHANZHUYIQINGNIANTUANSHANWEISHICHENGQUWEIYUANHUI

2018年11月30日，团区委举办传达学习贯彻习近平总书记视察广东重要讲话精神会议暨全区团干培训会

2018年5月17日，共青团汕尾市城区教育工作委员会成立大会召开

2018年9月16日，团区委组织青年志愿者冲锋在前，投身台风“山竹”防御和灾后重建工作

2018年6月30日，团区委组织开展主题为“传承红色基因，坚定理想信念”纪念建党97周年研学活动

新城中学

XINCHENGZHONGXUE

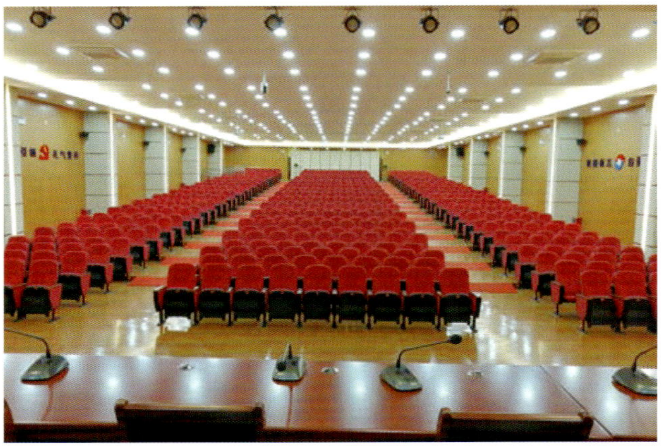

2018年8月，投入360多万元改建一新的新城中学大礼堂

音乐教研组获新城中学2018年12月“校园最美月度教师”特别提名奖

高中生职业生涯规划讲座

2018年度艺术节暨校运会

2019年6月25日，新城中学党员代表合唱的《九礼五气歌》参加区委宣传部主办的“榜样就在身边——汕尾城区迎七一优秀党员（集体）故事分享会”

2018年5月20日，新城中学星辰文学社、田家炳中学长风文学社、汕尾中学碧潮文学社、凤山中学凤翼文学社和林伟华中学绿帆文学社在新城中学学术报告厅联合开展读书交流会活动

汕 尾 中 学

SHANWEIZHONGXUE

市委常委、区委书记李庆新（右二），区委常委、常务副区长曾向镇（右一），区教育局局长陈小凯（右三）视察学校

副市长李世华（前中）视察学校

2018年是汕尾中学具有里程碑意义的一年。12月29日，汕尾中学召开了历史沿革研讨会，厘清了学校发展脉络，追溯汕尾中学的前身坎白中学的历史是1942年建校、作嘉中学的历史是1900年教会办学开始。这对汕尾中学树立品牌，传承发展具有重要意义。

2018年学校取得不少成绩、荣誉：是年高考，该校优先投档上线37人,本科上线233人。优先投档及本科以上上线人数，各批次上线率，所有参考学科平均分均位列全区第一；广东省基础教育研究“海洋文化跨学科课程实验基地”、广东省中小学语文蔡森名教师工作室、汕尾市王正国名班主任工作挂牌成立；“智常楼”、文化长廊落成投入使用；4个市级课题成功开题；刘金魁老师被评为“特级教师”；刘洋老师被评为“南粤优秀教师”；共青团书记林君立被共青团广东省委授予“优秀共青团干部”称号；金伊平、冯家学老师荣获2018“感动城区年度教师”提名奖。

“智常楼”落成仪式暨“黎智常奖教金”颁发仪式

2018年12月29日，召开汕尾中学历史沿革研讨会

汕尾中学历史沿革研讨会合影留念

东 涌 镇

2019年7月12日，市委常委、区委书记李庆新（内排左一）陪同市委书记石奇珠（内排左二）等市领导到东涌镇开展"更好发挥人大代表作用"主题活动座谈会

2019年6月26日，市委常委、区委书记李庆新（左二）到东涌镇调研

2019年8月2日，东涌镇召开中共东涌镇委员会第十五届代表大会第四次会议

2019年7月24日，东涌镇党委开展"不忘初心、牢记使命"主题党日活动

2019年6月25日，召开东涌镇开展社会治安综合整治暨禁毒专项行动誓师大会

2019年8月31日，召开东涌镇工会第一届代表大会第一次会议

红 草 镇

区长罗光钊（右三）陪同市委书记石奇珠（左三）到晨洲村调研

2018年9月17日，市委常委、区委李庆新（前左一）到红草镇检查指导强台风“山竹”灾后复产工作

“书香红草”贺春书画展开幕式

全区镇（街道）人大工作和建设现场会暨人大干部业务知识培训会

2018年7月7日，红草镇召开上半年度基层党建述职评议大会

红草镇召开创建国家卫生城市、广东省文明城市动员大会

捷 胜 镇

2018年9月19日，省政协副主席邓海光（右三）在市委常委、区委书记李庆新（右二）陪同下到捷胜镇军船头村调研

2018年9月29日，广东省政协常委、致公党广东省委专职副主席黄小彪（左四）率调研组一行到捷胜镇军船头、沙坑村开展实地调研活动

2018年1月24日，市委副书记、市委政法委书记陈少荣（右一）到捷胜镇南门外村开展扶贫调研活动

2018年4月29日，汕尾市城区首届特色产品推介会隆重举办。图为市委常委、区委书记李庆新（左三）视察捷胜展街

马宫街道

2018年12月，市委常委、区委书记李庆新（中）参加马宫街道学习习近平总书记视察广东重要讲话精神推进会

2018年1月19日，马宫街道学习宣传贯彻党的十九大精神推进会

2018年10月25日至27日，马宫街道在辖区内全面开展创文创卫统一清理整治行动

2018年7月4日，马宫港消防船水炮试射演练

华夏金沙湾项目动工仪式

凤山街道

2018年3月30日，市委常委、区委书记李庆新（右二）、区长罗光钊（右三）陪同市委书记石奇珠（右四）调研三旧改造项目

凤山街道在新林社区林埠综合市场，举办“千家千户齐行动、不让毒品进社区”为主题的禁毒宣传活动

2018年6月18日，凤山街道举行环品清湖龙舟赛

香洲街道

香洲街道深入学习贯彻习近平总书记视察广东重要讲话精神。图为区委副书记、区政法委书记郑良斌（正对面）等区领导参与带学

香洲街道深入开展禁毒“大走访、大排查、大整治”行动

香洲街道召开全街道纪律教育学习月活动动员会暨党章党规党纪培训班

香洲街道组织开展安全生产专项检查行动

香洲街道组织开展微型消防站基础灭火救援技能培训活动

新港街道

2018年9月5日，市委常委、区委书记李庆新（前排右一）等区领导带队检查前进村

2018年7月3日，市委常委、区委书记李庆新（正对面）到新港街道开展“大学习、深调研、真落实”工作专题调研

2018年，市委常委、市委宣传部部长曾晓佳（右三）带队检查海滨社区

2018年2月11日，新港街道开展节前慰问老党员活动。图为慰问新园社区“两委”干部老党员

汕尾农村商业银行股份有限公司

SHANWEINONGCUNSHANGYEYINGHANGGUFENYOUXIANGONGSI

2018年2月5日，汕尾农商银行荣获银行业金融机构安全防范工作先进单位荣誉称号

2018年1月24日，汕尾农商银行与汕尾市红海湾管委会举行政银战略合作签约仪式会

2018年9月13日，汕尾市红海湾旅游协会与汕尾农商银行红海湾支行战略合作框架协议签约仪式在红海湾旅游协会会议厅隆重举行

广东善言律师事务所

GUANGDONGSHANYANLVSHISHIWUSUO

广东善言律师事务所团队

广东善言律师事务所于2010年7月经广东省司法厅批准正式成立，位于广东省汕尾市城区城南路城区司法局二楼，是由郭玉贤律师创办的个人合伙律师事务所。本所拥有执业资格证书律师5人，实习律师1人，业务人员2人，形成学习型、思考型、务实型团队。业务领域为：担任政府、公司、事业单位、个人常年法律顾问，为地方立法及政策提供法律咨询服务，招商引资及谈判，签约等日常法律事务；代理各种类型的民商事案件的诉讼；代理各种行政纠纷的诉讼；担任刑事案件的代理人、辩护人；担任各类仲裁案件的代理人；办理金融、融资、房地产、企业的兼并与转制、股票及证券法律事务；办理各类专利、商标及知识产权方面的法律事务；办理劳动法所涉及的各类法律事务等。

本所一直以来秉承“客户第一”的理念，先后为汕尾海事局、汕尾市城区海洋与渔业局、汕尾市海洋与渔业局、汕尾市城区卫生健康局、中国联合网络通信有限公司汕尾分公司、汕尾市机关幼儿园、汕尾市百汇房地产开发有限公司、汕尾市黄金海岸实业有限公司、汕尾市五丰水产食品有限公司、汕尾市鸿星阁房地产开发实业有限公司、汕尾市红海船舶服务有限公司、汕尾市红海湾东洲港贸易发展有限公司、汕尾口腔医院等多家企事业单位及政府机关担任常年法律顾问，通过优质专业的服务在客户中树立了良好的声誉。

广东善言律师事务所办公大厅

2019年9月22日，广东善言律师事务所团队于海丰县新山村参与庆祝新中国成立70周年主题活动

2018年5月10日，到汕尾市城区东涌镇东石村一居民家调解婚姻家庭纠纷

广东正上工程管理有限公司

GUANGDONGZHENGSHANGGONGCHENGGUANLIYOUXIANGONGSI

广东正上工程管理有限公司于2010年2月8日注册成立，地址在汕尾市区汕尾大道西侧金宝城豪庭1栋21楼。公司具有房屋建筑工程及市政公用工程监理乙级资质、水利工程建设监理丙级资质、招标代理资质、人防工程监理资质、工程咨询（投资）资质。2018年公司员工约80人，具有经济、技术职称人员50余人；其中注册监理工程师、注册造价工程师、水利监理工程师、注册咨询工程师（投资）30余人。公司办公场所约500平方米，宽敞明亮，环境舒适，设施配备齐全，内部管理制度完善。

公司秉承“守法、诚信、公平、效率”的经营理念，遵守“客观、公正、科学、廉洁、热情”的执业准则，制定了完善的公司内部经营管理制度和执业操作规程，建立部门负责人和项目负责人负责制，为开展规范化、科学化、程序化工程监理和招标代理工作，提高服务质量提供制度保障。

公司将以“开拓创新、与时俱进”的创业精神，在激烈的市场竞争中，视公司信誉为企业生命，以高质量、全方位服务为主线，积极开拓市场，不断提高知名度，争创一流企业。

海丰县海龙投资大厦建设项目

金宝城豪庭

汕尾富力悦禧花园监理工程

海丰首饰产业环保集聚区及排洪渠建设项目

汕尾高新区红草园区红草大道中段工程项目

铜鼎山旅游区

国家AAAA级景区

汕尾铜鼎山旅游区位于广东省汕尾市，占地面积120万平方米，始建于2013年，于2016年2月被评为国家4A级旅游景区。现建有：铜鼎盛世、大湾区最长最宽最高的3D玻璃桥、玻璃滑道、松鼠部落、七彩滑道、蚂蚁城堡、泉水瀑布游泳池、机动玩戏、烧烤场、农家乐等集休闲娱乐、餐饮观光于一体的4A级旅游景区。

铜鼎山旅游区大门

铜鼎山庄

广东京兆系集团

GUANGDONGJINGZHAOXIJITUAN

董事长：黎文祥

广东京兆系集团有限公司于2018年7月30日升格为企业集团，公司注册资本100亿元人民币，企业注册地：广东省汕尾市；成立两室一中心：广东京兆系集团乡村振兴办公室；广东京兆系集团海陆丰革命老区发展办公室；广东京兆系集团海陆丰革命老区学习培训交流中心。2020年-2024年五年规划投资总量为人民币：298亿元（贰佰玖拾捌亿元整）。

广东京兆系集团旗下子公司：汕尾京兆支付有限责任公司（前身为：汕尾京兆银行有限责任公司）；汕尾京兆系电商港有限公司；京兆电力销售有限责任公司；深圳京兆系电商有限公司；深圳市世贸大叔投资管理有限责任公司；汕尾市汕城油气有限公司。

广东京兆系集团成立一个国家级实验室：广东京兆系集团院士工作站。

广东京兆系集团及旗下子公司经营项目：

一、项目投资及项目管理

各类建筑工程、建筑装饰装修、桥梁、隧道、涵洞、港口码头、环保、市政建设、园林绿化、基础、钢结构、土石方、工程设计、机电、化工、通讯、电力、水利与水电、智能化系统、结构加固补强、消防设备安装，航道、港池疏浚，抽沙、开挖、吹填，港口清理技术服务，水下采砂清障，围堤造地、基础处理工程施工总承包及投资管理；建筑工程咨询；工程机械销售与修理；建筑材料与装饰材料销售；建筑用土砂石开采加工和销售。

农作物种植加工和销售；水产品养殖加工和销售；畜牧养殖加工和销售；海洋捕捞海产品加工和销售；货物冷藏储运与配送；三农项目投资与运营；革命老区开发与红色资源运营和投资；房地产开发与销售；三旧项目开发改造与销售；教育文化项目投资与运营；旅游项目开发与运营；养老项目等；乡村振兴。

二、网络销售

全国农产品批发市场APP；全国农产品十万零售市场APP；南方交易网；计算机软硬件技术研发及应用、智能卡及其终端设备生产与销售；信息咨询；展览展示策划；国内贸易；经营进出口业务；从事广告业务；信息服务业务。

三、全国电力销售与服务

电力代售服务；电力设备安装、加工、销售；电力电气工程设计、安装、调试、维修；电力工程技术咨询。

四、第三方支付业务

筹备开展“第三方支付业务”，组建“汕尾京兆银行有限责任公司”。

五、液化石油气、天然气

液化石油气、天然气；小区管道煤气开发；货物和技术进出口。

地　图　导　航：汕尾京兆集团
业务对接地址：汕尾市城区四马路203-205号
全国运营中心电话：0660-3205 228

——以习近平新时代中国特色社会主义思想指导推动地方志事业转型升级

——推进地方志供给侧结构性改革，推动地方志事业平衡发展、充分发展，提升满足人民群众美好生活对地方志文化的需求

——实现地方志从“记录社会进程文献资料”到“服务文明进步助推器”的创新发展

编辑说明

一、《汕尾市城区年鉴》是中共汕尾市城区委、汕尾市城区人民政府组织编纂的资料性综合年鉴。2013 年创鉴，每年出版一卷。《汕尾市城区年鉴》的编辑工作坚持以马克思列宁主义、毛泽东思想、邓小理论、“三个代表”重要思想、科学发展观、习近平新时代中国特色社会主义思想为指导，坚持辩证唯物主义和历史唯物主义的立场、观点和方法，存真求实，力求全面、客观、系统地记述汕尾市城区自然、政治、经济、文化和社会等方面的基本情况，为各级领导及广大读者了解和研究城区提供服务，同时也为续修《汕尾市城区志》积累史料。

二、《汕尾市城区年鉴》按分类编辑法，采用类目、分目、条目 3 个层次的结构形式，部分分目视内容设子目。书中的条目标题，统一用黑体字加“【】”号表示，个别条目内容较多，则分段表述。

三、《汕尾市城区年鉴（2019）》在保持基本框架稳定的前提下，对一些类目名称进行变更。其中：“专载”类目易名为“特载”，“特辑”类目易名为“年度关注”，“经济管理”易名为“经济监督管理”，“农业和农村经济”易名为“农业农村和水利”，“工业·通信”易名为“工业·信息化”，“医疗·卫生”易名为“卫生·人口计划生育”，“区政府规范性文件目录”易名为“区政府主动公开文件目录”。

四、《汕尾市城区年鉴（2019）》记载内容为 2018 年汕尾市城区基本情况。设有特载、年度关注、大事记、城区概况、政治、军事、法治、经济监督管理、农业农村和水利、工业·信息化、交通·城乡建设、商贸流通·服务业、财税·金融、旅游·科技·文化·体育、教育、卫生·人口与计划生育、社会生活、镇（街道）概况、区政府主动公开文件目录、荣誉奖项 20 个类目，共约 70 万字。同时，还组编了部分彩色图片，进行直观记载。

五、本年鉴稿件由市直、区直各有关单位、各镇（街道）提供，并标示撰稿单位或撰稿人姓名，经区年鉴编辑部编辑和初审后由各撰稿单位领导审核，并经区年鉴编委会领导终审定稿。所用统计数据由于来源与统计口径的不同，有的数据可能不一致，使用时以区统计局公布的数据为准。各镇、街道（含各村、社区）陆地面积供参考，不作权属依据。

汕尾市城区年鉴编纂委员会

汕尾市城区年鉴编辑部

《汕尾市城区年鉴 （2019）》撰稿人名单

（按姓氏笔画排序）

丁晓创　王少贞　王利捍　王晓珊　叶志浩　叶惠珍　叶德望　田方彬　史银玲

冯振炯　冯梓滨　吕以润　吕业群　朱少立　朱家博　朱家博　朱辉彬　朱锦滔

庄保平　庄镇声　刘　衡　刘东生　刘哲霖　刘霭敏　江力航　许建民　许建伟

孙冬奇　孙振华　孙淑权　麦贤坤　麦庭铨　苏奎毓　苏舜凯　巫少云　李映慧

吴小曼　吴小臻　吴细彬　吴春满　吴振业　邱如君　邱国强　邱保国　何世辉

何秀泉　余小霖　余湖飞　邹春怀　辛小丹　张永聪　张伟江　张桂嘉　陈少荣

陈文清　陈若谷　陈金杰　陈春杰　陈贵层　陈慧勇　范易扬　林　敏　林义彬

林木寿　林永钟　林伊露　林位彬　林荣加　林映萍　林晓曼　林培歆　林维贤

林寒材　卓　越　罗　镲　罗声远　罗国鹏　罗思琦　罗洁华　罗珠池　罗珠池

周文开　郑和悦　郑钧熙　郑勇银　胡炯森　胡家为　柯腾峰　钟华城　姚　燕

徐丰羽　翁穗妮　郭宇锋　唐万里　黄巧云　黄世涛　黄吉庆　黄成斌　黄向新

黄国维　黄建军　黄映珠　黄界洲　黄海蓝　黄嘉聪　康腾飞　曾于蓝　曾小倩

曾伊妮　曾丽妮　曾昭年　曾俊杰　谢泽庞　赖静维　蔡子良　蔡剑锋　蔡惠旋

颜杰凤　颜秋萍　颜烈敏　潘欣宜　魏孝佳

数字城区·2018

主要经济指标	单位	绝对值	比上年增长 (%)
地区生产总值	亿元	118.58	8.1
第一产业增加值	亿元	23.97	4.7
第二产业增加值	亿元	35.42	8.3
工业增加值	亿元	32.00	6.9
规模以上工业增加值	亿元	19.03	7.6
第三产业增加值	亿元	59.19	9.2
人均地区生产总值	元	28142	10.5
农林牧渔业总产值	亿元	38.24	4.7
固定资产投资	亿元	67.53	20.1
社会消费品零售总额	亿元	111.51	9.8
外经贸进口总额	万元	63838	–6.0
外经贸出口总额	万元	22995	28.18
实际利用外资	万美元	636	–5.92
地方公共财政预算收入	亿元	5.84	16.78
地方公共财政预算支出	亿元	23.21	23.10
城镇常住居民人均可支配收入	元	26610	6.0
农村常住居民人均可支配收入	元	15352	9.0
三次产业比重		20.20∶29.90∶49.20	

注：该数据为2018年初步统计数据。

目 录

政　治

军　事

法　治

经济监督管理

商贸流通·服务业

财税·金融

旅游·科技·文化·体育

教　育

卫生·人口与计划生育

社会生活

镇（街道）概况

2018年区政府主动公开文件目录

荣誉奖项

特载

TE ZAI

政府工作报告

——在汕尾市城区第八届人民代表大会第三次会议上

汕尾市城区人民政府区长　罗光钊

（2018年1月22日）

2017年工作回顾

过去一年，是我区新一届政府班子的开局之年。区政府在市委、市政府和区委的正确领导下，在区人大和区政协的监督支持下，以习近平新时代中国特色社会主义思想为指引，全面贯彻落实党的十八大、十九大精神，深入落实习近平总书记“三个定位、两个率先”和“四个坚持、三个支撑、两个走在前列”重要指示批示精神，按照市第七次党代会“三三四四”战略部署和区委八届四次全会“抓好‘五化’，建设‘五城’，做好五项工作”的工作安排，以提升中心城区首位度为主线，较好地完成区八届人大二次会议确定的各项目标任务，开创城区振兴发展新局面。主要体现在五大方面：

一、经济运行保持平稳，综合实力持续增强

总体经济运行健康良好。深入贯彻落实国家、省、市稳增长、促发展一系列政策措施，及时加强经济运行调控，维持经济平稳健康运行，实现区级财政收支平衡、略有盈余，改变历年来财政收支存在缺口的状况。全区实现地区生产总值118.25亿元，增长8.1%；农业增加值20.32亿元，增长4.5%；规模以上工业增加值37.00亿元，增长8.4%；社会消费品零售总额100.50亿元，增长8.0%；固定资产投资58.57亿元，增长54.7%；一般公共预算收入5.00亿元，增长57.6%，其中，税收收入3.04亿元，增长20.9%。预计，全体居民人均可支配收入23345元，增长7.0%。

产业结构不断优化。预计三次产业从16.8:41.1:42.1调整为15.5:41.3:43.2。完成现代农业“五位一体”示范基地项目建设并实现投产；3个农民专业合作社、水稻种植大户等参加政策性水稻种植保险，农户自愿购买保险面积1500亩；一批新注册农家乐开业。规范海上养殖管理，实现海水养殖12.28万吨，增长7.2%；海水养殖产值9.17亿元，增长8.1%。新培育“四上”企业21家，超额完成市下达培育任务；培育入库高新技术企业6家，完成认定5家。逐步壮大“旅游+”业态，全区共接待外来游客193.47万人次，增长16.2%；创旅游收入10.69亿元，增长16.7%。

重点项目全面实现投建。全区重点建设项目44个，年度计划投资71.22亿元，全部项目已实现投建，累计完成78.82亿元，完成年度投资计划110.7%，其中已竣工投产项目4个。目前，落户红草工业园区的比亚迪新能源汽车、信利TFT5代线、国信通科技等一批产值超十亿元、超百亿元产业项目相继开工建设、试产运营。同时，依托产业共建重大机遇，全年新引进项目9个，其中实现当年开工建设项目3个。

土地收储工作有序推进。市下达土地征收任务1.7万亩。全区已召开村（居）民（职工）代表大会同意征地共计1.93万亩，签订协议1.73万亩。其中：红草园区超额完成年初下达4747亩征地任务，已签订协议5377亩；环品清湖东岸已召开村民（职工）代表大会同意征地7135.6亩，签订协议6012亩；中央商务区已召开村民代表大会同意征地1880亩，签订协议1580亩；保利金町湾二期已完成1123亩征地任务，全部供地施工；工业大道西片及以南片区（包括汕马路）已召开村（居）民代表大会同意征地3021亩，签订协议2443.4亩。市体育中心、汕尾南方中医院等一批市直项目已征地831.2亩，签订协议766.2亩。

二、扩容提质持续加速，城市功能提档升级

市政基础设施日益完善。广汕铁路汕尾段正式动工建设，汕汕高铁、深汕高速改扩建、珠东快速路、广东滨海公路等项目启动前期工作。优化市政交通网络，红海西路于3月28日完成建设实现通车；汕尾大道完成改造升级；东城路征地拆迁工作已基本完成；市区工联街、前进村渔村壳灰厂路等18条支路完成升级改造。配合推进市民体育中心、善美广场建设投入使用，协助开展市区公园、汕尾大道和环品清湖景观带等夜景照明提升工程。完成海汕公路埔边段两侧“穿衣戴帽”工程。完成40条市区道路及108个小区下水道口防蚊闸设置工作。坚决遏制新增违法建设，市区违法建设实现“零增量”。

创卫、创文取得阶段性成果。城区作为全市创卫、创文的主战场、核心区，突出推动爱国卫生运动，健全完善城市环境卫生网格化管理，全力推进城乡卫生死角、占道经营、乱停乱放等专项整治工作；依法拆除违法建设77宗，取缔废品收购站76家、主干道沙石场35家，清理路边神庙、神台、神龛68座；新建垃圾收集屋102个、镇级简易垃圾转运站7个；完成大伯坑垃圾场无害化整治；完成农贸市场改造升级18个。广泛开展文明校园、文明社区、文明小区、文明商铺、文明家庭、文明市民等创建活动；落实机关企事业单位包村社、包户创建责任；建成市区“诚信经营一条街”；设立道德讲堂196个、家长学校95所、市民文明学校7所、学雷锋志愿服务岗125个。创卫、创文工作相继顺利通过省的验收，获得“广东省卫生城市”和“广东省文明城市提名城市”荣誉称号。

载客三轮车取缔工作顺利完成。全面启动取缔载客三轮车行动，深入开展宣传教育，发放宣传册、宣传海报7000多份；“地毯式”开展摸排调查，准确掌握三轮车数量和人员信息；落实“六包”工作责任制，深入细致做好三轮车车主的思想和就业转岗引导工作；切实强化保障措施，提供各类工作岗位5188个。12月25日，全区回收全部实名登记的载客三轮车2939辆，完成取缔载客三轮车任务，彻底告别“三轮车载客时代”。

城乡生态环境不断改善。深入贯彻绿色发展理念，落实节能减排责任，坚守生态环保底线。全面推进新一轮绿化汕尾大行动，实施林业重点生态工程建设项目13个，完成造林16726亩、封山育林25000亩、森林抚育29121亩、山体复绿386亩、乡村绿化美化工程建设村7个。全面启动河长制工作，完成全区26条河道的河长制名录编制，形成区、镇（街道）、村（社区）三级全覆盖的河长体系。全面清理拆除赤沙水库周边（城区范围）畜禽养殖场（户）14家，整治奎山河上游畜禽养殖场（户）42家，整治捷胜镇埔尾村、前进村养殖场5家。严肃查处采砂、污染饮用水源等违法行为。完善农村基础设施，农村公路完成修建13公里；村村通自来水工程、中央财政小型农田水利重点县2016年度建设项目、宝楼灌区节水改造工程、捷胜海堤达标加固工程、红草马宫联围达标加固工程5个项目全部动工建设。

三、民生攻坚扎实推进，群众获得感不断提升

教育“创现”全面启动。在完成教育“创均创强”工作的基础上，启动教育“创现”工作，于2017年10月底，提前向省正式申报创建教育现代化先进区。全区投入“创现”项目建设资金1.2亿元，完成田家炳中学、后径小学教学楼主体工程，推进特殊学校、香洲街道中心小学、盐町头小学、新楼小学等项目动工建设，启动教师培训中心基地前期工作。投入信息化建设资金2900万元，为全区5所完全中学补充配备教师计算机，推动城区教育城域网建设和中小学校电教平台更新换代。加强学前教育机构管理，全年新增发证公办幼儿园6所、民办幼儿园8所，依法查封存在安全隐患的无证幼儿园35所。加强学校管理，对全区中小学校进行量化考核管理评估；强化校长、教师队伍建设，公开招聘5所小学校长，招聘本科及研究生以上学历高中教师84名；以整治师德师风为突破口，清理“吃空饷”教师11名，辞退临时代课教师47名；举办“2017感动城区年度教师”评选活动，开展巡回演讲，传递教育正能量，弘扬师德师风，展现教师新形象。

卫生强区成效显著。成立汕尾市城区医疗集团，医联体改革试点工作稳步推进。加快医疗卫生项目建设进度，逸挥基金医院信息中心建成并投入使用，远程会诊系统实现运行；逸挥基金医院肿瘤防治中心完成一期框架建设，开启二期工程；区妇幼保健院综合楼土建工程竣工并交付使用；东涌、红草、捷胜卫生院标准化建设项目完成主体工程；凤山、红草、捷胜中医馆投入使用。逸挥基金医院、区妇幼保健计划生育服务中心两家公立医院取消药品加成。建立健康管理团队36个，家庭医生服务模式有效推广。加强手足口病、登革热等重大传染病的防控，全区没有发生重大疫情。顺利通过省2017年度人口计生目标管理责任制考核验收。

精准扶贫力度加大。全区新时期精准扶贫资金共8423.78万元，各类扶贫项目支出资金7002.6万元,占83%，高于全市平均进度31个百分点；完成2017年度脱贫任务2500人。扎实落实教育扶贫，向全区1403名建档立卡学生发放生活费补助420.9万元。实施就业创业精准扶贫行动计划，推进精准技能扶贫工程，落实就业创业和技能晋升培训优惠政策，全年新增转移农村劳动力4610人，农村劳动力转移技能培训2096人。积极推进农村危房改造工作，全区农村危房改造工作任务数107户（其中建档立卡99户），实现开工率100%、竣工率92%。深圳对口帮扶力度持续加大，帮扶建设自来水管网、生活污水排污管网和村头公园等项目45宗。稳步提高城乡居民基本养老保险基础养老金、城镇和农村低保补助补差水平、五保补助、残疾人两项补贴、孤儿基本生活供养等各项底线民生保障水平，全面实施城乡困难群众重大疾病医疗救助。

新农村建设有序推进。以9个省定贫困村作为创建社会主义新农村示范村，迅速开展人居环境整治和创建新农村示范村活动，投入资金1100万元，完成9个省定贫困村的村庄规划编制和石洲村、洪流村、赤古村的“三连片”规划设计；基本完成“三拆除、三清理、三整治”工作，清理乡村巷道等1328处，清理房前屋后杂草杂物1398处，清理沟渠池塘284处；拆除危旧房、废弃猪牛栏757间，拆除违章建筑313座，拆除非法违规商业广告等21个；整治生活垃圾、生活污水、水体污染233宗；建设小公园3个，美化绿化15处，农村人居环境得到进一步改善。特别是12月28日星河湾集团援建的东涌镇石洲村创建社会主义新农村示范村项目正式动工建设；其他8个省定贫困村新农村建设项目相继动工。9个省定贫困村脱贫示范村建设工作带动全域创建，其他镇（街道）也选择1~2个村先行启动新农村创建，全区掀起创建社会主义新农村的新高潮。

科技文体及其他事业蓬勃发展。不断提高全民科学素质。全年专利申请量142项，授权量88项；创办企业研发机构、企业研发中心6家。推进区文化馆、图书馆升级改造。凤山祖庙旅游区被评为第五届全国文明单位，东涌镇石洲村被评为全省文明单位。着力推进金町湾旅游度假区创建国家AAAA级旅游景区的规划和建设，打造旅游新亮点。成功举办城区首届荔枝旅游文化节、全市“畅游城区”旅游惠民活动等。在市首届运动会中，我区运动员包揽成年组、学生组总分第一。不断提升就业质量，全年城镇新增就业5969人，城镇失业人员实现再就业2425人，均超额完成任务，失业率控制在2.37%以下。广泛开展职业技能、转岗就业及创业培训，提高劳动者整体素质和就业能力。妥善解决镇级财政供养人员历年社保拖欠问题。全力推进殡葬改革，严格执行政策，打击违法行为，清理“三道四区”可视范围内裸露新坟70穴。扎实推进农村土地承包经营权确权登记颁证工作，累计上报外业实测面积54563.78亩，实测率107.35%，颁证21064本，颁证率80.99%，土地确权完成质量得到市的充分肯定。志愿服务全面铺开，全年参与系列志愿服务活动2万多人次；完成普惠金融“村村通”任务；扎实落实省、市十件民生实事。

四、平安城区强力推进，社会大局和谐稳定

治安防控收效明显。建立市、区、镇（街道）三级联合执法机制和覆盖城乡的“中心+网格化+信息化”工作体系；深入开展“飓风2017”专项行动和社会治安整治统一清查行动，坚持铁腕打击涉毒涉枪、“两抢一盗”、走私、黑势力、电信诈骗以及涉金融领域等违法犯罪，破获刑事案件312宗，查处治安案件614宗，侦破毒品案件151宗，缴获毒品20.28千克，实现低发高破目标；在省综治（平安建设）和法治建设考评组随机调查中，群众对城区的安全感满意度高达97.3%。积极开展信访维稳排查稳控工作，全年受理矛盾纠纷446宗，调处成功413宗，调处成功率92.6%，尤其在全国“两会”、省第十二次党代会、全省产业共建工作现场会、全省“零命案”现场会、中共十九大等重大会议期间，实现“四个不发生”的工作目标。

安全生产落实到位。健全“党政同责、一岗双责、齐抓共管、失职追责”工作机制，持续深化全区安全生产隐患排查治理，加大重点行业领域和重点时段、敏感时期安全生产检查力度，建立重大事故隐患督办制度，强化安全生产执法监察，开展危险化学品、烟花爆竹、电器安全、火灾隐患等专项整治。在近期开展的拉网式安全生产隐患排查整治行动中，全区累计排查各类场所82685处，整改28700处，关闭封停384处，全年没有发生重特大生产安全事故及恶性案件，没有发生食品药品安全事故。

基层治理稳步推进。全面落实“村账镇代管”、村务公开、村干部离任审计等措施，提前介入做好摸底调查，及时发现并整改存在问题，精心组织选好配强村“两委”干部，依法、有序、圆满、彻底完成94个村（社区）“两委”换届选举任务。大力培育和规范发展自然村（村民小组）、村民理事会，抓好村（居）务公开“五化”和村务监督委员会“九有”建设，基层自治水平不断提升。强化农村集体“三资”管理，发挥区、镇农村集体“三资”管理服务中心作用，完成受理交易共37宗，成交额2416.6万元。健全完善区、镇（街）、村（社）三级公共法律服务平台网络体系，深化“一村一法律顾问”制度、基层治理法治化，群众法律意识显著提高。

五、政务服务逐步优化，行政效能明显提升

系列改革取得实效。继续精简行政审批事项，清理规范第一批23项行政审批中介服务事项。深化“放管服”改革，社会投资、政府投资项目审批时限压缩30%以上。大力推进“一门一网式”改革工作，办事环节、服务流程不断简化、优化，行政审批事项网上全流程办理率、上网办理率、网上办结率均达90%以上，名列全市各县（区）第一，在全市率先完成县（区）级公共服务事项标准化工作。区政务服务管理中心以及国税、地税、公安、海洋与渔业4个分中心累计受理群众各类审批和服务事项274466件，办结274015件，服务态度、服务水平得到群众肯定。扎实推进“多证合一、一照一码”等商事制度改革，新增各类市场主体5772户。全面完成291宗小型水利工程管理体制改革任务。

民主法治不断加强。全力推行依法行政，严格执行区人大及其常委会的决议和决定，自觉接受人大工作监督、法律监督与政协民主监督，积极回应人大代表、政协委员对经济社会各方面问题的关注，共办理市、区人大代表议案和建议33件，市、区政协提案89件。继续完善政府法律顾问工作机制，行政复议和应诉工作不断加强。严格行政执法人员资格管理，组织开展各类法律知识学习和培训，行政行为逐步规范。

廉洁风险防控增强。坚持把全面从严治党贯彻落实到政府工作中，扎实推进“两学一做”学习教育常态化制度化，严格执行中央八项规定精神，坚决纠正“四风”。持续深化政务整治、正风肃纪集中行动，整肃“为官不为”问题123件；全区纪检监察机关立案95件，给予党纪政纪处分77人。认真履行党风廉政建设主体责任，开展谈话提醒768人次。全面加强审计工作，发挥经济责任审计的预防和警示作用。通过曝光台曝光市、区两级查办的典型案件6期556件，有效改进干部队伍作风，树立廉洁奉公、勤政为民的良好形象。

此外，人民武装、统计、海防与打私、双拥、妇女儿童、工商联、外事侨务、对台、档案、地方志、应急、体育、科协、民族宗教、工会、残联、侨联等工作全面扎实推进。

各位代表，过去一年，我们继承和发扬开拓进取、奋勇争先的干事创业精神；我们完成一个又一个看似不可能完成的任务，干成一件又一件长期想干而没有干成的事；我们攻克了难事，办妥了实事，做成了要事，办好了喜事。固定资产投资和财政收入增速在全市排名第一，红海西路终于建成通车，告别“载客三轮车”历史，取得“广东省卫生城市”与“广东省文明城市提名城市”称号，深汕中心医院和市高级技工学校项目的征地工作创造“汕尾新速度”，树立新标杆。这些成绩的取得，极其不易。这是上级党委政府和区委正确领导的结果，是全区各级各界及广大人民群众同舟共济、奋力拼搏的结果。在此，我代表区人民政府，向全区广大工人、农民、知识分子、干部职工，向驻汕人民解放军、武警官兵、人民警察和各民主党派、人民团体、社会各界人士表示诚挚的敬意！向长期关心支持我们城区发展的港澳台同胞、海外侨胞表示诚挚的感谢！

过去一年，全区经济社会得到长足发展，但对照中共十九大精神和中央的部署，对照省、市的工作要求，对照人民群众的需求，我区发展不平衡不充分的问题仍十分突出。一是经济发展质量不高。全区生产总值只占全市13.6%，规模以上工业增加值占全市15.4%，全区规上企业只有36家，行业龙头企业、高新技术企业少，产业集聚度低，没有形成产业链，很难形成新的经济增长点，影响全区规模经济发展。二是绿色发展水平较低。市区范围内仍有大量黑臭水体亟待整治，市区污水处理设施配套管网建设滞后；农村生活污水直排，污染环境水质的问题普遍存在；畜禽限养区污水排放等污染现象仍未彻底改变。三是民生配套建设不足。全区市政设施基础差，特别是公益性、普惠性学前教育资源匮乏，交通、环卫、文化、殡葬、医疗等设施欠账较多。四是公共安全隐患较多。社会治安形势依然严峻复杂，维护社会稳定压力较大；群众消防意识薄弱，消防设施配套不足，市区仍存在大量“老、散、小”企业，老城区地空线密布、房屋间距窄，一旦发生火灾，将难以施救。五是政务建设亟需加强。个别政府职能部门办事效率不高，有的工作人员担当意识、责任意识不强，“为官不为”“中梗阻”“下梗阻”等现象仍然存在。接下来，我们将以问题为导向，采取更加有力的措施加以解决。

2018年工作安排

2018年，是贯彻落实中共十九大精神的开局之年，是决胜全面建成小康社会的关键之年。同时，也是全国改革开放40周年、汕尾建市设区30周年。做好今年政府工作，意义重大，必须精准把握经济社会发展大势，正确认识城区经济社会发展实情，全力推动习近平新时代中国特色社会主义思想在我区落地生根、结出丰硕成果。

中共十九大提出习近平新时代中国特色社会主义思想“十四条基本方略”，中央经济工作会议深刻阐述“七个坚持”“八项任务”的重要内涵，着眼解决发展不平衡、不充分问题，为推动经济高质量发展提供指引和路径。尤其是乡村振兴战略、区域协调发展战略、精准脱贫攻坚战等重大举措，为欠发达地区的发展提供了新的历史性机遇。省委、省政府立足全省一盘棋，谋划构建粤港澳大湾区、大珠三角经济区，打造沿海经济带，安排深圳全面对口帮扶汕尾，编制海陆丰革命老区振兴发展规划等政策，将给汕尾和城区带来更大的扶持。市委、市政府高度重视提升中心城区首位度，在重大产业布局、基础设施建设、教育、医疗等社会事业发展和财力保障上给予城区大力倾斜与支持，全力推进中心城区扩容提质，振兴发展。市区建成区从16.89平方公里拓展到30平方公里，星河湾、恒大、雅居乐等知名开发商抢滩进驻中心城区，成功吸引外界的目光。我区广大干部群众强烈的发展意识和发展愿望，为城区营造了良好的发展态势。

进入新时代，城区充满新希望。我们将坚定发展信心，以积极的心态把握城区发展的机遇和挑战，以客观的态度审视城区发展的经验与教训，以发展的眼光认清城区的短板及优势，重点聚焦殡葬陋俗、交通混乱、水体污染、教育落后、医疗短板、法治城区和平安城区建设、社会主义新农村建设滞后、基层组织薄弱“八个重大问题”，深入开展“大学习、深调研、真落实”活动，深入基层、深入一线，精准把握城区经济社会发展实情，集思广益制定工作方案，采取切实可行的新思路、新举措，扑下身子真抓实干。我们坚信，在区委的坚强领导下，用习近平新时代中国特色社会主义思想统领城区一切工作，切实把城区的发展问题研究深、思考透，按照近期、中期、长期的规划要求，列出任务清单，明确时间表、路线图，以驰而不息的精神，久久为功的韧劲，抓重点、补短板、强弱项，就一定能取得实实在在的成效，谱写城区发展的新篇章。

2018年政府工作的指导思想是：以习近平新时代中国特色社会主义思想为指引，全面贯彻中共十九大和中央经济工作会议、中央农村工作会议精神，按照习总书记对广东工作重要指示批示精神的要求，贯彻落实省委十二届二次、三次全会，市委七届四次、五次全会，区委八届五次、六次全会精神，坚持稳中求进工作总基调，统筹推进“五位一体”总体布局，协调推进“四个全面”战略布局，紧紧围绕提高中心城区首位度目标，全力打好“六大攻坚战”，加快补齐全面建成小康社会指标短板，促进经济社会高质量发展，不断开创中心城区扩容提质、振兴发展新局面。

2018年全区经济社会发展的预期目标是：地区生产总值增长8.0%，规模以上工业增加值增长10.0%，农业总产值增长4.5%，一般公共预算收入增长16.0%，社会固定资产投资增长12.0%，外贸进出口总额增长3.0%，社会消费品零售总额增长8.5%，城镇登记失业率控制在3.0%以内，全体居民人均可支配收入增长8.0%，节能减排约束性指标完成市下达年度目标任务。

围绕上述目标，我们必须突出抓好八方面工作：

一、奋力壮大实体经济，激发振兴发展新动能

——推进供给侧结构性改革。紧抓海陆丰革命老区纳入国家贫困革命老区扶持范围的重大机遇，用足、用活、用好国家、省有关帮扶企业和促进经济结构优化升级的各种优惠政策，促进制造业朝高端、智能、绿色、服务方向发展，重点鼓励、指导、支持传统产业企业加快实施技术创新和技术改造。持续深化“暖企行动”，深入推进“三去一降一补”，在降低企业制度性交易成本、税费成本、要素成本上协同发力，落实好国家“降税减证提标”三项措施和省“实体经济十条”。妥善推进“僵尸企业”有序退出，积极稳妥推动国有企业改制工作。鼓励社会资本参与教育、医疗、文化、养老等方面供给。发展住房租赁市场，合理引导住房消费，保持房地产市场平稳健康发展。

——提升经济发展质量。坚持新发展理念，实施质量强区战略，以提高制造业创新能力和基础能力为重点，加强质量品牌建设。认真贯彻市政府关于大力培育“四上”企业的实施意见，挖潜力、上产能，完善配套政策和激励措施，加大对支柱型企业服务力度，积极指导、督促符合“四上”标准的企业申报入统。加强税收管理，完善齐抓共管征管机制，抓好主体税种、重点税源的分析和监控，确保税收应收尽收。强化非税收入管理，加强盘活政府资产资源，清理可盘活的区本级国有资产，科学谋划“土地”等国有资源处置，形成资产资源清单，切实拓宽财政收入来源。

——发展现代服务业。大力发展滨海旅游、休闲养老、文化创意、体育健身等服务消费。充分挖掘和利用滨海、生态、红色革命等资源，保护、传承国家级非物质文化遗产渔歌、省级非物质文化遗产凤山妈祖庙会和捷胜泥塑等一批“非遗”项目，推动其与文化产业融合发展。开展各种形式旅游文化活动，加强旅游资源整合、旅游产品策划与推广，重点做好环品清湖旅游项目的招商引资，加快金町湾旅游区创建AAAA级旅游景区，推进全域旅游发展，建设全省乃至全国著名滨海旅游目的地。着力发展现代物流、信息技术、现代金融等现代服务业，激发我区经济发展活力。

二、发力建设“三大片区”，抢抓产业共建新机遇

——加快推进土地征储进度。继续做好2017年“三大片区”已征地块补偿和土地平整工作，全力推进2018年市下达的1.3万亩征地任务，坚决按时间节点完成各地块征收工作，为中心城区扩容提质提供用地保障。加快红草园区向周边扩容，助推升级调整为深圳对口帮扶的省级产业园区，打造为承接省对口帮扶政策、资金、项目和深圳产业帮扶的重要平台。

——加快推进招商引资。全面落实粤东西北地区协调发展战略和《广东省沿海经济带综合发展规划》，发挥土地资源与海洋资源优势，主动承接珠三角发达地区产业转移，全力打造粤港澳大湾区辐射延伸区。坚持大招商、招好商理念，继续按照“深圳总部，汕尾基地”的产业共建新模式，加强与深圳光明新区开展合作招商，重点围绕物联网、新能源汽车、电子信息、生物医药、海洋新兴产业等上市公司，开展精准招商，力争全年引进落地投资额5000万元以上产业项目16个。落实一项目一领导、一项目一清单、一月一督查等“三个一”工作机制，强化招商项目用地、投融资等要素保障，推动项目早日动工建成投产。

——加快推动重点项目建设。今年全区重点建设项目初步安排74个，年度计划总投资91.84亿元，其中列入市级重点建设项目63个。加快新动工项目建设进度，推进恒大、雅居乐、金町湾二期、新泽润（狮王）休闲农庄等项目建设；加大续建项目建设力度，制定具体的进度表，抓紧投产，发挥效益。依托香雪、江涛等龙头企业，培育壮大生物医药新兴产业。充分发挥信利、信元、国信通等龙头企业带动作用，打造产值超千亿电子信息产业基地。

三、合力推进扩容提质，突显中心城区新定位

——完善交通基础设施建设。推动市区“东拓、西延、北扩、中优”，扩大中心城区辐射力。全力配合市推动陆海空立体化交通体系建设，推进广汕铁路、汕汕高铁汕尾段建设，及早开展深汕高铁前期工作，推动深汕高速改扩建、省滨海公路汕尾段、珠东快速开工建设，升级改造汕遮路，推动中心城区与红海湾一体化发展。全力对接市政交通网络建设，升级改造海汕公路红草段，并向北延伸拓展，打造城区与海丰县城同城化发展的主动脉；推动碧桂园至罗马广场道路升级改造，以及罗马广场至长沙湾道路建设，形成贯通品清湖东西两翼的滨海景观带；启动从观音山至品清湖新中轴线海绵城市建设，打造通山达海的“中央公园”“城市客厅”；推进工业大道西、西城大道、新衢路建设和汕马路升级改造；加快市区背街小巷升级改造，拓宽优化文明路、新华路、翠园街等市政道路，打通市区金鹏路西段等十条断头路。

——推动“三旧”改造项目建设。积极推进城市更新，引进、支持优质企业到市区开展“三旧”改造。加快推进红海西路安置区建设；力争在上半年完成和顺上村“三旧”项目涉及的房屋赔偿与拆迁，实现早日动工；推动岭峰旧厂房、埔边旧村庄等“三旧”改造项目前期工作，争取今年实现动工。强化市区危房排查整治，探索实施危房连片改造。

——全力创建文明城市。举全区之力推进“创文”“创国卫”，提高市民文明素质，丰富城市文化内涵，完成创文指标任务，确保今年成功创建省级文明城市，启动创建国家卫生城市工作。切实实施城市“网格化”管理，深入开展干线公路、背街小巷、集贸市场卫生环境综合整治行动，整顿占道经营、乱停乱放等违规行为。推进美化、绿化、亮化工程，加强城市建筑外立面管理；加大违建巡查管控力度，确保市区违法建设“零增量”。完善公共文化服务体系，继续完善配套区“两馆”、文化站、文化室设施，推进全区公共文化设施免费开放工作。广泛开展全民健身活动，丰富群众文化生活。

四、大力践行绿色发展，建设美丽城区新环境

——发展生态环保。倡导绿色发展理念，加强对重点耗能、污染工业企业节能环保管理，引导和鼓励工业企业实施清洁生产改造，推行政府机关单位节能降耗，确保完成节能降耗任务。把生态文明作为城市建设的基础和根本，切实提高群众的资源环境意识，鼓励低碳出行，推广建筑节能及绿色建筑，完善无障碍设施建设。加强城市扬尘控制，确保建筑工地绿色施工。实施新一轮绿化大行动，完成森林碳汇17500亩、中央和省级森林抚育35983亩、省级乡村绿化美化工程4个。严守林业生产红线，坚决限制桉树人工林无序发展。推进节约集约用地。深化殡葬改革，改变“青山白化”现状；大力整治丧葬用品市场，坚定不移推行火葬“一刀切”，鼓励、引导、支持镇（街道）、村（社区）科学合理选址建设公益性骨灰楼。推进环湖路绿化景观升级改造。

——整治水体污染。继续配合市做好中央环保督查问题整改落实工作。全力抓好水污染防治，整区推进污水处理体系建设，加快整治黑臭水体。全面推行河长制，按照“河畅、水清、堤固、岸绿、景美”要求，积极开展巡河、护河、治河行动，启动一系列河道清理工程。强化饮用水源保护，保障饮水安全。彻底清理限养区畜禽养殖场，确保生活居住环境干净无污。加强辖区海域环境监管，实施品清湖24小时动态巡逻监管，全力配合上级做好品清湖“蓝色海湾”综合整治工程，坚决退出近海养殖，加快推动小岛生态保护与修复，以及龟龄岛和江牡岛的开发与利用，全力推进海洋牧场建设。

——强化环卫管理。抓紧推动市区环境卫生管理体制改革，明确区、镇（街道）两级管理职责，建立集中领导、责权统一、精简高效的行政管理工作架构，全面提升环境卫生管理水平。开展“厕所革命”，启动公厕建设三年行动计划。建立城乡统一的垃圾转运及处理系统，升级和完善一批农村生活垃圾收集点与转运站，在大伯坑建设一座大型的生活垃圾压缩二次转运站，实现垃圾无害化转运。

五、全力实施乡村振兴战略，焕发现代化农村新风貌

——创建新农村示范村。完成9个省定贫困村创建社会主义新农村示范村，抓好“四推进、四提升”工作。重点打造石洲村、洪流村、赤古村“三连片”创建示范点，建成城郊型新农村示范片，实现“后队变前队”。全域推动创建新农村，改善农村人居环境。加大古村落、古驿道、历史建筑、红色资源的挖掘、修复、保护与开发利用力度。推动建设100个具有特色主题的村头文化公园，实现“一村一公园”全覆盖，充分体现新农村新风貌。

——推动农业现代化发展。围绕农业供给侧结构性改革主线，增加优质绿色农产品供给，打造红草晨洲蚝、凤山红灯笼荔枝、捷胜葛薯等一批“名特优”农产品。大力发展农产品深加工，构建冷链物流体系，拓宽销售渠道，推动农产品加工企业转型升级。积极培育新型职业农民，倡导、鼓励农户组建发展农业专业合作社；继续培育发展农村电商、休闲农业、乡村旅游等新业态。

——推进渔业做强做大。全力配合推动马宫中心渔港和汕尾（马宫）海洋渔业科技产业园的建设。培育海洋新兴产业，支持海洋生物医药研发。深化水产品加工流通，搭建政银企合作平台，扶持国泰等一批龙头企业做大做强，打响水产特色品牌。借鉴“小改大、木改钢”先进做法，实施渔船更新改造项目补助和贷款风险担保机制，加快捕捞渔船改造升级，发展外深海远洋捕捞作业。发展集约化高效生态清洁养殖，支持发展深水网箱养殖。引导鼓励渔民组建多种类型的渔业专业合作社，推动渔业产业规范化、规模化发展。抓紧建设区水产品交易市场。

——深化农村综合改革。落实中央土地承包延期政策，全力推进农村土地确权工作，从“抓进度”转向“保质量”。稳步推进农村集体产权制度改革，加强农村土地流转规范化管理，鼓励农业适度规模经营，引导村（社区）科学利用开发留成地，壮大农村集体经济，实现可持续发展。进一步规范农村集体“三资”管理服务平台，建立健全规范的日常管理和运行制度。

六、倾力补齐民生短板，决胜基本保障新任务

——攻坚精准脱贫。把扶贫和扶志、扶智、扶技结合起来，打好扶贫攻坚政策组合拳，落实产业帮扶、就业帮扶及民生兜底政策措施。围绕“一镇一产业”“一村一品”要求，按照“一村一策，一户一法”的原则，有计划地促使贫困户增收脱贫，确保扶贫项目安排精准、扶贫资金使用精准、扶贫措施到户精准。加强对接深圳市对口帮扶，加快深圳帮扶项目早日动工建设，产生效益。加强贫困人口就业培训，帮助提高农民自主发展能力，增加贫困家庭非农收入。全面落实“两不愁、三保障”政策，高质量完成今年全区2162人相对贫困人口计划脱贫任务，确保实现“脱真贫、真脱贫”目标。

——攻坚教育创现。围绕创建教育现代化先进区的总目标，切实强化教育现代化的思想观念，深化学校管理体制改革，重点推进“县管校聘”人事管理体制改革；加快教育信息化建设，完成教育城域网和电教平台的更新换代；强化教学科研，加强师资培训，深入开展师德师风整治，提升教育教学质量，力争率先实现教育现代化。扎实落实学前教育行动计划，清理整顿无证幼儿园，撤并整合部分农村小学，改建幼儿园。加快推进盐町头小学、后径小学、城区特殊教育学校、田家炳中学配套工程等建设项目，确保秋季开学交付使用。加快汕尾中学新校区、新城中学示范性高中、香洲中学新校区的征地工作。

——攻坚医疗卫生创强。继续深化医联体改

革，全面推进“汕尾市城区医疗集团”建设，以汕尾逸挥基金医院为龙头，7个基层医疗卫生机构为二级医疗机构，按照“基层首诊、双向转诊、急慢分治、上下联动”的要求，建立分级诊疗制度，稳步提升全科医生服务覆盖率，构建“一中心、多支点、全覆盖，能防、能治、能救命”的医疗卫生服务体系，实现“小病不出镇（街道）、大病不出区”。发挥逸挥基金医院信息中心远程诊疗系统作用，推广“互联网+医疗”新模式。大力开展爱国卫生运动，做好重大疫病防控，免费为妇女实施“两癌”检查，继续实施全面两孩政策，促进人口均衡发展。

——攻坚社会民生事业。认真组织开展改革开放40周年、建市设区30周年系列活动。完成养老、医疗、生育、失业和工伤五个险种的社保继续扩面。实施积极就业政策，推进劳动力技能培训，控制城镇登记失业率在3%以下，妥善解决失业人员再就业和特困人员生活保障问题。稳步提高低保、五保、残疾人、孤儿生活补贴标准。深入开展“双拥”共建活动。坚持男女平等基本国策，保障妇女儿童合法权益。发展残疾人事业，加强残疾康复服务。加大老年人公共配套服务设施建设。落实好省、市的十件民生实事，注重解决民生突出问题，不断提高社会保障水平。促进统计、物价、海防与打私、应急、工商联、外事侨务、民族宗教、对台、港澳、档案、地方志、人防、工会、青年、侨联等工作全面发展。

七、努力维护社会稳定，构建平安和谐新环境

——防范经济风险。把握好警惕“黑天鹅”与“灰犀牛”的关系，继续处置好民间标会、基金会和城信社遗留问题，加强打击非法集资，强化对小额贷款公司及民间借贷的监管，全面推进农村普惠金融“村村通”工作，缓解“三农”工作以及中小微型企业融资难、贷款难问题。

——加强综治维稳。坚持“稳定压倒一切”，落实信访案件领导包案制度，全面梳理排查我区存在的信访积案，力争在今年解决一批久拖不结的信访案件。强化市、区、镇（街道）三级联合执法机制，全面推进城市管理、社会服务、社会治安、城管综合执法等多网融合。大力打击违法犯罪行为，加大对农村恶势力、涉毒涉枪、“两抢一盗”、走私、诈骗、假冒伪劣商品以及涉金融领域等违法犯罪活动的打击力度；加强公安警务实战化和基础信息化建设，加快完善视频监控和门禁建设步伐，健全社会治安防控体系，打造最和谐、最平安、最稳定的中心城区。

——狠抓安全生产。按照安全生产“党政同责、一岗双责、齐抓共管、失职追责”的要求，落实企业安全生产主体责任，强化风险点、危险源的排查管控，重点开展“七类场所、十项必查”消防安全整治行动，杜绝“二合一”“三合一”“多合一”场所的存在。做好交通、食品药品等领域安全工作，扎实完成粮食安全责任考核，做好重大动物疫病和H7N9禽流感疫情防控，确保城区长治久安。

八、勠力塑造民主法治政府，展示廉洁高效新气象

——坚持依法行政。坚决维护宪法权威，自觉接受区人大及其常委会工作监督和法律监督，落实区人大各项决议、决定，定期报告工作。自觉接受区政协民主监督，积极支持人民政协履行政治协商、民主监督、参政议政。认真听取各民主党派、工商联、无党派人士和各人民团体的意见，切实办好人大代表议案和政协委员提案。主动接受群众、媒体和审计监督，加强对公共资金、国有资产、国有资源的管理。强化政府督查督办职能，大力推动重点项目和重点工作。提高政府工作人员法治思维和依法行政能力，做好政务公开、行政复议与行政应诉。落实“谁执法、谁普法”责任制，扎实推进“七五”普法教育，增强全民法治观念。

——提高行政效能。持续深化“放管服”改革，精简行政审批事项，健全政府部门权责清单制度。推进“一门一网式”政府服务模式改革工作，依托网上办事大厅和各级实体大厅，进一步实现“一站式”办理、“一条龙”服务，不断提高政务服务水平。以强化基层治理为目标，充分发挥全区95个村（社区）公共服务站和一村（社区）一法律顾问的作用，切实解决服务群众“最后一公里”问题；培育规范各类社会组织，孵化一批青年组织，壮大志愿者服务队伍力量。

——刷新廉洁形象。深入推进“两学一做”学习教育常态化制度化，扎实开展“不忘初心、牢记使命”主题教育活动。严格落实中央八项规定精神，控制“三公”经费，坚决反对“四风”，执行廉洁自律准则和党的纪律处分条例，扎实推进监察体制改革。巩固和持续发力政务整治、正风肃纪，大力整治“中梗阻”“下梗阻”“为官不为”等突出问题，严肃查处侵害群众利益的不正之风和贪腐行为。全面增强执政本领，打造一支为民务实、高效担当、廉洁守法的钢铁队伍。

各位代表，新时代书写新篇章，新蓝图展现新作为。让我们更加紧密地团结在以习近平同志为核心的党中央周围，在市委、市政府和区委的坚强领导下，牢固树立“四个意识”，坚定“四个自信”，坚持以人民为中心，不忘初心，牢记使命，以严肃认真、深入细致、担当负责、扎实实干的工作态度和工作作风，为决胜全面建成小康社会、开启社会主义现代化建设新征程而努力奋斗！

年度关注

NIAN DU GUAN ZHU

全区经济发展再上新台阶

一、优化营商环境，提升审批效率

2018年，城区继续精简行政审批事项，进一步压缩行政审批时限。深化商事制度改革，优化营商环境，提高开办企业便利度，在区政务服务中心专设个体工商户转企业的“绿色服务窗口”，整合了银行开户、印章刻制备案以及涉税备案提醒等业务，将开办企业“5个程序7个环节”，减少为“2个程序2个环节”，审批时限由原来的5个工作日压缩为2个工作日。推进投资审批制度改革，简化投资审批流程。政府投资项目可研报告审批，在资料齐全的情况下，将审批时限由原20个工作日缩短至5个工作日；企业投资项目备案，将审批时限由5个工作日缩短至3个工作日；企业投资项目核准，将审批时限由20个工作日缩短至10个工作日。审批办文时间缩短50%以上，实现项目审批时限再砍一半。

推进广东政务服务网建设。与城区经济促进局、机构编制办公室牵头组织32个单位落实“十统一”事项梳理工作，完善进驻广东政务服务网事项各要素。9月，按照上级要求顺利完成广东政务服务网与网上办事大厅切换上线工作；完成并完善统一申办受理平台建设，统一申办受理平台已与政务服务事项目录管理系统、广东省政务服务网、信息资源共享与交换平台、统一身份认证系统、市级统一申办受理平台完成对接；利用统一申办受理平台进行收件，依托汕尾市综合办事系统进行审批，进驻审批股长，实现了“前台综合收件、后台分类审批、统一窗口出件”的业务运作模式。

落实企业群众到政府办事“最多跑一次”。截至12月底，广东政务服务网汕尾市城区窗口共进驻部门32个，进驻事项906项（包括使用国家级、省级垂直系统事项数），其中，行政审批事项455项，社会服务事项451项。到现场次数不超过1次的网上申办的行政审批事项432项，占全部进驻行政审批事项94.95%；到现场次数不超过2次的网上申办事项455项，占全部进驻行政审批事项100%；实现网上全流程办理的行政审批事项414项，网上全流程办理率达到90.99%。以上各项指标均超过省政府的要求。

（区政务服务中心）

二、落实双“新十条”，壮大实体经济

2018年，为更好地适应新的形势发展需要，进一步推动实体经济高质量发展，推动各项政策更好惠及广大企业，城区认真落实广东省“实体经济新十条”“民营经济十条”扶持政策，营造更有利于实体经济发展的良好营商环境，推动实体经济发展行稳致远。组织企业开展银企对接、现场政策推介、出口信用保险讲座等活动7个场次；推荐组织申报万盛针织、德昌电子2家企业技改项目事后奖补奖金390万元；完成比精亚边实业、比亚迪电子、兴业水泥制品、国润纺织、信元电子5家工业企业升格为规模以上企业工作，还有中悦汽车、金华油站、光正实业、信诚贸易公司等9家商贸企业入库，超额完成市下达的13家升规任务。

（一）深化制度改革，竞争有序的市场环境逐步形成

2018年，城区实现项目管理模式由重事前审批向重事中事后监管转变、项目审批由“串联办理”向“并联办理”转变，进一步简化审批手续，优化审批流程，落实限时办结，提高审批效率。一是将社会投资项目审批时间由原来的165天缩短为40天，政府投资项目审批时间由原来的180天缩短为55天。二是精简工商登记前置审批。全面实施《广

东省工商登记前置审批事项目录》和《广东省工商登记前置改后置审批事项目录》“两个目录”，工商登记“先照后证”改革措施正式“落地”，大幅精简压减工商登记前置审批，前置审批事项压减近九成。三是推进政务服务“一网、一门、一次”改革。严格遵照“凡是没有法律法规依据的证明一律取消”的原则，组织各单位清理证明事项，形成《汕尾市城区区本级取消的证明事项目录》，于8月30日以区政府文件名义对外公布，该目录涉及20个单位共166项证明事项。完善实体办事大厅、广东政务服务网的建设工作，实现一个门、一张网办事，建成1个区级、7个镇级、95个村级政务服务实体大厅，实现区、镇、村三级全覆盖的政务服务网络。区级实体大厅共有27个部门进驻（区公安、税务独立设分厅），设立8个综合窗口（其中，综合业务窗口5个，发证、咨询窗口3个），另设4个商事受理窗口、2个社保窗口、1个银行咨询填表服务窗口，以及1个群众自助窗口、1个免费复印服务窗口、1个免费打印窗口；每个镇级实体大厅设立4个综合窗口，每个村（社区）实体大厅设立2个综合窗口。尽可能落实群众到政府办事最多跑一次。利用统一申办受理平台进行收件，依托汕尾市综合办事系统进行审批，实现了“前台综合收件、后台分类审批、统一窗口出件”的业务运作模式。加强部门间信息互联互通，整合、打通网上统一申办受理平台与部门服务数据的互联互通，统一申办受理平台已与广东政务服务网、信息资源共享与交换平台、统一身份认证系统、市级统一申办受理平台等系统完成对接。

（二）转变政府职能，便民利企的政务环境初见成效

一是缩短企业开办时间，开办企业流程压缩为4个程序（商事登记、刻章、银行开户、申领发票），时间压缩到5个工作日内。二是实行注册资本认缴制改革。全面推开商事制度改革，推行注册资本认缴登记制改革，强化工商登记后续监管，构建“宽进严管”体制机制的多项改革措施。特别是注册资本从实缴制改为认缴制改革的实行（从以往的“重审批轻监管”转变为“轻审批重监管），大大激发了市场主体活力和社会投资创业热情，扩大了就业。三是为各类市场主体减负。全面落实和完善营改增（营业税改增值税）政策及增值税深化改革政策，降低两档增值税税率（加快推进增值税税率“三档变两档”，研究降低增值税税率）、统一增值税小规模纳税人标准、对部分行业末抵扣完的进项税额予以一次性退还3项深化增值税改革工作。行业减负税金共计232.36万元，退还进项留抵税额2.41亿元。

（三）提升便利化水平，惠商安商的环境日趋完善

2018年，积极组织企业参加2018第十届中国加工贸易产品博览会、第六届中国电子信息博览会、2018年广东21世纪海上丝绸之路国际博览会和中国国际进口博览会等各类经贸活动，促进企业扩大对外经贸合作。同时，着力提供优质公共服务。一是推进网络提速降费。为进一步提升网络效能，降低社会宽带资费和企业网络使用成本，积极组织部署，与电信、移动、联通等三家电信运营商研究落实网络提速降费工作，并已实现提速降费，流量漫游费也于7月1日起如期取消。全面提高城乡网络覆盖率，截至年底，全区光纤用户已达到113120户，4G基站1173座，4G覆盖率90.7%。二是落实用电报装降费优惠政策。加强用电报装环节实现管控，严格执行工作日办结制度。低压居民用户报装业务总时限不超过3个工作日；低压非居民用户报装业务总时限不超过7个工作日；10千伏及以上单电源报装业务总时限不超过20个工作日；10千伏及以上双电源报装业务总时限不超过30个工作日。同时根据粤发改价格〔2017〕498号文件要求，自2017年以来，落实大工业及一般工商业统一降低电价，共计12.15万户次工商用电户享受电费优惠491.57万元。

（四）完善工作机制，公平正义的法治环境稳步构建

一是按照国家意见、省和市总体方案等文件要求开展市场准入负面清单制度改革试点工作。根据省发改委《关于梳理市场准入负面清单地方实施性措施的通知》要求和部署，在6月开始，城区认真开展专项梳理，要求各地各部门对照《市场准入负面清单草案（试点版）》，依照地方性法规、政府规

章、规范性文件等设立并实施的市场准入禁止或限制措施进行全面梳理。二是持续贯彻落实省定涉企行政事业性收费“零收费”政策规定。贯彻执行省发改委、财政厅《关于免征部分涉企行政事业性收费的通知》和《关于全面开展清理规范涉企行政事业性收费工作的通知》，加大经营服务性收费（中介服务收费）清理力度。同时根据《政府核准投资项目管理办法》，清理规范了企业投资核准的《企业投资项目申请报告书》事项。全面实行公平竞争审查制度，完成市县两级现行排除限制竞争政策措施的清理废除，建立健全公平竞争审查工作部门间联席会议工作机制，实现对新制定政策措施开展公平竞争审查全覆盖。于7月30日牵头各单位开展2016—2017年限制竞争政策措施的清理排除工作，8月完成清理废除工作。实现对新制定政策措施开展公平竞争审查全覆盖。三是加快推进“信用城区”平台建设，推进公共信用信息平台和信用网站一体化建设。重点围绕与个人和法人相关的信用信息进行归集。实施联合惩戒，从惩罚性、限制性、准入性等方面入手，推动事项标准化。转发《国家发展改革委等30部委关于对严重拖欠农民工工资用人单位及其有关人员开展联合惩戒合作备忘录的通知》，拟定了城区社会信用体系建设工作联席会议制度和城区社会信用体系建设联合惩戒专责小组工作方案，牵头各有关单位贯彻执行全国信息共享平台一体化建设和信用门户网站一体化建设，细化部门分工，扎实推进“信用城区”平台建设。城区在招商引资和项目招商推进工作中，明确提出了项目准入原则。如红草高新区入驻项目原则上只限于电子信息产业、食品深加工业、机械制造业、生物制药和现代服务业等，严格杜绝高污染、高排放和低产业等落实产能项目入驻建设。

（五）降低企业成本初显成效

1. 降低企业税收负担。2018年，办理退还信利半导体有限公司等3家符合条件的企业留抵税额26106万元，预缴企业所得税的企业中有3家享受了高新技术减按15%政策，减免所得税3193.1万元；按照规定对符合条件的企业办理暂缓滞纳金手续，不对企业历年欠费进行集中清缴。

2. 降低企业用电成本。根据粤发改价格〔2017〕498号文件要求，区供电局认真落实降电价政策，率先落实工商企业降电价举措，成为全省降电价幅度最大的地区。截至2018年，完成四次降电价，累计降价0.1012元，为全区一般工商用电户节约用电成本5184万元。其中，2018年完成一般工商业三次降价，累计降价0.082元，累计为一般工商业用户节省用电成本4809.61万元。

3. 降低企业融资成本。为加强普惠性金融服务，城区与建设银行组织举办两次普惠性金融推介会，加强银企对接，推广普惠性金融，受益企业有30多家，解决了部分企业融资难的问题。

4. 降低企业出口风险。大力鼓励企业申请出口补贴，其中吉发食品、恒威手袋、鸿懋针织时装等3家企业获得市扩大出口鼓励措施补贴，吉发食品、新雅地毯2家企业获得市开拓国际市场奖励。同时，与市保险公司积极开展保企对接活动，推进企业出口信用保险服务工作，降低企业可能因出口纠纷所受的损失、风险。2018年，全区共有20多家外经贸企业参加出口信用保险，保值达2375万美元。

5. 降低企业制度性交易成本。实施“多证合一”，清理规范中介服务事项11件，公布取消20个单位的证明事项166件。激发市场内在活力，新登记各类市场主体4550家，注册企业528家。

6. 帮助企业节约用工成本。为落实机器换人工作，帮助企业节约人工成本，加快企业转型升级。指导万盛针织、德昌电子等一批企业实施机器换人技改项目，帮助企业节约人工成本。同时申报专项资金扶持，累计帮助企业获事后奖补扶持资金390万元。

7. 提速降费，降低信息成本。自7月1日起，全面取消手机流量漫游费，大幅度降低手机上网流量资费，年度降幅达30%，互联网在2017年两次共下调23.5%的基础上再下调10%。

（区经济促进局）

三、重点项目加速推进

2018年，城区坚持发展实体经济、壮大经济总量和项目是基石，产业是支撑的理念，坚定“项目为王、产业兴区”的思路，按照区委八届六次全会、七次全会和区政府的工作部署，全力打好“重点项目建设攻坚战”，全方位、高要求、紧节奏推进项目投资建设。年初制定了重点项目建设责任分工方案，并经区委、区政府审定下达责任，层层落实责任分工，实行重点项目建设进展情况月通报和重点督查，及时梳理项目推进中存在困难与问题，反馈区责任领导及责任单位，强化协调处置，提出对策，跟进解决，推动项目落地投产，加快形成新的增长点，扎实推进重点项目建设。至年底，全区重点建设项目74个，完成投资158.13亿元，完成投资额比2017年翻了一番，投建进度位列全市第一。其中，比亚迪、星河湾等31个项目超额完成年度任务，信利半导体新建工厂等7个项目竣工投入使用。同时，强化普惠金融“村村通”工作机制，推进金融服务农村和实体经济发展，正确引导社会资本流向，打击非法集资，有效防范金融风险。

（区发展和改革局）

四、创建高新技术企业，推动传统产业转型升级

2018年，城区加大对企业科技创新工作的投入和引导，完善科技政策，强化科技服务，鼓励企业进一步加大科技创新投入，建立科技经费稳定增长机制，支持以企业为主体的科技创新和人才引进培养，创建高新技术企业。并通过省市联运机制，向省、市争取省、市级科技专项资金。建立以企业为主体、市场为导向、政府引导、政产学研相结合的科技创新体系。是年，组织辖区10家企业申报市级企业研究开发中心；9家企业申报2018年高新技术企业（其中2家为重新确认）；推荐10家企业申报2018年省级工程中心和1家新型研发机构（研究院）；16家企业入库广东省科技型中小企业的工作。同时，组织申报省科技创新普及专题项目1项，项目资金21.61万元；申报省级科技创新战略专项资金项目3项，项目资金100万元；8个项目申报汕尾市创新驱动发展战略专项补助资金。同时，强化企业创新驱动，推动传统产业转型升级，鼓励工业企业以工业互联网为平台，实施信息化转型升级，以国泰食品、万盛针织2家已获工信部“两化”融合贯标认定的公司为标杆，通过树立典型，引导企业走工业化与信息化融合的道路，实现企业管理方式创新和转型升级，推动城区实体经济高质量发展。

1. 强化科技政策扶持。为了引领创新发展，促进传统产业转型升级，城区出台相关配套型政策文件，加大全社会科技投入，努力营造有利于创业创新的环境。先后编制出台了《汕尾市城区科学技术发展“十三五”规划》《汕尾市城区人民政府关于加快实施创新驱动发展战略的若干意见（试行）》《〈汕尾市城区人民政府关于加快实施创新驱动发展的若干意见科技成果类补助实施细则（试行）〉等6个文件》等科技创新政策，完善产业创新政策，加大特色产业、优势产业的研发力度，为创新驱动发展创造良好的政策环境。

2. 组织企业参加创新创业大赛。城区参加中国第七届创新创业大赛暨汕尾市第二届创新创业大赛项目共有18项。2018年，城区有汕尾市中兆发环保有限公司、汕尾市前瞻新材料有限公司和汕尾市维明生物科技有限公司3家企业，分别以广东省行业总决赛第一名、第二名和优胜奖的成绩晋级国赛，为城区创新发展和企业品牌技术创新带来鼓舞与激励。

3. 强化科技服务。围绕“科技强省，创新圆梦”主题，举办城区科技创新驱动发展战略研讨会暨新时代科技工作者“重品行、树形象、做榜样”座谈会，贯彻落实习近平总书记在十三届全国人大一次会议广东代表团审议时的重要讲话精神以及全省科技创新大会的工作部署，推进城区科技创新工作，坚定不移走创新发展道路，奋力开创城区创新发展新局面。组织联合市科协、市教育局和区科协、区教育局在城区职业技术学校举办“汕尾市城区科普大篷车进校园活动”启动仪式。科技活动周期间，科技工作者和科技型企业积极参与，开展了内容丰富、形式多样、亮点纷呈的科技活动，慰问城区科技工作者并宣讲《科技工作者道德行为自律规范》，同时为城区科技创新驱动献言建策，弘扬科学精神，提高全民科学素养，搭建学术交流共同进步的交流平台。并组建了城区科技工作者之家微信群。

科技创新工作取得新成效。2018年，通过加快实施创新驱动发展战略，紧紧抓住科技创新这一核心，瞄准重点区域、重点产业、重点环节，主动谋划、持续发力，不断优化创新创业环境，全区科技创新工作取得新成效。是年，城区（含市直）新增高新技术企业认定5家（累计16家）、省级工程中心2家（累计7家）、市级企业技术研发中心10家（累计40家）、省级新型研发机构1家。2018年，入库科技型中小企业16家，专利申请量2062件，同比增长33.12%；专利授权量1602件，同比增长249.78%。

（区经济促进局）

全区人文环境大变化

一、市区道路建设不断推进

按照市委、市政府的统一部署，城区进一步改善汕尾市区交通运行环境，完善市区市政基础设施配套建设，提升汕尾城市品位，促进城市文明建设。2018年，对市政道路、背街小巷等进行升级改造，共投资资金约16.74亿元，基本完成年度任务。

（一）已完工的道路建设项目

截至2018年年底已完工道路建设项目有：后寮新区左直巷等14条破旧市区道路建设项目。项目总工程费用75万元（实际造价以财政部门核算为准），建设内容包括道路维修、铺设排水管道、清疏排水管道、新建雨水井等，2018年5月完工投入使用；市区千金妈1直巷等6条背街小巷建设项目。该项目总工程费用430万元（实际造价以财政部门核算为准），建设内容包括道路维修、铺设排水管道、清疏排水管道、新建雨水井等，2018年7月底组织实施，8月底组织竣工验收，全部投入使用；市区道路人行道改造修复项目（红海西路临主干道两侧楼体）。该项目总工程费用379.99万元，建设内容包括两侧楼梯外墙修复、建设社会主义核心价值观宣传围栏等，2018年2月开工建设，于6月份竣工验收投入使用；汕尾大道（埔边至市区罗马广场）综合改造工程。全长约11.7公里，宽50米，项目总投资43410万元，2016年9月开工建设，2017年7月建设完工，2018年8月通过竣工验收；汕尾市区红海东路西段（香洲路至汕尾大道）改造工程。全长约1.1公里，项目总投资4863万元，2017年12月开工建设，2018年6月完工；汕尾市区香洲路等6条市政道路升级改造工程（一期）。香洲路（城南路至奎山河）长约1.8公里、宽40,米，红海中路（汕尾大道至康平路）长约0.9公里、宽40米，康平路（红海大道至公园路）长约0.3公里、宽25米，共计3公里，投资约12000万元，2017年11月开工，2018年5月完工；市区和顺南路改造工程。道路长约330.5米，工程总投资506.6万元，2018年10月开工，同年11月完工。

（二）抓紧推进的道路建设项目

一是市区海滨大道至金湖路市政道路升级改造工程。项目西起至市区罗马广场，经海滨大道、湖滨大道、金湖路，东至市区碧桂园新湖大道路口，全长约8公里，总投资约15719万元，2018年7月动工建设，全线道路工程计划于2019年春节前完成。二是市区香洲路等6条市政道路升级改造工程（二期）。文明路（汕尾大道至四马路，含奎山河桥拆除重建）长约1.3公里、宽30米，兴华路（城南路至汕尾大道）长约0.8公里、宽20米，翠园街（汕尾大道至文明路）长约0.5公里、宽12米，共计2.6公里，总投资约90000万元，2018年9月开工建设，在抓紧建设当中。

（区住房和城乡建设局）

二、广东省文明城市创建活动深入开展

2018年，城区坚持以习近平新时代中国特色社会主义思想为指导，认真贯彻落实习近平总书记视察广东重要讲话精神和省委书记李希到汕尾调研时的指示要求，严格按照市委、市政府的统一部署，对照“干净、方便、安全、和谐”的创建思路，以强烈的首位度、排头兵意识和责任担当，坚持问题导向，抓重点、补短板、强弱项，以严肃认真、深入细致、担当负责、扎实实干的工作态度、工作作风，全力打好“创文”攻坚战，奋力打造首善之城、大美之区，取得了让全区广大人民群众真正看得见、摸得着、感受得到、分享得了的创文成效。主要做了几方面的工作。

（一）提高政治站位、层层落实落细，扎实推进创建省文明城市工作

1.科学周密部署，高位组织推动。城区作为汕尾市创建广东省文明城市的核心区、主战场，区委、区政府深知责任重大，使命光荣，始终以习近平新时代中国特色社会主义思想统领“创文”各项工作，把创建省文明城市当作重要政治任务来抓。成立了以区委主要领导为组长的创文工作领导小组，各线条责任领域成立以区分管领导为组长的工作推进组，各镇（街道）、区直单位也相应成立了领导机构，构建起了“横向到边、纵向到底”，更有执行力和操作性的创建格局，掀起了全区动员、全民参与的创建热潮。制定印发《汕尾市城区2018年创建广东省文明城市工作实施方案》等文件，层层分解责任，明确工作时间表、路线图、责任单位、责任人。区委、区政府坚持“一月一研判”，多次召开创文工作专题会议，分析研判城区创文工作存在的短板问题，制定攻坚方案，部署具体工作，全面谋划推动创文工作。特别是在10月19日召开全区创建广东省文明城市攻坚大会，对全区创文攻坚工作进行再动员、再部署，市委常委、区委书记李庆新出席会议并作了讲话，提出了富有针对性、可操作性的指导意见和工作要求。进一步动员全区上下担当实干、背水一战、全力以赴，坚决打赢创文创卫攻坚战。

2.领导干部带头，层层压实责任。全面落实各地各级一把手主体责任和监督责任，区委、区人大常委会、区政府、区政协领导班子成员坚持以身作则，率先垂范，带头到镇街、到机关、到村社、到企业、到学校、到工作一线检查、督促、指导创文创卫工作，现场现时现地查找问题、研究问题、解决问题，增强创文工作实效。全区党员干部以及人大代表、政协委员充分发挥先锋模范作用，深入践行“一线工作法”，深入基层一线、深入人民群众，用脚步丈量责任、用脚步丈量民心、用脚步丈量工作，积极投身创建文明城市，推动创文工作向纵深开展。制定《关于区领导、区直单位开展挂驻帮扶基层文明创建工作实施方案》，实行区领导、区直单位挂驻帮扶镇（街道）、村（社区）文明创建工作机制，通过干部包镇（街道）、包村（社区）、包组、包片、包巷“五包”责任制，设立片长、路长、楼长，定人、定点、定责，推动创文硬件建设、台账资料、环境卫生、市容市貌共管共治，实现市区镇（街道）村（社区）四级网格化管理。落实“一月一主题”专项整治管理机制，对交通秩序及公共交通服务、环境卫生、公用设施及建筑工地等进行专项整治。落实常态化管理和联合执法机制，于每周一、三、五由镇（街道）组织开展市容市貌和环境卫生整治，区行政机关联合执法部门于每周二、四、六开展经营秩序与“门前三包”的巡查执法以及红袖章夜间巡查，每月开展社会主义新农村建设以及创文创卫工作“查、看、比、学”活动，促进各地认真查摆不足、相互学习借鉴，不断把创文创卫工作引向深入。强化督查测评奖惩机制，制定印发《关于对汕尾市城区建成区村（社区）文明创建工作测评排名末位进行媒体曝光的实施方案》《汕尾市城区实施创文创卫“红黑榜”奖惩机制工作方案》等文件，对全区村（社区）、镇（街道）、区直单位在环境卫生整治、硬件设施建设、创文台账的建立、创文专项工作开展的情况等进行测评排名，排名靠前的给予奖励，排名靠后的进行媒体曝光，责任领导在电视台公开检讨7人次。在全区村（社区）督查测评中，排名前3位的村（社区）和区直挂驻帮扶单位颁发红旗牌，以示鼓励；排名后3位的发“乌龟牌”，以示惩诫。加强组织经费保障，区委、区政府整合资源将区创文办、创卫办两办合一，合署办公，根据工作需要从相关部门抽调人员，充实创文创卫办公室力量，并将2018年度创文创卫办公经费预算由1000万元提高到3000万元，全力保障文明创建工作。一年来，共投入创文资金2亿多元用于创文宣传、基础设施建设、环境卫生整治、交通整治、市容市貌整治等。

3.广泛宣传发动，全城全民共建。持续加大创文宣传教育力度，制定《汕尾市城区创建广东省文明城市宣传工作方案》，充分利用电视新闻栏目《今日城区》、报纸、网站、手机平台、微视频、电话彩铃等宣传媒体和手段，以群众喜闻乐见的方式，不断加大对社会主义核心价值观、创文知识、文明礼仪、创文工作先进事迹等的宣传力度。同

时，开设创文工作群、创文工作热线电话，每周2次通过移动、电信、联通及“名传无线”短信发送平台发送“双创”信息，让市民群众第一时间了解关注创文工作动态，督促存在问题整改落实，推动创文工作家喻户晓、人人皆知、深入人心，形成人人参与、人人尽责、人人共享的创文工作大格局。共印发宣传资料155万份，发放创文调查问卷45万份，制作投放墙体公益广告102万平方米，设置创文宣传栏311个，悬挂宣传标语1.2万条；发放《垃圾不落地、汕尾更美丽—致市民的倡议书》《文明交通、平安出行·十禁止》《汕尾市城区市民行为规范宣传手册》等资料69万份；编印《立德守法 文明汕尾》《城区创文画册》和录制《齐举善美 共建文明——汕尾市城区创文宣传片》，创作《市容市貌人人共建》《创文知识大家学》《开摩托戴头盔》《文明汕尾靠大家》《文明汕尾，大家共创》等微视频，拍摄身边好人、工匠精神、“非遗”文化、汕尾名人等系列公益宣传片，引导全区党员干部群众重视了解创文、积极参与创文、主动宣传创文，自觉从自身做起，从小事做起，说文明话，办文明事，做文明人，为创文工作贡献力量。大力开展志愿服务活动，全区志愿服务组织及团体数772个，注册志愿者41952名，开展志愿服务活动6151场次，全年人均服务时长约36.79小时。12月5日，城区在玉台山慈云公园召开创建广东省文明城市誓师大会，区四套班子领导成员、人大代表、政协委员、各镇（街道）、村（社区）、区直单位的干部职工、党员志愿者、青年志愿者、巾帼志愿者以及来自教育、医疗、环卫、企业等系统的代表共3000多人参加会议。12月24日，召开全区部署创文迎检工作紧急会议，全区上下进一步统一了思想、坚定了决心、形成了合力，实现市、区联动、区内协同、全民共创，做到思想同心、目标同向、行动同力，切实把满腔热情转化为实实在在的具体行动，转化为万众一心、众志成城共创文明城市的具体实践。

（二）坚持问题导向，以“治”求突破，着力提升中心城区城市形象

城区持续深入开展“大走访、大排查、大整治”活动，针对环境卫生“脏、乱、差”、违章建筑、交通无序、占道经营、“门前三包”不落实等突出问题持续开展“十大整治、十大提升”行动，把整治工作延伸到全区每一个角落，做到不留死角、全域覆盖，不断增强城市的美誉度和吸引力。

1. 开展环境卫生大整治。把干净整洁的市容环境作为文明城市最基本的底色，深入开展城乡环境卫生和住宅小区、农贸市场、建筑工地、户外广告以及公共厕所专项整治，严格落实“门前三包”管理机制，与临街商铺和住户签订“门前三包”《责任书》和《承诺书》，并常态化开展检查督导，严防“脏乱差堵”现象反弹，持续改善市容市貌。一年来，清理卫生死角1000多处，清理牛皮癣3.7万多处；对工地和物业小区开展执法140多次，发出整改通知书113份，责令工地清理环境卫生138宗，查处违反环境卫生行为400宗；取缔废品收购站76个，关闭碎石厂11家，拆除清理违章和私设广告设施1011处、乱张挂广告横幅等2314条、拆除乱搭建532处（43346平方米）、纠正规范乱摆放1.79万次，取缔乱摆摊点5749处、处罚违反“门前三包”责任制和乱丢垃圾8973宗，罚款6.7万元；立案处罚“泥头车”248宗，罚款67.7万元；检查食品药品生产经营单位4191家，发出整改通知373份，处理投诉案件106宗，立案52宗，罚款18.74万元，移送公安机关违法线索6起，关停整治脏乱差及无证无照餐饮单位104家；开展校园围边环境、市场、门店、加工作坊、废品收购站整治，责令整改2584户、查封405户，立案调查48宗；查处无证导游带团违规经营1家，吊销营业执照酒店1家，对不合格的饭店、旅行社发出整改通知书86份，检查文化市场单位550家，责令整改13家，关停KTV1家，查封黑网吧3家。同时，把文明创建和乡村振兴相结合，扎实推进农村人居环境整治。多方筹集建设资金1.7亿多元，用于农村“三清理、三拆除、三整治”和农村生活垃圾、生活污水、公厕的整治，以及道路硬底化、村道绿化、美化、亮化、文化工程，夯实文明创建基础。

2. 开展交通安全大整治。针对城区多年来市民交通安全意识淡薄，行人车辆混杂无序，乱停、乱放、乱闯红灯，无牌无证摩托车随意穿行等问题，区委、区政府一方面通过加强交通安全文明宣传教

育，把志愿者摆上路面开展交通疏导劝导，不断提高市民交通守法意识、平安出行意识和文明通行意识。另一方面，联合市、区交警部门加强道路交通秩序执法管理，严厉打击交通违法行为，努力构建安全、有序、畅通的交通秩序。一年来，共查处交通违法行为为28590宗，查扣交通违法车辆12712辆，查获酒驾50宗50人，公开销毁无牌无证、拼装车辆4842辆，行政拘留无证驾驶11人。

3. 开展殡葬陋习大整治。制定下发专项行动工作方案，对全区“三道四区”可视范围内的历史旧坟进行集中植树绿化屏蔽。深化殡葬改革,全区火化率达到100%。积极引导从“入土为安”到“入室为尊”的文明殡葬形式，拟在全区范围内筹建10所骨灰楼。坚持森林防火与殡葬整治相结合，落实人员巡逻防护，加强无人机进行空中巡航监控，对违规用火、违规扫墓、不配合检查等23宗违反“禁火令”行为进行严厉查处和曝光，清明节期间森林火灾与2017年同期相比下降84.3%。

4. 开展水体污染大整治。全区共设置各级河（湖、库）长140人，形成区、镇（街道）、村（社区）三级全覆盖的河（湖、库）长体系，制定了《2018年度城区推进河（库）长制重点工作及分工方案》，修编《汕尾市城区畜禽养殖禁养区划定方案》。掌握摸清全区各类入河排污口296个，为下来开展专项行动提供依据。投入350万元整治后径村排洪沟黑臭水体，投入130多万元对13段重点河段的水浮莲、杂草进行整治。完成中小河流整治申报，9个省定贫困村污水设施已完成招投标，协助市做好汕马公路、东城路两边排洪渠道的规划建设及奎山湖、奎山河黑臭水体的整治工作，全面完成文德路、康平路、城南路等奎山湖、奎山河周边管道清疏。

（三）突出思想引领，以“建”立根本，不断把文明创建引向深入

1. 深入学习贯彻习近平总书记重要讲话精神。城区把学习贯彻中共十九大和习近平总书记视察广东重要讲话精神作为新时代精神文明建设的头等大事和首要政治任务，区委常委会坚持以第一站位示范带动，带头学、带头讲、带头干；区四套班子成员深入开展“五到五讲”，充分发挥区委宣讲团和区、镇两级党校作用，分批分期全方位全覆盖开展大宣讲大培训，推动习近平新时代中国特色社会主义思想进机关、进农村、进校园、进社区、进企业、进网络，把新时代新思想送到田间地头、传到千家万户，为文明创建注入强大精神动力。一年来，举办区委理论学习中心组学习会50场次，印制区委理论学习中心组学习资料汇编10套2500多册以及相关学习资料2.2万册，订阅发放学习资料1.7万册。全区悬挂张贴宣传标语海报823幅，制作宣传栏394个，LED电子屏152个，大型广告牌63个，发送短信6.5万条，制作发布的网络电子读本点击率34万人次，发放《致广大市民朋友们的一封信》3万份，向全区中小学生家长发放“学习贯彻习近平总书记重要讲话精神和全国两会精神的一封信”5.1万份。全区共开展习近平总书记重要讲话精神宣讲600多场次，参加学习3.5万多人次，其中开展“学讲话、讲故事、谈感受”百姓宣讲活动5场，1500名干部群众参加活动；利用“百姓舞台”开展文明实践活动14场、3800多人次参加。

2. 大力培育和践行社会主义核心价值观。始终把培育和践行社会主义核心价值观作为强化市民教育的总抓手，广泛开展“文明村镇”“文明单位”“文明学校”“文明家庭”“最美家庭”“美丽庭院”创建活动及“我推荐我评议身边好人”“汕尾处处有雷锋”“书香城区”全民读书、禁毒、扫黑除恶等活动，全方位多层面推进社会主义核心价值观进机关、进窗口单位、进企业、进校园、进村社、进小区。建设乡村学校少年宫9所，“诚信经营一条街”1条。一是加强未成年人思想道德建设，积极开展社会主义核心价值观、中华经典文化诵读、“弘扬传统文化、浸润幸福人生”“致青春”等读书系列活动，引导学生理解熟记核心价值观24字内容；举办青少年毒品预防教育“6·27”工程宣传教育、“传承红色基因，争做时代新人”红色故事进校园、作家进校园、“非遗”项目捷胜泥塑进校园，“双创”宣讲团进机关、企业、校园等活动，进一步教育和引导未成年人树立中国特色社会主义的理想信念及正确的世界观、人生观、价值观，养成高尚的思想品质、良好的道德情操。二是坚持以教化促乡风文明，制作展示村规民约、文

化长廊、善行义举榜、社会主义核心价值观公益宣传栏，宣传引导移风易俗、告别陋习，切实提升村民文明素质，树立文明新风。全区有省级文明镇1个、省级文明村2个、省级文明社区2个、市级文明镇2个、市级文明村15个、市级文明社区2个。三是开展道德模范、好人、最美家庭和文明单位的选树发掘、评选推荐工作。近年来，全区有6人被评为市道德模范，2人获得市道德模范提名奖，2人被评为广东好人，2人入选中国好人榜；荣获“汕尾市文明家庭”3户，“汕尾市最美家庭”7户，“汕尾市最美媳妇”3人；“广东百户最美家庭”和“全国最美家庭”1户；获得省级文明单位3个，省级巾帼文明岗1个，市级文明单位6个，田家炳中学、凤山祖庙旅游区管理处获全国文明单位荣誉称号。

3. 全力补齐公共基础设施短板。加快“三馆”、镇级文化站、村级综合性文化服务中心、文体广场、主题公园等基层群众文化阵地建设。区图书馆和区文化馆已升级改造完成，建设了14个社会主义核心价值观主题广场（公园），7个镇（街道）综合文化站和95个村（社区）文化室已全面建成，均已实行对外免费开放；全区基层综合性文化服务中心建设稳步推进，基本实现全覆盖。扎实推进新时代文明实践中心试点工作。按照中央、省、市关于推动新时代文明实践中心建设的部署要求，结合城区工作实际，整合盘活现有资源，创新工作方式方法，积极探索和推进我区新时代文明实践中心试点建设各项工作，不断加强改进基层宣传思想文化工作和精神文明建设，全力打通宣传群众、教育群众、关心群众、服务群众的“最后一公里”。“区级实践中心—镇街实践所—村社实践站”三级架构体系已构建完成，其中，汕尾市城区新时代文明实践中心正式挂牌；并设立新时代文明实践所7个，实现全区各镇（街道）全覆盖；已挂牌成立了新时代文明实践站80个，并按照以点带面、点面结合的原则，从中选择条件成熟、基础较好的7个新时代文明实践站为建设先行点、示范点，积极探索行之有效的工作模式、建设路径，并以此带动全域建设新时代文明实践站。此外，紧紧围绕更好满足人民群众日益增长的美好生活需要，通过盘活现有基层公共服务阵地资源，积极创新实践，以建设“善美讲坛、惠民广场、百姓舞台、文化长廊、文明驿站”五大系列实践点为抓手，把文明实践点工作与文明创建、乡村振兴、脱贫攻坚、基层党建等结合起来，全力打造基层理论宣讲平台、教育服务平台、文化服务平台、科技与科普平台、健身体育服务平台。全区已设立善美讲坛82个、惠民广场52个、文化长廊25个、百姓舞台27个、文明驿站39个。坚持以人民为中心的发展思想，突出特色、强化服务，以“专业+特约”“业余+节日”“套餐+自选”“传播+实践”的创新模式，成立专业化志愿服务队，广泛开展丰富多彩的志愿服务活动，做到志愿服务更加便民、利民、惠民，切实推动习近平新时代中国特色社会主义思想家喻户晓、深入人心，真正将新时代文明实践中心建成百姓家门口的服务中心、慈善中心、信仰中心。

4. 大力实施文化惠民工程。充分发挥新时代文明实践中心、实践所、实践站的阵地作用，引导人民群众利用各地“田间地头”的小舞台、小戏台、小公园以及公共场所，自发自觉地组织开展学理论讲故事谈体会以及形式多样接地气的文化活动，积极把“汕尾渔歌”“捷胜泥塑”“海陆丰稀有剧种脸谱”等代表性非物质文化遗产展示出来，从而培育发掘基层文化人才,传承发扬西秦戏、白字戏、汕尾渔歌等优秀传统文化、民俗文化，不断满足人们文化生活和人际交往需求，繁荣基层文化生活。2018年，全区共开展各种形式文艺活动128场次，各艺术团体下基层表演228场次，其中，7支文艺志愿者小分队，总人数超过500人，利用业余时间开展渔歌文化传承、民间艺术展览、广场舞展演、安全教育科普等丰富多彩、喜乐见闻的活动，进一步激发起全民参与热情和活力。结合“我们的节日”主题，积极开展丰富多彩的大型文艺活动21场次共计15.2万多人次参加，如春节、元宵节期间开展“善美之城贺新春”音乐烟花汇演活动、“放歌红土地，开启新征程”——传承红色基因主题教育活动文艺晚会、“红色文艺轻骑兵”新春走基层送文化惠民系列活动；举办纪念建党97周年文艺晚会、城区第二届荔枝旅游文化节等主题活动；中秋、国庆期间开展了“善美金秋——2018年汕尾市城区迎国庆贺中秋文化惠民系列活动”等活动均得到了市民群众的高度好评。2018年，城区的国家非物质文化遗产“汕尾渔歌”晋京展演，稀有剧种白字小戏《公烛》荣获广东省第九届群众戏剧曲艺花会金奖。进一步弘扬和传承地方优秀传统文化，既满足了人民群众日益增长的精神文化需要，更让广大人民群众在文化艺术的熏陶中滋养心性、提升修养，成功打通基层精神文明建设“最后一公里”。

通过开展广东省文明城市创建活动，城市形象和城市内涵不断提升，人民群众获得感幸福感安全感不断提高，对汕尾这座城市的归属感、荣誉感、自豪感不断增强，实现政府治理和社会调节、居民自治良性互动，形成人人参与、人人尽责、人人共享基层社会治理格局，有力推动了全区经济社会发展。但在看到成绩的同时，城区也清楚地认识到仍存在许多不足。如在市政建设方面，历史欠账较多，市民文明素质有待进一步提高、行为习惯有待进一步优化等。

（汕尾市城区创建广东省文明城市工作领导小组办公室）

三、乘势而上，创建国家卫生城市

按照市委、市政府的统一部署，2018年3月13日城区召开全区创建国家卫生城市动员大会，向全区各地、各部门发出动员令，吹响了“创建国家卫生城市”的冲锋号，要求全区上下统一思想，在成功创建广东省卫生城市的基础上，乘胜前进，奋力拼搏，全力把城区的基础设施、环境卫生、综合管理水平提高到一个新的台阶，实现“创国卫”目标。

（一）健全工作机构

一是区委、区政府把“创国卫”工作作为中心工作来抓、当成一场硬仗来打，集中全区人力、物力、财力全力推进，全区发动，全员上阵。成立了以区委书记为组长，区长为第一副组长的创国卫工作领导小组。领导小组下设办公室，分管副区长任主任，设副主任若干名。区创卫办从各成员单位抽调精兵强将，具体负责组织、协调、指导等工作。

二是建立健全工作机制。根据国家卫生城市标准与要求，研究制定了《汕尾市城区创建国家卫生城市实施方案》，并将八大类40条标准内容细化为183小项要求，层层分解，落实到各单位和有关部门。对建成区实行网格化管理责任制，制定印发了《关于实行创卫工作网格化的通知》，以镇（街道）为单位分成6个大网格，以村（社区）为单位分成55个小网格。各网格内实行由区领导及区直各单位挂驻，并把创卫任务分解到各网格，全面明确网格责任人和责任单位。建立信息报告制度，区创卫办、各成员单位和镇（街道）均明确专人负责创卫信息收集、整理，并按规定时间上报。

三是建立长效机制。编制了《汕尾市城区创建国家卫生城市资料指南（2018）》，指南收录了创卫的各项标准和相关文件，下发到各镇（街道）、区直各单位，供工作人员学习与查阅。并先后制定下发了《关于汕尾市城区机关团体企事业单位率先落实“三个一”环境卫生整治制度的通知》《关于全面开展病媒生物预防控制工作的通知》《关于印发〈汕尾城区开展卫生先进户评选活动实施方案〉的通知》《关于设立爱国卫生建议与投诉平台的通知》《关于印发〈汕尾市城区创建无烟单位活动工作方案〉的通知》等67个文件。全年编发创建国家卫生城市工作简报20期。

（二）严格督导检查强力推进

始终把督导检查作为推动创卫工作的重要抓手，确保各项工作符合标准、按期推进。区创卫办督查组对社区环境卫生、健康教育、病媒生物等内容进行专项督查，发现问题，及时督促整改，并将督导检查情况以通报形式，下发各镇（街道）、责任单位。发放督查通报2期，整改通知函5份，转办市创卫办整改通知4份。

（三）环境卫生创新管理强力推进

加强主次干道清扫保洁力度。实行一级路每天二扫二保洁，清扫保洁时间为16小时；二级路每天二扫二保洁，清扫保洁时间为12小时。居民生活垃圾收集实行“三定”，即定岗、定点、定时，按平均约每350户配备一个岗位，对工人岗位设定固定的区域和服务范围，按时进行垃圾收集，确保垃圾不出路面。对可用扫路车和高压冲洗车清扫和冲洗的道路列出作业安排表，分路段安排责任车辆定时巡回清扫和冲洗。

加大环卫基础设施投入。2018年，大伯坑生活垃圾压缩二次转运项目在加紧建设中，总投入资金4000多万元；投入资金100万元购置扫路车、压缩车、三轮车、保洁车、高压冲洗车等垃圾运输车辆。为城中村、城乡结合部购置果皮箱、垃圾桶等环卫设施，约9万元。

（四）环境卫生整治工作有效开展

始终坚持把综合整治作为强势推进“创国卫”的重要手段，着力改善人居环境。启动国家卫生城市创建工作后全区通力配合，扎实推进，抓好环境卫生“三个一”制度的落实，以“一月一测评活动”“爱国卫生活动月”等为契机，动员广大职工群众，大力开展环境卫生整治。

1. 组织全区开展环境卫生整治工作“一月一测评”主题活动，制定了《关于开展全区环境卫生整治工作“一月一测评”主题活动实施方案》。针对全区环境卫生、市容市貌、集贸市场等重点领域，落实常态化管理；按照“环境整治、舆论先行”的要求，不断推动环境卫生整治宣传工作发展，抓好环境卫生整治专题通报，及时编发、更新环境卫生整治工作开展情况，努力为城市环境卫生整治营造良好氛围。针对环境脏乱差问题，第一时间组织主要领导和相关部门实地调研察看，逐项排查突出问题。组织各镇（街道），相关单位在环境卫生整治月期间对环境卫生、牛皮癣、违章建筑、占道经营等进行整治，对各街道辖区内存在的问题，及时进行责任整改。为了使整治工作各项措施落到实处、取得实效，不断加大督查指导力度，区创卫办组成2个督导组巡回督查，出动32人次，出动督查车辆9辆次，督查环境卫生整治问题97处，并发出督查通报1则。要求各责任单位限期整改，及时汇总上报整改情况，确保重点区域和突出问题整改到位、整改彻底。

2. 在巩固创建省级卫生城市成果的基础上，继续以治理“脏乱差”为重点，开展了市容环境卫生整治行动，制定行动方案，出重拳加大清理垃圾、卫生死角，清除蚊虫孳生地整治力度。2018年8月8日，全区开展了以“创文创卫夯实基础”为主题的环境卫生大清理大整治行动，号召全区干部群众以实际行动助力“创国卫”。各镇（街道）干部职工及区直挂驻帮扶单位工作人员、团区委及学校等组织的志愿者，对责任区内的背街小巷、闲置土地、居住小区等的垃圾杂物，卫生死角，牛皮癣，烟头，闲置不用的缸、罐、盆等进行清理，清理水沟，清填积水的低洼土坑，集中整治乱搭乱建、乱堆乱放等现象，清除蚊虫孳生地。

（五）“门前三包”有力落实

区创文办、区创卫办持续在全区开展以“文明汕尾，共享共建”为主题的创文创卫工作集中统一活动。各镇（街道）、区公安分局、市区交警大队、区工商局、区食药监局、区旅游局、区工商联、区环卫局、区创文办、区创卫办等全体工作人员，市直挂驻帮扶单位、区挂驻帮扶领导、区直挂驻帮扶单位及村（社区）工作人员全员出动，区直工委组织党员志愿者、团区委组织志愿者等1000余人，分为3个巡查队伍，对新港街道、凤山街道、香洲街道的主次干道的环境卫生、沿街户外广告、沿街占道经营、乱摆乱卖和乱搭乱建行为进行整治，严格要求落实“门前三包”，杜绝“脏乱差”现象，对不落实“门前三包”的商户依法采取严重警告、查封店铺，同时加强对违反“门前三包”商户的教育力度，责令其提交书面检讨保证。活动持续一个月。

（六）病媒生物防制工作有效推进

在病媒生物防制工作方面，坚持上下联动，条块结合的方式，以物理防制和化学防制并重的工作方法，不断完善各项工作机制。从健全病媒生物工作组织网络入手，各镇（街道）、社区（村）成立病媒生物防制工作领导小组，配备病媒生物工作专（兼）职人员，确保工作有人抓，责任有人负。落实病媒生物防制长效管理。根据《广东省病媒生物预防控制管理规定》开展病媒生物防制工作，下发《关于全面开展病媒生物预防控制工作的通知》，转发《关于进一步科学精准做好病媒生物预防控制工作的通知》等文件，加强对病媒生物防制工作的长效管理。大力开展病媒生物防制活动。精心部署，组织各单位、镇（街道）开展爱国卫生运动统一行动，清除建筑、生活垃圾，清除积水，清除“四害”孳生地。同时，坚持专业队伍与群众运动相结合的方针，通过发放除“四害”药品、聘请专业人员进行消杀活动、指导群众使用药品开展消杀活动等方式，广泛发动群众开展除“四害”活动，努力把“四害”的危害控制在最低限度，保障人民群众的身体健康。开展病媒生物防制本底调查工作。对建成区住宅小区、城乡结合部、城中村和机关企事业单位、老旧小区，进行病媒生物防制本底调查工作。

（七）健康教育工作全面开展

创建省健康促进区。成立了区健康促进委员会，建立全区创建健康促进区工作网络，制定《汕尾市城区健康素养促进行动项目实施方案》，科学分解工作目标，细化任务分工。7 月 30 日至 8 月 3 日，区政府办公室与区卫计局组成督查组，对各镇（街道）和相关成员单位创建健康促进区工作情况与医疗机构开展健康促进医院情况进行督导，对存在的不足进行重点指导；8 月 23 日，邀请广东省健康教育中心主任汤捷到城区开展“将健康融入所有政策”策略专题讲座，对区健康促进委员会成员单位及其下属单位、各镇（街道）主要领导、各社区（村）主任以及城区中大型企业主要负责人进行了强化培训。并聘请主任汤捷为城区健康促进区健康专家委员会顾问。

建立卫生宣传阵地，发放健康教育宣传资料、悬挂横幅、填写居民健康教育试卷等，广泛开展健康知识宣传。

大力开展健康教育宣传活动。全区广泛开展一系列宣传活动，努力营造全民参与、上下互动的浓厚氛围，形成“人人知晓创卫、人人支持创卫、人人参与创卫”的良好局面，达到了很好的创卫宣传效果。开展“戒烟限酒健走科学健康过节”暨“把健康带回家”流动人口关怀关爱专项活动；开展第 30 个爱国卫生活动月暨创建国家卫生城市现场宣传活动，在市区罗马广场举办 2018 年度健康素养宣传年启动仪式。开展以“烟草和心脏病”为主题的第 31 个世界无烟日宣传活动，共发放控烟宣传折页 2000 余份，控烟宣传彩页 2500 余张。在捷胜海训基地开展了以“驻军献血暖民、百姓拥军进营”为主题的大型无偿义务献血活动，共有 250 多人参加献血，献血量 75000 多毫升。在区坎下城开展以“人人动手、灭蚊防蚊、健康迎国庆”为主题的 2018 年秋季爱国卫生运动统一行动日活动，清理垃圾杂物 10 多吨，主会场展出宣传展板 8 块，设置宣传咨询台 4 张，向群众发放折页等宣传资料 10000 多份，倡议书 4000 多份，灭蚊片、蚊香、灭蟑诱饵等除“四害”药物 4000 多盒，宣传购物袋 400 多个。此外，为规范健康教育宣传栏设置，制定下发了《关于规范设置健康教育宣传栏的通知》，规范各单位的健康教育宣传栏设置。区创卫办组织督查组到各单位、各镇（街道）、各村（社区）对健康教育宣传栏的设置进行督查，对健康教育宣传栏设置不规范的单位，发放督查通报，责令整改。

（八）创建活动扎实开展

开展卫生先进户及卫生先进单位评选活动，评选出 600 户卫生先进户及 6 个卫生先进单位，调动人民群众及广大干部职工参与创国卫活动的积极性，推进国家卫生城市创建工作。组织开展无烟单位创建工作，制定下发《汕尾市城区创建无烟单位活动工作方案》，已有 30 个单位成功创建“无烟单位”，至 2018 年 12 月，新增 69 个单位申报无烟单位。开展省卫生村创建工作，确定捷胜镇埔尾管区公兴村等 8 个申报为省级卫生村，其中有 5 个村已通过省级验收考核工作。

（区创卫办）

四、美丽乡村建设扎实推进

2018 年 7 月，省、市乡村振兴工作会议召开后，城区在启动 9 个省定贫困村创建社会主义新农村示范村的基础上，启动了 46 个非贫困村的人居环境整治行动，全域推进生态宜居美丽乡村建设。

（一）扎实推进 9 个省定贫困村新农村示范村建设

全区 9 个省定贫困村对照省、市新农村示范村建设的标准，在完成“三清理、三拆除、三整治”和村庄规划编制工作基础上，全面实施村庄基础性建设项目，对照标准使用省级奖补资金。2018 年，累计筹集到位建设资金 1.2404 亿元，其中，省财政奖补资金 9000 万元，市、区财政资金 1393 万元，社会筹资及投工投劳 411 万元，深圳对口帮扶资金 1600 万元。共投入建设整治资金 1.02 亿元（其中，省级投入资金8283.87 万元，资金使用率 92.04%）。9 个省定贫困村动工建设基础设施项目 149 个，分别是：捷胜镇85个项目，使用资金3292.61万元，其中军船头村19个、大流村11个、埔尾村23个、南门外村14个、沙坑村18个；东涌镇63个项目，使用资金2583.44万元，其中东石村30个、石洲村2个、赤古村18个、洪流村13个；区住建局1个项目，统筹9个省定贫困村污水处理项目，共建设污水处理点14个，投入使用资金2407.82万元，已竣工验收。截至12月底，已建成的基础设施项目共99个，基本完成了省定贫困村村村通自来水、村内道路硬化、垃圾处理、污水处理、卫生站、综合性文化服务中心等建设任务。同时，筛选捷胜镇军船头村，东涌镇石洲、洪流、赤古村示范片作为先行点，示范带动创建社会主义新农村示范村工作。军船头村全面启动村道硬化、雨污分流、卫生站、公共文化室、垃圾屋和标准化公厕、村头公园、外立面改造、绿化等项目，荷花塘产业观光项目已完成土地流转工作并动工建设。石洲、洪流、赤古村示范片已完成连片规划和整治任务，按照“一轴、一带、三片区”的空间结构格局开展示范片创建工作。

（二）扎实推进46个非贫困村美丽乡村建设

全区共59个行政村，除9个省定贫困村和市区4个渔业村外，其余46个村全面推进人居环境整治。其中，26个行政村作为市先行点，另外20个村由区财政给予每村补助100万元（分两期拨付资金）。借鉴浙江省的做法，以省定贫困村示范创建及红草镇晨洲村作为示范点带动全域推进美丽乡村建设工作。晨洲村完成了村庄规划编制及“三清理、三拆除、三整治”工作，村内道路、污水处理设施、标准化公厕、垃圾收集点等项目建设已基本完工。该村确定晨洲蚝为主要特色产业，成立了广东晨洲蚝业有限公司，以“公司+合作社+基地+农户”的经营模式，发展蚝业生产，把推进乡村振兴与乡村旅游结合起来，实现产业融合发展的目标。全区46个非贫困村已进行规划编制，并开展“三清理、三拆除、三整治”工作，累计投入资金1935万元。推进“一村一公园”“一村一公厕”行动，此项工作完成了规划设计，东涌镇法制公园等12个主题公园建成投入使用，46间标准化公厕已动工建设。

（区农业局）

五、平安城区建设成效显著

2018年，城区深入贯彻落实区委八届五次全会第一次全体会议精神，着力研究解决平安城区建设的问题，努力破解社会治安难题，完善社会治安防控体系，不断提升社会治安综合治理能力，全力推进平安城区建设工作，取得了显著成绩。

（一）铁腕扫黑除恶

城区紧密按照中央、省、市的部署要求，切实加强组织领导，明确工作措施，落实工作责任，以“有黑扫黑、无黑除恶、无恶治乱”为工作要求，全力开展扫黑除恶专项斗争。2018年，全区公安机关共立涉黑涉恶案件74宗破61宗，抓获犯罪嫌疑人133人，刑事拘留132人、逮捕94人，自首11人，打掉涉黑恶势力犯罪团伙12个83人（其中：恶势力犯罪集团2个，一般恶势力犯罪团伙10个），查封、冻结、扣押涉案资产420.102万元；区纪委查处涉黑恶腐败问题村（社区）干部6人，查处充当黑恶势力“保护伞”乡科级及以下干部2人、村（社区）干部2人，查处推动不力问题乡科级及以下干部3人。

（二）加强禁毒工作

坚持海陆并进、查堵结合，落实禁毒十项措施，全力从源头上遏制毒品违法犯罪。2018年，区公安机关全面调动侦查资源，通过合成作战、专案侦查、公开查缉、跟踪布控、潜伏守候等切实有效的工作措施，共查破毒品犯罪案件110宗，抓获涉毒犯罪嫌疑人130名，缴获冰毒40.95045千克、液态冰毒211.5千克、麻黄素148.212千克、海洛因1736.22克、毒资50.09195万元、涉案汽车5辆、仿制枪支2支、钢制子弹6发、信号弹3发，捣毁制毒窝点3个，破获涉毒团伙案件5宗，侦破了“0208”制贩毒案件、“214”陈某等人运输毒品案，钟某某等人贩卖毒品案、“0509”制贩毒品案，范某某、范某某、李某某等人贩卖毒品案和张某某等人制造毒品案等案件。

（三）严打各类犯罪

组织开展“飓风2018”等一系列专项行动，围绕群众反映强烈的社会治安突出问题，保持打击刑事犯罪的高压态势，突出打击涉枪、涉伤害、涉“两抢一盗”等刑事犯罪，全力净化社会治安环境。2018年，区公安机关共立刑事案件447宗，同比下降8.6%，破379宗，同比上升16%；查处治安案件600宗，同比下降12%。区法院共审结各类刑事案件318件401人，结案率为93.26%。区检察院共受理提请批捕案件328件470人，已办结324件466人，所办案件均在法定期限内办结，平均结案天数仅3天。

（四）强化立体防控

进一步整合综治、信访、维稳、司法等部门力量，充分发挥区、镇（街道）、村（社区）三级综治中心职能作用，依法化解各类矛盾纠纷问题。2018年，全区三级综治中心共受理矛盾纠纷641宗，依法调处成功602宗，调处成功率94%，有效发挥了综治中心社会矛盾化解器的作用。积极打造以“人防为根本、物防为基础、技防为保障”的三防体系，人防上实施巡警、派出所民警、辅警、保安、治保人员“五位一体”联合巡逻机制，有效遏制了街面现行犯罪；物防上以社区警务为“主战场”，在重点企业、学校、单位等建立5间社区警务室，统筹布局600套出租屋“门禁+视频”系统，全区主要街路巷安装门牌约5.1万号，同步推进出租屋管理规范化；技防上以提升防控能力为重点，全区共新建、更换965个高清监控摄像机，3套高空瞭望云台，实现重要公共场所、复杂路段、易发案路段、大街小巷等地的全面覆盖，并逐渐向农村延伸。2018年，共有324天无发生“两抢”警情，并实现最长连续71天无发生“两抢一盗”警情。人民群众安全感和满意度显著提升，第三方群众安全感及满意度测评达97%，名列全市第一。

（五）落实重点管控

加强对严重精神障碍患者的救治管理。严格按照省、市工作要求，不定期组织对疑似精神障碍患者开展排查，摸清基础信息，并逐一登记建档，定期研判，落实解决措施。截至2018年底，全区严重精神障碍患者在册患者1655人，已发放了监护补助资金1484100元。加强对社区矫正人员的服务管理。建立了社区矫正信息平台，实行电子定位管理，把社区矫正对象纳入电子定位监控管理，逐步实现了由“人防”到“技防”的转变。截至2018年底，全区累计接收社区矫正对象665人，期满已解矫484人，在矫181人，建档率100%，重新犯罪率为零，实现了对社区矫正对象的有效管控。加强对治安不稳定因素“五员”（涉毒人员、刑满释放人员、有不良记录人员、无正当职业人员、外来敏感人员）的排查管控。截至2018年底，全区共排查出“五员”5831人，并落实管控。

（区委政法委）

大事记

DA SHI JI

1月

1日 城区凤山祖庙旅游区管理处“全国文明单位”授牌仪式暨妈祖颂歌迎新年文艺活动在市区凤山妈祖文化广场举行。市委宣传部、城区有关负责人，香港、澳门汕尾同乡总会和汕尾市区妈祖协会单位有关人员等300多人参加活动。

同日 城区凤山祖庙旅游区管理处举行“全国文明先进单位”授牌仪式。

4日 市政府副市长余红在市、区党政领导和卫计局等部门领导的陪同下，到捷胜镇卫生院、凤山街道卫生服务中心、汕尾市第二人民医院(汕尾逸挥基金医院）等单位，就城区推进医联体建设工作进行实地调研，实地察看了医疗集团远程会诊设备及操作流程，与医护人员进行交流，就医联体建设推进过程中需要解决的问题进行了探讨并指导工作。

8日 区委常委、常务副区长曾向镇主持召开储备粮购置协调会。

8—19日 城区党校举办全区2018年度干部教育专题培训班。

11日 区长罗光钊主持召开区政府八届十七次常务会议。会议讨论通过了《政府工作报告（送审稿)》《汕尾市城区2017年预算执行情况和2018年预算草案（送审稿)》《汕尾市城区2017年国民经济和社会发展计划执行情况与2018年计划草案的报告（送审稿)》《汕尾市城区2018年重点项目(前期预备项目）计划方案（送审稿)》等议题。

16日 区委八届常委会第60次（扩大）会议召开。会议审议了区政府八届十七次常务会议有关决定事项报告；审议通过了《关于要求审批〈中共汕尾市城区纪委、城区监察委机关机构编制方案〉的请示》。

17日 副区长陈少华主持召开区第二轮消防安全隐患排查整治专项督导工作会议。

19日 在市人大七届三次会议分组讨论时，市长杨绪松对城区提出“要全力提升中心城区首位度，打好‘六大攻坚战’，打造首善之区”的新要求。

同日 区委常委李振坚、区政府副区长余正茂召开省定贫困村创建新农村示范村工作会议。

24日 汕尾市城区监察委员会成立并挂牌。区委书记、区深化监察体制改革试点工作小组组长李庆新出席并讲话。区委常委、区纪委书记、区监察委员会主任王俊锐代表区监察委员会作表态发言。

27日 区长罗光钊主持召开区政府八届十八次常务会议。会议学习了《中华人民共和国安全生产法》等法律法规；讨论通过了《汕尾市城区9个省定贫困村创建社会主义新农村示范村项目管理和资金监管办法（试行)》《关于建立和完善我区复退军人服务体系的实施意见（送审稿)》《汕尾市城区2017年度推进依法行政加快法治政府建设情况报告（送审稿)》《汕尾市城区人民政府 深圳市宝德投资控股有限公司战略合作框架协议（送审稿)》等议题。

30日 区委常委、常务副区长曾向镇主持召开全区禁止燃放烟花爆竹专项行动动员会。

2月

6日 2018年“国乐升平”城区迎春音乐会在市马思聪艺术中心举行。市委常委、组织部部长苏茂荣，市委常委、区委书记李庆新，市委常委、宣传部部长曾晓佳，市政协副主席何平和城区有关领导、党员干部及市民1300多人观看了演出。

7日 区政府区长、区渔业油价补贴工作领导小组组长罗光钊主持召开区政府渔业油价补助工作领导小组成员单位工作会议。区政府常务副区长曾向镇、副区长余正茂出席会议。区府办、区海洋与渔业局、区财政局、区农业局、区审计局及各镇（街道）主要负责人以及相关负责人参加会议。

8日 区委八届常委会第63次（扩大）会议召开。会议传达学习了关于乡村振兴工作、副省长叶贞琴在汕尾调研时的讲话精神、七届市纪委三次全会精神、关于扶贫工作精神，听取了近期重点工作汇报，审议通过了《2018年度城区推进河（库）长制重点工作及分工方案》。

13日 区政府副区长陈少华主持召开全区道路交通安全会议。

17日 由汕尾星河湾主办，区委宣传部、区科技文体局协办的2018年“善美之城贺新春”音乐焰火汇演活动在市区善美广场举行。

23日　区政府召开海陆丰革命老区振兴发展政策对接情况汇报会。会议听取了区政府有关领导、区革命老区工作领导小组各成员单位、各镇（街道）关于对接省、市有关部门落实《海陆丰革命老区振兴发展规划》有关情况汇报，对推动《海陆丰革命老区振兴发展规划》在城区落地生根、结出丰硕成果进行了研究部署。

是月　城区被评为“2017年中国县级政府政务诚信综合水平百强县”。

3月

1日　区长罗光钊主持召开区政府全体（扩大）会议。会议要求，一要抓好第一季度经济“开门红”；二要抓好经济运行的监测分析；三要抓好征地补偿和土地平整；四要抓好重大项目建设；五要抓好实体经济发展；六要抓好城市配套设施建设；七要抓好创文创卫工作；八要抓好生态保护；九要抓好各项民生攻坚；十要抓好社会稳定工作。

7日　副区长余正茂主持召开市城区平洲水闸等5宗中型病险水闸重建工程社会稳定风险评估会和红草马宫堤围海梧段加固工程作物及房屋拆迁补偿协调会。

12日　在东涌镇东石崎坑村后面山举行全区“3·12”植树节活动。区四套班子成员、各镇（街道）、区直各单位主要负责人参加植树活动。

12日　区长罗光钊主持召开区政府八届十九次常务会议。会议传达学习了习近平总书记在参加十三届全国人大一次会议广东代表团审议时的重要讲话精神及《消防安全责任制实施办法》等法律法规；讨论通过了《汕尾市城区2018年创建广东省文明城市工作实施方案（送审稿）》《汕尾市城区创建国家卫生城市实施方案（讨论稿）》《汕尾市城区城镇独生子女父母计划生育奖励实施办法（送审稿）》《汕尾市城区畜禽养殖禁养区划定方案（送审稿）》等议题。

19日　召开全区殡葬管理暨清明节期间森林防火工作会议。

26日　区长罗光钊召开区政府清明期间森林防火工作会议。副区长黄贤锐出席。

27日　召开2017年市安全生产责任制考核汇报会议。

4月

2日　区长罗光钊主持召开区政府八届二十次常务会议。会议学习了《中华人民共和国食品安全法》等法律法规；讨论通过了《汕尾市城区港口海域禁毒工作网格化管理实施方案（送审稿）》《汕尾市城区八届人大三次会议议案、建议、批评和意见交办方案（送审稿）》《汕尾市城区发展学前教育第三期行动计划（2017—2020年）（送审稿）》《汕尾市城区推行森林防火网格化管理实施方案（讨论稿）》《汕尾市城区机关事业单位2017年绩效考核办法（讨论稿）》及相关配套文件等议题。

4日　市委常委、区委书记李庆新主持召开区委八届常委会第70次（扩大）会议。市委书记石奇珠，市委常委、统战部部长余锡群出席会议。会议听取了城区学习宣传贯彻习近平总书记参加十三届全国人大一次会议广东代表团审议时的重要讲话精神和全国“两会”精神情况汇报、区四套班子成员代表的学习交流发言。

9日　区长罗光钊主持召开区政府八届二十一次常务会议。会议传达学习了全国“两会”精神和习近平总书记在参加十三届全国人大一次会议广东代表团审议时的重要讲话精神，以及市委石奇珠书记到城区开展调研督导工作时的讲话精神；通报了全区第一季度重点项目进展情况和2017年度征地落实情况，研究部署2018年度征地工作。

11日　召开全区扫黑除恶专项斗争领导小组第一次全体成员（扩大）会议。郑良斌、孔卓文、王俊锐、叶凯旋、陈少华、陈嘉涛、林建新等区领导出席。

14日　副区长余正茂主持召开全区伏季休渔安全管控会议。

17日　召开全区交通秩序和公共交通服务整治工作会议。副区长、公安分局局长陈少华出席会议。

18日　市委常委、区委书记李庆新主持召开区委八届常委会第74次（扩大）会议。专题传达学习全省市厅级主要领导干部学习贯彻习近平总书记重要讲话精神专题研讨班精神。

24日　区长罗光钊主持召开区政府八届二十二次常务会议。会议传达学习了市委书记石奇珠在全市领导干部学习贯彻习近平总书记重要讲话精神专题研讨班开班仪式上的讲话精神；讨论通过了《汕尾市城区2018年十件民生实事（送审稿）》《汕尾市城区防汛防旱防风防冻应急预案（送审稿）》《汕尾市市区环境卫生管理体制改革方案（送审稿）》《关于加强对黄江河（城区段）管理的通告（送审稿）》等议题。

26日　区政府召开区深化改革工作会议。

同日　区安全生产委员会成员及区消防安全委员会成员在区党政办公大楼6楼多媒体室参加省委、省政府召开的全省第二季度防范重特大生产安全事故工作暨“五一”期间防范安全风险及维护稳定工作电视电话会议。

28日　召开全区深入推进实施乡村振兴战略培训会。

29日　副区长胡春莲在凤山妈祖文化广场主持举行市城区首届特色产品推介会启动仪式。

5月

2日　区长罗光钊主持召开市区生态红线划定及有关工作协调会议。

4日　市委常委、区委书记李庆新主持召开区委八届常委会第78次（扩大）会议。会议收听收看纪念马克思诞辰200周年大会电视直播，学习贯彻习近平总书记重要讲话精神。

7日　区委常委、常务副区长曾向镇主持召开全区经济分析会暨重点项目推进会。

8日　区长罗光钊主持召开市区卫片图斑整改工作协调会议。区纪委、区政府办、市区国土分局、各镇（街道）有关负责人参加。

9日　市委常委、区委书记李庆新主持召开区委八届常委会第79次（扩大）会议。会议学习了《共产党宣言》，传达了省纪委办公厅《关于广东省粤电集团有限公司领导班子集体违纪问题的通报》，审议通过了《关于区领导和区直单位开展挂驻帮扶基层文明创建工作的实施方案》等有关事项。

同日　召开全区外事侨务港澳工作会议。副区长余正茂出席会议。

17日　区长罗光钊主持召开区政府八届二十三次常务会议。会议讨论通过了《2018年城区全民禁毒工程工作要点（送审稿）》《汕尾市城区创建省级健康促进区工作实施方案（送审稿）》等议题。

同日　城区在市区玉台山慈云公园广场举办“放歌红土地　开启新征程”文艺晚会。市委常委、区委书记李庆新与中央文史馆馆员陈晓光、广东省音乐家协会主席唐永葆、广东省音乐家协会副主席赖房千出席晚会并与党员干部职工、群团组织、企业、学校师生代表以及市民群众近万人一同观看了演出。

同日　副区长陈景元主持召开全区迎接生态环境部开展全国集中式饮用水水源地环境保护专项行动督查工作会议。

18日　副区长陈少华主持召开全区全民禁毒工程推进会议。

同日　副区长陈景元主持召开市区重点项目建设协调工作会议。会议研究汕尾职业技术学校扩建工程、市体育运动学校建设工程和业余体校新校区建设工程3个市级项目，市区海滨大道至金湖路、文明路、兴华路、翠园街等市政道路升级改造工程，城区残疾人康复中心等4个区级项目建设的有关问题。市、区等单位有关负责人参加会议。

20日　召开加强汛期城乡电力设施安全管理电视电话会议，副区长黄贤锐出席。

21日　市委常委、区委书记李庆新，区委副书记、政法委书记郑良斌在区公安分局召开“扫黑除恶”专题座谈会，调研扫黑除恶工作。

同日　副区长余正茂主持召开中小河流治理（二期）项目勘察设计招标有关事项专题会议。

22日　区长罗光钊主持召开迎接中央环境保护督察工作会议。副区长陈景元、黄贤锐出席。

25日　区政府召开全省地方政府性债务和隐性债务审计工作进点视频会议。区委常委、常务副区长曾向镇及区有关单位负责人参加。

同日　副区长黄贤锐主持召开城乡涉电力设施安全隐患排查专项行动会议。

26日　区委常委、统战部部长李振坚，区政府副区长余正茂召开加强省定贫困村创建社会主义新农村示范村项目管理和资金使用监管工作会议。

27日　区长罗光钊主持召开新港街道“5·27”火灾紧急处置会议，专题研究新港街道“5·27”火灾有关处置问题。区委副书记、政法委书记郑良斌，区委常委、常务副区长曾向镇，区委常委、纪委书记王俊锐，区委常委、宣传部部长叶凯旋，副区长、区公安分局局长陈少华出席，区委办、区政府办、区消防大队、区安监局、区应急办、新港街道有关负责人参加。

28日　区政府召开全国深化“放管服”改革转变职能电视电话会议。区长罗光钊，常务副区长曾向镇，副区长陈少华、胡春莲、余正茂、黄贤锐出席。各镇（街道）有关负责人参加。

29日　副区长黄贤锐主持召开扶贫济困日动员大会。各镇（街道）、区直各单位主要负责人参加。

31日　各镇（街道）办事处有关负责人在区党政办公大楼6楼多媒体室收听收看国务院贯彻落实《地方党政领导干部安全生产责任制规定》电视电话会议。

6月

4日　区长罗光钊主持召开区政府八届二十四次常务会议。会议讨论通过了《关于对汕尾市城区建成区村（社区）文明创建工作测评排名末位进行媒体曝光的实施方案（送审稿）》《汕尾市城区脱贫攻坚责任制实施意见（送审稿）》《汕尾市城区2018年科技创新体系指标任务（送审稿）》《汕尾市城区镇（街道）生计船舶认定及监管实施方案（送审稿）》《汕尾市城区2015、2016年渔民减船转产项目合并实施方案（送审稿）》《汕尾市城区现代化农业产业园创建工作方案（送审稿）》等议题。

12日　副区长黄贤锐主持召开城区2018年海汕公路两侧森林景观提升建设项目工作会议。

13日　市委常委、区委书记李庆新主持召开区委八届常委会第85次（扩大）会议，专题传达学习了省委第十二届四次全会精神。

21日　由省政协常委、科教卫体委员会副主任、南方医科大学党委书记陈敏生率领的省政协调研组一行，在市政府副市长余红、市政协副主席刘小静和相关部门领导陪同下，到汕尾市第二人民医院（汕尾逸挥基金医院）就“汕尾市城区医联体试点建设情况”进行实地调研和指导工作。

21日　副区长余正茂主持召开马宫渔港港池清淤疏浚工作协调会议。

24日　副区长余正茂主持召开捷胜海堤达标加固工程建设事项协调会。

25日　副区长黄贤锐主持召开城区2018年林业重点生态工程项目工作会议。会议就实施城区2018年林业重点生态工程项目进行了讨论研究。

29日　城区召开“广东扶贫济困日”活动动员大会。区四套班子成员，各镇（街道）、区直各单位主要负责人参加。

同日　副区长黄贤锐主持召开东涌镇龙溪港尾至安华朱妈寮村“畅返不畅”农村公路改扩建工作会议。

7月

2日　区长罗光钊主持召开第一次区长碰头会。

同日　在区党政办公大楼7楼会议厅召开区禁毒委全体会议暨禁毒工作推进会。

同日　区政府召开全区土地收储工作会议。区长罗光钊出席。

3日　副区长胡春莲在城区东涌镇宝楼村主持举办汕尾市城区第二届荔枝旅游文化节。

同日　“绿水青山、宝楼荔香”第二届荔枝旅游文化节在城区东涌镇宝楼村举行，为期3天。该次活动旨在推进城区旅游农业发展战略，打造农副产品特色品牌，促进休闲农业的快速发展。

同日　召开全区精准扶贫“回头看”工作会议。副区长余正茂出席，各镇（街道）、区直各帮扶单位分管负责人参加。

4日　区长罗光钊主持召开区政府八届二十五次常务会议。会议讨论通过了《汕尾市城区健康促进与教育工作“十三五”规划（送审稿）》《中共汕

尾市城区委 汕尾市城区人民政府关于推进安全生产领域改革发展实施意见（送审稿）》《汕尾市城区2017年度国内捕捞油价补贴工作实施方案（送审稿）》《汕尾市城区2018年秋季基础教育职业教育招生工作意见（送审稿）》《汕尾市城区人民政府关于加快实施创新驱动发展战略的若干意见（试行）（送审稿）》《汕尾市城区粮食生产功能区实施方案（送审稿）》《汕尾市城区畜禽养殖废弃物资源化利用工作方案（送审稿）》《汕尾市城区对举报毒品犯罪有功人员的奖励办法（送审稿）》等议题。

5日 在区政府党政办公大楼6楼多媒体会议室收听收看广东省配合中央环境保护督察“回头看”工作小结电视电话会议。区长罗光钊、副区长陈景元出席。区各单位负责人参加。

6日 在区政府党政办公大楼6楼多媒体会议室收听收看全省信息基础设施建设工作电视电话会议。副区长黄贤锐出席。区直有关单位、各镇（街道）有关负责人参加。

同日 区政府召开中轴线、火车站北片征地补偿工作动员会。区长罗光钊、副区长黄贤锐出席。市国土资源局、区人大、区直有关单位、有关镇、村的负责人参加。

同日 区政府召开汕尾市城区“一村一主题公园”规划设计方案评审会。区长罗光钊出席。区直有关单位和各镇（街道）主要负责人参加。

7日 区政府召开市区海汕公路、红海湾大道周边环境整治及绿化工作会议。区长罗光钊、副区长黄贤锐出席。市直、区直有关单位和有关镇等主要负责人参加。

8日 召开农村土地确权验收反馈会。副区长余正茂出席，各镇（街道）分管领导及区委农办负责人参加。

12日 区长罗光钊主持召开汕尾市城区贯彻落实国家海洋督察反馈意见整改工作协调会议。区监察委、区府办、区住建局、区海洋与渔业局等有关负责人参加。

13日 区政府召开汕尾市城区推动企业特色产品发展座谈会。副区长胡春莲、余正茂、黄贤锐出席，区直有关单位、各镇（街道）有关负责人，有关区人大代表、区政协委员及企业负责人参加会议。

16日 区长罗光钊主持召开第二次区长碰头会。

17日 区委召开八届七次全会。全会深入学习贯彻习近平新时代中国特色社会主义思想和中共十九大精神，深入学习贯彻习近平总书记在参加十三届全国人大一次会议广东代表团审议时的重要讲话精神，全面落实省委十二届四次全会精神、省委书记李希到汕尾调研时的指示要求和市委七届六次全会精神，总结“大学习、深调研、真落实”活动成果和上半年工作，研究部署当前和今后一个时期城区重点工作。会议审议通过了《中共汕尾市城区委关于深入学习贯彻落实习近平总书记重要讲话精神，践行“四个走在全国前列”重要要求，加快建设沿海经济带靓丽明珠，奋力打造首善之城大美之区的决定》和《中共汕尾市城区委关于深入学习贯彻落实新时代党的建设总要求，努力把各级党组织锻造得更加坚强有力的意见》。市委常委、区委书记李庆新代表区委常委会作讲话。

18日 区政府召开全区消防安全专项整治现场会。会议上半场分别参观凤山街道三马路、香洲街道城内路示范街建设情况，开展消防演练。下半场召开全区消防安全专项整治现场会议。区长罗光钊、常务副区长曾向镇、副区长陈少华参加现场观摩并出席会议。区安委会各成员单位主要负责人、各镇（街道）主要负责人、分管消防工作负责人、各村（社区）主任参加。

同日 召开全区征兵工作推进会。区长罗光钊、副区长陈少华出席。区征兵工作领导小组各成员单位、各镇（街道）主要负责人，各村（社区）主任参加会议。

19日 区长罗光钊主持召开区政府八届二十六次常务会议。会议传达学习了中共中央办公厅、国务院办公厅《地方党政领导干部安全生产责任制规定》《中华人民共和国水污染防治法》；讨论通过了《汕尾市城区土地整治规划（2016—2020年）（送审稿）》《汕尾市城区医疗集团财政保障制度实施方案（送审稿）》等议题。

同日 在区政府6楼多媒体室收听收看全省道

路交通安全工作联席会议电视电话会议。副区长陈少华出席。区直有关单位、各镇（街道）分管领导参加。

同日　在区政府6楼多媒体室收听收看第四次全国经济普查电视电话会议。常务副区长曾向镇出席。区直负责人参加。

22日　区民政局、区人社局领导在区政府6楼多媒体室收看收听全省退役军人工作电视电话会议。副区长黄贤锐出席。

25日　区直有关部门、各镇（街道）分管领导在区党政办公大楼6楼多媒体会议室参加全省督导推进2018年国务院大督查迎检工作电视电话会议。副区长胡春莲出席。

同日　区直有关单位、区纪委办、区法院、检察院负责人，各镇（街道）镇长（主任），在区党政办公大楼6楼多媒体会议室参加全省土地管理工作电视电话会议。副区长陈景元出席。

同日　区政府办、区委农办、区人社局、区教育局、区民政局有关负责人，各镇（街道）负责人、农办主任在区党政办公大楼7楼会议室召开扶贫“回头看”工作推进会。副区长余正茂出席。

同日　区长罗光钊主持召开市城区关于国务院大督查迎检工作会议。

26日　区政府召开城区公平竞争审查制度部门间联席会议。常务副区长曾向镇出席。

同日　区长罗光钊听取副区长余正茂分管线条工作情况汇报。

27日　各镇（街道）、区安委会各成员单位有关负责人在区党政办公大楼6楼多媒体会议室收听收看全国、全省安全生产电视电话会议。常务副区长曾向镇出席。

同日　常务副区长曾向镇主持召开全区上半年经济分析暨重点项目工作推进会。

同日　区长罗光钊主持召开农口线条综合工作推进会议。

31日　在区党政办公大楼9楼会议厅召开全区乡村振兴大会暨打赢脱贫攻坚战工作推进会。

31日　召开全区生态环境保护大会。

8月

1日　召开全区推进巡视整改工作动员会议。

6日　区长罗光钊主持召开第三次区长碰头会。

7日　区长罗光钊主持召开区政府八届二十七次常务会议。会议讨论通过了《汕尾市城区关于实行国家机关“谁执法谁普法”普法责任制工作意见(送审稿)》《汕尾市城区群众举报涉黑涉恶违法犯罪活动奖励办法（试行）（送审稿)》《汕尾市城区政务信息系统整合共享平台建设方案（送审稿)》《汕尾市城区公开招聘村（社区）工作人员实施方案（送审稿)》《汕尾市城区“组账镇代理”工作实施方案（送审稿)》《汕尾市城区区级财政资金支出管理暂行办法（送审稿)》等议题。

12日　区长罗光钊主持召开海汕公路红草西河埔边18公里段部分国有土地无序挖土，出现山体裸露“青山白化”现象等相关问题处置工作协调会。

13日　汕尾市龟龄岛保护与开发利用示范项目开工仪式在龟龄岛举行。工程完工后，龟龄岛将成为全省唯一一个无居民海岛保护与开发的示范岛。

同日　城区召开以“加强党的政治建设、营造良好政治生态”为主题的纪律教育学习月活动动员会暨科级干部（扩大）党章党规党纪教育培训班。传达全市纪律教育学习月活动动员会精神，对全区开展纪律教育学习月活动进行部署和安排。

同日　区政府班子成员，各镇（街道）、区直有关单位主要负责人参加全省深化“放管服”改革转变政府职能电视电话会议。

14日　召开2018年全区道路交通安全工作联席会议。区长罗光钊，副区长、区公安分局局长陈少华出席，区道路交通安全改造联席会议成员单位主要领导或分管领导参加。

17日　副区长陈景元主持召开市区道路升级改造线路及燃气安全协调会。

20日　城区马宫街道金町村荣获“全国民主法治示范村”称号，为全市该批次唯一获评村。

24日　召开加强领导干部办公用房管理工作会议。各镇（街道）、区直有关单位主要负责人参加。

25日　区长罗光钊主持召开区政府重点工作推

进情况汇报会。

27日　区长罗光钊主持召开区政府八届二十八次常务会议。会议讨论通过了《汕尾市城区农村集体产权制度改革实施方案（送审稿）》《汕尾市城区取消证明事项目录（送审稿）》《汕尾市城区公立医院薪酬制度改革试点工作实施方案（送审稿）》《汕尾市城区关于加强政府性债务管理实施方案（送审稿）》《汕尾市城区政府性债务风险应急处置预案（送审稿）》《2018年汕尾市城区财政扶贫开发资金使用分配方案（送审稿）》等议题。

30日　副区长 、区公安分局局长陈少华及各镇（街道）、区直有关单位主要负责人收看收听全国禁毒工作电视电话会议。

是月　城区被列为广东省9个“维稳工作示范点”之一。

9月

1日　副区长陈景元主持召开市区汕马路升级改造工程（马宫金町段）协调工作会议。

5日　副区长黄贤锐主持召开中山渡口渡船移交工作会议。

6日　区政府班子领导成员、区直有关单位有关人员在区政府6楼多媒体室收看收听国务院第三次全国国土调查电视电话会议。

7日　副区长余正茂，区财政局、区国土分局、区农业局主要负责人在区政府6楼多媒体室参加全省现代农业产业园推进工作电视电话会议。

9日　央视《科技苑》栏目到城区红草镇拍摄“辰洲蚝”专题片。

同日　副区长余正茂，区直有关单位负责人在区政府6楼多媒体室收看收听全国开展“大棚房”问题专项清理整治行动电视电话会议。

10日　区长罗光钊主持召开第四次区长碰头会。

11日　省政府出台《海陆丰革命老区振兴发展规划》。按照规划，纳入海陆丰革命老区范围的有13个县（市、区），总面积达20122.45平方公里。城区全辖区纳入老区范围，将进一步享受老区扶持政策。

同日　市委书记、市人大常委会主任、市扫黑除恶专项斗争领导小组组长石奇珠深入到城区基层一线，实地检查督导扫黑除恶专项斗争推进情况。市委常委、区委书记李庆新，市中级人民法院院长任宗理等参加检查督导。

同日　区委召开常委会（扩大）会议。市委常委、城区委书记李庆新主持会议并讲话。会议学习《习近平新时代中国特色社会主义思想三十讲》。

同日　区委召开八届97次常委会（扩大）会议，市委常委、区委书李庆新主持会议并讲话。会议听取了防御双台风“百里嘉”“山竹”工作情况汇报，研究部署了相关防御工作。

12日　市委常委、城区委书记李庆新带队到红草马宫堤围海梧段、马宫街道港口、马宫南湖海堤等实地检查防御台风工作。

13日　区长罗光钊主持召开区政府八届二十九次常务会议。会议传达学习了《中华人民共和国宪法》《中国共产党纪律处分条例》；讨论通过了《汕尾市城区关于进一步加强殡葬管理工作实施意见（送审稿）》《汕尾市城区全面推行湖长制实施方案（送审稿）》《汕尾市城区2018年度中小河流治理项目建设实施方案（送审稿）》《“汕尾市城区创建广东省推进教育现代化先进区”暨“教育强区复评”申报材料》等议题。

14日　副区长陈景元主持召开开征市区生活垃圾处理费有关问题协调会。

17日　城区各镇（街道）、区直各单位、社会各界以及志愿团体，迅速投入强台风“山竹”灾后复产行动，各应急救援队伍迅速奔赴各受灾现场开展救援行动。

同日　区委召开八届第98次常委会（扩大）会议。市委常委、区委书记李庆新主持会议。李庆新强调，要切实提高政治站位，坚持把接受中央督导作为严肃的政治任务来抓；要坚持从严从实，逐一对照标准补齐城区扫黑除恶短板；要强化党委领导，统合力量抓好迎接中央督导各项准备和保障工作，全力将城区打造成为最安全稳定、最公平公正、法治环境最好的地区。

19日　区直有关单位、各镇（街道）分管领导在区政府6楼多媒体室收看收听全省非洲猪瘟等动物疫病防控工作电视电话会议。副区长余正茂出席。

24日　区政府召集公安、消防、安监、工商、食药监、住建等个多部门组成检查组，对市区西门市场周边的“三小场所”开展消防安全大检查行动。

同日　市委常委、区委书记李庆新前往凤山祖庙旅游区管理处，检查中秋及国庆期间安全生产工作。

25日　全区领导干部“加快建设沿海经济带靓丽明珠奋力打造首善之城大美之区”专题研讨班开班。区长罗光钊出席开班仪式并讲话，区领导张淑娟、黄义丞、郑良斌等参加研讨班开班式。

同日　各镇（街道）、区直各相关单位负责人在区政府6楼多媒体室参加全省第四季度防范重特大生产安全事故工作电视电话会议。常务副区长曾向镇出席。

26日　区长罗光钊主持召开区政府八届三十次常务会议。会议学习《中华人民共和国行政复议法》，会议讨论通过了《海汕公路西闸至埔边段综合改造工程（城区部分）征地拆迁补偿安置实施方案（送审稿）》《2018年度汕尾市城区落实粮食安全区长责任制工作方案（送审稿）》等议题。

29日　区直有关单位负责人在区政府6楼多媒体室参加全省第四次全国经济普查专题工作电视电话会议，区长罗光钊、常务副区长曾向镇出席。

30日　第五个国家烈士纪念日。城区在凤山鼎盖山烈士陵园举行2018年烈士纪念日公祭活动，缅怀革命先烈的丰功伟绩，祭奠革命先烈的不朽英魂。市委常委、区委书记李庆新，区长罗光钊主持公祭活动。区领导张淑娟、黄义丞等在家的四套班子领导成员出席公祭活动。部分学生参加。

同日　区委书记李庆新，区长罗光钊分别带队看望慰问烈士遗属。

是月　城区实施“一村（社区）一大学生”工程，招聘青年本科毕业生到农村任职。以较高待遇招聘首批30名30岁以下全日制本科大学生到村（社区）任职，进一步优化基层干部队伍结构。

10月

6日　市委书记、市人大常委会主任石奇珠到城区调研交通基础设施建设项目推进情况，强调要打通交通大动脉，助推经济大提速，着力提升中心城区首位度。市委常委、区委书记李庆新和市委常委、统战部部长余锡群等参加调研。

7日　常务副区长曾向镇主持召开贯彻落实2018年提高城乡居民基本养老保险基础养老金最低标准工作会议。

8日　区委常委、常务副区长曾向镇带领区直有关部门和市区三个街道工作人员，开展校园周边环境清理整治专项行动。

10日　区长罗光钊带队前往品清湖开展巡湖工作，实地察看品清湖水域治理情况以及河、库、湖长制工作落实情况。

12日　副区长黄贤锐主持召开中央商务区第四期征地涉及坟墓迁移安置问题协调会议。

同日　区政府召开2019年度城乡居民医疗保险征收动员会暨2018年度养老保险扩面征缴工作推进会。

14日 城区举办“情暖重阳、登高览胜”文体旅游助力“创文”主题活动。

15—16日　市创建国家卫生城市工作培训班在城区政府9楼会议厅举办，邀请了4位全国爱卫专家进行专题培训。市委常委、区委书记李庆新出席开班仪式并作动员讲话，副市长余红主持并作总结讲话。市、区两级有关单位主要领导和负责人，各县（市、区）政府分管领导、卫计部门负责人，市、区两级创卫办全体人员，城区建成区街道（镇）、社区（村）主要负责人、工作人员等共400多人参加了培训大会。

19日　召开全区“创文”攻坚大会。

20日　城区召开中央第五环境保护督察组“回头看”反馈意见通报推进会。市委常委、区委书记李庆新出席会议并讲话，区领导罗光钊、郑良斌等参加会议。

同日　城区扫黑除恶专项斗争领导小组第8次全体成员会议召开。市委常委、区委书记、区扫黑除恶专项斗争领导小组组长李庆新出席会议并讲话，区领导罗光钊、郑良斌等参加会议。

22日 区长罗光钊主持召开区政府八届三十一次常务会议。会议传达学习了中央第五环境保护督察组对广东省开展“回头看”情况反馈电视电话会议精神及《广东省行政机构设置和编制管理条例》；讨论通过了《关于禁止燃放烟花爆竹的建议》《汕尾市城区能源消费总量控制方案（送审稿）》《汕尾市城区稳定农贸市场价格工作领导小组成员名单（送审稿）》《汕尾市城区关于规范市区奎山经贸市场肉菜价格和市城区海鲜批发市场价格的实施工作方案（送审稿）》《汕尾市城区“一村一公园”建设实施方案（送审稿）》等议题。

同日 城区脱贫攻坚专项巡察动员部署会召开，正式启动城区脱贫攻坚专项巡察。市委常委、区委书记李庆新，市委常委、市纪委书记、市监委主任、市委巡察工作领导小组组长曹小华出席会议。

同日 市委脱贫攻坚专项巡察组从2018年10月22日起至12月上旬对城区开展脱贫攻坚专项巡察工作。

23日 城区海汕公路西闸至埔边段综合改造工程工作推进会召开。市委常委、区委书记李庆新出席会议并讲话。

同日 城区召开第四次经济普查专题工作会议，区长罗光钊出席会议并讲话。

24日 城区召开“创文”工作推进会。

26日 市委常委、区委书记李庆新主持召开区委八届常委会第104次（扩大）会议，专题传达学习了习近平总书记视察广东重要讲话精神，与会领导结合工作实际作了发言。

30日 副区长陈景元在汕尾职业技术学院主持召开汕尾职业技术学院西侧黑臭水体整治工作协调会。市、区有关部门和街道、社区负责人参加会议。

11月

1日 区委召开八届第105次常委会（扩大）会议。市委常委、区委书记李庆新出席会议并讲话。会议还审议通过了《李庆新在全区传达贯彻习近平总书记视察广东重要讲话精神大会上的讲话》和《中共汕尾市城区委关于认真学习宣传贯彻习近平总书记视察广东重要讲话精神的通知》。部分与会领导作了学习体会发言。

2日 召开全区禁毒工作推进会。

同日 区委在市马思聪艺术中心召开全区干部大会，传达学习贯彻习近平总书记视察广东重要讲话精神以及全省、全市传达学习贯彻习近平总书记视察广东重要讲话精神干部大会精神，对全区学习贯彻落实工作进行全面动员部署。

3日 市委常委、区委书记李庆新主持召开区委八届常委会第106次（扩大）会议。市委书记石奇珠到会带学领学习近平总书记视察广东重要讲话精神，听取城区学习宣传贯彻情况汇报并作调研讲话，部分区领导班子成员作了交流发言。

6日 市委常委、区委书记李庆新带队调研开展社会主义新农村建设暨“创文创卫”工作“查、看、比、学”活动，实地察看相关工作情况。区领导张淑娟、黄义丞、郑良斌等参加调研。

同日 区委召开全区脱贫攻坚“八大行动”动员会。

同日 区委召开八届第107次常委会（扩大）会议。市委常委、区委书记李庆新主持会议并讲话，部分参会人员作了发言。会议传达学习贯彻习近平总书记视察广东重要讲话精神，传达市委书记石奇珠到城区带学督学活动讲话精神。

11日 城区白字戏《公烛》获得省群众戏剧曲艺花会金奖。

12日 参加全国“大棚房”问题专项清理整治行动推进落实视频会议。副区长余正茂出席。区直有关部门和各镇（街道）主要负责人及相关人员参加。

13日 区医改领导小组全体组成人员及联络员，区医改办成员、区级公立医院院长在区党政办公大楼6楼多媒体会议室参加2018年全省医改工作电视电话会议。区长罗光钊出席。

14日 区直有关部门负责人在区党政办公大楼6楼多媒体会议室收看收听全国冬春农田水利基本建设电视电话会议。副区长余正茂出席。

同日 市长杨绪松到城区香洲街道城西社区和

凤山街道香洲社区调研第四次全国经济普查单位清查相关工作。强调要提高认识和主动性，紧紧围绕普查目标任务，坚持依法普查、科学普查，确保圆满完成全市第四次全国经济普查各项任务。市委常委、区委书记李庆新参加调研。

同日 在区党政办公大楼6楼多媒体会议室收看收听全省市场监管系统学习贯彻习近平总书记视察广东重要讲话精神电视电话会议。区政府分管领导及有关领导，区直有关部门、各镇（街道）有关负责人参加。

同日 召开全区禁毒工作情况专项民主监督座谈会。副区长陈少华出席。

15日 受区长罗光钊委托，常务副区长曾向镇主持召开区政府八届三十二次常务会议。会议传达学习了市委书记石奇珠在全市领导干部学习贯彻习近平总书记视察广东重要讲话精神专题研讨班开班仪式上的讲话精神。并讨论研究了有关事项。

16日 市委常委、区委书记李庆新到城区凤山妈祖广场检查指导新时代文明实践中心建设工作，听取了相关工作汇报，并提出指导性意见和建议。市委常委、宣传部部长曾晓佳参加。

19日 区长罗光钊主持召开区政府八届三十三次常务会议。会议传达学习了省委理论学习中心组专题学习会精神以及省委李希书记在专题学习会上的讲话精神及《汕尾市城市市容和环境卫生管理条例》；听取了全区扶贫开发工作情况汇报；讨论通过了《汕尾市城区“粤菜师傅”工程实施方案（送审稿）》《汕尾市城区关于贯彻落实国务院安委会道路交通安全“十三五”规划实施方案（送审稿）》《汕尾市城区行政事业单位国有资产处置管理暂行办法（送审稿）》《汕尾市城区行政单位常用公用设施配置标准（送审稿）》《汕尾市城区人民政府关于开展退役军人和其他优抚对象信息采集工作公告（送审稿）》《汕尾市城区第二批清理规范政府部门行政审批中介服务事项目录（送审稿）》等议题。

22日 区长罗光钊带队检查城区红海西路安置楼在建工地建筑情况。

23日 副区长黄贤锐主持召开城区妥善处理违法使用林地历史遗留问题的工作会议。

25日 区长罗光钊到汕尾市新雅地毯制造有限公司，就学习贯彻习近平总书记视察广东重要讲话精神进行带学领学及调研。

26日 区委常委、常务副区长曾向镇到区财政局参加中层干部学习会议，带学领学督学习近平总书记视察广东重要讲话精神。

27日 市委常委、区委书记李庆新到区发改局和区经促局开展学习贯彻习近平总书记视察广东重要讲话精神带学领学督学及调研。区政府领导曾向镇、黄贤锐参加。

30日 市委常委、区委书记李庆新深入捷胜镇调研脱贫攻坚工作。区领导李辉雄参加。

同日 各镇（街道）、区直有关单位负责人在区政府办公大楼6楼会议室，收看收听推进全省非洲猪瘟防控工作电视电话会议。副区长余正茂出席。

12月

4日 市委常委、区委书记李庆新召开全区新录用公务员座谈会。区委领导郑良斌、孔卓文参加会议。

6日 八届区委第四轮巡察意见反馈会在新港、东涌、凤山3个镇（街道）分别召开。区委常委、纪委书记、监委主任、区委巡察工作领导小组组长王俊锐，区委常委、组织部部长、区委巡察工作领导小组副组长孔卓文分别出席并作讲话。

7日 区委办公室印发《关于深入学习贯彻习近平总书记视察广东重要讲话精神 深化“大学习、深调研、真落实”的调研工作方案》。

8日 在区林伟华小学多媒体教室召开今冬明春火灾防控动员部署会暨电动车消防安全专项整治现场会。副区长陈少华出席。区直有关部门、区消安委成员单位负责人和联系人、各派出所分管消防工作副所长及消防民警、各镇（街道）小产权房集中区域所在村（社区）负责人、各小产权房建设户物业单位负责人、各出租屋业主参加。

10日 城区制定实施乡村振兴战略工作清单，全面推动乡村振兴工作。

11日 在区政府6楼多媒体室收看收听全国加

强非洲猪瘟防控工作电视电话会议。副区长余正茂出席。区直有关部门、各镇（街道）相关领导参加。

13日　市纪委书记曹小华到城区开展“坚定不移正风肃纪反腐”专题深调研。

16日　区长罗光钊主持召开区政府2018年重点工作汇报会。

17日　区长罗光钊主持召开了区政府八届第二次区长办公会议。

20日　召开汕尾市城区教育工作会议。

21日　副区长黄贤锐主持召开全区依法打击窃电违法犯罪专项行动工作会议。

23日　区长罗光钊主持召开城区水产品批发市场建设工作会议。

24日　区长罗光钊主持召开区政府八届三十四次常务会议。会议讨论通过了《汕尾市城区创建广东省慢性病综合防控示范区工作方案（送审稿）》《信息经济发展战略合作协议（送审稿）》《汕尾市城区区级预算支出标准体系（试行）（送审稿）》《汕尾市城区2018年度公共财政预算调整草案（送审稿）》等议题。

27日　城区在新时代文明实践中心惠民广场（市区凤山妈祖文化广场）举办“迎新”晚会。市委常委、区委书记李庆新，市委常委、宣传部部长曾晓佳，市人大常委会副主任黄宏伟，副市长余红，市政协副主席何平，区长罗光钊，区政协主席黄义丞，区委副书记、政法委书记郑良斌等区四套领导班子成员以及现场近万名群众观看晚会。通过手机直播在线收看人数多达26万人次。

28日　省教育厅根据省政府授权，授予城区“广东省推进教育现代化先进区”称号。

29日　区长罗光钊主持召开区政府八届三十五次常务会议。会议传达学习了中央经济工作会议精神和习近平总书记在中央经济工作会议上的重要讲话精神，研究部署我区下一步贯彻落实工作措施；听取了城区贯彻落实支持实体经济发展政策有关情况汇报、全区非洲猪瘟防控工作情况汇报；讨论通过了《汕尾市城区贯彻落实〈海陆丰革命老区振兴发展规划〉实施方案（送审稿）》《关于进一步加强我区扶贫项目和资金使用管理的意见（试行）（送审稿）》《中共汕尾市城区委 汕尾市城区人民政府关于推进乡村振兴战略的实施意见（送审稿）》《汕尾市城区关于实施商标品牌战略服务我区经济社会发展的实施意见（送审稿）》《关于汕尾市城区八届人大三次会议代表议案、建议的办理情况报告（送审稿）》等议题。

30日　市长杨绪松带队检查城区熙龙湾在建工地。

是年　城区设立区新时代文明实践中心1个、镇（街道）文明实践所7个、村（社区）实践站80个；建立善美讲坛、惠民广场、文化长廊、百姓舞台、文明驿站等225处；搭建理论宣传、教育服务、文化服务、科技科普、健康体育服务5个平台。开展惠民文化活动548场次，大力弘扬社会主义核心价值观。

是年　城区获省“双拥模范区”称号。这是城区自建区以来，连续第八次荣获该项称号。

汕尾市城区概况

SHAN WEI SHI CHENG QU GAI KUAN

建置沿革

【概况】 汕尾市城区[1]（以下简称“城区”）是1988年1月7日经国务院批准设立的县级区，同年3月29日，区委、区政府正式挂牌办公[2]。城区是中共汕尾市委、汕尾市人民政府的所在地，汕尾市的政治、经济、文化中心。

1988年1月，国务院批准在海丰、陆丰两县区域设立汕尾市，从海丰县东南沿海析出汕尾、马宫、红草、东涌、捷胜、田墘、遮浪7个镇设置城区。1989年2月撤销汕尾镇建制，设置凤山、香洲、新港3个街道。1992年12月，省政府批准从城区析出田墘镇、遮浪镇，设立汕尾市红海湾经济开发试验区。此后城区辖马宫、红草、东涌、捷胜4个镇和凤山、香洲、新港3个街道。2002年，马宫镇改为马宫街道，2005年，中共马宫街道工作委员会、马宫街道办事处正式挂牌。至2018年12月未变。

2018年，全区地区生产总值118.58亿元，比2017年增长8.1%；第一产业增加值23.97亿元，同比增长4.7%；第二产业增加值35.42亿元，同比增长8.3%；工业增加值32.00亿元，同比增长6.9%；规模以上工业总产值19.03亿元，同比增长7.6%；第三产业增加值59.19亿元，同比增长9.2%；农林牧渔业总产值38.24亿元，同比增长4.7%。

自然地理

【区位】 城区位于广东省东部，汕尾市的东南部，东北与海丰县赤坑镇接壤，东南与红海湾经济开发试验区相邻，西北和西沿黄江河南岸至长沙湾与海丰县联安镇、梅陇镇隔河相对，南濒南海的红海湾，北与海丰县陶河镇毗邻。地理坐标为北纬22°36′~22°54′，东经115°10′~115°29′。城区水陆交通方便，深汕高速公路和厦深铁路横穿全境，陆路西距广州317公里，距深圳200公里，往东距汕头208公里，水路至香港81海里，至澳门120海里。城区设置时区域面积为401.05平方公里，析出田墘镇、遮浪镇后为302.11平方公里。2018年，市区面积33.07平方公里，海岸线长98公里。区内的汕尾港处于粤东沿海中心位置。海域内有岛屿10多个、海湾2处、较大的海湖6处。

【地质】 城区范围的地质属中生代以来隆起的剥蚀构造区。地质大部分为海相沉积物。断裂构造发育，褶皱构造不发育。北东向有宝楼山断裂，其配套断裂有规模较小的东涌断裂，市区有一条自西北向东南的小型断裂，从境内西北角（石脚桶）附近伸向红海湾到新港地带。境内未曾有过大地震的记载，但有小震级地震，多数以震群形式出现。

【地貌】 城区属东南沿海丘陵半岛地形。山地占地面积较广，海拔200米以上的山峰13座，最高峰为东涌镇与海丰赤坑镇交界处的羊牯岭山峰，海拔527.6米；滨海平原狭窄。东西南三面多港湾和海湖，海域中岛屿众多。城区沿海湖连海，港接湾，岛屿错落，是典型的滨海地貌。

【河流】 城区境内无大江河注入，境内河溪多发源于小山区，源近流短，流域面积10平方公里的溪流共12条，经湾、港、湖等注入南海。

【气候】 2017年，汕尾市城区天气气候呈现“冬大暖、夏酷热、雨不匀、台风多”的特征，灾害性天气年景重，属于较差气候年景。

汕尾市城区年平均气温23.4 ℃，比历年偏高1.0℃，为有观测记录以来汕尾最热的年份。高温日数偏多，盛夏时各地日平均气温超过30 ℃的天数刷新观测历史纪录。

4月12日偏晚6天入汛，汕尾市城区年降雨量2157.9毫米，偏多10%，其间较强的降水过程有：龙舟水强降水集中期（6月12日到6月21日）、季风低压和季风槽连续降水过程（7月1到9日、7月15到19日）和几次台风过程。全年的强对流天气发生接近

注：①“城区”本是每个城市的市区域泛称，而本年鉴的城区是汕尾市辖下的一个区域名称。

② 区委、区政府当时驻地在市区二马路东南段原汕尾镇政府，1991年3月搬迁到市区香城路中段。

2016年，种类主要包括雷暴、雷雨大风、短时强降水、暴雨等。

6月12到21日，先后受台风“苗柏”和强西南季风的连续影响，城区大部连日出现暴雨到大暴雨，局部特大暴雨的强降水天气。这是汕尾建市设区以来，出现的连续性暴雨时间最长且累积雨量最大的一次过程，直接导致城区旱涝急转。

2017年共有9个热带气旋影响城区，较常年大幅偏多，影响最大的台风为1702号台风“苗柏”。8月22日到9月4日，遭受了罕见的“台风三连击”，受“天鸽”“帕卡”和“玛娃”3个台风不同程度的相继袭击。

（市年鉴资料摘录）

资源物产

【土地资源】 城区属东南沿海半岛地形，是隆起的剥蚀构造地区，地质大部分为海相沉积物，土壤主要为洪积冲积土属和赤红砂土，适宜水、旱耕作，适种范围广。全区陆地面积约为302.1平方公里。2018年，湿地面积4240.47公顷，耕地保有量面积3190.57公顷（其中基本农田824公顷），园地面积2092.49公顷，草地面积2696.36公顷（包括红海湾）。

【作物资源】 2018年，全区农作物种植面积3395.8公顷，其中：水稻播种面积913.3公顷，亩产量约370公斤，总产量约0.51万吨；番薯种植面积660公顷，亩产量约1540公斤，总产量约1.52万吨；花生种植面积306.7公顷，亩产量约160公斤，总产量约0.07万吨；蔬菜种植面积1520公顷，亩产量约1520公斤，总产量约3.46万吨；水果种植面积1073.3公顷，总产量约2.06万吨，其中，荔枝种植面积1033.3公顷，总产量约1.86万吨。

【海洋资源】 城区面临南海，海岸线长98公里，海域面积8949平方公里（包括红海湾海域）。渔场主要是尖担渔场、盖苏文渔场、外脚渔场和内脚渔场。沿海多湖港海湾和岛屿及滩涂，海湖主要有品清湖、东坑湖、石狗湖；渔港有汕尾港、马宫港、捷胜港；海湾有长沙湾、红海湾；海岛主要有龟龄岛、江牡岛、菜屿岛、金屿岛、石澳岛、屿仔岛（有居民常住）。海滩涂面积706.6公顷，是养殖开发的优良场所。

海产品有10类、85科、860多种。鱼类主要有蓝园鲹、金色沙丁、鲐鱼、带鱼、银鲳、灰旗鱼、海鳗、大黄鱼、小黄鱼、断斑石鲈、海鸟、马鲛、勒鱼、鲥鱼、海鲶、石斑等。虾类有长额仿对虾、鹰爪虾、中华管鞭虾、墨吉对虾、长毛对虾、宽勾对虾、龙虾等。藻类有紫菜、江蓠、石花菜和海人草等。贝壳有鲍鱼、海胆、青蚧、牡蛎（蚝）等。沿海海水含盐浓度年平均32.7‰，是广东生产海盐的基地之一。海洋波浪是可开发的能源资源。

【水资源】 2018年，城区区域内建有蓄水工程中型水库1座，小（1）型水库13座，小（2）型水库36座，山塘38座，总蓄水量6508万立方米。区域内年平均降雨量1887毫米。全区水资源（含地下水）总量约3.63亿立方米。

【森林资源】 根据城区2018年森林资源二类调查数据显示，全区森林总面积12077.72公顷；林业用地面积13992.03公顷，其中，有林地面积10768.76公顷，灌木林地1.37公顷，未成年林地975.64公顷，无立木林地2014.86公顷，宜林地104.67公顷，其他土地126.73公顷。

【矿产资源】 城区境内探明的矿产有锡、钨、铜、锆镆石、硫铁矿、玻璃砂等。锡矿分布于金町村、东涌村、芦列坑村、大华半岛和西洋村等地，其中金町村、东涌村、芦列坑村等地的锡矿均属C2级储量,计有锡金属储量2590.3吨,锡的品位均在1%~1.5%之间，条数多且集中；钨矿分布于芳荣山和新地村等地；铜矿分布于石厝村;锆沙分布于捷胜镇等地;硫铁矿分布于马宫镇牛尾山；玻璃砂分布市区、捷胜镇海滩。境内有或露或藏的大量花岗岩。

【旅游资源】 汕尾市城区风景秀美，人文荟萃，民风淳朴，百业繁荣，山海湖城相连相拥，海岸线长达110公里，200多个岛礁各具特色，旅游资源得天独厚，丰富而旖旎，素有“粤东旅游黄金海岸”

“山海湖城”之称。主要有“一湖二山二湾三岛”等旅游景点。“一湖”即我国最大的滨海潟湖——品清湖；“二山”即凤山和铜鼎山两个国家AAAA级旅游景区；“二湾”是银龙湾和金町湾；“三岛”是屿仔岛、龟龄岛和江牡岛。还有得道庵、关帝庙、黎明洞、墩下城遗址、东涌民俗文化馆、铜锣寨革命遗址、红草辰州万亩蚝场等旅游景点。

汕尾市城区文化底蕴深厚，民俗风情丰富，拥有国家级“非遗”项目——汕尾渔歌、西秦戏、白字戏、正字戏等。省级“非遗”项目——妈祖庙会、钱鼓舞等多个艺术品牌。

汕尾市城区地处红海湾畔，环境优美，水清沙白，水质优良，盛产的海鲜品质超群，种类众多同，肉质以“鲜、甜、香、嫩”著称，是集旅游观光、海滨娱乐、水上运动、休闲度假、养生康体于一体的旅游胜地。

【动植物资源】 *植物* 粮食作物主要有水稻、番薯。经济作物中，蔬果类有蔬菜、花生、大豆、芝麻、南药、甘蔗、荔枝、龙眼、黄皮、柑、橘、橙、香蕉、青梅、油柑、杨桃、梨、芒果、李仔、桃、枇杷等。木本植物有柗、松、红椎木、椆木、荷木、木麻黄、台湾相思树、梓、柳、苦楝、油桐、橡树等。

动物 家养动物有鸡、鸭、鹅、牛、羊、狗、兔、猫等。陆生野生动物有数量较少的穿山甲、白鹤、苏门羚、猴鹰、蟒蛇、山猪、豺狗、鸢苍鹰、雀鹰、松雀鹰、鵟、响尾鹞、游隼、鸦鹃、草鹗、鹧鸪、斑鸠、夜游鹤、海鹅、岸鹅、山鸡、水鸭、银蛇、广蛇、索蛇、大壁虎、青蛙等。

环境质量

【大气环境】 *城市环境空气质量自动监测情况及监测结果* 2018年，城市AQI达标天数340天，AQI达标率93.2%，空气质量综合指数2.91，连续四年位列全省第一。环境空气质量自动监测项目年日均浓度值分别为：二氧化硫9微克/立方米，二氧化氮12微克/立方米，一氧化碳0.7毫克/立方米，均达到《环境空气质量标准》（GB3095-2012）一级（优）标准限值；臭氧101微克/立方米，PM_{10}41微克/立方米，$PM_{2.5}$23微克/立方米，均达到《环境空气质量标准》（GB3095-2012）二级（良）标准限值，成为全省唯一一个达到世界卫生组织（WHO）第二阶段控制目标的城市。与2017年相比二氧化硫持平、二氧化氮下降7.7%、可吸入颗粒物（PM_{10}）下降4.7%、一氧化碳下降12.5%、臭氧（O3-8h）上升8.6%、可吸入颗粒物（$PM_{2.5}$）下降14.8%。

城市降水 2018年，实测降水总量3039毫米，全年降水pH值范围为6.57~7.23，pH值年均值为6.91，电导率均值为31.1微西/厘米，硫酸根(SO_4^{2-})均值为3.01毫克/升，硝酸根(NO_3^{-N})均值为1.15毫克/升，未发生酸雨。

【声环境】 至2018年，汕尾市区建成区面积为30平方公里，设有5个功能区噪声监测点位、105个区域环境噪声监测点位、26个道路交通噪声监测点位。截至2018年年底，市区声环境质量保持较好水平。

声环境功能区达标情况 汕尾市区共有5个监测点，分别为1类区（居民文教区）1个、2类区（混杂区）1个、3类区（工业区）1个、4类区（交通干线两侧）监测点2个，每季度监测1次，分昼间、夜间监测，2018年监测结果除一季度1类区、2类区夜间日均值分别略超0.6、0.1分贝，二季度4类区交通干线两侧其中1个监测点夜间1个日均值略超1.4分贝，其余监测结果均符合功能区噪声标准昼间、夜间的要求，与2017年相比有略超现象。

城市区域总体噪声水平 汕尾市区共有105个监测点，每年监测1次，2018年昼间平均等效声级为57.1分贝，达到国家规定标准，与2017年相比上升了0.7分贝。

道路交通噪声现状 汕尾市区共有26个监测点，每年监测1次，2018年昼间平均等效声级为67.4分贝，达到国家规定标准，与2017年相比下降了0.4分贝。

【水环境】 2018年度监测结果表明汕尾市饮用水源地、河流入库口、中型湖泊水库和近岸海域等水环境质量水质达标率为100%。

城市集中式饮用水源地 地级以上市城市集中式饮用水源地主要是赤沙水库（2个监测点），

其次是琉璃径水库、赤岭水库在出水口各设1个监测点，每月监测1次，每次监测68项，其中3月、7月监测114项。同时作为汕尾市乡镇集中式饮用水源地、汕尾市湖泊水库类别进行监测。2018年监测结果表明所监测全部项目均符合国家《地表水环境质量标准》（GB3838-2002）Ⅲ类标准，其中赤沙水库水质全年均符合Ⅱ类标准，水质状况优良。

县级集中式生活饮用水源地　县级行政单位所在城镇集中式生活饮用水源地，每个水源地设1个监测点，1、3、4、6、7、10、11月上旬各监测1次，每次监测68项，其中3月监测114项，其余月份监测42项，其中河流型水源监测项目除叶绿素a和蓝绿藻密度2项外，同时作为汕尾市乡镇集中式饮用水源地、汕尾市湖泊水库类别进行监测。2018年监测结果表明所监测全部项目均符合国家《地表水环境质量标准》（GB3838-2002）Ⅲ类标准，水质状况优良。

乡镇集中式饮用水源地　在每个水源地设1个监测点，2018年上半年（6月）、下半年（11月）各监测1次，河流型水源每次监测66项，湖库型水源每次监测增加叶绿素a和蓝绿藻密度共68项，2018年监测结果表明所监测项目均符合国家《地表水环境质量标准》（GB3838-2002）Ⅲ类标准，水质状况优良。

河流入库口监测　在河流汇入饮用水源地，在河流进入水库前50米外布设监测点，每月监测1次，其中，五里牌水库大径河流每季度监测1次，每次监测9项，2018年监测结果表明所监测全部项目均符合国家《地表水环境质量标准》（GB3838-2002）Ⅲ类标准，水质状况优良。

湖泊水库（非饮用水源地水库）监测　在中型以上湖库，每个湖库设1个监测点，1、4、7、10月上旬各监测1次，每次监测10项，2018年监测结果表明所监测项目均符合国家《地表水环境质量标准》（GB3838-2002）Ⅲ类标准，水质状况优良。

入海河口水质监测　在入海河流入口，每月监测1次，每次监测33个项目，2018年监测结果表明均达到国家《地表水环境质量标准》（GB3838-2002）Ⅱ类标准、Ⅲ类标准、Ⅳ类标准，主要污染物为化学需氧量、高锰酸盐指数和五日生化需氧量。

江河水质监测　每月监测1次，每次监测31个项目，2018年监测结果表明达到国家《地表水环境质量标准》（GB3838-2002）Ⅲ类标准、Ⅳ类标准，主要污染物为氨氮。

近岸海域监测　设置监测点位，其中功能区点位分别为城区捷胜青屿、市区炮台；功能区兼质量点位分别为城区马宫、市区凤飞山。在枯、丰、平水期各监测1次，丰水期、平水期各监测21项，枯水期功能区点位监测22项，环境质量点位全分析监测35项。全部项目均达到《海水水质标准》（GB3097-1997）相应功能区标准。

（市年鉴资料摘录）

环境保护

【环境污染防治】　水污染防治行动计划　全面落实河湖（库）长制，党政“一把手”分别担任第一总河（库）长、总河（库）长，带头开展巡河、巡库。全面实施《汕尾市水环境保护条例》，开展河道“五清”专项行动，清理河道26.8公里、水面漂浮物3400多吨，完成了主要河流水浮莲的清理；拆除非法养猪场97家，排查水库、河道50多处，拆除取缔洗砂场2家，排查摸底入河排污口共计279个。加强对品清湖环境的保护，清理竹竿1490多支、清理定置网和长城网具2280多个、各类浮标65个，清理湖内垃圾744车，清理拆解沉船3艘。加快推进奎山河（湖）黑臭水体治理，推进农村雨污分流建设。加强对饮用水源水库的管理和保护，全区6宗饮用水水源水库的规范建设已全部完成。全力开展岸线污染破坏专项整治，集中清理违规高位养殖，加快推进品清湖蓝色海湾整治，近岸海域水质各监测点位监测指标均达到相应功能区标准。大力整治黑臭水体，采取源头管控、内部治理、生态修复等办法，市区奎山湖、奎山河两个黑臭水体整治初见成效，其中奎山河黑臭水体整治已完成竣工验收和工程整治效果评估公众评议工作。做好饮用水水源保护区优化调整，着力开展集中式饮用水水源地环境保护专项整治，提前于2018年11月2日完成整治。

大气污染防治行动计划　集中开展“散乱污”

企业专项整治，加强环境监管，保障环境安全。落实建筑工地“6个100%”措施，进一步强化市区扬尘控制。大力推行新能源电动公交绿色出行，截至2018年年底，全市公交车辆保有量1160辆，其中新能源公交车占比率达到91%，位居全省第二。划定城区所有行政区域为高污染燃料禁燃区，全区禁止新建10蒸吨/小时以下燃煤锅炉，完成了市区建成区内13台锅炉整治工作。划定市区建成区为非道路移动机械低排放控制区，禁止使用高排放非道路移动机械。

土壤污染防治行动计划　因地制宜、科学谋划，制定实施了《土壤污染防治行动计划实施方案》等一系列防治工作措施，积极组织开展农用地、重点行业企业土壤环境质量详细调查，突出抓好农村农业面源污染、畜禽养殖污染、重金属污染和固体废弃物管理等综合整治。加快固体废物处理处置设施建设，汕尾市生活垃圾无害化处理中心焚烧发电二期项目（1400吨/日）进展顺利，计划于2019年年底前建成投运，届时全市生活垃圾无害化处理设施规模将达到3200吨/日，实现全市生活垃圾无害化处理全覆盖，并逐步消化存量垃圾。全市医疗废物集中处置中心项目（14吨/日）推进顺利，已完成立项、征地、设计等前期工作，计划2019年年底建成投运。以实施乡村振兴战略为抓手，大力开展农村人居环境整治，完成“一县一场、一镇一站、一村一点”的建设任务，基本解决了农村生活垃圾乱堆乱弃、简易填埋和就地焚烧等问题。

【环境管理】　推进经济社会与生态环境保护协同发展，严格环境保护制度执行力度，加强环境准入管理，充分发挥环保审批调控作用，督促各产业园区配套完善产业准入条件，优化新增产能，落实“三线一单”约束，坚决否决不符合环保要求的建设项目。积极引进“珠三角”先进的生产技术，大力发展电子信息、电力能源、新能源汽车等战略性新兴产业，加大生态环保基础设施建设力度、提升污染防治水平、推进农村人居环境综合整治。

【生态环境保护】　2018年，城区认真贯彻落实全省生态环境保护大会暨污染防治攻坚战工作推进会上的部署要求和中央第五环境保护督察组对广东省开展“回头看”情况反馈要求，不折不扣把中央、省委关于生态文明建设和生态环境保护的决策部署落到实处。一是市委常委、区委书记李庆新，区长罗光钊担任区生态环境保护委员会主任，并分别担任区污染防治攻坚战指挥部第一总指挥、总指挥，先后主持召开研究、部署生态环境保护工作的区委常委会会议、区政府常务会议多场（次），并多次深入该区生活垃圾无害化处理项目调研，现场、现实、现物解决问题，推动生态环境保护工作落细落实落具体。二是全面贯彻《汕尾市环境保护责任考核办法》《汕尾市打好污染防治攻坚战三年行动计划（2018—2020年）》《汕尾市生态环境保护工作责任清单》，确保环境保护责任和污染防治攻坚战有效落实。三是坚持法治思维，深入开展《汕尾市城区环境保护“十三五”规划》修编工作，积极参与制定《汕尾市品清湖环境保护条例》等工作，夯实依法开展生态环境保护工作保障。

（市年鉴资料摘录）

人口·民族·语言

【人口】　2018年，全区总户数81530户；总人数390228人（其中，男202413，女187815；农村户口162418人，城镇户口227810人）；出生5301人，死亡601人，迁入1674人，迁出3128人；全区流动人口26000人。

【民族】　城区有多民族散杂居住。2018年，户籍人口除汉族外，还有23个少数民族，共计487人，占全区总人口的0.12%。其中，居住在城市的270人，居住在农村的217人。分别是壮族244人、苗族66人、土家族33人、侗族32人、彝族21人、瑶族20人、蒙古族12人、土族11人、回族12人、布依族6人、满族6人、朝鲜族6人、毛南族4人、黎族3人、畲族2人、仡佬族2人、白族2人、锡伯族1人、佤族1人、水族1人、羌族1人、傣族1人。另有流动少数民族人口约200人。

【语言】　使用的语言有福佬语（属闽南方言）、粤语、潮汕语、客家语、普通话，以福佬语为主。

行政区划

【行政区划】 城区区域面积302.11平方公里。2018年，辖凤山、新港、香洲、马宫4个街道和红草、东涌、捷胜3个镇，共7个乡级政区；36个社区居委会，59个行政村。城区人民政府驻地市区香城路中段，电话区号0660，邮政编码516600。

（城区民政局）

2018 年汕尾市城区行政区划简表

表 1

街道（镇）	面积（平方公里）	村（居）委会数（个）	村（居）委会名称	村（居）民小组数（个）
凤山街道	21.09	11个社区 3个行政村	联兴社区居委会	6
			文亭社区居委会	6
			凤照社区居委会	14
			安美社区居委会	7
			凤翔社区居委会	8
			凤苑社区居委会	6
			滨海社区居委会	7
			盐町头社区居委会	3
			奎山社区居委会	2
			香洲社区居委会	4
			新林社区居委会	2
			小岛村委会	0
			芦列坑村委会	2
			革新村委会	3
香洲街道	18.57	12 个社区 2个村委	东兴社区居委会	3
			后径社区居委会	0
			城西社区居委会	2
			新兴社区居委会	3
			中区社区居委会	0
			园林社区居委会	0
			新瑶社区居委会	2
			新区社区居委会	0
			城南社区居委会	0
			新城社区居委会	0
			西兴社区居委会	2
			兴祥社区居委会	0
			梧桐村委会	0
			西洋村委会	0

续表 1

街道（镇）	面积（平方公里）	行政村、社区数（个）	行政村、社区名称	村（居）民小组数（个）
新港街道	17.03	5 个社区 5 个村委	海滨社区居委会	5
			金海社区居委会	5
			新园社区居委会	5
			海港社区居委会	5
			立新社区居委会	6
			红卫村委会	0
			芳荣村委会	7
			新港村委会	6
			东风村委会	0
			前进村委会	3
马宫街道	22.63	1 个社区 6个村委	马宫社区居委会	6
			长沙村委会	3
			新北村委会	2
			金町村委会	12
			浪清村委会	2
			盐町村委会	2
			深渔村委会	3
红草镇	69.73	1 个社区 14 个村委	红草社区居委会	6
			梧围村委会	15
			海梧村委会	7
			径口村委会	4
			拾和村委会	6
			青山村委会	4
			光明村委会	2
			五雅村委会	4
			埔边村委会	6
			三和村委会	3
			西河村委会	4
			南汾村委会	8
			新村村委会	0
			晨洲村委会	6
			亚洲村委会	0

续表 1

街道（镇）	面积 （平方公里）	行政村、社区 数（个）	行政村、社区 名称	村（居）民 小组数（个）
捷胜镇	49.48	4 个社区 14个村委	东门社区居委会	9
			西门社区居委会	6
			南门社区居委会	7
			北门社区居委会	9
			联星村委会	12
			联安村委会	13
			大流村委会	20
			埔尾村委会	4
			前进村委会	9
			东坑村委会	10
			沙坑村委会	5
			牛肚村委会	3
			石岗村委会	4
			石头村委会	5
			南门外村委会	7
			五爱村委会	9
			沙角尾村委会	3
			军船头村委会	9
东涌镇	103.58	2 个社区 15 个村委	东涌社区居委会	0
			碧桂园社区居委会	0
			东涌村委会	0
			品清村委会	0
			新地村委会	0
			新湖村委会	7
			东石村委会	5
			赤古村委会	5
			洪流村委会	4
			石洲村委会	0
			宝楼村委会	0
			新安村委会	2
			新民村委会	2
			民群村委会	4
			民进村委会	4
			龙溪村委会	2
			安华村委会	5

政　治

ZHENG ZHI

中共汕尾市城区委员会

·城区委领导成员名录

书　记：李庆新
副书记：罗光钊
　　　　郑良斌
常　委：曾向镇
　　　　孔卓文
　　　　李振坚
　　　　李辉雄
　　　　王俊锐
　　　　刘学深
　　　　叶凯旋
　　　　钱　进（2018年9月任）
　　　　彭　海（2018年11月任）

·组织机构

【概况】 汕尾市城区党的组织有中共汕尾市城区委员会和中共汕尾市城区纪律检查委员会。中共汕尾市城区委员会设置有办公室、组织部、宣传部（挂汕尾市城区精神文明建设委员会办公室牌子）、统一战线工作部（与区委台湾工作领导小组办公室、区政府台湾事务办公室、区宗教局合署办公）、政法委员会、直属机关工作委员会、区机构编制委员会办公室（既是区委的工作部门、又是区政府的工作机构）7个工作部门。区委纪律检查委员会与区监察委员会合署办公。

区委办公室内设秘书股、综合股、督办股、信息股、政策研究室、机要局、区委保密委员会办公室（区国家保密局）。属下设立信息管理中心、区党政总值班室。区委党史研究室挂靠区委办公室。

·重要会议

【区委八届全会】 1月12日，区委召开八届六次全会。全会以习近平新时代中国特色社会主义思想为指引，深入学习贯彻中共十九大和中央经济工作会议、中央农村工作会议、习近平总书记对广东工作重要指示批示精神，以及省委十二届二次、三次和市委七届四次、五次全会精神，总结2017年工作，分析研判形势，部署2018年工作。会议提出，全区工作的总体要求是：全面贯彻中共十九大和中央经济工作会议、中央农村工作会议精神，以习近平新时代中国特色社会主义思想为指引，按照“三个定位、两个率先”和“四个坚持、三个支撑、两个走在前列”的要求，贯彻落实省委十二届二次、三次和市委七届四次、五次全会精神，坚持稳中求进工作总基调，统筹推进“五位一体”总体布局，协调推进“四个全面”战略布局，进一步提高中心城区首位度，全力打好“六大攻坚战”，不断开创中心城区扩容提质、振兴发展新局面。一要全力打好重点项目建设攻坚战。二要全力打好土地收储攻坚战。三要全力打好乡村振兴攻坚战。四要全力打好“创文”“创卫”攻坚战。五要全力打好民生攻坚战。六要全力打好平安法治攻坚战。

7月17日，区委召开八届七次全会。全会深入学习贯彻习近平新时代中国特色社会主义思想和中共十九大精神，深入学习贯彻习近平总书记在参加十三届全国人大一次会议广东代表团审议时的重要讲话精神，全面落实省委十二届四次全会精神、省委书记李希到汕尾调研时的指示要求和市委七届六次全会精神，总结“大学习、深调研、真落实”活动成果和上半年工作，研究部署当前及今后一个时期城区重点工作。会议提出，要以新担当新作为，加快实现“四大提升”，奋力打造首善之城、大美之区，为加快建设沿海经济带靓丽明珠做出应有贡献。会议审议通过了《中共汕尾市城区委关于深入学习贯彻落实习近平总书记重要讲话精神，践行“四个走在全国前列”重要要求，加快建设沿海经济带靓丽明珠，奋力打造首善之城大美之区的决定》和《中共汕尾市城区委关于深入学习贯彻落实新时代党的建设总要求，努力把各级党组织锻造得更加坚强有力的意见》。

【区委常委（扩大）会议】 1月5日，区委八届常委会第57次（扩大）会议召开。会议传达学习了省委十二届三次全会精神，要求全区各地各部门要认真学习好、领会好、贯彻好省委全会精神特别是省委书记李希的报告和省长马兴瑞的讲话精神，不断开创中心城区扩容提质、振兴发展新局面，进一步提高中心城区首位度。

1月10日，区委八届常委会第58次（扩大）会议召开。会议传达学习了习近平总书记关于《寻乌扶贫调研报告》的重要批示精神及省委书记李希批示精神，强调各地各部门和各级领导干部要认真学习、深刻领会、全面落实习近平总书记的重要批示精神及省委书记李希批示精神，深入一线开展调查研究工作，扎实推进各项工作取得新进展。

1月24日，区委八届常委会第61次（扩大）会议召开。会议传达学习了习近平总书记在1月5日学习贯彻中共十九大精神研讨班开班式上的重要讲话精神。会议指出，习近平总书记的重要讲话，深刻阐述了“三个一以贯之”等重大问题，对深入理解和贯彻落实中共十九大精神，深入理解和把握习近平新时代中国特色社会主义思想，深入理解和贯彻党中央推进全面从严治党的决策部署，进一步增强新时代坚持和发展中国特色社会主义、实现中华民族伟大复兴中国梦的信心和定力，具有十分重要的政治意义、理论意义、历史意义与实践意义。

2月5日，区委八届常委会第62次（扩大）会议召开。会议传达学习了广东省十三届人大一次和广东省政协十二届一次会议精神。会议强调，一要以习近平新时代中国特色社会主义思想为指引，深入学习宣传贯彻省“两会”精神。会议强调，要迅速掀起学习宣传贯彻热潮，深刻认识过去五年广东取得的历史性成就，准确把握省“两会”精神特别是省长马兴瑞所作的政府工作报告的精神实质。

2月24日，区委八届常委会第64次（扩大）会议召开。会议传达学习了中央第十二巡视组巡视广东省工作动员会议精神。会议强调，巡视是全面从严治党的重大举措，是党内监督的战略性制度安排。

3月9日，区委八届常委会第66次（扩大）会议召开。传达学习习近平总书记在参加十三届全国人大一次会议广东代表团审议时的重要讲话精神。会议指出，习近平总书记的重要讲话，充分肯定广东工作，对新时代开创广东工作新局面提出“四个走在全国前列”的明确要求，充分体现了以习近平同志为核心的党中央对广东发展的高度重视和对南粤人民的亲切关怀，为进一步做好新时代广东各项工作指明了前进方向、注入了强大动力、提供了重要遵循。会议强调，一要充分认识习近平总书记重要讲话的重大意义和丰富内涵，切实把思想与行动统一到习近平总书记对广东的要求上来。二要把学习宣传贯彻习近平总书记重要讲话精神作为当前和今后一个时期的头等大事与首要政治任务，迅速兴起学习宣传贯彻热潮。三要以习近平总书记重要讲话精神为指导，奋力开创中心城区扩容体质、振兴发展新局面。

3月23日，区委八届常委会第67次（扩大）会议召开。会议传达学习了广东省传达贯彻习近平总书记重要讲话精神暨全国“两会”精神大会精神，听取了党政领导班子成员线条工作汇报，研究贯彻落实意见。

4月1日，区委八届常委会第68次（扩大）会议召开。会议传达学习了习近平总书记在十九届中央政治局第四次集体学习时的讲话精神、《中共中央关于深入学习宣传和贯彻实施〈中华人民共和国宪法〉的意见》精神和新修订宪法。

4月4日，区委八届常委会第70次（扩大）会议召开。会议听取了城区学习宣传贯彻习近平总书记参加十三届全国人大一次会议广东代表团审议时的重要讲话精神和全国“两会”精神情况汇报、区四套班子成员代表的学习交流发言。会议强调，一要旗帜鲜明讲政治，抓紧抓实头等大事、首要的政治任务；二要突出抓好党员领导干部带学、领学、督学，推动学习宣传贯彻工作往深里走、往实里抓；三要重点抓好基层党员最大学习群体，推动总书记重要讲话精神和全国“两会”精神家喻户晓、深入人心。

4月13日，区委八届常委会第73次（扩大）会议召开。会议传达学习了省委书记李希在全省传达贯彻习近平总书记重要讲话精神电视电话大会上的讲话，听取了督导检查各地各部门学习贯彻习近平总书记重要讲话精神情况汇报和部分同志学习习近平总书记参加十三届全国人大一次会议广东代表团审议时的重要讲话精神心得体会汇报。

4月18日，区委八届常委会第74次（扩大）会议召开。专题传达学习了全省市厅级主要领导干部学习贯彻习近平总书记重要讲话精神专题研讨班精神。会议强调，一要更深一层、更进一步，深刻领会和准确把握习近平总书记重要讲话精神的丰富内涵和精神实质；二要下更多功夫、更大力气，持续推动学习贯彻工作往深里走、往实里抓；三要以更强担当、更大作为，不断开创城区扩容提质、振兴发展新局面。

4月20日，区委八届常委会第75次（扩大）会议召开。会议传达学习了习近平总书记在庆祝海南建省办经济特区30周年大会上的重要讲话精神、在博鳌亚洲论坛2018年年会开幕式上的主旨演讲精神和省委书记李希在省委常委会（扩大）会议上的讲话精神以及市委书记石奇珠在全市领导干部学习贯彻习近平总书记重要讲话精神带学督学情况汇报及心得体会。

5月4日，区委八届常委会第78次（扩大）会议召开。会议集中收听收看纪念马克思诞辰200周年大会电视直播，认真学习贯彻习近平总书记重要讲话精神。

5月28日，区委八届常委会第82次（扩大）会议召开。会议传达学习了省委书记李希在汕尾调研时的讲话精神，与会相关领导同志作了发言。

6月7日，区委八届常委会第83次（扩大）会议召开。会议认真学习了习近平生态文明思想和传达学习了全国生态环境保护大会精神、中央第五环境保护督察组对广东省开展“回头看”工作动员会精神以及全市河长制推进会暨市总（河）长座谈会精神，研究了下一步工作措施。

6月13日，区委八届常委会第85次（扩大）会议召开。专题传达学习了省委第十二届四次全会精神。会议强调，一要深刻领会省委第十二届四次全会精神实质，统一思想和行动，迅速掀起学习贯彻热潮；二要调频对标、同频共振，谋在深处、干在实处，把省委十二届四次全会精神转化为具体思路和举措；三要紧盯当前重点工作，全力冲刺“双过半”目标任务，确保上半年各项工作取得新突破新亮点。

6月29日，区委八届常委会第86次（扩大）会议召开。会议传达学习了市委七届六次全会精神并通报了2018年上半年全区经济社会工作情况，研究贯彻落实意见。

7月5日，区委八届常委会第87次（扩大）会议召开。会议传达学习了习近平总书记关于打赢脱贫攻坚战三年行动的批示精神和省、市领导的批示精神。

7月10日，区委八届常委会第88次（扩大）会议召开。会议传达学习了习近平总书记对禁毒工作作出的重要批示精神和公安部部长赵克志在《人民日报》发表的《以习近平新时代中国特色社会主义思想为指导奋力夺取新时代禁毒人民战争新胜利》文章，研究了下一工作措施。

7月13日，委八届常委会第89次（扩大）会议召开。会议传达学习了习近平总书记对扫黑除恶工作的重要批示精神以及全市扫黑除恶专项斗争领导小组第三次全体成员（扩大）会议精神。

7月24日，区委八届常委会第92次（扩大）会议召开。会议传达学习了全国组织工作会议精神。

8月16日，区委八届常委会第94次（扩大）会议召开，会议传达学习了习近平总书记对纪检监察工作一系列重要讲话精神，通报了市委督查组到城区督查中央第十二巡视组反馈意见整改落实工作情况以及八届区委第三轮巡察总体情况，研究了下一步工作措施。

8月30日，区委八届常委会第96次（扩大）会议召开。会议传达学习了习近平总书记和李克强总理在新华社《信息专稿》第2832期《山东寿光洪灾严重，救灾面临多重难题》信息上的批示精神以及省委书记李希批示精神、市委书记石奇珠批示精神。

9月17日，区委八届常委会第98次（扩大）会议召开。会议强调，要切实提高政治站位，坚持把接受中央督导作为严肃的政治任务来抓；要坚持从严从实，逐一对照标准补齐市城区扫黑除恶短板；要强化党委领导，统合力量抓好迎接中央督导各项准备和保障工作，全力将城区打造成为最安全稳定、最公平公正、法治环境最好的地区。

10月26日，区委八届常委会第104次（扩大）

会议召开。专题传达学习了习近平总书记视察广东重要讲话精神，与会同志结合工作实际作了发言。会议强调，一要深刻领会习近平总书记重要讲话精神的丰富内涵和精神实质，不断增强政治自觉、思想自觉和行动自觉；二要全面对照习近平总书记对广东提出的工作新要求，以新的更大作为奋力打造首善之城、大美之区；三要全面加强党的建设，为城区各项事业发展提供坚强政治保证。

11月1日，区委八届常委会第105次（扩大）会议召开。会议强调，要深刻认识习近平总书记视察广东重要讲话精神的重大意义，进一步增强学习贯彻的自觉性、主动性、坚定性，奋力推动习近平新时代中国特色社会主义思想在城区大地落地生根、结出丰硕成果。

11月3日，区委八届常委会第106次（扩大）会议召开。市委书记石奇珠到会带学领学习近平总书记视察广东重要讲话精神，听取城区学习宣传贯彻情况汇报并作调研讲话，部分区领导班子成员作了交流发言。会议强调，一要深刻认识习近平总书记视察广东的重大政治意义、现实意义和深远历史意义，把新时代改革开放的旗帜举得更高更稳；二要把学习贯彻习近平总书记视察广东重要讲话精神作为当前和今后一个时期的头等大事和首要政治任务，迅速兴起学习宣传贯彻热潮；三要知行合一、干在实处，扎扎实实把习近平总书记视察广东重要讲话精神落到实处。

11月6日，区委八届常委会第107次（扩大）会议召开。会议传达学习贯彻习近平总书记视察广东重要讲话精神，以及传达市委书记石奇珠到城区带学督学活动讲话精神。李庆新强调，各地各部门要带头旗帜鲜明讲政治，把增强“四个意识”、坚定“四个自信”、践行“两个维护”体现到学习贯彻总书记重要讲话精神的具体行动上，坚决按照总书记重要讲话指明的方向谋划城区发展；要带头持续深入学习，认真开展贯彻学习工作，坚决把习近平总书记重要讲话精神学习好、贯彻好、落实好；要带头开展调查研究，切实把总书记重要讲话精神转化为具体的工作思路和举措；要带头强化责任担当，奋力推动总书记重要讲话精神不折不扣落到实处。

12月28日，区委八届常委会第113次（扩大）会议召开。会议传达学习了中央、省庆祝改革开放40周年大会精神和习近平总书记在中央经济工作会议上的重要讲话精神，听取了各分管领导2018年亮点工作总结和2019年工作计划。

【学习习近平总书记视察广东重要讲话精神大会】 11月2日，区委在市马思聪艺术中心召开全区干部大会，传达学习贯彻习近平总书记视察广东重要讲话精神以及全省、全市传达学习贯彻习近平总书记视察广东重要讲话精神干部大会精神，对全区学习贯彻落实工作进行全面动员部署。市委常委、区委书记李庆新主持会议并作讲话，强调要把学习贯彻落实习近平总书记视察广东重要讲话精神作为当前和今后一个时期的头等大事及首要政治任务，按照省委书记李希提出的“四个深刻认识”“三个深刻领会”“四个坚决贯彻”和市委书记石奇珠在全市干部大会的指示要求，迅速兴起学习贯彻热潮，切实把思想和行动统一到习近平总书记对广东工作的重要指示要求上来，以习近平新时代中国特色社会主义思想统领城区一切工作，高举新时代改革开放旗帜，扎实推进“五化”“五城”各项工作，全力打好“六大攻坚战”，加快实现“四大提升”，奋力打造首善之城大美之区，为把汕尾建设成为沿海经济带靓丽明珠做出新的更大贡献。

【区委理论学习中心组（扩大）学习会】 1月8日，区委理论学习中心组（扩大）学习会召开，邀请省委党校教授梁道刚作关于认真学习习近平新时代管党治党思想的专题辅导。

3月9日，区委理论学习中心组（扩大）学习会召开，专题传达学习习近平总书记在参加十三届全国人大一次会议广东代表团审议时的重要讲话精神。

3月23日，区委理论学习中心组（扩大）学习会召开，专题传达学习广东省传达贯彻习近平总书记重要讲话精神暨全国“两会”精神。

5月9日，区委理论学习中心组（扩大）学习会召开，传达学习习近平总书记在纪念马克思诞辰200周年大会上的讲话精神以及学习《共产党宣言》。

7月20日，区委理论学习中心组（扩大）学习会召开，邀请省委宣讲团成员、省委宣传部讲师团团长杜新山作学习贯彻《习近平新时代中国特色社会主义思想三十讲》专题辅导报告。

7月24日，区委理论学习中心组（扩大）学习会召开，邀请广东宏进律师事务所主任方振宏作法律讲座。

8月8日，区委理论学习中心组（扩大）学习会召开，专题学习《关于做好〈正确认识妥善应对中美经贸摩擦〉学习材料学习使用工作的通知》精神。

10月26日，区委理论学习中心组（扩大）学习会召开，专题传达学习习近平总书记视察广东重要讲话精神。

11月3日，区委理论学习中心组（扩大）学习会召开，市委书记石奇珠到城区开展学习贯彻习近平总书记视察广东重要讲话精神带学督学活动，并作了讲话。

12月28日，区委理论学习中心组（扩大）学习会召开，传达学习中央、省庆祝改革开放40周年大会精神和习近平总书记在中央经济工作会议上的重要讲话精神。

【中央第五环境保护督察组“回头看”反馈意见通报推进会】 10月20日，城区召开中央第五环境保护督察组“回头看”反馈意见通报推进会。会议要求，各地各部门要提高政治站位，切实认清城区当前环保形势，并以此次环保督察“回头看”的反馈意见为导向，全面查漏补缺，确保中央环境保护督察整改落实到位；要坚持问题导向，聚焦聚力推进环境突出问题整改，建立健全长效管理机制，确保生态环境质量持续改善；要压紧压实责任，抓实抓细做好各项工作，不断提升生态治理和环境保护工作成效，为建设成为沿海经济带靓丽明珠提供坚实的生态环境保障。

【脱贫攻坚专项巡察动员部署会】 10月22日，城区脱贫攻坚专项巡察动员部署会召开，正式启动对城区脱贫攻坚专项巡察。市委常委、区委书记李庆新，市委常委、市纪委书记、市监委主任、市委巡察工作领导小组组长曹小华出席会议。

【海汕路西闸至埔边段综合改造工程工作推进会】 10月23日，城区海汕路西闸至埔边段综合改造工程工作推进会召开。市委常委、区委书记李庆新出席会议并讲话。

【“创文创卫”工作会议】 10月15—16日，市创建国家卫生城市工作培训班在区党政办公大楼9楼会议厅举办，邀请了4位全国爱卫专家进行专题培训。市委常委、区委书记李庆新出席开班仪式并作动员讲话，副市长余红主持并作总结讲话。市、区两级有关单位主要领导、有关同志，各县（市、区）政府分管领导、卫计部门负责人，市、区两级创卫办全体人员，市城区建成区街道（镇）、社区（村）主要负责人、有关人员等共400多人参加了培训大会。

10月24日，城区召开“创文”工作推进会。会议强调，要认清形势、提高认识，切实增强创文工作的紧迫感、责任感和使命感，做到思想上高度重视、行动上迅速跟进、工作上抓紧落实，全力打好创文攻坚战；要精准对标、补齐短板，做细做实各项工作任务；要强化督查、压实责任，确保如期实现创建广东省文明城市的工作目标。

【区委脱贫攻坚“八大行动”动员会】 11月6日，区委召开全区脱贫攻坚“八大行动”动员会。市委常委、区委书记、区扶贫领导小组组长李庆新主持会议并讲话，区扶贫领导小组副组长及成员单位主要负责人参加会议。李庆新要求，各地各部门要进一步提高政治站位，以习近平总书记视察广东重要讲话精神统领扶贫工作，勇于担当、真抓实干，坚决打赢脱贫攻坚战；要深入组织开展“八大行动”，扎实做好考核迎检工作；要层层压实责任，确保年底前高质量完成目标任务。

【区委巡察工作】 12月6日，八届区委第四轮巡察意见反馈会在新港、东涌、凤山3个镇（街道）分别召开。区委常委、纪委书记、监委主任、区委巡察工作领导小组组长王俊锐，区委常委、组织部部长、区委巡察工作领导小组副组长孔卓文分别出席并作讲话。

·重大决策和活动

【开展学习贯彻习近平总书记视察广东重要讲话精神带学、领学、督学活动】 11月2日晚，市委常委、区委书记李庆新到凤山街道带学督学学习贯彻习近平总书记视察广东重要讲话精神。挂驻凤山街道的区领导叶凯旋、刘泽扬、陈景元等参加。会议学习了习近平总书记视察广东重要讲话精神后，并开展了凤山街道学习贯彻习近平总书记视察广东重要讲话精神汇报及部分班子成员的学习交流发言。会议强调，要突出抓好党员领导干部带学领学督学，推动学习贯彻工作往深里走、往实里抓。会议要求，要以学习贯彻习近平总书记重要讲话精神为动力，党建引领、法治先行、加快实现“四大提升”，全力完成好2018年各项任务，努力向区委和广大人民群众交上一份满意答卷，为打造首善之城、大美之区，把汕尾建设成为沿海经济带靓丽明珠做出新的更大贡献。

11月7日上午，市委常委、区委书记李庆新到汕尾市雅泰隆食品有限公司，就学习贯彻习近平总书记视察广东重要讲话精神进行调研督导。李庆新深入生产车间，考察新厂房的生产、储存等设备系统，听取生产经营情况介绍。在座谈会上，李庆新强调，要坚持创新是第一动力，坚持自力更生、自主创新，加大研发投入，不断推动企业高质量发展；要坚持把学习贯彻总书记重要讲话精神作为头等大事和首要政治任务，不断往深里走、往实里抓；要充分发挥党员的先锋模范作用和工会的组织作用，带头学、带头讲、带头干，确保总书记重要讲话精神传达到每一名党员、每一名员工；要学以致用、以学促干，通过学习来统一思想，以学习贯彻习近平总书记重要讲话精神为动力，凝聚成不断推动企业高质量发展的强大合力。

11月8日，市委常委、区委书记李庆新先后深入到东涌镇新民村、捷胜镇军船头村和埔尾村，就学习贯彻习近平总书记视察广东重要讲话精神进行调研督导，区领导李振坚、李辉雄参加有关活动。在座谈会上，李庆新强调：要把学习贯彻总书记重要讲话精神作为当前头等大事和首要政治任务，发挥好党员干部带头学、带头干作用，按照总书记对广东提出的四个方面重要要求，不断推动创文创卫、禁毒、扫黑除恶、社会主义新农村建设等各项工作取得新成效。

11月26日，区委办公室印发《汕尾市城区关于全面深入开展习近平总书视察广东重要讲话精神学习培训的实施方案》。方案要求全区各级党组织和党员干部的学习培训工作要坚持一体学习、学深悟透，坚持上下联动、全员轮训，坚持精准施训、务求实效，坚持联系实际、学以致用。从方案实行之日起利用2个月左右时间，分层次、多形式对全区党员干部进行集中培训，迅速在全区掀起学习贯彻热潮。

11月26日晚上，市委常委、区委书记李庆新深入红草镇拾和村，就学习贯彻习近平总书记视察广东重要讲话精神进行调研督导。区领导刘学深参加活动。当晚，李庆新参加了拾和村党支部学习会议，带学、领学、督学习近平总书记视察广东重要讲话精神，听取拾和村党支部学习宣传贯彻情况汇报，与部分党员代表、大学生代表、村民小组长交流了学习体会。李庆新充分肯定了拾和村在学习贯彻习近平总书记视察广东重要讲话精神，着力加强基层党的建设，强力推进海汕路西闸至埔边路段综合改造工程征拆工作等方面取得的成效。

11月27日，市委常委、区委书记李庆新到区发改局和区经促局开展学习贯彻习近平总书记视察广东重要讲话精神带学、领学、督学调研活动。区领导曾向镇、黄贤锐参加活动。李庆新首先带学领学了习近平总书记视察广东重要讲话精神，听取了区发改局和区经促局学习贯彻习近平总书记视察广东重要讲话精神情况汇报，并与区发改局和经促局班子成员交流了学习心得体会。李庆新充分肯定区发改局和区经促局学习贯彻工作。李庆新要求，要深入推进“放管服”改革，实现营商环境大提升。

11月28日，市委常委、区委书记李庆新在区委办开展学习贯彻习近平总书记视察广东重要讲话精神带学、领学、督学活动。强调要把习近平总书记视察广东重要讲话精神贯彻落实到办公室各项工作中，全力打造让党放心、让人民满意的模范机关，为提升中心城区首位度和打造首善之城、大美之区提供坚强保障。李庆新充分肯定了区委办各项工作并提出了三点要求：一要重视学习、加强学习。二要敢于斗争、善于斗争。三要对标一流、争创一流。

【文化艺术旅游活动】 1月1日，城区凤山祖庙旅游区管理处“全国文明单位”授牌仪式暨妈祖颂歌迎新年文艺活动在市区凤山妈祖文化广场举行。市委宣传部、城区有关负责人，香港、澳门汕尾同乡总会和汕尾市区妈祖协会单位有关人员等300多人参加活动。

2月6日，2018年“国乐升平”城区迎春音乐会在市马思聪艺术中心举行。市委常委、组织部部长苏茂荣，市委常委、区委书记李庆新，市委常委、宣传部部长曾晓佳，市政协副主席何平及城区有关领导、党员干部和市民1300多人观看了演出。

2月17日，2018年“善美之城贺新春”音乐焰火汇演活动在市区善美广场举行。市委书记、市人大常委会主任石奇珠；全国政协委员、星河湾集团董事长黄文仔，副董事长、执行总裁吴惠珍；郑佳、陈少荣、杨扬、李庆新、余锡群、曾晓佳、吴友深、李汉流、李惠文、蔡少华、李秉记、何平等市领导；市委秘书长施立晖、市政协秘书长林来平；区长罗光钊等区四套班子领导；市和城区干部职工和群众共12万多人观看音乐焰火会演。该次活动由汕尾星河湾主办，区委宣传部、区科技文体局协办，旨在为深入学习贯彻中共十九大精神，推动文化强区建设，展现汕尾欣欣向荣的社会发展及城市风貌，营造春节文明、热烈、喜庆、祥和的节日浓厚氛围。

5月17日，“放歌红土地，开启新征程”——传承红色基因主题教育文艺晚会，在市区玉台山慈云公园广场举行。市委常委、区委书记李庆新与中央文史馆馆员陈晓光，广东省音乐家协会主席唐永葆，广东省音乐家协会副主席赖房千出席晚会并与党员干部职工、群团组织、企业、学校师生代表以及市民群众近万人一同观看了演出。晚会还特邀国家一级演员张琳、郭东文、乔建军以及中华文化促进会朗读专业委员会副主任牧言等艺术家进行了节目演出。

7月3日，“绿水青山、宝楼荔香”第二届荔枝旅游文化节在城区东涌镇宝楼村举行。该届文化节为期3天。该次活动旨在推进旅游农业发展战略，打造农副产品特色品牌，促进休闲农业的快速发展。

8月13日，汕尾市龟龄岛保护与开发利用示范项目开工仪式在龟龄岛举行。工程完工后，龟龄岛将成为全省唯一一个无居民海岛保护与开发的示范岛。

11月10—13日，广东省第九届群众戏剧曲艺花会在广州市荔湾区举行。经层层筛选，全省共74个戏剧曲艺作品参加决赛。通过三天角逐，评出金奖作品17个，银奖作品23个，铜奖作品34个。该届花会汕尾白字小戏《公烛》进入决赛，并获得金奖。

12月27日，城区在新时代文明实践中心惠民广场（市区凤山妈祖文化广场）举办“迎新”晚会。市委常委、区委书记李庆新，市委常委、宣传部部长曾晓佳，市人大常委会副主任黄宏伟，副市长余红，市政协副主席何平，区委副书记、区长罗光钊，区政协主席黄义丞，区委副书记、政法委书记郑良斌等区四套领导班子成员以及现场近万名观众观看晚会，通过手机直播在线收看人数多达26万人次。

【防台风工作】 9月12日，市委常委、区委书记李庆新带队到红草马宫堤围海梧段、马宫街道港口、马宫南湖海堤等实地检查防御台风工作。

【安全生产工作】 9月24日，市委常委、区委书记李庆新前往凤山祖庙旅游区管理处检查中秋及国庆期间安全生产工作。

10月11日，区委、区政府印发《关于推进安全生产领域改革发展的实施意见》。

【缅怀革命先烈】 9月30日，第五个国家烈士纪念日，城区在凤山鼎盖山烈士陵园举行2018年烈士纪念日公祭活动。市委常委、区委书记李庆新，区长罗光钊主持活动，区领导张淑娟、黄义丞等在家的四套班子领导成员出席公祭活动。

9月30日，市委常委、区委书记李庆新、区长罗光钊分别带队看望慰问烈士遗属。

【着力提升中心城区首位度】 8月2日 区委作出《关于深入学习贯彻落实习近平总书记重要讲话精神，践行“四个走在全国前列”重要要求，加快建设沿海经济带靓丽明珠，奋力打造首善之城、大美之区的决定》。

10月6日，市委书记、市人大常委会主任石奇珠到城区调研交通基础设施建设项目推进情况。强调要打通交通大动脉，助推经济大提速，着力提升中心城区首位度。市委常委、区委书记李庆新和市委常委、统战部部长余锡群等参加调研。

12月28日，区委、区政府印发《关于践行“四个走在全国前列”，加快建设沿海经济带靓丽明珠，奋力打造首善之城、大美之区行动方案》。

【深化“大学习、深调研、真落实”】 2月12日，区委办公室印发《区领导同志开展“深调研”工作方案》。

12月7日，区委办公室印发《关于深入学习贯彻习近平总书记视察广东重要讲话精神，深化“大学习、深调研、真落实”的调研工作方案》。

【党建工作】 8月3日，区委印发《关于深入学习贯彻落实新时代党的建设总要求，努力把各级党组织锻造得更加坚强有力的意见》。

8月8日，区委办公室印发《关于汕尾市城区加强党的基层组织建设三年行动方案（2018—2020年）》。

10月8日，区委办公室印发《关于区委党的建设工作领导小组2018年工作要点》。

【新时代文明实践中心建设工作】 11月16日，市委常委、区委书记李庆新到凤山妈祖广场检查指导新时代文明实践中心建设工作，听取了相关工作汇报，并提出指导性意见和建议。市委常委、宣传部部长曾晓佳参加。曾晓佳强调，各地、各部门要深入贯彻落实中共十九大精神和习近平总书记系列重要讲话精神，把握工作重点，勇于探索创新，切实把新时代文明实践中心建设好、运用好；要层层压紧压实责任，以新时代文明实践中心建设为抓手，打通基层宣传思想工作“最后一公里”，真正把新时代文明实践中心建设成为组织群众、宣传群众、凝聚群众、服务群众的阵地。

【开展“查、看、比、学”主题实践活动】 9月4—5日，城区开展社会主义新农村建设暨“创文创卫”工作“查、看、比、学”活动。市委常委、区委书记李庆新强调，要扎实推进社会主义新农村建设和“创文创卫”各项工作，构建和谐美丽的社会主义新农村，营造共建共治共享的社会治理格局。区领导罗光钊、张淑娟、黄义丞、郑良斌等参加活动。李庆新一行先后到捷胜镇沙坑村、东涌镇虎头兰村、红草镇晨洲村、马宫街道金町村、香洲街道后径社区、新港街道前进村、凤山街道凤翔社区等实地察看社会主义新农村建设以及“创文创卫”工作情况，并听取各村（社区）相关工作情况汇报。

10月7日，市委常委、区委书记李庆新带队开展社会主义新农村建设暨“创文创卫”工作“查、看、比、学”活动，实地察看工作情况。李庆新强调，要通过每月的“查、看、比、学”活动，结合“大学习、深调研、真落实”要求，示范性打造一批干净整洁、平安有序、和谐美丽、富裕文明的社会主义新农村，以点带面把全区社会主义新农村及“创文创卫”工作引向深入。区领导罗光钊、张淑娟、郑良斌等参加活动。

11月6日，市委常委、区委书记李庆新带队开展社会主义新农村建设暨“创文创卫”工作“查、看、比、学”活动，实地察看相关工作情况。李庆新强调，各地、各单位要通过“查、看、比、学”活动，积极查找不足、总结经验，全力以赴推动社会主义新农村建设及“创文创卫”工作。区领导张淑娟、黄义丞、郑良斌等参加活动。

12月10日，市委常委、区委书记李庆新主持召开书记专题会议，传达学习贯彻习近平总书记视察广东重要讲话精神和中央、省、市实施乡村振兴战略的意见，深入回顾、深刻反思、查摆问题、寻找差距、总结经验、吸取教训，研究下一步工作措施。会议结束后，李庆新与区有关领导实地察看了长沙村、晨洲村、军船头村、宝楼村社会主义新农村建设情况。

【开展第四次全国经济普查单位清查相关工作】 11月14日，市长杨绪松到城区香洲街道城西社区和凤山街道香洲社区调研第四次全国经济普查单位清查相关工作。强调要提高认识和主动性，紧紧围绕普查目标任务，坚持依法普查、科学普查，确保圆满完成汕尾市第四次全国经济普查各项任务。市委常委、区委书记李庆新参加调研。

【重视培养年轻干部】 12月4日，市委常委、区委书记李庆新召开全区新录用公务员座谈交流会。区领导郑良斌、孔卓文参加会议。李庆新要求，新时代年轻干部要争做“上山下乡”的主力军。要培养一批懂农业、爱农村、爱农民的干部队伍，为城区乡村振兴提供源源不断的人才支撑。要推动人往基层走、钱往基层投、政策往基层倾斜，不断夯实基层基础，把基层党组织锻造得更加坚强有力。李庆新强调，城区正处于前所未有的大发展机遇期，年轻干部要看好城区、唱好城区、建好城区，区委始终坚持正确选人用人导向，进一步完善体制机制，为年轻干部挥洒汗水、施展才华、实现抱负搭建更为广阔的舞台。

【乡村振兴工作】 8月25日，区委实施乡村振兴战略领导小组成立。

12月10日，城区制定实施乡村振兴战略工作清单，全面推动乡村振兴工作。

12月29日，区委、区政府印发《关于推进乡村振兴战略实施的实施意见》。

【荣誉称号】 是年，城区荣获2017—2018年度“全国平安渔业示范区”、广东省“双拥模范区”（连续第八次）、广东省“维稳工作示范点”“2017年中国县级政府政务诚信综合水平百强县”，“广东省推进教育现代化先进区”等称号。

（曾俊杰）

附：区委办公室领导名录

主　任：李辉雄

副主任：马长乐

保密工作

【概况】 中共汕尾市城区委保密委员会办公室、汕尾市城区国家保密局为一个机构、两块牌子，并入区委办公室，既是区委保密工作办事部门，又是区政府职能机构，承担《中华人民共和国保守国家秘密法》行政执法工作，主管全区保密工作。2018年，城区各级保密组织、保密行政管理部门紧紧围绕市委、区委保密委工作部署，扎实开展工作，圆满完成了各项工作任务，充分发挥了保安全、保发展、保和谐的作用，为维护国家安全和利益，保障城区经济社会发展做出了积极贡献，受到上级保密部门充分肯定。

【保密工作领导】 区委副书记、区政法委书记郑良斌任区委保密委员会主任，切实加强对保密工作的领导。各地、各单位也相应调整充实保密组织机构，明确本单位主要领导或一名副职专门负责保密工作，落实有关人员负责日常管理工作。

【保密工作会议】 5月，区委保密委召开保密工作会议，传达省、市保密工作会议精神，总结2017年保密工作情况及部署2018年保密工作任务。12月，区长罗光钊主持召开区政府党组八届三十次（扩大）会议，听取了区保密局关于2018年保密工作和2019年工作安排情况汇报。

【保密教育】 一是组织全区涉密人员约350多人参加保密工作业务培训班，邀请省保密局专家到城区授课，对考核合格的涉密人员发给“保密工作岗位资格证书”。二是开展保密法纪宣传教育月活动。在纪律教育月活动中开展保密工作方针政策、保密法律法规学习宣传贯彻。

【保密工作】 一是做好定密情况统计分析工作。二是做好涉密人员管理。三是做好网络保密管理。四是做好重要会议、重大活动的会场保密屏蔽工作。为涉密会议安装移动通信干扰机 28 次。五是做好涉密领域国产化替代工程保密管理工作。六是成立保密检查领导小组，认真开展保密自查自评暨督查工作。七是开展试卷保密工作，与教育、公安密切配合，做到管理到位，责任到人，确保了各类考试顺利进行。

（黄嘉聪）

附：区国家保密局领导名录

局　长：廖海娜

政研工作

【概况】 2018 年，区委办公室政策研究室坚持以习近平新时代中国特色社会主义思想为指导，围绕区委各项决策和工作部署，进一步深化“深调研”工作。聚焦实现“四个走在全国前列”和深化改革开放、推动高质量发展、提高发展平衡性和协调性、加强党的领导和党的建设等要求，将 4 大调研课题细分为 16 个专题，由区领导牵头集中开展调研，形成了一系列具有代表性、可操作性的调研报告，提出切实可行的工作思路及务实管用的政策措施，全力推动习近平总书记重要讲话精神和重要指示批示精神在城区落地生根、结出丰硕成果。同时，积极参与区委重要文件、文稿、领导讲话和会议材料的起草工作，圆满完成了各项工作任务。

（史银玲）

党史工作

【概况】 2018 年，区委党史研究室认真学习中共十九大精神和习近平总书记系列重要讲话指示批示精神，坚持“一突出、两跟进”工作要求，围绕区委中心工作，深入挖掘整理城区宝贵党史资源，及时梳理总结城区重大事件，全面记录城区历史进程，充分发挥党史存史、资政、育人的作用。

【党史征研】 1. 全面完成全区红色史料及革命遗址普查工作。深入全区乡镇、村开展实地调查，通过走访老同志、知情人士，查阅各类档案，对全区各革命遗址的所在位置、历史背景、现状、保护情况等进行深入细致地调查研究。并分别填写普查登记表，撰写遗址形成的历史背景，整理图片资料和说明，为每个遗址建立普查档案。经省、市委党研室严格审核，城区已通过评审认定的革命遗址有 60 处。通过普查，进一步摸清了城区的“红色家底”，有助于党史研究和党史宣传教育的开展，为区委、区政府科学制定革命遗址保护开发利用政策提供依据。同时，草拟了《汕尾市城区革命遗址保护利用实施方案》，提出总体目标，实施步骤和有关要求。2. 与区老促会合作编写《汕尾市城区革命老区发展史》，已完成送审稿。

【党史宣传】 通过讲座、展览、媒体宣传等形式，宣传地方党史、当地革命先辈的英雄事迹和革命史迹通览，使党员干部们对地方党史有更深入了解。

（李映慧）

附：区委党史研究室领导名录

副主任：李映慧

组织工作

【概况】 区委组织部是区委主管组织、干部和人才工作的职能部门。内设秘书股、组织股、干部股、干部监督股、调研室、人才工作股、党代表联络服务办公室，下设电教中心。2018 年，城区组织工作以贯彻落实习近平新时代中国特色社会主义思想、中共十九大精神、习近平总书记重要讲话精神以及省委书记李希在汕尾调研时的讲话精神，围绕习近平总书记视察广东重要讲话精神要求，聚焦主责主业，采取有效措施，精准抓好落实，着力加强基层组织建设、干部和人才队伍建设、部门自身建设，扎实推进各项组织工作，为城区打造首善之城、大美之区提供坚强的政治保证与组织保证以及人才支撑。是年，全区有党员 11625 人，其中，女党员 3376 人；有党（工）委 11 个，党组 28 个，党总支 13 个，党支部 413 个。全区有公务员 856 人，其中区直机关公务员 696 人，女公务员 274 人。

【党的基层组织建设】 开展“大学习大培训”活动

在深入学习中共十九大精神的同时，把学习贯彻习近平总书记在参加广东代表团审议时的重要讲话精神和习近平总书记视察广东重要讲话精神作为当前与今后一段时期的首要政治任务及头等大事，抓住关键少数，形成区、镇（街道）、村（社区）三级书记抓学习的工作格局，常态化落实“一周一学习、一月一培训”抓学习培训，举办全区各级干部轮训班和村（社区）党支部书记专题培训班，推动“两学一做”学习教育常态化制度化。向全区各级党组织和党员发放《中国共产党党章》《习近平谈治国理政（第二卷)》《习近平新时代中国特色社会主义思想三十讲》等资料，举办了全区三级干部、公务员和事业单位人员、省定贫困村党员等多种类型的培训班；全区各级党组织召开专题学习会达2061场次、参学人员达34702人次；推动习近平总书记重要讲话精神进农村、进社区、进机关、进企业、进校园、进网络。同时在《今日城区》、城区党政信息网、《城区组工通讯》等报刊、杂志、网站开辟学习专栏，出版专刊，开展访谈和撰写系列评论，组织广大党员参加“学报告、学党章”等网络考学活动，在全区迅速掀起了学习贯彻热潮。是年，区领导开展领学带学督学活动395场次；区委党校开班15期、参训人员达2479人次，镇级党校开班243期、参训人员25320人次。区、镇两级党校将习近平总书记重要讲话精神列作必修课、主修课，共7500余名党员参训。

基层党建工作　全面对标对表省、市要求，制定《汕尾市城区加强党的基层组织建设三年行动方案（2018—2020年)》，在抓好规定动作的同时创新动作，提出打造达标创优先行点、“一村（社区）一大学生”工程、建立区直单位与所挂驻村（社区）结对共建共促工作机制等创新动作，务求行动方案能够落地生效。如“一村（社区）一大学生工程”等创新举措得到了市委组织部的肯定，并在市委组织部召开的专题调度会上作了经验介绍。组建了21个区直机关党组，完成了马宫街道马宫社区、新城中学、区财政局等6个基层党组织的优化设置。制定印发了《市城区基层党支部日常主要业务知识和操作手册》《市城区基层党支部工作记录簿》《基层党支部党建和基层治理工作清单》，规范“三会一课”“两个联席会议”“三务”公开等制度，明确细化了基层党建和基层治理工作任务，结合各镇（街道）“组织委员进村（社区）送学月”活动，常态化对落实情况进行检查。联合区直工委，下发了《关于规范党费工作的通知》，在6个区直单位试行“党费易”，规范党费收缴工作。举办了为期3天140多名区直单位党务人员、党员发展对象、入党积极分子参加的党务工作培训班。健全完善党支部组织生活制度，开展优秀组织生活案例评选与推广，向市委组织部推荐的组织生活创新案例中有3个案例被推荐到省委组织部参与评比。

实施“三个工程”　一是实施“头雁工程”。在开展对95个村（社区）“一村（社区）一研判”的基础上，结合实际，以省定贫困村、软弱涣散村（社区）、集体经济薄弱村（社区）为重点，通过实施“六个一批”选优配强村（社区）党组织书记。1. 选塑典型巩固一批。通过打造党建示范点，树立一批优秀村（社区）党组织书记先进典型，带动全区基层优秀党组织书记队伍从“一枝独秀”形成“满园春色”。如以马宫街道金町村党支部书记作为先进典型，发挥引领作用，推动金町村从原来的软弱涣散党组织转化为示范党组织，并顺利解决了保利金町湾一期、二期征地16.2万平方米的留成地和全村16周岁以上的2300名村民的社保问题，成为全区党组织建设的模板。2. 教育培训提升一批。依托镇级党校平台，邀请专家、学者、领导干部、党建业务骨干，采取“走出去”学习与“请进来”授业相结合的方式，每月对各村（社区）党组织书记至少开展1次培训，全面提升基层党组织书记的综合素质、履职能力。一年来，区一级开展培训4期，培训380人次；镇一级开展培训202期，培训2644人次。3.实践锤炼提拔一批。从退伍军人、外出务工经商人员、党员干部等群体中选拔一批后备干部，建立党组织书记后备干部人才库，通过在基层一线实践锻炼，不断提升政治定力、实践能力和优良作风，择优提拔担任党组织书记。是年，已有194人被纳入党组织书记后备干部人才库。4.区镇机关选派一批。打破村际、城乡、行业和身份界限，从区、镇机关和企事业单位中选派4名政治素质高、协调能力强、善于做群众工作的优秀党员干部兼任村（社区）党组织书记。如东涌镇宝楼村，因支部书记职务空缺，由镇党委选派副镇长兼任宝楼村党支部书记。5. 整顿后进撤换一批。对群众观念、服务意识、大局意识差，“双带”能力弱的软弱涣散党组织书记予以撤换、调整。2017 年以来调整撤换了政治不合格、工作不尽责、能力不胜任村（社区）党组织书记 5 名。及时撤换软弱涣散村（社区）党支部书记。6. 动员乡贤回归一批。全面摸底排查外出务工、经商创业人员，精心选择部分有一定资金积累、有一定技术特长、群众威望高的外出党员乡贤，明确专人沟通联系和思想动员，引导其回村（社区）担任党组织书记。二是实施“南粤党员先锋工程”。积极组织开展“亮身份、作承诺、见行动”活动，广大党员佩戴党章、悬挂“共产党员户”牌子、95 个村（社区）设置了“党员责任岗”、树起了“承诺树”，以实际行动兑现承诺。5 月，在全区各级党组织和广大党员中开展“传承红色基因 坚定理想信念”主题党日活动，进一步强化广大党员的党员意识，发挥好先锋模范作用。三是实施基层基础保障工程。严格执行省市有关村（社区）“两委”干部生活补贴、党组织服务专项经费、“两新”组织党组织经费的规定，落实经费保障。加强党支部活动阵地建设，部署村（社区）公共服务中心（站）升级改造为党群服务中心（站）。该项工作仍在有序推进中。

软弱涣散党组织整顿工作　制定《汕尾市城区 9 个省定贫困村创建党建示范点实施方案》，稳步推进省定贫困村党建示范点建设工作。是年，不定比例排查了 10 个软弱涣散党支部加以整顿，安排了驻村“第一书记”，召开了“第一书记”座谈会，强化“第一书记”作用，切实发挥第一书记的作用。

“两新”组织党建工作　对全区“两新”组织党组织再次进行摸查，完善党组织和党员信息，进一步巩固提升“两新”组织的“两个覆盖”质量。同时为强化“两新”组织党建工作，区委组织部在各镇（街道）、区统战部、区工商局、区民政局、区司法局等相关职能部门中推荐 31 名熟悉党务知识的在职或退休干部作为专兼职党建工作指导员，指导基层党组织开展党建工作。

【党员管理工作】　区委组织部按照要求，从严从实，抓好党员教育管理工作。制订 2018 年城区发展党员计划，注重优化党员队伍结构，注重发展工作一线、青年、妇女党员，重点在村（社区）非党干部、后备干部、大中专毕业回乡青年、复员退伍军人、外出务工经商青年和青年妇女中培养和发展党员，并落实通报制度。全年共发展党员 185 名，其中省定贫困村中已发展了 11 名；稳妥处置失联党员 21 名。严格经常性的党内组织生活，过好支部生活，严格执行“三会一课”、民主评议等制度；规范和理顺党员组织隶属关系；严格做好党费收缴和使用工作，建立风险点清单，抓紧开通各镇（街道）党费专户，相关手续正在办理之中。进一步完善远程教育工作，实行“周查月报”制度，加强与市远程办、电信业务部门沟通协调，及时处理线路信号异常、终端设备损坏等日常维护问题。通过领导带学等形式，在学习宣传贯彻习近平总书记在十三届全国人大一次会议广东代表团审议时的重要讲话精神中发挥重要作用。据统计，是年，全区党员远程教育终端站点每月开机率均达到 100%，覆盖全区党员近 9000 名。

【镇级党校建设工作】　3 月，制定印发了《关于扎实开展 2018 年镇级党校教育培训工作的通知》《关于组建区、镇（街道）党校师资库的通知》等多个文件，各镇级党校也相应制定了培训计划，并严格按照“每月至少开展 2 期培训”的要求开展培训，2018 年共开班 203 期，取得较好的效果。此外，为抓好外出党员的培训，通过摸清辖区外出党员的往返规律，利用中秋节、国庆节、元旦、春节、清明节、劳动节、端午节等外出党员集中返乡期间及周末，开设“节日党校”“周末党校”，安排返乡外出党员集中“补课”。如中秋节、国庆节期间举办了 10 期培训，培训外出党员 1103 人次。

【领导班子和干部队伍建设】　干部管理工作　是年，区委常委会共讨论人事任命事项 16 次，调整科级干部 157 人，涉及提拔的科级干部 31 人。其中，副科提任正科 5 人，股级提任副科 15 人，提任职务 11 人；办理退休手续 7 人；办理执行职级晋升的科级干部4人，其中，正科晋升副处2人，副科晋升正科2人。全部严格按照《党政领导干部选拔任用工作条例》执行。针对城区党政、事业单位干部队伍断层问题和振兴发展的实际需要，是年，开始对从区外调入的公务员、事业单位工作人员，一般要求35岁以下、全日制本科及以上学历；提高新招录公务员学历门槛，29个招考职位全部面向本科及以上学历考生招考，设置了4个副主任科员及以下职位，其余25个为科员职位，提升干部队伍整体素质。实施“一村（社区）一大学生”工程，以较高待遇招聘首批30名30岁以下全日制本科大学生到村（社区）任职，进一步优化基层干部队伍结构。是年，从区直单位选派了7名年轻股级干部到镇（街道）任职。镇（街道）、区直单位组织干部职工参与“大走访、大排查、大整治”专项行动76923人次。定期轮换抽调50多名区直单位干部到东涌镇、马宫街道等基层一线参与2018年市下达的1.5万亩的土地收储工作。特别是9月1—2日，城区积极响应市委、市政府号召，抽调了117名党员干部到陆河县受灾地区支援救灾复产工作，让干部进一步得到了锻炼。对城区2018年新招录的26名公务员，由各用人单位对口派到村（社区）锻炼3个月，后到镇（街道）锻炼3个月，再回到机关工作，做到在基层实践中汲取经验，培养对基层、对人民群众的感情。同时完善激励机制，加大财政投入力度，提高干部职工福利待遇，年初根据城区绩效考评办法，评定发放了2017年度绩效工资；解决了多年未能解决、共计738万元的镇（街道）干部职工社保欠费遗留难题；逐年增加基层投入，从2018年起每年拨付村级各项经费从上年的16.2万元增加到18.2万元；村级“两委”干部的补贴从2017年的每人月2400元增加到2500元；进一步调动干部职工工作积极性，切实让干部安心安身安业。坚持“三个区分开来”，建立容错纠错机制，为担当作为的干部鼓劲撑腰。

干部教育培训工作　突出抓好年轻干部和新招录公务员、村（社区）工作人员培训，专门举办了5期、每期10天、共223人参加的年轻干部培训班，举办了为期3天共56人参加的新招录公务员、村（社区）工作人员培训班，精心设计了学习习近平总书记重要讲话精神、相关政策法规以及基层实践锻炼等课程，进一步提升年轻干部理论素养、党性修养和实践能力。

干部监督工作　出台实施《关于进一步规范股级干部选拔任用工作的通知》《镇（街道）、区直单位领导班子分工报备工作制度》《关于进一步规范国家工作人员出入境管理工作的通知》等文件，按照省、市抓好中央巡视整改工作的要求，突出抓好“选人用人工作规范化”“带病提拔”“任职回避”“不作为不尽责”等专项问题的整改，进一步强化干部队伍管理监督。对工作不力或进展缓慢的领导干部进行约谈提醒、落实整改，对不认真、不正确履职的单位和个人进行追责问责。是年，全区共开展提醒168人次，诫勉8人次,函询1人次。同时，继续加强干部出入国（境）管理，是年，共审批科级干部出国（境）办理因私自费出国或前往香港、澳门旅游共95人次，因公临时赴港澳人员经区委组织部备案27人次。

档案管理工作　严格执行任前审核制度，认真贯彻落实中央、省委关于精准科学选人用人、从严监督干部精神，前移审核关口，动议即审，杜绝单位审核代替考察组审核干部人事档案。持续巩固档案专项审核抽查督导成果，扎实抓好中央巡视反馈问题的整改。继续对照《档案专项审核发现问题及处理办法（参考）》所列的问题清单，针对“三龄两历一身份”信息认定存在的问题，安排重新“回头看”。切实提高档案管理水平，推进干部人事档案规范化建设。重在平时，严格执行档案管理制度，并对档案自行管理的单位进行专项检查。提前谋划在机构改革中做好干部人事档案的移交、接收等工作。

人才工作　根据《中共广东省委印发〈关于我省深化人才发展体制机制改革的实施意见〉的通知》、市委《汕尾市红海扬帆人才计划》和区委、区政府工作部署，进一步落实“人才强区”战略，对接落实好“汕尾市红海扬帆人才计划”，制定了城区人才工作意见，并常态化跟踪管理好各类人才。同时，注重关心厚爱，实行高级人才每年进行一次体检、组织一次休假、开展一次慰问活动、召开一次座谈会和为高级人才解决一个困难的“五个一”关爱工程。此外，还进一步加强人才工作基础建设，对全区人才信息重新进行采集。

（江力航）

附：区委组织部领导名录

部　长：孔卓文

副部长：张祥文（兼）

卢立对（兼）

王茂松（2018年9月任）

赖振亚

宣传工作

【概况】 2018年，区委宣传部以习近平新时代中国特色社会主义思想为指导，深入贯彻习近平总书记视察广东重要讲话精神，全面落实省委书记李希到汕尾调研时的指示要求以及省委十二届四次全会、市委七届六次全会、区委八届七次全会精神，紧紧围绕区委、区政府的中心工作，主动担当作为，认真履行职责，传播好党和政府声音，凝聚全区发展共识，较好地完成上级与区委、区政府交给的各项任务，为城区加快扩容提质，振兴发展，扎实推进“五化”“五城”各项工作，全力打好“六大攻坚战”，加快实现“四大提升”，奋力打造首善之城、大美之区提供强大的价值引领与舆论支持。

【理论武装工作扎实推进】 采取有效措施扎实推进全区理论武装工作，以理论大学习促进思想大武装，不断推动习近平新时代中国特色社会主义思想在城区落地生根、结出丰硕成果。一是服务好区委理论学习中心组学习工作。制定印发《2018年中共汕尾市城区委中心组理论学习计划安排》，对区委理论学习中心组工作进行全面安排，明确把“学习习近平新时代中国特色社会主义思想”作为中心组学习会议的第一议题，由区委理论学习中心组成员带头，结合责任分工和学习情况作报告、谈体会、写心得，营造浓厚的学习氛围，推动形成学有所思、学有所得、以学促干的良好局面。区委共举办区委理论学习中心组学习50场次。其中：学习习近平总书记重要讲话精神35场次；印制区委理论学习中心组学习资料汇编10套、2580册；完成《习近平谈治国理政（第二卷）》《习近平新时代中国特色社会主义思想三十讲》学习领读辅导工作以及习近平总书记视察广东重要讲话精神四大主题的专题学习。二是统筹好全区理论学习工作。制定《中共汕尾市城区委理论学习中心组学习制度》，明确各级党组织中心组学习要求，进一步推动学习活动实现制度化常态化。向全区各级党组织编制发放学习习近平重要讲话精神小手册、《理论热点名词100例》共计2.24万册；落实《习近平新时代中国特色社会主义思想三十讲》等学习资料征订工作，做到党员干部人手一份。要求各地各单位把《习近平新时代中国特色社会主义思想三十讲》作为理论学习中心组和党员干部全面准确把握习近平新时代中国特色社会主义思想的丰富内涵与精髓要义的重要学习辅导读本，引导全区党员干部自觉用这一思想武装头脑、指导实践、推动工作。三是落实好全区理论宣讲工作。组建区委宣讲团，赴各地各单位进行宣讲习近平总书记重要讲话精神，并指导各地组成宣讲队伍，分赴村（社区）、学校、企业开展对象化、分众化、互动化宣讲活动。全区共开展宣讲200多场次，学习人数1.48万人次。联合市委宣传部，开展“学讲话、讲故事、谈感受”百姓宣讲活动5场，1500多名干部群众参加活动。

【宣传舆论引导】 巩固意识形态阵地管理，落实意识形态工作责任制，强化正面媒体宣传，牢牢把握正确政治方向、价值取向、舆论导向，不断提升主流意识形态传播力、引导力、影响力和公信力，营造积极健康向上的思想舆论环境。做大做强新闻舆论工作。进一步加强新闻发布管理，注重主题策划，开辟专题专栏，持续深化习近平总书记重要讲话精神、中共十九大以及省委十二届四次全会、市委七届六次全会和区委八届五次、六次、七次全会精神学习宣传贯彻工作。紧紧围绕区委、区政府中心工作，优化新闻资源，深入策划“大走访、大排查、大整治”活动、扫黑除恶专项斗争、禁毒、安全生产和消防整治、平安法治建设、精准扶贫、土地储备、社会主义新农村建设、“创文创卫”等主题宣传，为城区打造首善之城、大美之区营造良好舆论氛围。

【创新宣传载体】 以传统报道+新媒体形式，立体式全时段宣传，有效提升宣传报道影响力。全区制作宣传栏390多个，宣传标语海报820多幅，LED电子屏150多个，大型广告牌60多个，发送宣传短信5.85万条。充分发挥微信群、微信公众号等新媒体特点，融合运用先进传播技术和新颖传播形式，制作发布学习贯彻习近平总书记参加十三届全国人大一次会议广东代表团审议时的重要讲话精神网络电子读本（城区先锋知识问答、党员电子读本、知识读本），阅读点击人数达32万人次；发放“致广大市民朋友们的一封信”3万多份，向全区中小学生家长发放“学习贯彻习近平总书记重要讲话精神和全国‘两会’精神”的一封信5万多份。

【意识形态建设】 建立意识形态分析研判和专题汇报工作机制。每周收集汇总意识形态动态工作情况，每月协调召开全区意识形态工作研判会，形成良好联动机制和工作格局。处置意识形态网络舆情75宗，报送《网络舆情》75期，舆情数同比下降61.33%。社会局面持续保持平安稳定。

【“扫黄打非”工作】 在“扫黄打非”进基层工作中，录入103个站点，其中镇（街道）站点7个，提前完成村（社区）“扫黄打非”基层站点挂牌工作93个，覆盖率达98%以上。

【人民群众文化生活】 认真学习贯彻习近平总书记文艺工作座谈会重要讲话精神和中共中央《关于繁荣发展社会主义文艺的意见》，积极组织文艺演出宣传活动。全区共开展各种形式文艺活动153场次，同比增长10.87%，各艺术团体下基层表演395场次，同比增长32.56%。其中，举办大型文艺活动22场次，共计16.2万多人次参加。

【“创文创卫”攻坚战】 一是坚持以创建省文明城市为总目标、总抓手，严格对照最新创文标准，对照“干净、方便、安全、和谐”的创建思路，以强烈的首位度、排头兵意识和责任担当，坚持问题导向，抓重点、补短板、强弱项，全力推进各项创文工作，确保通过创建省文明城市考核测评。二是层层压实创文责任，制定《关于区领导、区直单位开展挂驻帮扶基层文明创建工作实施方案》，落实区领导、区直单位挂驻帮扶镇（街道）、村（社区）文明创建制度，通过干部包镇（街道）、包村(社区)、包组、包片、包巷“五包”责任制，设立片长、路长、楼长，定人、定点、定责，推动创文硬件建设、台账资料、环境卫生、市容市貌共管共治，实现市区镇（街道）村（社区）四级网格化管理。三是落实“一月一主题”专项整治管理机制和督查测评奖惩机制，对全区村（社区）、镇（街道）、区直单位在环境卫生整治、硬件设施建设、创文台账的建立、创文专项工作开展的情况等进行测评排名，排名靠前的授予“红旗奖”奖励，排名靠后的进行媒体曝光，给予“乌龟牌”。四是全民动员共创文明城市。实现市区联动、区内协同、全民共创，做到思想同心、目标同向、行动同力，切实把热情转化为行动与实践。共印发宣传资料155万份，发放创文调查问卷45万份，制作投放墙体公益广告102万平方米，设置创文宣传栏311个，悬挂宣传标语1.2万条；编发创文简报81期（总230期）；发放《垃圾不落地、汕尾更美丽—致市民的倡议书》《文明交通、平安出行·十禁止》《汕尾市城区市民行为规范宣传手册》等资料69万份。清理卫生死角1000多处，清理牛皮癣3.7万多处；对工地和物业小区开展执法140多次，开出整改通知书113份，责令工地清理环境卫生138宗，查处违反环境卫生行为400宗；设立新时代文明实践所7个，新时代文明实践站80个，善美讲坛82个、惠民广场52个、文化长廊25个、百姓舞台27个、文明驿站39个。

（柯腾峰）

附：区委宣传部领导名录

部　长：叶凯旋

副部长：吕业群

　　　　韩如沛

统战工作

【概况】 2018年，区委统战部坚持以习近平新时代中国特色社会主义思想为指导，带领城区广大统战成员聚焦服务城区中心工作，积极发挥统一战线的智力优势、资源优势、人脉优势、政治优势，努力推动全区统战工作实现新发展。

【民主党派工作】 不断加强民主党派思想政治建设。2018年，区委统战部引导各民主党派召开学习会共32场次，组织召开区民主党派座谈会共5场，并组织民主党派成员分批到井冈山、惠州等革命教育基地开展红色教育活动。4月28日，召开纪念中共中央发布“五一口号”70周年座谈会，进一步夯实新时代多党合作共同思想政治基础。全面提高各民主党派参政议政能力。在2018年市、区两级人大、政协会议上，城区各民主党派组织共提交了52件议案提案，部分提案被区列入重点督办提案，受到领导和群众的一致好评。充分发挥党派优势履行社会服务职能。2018年，共组织引导各民主党派开展社会服务公益活动10场（次）。如8月，区委统战部组织区民革、民盟、农工、致公4个民主党派15名医务人员和20多名志愿者，到捷胜镇大流村开展送医送药义诊活动，为当地村民义诊220人次，派送价值1.2万元的药品，派发卫生防疫宣传资料500份。

【民族宗教工作】 2018年，区民族宗教事务局认真贯彻落实中共民族宗教工作方针、政策，紧扣“促和谐、保稳定”的工作主线，稳妥推进新形势下民族宗教各项工作。在民族工作方面，重点抓好城市民族工作，聚焦区委、区政府中心工作，着力巩固和发展平等、团结、互助、和谐的社会主义民族关系。在宗教工作方面，重点抓好对城区宗教场所的安全检查和依法管理工作，加强对境外宗教渗透和非法宗教活动的排查整治，坚持宗教中国化方向，切实维护宗教领域和谐稳定。

【非公有制经济工作】 2018年，区委统战部把全力搭建协调服务平台作为抓好非公有制经济工作的重点任务来抓。2月25日，区工商联与市、区人社局等部门联合在市区慈云山公园举办专场招聘会，帮助23家非公有制经济企业安排就业390人，解决用工困难；5月1—3日，组织了20家非公有制经济企业参加区政府在凤山妈祖广场举办特色产品推介会，为企业会员提供了产品宣传平台；将信诚、新雅、四海美之选3家会员企业推荐上报市工商联，成为“非公有制企业典型案例”候选单位，把握机会为会员企业争取荣誉。全年引导区工商联组织会员企业参加各类学习培训和座谈会22场次，抓好非公经济人士统战工作；引导会员企业积极参与投入“创文创卫”及扫黑除恶等服务中心大局活动10场次；发动非公经济人士捐资350万元投入帮扶慰问、扶贫济困和教育投资等光彩事业中。

【港澳台工作】 2018年，区委统战部以交流妈祖文化为桥梁，在延用“请进来、走出去”传统联谊方式的基础上，不断创新联谊载体和方式，采取微信、网络等平台深化联谊交流。全年共接待台港澳爱国社团共46批822人次，组织赴港联谊7次。帮助港澳台同胞解决实际困难，为港澳台同胞和海外侨胞提供服务。如通过严格考察筛选，在爱国社团骨干中选拔5名符合条件的优秀骨干推荐为城区政协委员增补人选；协助区政协港澳委员办理港珠澳大桥车辆通行证有关事项；利用电话、信息等方式向辖区内的港澳台同胞宣传申办居住证等惠民政策，帮助引导有需要办理的同胞到相关部门进行办理。组织城区籍台胞参加2018年汕尾台胞台属中秋座谈会等，赢得城区籍港澳台同胞的认同。

【干部队伍建设】 区委统战部始终把强化统战干部队伍建设摆在突出位置来抓，2018年，共组织党员干部召开学习会35场次。坚持常态学习与主题学习相结合，通过组织召开学习会、集中上党课、开展红色教育等多样的方式，带动统战干部不断提高政治站位，加强党性修养。同时，积极落实区委、区政府的工作部署，分批组织干部职工前往挂驻村（社区）协助开展防山火、创文创卫、精准扶贫等工作，共232人次；研究帮扶挂驻村开展创文、创卫工作的实施方案，并积极协助芳荣村解决软弱涣散党组织工作；为防御强台风“山竹”，组织党员干部、志愿者赶赴挂驻点芳荣村开展两天一夜的防风工作，并协助芳荣村全力做好救灾复产工作；组织党员干部到芳荣村开展扫黑除恶宣传工作，进村入户发放宣传资料，以易于接受的方式提高群众对扫黑除恶的认识，等等。通过引导党员干部深入基层开展中心服务工作，不断压实工作责任，培养干部担当精神。

（赖静维）

附：区委统战部领导名录

部　长：李振坚

副部长：郑和悦

　　　　蔡汉章

对台工作

【概况】 2018年，区委台湾工作办公室坚持以习近平新时代中国特色社会主义思想为指引，认真贯彻落实党的对台工作方针政策，扎实做好各项对台工作，为维护台海局势稳定和推动城区经济社会发展发挥了积极作用。5月，召开全区对台工作会议，传达贯彻省、市对台工作会议精神，总结全区对台工作，部署当前和今后一个时期对台工作。

【开展涉台宣传教育】 通过与台胞台属接触，进行面对面宣传，把服务做好，做工作做细，达到以心换心，以情感人的效果，并通过他们影响岛内民众。一是宣传贯彻国台办惠台“31条”措施和广东“粤台48条”。通过电话、微信、走访等方式对辖区内的台胞台属作政策宣传，让广大台胞台商更好地关心、支持和参与汕尾各项建设事业，进一步扩大城区与台湾在农业、教育、文化等领域的交流及合作，促进两岸关系和平发展。二是做好《港澳台居民居住证申领发放办法》宣传工作。8月，国务院办公厅印发《港澳台居民居住证申领发放办法》后，按照上级的统一部署，区台办迅速组织动员传达，开展走访宣传工作，通过电话、微信等方式，对重点联系台胞台属进行宣传，并通过他们进一步扩大影响。已协助4名台胞申办居住证。

【服务台胞台属】 践行“两岸一家亲”理念，持之以恒做好台湾人民工作。春节前，区台办负责人带队慰问周庆坤等重点台属。9月，组织区台胞台属参加2018年汕尾市台胞台属中秋座谈会。

【强化对台交流交往】 充分发挥城区特色文化优势，主动“走出去”，扩大交友面，加强与广大台胞沟通联系，积极“请进来”，促进城区与台湾地区的交流及合作。7月，协助市台办做好汕台两地青少年“民俗文化汕尾行”交流营活动。8月30—31日，应台湾中华爱国同心会会长周庆峻的邀请，协助城区民革党员（台湾国民党员后裔）林奕雕等3人，前往台北市拜访了周庆峻会长及台北市议员候选人张秀叶等爱国人士。9月，接待台南市海峡两岸交流协会参访团到城区交流访问。11月，接待中华民族文化创新交流协会参访团到城区交流访问。在做好接待访问团的过程中，让访问团感受到了汕尾市区的发展变化，增进两地沟通了解，进一步扩大城区与台湾之间的民间交流，并使之经常化。做好“魅力东方——走进广东”采访系列宣传活动（城区）拍摄工作工作，通过台湾媒体的宣传，提高城区在台湾的知名度，助力两地之间的交往交流。

（黄海蓝）

附：区委台办领导名录

主　任：李振坚

副主任：黄海蓝

机构编制工作

【概况】 2018年，区编办紧紧围绕“提高中心城区首位度，打造首善之城、大美之区”的目标，围绕“转职能、机构改革、控编减编”三大重点任务要求，有序、有效推进行政体制改革，推进简政放权、放管结合、优化服务，加强和完善机构编制管理，提高政府效能，为城区发展提供有力的体制机制保障。

【推进政府职能转变工作】 一是最大限度减少行政审批事项，推动政府职能转变。围绕厘清政府与市场、社会的关系，加大简政放权力度，继续减少行政审批事项，年底前保留行政审批项目194项，全部为依据法律法规设定的行政许可事项。二是加快权责清单制度建设，促进部门依法全面履行职能。印发《关于开展调整完善区直部门权责清单工作的通知》，牵头区直30个部门根据国务院、省、市政府行政审批工作调整文件及时更新本级权责清单目录。以区政府文件形式印发《汕尾市城区人民政府关于重新公布区直部门权责清单的决定》，在区政府门户网站对外公布，该清单涉及5273项行政职权。加强对权责清单的动态调整，对照《关于做好市级行政权力目录清单编制及各级权责清单修订工作的通知》要求，组织区直部门在省编制的目录中修订本级政府部门权责清单。三是着力规范行政审批行为，提高行政服务效能。积极推行行政审批标准化,以标准化促进规范化，努力营造公平竞争的市场环境。在审批要素、审批流程、裁量准则、服务方式等方面推进标准化建设，探索规范办理、避免随意裁量、提升审批质量的有效模式。四是清理规范行政审批中介服务事项。根据省网上中介服务超市建设工作部署和要求，印发《汕尾市城区网上中介服务超市建设工作方案》，召开网上中介服务超市建设协调会,经单位上报梳理后，形成《汕尾市城区行政权力中介服务事项清单》，该清单涉及10个单位19项职权。根据省、市关于清理中介服务事项的具体要求，对城区中介服务事项进行清理，出台了《汕尾市城区人民政府关于第二批清理规范区政府部门行政审批中介服务事项的决定》，共清理11项中介服务事项，各有关部门严格按照文件要求全部落实到位。五是推进“减证便民”专项行动。印发《关于在全区开展“减证便民”行动的工作方案》，牵头区直各部门清理规范各类证明事项，以区政府文件形式印发《汕尾市城区人民政府关于公布取消证明事项目录的通知》，在区政府门户网站对外公布，该目录涉及20个单位166事项。

【推进机构改革工作】 深化深化国家监察体制改革印发《中共汕尾市城区纪委、城区监察委机关机构编制方案》，成立区监察委员会，完成机构组建、人员转隶工作，区检察院涉改部门转隶人员全部到位。完善巡察机构设置，印发《关于调整区委巡察机构设置的通知》，进一步强化执纪监督，构建巡察全覆盖、监督常态化的工作格局。

推进新一轮行政体制和机构改革工作　一是为清晰掌握改革底数，梳理全区机关事业单位机构设置及编制情况，制定“城区机关事业单位主要职责、人员编制、领导职数、内设机构设置情况表”，建立机关事业单位主要职能、人员编制、领导职数、内设机构设置台账。联合区委组织部印发《关于填报机构改革相关信息表格的通知》，有针对性地调研了涉改单位在机构改革期间的主要诉求，做到“底子清、情况明”。二是在研究区改革初步方案时，对党政机构重组、职数划转和科级机构变化及领导职数增减等情况都作了详细的梳理建账，同时对涉改单位的编制划转进行了初步测算，为改革实施做好前期准备工作。三是为加强对机构改革工作的领导和督促协调，区委成立了区委深化机构改革工作领导小组及其办公室，领导小组下设6个工作组。为做好改革文件的起草工作，区委领导小组多次召开专门会议进行研究，多次专题听取领导小组办公室关于区机构改革的汇报，研究审定区机构改革初步方案。12月初，区委组织部、编办就理顺市区职责事宜与市进行沟通协调，争取市对城区机构改革工作的指导和支持。进行经多次修改完善，形成《汕尾市城区机构改革方案（初步）》。是年，按时间节点将最终修改完善的机构改革方案按程序报省、市预审，同时参照省、市做法，组织出台《区机构改革组织实施工作方案》《区涉改部门机构编制职数框架》等配套文件，按上级部署稳步推进机构改革工作，为2019年机构改革工作的开展奠定基础。

稳步推进相关体制改革　配合卫生部门推进卫生体制改革，完善区医院办医体制，做好城市公立医院和医联体等改革的推进工作。加强基层政府的管理作用，将东涌镇、捷胜镇、红草镇、马宫街道水利管理所的人、财、物划转给当地镇（街道）管理，完成了职责的划转、人员的转隶工作。理顺环境卫生管理体制，按照“两级政府、三级管理”的城市管理体制，充分发挥镇（街道)、村（社区）在城市环境卫生管理中的重要作用，将区环卫局属下5个环卫站整合为3个，并将其人、财、物下放给市区3个街道办事处直接管理，同时增设其他4个镇（街道）环卫站，人、财、物由各镇（街道）直接管理。

深化事业单位分类改革　一是继续推进事业单

位分类改革工作，组织人员对镇（街道）事业单位和部分事业单位进行调研，整合优化事业单位的资源配置，对职能弱化设置不合理的事业单位进行清理规范。二是优化教育资源配置，调整教育布局。4月中旬，由区编办、人社、财政、教育部门组成核查组，赴各中小学（含中职学校、幼儿园）开展全区教职员核编工作。加大事业单位资源整合力度，整合和优化区教育资源配置，协助开展教育布局调整及教师分流配置等改革工作，整合撤并全区31所中小学校。三是深化公立医院改革，推动区医疗联合体（医疗集团）建设。四是推进承担行政职能事业改革，将承担行政职能事业单位改革纳入新一轮党政机构改革统筹推进、同步实施，梳理全区参公事业单位的行政职能，着手测算机构调整、职能划转、编制置换、人员安置等相关事宜。

【机构编制管理】 严格控编减编和机构编制核查 严格执行控编减编工作方案，建立完善组织、人事、机构编制、财政、审计、监察等部门协调配合长效机制，开展常态化专项督查，确保完成控编减编目标任务。认真做好机构编制投诉举报、信访和案件查处工作。

健全完善机构编制实名制管理 严格执行市编委《关于严格控制机构编制加强机构编制实名制管理的实施意见》和区编委《关于印发汕尾市城区机关事业单位补充人员使用编制工作程序的通知》，加强区编办、组织、人社和财政部门的协调机制建设，在人员进出管理上严格执行出入编核准制度，落实机构编制部门核编后，再由组织、人社、财政部门办理相关事项的实名制管理流程；依托省实名制系统，严格执行机构编制出入编登记管理制度，严格落实好月报、季报制度，及时对实名制系统信息进行更新，定期做好机构编制统计分析工作。

【事业单位登记管理】 开展事业单位法人证书换发工作 在事业单位法人登记管理工作中，严格政策规定，严格工作程序，严格责任落实，精心组织，统筹推进。严格程序标准，加强对事业单位监督管理。2018年，全区有193个事业单位进行了法人登记，其中，新登记的事业单位5个，变更登记的事业单位25个，注销登记0个，遗失声明1个，上报年度报告143个，换发新证书183份。

开展机关和群众团体统一社会信用代码赋码工作 为加强社会信用体系建设，根据《开展机关编办直接管理机构编制的群众团体统一社会信用代码赋码工作的通知》，区编办开展机关、群团社会信用代码赋码工作，有76个机关群团单位发放了统一社会信用代码证书。

（曾于蓝）

附：城区机构编制委员会办公室领导名录

主　任：蔡位群

副主任：郑作锋

区直属机关工作委员会

【概况】 2018年，在区委的坚强领导下，区直属机关工委认真落实全面从严治党新要求，立足实际，认真履行工作职责，紧紧围绕城区扩容提质、振兴发展的工作大局，结合深化拓展“两学一做”学习教育活动，持续深入学习贯彻中共十九大精神和习近平总书记重要讲话精神以及省委书记李希在汕尾调研时的讲话精神，按照区委八届六次、七次全会提出的奋斗目标，大力推进机关各基层党组织着力在转作风、强服务、求创新、促和谐上下功夫，积极探索新形势下基层党建工作的新途径、新方法，以改革的精神全面推进机关党的思想、组织、作风、制度和反腐倡廉建设，基层党组织堡垒作用与党员干部的先锋模范作用得到了进一步加强，更好地为全区大力抓好“五化”、建好“五城”，进一步提高中心城区首位度，全力打好“六大攻坚战”，加快实现“四大提升”，不断开创中心城区扩容提质、振兴发展新局面提供了坚强保障。区直工委共有编制5名，其中，公务员4名，机关事业编制1名。区直工委下设办公室1个。

【基层组织工作】 一是以党的政治建设为统领，坚决维护党中央权威和集中统一领导。以习近平新时代中国特色社会主义思想为指引，持续深入学习贯彻十九大精神和习近平总书记重要讲话精神，坚定维护以习近平同志为核心的党中央权威与集中统一领导，争当实现“四个走在前列”的表率。截至12月中旬，各级党组织召开专题学习会886场次（其中各级党组织开展习近平总书记视察广东重要讲话精神专题学习会406场次），各党委（党组）学习均达4次以上，党支部学习均达3次以上，参训党员人数2594人，共5189人次。二是以认真学习宣传贯彻习近平总书记重要讲话精神为主线，切实加强机关党的思想建设。推动“两学一做”学习教育常态化制度化，督促各党（总）支部原原本本学习《习近平谈治国理政（第二卷）》，原原本本学习新党章，不折不扣贯彻维护党章，把党章作为检视区直机关党员思想言行、政治生活和工作作风的根本标尺。三是举办“党的基本知识培训班”。3月下旬，区直单位各基层党组织的137名入党积极分子、党员发展对象参加培训。四是做好区直机关基层党组织换届选举工作。指导和督促区直机关支部任期届满的60个支部进行换届选举。区纪委监察机关、区财政局、新城中学、汕尾中学、田家炳中学5个党支部升格为党总支，成立了区税务局机关党委和机关纪委。五是抓好发展党员工作。截至12月，区直机关基层党组织发展党员40名，超额完成市委组织部下达的任务。六是积极运行完善党员信息管理系统，对134个党组织和2703名党员信息实现动态管理。七是对107位区直机关党支部书记抓基层党建进行述职评议，树牢了党建“主业”意识，加强了区直机关党组织和队伍建设、作风建设，进一步严肃区直机关党内政治生活和党内监督。八是贯彻落实《汕尾市城区加强党的基层组织建设三年行动方案（2018—2020年）》，督促指导各基层党组织落实“三会一课”制度，促进党员日常管理科学化、制度化、常态化，进一步完善机关党建工作督促检查，突出抓好“一把手”履行管党治党责任的落实，加大党建工作权重。九是组织开展“亮身份、作承诺、见行动”活动。全年累计协调区直机关党员志愿者4000多人次参加各种志愿活动，助力汕尾打造“首善之城，大美之区”。十是深入推进政务整治和形象提升行动，扎实推进区直窗口单位与服务部门开展创先争优活动，创建“党员示范岗”97个，参与党员349人。十一是创新活动载体，建立开通了“区直机关党建”微信公众号，开拓了党建宣传工作新渠道。十二是规范党费收缴工作。在区委办等7个党支部试行使用了“党费易”，效果良好。为加强区直机关党员组织管理，优化党费缴纳流程，方便各级党组织快捷、有序开展党费收缴工作做出表率。十三是开展走访慰问困难老党员活动。春节和“七一”前，分别走访慰问了113名困难党员和27名50年党龄以上的老党员，及时送去党的关怀与温暖，充分体现了党组织对党员和老干部的关心及爱护。十四是开展纪念建党97周年系列庆祝活动。各党支部“七一”期间开展了“传承红色基因 坚定理想信念”主题党日活动；联合组织部举办了“新时代新担当新作为”主题演讲比赛；联合组织部、宣传部、团区委举办了“新时代新担当新作为”——汕尾市城区纪念建党97周年文艺晚会。

（黄世涛）

附：区委直属机关工作委员会领导名录

书　记：罗智冰

副书记：刘　瑜

武装部长：庄雪峰

老干部工作

【概况】 区委老干部局成立于1988年，行政级别定正科级，归属区委组织部管理。2018年，区老干部局认真贯彻落实习近平新时代中国特色社会主义思想、中共十九大精神、习近平总书记重要讲话精神以及省委书记李希在汕尾调研时的讲话精神，围绕习近平总书记视察广东重要讲话精神要求，认真贯彻落实全市老干部局局长会议精神，提高工作水平，努力推动老干部工作转型发展、科学发展、创新发展。全区现有离休干部23名。

【落实老干部待遇】 离休干部基本医疗费　离休干部现处于“双高期”（高龄期、多疾病高发期），区委老干部局高度重视，为确保离休干部基本医疗费到位，争取离休干部定点医院和区财政局、卫计局的支持配合，以保证离休干部住院治疗费用。2018年，因病住院治疗的离休干部共有41人次，报销审核发放离休干部医疗费共计451436元。

已故离休干部配偶补助 认真执行上级文件精神，关心已故离休干部配偶补助，于7月和12月，分上下半年两次共发放已故离休干部配偶补助94848元，惠及已故离休干部配偶23人。

探访慰问老干部 坚持做好节日期间对老干部的探访慰问工作，在老人节和春节等重大节日期间，由局领导亲自带领干部职工对全区离休干部、部份退休老干部和老干部遗属开展上门走访慰问活动，或到医院探访慰问。是年，离休干部先后有41人次生病住院，区委老干部局均及时组织人员先后前往医院探望，并加强组织协调，及时落实发放医疗费。全区全年探访老干部110人次，共发放慰问金6万元。

【老干部活动】 *加强离退休干部政治学习* 定期组织召开离退休干部政治理论学习和组织生活会。继续坚持集中学习通报制度，是年先后召开了离退休干部座谈会3次、专题报告会1次，组织老干部集中学习中共十九大精神、习近平总书记在参加十三届全国人大一次会议广东代表团审议时的重要讲话精神和习近平总书记视察广东重要讲话精神，通报城区经济社会发展情况，发挥老干部工作的优势，营造推动社会发展的正能量。同时，根据老干部身体条件，采取送学上门等方式，扩大学习普及面，努力做到全覆盖，为老干部及时了解时事政治、政策法规创造学习条件。此外，为全区离休老干部每人订阅了一册《秋光》杂志，分发学习资料500多份。

建立健全老干部领导工作机制 是年，成立了汕尾市城区老干部工作领导小组和中共城区委离退休干部工作委员会，切实加强对老干部工作的组织领导，初步形成了强化老干部工作的格局，为老干部工作的扎实深入开展提供了保障。牵头组织全区离退休干部参加全市首届老年人体育健身比赛。

（江力航）

附：区委老干部局领导名录

局　长：张祥文

副局长：邓　光

党校教育

【概况】 2018年，中共汕尾市城区委党校（以下简称区委党校），认真学习贯彻习近平总书记系列重要讲话精神、中共十九大精神和全国“两会”精神，坚持党校姓党根本原则，充分发挥“三个阵地、一个熔炉”的重要作用，突出服务城区经济社会发展大局，有针对性地开展各项教育培训工作，圆满地完成了各项工作任务，为加快城区经济社会发展做出了积极贡献。

【干部培训】 区委党校紧紧围绕区委、区政府干部教育培训工作中心任务，明确培训重点，加大培训力度，积极完成干部培训工作，取得良好效果。全年共举办各类培训班24期，培训干部近8000人次。一是举办全区年轻干部培训班共5期，培训年轻干部共227人次；二是3月与区直工委联合举办区直机关党的基本知识培训班1期160人次；三是4月举办了全区村（社区）党支部书记学习习近平总书记在参加十三届全国人大一次会议广东代表团审议时的重要讲话精神培训班，共2期约450人次；四是4月举办了城区科级干部、股级干部深入学习习近平总书记重要讲话精神及全国“两会”精神培训班2期共600人次；五是6月举办了城区镇级党校师资培训班1期64人次；六是6月举办2018年城区公务员初任培训班和“三支一扶”大学生培训班1期39人次；七是10月举办了城区新录用公务员、村（社区）工作人员培训班1期56人次；八是11月举办了公务员“不忘初心 牢记使命”专题全员培训班共2期约900人次；九是11月举办了城区新录用公务员、村（社区）工作人员学习贯彻习近平总书记视察广东重要讲话精神专题学习会1期55人次；十是12月举办了城区专业技术人员培训班共8期约5400人次。通过培训教育，较好地提高了学员的政治理论水平和工作能力，增强了他们干事创业的主动性与积极性，为更好地推动城区发展建设打下基础。

【精品党课】 为指导各镇级党校充分发挥教育培训

主阵地作用，进一步强化“两学一做”学习教育活动，及时把党的方针政策和区委、区政府的重大工作部署传达到广大党员干部群众中去，推动城区各项政策措施落到实处，区委党校积极打造精品党课，助力镇级党校，推动基层党建工作。

组建镇级党校师资库 进一步整合教师资源，组建一支专兼结合、以兼为主、素质高、队伍相对稳定的镇级党校教师队伍。把市区党校老师、有关部门领导干部、党员干部代表、优秀村干部等列入教师库，全力打造全方位多层次师资队伍，目前师资库教师约60名。

开展走基层送党课活动 积极组织教师以中共十九大精神，习近平新时代中国特色社会主义思想、习近平视察广东工作重要讲话精神以及区委八届四次、五次、六次全会精神为主要内容打造精品党课，定期为镇级党校送去党课，助力基层党建工作，使党性教育向基层延伸。如4月20日、27日分别前往马宫街道党校和凤山街道党校开展送课活动，宣讲习近平总书记在参加十三届全国人大一次会议广东代表团审议时的重要讲话精神。5月31日，在全区基层党建工作推进会暨镇级党校工作会议上，对各镇级党校工作开展进行了部署和指导；6月1日，组织教师前往新港街道党校开展学习习总书记在参加十三届全国人大一次会议广东代表团审议时的重要讲话精神专题党课。6月21日，组织教师前往捷胜镇党校开展乡村振兴专题党课。6月29日，前往城区法院开展“七一”建党97周年党课活动。8月17日，前往香洲街道党校和凤山街道党校开展送课活动。8月30日，到新港街道党校开展学习习近平新时代中国特色社会主义思想送课活动。9月，到捷胜镇委党校和红草镇委党校为外出党员上党课。10月30日，前往捷胜镇党校开展以“中国共产党的光辉历史”和“学党章党规做合格党员”为题的党课活动。11月，分别到马宫街道党校、香洲街道党校开展学习习近平视察广东重要讲话精神专题党课。通过党课活动，加强了基层党员的党性教育和政治教育，保持了基层党员的先进性，为基层党建工作打好了理论基础。

【创新课程】 区委党校始终将强化党员干部党性教育作为党校建设的重大使命，牢记习近平总书记“把红色资源利用好，把红色传统发扬好，把红色基因传承好”的嘱托，充分挖掘和运用海陆丰红色资源，将红色文化纳入党员干部教育培训课程中。如在2018年所开展的五期年轻干部培训班中，区委党校均组织学员前往海丰红宫红场、高潭老苏区革命纪念馆和惠阳东江纵队纪念馆等红色文化教育基地，开展爱国主义教育活动，通过现场讲解革命烈士事迹，重温入党誓词等学习活动，使学员增长了见识，增强了党性。此外，积极创新党课形式，通过讲故事的形式开展党课教育，将一个个发生在海陆丰大地上真实的红色故事，用娓娓道来、生动感人的讲述方式宣传海陆丰革命老区历史，唤起乡愁记忆，激活基层干部群众的红色基因，从而坚定理想信念，筑牢道德高线，更加自觉地凝聚成为海陆丰革命老区人民强大的精神力量。全年共开展“红色故事讲坛”活动共5场次，受众约350人。

【团队建设】 为全面提升党校办学能力，有效发挥党校在干部培训中的主阵地作用，区委党校结合自身实际，着力做好教师队伍建设和后勤管理，自身建设得到大大加强。

加强学习，推动干部职工素质上台阶 一是坚持开展“三会一课”活动。通过集中学习、座谈、抽空自学等模式，以党的各种最新会议精神、时事政治、中国特色社会主义理论以及各种先进思想理念为主要内容开展学习活动，进而推动该校干部职工开拓眼界、提升理论水平和党性修养。全年共开展学习会20次。二是积极选派教师外出参观学习，进一步扩大视野，学习先进教学理念和教学方法。4月，指派2名骨干教师前往珠海参加习近平习新时代中国特色社会主义思想暨总书记出席广东代表团讲话精神培训班；7月，5名骨干教师前往广州参加汕尾市宣讲骨干培训班；10月，1名骨干教师前往阳江市委党校参加2018年全省党校行政学院系统习近平新时代中国特色社会主义思想暨新发展理念骨干教师教学研讨班。通过学习培训，进一步提高了该校干部职工和教师的理论水平与党性修养，推动党校教育事业的进一步发展。

创新教学，推动干部教育培训工作上新台阶

一是坚持创新教学，尝试在干部教育培训课程中加入实地考察、共同研讨、情景模拟、案例教学、现场讲学等新的教学方式。10月，在城区新录用公务员、村（社区）工作人员培训班中，组织学员实地参观红草晨洲新农村建设和征地拆迁工作，通过实地考察、参观的形式加深学员的学习印象，强化教学效果。二是积极改善教学办公环境。2018年，加大教学和办公设备更新力度，对原有教学、办公设施进行了改善，将办公桌进行全部更新，新购入两个档案柜等，办学条件得到较好改善。另外，积极申请党校迁建工程，努力将校园建设落到实处，提升教学办公环境。

（姚　燕）

附：区委党校、市委党校城区分校、市行政学院城区分院领导名录

校　长：孔卓文（兼）
常务副校长：郭乃坎
副校长：曾晓容

城区人民代表大会

·城区人大常委会领导名录

主　任：张淑娟
副主任：余汉生
余鸿群
陈昌利
刘泽扬
刘克敏
王声效
委　员：（按姓氏笔画顺序排列）
王惠民（2018年1月任）
冯振炯
刘留芳（2018年1月任）
杨凯彬（2018年1月任）
吴可业
邱承杰
何秀泉
陈丽玲
卓永红
郑友明
胡小军
张永宜（2018年1月任）
洪少红
洪郁冬（2018年1月任）
翁贤春
黄生隆
曾昭群
谢晓云
赖振亚（2018年1月任）

· 重要会议

【区八届人大三次会议】 1月21–23日，汕尾市城区第八届人民代表大会第三次会议召开。会议听取和审议汕尾市城区人民政府工作报告、汕尾市城区人大常委会工作报告、汕尾市城区人民法院工作报告、汕尾市城区人民检察院工作报告；审查和批准城区2017年国民经济和社会发展计划执行情况与2018年计划草案的报告，审查城区2017年预算执行情况和2018年预算草案的报告，批准城区本级2017年预算执行情况报告和2018年区本级预算，并作出相应决议。会议选举产生汕尾市城区监察委员会主任1名、区人大常委会委员6名，通过了区人民代表大会法制委员会和财政经济委员会组成人员。会议期间，共收到代表议案、建议10件。

【常委会会议】 1月5日，区八届人大常委会召开第十二次会议。会议议程有人事任免事项、审议《汕尾市城区人大常委会2018年工作要点（送审稿）》。

1月11日，区八届人大常委会召开第十三次会议。会议议程有审议通过关于确认李振坚等代表资格的决定、审议通过区人大常委会2018年工作要点（稿）、审议通过区人大常委会工作报告（稿）、审议通过关于列席区八届人大三次会议人员的决定。

1月23日，区八届人大常委会召开第十四次会议，任命有关人员。

2月7日，区八届人大常委会召开第十五次会议。会议听取和审议区政府关于提请审议《汕尾市城区2017年普法工作情况》及《2018年普法工作计划》的报告。

4月12日，区八届人大常委会召开第十六次会议，学习习近平重要讲话精神和全国“两会”精神以及宪法修正案。

4月26日，区八届人大常委会召开第十七次会议。会议议程有听取和审议区政府关于精准扶贫、精准脱贫工作开展情况的报告、听取和审议区政府关于城区教师队伍建设情况的报告、人事任免事项。

7月31日，区八届人大常委会召开第十八次会议。会议议程有人事任免事项、听取和审议区政府《关于城区“十三五”规划纲要中期实施情况报告》、听取和审议区人大常委会执法检查组《关于城区贯彻实施〈中华人民共和国义务教育法〉执法检查情况的报告》、确认区人大常委会主任会议许可区法院对区人大代表洪某某采取司法拘留强制措施事项。

8月31日，区八届人大常委会召开第十九次会议。会议议程有听取和审议区政府关于2018年上半年国民经济和社会发展计划执行情况报告、听取和审议区政府关于要求对2015-2017年地方债券资金项目进行调整的议案、听取和审议区2018年上半年财政预算执行情况报告、听取和审议区人大常委会执法检查组关于城区贯彻实施《广东省城乡生活垃圾处理条例》执法检查情况报告、许可公安机关对区人大代表黄某某采取拘留措施。

10月31日，区八届人大常委会召开第二十次会议。会议议程有听取和审议区政府2017年度区级财政决算草案报告、听取和审议区政府2017年度区本级财政预算执行和其他财政收支情况审计工作情况报告、听取和审议区政府关于全区基层医疗卫生建设情况报告、听取和审议区法院关于执行情况的报告、人事任免事项。

11月20日，区八届人大常委会召开第二十一次会议，决定许可市公安局对区八届人大代表卢绵佳采取强制措施。

11月29日，区八届人大常委会召开第二十二次会议，通过人事任命事项和接受市代表辞职事项。

12月29日，区八届人大常委会召开第二十三次会议。会议议程有听取和审议区政府关于区2018年度公共财政预算调整草案的报告、听取和审议区政府关于八届人大三次会议议案、建议办理情况的报告、听取和审议区检察院关于民事行政检察工作情况的报告、人事任免事项、代表事项。

· 重要工作

【议案建议办理】 区八届人大三次会议上，议案审查委员会收到代表议案、建议、批评和意见共10件，其中代表10人以上联名依法提出的议案2件，代表联名或个人提出的建议、批评和意见8件。经大会主席团研究通过，决定将属城区办理的2件议案连同5件建议、批评和意见共7件均作为建议处理。区人大常委会及时向区政府交办代表议案、建议，由区政府落实承办单位办理。区人大常委会于2018年8月29日组织召开了集中督办会，搭建人大代表和承办部门领导直接对话的平台，共同研究代表建议的办理办法，督促承办单位采取有效措施，确保办理工作落到实处。同时，印发了“区八届人大三次会议代表议案和建议办理情况跟踪督办工作方案计划表”给各领衔人代表、承办单位和区人大常委会各相关工委，进一步强化各相关工委以对口联系方式督办议案、建议的办理工作。截至2018年10月31日，区八届人大三次会议代表提出的属城区办理的7件议案、建议全部办复，并基本按要求书面答复提出议案、建议的代表，代表对议案、建议办理答复的征询意见满意度均在基本满意以上，办理效果比较明显。

【选举任免】 区人大及其常委会坚持党管干部和依法选举任免干部相结合原则，依法选举任免。

区八届人大三次会议依法选举通过国家机关工作人员15名。

区人大常委会依法任命国家机关工作人员14名，依法免去职务13名；依法补选市七届人大代表5名，接受市七届人大代表辞职4名。

组织选举任命人员向宪法宣示2批30人次。

2018年汕尾市城区人大及其常委会选举任免干部一览表

表2

姓名	任职单位及职务	免职单位及职务	常委会会议时间及任免职文号
一、区人大会议选举情况：			
王俊锐	汕尾市城区监察委员会主任		2018年1月23日,区第八届人民代表大会第三次会议主席团公告（第一号）
王惠民	汕尾市城区第八届人民代表大会常务委员会委员		2018年1月23日,区第八届人民代表大会第三次会议主席团公告（第一号）
刘留芳	汕尾市城区第八届人民代表大会常务委员会委员		2018年1月23日,区第八届人民代表大会第三次会议主席团公告（第一号）
杨凯彬	汕尾市城区第八届人民代表大会常务委员会委员		2018年1月23日,区第八届人民代表大会第三次会议主席团公告（第一号）
张永宜	汕尾市城区第八届人民代表大会常务委员会委员		2018年1月23日,区第八届人民代表大会第三次会议主席团公告（第一号）
洪郁冬	汕尾市城区第八届人民代表大会常务委员会委员		2018年1月23日,区第八届人民代表大会第三次会议主席团公告（第一号）
赖振亚	汕尾市城区第八届人民代表大会常务委员会委员		2018年1月23日,区第八届人民代表大会第三次会议主席团公告（第一号）
胡小军	汕尾市城区第八届人民代表大会法制委员会主任委员		2018年1月23日,区第八届人民代表大会第三次会议主席团公告（第二号）
吴振业	汕尾市城区第八届人民代表大会法制委员会副主任委员		2018年1月23日,区第八届人民代表大会第三次会议主席团公告（第二号）
吴香碧	汕尾市城区第八届人民代表大会法制委员会委员		2018年1月23日,区第八届人民代表大会第三次会议主席团公告（第二号）
曾昭群	汕尾市城区第八届人民代表大会法制委员会委员		2018年1月23日,区第八届人民代表大会第三次会议主席团公告（第二号）
谢晓云	汕尾市城区第八届人民代表大会财政经济委员会主任委员		2018年1月23日,区第八届人民代表大会第三次会议主席团公告（第二号）
许彦生	汕尾市城区第八届人民代表大会财政经济委员会副主任委员		2018年1月23日,区第八届人民代表大会第三次会议主席团公告（第二号）
罗善球	汕尾市城区第八届人民代表大会财政经济委员会委员		2018年1月23日,区第八届人民代表大会第三次会议主席团公告（第二号）
黄秋业	汕尾市城区第八届人民代表大会财政经济委员会委员		2018年1月23日,区第八届人民代表大会第三次会议主席团公告（第二号）

续表 2

姓名	任职单位及职务	免职单位及职务	常委会会议时间及任免职文号
二、区人大常委会任免情况：			
曾丽华		免去其汕尾市城区人民法院经济审判庭副庭长、审判员职务	2018 年 1 月 5 日，区八届人大常委会第 12 次会议，汕市区人常〔2018〕2 号
谢晓云	汕尾市城区人大常委会财政经济工作委员会主任		2018 年 1 月 23 日，区八届人大常委会第 14 次会议，汕市区人常〔2018〕5 号
胡小军	汕尾市城区人大常委会内务司法工作委员会主任		2018 年 1 月 23 日，区八届人大常委会第 14 次会议，汕市区人常〔2018〕5 号
凌巧雅	汕尾市城区人大常委会凤山街道工作委员会主任		2018 年 1 月 23 日，区八届人大常委会第 14 次会议，汕市区人常〔2018〕5 号
芮耀枢	汕尾市城区人大常委会马宫街道工作委员会主任		2018 年 1 月 23 日，区八届人大常委会第 14 次会议，汕市区人常〔2018〕5 号
黄春波	汕尾市城区人大常委会香洲街道工作委员会主任		2018 年 1 月 23 日，区八届人大常委会第 14 次会议，汕市区人常〔2018〕5 号
彭希流	汕尾市城区人大常委会新港街道工作委员会主任		2018 年 1 月 23 日，区八届人大常委会第 14 次会议，汕市区人常〔2018〕5 号
罗方俊	汕尾市城区监察委员会副主任		2018 年 1 月 23 日，区八届人大常委会第 14 次会议，汕市区人常〔2018〕4 号
钟传鲔	汕尾市城区监察委员会副主任		2018 年 1 月 23 日，区八届人大常委会第 14 次会议，汕市区人常〔2018〕4 号
林少锋	汕尾市城区监察委员会委员		2018 年 1 月 23 日，区八届人大常委会第 14 次会议，汕市区人常〔2018〕4 号
曾小湖	汕尾市城区监察委员会委员		2018 年 1 月 23 日，区八届人大常委会第 14 次会议，汕市区人常〔2018〕4 号
林莉莉	汕尾市城区监察委员会委员		2018 年 1 月 23 日，区八届人大常委会第 14 次会议，汕市区人常〔2018〕4 号
林创龙	汕尾市城区人大常委会新港街道工作委员会主任		2018 年 4 月 26 日，区八届人大常委会第 17 次会议，汕市区人常〔2018〕11 号
彭希流		免去其汕尾市城区人大常委会新港街道工作委员会主任职务	2018 年 4 月 26 日，区八届人大常委会第 17 次会议，汕市区人常〔2018〕11 号

续表 2

姓名	任职单位及职务	免职单位及职务	常委会会议时间及任免职文号
陈海星		免去其汕尾市城区人民法院副院长、审判委员会委员、审判员职务	2018 年 4 月 26 日，区八届人大常委会第 17 次会议，汕市区人常〔2018〕12 号
疏　玲		免去其汕尾市城区人民法院审判委员会委员、审判员职务	2018 年 4 月 26 日，区八届人大常委会第 17 次会议，汕市区人常〔2018〕 12 号
曾小湖		免去其汕尾市城区人民检察院副检察长、检察委员会委员职务	2018 年 4 月 26 日，区八届人大常委会第 17 次会议，汕市区人常〔2018〕 13 号
吕全闻		免去其汕尾市城区人民检察院副检察长、检察委员会委员职务	2018 年 4 月 26 日，区八届人大常委会第 17 次会议，汕市区人常〔2018〕13 号
魏志操		免去其汕尾市城区人民检察院副检察长、检察委员会委员职务、检察员职务	2018 年 4 月 26 日，区八届人大常委会第 17 次会议，汕市区人常〔2018〕13 号
钱　进	汕尾市城区人民政府副区长		2018 年 7 月 31 日，区八届人大常委会第 18 次会议，汕市区人常〔2018〕18 号
吴君生		免去其汕尾市城区人民法院人民陪审员职务	2018 年 10 月 31 日，区八届人大常委会第 20 次会议，汕市区人常〔2018〕25 号
蔡春平		免去其汕尾市城区人民法院人民陪审员职务	2018 年 10 月 31 日，区八届人大常委会第 20 次会议，汕市区人常〔2018〕25 号
黄晓玲		免去其汕尾市城区人民法院人民陪审员职务	2018 年 10 月 31 日，区八届人大常委会第 20 次会议，汕市区人常〔2018〕25 号
王　荣		免去其汕尾市城区人民法院人民陪审员职务	2018 年 10 月 31 日，区八届人大常委会第 20 次会议，汕市区人常〔2018〕25 号
李国文		免去其汕尾市城区人民法院人民陪审员职务	2018 年 10 月 31 日，区八届人大常委会第 20 次会议，汕市区人常〔2018〕25 号
吕全闻	汕尾市城区监察委员会委员		2018 年 11 月 29 日，区八届人大常委会第 20 次会议，汕市区人常〔2018〕30 号
陈建文		免去其汕尾市城区工商行政管理局局长职务	2018 年 12 月 29 日，区八届人大常委会第 23 次会议，汕市区人常〔2018〕33 号

三、区人大常委会补选和接受市七届人大代表辞职情况：

方　淳		接受其辞去市七届人大代表职务	2018 年 1 月 5 日，区八届人大常委会第 12 次会议

续表 2

姓名	任职单位及职务	免职单位及职务	常委会会议时间及任免职文号
刘莉丽	补选为汕尾市第七届人民代表大会代表		2018 年 1 月 5 日，区八届人大常委会第 12 次会议，汕市区人常〔2018〕1 号
石启桓		接受其辞去市七届人大代表职务	2018 年 8 月 11 日，区八届人大常委会第 12 次会议，汕市区人常〔2018〕29 号
叶侑升		接受其辞去市七届人大代表职务	2018 年 12 月 29 日，区八届人大常委会第 23 次会议，汕市区人常〔2018〕31 号
施镇波		接受其辞去市七届人大代表职务	2018 年 12 月 29 日，区八届人大常委会第 23 次会议，汕市区人常〔2018〕31 号
邓晓虹	补选为汕尾市第七届人民代表大会代表		2018 年 12 月 29 日，区八届人大常委会第 23 次会议，汕市区人常〔2018〕32 号
叶汉余	补选为汕尾市第七届人民代表大会代表		2018 年 12 月 29 日，区八届人大常委会第 23 次会议，汕市区人常〔2018〕32 号
卓雄峰	补选为汕尾市第七届人民代表大会代表		2018 年 12 月 29 日，区八届人大常委会第 23 次会议，汕市区人常〔2018〕32 号
何宇峰	补选为汕尾市第七届人民代表大会代表		2018 年 12 月 29 日，区八届人大常委会第 23 次会议，汕市区人常〔2018〕32 号

【区代表出缺及补选】 区八届人大二次会议后，许昌林、王伟群、吴城池、詹胜聪、林悦钊、王贤生、曾玮玮、钟传鲐、卢立对、施培良、卢学军、陈伦庭、黄贤锐、张祥文、蔡慧敏、李端仪、严道宜 17 位代表因工作变动或职务调整，请求辞去区八届人大代表职务；红海湾选出的林新芳代表因病去世，其代表资格自然终止。根据代表出缺情况及工作需要，1 月，相关选区先后依法补选了李振坚、黄思达、刘留芳、许彦生、杨凯彬、赖振亚、王俊锐、吴振业、林楚城、洪郁冬、孔卓文、韩如初、王惠民、曾远通、何世海 15 位代表。1 月 11 日区八届人大常委会第十三次会议确认李振坚等 15 名代表的代表资格有效。至此，汕尾市城区第八届人民代表大会实有代表 191 名。

【执法检查】 6 月，区人大常委会组成执法检查组对《中华人民共和国义务教育法》开展执法检查。7 月 31 日，区八届人大常委会第十八次会议听取和审议了执法检查组的执法检查报告，作出了审议意见，推动义务教育法的贯彻实施。8 月，区人大常委会组成执法检查组对城区贯彻实施《广东省城乡生活垃圾处理条例》开展执法检查。8 月 31 日，区八届人大常委会第十九次会议听取了执法检查组的执法检查报告，作出了审议意见，推动条例的贯彻实施。

· 重要活动

【“更好发挥人大代表作用”主题活动】 按照省人大、市人大关于开展“更好发挥人大代表作用”主题活动的要求，区人大常委会于 8 月份集中开展了“区代表统一活动日”、建议跟踪督办和《广东省城乡垃圾处理条例》执法检查三项主题活动。广大人大代表围绕“我为民，我履职，我行动”，参加了区镇人大组织的“更好发挥人大代表作用”主题活动。8月28日，市委书记、市人大常委会主任石奇珠到城区红草镇人大代表联络站开展“更好发挥人大代表作用”主题活动，面对面与基层人大代表和干部群众代表座谈交流，听取群众意见建议，帮助解决群众反映的完善五雅村公交建设、埔边新区排污管网建设以及南汾村饮用水安全问题。

【代表培训】 10月23日，区人大常委会举办法律知识培训班，邀请专家作“学习宪法基本知识，领会宪法精神实质”的辅导报告。区、镇两级人大代表400多人参加了培训。

【区代表统一活动日】 8月23日，区人大常委会组织部分驻区的市七届人大代表和区八届人大代表，以推进市区“三旧”改造与新农村建设为主题，开展“区代表统一活动日”活动。上午，代表实地视察凤山街道香洲社区和顺村“三旧”改造项目建设进展情况以及东涌镇石洲村、捷胜镇军船头村新农村建设情况；下午，各镇（街道）人大（工委）组织代表集中学习宪法和座谈讨论，并就上午实地集中视察看到的问题，提出了13条意见建议。红海湾开发区人大办公室也自行组织了驻开发区的区八届人大代表开展活动。

【代表视察】 驻区的市七届人大代表视察　受市人大常委会委托，区人大常委会于12月17日组织了部分市、区两级人大代表对品清湖环境保护情况和老市区道路进行视察和调研。实地视察了市区品清湖善美广场、人造沙滩、避风塘、市区建设西路至市区四马路段、市区三马路和二马路荣泰市场；12月24日和29日又分别组织了30多名驻区的市七届人大代表以“乡村振兴和道路建设”为主题的集中专题视察活动。实地视察了马宫街道长沙村、红草镇晨州村新农村建设情况和海汕公路改造建设情况，听取了区政府、马宫街道办事处和红草镇政府及有关部门的情况汇报。代表们围绕各代表小组调研和集中视察内容进行了认真座谈讨论，提出了许多建设性的意见建议。

区人大代表视察　区人大常委会委托各镇（街道）人大及红海湾开发区人大联络处办公室，结合当地工作实际于第四季度分别组织了驻镇（街道）的区人大代表开展集中专题视察活动。

“创文”专题视察　10月25日至11月底，区人大常委会组织部分区人大代表每周2次开展对市区三个街道创文工作进行全方位视察、检查活动，进一步推进城区创文工作深入有效开展。

（何秀泉、冯振炯、吴振业）

附：（一）区人大常委会办公室领导名录

主　任：王惠民
副主任：冯振炯
主任科员：郑友明
　　　　　陈丽玲

（二）区人大常委会各工作委员会领导名录

财政经济工作委员会
主任：谢晓云
内务司法工作委员会
主任：胡小军
教育科技文化卫生侨务工作委员会
主任：刘留芳
农村与城建环境资源保护工作委员会
主任：张永宜
选举联络人事任免工作委员会
主任：何秀泉

城区人民政府

·区政府领导成员名录

区　　长：罗光钊
常务副区长：曾向镇
副 区 长：范仕国（2018年4月离任）
　　　　　钱　进（2018年4月任）
　　　　　陈少华
　　　　　胡春莲
　　　　　陈景元
　　　　　余正茂
　　　　　黄贤锐
　　　　　刘顺华（2018年1月离任）

·区政府常务会议

【概况】 2018年，区政府共召开了22次常务会议，组织学习与讨论研究了153个议题。

【组织学习】 学习习近平总书记在参加十三届全国人大一次会议广东代表团审议时的重要讲话精神，全国“两会”精神，中央经济工作会议精神和习近平总书记在中央经济工作会议上的重要讲话精神，省委十二届六次全会、市委七届八次全会精神，中央第五环境保护督察组对广东省开展“回头看”情况反馈电视电话会议精神，省委理论学习中心组专题学习会精神以及省委李希书记在专题学习会上的讲话精神，市委书记石奇珠在全市领导干部学习贯彻习近平总书记重要讲话精神专题研讨班开班仪式上的讲话精神，市“两会”精神，《中华人民共和国安全生产法》《消防安全责任制实施办法》《中华人民共和国食品安全法》《地方党政领导干部安全生产责任制规定》《中华人民共和国水污染防治法》《广东省行政机构设置和编制管理条例》《汕尾市城市市容和环境卫生管理条例》《中华人民共和国审计法实施条例》等。

【讨论议题】 2018年，区政府常务会议讨论研究了《政府工作报告》《汕尾市城区2017年预算执行情况和2018年预算草案》《汕尾市城区2017年国民经济和社会发展计划执行情况与2018年计划草案的报告》《汕尾市城区2018年重点建设项目（前期预备项目）计划方案》《汕尾市城区9个省定贫困村创建社会主义新农村示范村项目管理和资金监管办法》《关于建立和完善我区复退军人服务体系的实施意见》《汕尾市城区2017年度推进依法行政加快法治政府建设情况报告》《汕尾市城区人民政府 深圳市宝德投资控股有限公司战略合作框架协议》《关于调整汕尾市城区“全面改薄”项目规划》《关于颁发汕尾市城区小型水利工程（第一、二批）产权证书有关问题》《汕尾市城区2018年创建广东省文明城市工作实施方案》《汕尾市城区创建国家卫生城市实施方案》《汕尾市城区城镇独生子女父母计划生育奖励实施办法》《汕尾市城区畜禽养殖禁养区划定方案》《星河湾集团关于汕尾市城区社会主义新农村示范村建设等项目捐赠意向协议书》《汕尾市城区港口海域禁毒工作网格化管理实施方案》《汕尾市城区八届人大三次会议议案、建议、批评和意见交办方案》《汕尾市城区发展学前教育第三期行动计划（2017—2020年）》《汕尾市城区推行森林防火网格化管理实施方案》《汕尾市城区2018年十件民生实事》《汕尾市城区防汛防旱防风防冻应急预案》《汕尾市市区环境卫生管理体制改革方案》《关于加强对黄江河（城区段）管理的通告》《汕尾市城区健康促进与教育工作“十三五”规划》《中共汕尾市城区委 汕尾市城区人民政府关于推进安全生产领域改革发展实施意见》《汕尾市城区2017年度国内捕捞油价补贴工作实施方案》《汕尾市城区2018年秋季基础教育职业教育招生工作意见》《汕尾市城区人民政府关于加快实施创新驱动发展战略的若干意见（试行）》《汕尾市城区粮食生产功能区实施方案》《汕尾市城区畜禽养殖废弃物资源化利用工作方案》《汕尾市城区对举报毒品犯罪有功人员的奖励办法》《汕尾市城区土地整治规划（2016—2020年）》《汕尾市城区医疗集团财政保障制度实施方案》《汕尾市城区关于实行国家机关“谁执法谁普法”普法责任制工作意见》《汕尾市城区群众举报涉黑涉恶违法犯罪活动奖励办法（试行）》《汕尾市城区政务信息系统整合共享平台建设方案》《汕尾市城区公开招聘村（社区）工作人员实施方案》《汕尾市城区“组账镇代理”工作实施方案》《汕尾市城区区级财政资金支出管理暂行办法》《汕尾市城区农村集体产权制度改革实施方案》《汕尾市城区取消证明事项目录》《汕尾市城区公立医院薪酬制度改革试点工作实施方案》《汕尾市城区关于加强政府性债务管理实施方案》《汕尾市城区政府性债务风险应急处置预案》《2018年汕尾市城区财政扶贫开发资金使用分配方案》《汕尾市城区中小学校教师“县管校聘”管理改革实施方案》《汕尾市城区关于进一步加强殡葬管理工作实施意见》《汕尾市城区全面推行湖长制实施方案》《汕尾市城区2018年度中小河流治理项目建设实施方案》《汕尾市肉联厂延长合作期限合同章程》《“汕尾市城区创建广东省推进教育现代化先进区”暨“教育强区复评”申报材料》《海汕公路西闸至埔边段综合改造工程（城区部分）征地拆迁补偿安置实施方案》《2018年度汕尾市城区落实粮食安全区长责任制工作方案》《关于禁止燃放烟花爆竹的建议》《汕尾市城区能源消费总量控制方案》《汕尾市城区关于规范市区奎山经贸市场肉菜价格和市城区海鲜批发市场价格的实施工作方案》《汕尾市城区“一村一公园”建设实施方案》《汕尾市城区2017年度财政总决算草案》《汕尾市城区2017年度本级预算执行和其他财政收支情况审计工作报告》《汕尾市城区“粤菜师傅”工程实施方案》《汕尾市城区关于贯彻落实国务院安委会道路交通安全“十三五”规划实施方案》《汕尾市城区行政事业单位国有资产处置管理暂行办法》《汕尾市城区行政单位常用公用设施配置标准》《汕尾市城区人民政府关于开展退役军人和其他优抚对象信息采集工作公告》《汕尾市城区第二批清理规范政府部门行政审批中介服务事项目录》《汕尾市城区创建广东省慢性病综合防控示范区工作方案》《汕尾市城区党政机关公务接待管理规定（修订版）》《信息经济发展战略合作协议》《汕尾市城区区级预算支出标准体系（试行）》《汕尾市城区2018年度公共财政预算调整草案》《汕尾市城区贯彻落实〈海陆丰革命老区振兴发展规划〉实施方案》《关于进一步加强我区扶贫项目和资金使用管理的意见（试行）》《中共汕尾市城区委　汕尾市城区人民政府关于推进乡村振兴战略的实施意见》《汕尾市城区关于实施商标品牌战略服务我区经济社会发展的实施意见》《关于汕尾市城区八届人大三次会议代表议案、建议的办理情况报告》《关于加强对河流、水库、湖泊管理的通告》《汕尾市城区2018年度推进依法行政加快法治政府建设情况的报告》《汕尾市城区公开招聘专职人民调解员工作方案》《汕尾市城区农村污水治理工程PPP项目实施方案》《汕尾市城区2019年重点建设项目（前期预备项目）计划方案》《汕尾市城区2018年国民经济和社会发展计划执行情况与2019年计划草案的报告》《汕尾市城区机关事业单位2018年绩效考核办法及配套文件》等涉及重大决策和民生实事的议题。

讨论研究了关于汕尾市城区9个省定贫困村农村污水治理工程投资估算招标最高上限价（暂定价），社会主义核心价值观主题广场建设项目预算资金，拨付市区红海西路道路人行道改造修复资金，追加市区环卫经费预算，解决购置环卫设备经费，变更凤山街道盐町头小学教学楼基坑支护项目费用，建立汕尾市城区欠薪应急周转金，提高城区2018年残疾人两项补贴补助标准，解决区福利院配套安全设施工程费用，红草马宫堤围下围段加固工程竣工结算，提高城区优抚对象优抚补助标准，禁毒工作经费，提高全区城乡特困供养人员基本生活标准，执行全市城乡低保标准和补差，盘活地方财政存量资金，财政暂付挂账清理清查工作，公开招聘研究生学历高中教师，完成2016年转业士官指令性安置，实施全区“金财工程”信息化建设，全域推进农村人居环境整治、建设生态宜居美丽乡村区级财政奖补资金安排，拨付汕尾市城区东涌镇2018年海汕公路两侧森林景观提升建设项目资金，2018年度义务兵优待金发放，调整贫困对象医疗救助相关标准，调整2015—2017年地方债券资金安排使用，举办2018年“感动城区年度教师”决赛，提高城乡居民养老保险经办人员工资待遇，解决区扫黑除恶斗争专项工作经费，解决大伯坑生活垃圾填埋场渗沥液处理设备运行经费，基层综合文化服务中心建设配套资金，汕尾市区大马路中段等14条道路实施建设，实施《汕尾市城区农村污水治理工程》项目建设，组织中学中职学校教师报读非全日制硕士研究生，提高城区2019年孤儿基本生活最低供养标准，将新增独立核算预算单位列入财政国库集中支付制度实施单位，安排9个省定贫困村创建社会主义新农村示范村专项资金余额，前往南京特殊教育示范学院招聘特殊教育学校教师，汕尾市城区农村污水治理工程采用BOT模式进行投资建设及运营维护，组织城区低保、五保、优抚、孤儿、低收入未成年人、重度残疾人、精准扶贫对象参加2019年度城乡居民医疗保险资金，解决红草镇晨洲村申请农村公路专项经费，确定2018年农村综合改革转移支付资金（美丽乡村建设）项目实施单位等工作。

（区政府办）

·区政府重要政事和政务活动

【深入开展港口海域禁毒专项整治工作】 城区高度重视港口海域禁毒专项整治工作，坚持海陆并进、查堵结合，强力推进专项整治，取得初步成效。2018年6月至年底，累计出动执法快艇573次、人员1362人，安装码头监控视频24个，滚动排查码头212座、造（修）船厂153间次、船只3300多艘，破获海上走私毒品案件3宗，抓获犯罪嫌疑人19人，有力遏制了毒品在港口海域流通。一是区党政主要领导带队深入一线调度指挥、一线检查督导、一线协调解决问题，牵头制定工作清单，将工作任务细化分解成25项，由相关职能部门牵头负责，限期完成，严肃问责倒逼落实。二是开展拉网式大排查。组织海洋渔业、公安、边防、工商、打私办等职能部门，每月两次开展港口海域联合清查行动，对沿海镇（街道）的港口、渔船停泊区、海岸线及所有船舶进行不间断、高密度的拉网式清理清查。采取公开巡逻与潜伏布控相结合，在沿海岸线设卡查缉、集中打击，排查整治风险点23个，清理拆除非法码头16个，函告市有关部门管制辖下的码头15处。三是推行网格化管理。扎实推进镇（街道）村（社区）海域网格化管理，做到船、证、人合一，落实建立一份档案、签到一份承诺书、竖立一块宣传牌、设立一套监控视频、公布一个举报电话、建立一支联合巡查队伍“六个一”措施。由各镇（街道）对全区904艘国库、省库渔船和乡镇生计渔船的基本信息进行登记造册，统一管理。同时深入摸排“三无”船只和小型船舶，完善海岸线上货运车辆的建档管理，确保底数清、情况明。各镇（街道）与船主签订承诺书1331份，与辖区村（居）及相关责任人签订《禁毒责任书》63份。四是加强宣传教育。在重点部位、重点海域、重点路段设立宣传固定的宣传牌，在网络、微信等媒体发布禁毒公开信。累计发放《告全区渔民朋友禁毒公开信》等宣传资料37100多份、禁毒警示短信19500多条、检举投诉牌92个、广告宣传牌15个、禁毒宣传横幅105条，形成全民参与、人人喊打的良好专项整治氛围。五是强化督查问责。派出专门督导组对各地各单位港口海域禁毒整治工作进行督导检查，对工作不到位、不落实的单位严格启动问责程序，按照《禁毒工作责任追究办法》和区委《关于强化禁毒和打击枪支专项行动工作责任的决定》，坚决追究责任。

【落实“五强化”实现财税收入稳步增长】 2018年，城区财税部门紧紧围绕打好“六大攻坚战”目标，强基础、促规范、建标准、提质量，主动担当，推动财税工作高质量发展，实现财税收入稳步增长。截至12月，全区完成一般公共预算收入1.53亿元，同比增长33.0%。增速市建制县（市）区中排名第一。主要落实“五强化”：一是强化组织协调，细化目标任务。围绕2018年一般公共预算收入增长目标，区财政、国税、地税等职能部门各司其职、各尽其责，不断加强协调联动，加强组织收入预期目标的动态管理，认真细化任务，科学统筹，形成齐抓共管的良好局面，确保各项税收及时足额入库。二是强化税源监管，稳控收入大头。财税部门把纳税大户作为重点对象，建立税收政策实时分析机制，严密监控企业生产经营状况和申报资料的审核，加强税源重要节点监管，确保重点税源税收实现有效增长。同时，积极与市财政、国土等相关部门对接、沟通，切实加强对土地增值税、契税和“房土两税”的管理。三是强化护税协税，敦促自查申报。通过协税护税平台，与公安部门组成联合执法办公室，落实联席会议工作制度，建立护税网络和第三方信息共享机制，与公安部门联合发布税收清理自查自纠通告，敦促纳税人自查申报，增加税收收入。四是强化清理清查，确保应收尽收。以纳税人基础情报库为支撑，建立分片包干责任制，采取有效措施，着力开展房地产、建筑安装行业的巡查清理，规范股权转让和财产租赁税收管理，推进个人所得税明细申报等工作。加强国税地税纳税人信息核查比对，深入开展漏征漏管户清理，进一步夯实税源基础。五是强化督促检查，整肃财经纪律。区财税部门加强联动协调，严格开展税收征管质量、会计信息质量等专项检查，对税收政策的落实情况、非税收入收缴使用情况进行摸底排查，及时发现和纠正在组织收入工作中存在的问题，切实杜绝虚收、空转、收过头税等违法违纪行为，为实现财税持续稳步增长保驾护航。

【“五个加强”实现清明森林防火历史性好转】 为切实做好清明期间森林防火工作，保障人民群众生命财产安全，区委、区政府把森林防火作为当前重中之重的工作来抓，多措并举，有效改变了群众上山祭祖燃纸钱、放鞭炮的陋习，形成了鲜花祭祖、文明祭祖的新风尚。据统计，2018 年清明期间全区共投入森林防火经费 858.9 万元，着力加强组织领导、预防引导、人财配备、督查问责及综合治理，确保人财物全面到位。先后查处违规用火、违规扫墓、不配合检查等行为 23 宗，其中，违规用火 17 宗，不配合检查 6 宗；处理违法人员 25 人，其中，刑事拘留 1 人，行政拘留 3 人，行政处罚 5 人，留置曝光 16 人。全区发生森林火灾 3 宗，同比（2017 年 11 宗）下降 72.7%，红草镇、马宫街道、新港街道实现“零”火情，全区森林防火工作取得显著成效。

1. 加强组织领导，责任落实到位。区委、区政府高度重视，制定印发了《汕尾市城区 2018 年清明期间森林防火工作工作方案》，区、镇（街道）、村（社区）分别成立了以一把手为组长的森林防火工作领导小组，区四套班子成员按挂驻安排，深入一线靠前指挥；区直机关抽调精干力量到各驻点协助；同时，制定“汕尾市城区 2018 年各镇（街道）森林防火期重点山头地块落实责任明细表”，在全区划定 260 个责任包干地段或山头，逐一落实村专职护林员和村责任干部，切实做到山有人管、林有人护、火有人扑、责有人担，全面形成镇干部包村、村干部包组、组干部包山头的森林防火网格化体系。

2. 加强预防引导，宣传教育到位。全面开展多方位、多角度的宣传教育，早部署、早介入，引导广大群众文明祭祖，保护森林资源。各地各单位先后召开各类森林防火工作会议 250 多场次，制定印发《关于划定森林防火区和规定森林防火期的通告》《汕尾市城区人民政府关于清明期间防火通告》《致全区人民一封公开信》《致区人大代表的一封信》《致全区学生和家长的一封信》《致区直机关共产党员的一封信》等各类宣传资料 75 万多份。中小学校开设森林防火教育专题课，印发宣传教育手册、倡议书等，宣传资料由家长阅知后签字确认共 6.3 万份，并由学校统一保管。各镇（街道）、村（社区）进村入户发放宣传资料，村民知晓后签字确认共 31.3 万份，由村委统一保管。区、镇（街道）发动各种慈善组织、商会、党员、社会义工、志愿者等参与森林防火宣传，各地各单位先后出动宣传车 900 多车次，悬挂防火宣传横幅 500 多幅。同时，利用微信公众号、今日城区、汕尾市民网、汕尾在线网开展“文明祭祀，绿色清明”和“文明祭祖，绿色城区”宣传活动，点击率超 150 万多人次，森林防火法律法规及森林火灾违法典型案例在电视台和微信等平台日夜滚动播放。通过全方位宣传，使森林防火工作真正做到家喻户晓、人人皆知，让群众自觉参与，积极支持。

3. 加强人财配备，安全保障到位。为切实做好保障工作，全区组建了一支 960 人的应急队伍，其中区防火专业应急队 100 人，分设 11 个小队，分地段范围覆盖全区，全日巡逻防护。每个镇（街道）成立并培训一支 50 人以上的扑火队伍；每个村成立一支 10 人以上的应急小分队，每天整装集中不间断流动巡查，随时做好应对突发性森林火灾的各项准备。同时，提前做好森林消防装备、灭火工具及物资的补充、购置、维修工作，投入 480 多万元，新增风力灭火机 107 部、扑火把 2500 把、小型防火车 25 部、无人机 11 部及割草机、油锯及消防水枪等防火器材一批，确保设备物资能够满足森林火灾扑救的需要。尤其是发挥无人机巡航检查的重要作用，划定责任区域，落实专人操控，配合地面设卡检查和林间巡查，实现了对全域森林防火区的全覆盖监控，确保火情发现及时，打早、打小、打了。

4. 加强督查问责，制度落实到位。区成立森林防火督查组，由区委、区政府督查室牵头组织相关部门对各镇（街道）森林防火的宣传教育、责任落实、火源管理、物资储备、队伍建设等具体情况进行督查通报。严格按照《广东省森林防火条例》《广东省森林防火工作责任制实施办法》《汕尾市森林防火网格化管理方案》以及《汕尾市森林防火工作问责制》等相关规定，对森林防火工作责任不落实、措施不到位、处置不及时，导致森林火灾，并造成重大损失或性质严重、影响恶劣的，提出问责建议；对敷衍塞责、玩忽职守、失职渎职的有关责任人，按照党纪政纪严肃处理，对涉嫌犯罪的，移交司法机关处理，已对两个镇（街道）防火不力情况予以通报批评。

5. 加强综合治理，依法惩处到位。区安监、工商、公安等部门紧密配合各镇（街道）以联合执法的方式，从3月21日起开始加强对市场巡查，严肃查处违规经营销售炮竹、纸钱行为，共检查商户470余户次，依法查封违法违规经营商户87户，现场责令整改94户，查缴烟花爆竹90多箱，香烛、纸钱等各类封建迷信祭品一批。加大设卡和巡查工作力度，设立检查岗卡113个，每天参与设卡检查、巡逻人员共约3000多人，林业员、护林员加大巡山护林力度，管住了野外用火；设卡人员，不错漏一辆上山扫墓车辆，做好全方位检查，并对上山祭祖人员的身份证、车牌号码、电话号码等进行详细登记造册；各卡口先后查缴元宝、纸钱、香烛等270多袋，爆竹200多个，有效杜绝了火种上山。同时，公安分局抽调民警200人，其中专案组30人与区森林公安、地方派出所联合办案，对违规用火、违规扫墓、不配合检查等违法行为依法进行查处，并通过电视台、微信、网络平台等进行教育曝光，切实起到以儆效尤的效果。

【激发扶贫内生动力】 城区坚持因地制宜，精准施策，在精准扶贫上下实功、出实招，不断激发扶贫内生动力，真正让扶贫工作由“输血式”向“造血式”转化。一是培育发展富民产业。借助本地特色资源，因地制宜地实施“一镇一业”“一村一品”发展模式。初步形成红草镇以养殖晨洲蚝、马宫街道以发展园林绿化、香洲街道以发展海产品深加工、新港街道以近海养殖、凤山街道以文化旅游为主导的发展格局。其中，红草镇发展养殖晨洲蚝面积26901亩，带动160户贫困户合作经营、就业；香洲街道与国泰食品有限公司合作，带动46户贫困户参与生产就业。引导9个贫困村发展农业特色产业，其中，捷胜镇军船头村沙葛种植基地、沙坑村薯类农产品加工合作社，东涌镇赤古村农业专业合作电商等5个产业项目已初步发挥效益；捷胜镇南门外光伏发电扶贫项目、东涌镇石洲村文旅渔村旅游项目等4个产业项目正加紧推进。二是激发自主脱贫意识。多举措激励贫困家庭劳动力树立自主脱贫意识，转变“等、靠、要”思想，增强主动创业就业的行动自觉。投入46万元对1200多名有劳动力的贫困户进行技能培训。同时，对2300多名贫困劳动者的基本情况及辖区企业用工情况开展调查摸底，并根据就业匹配度，有针对性地开展送岗位下乡活动，1012名贫困人口实现转移就业。通过“以奖代补”的方式鼓励贫困户发展产业、参与就业，奖补对象1629户，资金578.66万元，其中就业补贴1089户，资金426.23万元；产业补贴540户，资金152.43万元。三是积极放大资金效应。积极加强与汕尾农村商业银行合作，签订扶贫小额信贷合作协议，落实500万元作为扶贫小额信贷风险担保金和贴息资金，对贫困户小额信贷给予全额贴息，是年，已发放贷款20户39.2万元，帮助贫困户购置生产资料、小型农机，发展家庭种养殖业。瞄准靶向，统筹财政扶贫资金，参与本地实力雄厚、经济效益好的公司或项目，实现稳定收益。共投入5970万元入股国家农业龙头企业汕尾市国泰食品有限公司、红草自来水厂等8个资产收益项目，预计年总收益约418万元，同时将收益全部量化分红到贫困户。

【首届特色产品推介会成功举办】 4月29日至5月1日，市城区在市区妈祖文化广场成功举办汕尾市城区首届特色产品推介会。该次活动是贯彻落实习近平总书记对广东工作“四个走在全国前列”新要求的具体实践，是城区实施乡村振兴战略的重要举措，旨在通过活动，挖掘整合城区传统文化、民俗工艺、特色产品等优质资源，切实提升城区特色产品的市场美誉度和品牌知名度，加快打造“一镇一业”“一村一品”的产业发展模式，培育特色产业，争创特色品牌，助推乡村振兴发展。据统计，此次推介会共邀请商家（企业）共128家，展示推介了特色产品9大类106个，涵盖了新型产业、食品、保健品、工艺品、文化旅游、商贸服务等领域，现场快检参展农产品152次，合格率100%，深受广大市民和游客朋友们的点赞与青睐；接待外地游客和本地市民10.8万人次，销售产品及签约订单约725万元，创造了良好的经济效益与社会效益。

1. 着力抓好活动统筹谋划，全面加强组织保障。为确保此次活动顺利举行，区委、区政府高度重视，成立了市城区特色产品推介会领导小组，由区长任组长，分管副区长任副组长，相关单位为成员，各镇（街道）及相关职能部门相应成立筹备组，并多次组织有关职能部门到实地考察调研，了解参展商家（企业）经营运作、产品特色等情况；并提前介入，对参展的地方特色小吃、特色农副产品、特色海产品干货等进行摸底调查、梳理汇总，经多重筛选后最终确定参展产品，全力做好推介会筹备工作。同时，充分利用户外广告、电视台、广播、网络、微信等宣传媒体，多渠道、全方位加强宣传。《城区各地特色产品汇集凤山妈祖广场》《360立体化环视汕尾城区特色产品》两期专题推广信息在今日城区、市民网、汕尾时代、南方+等网站推出，点击量超过10000次，微信转发10余万人次，营造了浓厚宣传氛围，为推介会成功举办提供保障。

2. 着力抓好镇街特色推介，凸现地方文化特色。该次推介会以7个镇（街道）为主，设立“7+1”八条特色产品街，分别以镇（街道）和“新汕尾”命名，突出镇街区域特色。各镇（街道）高度重视，奋勇争先，以最好的姿态展示区域特色。如捷胜镇，设置“捷胜特产”“传统工艺”“传统小吃”等展台，其中捷胜卷粿、层糕粿等特色小吃展台，日均销售超1000份。又如红草的晨洲蚝、雅泰隆特色点心；马官的狗毛糕、豆花；东涌的鼠曲粿、牛肉串、穗香鸡仔饼；新港的红卫粽、糯米丸、鼎扇粿；凤山的老罗记菜粿；香洲的老德头鱼丸、肉丸等美味特色小吃，等等，为活动增添了浓厚的地方色彩。各商家注重产品质量，以诚待客，用心服务，充分展示了汕尾人民热情好客的优良传统，更展示了“包容守信、务实争先”的城市精神。

3. 着力抓好交流平台搭建，激发商企内生动力。该次推介会为城区商家（企业）提供了展示推广产品的交流平台，为探索推进“一镇一业”“一村一品”产业发展积累了丰富的经验。如捷胜新雅地毯凭借出色的产品特色，吸引了市民专程前来购买并签订了约20万元的订单；又如捷胜志权木雕、顺桂沉香、丰胜海胆、广泰糕点、雅泰隆食品等签订订单近200万元。各商家（企业）通过政府搭建的平台，交流了经验，查找不足，更激发了企业提质增效的动力和活力，进一步提高了各商企依靠科技创新提质增效，围绕市场需求做大做强，努力打造优秀区域特色产品品牌的信心和决心，为推进城区经济高质量发展，推进实施乡村振兴发展战略提供了经验借鉴。

【妈祖文化旅游节暨纪念妈祖诞辰系列活动成功举办】 5月7号上午，2018年妈祖文化旅游节暨纪念妈祖诞辰1058周年系列活动开幕式在市城区凤山妈祖文化广场隆重举行。市、区有关领导，香港汕尾同乡会、澳门海陆丰同乡会、汕尾工商界及社各界信众代表出席了开幕式。此次系列活动以“弘扬妈祖精神，建设善美之城”为主题，通过地方戏剧演出、书画展、钢琴音乐会、妈祖文化和地方民间文艺展演巡游、炮会等形式，为广大市民呈现了一场内容丰富的文化盛宴，进一步打响了城区民俗文化旅游品牌，为市城区创建全国卫生城市和广东省文明城市工作添砖加瓦。市城区隆重举办妈祖文化旅游节暨纪念妈祖诞辰1058周年活动，是积极响应国家绿色发展战略的重要举措，也是实施文化强区和旅游旺区发展战略的具体表现，旨在通过活动深入贯彻落实党的十九大精神，进一步弘扬中华民族传统文化，宣扬妈祖立德、行善、大爱的精神，强化海内外人士的爱国情怀，扎实推进崇德向善、和谐宜居城市共创工作。城区坚持以习近平新时代中国特色社会主义思想为指导，牢牢把握此次活动的良好契机，以加快发展为第一要务，以推进创建文明城市为抓手，全面推进乡村振兴发展战略，全力推进招商引资和重点项目建设，进一步完善城市功能，提升城市品位、塑造城市新形象，再次展示城区建设新成就，展现中心城区新高度，全方位推介城区、宣传城区，吸引各方宾客前来旅游观光，让更多的人了解城区、看好城区、投资城区，努力实现建设“五化、五城”的新目标。

【加快重点项目建设】 2018年，区委、区政府高度重视重点项目建设，将其列为城区推进“五化”、建好“五城”，打好“六大攻坚战”的重要内容之一，采取有力举措，层层压实责任，全力加快项目建设进度。截至是年年底，全区完成年度计划总投资158.13亿元，完成已投资在建项目74个，分别完成年度计划的100%和95.46%。一是领导重视，压实责任。坚持发展实体经济、壮大经济总量和项目是基石、产业是支撑的理念，坚定“项目为王、产业兴区”的思路，区委、区政府主要领导定期召开会议听取重点项目建设情况，及时研判协调解决发展过程中遇到的问题；各项目责任领导和责任单位严格落实重点项目分工负责制，对照责任清单，主动对接服务，通过深入项目一线，协调解决项目建设的征地拆迁、项目报批及资金筹措等问题，有力推进项目建设。各项目建设单位科学制定施工节点计划和推进清单，细化项目建设目标任务，层层压实责任，为项目建设有序推进提供了依据。二是强化督查，形成导向。坚持落实督查督导工作机制，不断加大督查力度，对重点项目建设情况实行“一周一通报、半月一调度、一月一督查、一季一讲评”的考核稽察方法，做到“以周保旬、以旬保月、以月保季、以季保年”，形成鲜明的项目工作导向，力促各地各部门进一步转变工作作风，充分发挥职能作用，主动作为，与各项目建设单位一道大干快上，有力推动项目建设加快进行，确保完成年度目标任务。三是上下联动，全力推进。坚持实行部门联动服务机制，切实加强各职能部门横向配合，对重点项目建设推进过程中遇到的问题，落实相应措施逐一加以解决，并将亟需调处的重要事项及时报送区有关领导研判协调。通过上下联动，通力协作，有效形成浓厚的工作氛围和强大的工作合力。深汕中心医院、市高级技工学校、星河湾等重点、重大项目的投资建设，实现无缝对接、零障碍施工。

【畜禽养殖污染治理成效显著】 为切实保护和改善城乡生态环境，推进全区生态文明建设，城区高度重视，认真组织，采取强有力的措施，积极推进畜禽养殖场清理整治拆除行动。2018年，先后出动人员6000多人次，出动拆除机械设备120多部次，共拆除养猪场68家，栏舍面积7万多平方，消化猪产品存栏15200头，困扰周边群众多年的污染环境问题得到了彻底解决。一是领导重视，坚持高位推动。以中央环保督察“回头看”工作为契机，区委、区政府主要领导多次主持召开环保专题会议，亲自动员部署，对推进全区生态文明建设提出严格要求、明确各地各部门工作职责。区政府分管领导亲抓畜禽养殖场整治行动，坚决执行中央环保政策，深入一线靠前指挥，现场解决拆除行动中碰到的实际问题；区政府各职能部门、各镇（街道）和市城管、环保、供电等相关单位通力合作，密切配合，为此次行动的顺利开展提供了坚强的保障。二是精心组织，细化工作措施。区先后制订出台了《汕尾市城区畜禽养殖业污染清理整治方案》《汕尾市城区畜禽养殖禁养区划定方案》《东涌镇限养区畜禽养殖场专项整治行动实施方案》《市区埔上墩畜禽养殖场专项整治行动实施方案》等多项工作方案，细化工作要求，明确整治时限。同时，落实领导包干责任，坚持加强政策宣传，区各相关部门主要领导协同镇（街道）、村委干部多次上门耐心细致做好养殖户思想工作，及时释疑解惑，让群众了解政策，配合工作，为行动的顺利开展奠定了坚实的基础。三是多措并举，整治成效明显。为进一步落实整治拆除任务，区各职能部门加强配合，多管齐下，认真组织开展违规养殖场清理整治拆除行动。全民向直排造成污染的养殖场发出“责令停止养殖作业通知书”200多份，多次上门耐心做养殖场（户）思想工作，讲明环境保护的重要性、必要性和重要意义，责令养殖场（户）主动关闭或搬迁；并为养殖场（户）积极联系客户，寻找在栏饲养猪产品的销售出路，减轻养殖户经济损失。同时，对多次劝退无效的提请环保部门立案查处，采取停电、停水等强制措施，制止其违法违规行为的继续，并对到期未关闭或搬迁的实行强制拆迁。在专项行动中，共拆除违规养猪场（户）32个，其中，规模场5个，专业或散养户23户，猪舍面积约6万平方米，消化猪存栏9000多头。

【土地收储工作卓有成效】 2018年，区委、区政府高度重视土地收储工作，严格按照市委、市政府工作部署，积极采取措施，主动作为、攻坚克难、全力推进。至12月底止，完成市下达城区2018年任务1.5万亩，涉及13个土地收储地块。一是高位推动，统筹推进。区委、区政府把土地收储工作作为当前最紧迫、最重要的工作来抓。区党政主要领导亲自参加各片区土地收储动员会，并深入各片区指导监督土地收储工作，在一线解决存在问题。为密切联系市直有关部门，统筹协调全区土地征收工作，专门成立汕尾市城区土地征收管理办公室，切实加强土地收储工作组织领导。区政协主要领导担任总指挥，各镇（街道）和项目单位分成七大片区，指挥部每周通报一次各组工作进展情况，定期召开专题会议，研究土地收储中存在的突出问题。各片区区直挂驻帮扶单位主要领导带队参与征地补偿工作，各单位抽调40%~50%的人力深入一线开展征地补偿工作。区、镇（街道）、村干部主动放弃周末和节假日，纷纷走出办公室，深入到山间地头、百姓人家，耐心细致做群众思想工作，认真开展地上附着物测量等工作。二是压实责任，明确任务。落实“一个片区、一名领导、一套人马、一个方案、一抓到底”的工作机制，坚持挂图作战，压紧压实工作任务。按照区制定的“汕尾市城区2018年度土地储备计划方案表”，将储备土地分片分块，逐一分解责任，落实区党政班子成员包片负责。同时，按属地管理原则，所属各镇（街道）分别负责具体实施，区直有关部门全力协调配合，细化、分解目标任务，把责任落实到具体个人，发扬“不需扬鞭自奋蹄”的精神，按照时间节点和工作要求，列出周工作计划表，扎实有效开展各项工作。三是攻坚克难，突破难点。2018年城区征地任务多、难度大，特别是环品清湖片区征地补偿工作涉及东涌镇、捷胜镇2个镇17个村集体，包括集体土地2706亩、沿岸海滩涂520亩。四是强化引导，督查督办。在征地过程中，积极向群众宣传项目建设的重大意义，普及征地补偿有关方针政策，对按时间节点签订迁坟或地上作物补偿的给予一定的奖励，及时兑现奖励，引导村民自觉配合征地拆迁工作。并按照程序、依法依规，推进征地补偿，开展土地平整。为解决迁坟家属的后顾之忧，联系海丰青坑福安公墓山为迁坟家属解决迁坟去处；区级财政挤出资金400万元帮助捷胜镇解决征地迁坟安置问题。同时，注重发挥村“两委”干部及老党员带头迁坟的示范带动作用。如赤古村的村干部、老党员带头迁坟，为火车站南片区补偿工作起到了带头示范作用。在注重引导的同时，加强对各征地地块责任单位征地补偿进度实行“一天一报”制度，区委、区政府督查室采取定期检查、不定期抽查方式，加强对各个片区的督促检查，确保征地工作按时序任务完成。

【率先完成土地确权工作】 城区紧紧围绕农村土地承包经营权确权登记颁证工作目标任务和时间要求，强化组织领导，扎实稳妥推进，在全市率先完成土地确权工作，颁证23050户，颁证率为100%，涉及土地4.4万亩。确权成果数据如期完成汇交，数据库机房建设及服务器等硬件设备安装已全面完成。经省级专家组验收，认为城区土地确权工作成果完全符合国家技术规范，评定为优秀等次。一是强化组织领导。区委、区政府多次召开确权工作动员部署会、现场推进会，全力推进确权工作。区委、区政府主要领导多次在有关会议和文件报告中提出要求、作出指示，对难点村亲抓亲管，深入调处矛盾。建立完善区、镇、村、组四级联动机制，明确分工，压实责任。实施各镇（街道）班子领导及驻队干部分片挂驻制度，把责任落实到每一名挂驻干部，把任务分解到每一个村小组，合力推进。区农业部门班子成员牵头，组织3个工作组，分片到实地指导督促确权工作，现场现时解决问题。二是强化宣传培训。组织镇（街道）、村（社区）干部进行培训，统一思想、凝聚合力、提高战斗力。通过在镇、村显眼位置悬挂横幅、张贴标语，发放1.6多万份《致农民朋友的一封信》等方式进行广泛宣传，深入开展进村入户，逐村逐户宣传政策法规，使广大农民群众了解土地确权颁证的好处，同时利用电视、网络等媒体宣传报道，让已颁证农户现身说法，消除难点村农户疑虑，形成各方支持、参与的良好氛围。三是规范工作流程。严格执行《广东省农村土地承包经营确权确权登记颁证解答60问》《汕尾市农村土地确权工作指引》等相关的政策文件要求，按照13个工作程序，做到依法依规、一村一策、先易后难、重点突破，确实把政策落实到实处。特别是严格执行公开公示制度，即公示承包农户家庭成员及承包地块信息摸底调查结果，农户指界后的承包地块位置及测绘地籍草图，经过纠错后的农户承包土地面积、四至、空间位置地籍图，经公示无异议后由农户代表签字确认，确保确权工作成果得到群众认可，经得起历史检验。四是强化督查考核。区委、区政府成立了督查组，对督查情况进行全区通报，并针对重难点村发出督办函进行督办。同时，为加快土地确权工作进度，区党政主要领导分别约谈了7个镇（街道）的书记、镇长（主任），区政府分管领导约谈了各镇（街道）分管领导及村（社区）主任，做到层层传导压力，层层压实责任，确保土地确权工作落实到位。

【全力开展灾后复产工作】 受2018年第22号台风"山竹"，城区损失严重。9月16日下午17时，全区受灾2470户、受灾人口21740人，全区直接经济损失3.1亿元。为尽快消除灾痕，恢复生产生活秩序，区委、区政府迅速组织各地各单位开展受灾情况排查登记和灾后复产工作，各地各单位全员投入、全力以赴，在最短的时间内恢复全区正常生产生活秩序。一是全区动员，投工投劳开展消灾灭痕。区委、区政府高度重视，立即召开救灾复产工作会议，并发出《关于迅速做好灾后复产工作的通知》。全区各地各部门发扬连续作战作风，各地抢险、救灾组转为灾后复产组，全面开展消灾灭痕工作。投入抢险救灾复产队伍105支12031人，其中：区直机关单位及教师4912人（党员5126人），镇（街道）、村（社区）投入2987人。另外，市直、陆河、武警等支援队伍300人，全区发动志愿者3132人，环卫一线工人700多人，第一时间参与到市区消灾灭痕工作中。各镇（街道）、村（社区）在救灾复产过程中，发动群众28152人积极参与开展清障和环境卫生整治活动。二是多措并举，迅速恢复生产生活秩序。9月16日，城区连夜组织区直各单位、各镇（街道）、村(社区）干部群众和青年志愿者，配合环卫工人上路清障消除灾痕，出动各种运输车辆662部，对市区及各镇（街道）主要路道的树枝树叶、垃圾杂物等进行清理清除，已清理载走垃圾杂物等3780吨、树木树杈等500多车，全部主干道均保持畅通，卫生环境整治有序。针对城区部分地区停电的情况，区党政主要领导协调供电部门，组织力量，迅速查明停电的原因，第一时间全部恢复供电。各镇（街道）组织对受灾严重群众进行慰问，并继续开放避灾场所，为灾后房屋受损严重的人员提供吃住，保证受灾群众的正常生活，解决好受灾群众生活上的困难。继续加大隐患排查，各镇（街道）联合区直有关职能部门，全面排查山洪、山体滑坡、泥石流、城乡积涝及企业安全生产等隐患，并及时做好卫生防疫，确保不发生次生灾害，同时对各地加强了巡逻和防控工作，协助所在镇（街道）做好受灾群众的思想，维护社会安全稳定，确保灾后复产工作有序开展。三是加强宣传，凝聚合力夺取灾后复产胜利。9月17日，城区创文办、创卫办联合发出《关于开展灾后复产落实"门前三包"的通知》，通过网站进行转载要求沿街单位、物业管理、商铺、个体户（企业）、住户及全体市民朋友立即行动起来，主动做好"门前三包"，重建美好家园。城区食药监局通过微信平台发出《灾后食品安全温馨提示》，教育广大群众注意食品安全，被广大市民微信转载一万多次。同时，借助微信、微博等平台对组织救灾、技术人员加班抢修、志愿者和群众自救等进行正面宣传，引导社会舆情，加强干群共同抗灾救灾的凝聚力。

【全力推进广东省文明城市创建工作】 2018年，城区立足全市"创文"工作主战场、核心区的定位、排头兵意识和责任担当，对标创文测评体系目标任务，坚持问题导向，狠补创文短板，全面推进创文工作。通过努力，市民现代文明意识、城市建设和管理科学化水平以及市民的生活质量等不断提高，创文各项工作取得了阶段性成效。一是领导重视，高位推动文明创建工作。区委、区政府坚持以习近平新时代中国特色社会主义思想为指导，严格按照市委市政府的统一部署，把创文作为当前和今后一个时期的重要政治任务抓细抓实。城区成立"创文"工作领导小组，健全组织机构和工作体系，制定实施方案和相关制度，明确任务分工，确保责任落实，先后召开“创文”专题会议21场次，全面部署创文各项工作。各镇（街道）和区直各单位按照承担的创建指标，逐项分解，狠抓各项任务落实。二是加强管理，夯实保障文明创建基础。着力推进三大领域整治行动，扎实大力推进农村人居环境整治。大力开展农村“三清理、三拆除、三整治”工作以及道路硬底化、村道绿化、美化、亮化、文化工程，夯实文明创建基础；扎实推进殡葬整治，制定下发《全区“三道四区”清坟专项行动工作方案》。深化殡葬改革，全区火化率达到100%，积极引导群众从“入土为安”到“入室为尊”殡葬观念的转变；扎实推进水体污染整治，全区共设置各级河（湖、库）长140人，形成区、镇（街道）、村（社区）三级全覆盖的河（湖、库）长体系，投入350万元完成后径排洪沟黑臭水体，投入140多万元对13段重点河段的水浮莲、杂草进行整治。做好汕马公路、东城路两边排洪渠道的规划建设及奎山湖、奎山河黑臭水体的整治工作，全面完成文德路、康平路、城南路等管道清疏。三是建立机制，强化文明常态长效管理。落实网格化管理机制，制定并印发《关于区领导、区直单位开展挂驻帮扶基层文明创建工作实施方案》，实行市区镇（街道）村（社区）四级网格化管理，通过干部包镇（街道）、包村、包组、包片、包巷“五包”责任制，设立片长、路长、楼长定人、定点、定责，对创文硬件建设、台账资料、环境卫生、市容市貌实行共管共治；落实“一月一主题”专项整治管理机制，分别对学习贯彻习近平新时代中国特色社会主义思想和中共十九大精神、交通秩序与公共交通服务整治及社区服务建设、环境卫生整治、社区服务和主干道两侧坟墓整治、完善公用设施及建筑工地管理、文化市场整治和完善公共文化场馆管理、农贸市场和商场管理、文明校园创建及学校周边环境整治、培育和践行社会主义核心价值观等九个专题进行专项的整治督查和测评，推动创文各项指标的落实；落实“门前三包”管理机制，明确商铺业主的主体责任，镇（街道）、村（社区）的教育管理责任，各职能部门的巡查执法管理责任，实行层级负责、共管共治，力促“门前三包”落实到位；落实督查测评奖惩机制，对全区村（社区）、镇（街道）、区直单位在环境卫生整治、硬件设施建设、创文台账的建立、创文专项工作开展等情况进行测评排名，排名靠前的给予奖励，排名靠后的进行媒体曝光，每月开展社会主义新农村建设以及创文创卫工作“查、看、比、学”活动，促进各地查摆不足、相互学习借鉴，不断创文工作引向深入。四是广泛宣传，大力营造文明创建氛围。2018年，城区召开区委常委会（扩大）会议学习传达贯彻习近平总书记重要讲话精神34次，举办区委理论学习中心组学习会38场次，并印制区委理论学习中心组学习资料汇编8套950册，编制印发相关学习资料2.2万册，订阅发放学习资料1.74万册。全区共开展习近平总书记重要讲话精神宣讲200多场次，参加学习1.5万多人次，其中开展“学讲话、讲故事、谈感受”百姓宣讲活动5场，参加活动干部群众1500人，利用“百姓舞台”开展文明实践活动14场，3800多人次参加。此外，利用电视新闻栏目《今日城区》、报纸、网站宣传报道城区的创文工作，利用手机平台、电话彩铃发送创文公益广告，开设创文工作热线电话，开设创文工作群随时通报创文工作动态和督导存在问题整改落实；建设社会主义核心价值观主题广场（公园）14个，印发宣传资料155万份，发放创文调查问卷15万份，制作投放墙体公益广告102万平方米，设置创文宣传栏311个，悬挂宣传标语1.2万条。大力开展志愿服务活动，全区志愿服务组织及团体数730个，注册志愿者41952名，开展志愿服务活动4093场次，人均服务时长超过约23小时。五是督查督办，敦促文明创建任务落实。坚持监督、督查、测评三管齐下，健全完善日常监督与集中监督、部门监督与社会监督、自我监督与彼此监督相结合的“创文”监督体系。在全区范围内实行创建文明城市工作“日督查、周通报、旬调度、半月测评”工作机制，加大对责任单位的巡查抽查督查力度，发现问题，督促整改，形成“天天有督查、周周有通报、月月有改善”的浓厚氛围。同时，对市面上“创文”工作不落实的人、不落实的事、不落实的单位，通过电视、门户网站等载体进行曝光；对创建过程中发现的“不作为”“中梗阻”现象，及时反馈区纪委监委，对影响创建成绩的重大问题，严肃坚决查处，绝不含糊，确保文明创建工作实施到位。

【加强用工服务】 2018年，城区扶持深入，充分发挥促进就业工作联席会议制度的作用，健全协调机制，层层落实责任，并针对用工需求，强化沟通协调，助推企业发展。截至11月，我区共举办各类招聘会23场次，共有100多家企业参与现场招聘，提供岗位近24000个，求职咨询18000多人次，达成用工意向3500多人。一是深入调研，提高匹配率。定期组织人员到一线开展调查，实时掌握企业用工动态，完善用工数据库。据统计，红草工业园区下半年用工需求3319人，万盛等企业需求400多百人。同时针对用工需求，开展劳动力调查登记，与企业用工需求进行匹配。7月份组织各村（社区）入户共登记农村新增劳动力6400多人。分阶段进村入户调查闲散或外出务工人员就业意向，发放调查表15000份。区人社、教育部门及时掌握职业学校及培训机构学员基本情况、就业意向，建立学员信息库。二是加强宣传，提高知晓率。充分利用区人社门户网站、就业服务网站、人力资源市场、各级就业服务平台，发布用工招聘信息。协助企业将用工信息进行整理、分类、编印成册进行广泛宣传，印制招聘公告2000多份，招聘岗位传单50000多张，宣传横幅45条，宣传小袋子5000多个。组织各村（社区）人力资源协理员大力宣传“家门口就业真好，兼顾庄稼老小”“就业不用去远方，家乡就是好地方”等就业观念，并到各村（社区）张贴、发放、悬挂就业宣传资料，确保用工信息进村入户到人。三是构建平台，提高就业率。积极搭建供需交流平台，为用工与就业牵线搭桥。深入组织开展校企合作，推行校企双制培养模式，从人才培养、专业设置、课程开发及考核评价等，由校企双方共同研究完成。同时，城区大力开展职业技能培训，采用“订单式”或定向培训等形式，提高劳动力素质。至是年年底，已通过培训机构完成2000多名劳动者技能提升培训，并全部推荐到企业就业。

（区政府办）

应急管理

【概况】 2018年，城区应急管理办公室坚持以习近平新时代中国特色社会主义思想为指导，深入学习贯彻习近平总书记关于安全生产和应急管理工作的重要指示批示精神，在区委、区政府的正确领导和市应急办的具体指导下，围绕年初制定的应急管理工作目标和任务清单，切实加强组织领导，努力完善工作机制，大力提高应急处置能力，全区应急管理工作平稳发展。

【坚持将政治建设摆在首位】 一是切实将学习贯彻习近平总书记对广东重要讲话精神和重要指示批示精神作为当前和今后一个时期的头等大事和首要政治任务，坚持带着感情学、带着责任学、带着使命学，坚持原原本本学、联系实际学、深入思考学，切实推动学习贯彻工作不断往深里走、往实里抓，确保总书记重要讲话精神在本部门落地生根、结出成果。二是把总书记重要讲话精神作为统领应急管理工作的总纲，坚持把自己摆进去、把工作摆进去、把责任摆进去、把使命摆进去，用总书记重要讲话精神武装头脑、指导实践。充分认清应急管理工作在新时代新征程中承担的新使命新任务和面临的新要求新挑战，对标对表习近平总书记重要讲话精神以及对广东工作的重要讲话和重要指示批示精神，认真查找应急管理工作差距，奋力补齐应急管理工作短板，以新担当新姿态全力推进应急管理工作迈上新台阶。三是认真贯彻学习习近平总书记关于安全生产和应急管理工作的重要批示指示，特别是认真学习领会总书记2018年11月9日出席国家综合性消防救援队伍授旗仪式时发表的重要训词，树立新时代“大应急”意识，自觉践行总书记提出的对党忠诚、纪律严明、赴汤蹈火、竭诚为民“四句话方针”，牢固树立人民为中心的思想，自觉把人民放在心中最高位置，切实把“自己的事情办好”，锻造新时代应急管理队伍。

【坚持将应急主业抓牢抓实】 一是及时调整充实应急机构。根据人事变动有关情况，于1月份及时调整充实了区突发公共事件应急委员会成员，进一步强化对城区应急管理工作的组织领导，确保领导到位，组织有力。同时，要求各镇（街道）和区直有关单位相应调整充实各地、各部门应急领导机构。各村（社区）、学校和企事业单位也进一步明确落实人员负责应急工作，逐步建立和完善各级应急组织机构。二是开展全区灾害隐患排查。城区应急办牵头组织区地矿、安监、国土、住建等部门，按照年初的工作部署，每季度对全区地质灾害隐患开展排查，共排查出凤山街道田家炳中学后山、香洲街道莲塘废品收购站、东涌镇洪流村长富、汕尾中山医院、马宫街道南湖村街道电信后山、浪清村志成玩具厂、海汕公路赤岭顶汽汕尾联劲汽车修配厂厂区后山、小岛村等10处存在山体滑坡地质灾害隐患，对排查出来的风险隐患点，由区地质矿产部门牵头分类制定方案，并落实相关职能部门进行整改。是年底，已基本完成整改。三是开展应急物资摸底调查。为及时掌握区应急物资储备库、应急救援队伍、应急避护场所及应急信息员队伍建设的最新情况，区应急办牵头对各镇（街道）、城区应急委各成员单位有关情况进行调查，并于8月份完成摸底调查工作。同时进一步完善了各镇（街道）、城区应急委各成员单位应急联络员队伍建设，明确一名副科级干部为应急管理工作分管领导，一名股级干部为应急联络员。四是开展应急知识宣讲演练。依托“百人百场”应急知识宣讲活动为平台，通过组建应急知识宣讲团，深入推动应急知识进机关、进社区、进农村、进企业、进学校、进家庭“六进”工程，建立健全应急知识宣讲长效机制，全面提升公众掌握应急技能和自救互救能力，不断强化镇（街道）、区直各单位应对突发事件的能力和水平，基层应急管理能力显著提升。共开展各类应急宣讲活动超过66场次，宣讲培训人数超过60000人次；坚持以“实战演练”来锤炼队伍、检验应急反应、提升应急处置能力，共开展应急演练9场次，参演人数超过4200人次。五是做好突发应急事件报送。为进一步加强突发事件信息报送工作，把应急管理工作真正落到实处，及时、准确地处置突发公共事件，于5月9日下发《关于切实做好突发事件信息报送工作的通知》，对突发事件信息报送工作有关要求再一次进行明确和规范，及时掌握有关突发事件的情况，确保在突发事件发生后迅速反应、准确到位、指挥得当、处置有力。同时，及时向市主管部门主动及时报送信息。六是完善应急管理体系建设。进一步完善区应急管理预案体系建设，出台了《汕尾市城区防汛防旱防风防冻应急预案》《汕尾市城区政府性债务风险应急处置预案》《汕尾市城区自然灾害紧急转移应急预案》等文件，应急管理预案体系建设逐步完善。七是推进应急避护场所示范性社区建设。已分别在凤山街道奎山社区、安美社区、凤苑社区、文亭社区，新港街道的海滨社区、立新社区建设了6个应急避护场所示范性社区；目前还有1个在建中。八是积极参与区的重要活动。积极参与到“两会”、省领导调研等重要敏感时期，元旦、春节、清明节、劳动节、中秋节、国庆节等重大节庆的应急工作，积极配合区首届特色产品推介会、妈祖旅游节等重要活动。

（丁晓创）

政务督查

【概况】 2018年，区政府督查室围绕市委、市政府，区委、区政府的重大决策和重要部署，积极开展督查督办落实，较好地履行了政务督查工作职能，促进了各项工作全面落实，有效推动了全区的经济建设和社会各项事业又好又快发展。全年共办理交办件314件，转办件276件，市下达督办件38件，印发督办件22件、《督查通报》20期。

【抓中心工作】 围绕《政府工作报告》提出的重点工作任务和目标，区政府督查室于年初经区政府同意印发了《〈政府工作报告〉2018年重点工作任务清单》（以下简称《任务清单》），并根据《任务清单》的具体目标任务完成情况进行跟踪督办。同时，每季度将落实情况汇总，并将情况通报区主要领导及各地各单位；对落实不到位的以《督查通知》形式下发督办单位。

【抓决策工作】 对区政府的各项决策及区政府常务会议、区长办公会议的议定事项纳入督办范围，努力做到全面掌握决策执行情况，定期将承办单位对议决事项执行的贯彻情况向区政府报告，为领导及时掌握执行情况及进行再决策发挥了积极作用。

【抓重点工作】 针对性全区重点工作任务进行督查。如“创文创卫”工作、减船转产工作进展情况和三大片区征地工作等工作任务，区政府督查室对责任单位进行重点督查，并将督查情况向区政府主要领导反馈，有力促进了城区重点工作任务的推进。

【抓项目工作】 对东涌镇农村道路硬底化、垃圾中转站建设、新农村示范村建设等进行督查；尤其对项目建设工作推进缓慢地，及时下达《督查立项通知书》，限期有效推进工作。逾期未完成工作目标任务的，向其单位主要负责人下达督查通知书。

（区政府办）

附：区政府办公室领导名录

主　任：余少杰

副主任：黄剑雄

王清红

李泗远

范海滨

梁翰明（2018年1月离任）

议案、提案办理

【概况】 2018年，城区共收到区人大代表建议、区政协委员议案提案和有关意见、建议共计46件。其中，办理区八届人大三次会议议案、建议10件，办理市交办的议案、提案36件。这些议案、提案主要涉及城区教育、旅游、公路交通、农村农业、工业园区建设等内容，与我区经济建设和社会各项事业的发展紧密相连。区政府办公室严格按照人大议案和政协提案办理相关工作要求，高标准严要求的完成议案提案办理工作。

【高度重视，明确责任分工】 收到人大代表议案、政协委员提案和有关意见、建议后，区政府高度重视，把落实议案、提案办理工作列入区政府重要议事日程，落实一名副区长专抓，并指定区法制局负责议案、提案协调催办工作。区法制局根据议案的性质和内容结合各单位职责提出交办意见后按程序提交区政府常务会议审议。并根据区政府常务会议的审议意见，专门召开交办会议，要求区政府各有关部门严格按照议案、提案办理要求，进一步规范办理流程，完成议案提案办理工作。各承办单位接受办理任务后，加强领导、专人负责、落实措施，由主要领导主持办理工作，指定分管领导具体负责，落实承办人员专人负责对议案、建议进行办理。同时，议案、提案主办单位积极协调相关协办单位意见，研究讨论得出最佳办理意见，并按要求书面答复提出议案、提案的人大代表、政协委员。

【注重实效，提高办理质量】 针对议案提案中提出的各种问题，迅速组织相关职能部门进行认真分析和梳理，研究解决办法。条件具备的，集中精力尽快解决；对暂时不能解决的，列入工作计划逐步解决；对超出管辖权限的，积极与相关单位衔接，创造条件争取早日解决。在办理议案提案的过程中，主办单位与协办单位相互支持，相互配合，以有效的措施和针对性强的书面答复解决议案提案反映的问题，确保议案提案办理无遗漏、无缺项。

【规范办理，及时答复汇报】 区政府严格按办理工作的原则、程序、时限、复文格式等要求对议案、提案分类进行答复。一是由区政府主办的议案、提案，由区政府将办理结果答复提出议案提案及建议、批评和意见的人大代表、政协委员，并抄送人大常委会、市政府办公室。二是由城区政府协办的议案提案。由区政府按照各单位职责进行分工转办，并对办理情况收集、汇总，形成会办意见等办理结果答复该议案、提案的主办单位，由主办单位汇总形成办理结果后答复有关的人大代表、政协委员，并抄送市人大常委会、市政府办公室。截至2018年年底，城区承办的人大代表建议、政协委员提案和有关意见建议共计46件已全部得到办理，办复率为100%。

（唐万里）

附：区政府法制局领导名录

局　长：郑暾

信访工作

【概况】 2018 年，全区信访工作者认真学习贯彻习近平总书记关于加强和改进人民信访工作的重要思想，紧紧围绕区委、区政府中心工作，创新机制，强化责任，信访工作取得明显成效。信访渠道进一步畅通，信访秩序进一步好转，群众依法信访意识进一步增强。全年区接待群众来信来访 202 件（人）次，同比下降 38.8%，其中，来信 92 件次，上升 61.4%；来访 34 批，110 人次，同比批次下降 21.0%，人次下降60.0%；网上信访 252 批次，360 人次，同比批次上升 24.8%，人次上升 2.0%。

【扎实开展大接访活动】 为深入贯彻落实中央联席会议《关于深入推进领导干部接待群众来访的意见》文件精神，2018 年 1 月 17 日，区委办、区府办联合颁发了《关于 2019 年度区委书记、区长基层大接访活动及实行区党政领导干部接待群众来访日制度的通知》，规定每月 15 日和 30 日（节假日顺延）为区委书记区长基层大接访活动。要求区党政领导班子成员要深入到各自挂驻镇（街道）中去，进村入户，下访约访群众，认真倾听群众的呼声和诉求。2018 年，区委书记、区长大接访活动共接访约访群众 126 批 298 人次，及时就地解决群众问题 68 宗，切实把矛盾纠纷解决在基层，为群众解决一批实际困难和社会矛盾纠纷。

【推广全国网上信访信息系统的应用】 推进信访工作信息化建设，依托互联网建设一个全国统一的网上信访信息系统，进一步畅通和拓宽群众诉求表达渠道，规范信访事项受理办理程序，接受社会监督，推动相关地方和单位落实工作责任，维护正常信访秩序，形成加强和改进信访工作的良性循环。实现信访业务网上流转，进一步畅通信访渠道，降低群众信访成本，提高信访工作成效，使网上信访成为群众信访的主要渠道，让“上访人”转化为“上网人”。发挥信息化优势，探索引入第三方评价机制，对有权处理信访事项的责任部门和信访人实行双向评判，扩大社会监督的广度与深度。借助各种媒体多渠道、多方式地广泛宣传信访工作信息化的新举措、新进展、新成效，主动引导舆论，传递正能量，争取社会认同、群众支持。

依托网上信访信息系统，建立智能化、数字化、图表化的数据分析模型，深入开发信访数据资源，通过数据自动采集、归类汇总、统计分析，从定性、定量两个层面，及时研判信访形势、了解群众诉求、排查矛盾纠纷、评估工作实效、预测趋势走向，向党委、政府及有关部门提出有针对性、预见性和建设性的意见建议，提升信访部门服务决策的能力与水平。

【开展信访法规宣传普及日活动】 根据省、市、区工作部署，为推进《信访条例》《广东省信访条例》宣传活动，定于 7 月 1 日为“汕尾市信访法规宣传普及日”。是日，区信访局在市区坎下城开展宣传活动，接待群众咨询、耐心讲解《信访条例》和《广东省信访条例》，发放宣传传单。区各镇（街道）也在是日设立宣传点，悬挂横幅，组织志愿者派发信访条例宣传册。通过该次宣传活动的开展，不仅让群众进一步认识到依法信访的重要性，增强了群众依法维权的意识，提高了城区人民群众依法信访、逐级走访意识，营造了遇事找法，解决问题靠法的良好宣传氛围。为努力打造“阳光信访、责任信访、法治信访”奠定了坚实的基础。

（林木寿）

附：城区信访局领导名录

局　长：施友隆

副局长：范长河（2018 年 9 月离任）

　　　　林耿辉（2018 年 9 月任）

海防与打击走私

【概况】 2018 年，城区海防与打私工作始终坚持以习近平新时代中国特色社会主义思想为指导，深入学习贯彻习近平总书记重要讲话精神，在区委、区政府的坚强领导下，在市海防与打私办的大力支持和指导下，深入开展了“联动 2018-1”打击成品油走私突击行动、成品油走私综合整治、整治“洋垃圾”走私、“蓝天 2018”专项行动、打击成品油非法经营行为专项行动、“国门利剑2018”联合专项行动、组织查扣有关走私冻品等联合行动和专项行动。在各镇（街道）缉私职能部门的共同努力下，取得了一定成绩。据统计，一年来，全区缉获无合法手续红色柴油1宗5.99吨，查处非法买卖成品油1宗700余升，清理清查非法储油点3处，缴获成品油共2.34吨。在开展打击走私工作中，确保了没发生重大、特别重大走私贩私案件，没出现抗拒缉私或者阻挠缉私等突发事件，没泄露举报信息导致举报者遭打击报复受伤害，成品油及冻品走私发案为建区历史以来最低，全区海防与反走私工作处于平安稳定的局面。

【强化责任落实】 领导高度重视 区委、区政府将海防和打私工作列入重要议事日程，区委、区政府主要领导多次对全区海防和打私工作作出指示、批示，深入开展调研，精心指导部署，及时听取汇报，实地检查督促。尤其在开展全区港口海域禁毒专项整治行动中，多次带领港口海域禁毒成员单位深入一线调度指挥、一线检查督导、一线协调解决问题。

4月12日，全区海防与打私工作会议在区政府7楼会议室召开。会议肯定了2017年全区海防与打私工作成效，为城区经济高质量发展做出了积极贡献。对接下来的工作，会议强调要把握新形势，对标新要求，开创城区海防打私工作新格局；要坚持以习近平新时代中国特色社会主义思想为指引，增强“四个意识”，坚持“四个服从”，按照区委、区政府的总体部署，紧紧围绕“打造最安全稳定、最公平公正、法治环境最好的中心城区”的目标，积极创新海防打私工作机制，努力推动全区海防打私工作再创新局面。重点做好“五个加强”：一是加强海防基础建设，全力维护海防安全稳定。二是加强责任体系建设，进一步强化基层组织领导。三是加强专项高压严打，巩固海防打私良好局面。四是加强全面综合治理，形成齐抓共管工作格局。五是加强人才队伍建设，锻造海防打私钢铁队伍。会上，区政府副区长、区公安分局局长陈少华代表区政府与各镇（街道）及相关职能部门签订了《海防与打击走私责任书》。

各地、各部门担当落实 各镇（街道）、各职能部门都能按照打私工作会议精神落实好海防与打私工作，相继召开会议传达贯彻，各自管好一方，层层落实工作责任，深入开展“大走访、大排查、大整治”。区海防与打私办在重要时期、重要阶段，根据督查、巡防、宣传等的打私工作任务下拨打私工作经费，督促各镇（街道）和各相关职能部门开展巡逻、防控工作。

区公安分局深入开展“国门利剑2018”等联合打击走私专项行动，以码头防控、路面巡查等方式，牢牢把握专项治理与源头治理，坚决防止重大走私活动的发生。

开展成品油市场专项行动工作以来，区经促局加大辖区成品油市场非法经营的巡查和打击力度，分别对成品油企业进行了地毯式的检查行动。是年，共出动车辆22辆次，人员86人次。

区工商局联合市烟草专卖局直属分局，在东辉市场查获走私烟6.2万支。11月，根据“国门利剑2018”联合专项行动和城区打击走私治理工作要点，对辖区加油站尤其是私营加油站进行抽检。共抽检加油站8户，抽样共16批次，其中柴油8批次、汽油8批次。辖区16户加油站暂未发现违法经营行为。

捷胜镇设立反走私联络站6个，组建综合执法队伍一支19人。加强各驻村工作组、村（社区）“两委”干部和综合执法队日常巡查，尤其是“大走访、大排查、大整治”专项行动以来，强化夜间巡逻防控，每晚由镇党政值班领导带领值班干部职工和边防派出所干警对重点部位、重要场所、村(社区）内及其他治安复杂地区巡逻防控，严密社会面的管控工作，同时加大打击走私宣传力度，在全镇各港口、码头设立打私宣传栏，营造全民参与氛围。捷胜边防派出所每日安排警力不定时对辖区东坑村、牛肚村等沿海区域进行巡查，严防出现走私等违法活动，取得良好效果。

东涌镇端正发展经济的指导思想，保持高压态势，深入开展综合治理，有效地打击各类走私活动。

新港街道在区海防与打私办的指导下，坚持“反走私第一责任”，始终把打击走私工作放在突出位置，积极配合市、区有关部门开展反走私联防联动，为社会治安和反走私工作创造了良好的环境。

【强化高压严打态势】 一是海陆并举。城区边防大队加强辖区海陆巡查防控。11月，区海防与打私办接到《城区扫黑除恶办线索交办函》之后，当即召集城区边防大队及港口边防派出所领导对线索进行研判，并交由城区边防大队核查侦办，拆毁了一辆废弃的厢式改装油罐车和一处疑似地下储油点。全年区边防大队共开展法律宣传活动20场次，召开渔民座谈会3次，发放宣传材料3900余份。同时，将沿海一线作为重点管控区域，积极推行“组建应急处突警力快速反应”的勤务机制，实行24小时不间断巡逻。采取徒步巡逻与车巡相结合的方式，突出对重点部位的巡防，进一步提高见警率。全年区边防大队共出动巡逻警力3700余人次，车辆900余辆次，盘查可疑人员3000人，检查渔船1300艘，检查车辆2500辆。同时区边防大队从4月9日开始，每周组织3个边防派出所联合区打私办、区公安分局、地方党政和渔政相关职能部门集中到一个派出所辖区内开展统一清查行动，共开展了29次联合清查。区边防大队克服辖区“面大、线长、点多”的特殊情况和其他勤务、警力不足的困难，最大限度调动警力集中对辖区偏、远、散地区进行清查防控，利用无人机深入辖区偏僻地带巡查，不给违法犯罪分子有可乘之机。边防等部门认真做好港湾清查和巡逻防控工作，切实加强对辖区风险点与各类渔业船只及生活辅助船只的规范管控。

二是陆上围堵。在全区重点敏感交通要道构筑多层次的打击防范体系，强化陆上堵截力度。区海防打私办和公安、工商、边防等缉私部门加强情报经营，在陆上积极开展巡查、防控和打击。结合禁毒工作，各镇（街道）落实“六个一”措施。即：建立一份档案、签一份承诺书、竖立一块宣传牌、设立一套监控视频、公布一个举报电话、建立一支联合巡查队伍。据统计，行动中采取断路、封堵、拆除等措施彻底整治私建码头3个、风险点10个。

三是市场严管。区海防与打私办组织经促局、公安、工商等部门加大对成品油销售环节监管力度，认真清理检查加油站（点）、储油库、油船，坚决查处无照经营、证照过期和证件不齐加油站（点）、储油库，对经销产品质量不合格成品油和无合法来源证明的成品油等行为，及时进行查处。

2018年，紧盯冻品走私动态，11月28日，接到有关情报信息，加强对口岸的正面监管和海上偷运的查缉管控力度，要求各镇（街道）加强防控。同时组织公安、食药监、工商、畜牧等有关部门开展对全区大中型冻库、市场小冻库等进行全面检查，规范市场经营行为，严肃查处存储、销售无合法来源冻品行为，核对有关商品的票证、来源、台账登记、食品包装标签标识等情况以及冻库的资质、仓储条件。

【强化科技缉私和巡防、督查】 区海防打私办协调各镇（街道）及派出所到辖区风险点实地勘查，会同省、市有关技术人员初步确定第二期反走私视频监控点52个，已上报市办审核。第一期反走私监控视频已正常运作，将科技手段充分运用到现行打击走私工作中，利用在沿海地区各重点交通要道建成的各个监控点和抓拍卡口，实施24小时监控，较好地排除了人工巡查存在的盲点区域，为打击整治行动提供了强有力的科技支撑。据统计，区海防与打私办全年共出动150多天次，人员380多人次，定时或不定时深入马宫、红草、捷胜、东涌、新港等重点地段、“澳点”，走私易发地调研、掌握第一手资料，经营反走私情报网络。组织协调相关执法部门巡防管控及预防有关海防的突发事件。

【加强海防基础设施建设】 区海防和打私办配合市海防与打私办多次到西洋岭哨所海防视频监控点及第一批反走私视频点进行考察调研，并对视频点进行了重新选址安装。下拨给区人武部维护经费，切实保证西洋岭哨所海防视频正常运行。

【反走私宣传】 各镇（街道）持续宣传《广东省反走私综合治理条例》，在落实“六个一”工作中，各上落点（风险点）都设立反走私与禁毒宣传牌，在重点部位设置宣传牌及宣传栏。区海防与打私办联合红草镇海梧村委在重点部位设立反走私宣传牌，拨给区海洋与渔业局宣传经费深入渔船进行宣传，在全区营造共建、共治、共享海防打私工作的良好宣传氛围。

（叶德望）

附：区海防与打击走私办公室领导名录

主　任：黄剑雄

外事·侨务·港澳事务

【概况】 2018年，全区有归侨63户73人,年老体弱者比较多，其中有4户是低保户。

【服务企业】 组织人员深入企业进行走访，了解企业的生产经营状况，倾听企业的建议及需求，充分发挥外事侨务局的资源优势，竭力服务企业“走出去”拓展海外市场，认真做好APEC商务旅行卡的宣传和办理工作，让更多的商务人员享受申办、使用APEC商务旅行卡带来的便利与实惠，体现了外事为中心工作服务，为经济发展服务的作用。根据省侨办《关于收集对海外华商需求情况的通知》要求，组织人员深入五丰、国泰、雅泰隆、德昌等企业，主动将城区企业对外合作项目信息向外传递，为城区企业拓展国际市场提供便利。

【维护侨胞及港澳同胞利益】 始终坚持“以人为本、为侨服务”的宗旨，围绕新形势下侨务工作特点，积极开展各项为侨服务工作。一是举办“涉侨政策法规暨创文宣传活动”，现场解答归侨侨眷和群众咨询的涉侨问题，发放涉侨政策法规及创文宣传资料1000多份，进一步提高归侨侨眷知法、懂法、守法意识，营造了爱侨护侨、依法为侨服务和参与创文的浓厚氛围。二是开展“暖侨心·送温暖”活动，筹资1万多元对贫困归侨进行慰问，为他们送去大米、食用油及慰问金。联合区侨联筹集资金4万多元帮助困难归侨刘兴维修房屋。三是认真做好2017年度省扶持困难归侨专项资金的绩效评价和2018年度省扶持困难归侨专项资金的发放工作。组织人员对全区困难归侨进行走访调查，认真审核困难归侨提交的有关材料，据实制定2018年度扶持贫困归侨专项资金发放方案，并联系区财政局2次将6万元扶持资金，通过国库集中支付的方式发到24户困难归侨户，缓解了他们的生活困难。四是做好涉侨及港澳同胞事务的办理。为归侨、港澳同胞办理有关身份证明等事务4宗。五是加强涉侨工作的调研。按照省、市侨办的要求，认真做好“关于界定华侨外籍华人归侨侨眷身份界定等政策执行情况”“改革开放40年广东侨务工作实践经验及启示和高龄、失能归侨群体专题工作”“华侨捐赠公益事业工作情况”等专题的调研。

【加强海外联谊交流】 通过各种形式，加强与海外华侨华人、港澳同胞和社团的联系，了解各地侨情和商贸的情况，进一步涵养侨务资源。一是做好九州日中文化协会、马六甲惠州会馆和澳门中华国际文化与旅游产业协会等海外华侨华人、港澳同胞和社团到城区的参观考察工作，进一步宣传推介汕尾城区。二是精心组织海外华裔青少年“中国寻根之旅”夏令营活动。7月31日至8月11日，荷兰、比利时、奥地利3个国家58名华裔青少年和老师到城区开展为期12天“中国寻根之旅”夏令营活动。区外事侨务局提前制定了活动方案，认真做好活动的协调安排落实及安保等各项工作，确保活动顺利开展，并取得良好效果，得到了上级和海外华人华侨的广泛好评。此外，还积极做好保健海流协进会—汕尾市香港青少年家乡文化之旅夏令营30名学生和老师到城区的参观考察服务工作。三是协助香港汕尾市城区商会做好纪念改革开放40周年暨投资洽谈会的相关工作。四是开展海外领事知识宣传活动，向干部群众发放海外领保和安全防范知识宣传手册，进一步提高公民境外安全风险防范意识与本领。

【加强因公出国（境）的管理】 严格按照中央八项规定和省、市有关出访文件精神，认真履行计划报批，量化管理机制，坚持“因事定人”原则，严把审核审批关。并就城区贯彻落实中央八项规定情况，提出规范出访的有关要求。做好省外事办来汕尾开展“讲纪律、促开放”为主题的调研工作。在严把出访证件审核审批关的同时，急申办单位之所急，想申办单位之所想，积极做好服务工作，为城区对外交往和开放型经济发展提供高效便捷的优质服务。2018年，共办理因公赴港澳证件40批46人次，并认真做好因公出国证件的保管工作。

（曾昭年）

附：区外事侨务局领导名录

局　长：黄汉家

副局长：王冬妮

政务服务管理

【概况】 2018年，区政务服务管理中心坚持以习近平新时代中国特色社会主义思想为指导，全面贯彻中共十九大和十九届二中、三中全会精神，深入学习贯彻习近平总书记重要讲话精神，以及贯彻省委书记李希到汕尾调研时的讲话精神，严格按照上级政务办的要求，紧扣区委、区政府的工作目标及重点工作，坚持“廉洁、高效、规范、便民”的原则，以深化行政效能建设为目标，以推进行政审批制度改革为抓手，深化“一门式一网式”政府服务模式改革工作，进一步完善区、镇、村三级政务服务体系建设，努力构建政务服务工作的长效机制，各项工作取得了明显的实效。

【加强队伍建设】 紧密结合政务中心窗口服务部门工作实际，多措并举，实行跟班学习轮训制度，加强对全体工作人员行为规范、文明用语、业务流程等培训工作；继续开展和完善“每月之最”评比活动；深入开展政务整治、正风肃纪集中行动及纪律教育学习活动；积极开展创建“汕尾市青年文明号”“三八红旗集体”活动，不断提高全体青年干部及女工的职业道德水平和服务质量。

【加强对基层公共服务中心（站）业务指导】 坚持每月一次到镇（街道）、村（社区）进行检查指导，督促各镇（街道）、村（社区）利用基层平台为群众办事，提高基层公共服务平台的使用率和业务办理量；发挥区监控室的监督作用，将每天检查的情况及时向各镇（街道）、村（社区）反馈，督促落实整改；不定期召开基层公共服务平台工作推进会，通报平台运作及镇、村级公共服务中心（站）工作人员上班纪律情况，要求各镇（街道）、村（社区）对存在的问题限时抓好整改落实，完善提高，扎实推动村级公共服务站建起来、用起来，切实打通服务群众“最后一公里”。

【深化“一门式一网式”改革工作】 推动政务服务一网通办　8月，区政务中心牵头组织全区32个单位按照省政务服务事项“十统一”梳理工作的要求，将906项（行政审批事项455项，社会服务事项451项）政务服务事项录入广东政务服务网。广东政务服务网于9月19日与网上办事大厅切换上线运行。同时，利用统一申办受理平台为群众受理业务，依托汕尾市综合办事系统进行审批，实现了政务服务一网通办。

推动政务服务“只进一扇门”　根据企业和群众办事只进一扇门的要求，区政务中心进一步推进政务服务事项进驻区级实体大厅，2018年除区公安、税务外，其余单位的事项全部进驻区政务中心。区级政务中心实体大厅右边设为受理区，设立综合窗口；左边设为审批区，进驻审批股长。

落实群众办事“最多跑一次”　截至12月底，城区进驻广东政务服务网的行政审批事项455项、社会服务事项451项。到现场次数不超过1次的网上申办行政审批事项432项，占全部进驻行政审批事项94.95%；到现场次数不超过2次的网上申办事项455项，占全部进驻行政审批事项100%。网上全流程办理的行政审批事项414项，网上全流程办理率90.99%。

【推进行政审批制度改革】 一是推进投资审批制度改革，进一步简化投资审批流程，缩短审批时限；投资审批办文时间缩短50%以上，实现项目审批时限再砍一半。二是深化商事制度改革，优化营商环境，提高开办企业便利度，企业开办申请时间从原来平均20天减至5天，工商办照从原来的5天压缩为2天。

【其他工作】 做好安美社区挂驻工作。一是加强对社区“两委”干部的思想政治建设，组织社区“两委”干部深入学习中共十九大及习近平总书记的重要讲话精神。二是做好群众的教化工作，与社区联合开展学习宪法、禁毒、扫黑除恶等宣传教育活动；三是协调组织开展创文创卫、禁毒、扫黑除恶、消防及大走访、大排查、大整治等工作；协助社区做好防御台风及灾后环境卫生清理工作；组织做好发放文明创建问卷调查、迎接省创文检查组的检查及第三方的评估工作。

做好创文创国卫工作。及时召开政务中心“双创”工作动员会，传达学习贯彻区“双创”工作动员会精神。根据创文创卫相关文件及市、区创文督导组要求对标整改完善。2018年重点新建标准的无障碍设施及母婴室，规划停车线，增添无障碍标志及群众意见簿；制作并增贴图说社会主义核心价值观广告画以及社会主义核心价值观、“讲文明树新风”、法治精神等内容的公益广告；加大对区政务中心周边的环境卫生整治工作；认真完成创文申报材料。

做好“12345”投诉处理平台的工作。根据区政府的安排，区政务中心于9月3日承接城区“12345”投诉平台日常业务处理工作，9至12月共完成550个投诉件的业务处理工作。

【办理业务量】 2018年，区政务中心各窗口接受群众咨询各类审批和服务事项43201件，接受申请38849件，受理35437件，办结34492件；全区各镇（街道）公共服务中心、村（社区）公共服务站在基层公共服务平台办理的业务量为39917件；公安、税务2个分中心受理业务量336183件，业务办结量是336183件。

【工作成效】 2018年，有近1200名群众主动在《群众意见登记簿》上留下“点赞”“很满意”“服务周到”等正面评价。在创建“汕尾市青年文明号”活动网上投票环节中，区政务中心以8252票的成绩名列全市（9家参评单位）第一。是年，区政务中心被市全面开展文明创建工作领导小组评为“汕尾市文明创建工作先进单位”，被市妇联授予“三八红旗集体”荣誉称号，被共青团汕尾市委员会授予“青年文明号”荣誉称号。

（黄向新）

附：城区政务服务管理中心领导名录

主　任：林礼祝（2018年8月离任）

副主任：陈达锋(2018年8月任）

区直机关事务工作

【概况】 城区直属机关事务科是负责公务接待的部门。2018年，各项接待工作严格遵守中央八项规定要求，通过明确接待审批程序和标准，进一步完善制度，开拓创新，圆满地完成了各项工作任务。是年，共接待内外宾190多批次1500多人次，参与重大接待活动3次，完成区委、区政府交办接待任务2次，失误率为零。为上级来访、港澳台招商引资及各兄弟单位之间的合作交流提供了服务和保障。

【日常管理】 在全力搞好接待工作的同时，狠抓工作人员的思想作风建设和强化内部管理机制，确保了各项工作协调、可持续发展。一是注重政治理论学习和业务知识培训，进一步提高整体服务水平和综合素养。二是完善制度，不断规范各项管理，坚持用制度管人，依制度管事。三是严格落实廉洁自律制度，严格规范和控制接待标准，强化监督，不断推动机关事务管理工作的发展。

（罗洁华）

附：城区直属机关事务科领导名录

科　长：王世铭

副科长：李敢铸

何小丽（2018年9月离任）

档案、地方志

【概况】 2018年，区档案局（馆）、区地方志办合署办公，实行一套人员、三块牌子，编制7人，在职6人。档案局内设监督指导、管理编研和方志编纂股3个股室。主要负责全区档案事业行政执法、档案保管利用和组织指导,以及组织和指导地方志编纂工作。

【尽责协调区档案馆建设】 按照省、市的工作部署，区委、区政府十分重视区级国家综合档案馆的建设工作，多次在区党政会议上研究档案馆建设工作。是年5月18日，区政府落实一名副区长专抓，召开了市、区有关部门协调工作会议，明确工作职责。7月19日，市国土部门完成征地放点工作，该点位置在香洲街道埔上墩村一小山上。

【档案馆数字化工作顺利推进】 是年，区财政把区档案馆数字化工作列入财政预算。至11月止，已经完成了文书档案数字化加工50万页，并全面完成了各项配套服务工作，全面完成该年度数字化任务。

【年度到期档案进馆工作任务超额完成】 区档案局拟订了《关于对全区档案移交进馆工作情况的通报》初稿，经区政府同意印发到各地各部门落实执行，区档案局认真做好跟踪督促工作。至10月，已完成进馆档案6000件，完成120%，提前超额完成上级目标任务。

【做好档案库房安全工作】 落实好台风和洪涝灾害天气的值班制度和日常安全保卫措施，定期检查档案安全，进一步加强档案防虫、防霉、防尘、防光等十防工作，按照年度档案安全保护的要求，完成更换一批档案盒、目录夹、防虫药等，确保库房和档案安全。

【加强业务检查指导】 着重做好现场指导、上门服务、电话咨询、传帮带和代立档等方式，对区属机关、企事业单位进行档案业务指导。通过多渠道、全方位和创新的业务指导模式，全面提升了城区的档案业务管理工作。是年，突出加强对区土地确权档案工作的业务指导，完成了土地确权档案技术交底的审核，此外，加强对区直部门的档案业务指导，先后到区环卫、旅游、政法委、残联、发改、经促等单位现场指导，较好促进了档案业务的开展。

【年鉴编纂按期完成】 3月上旬，区地方志办拟订了《关于做好〈汕尾市城区年鉴·2018〉编写工作的通知》《关于加快完成资料年报工作任务的通知》，经区政府同意印发各地各部门执行，8月完成资料收集100%，10月完成了编纂和一校、二校工作，12月底送出版社审稿批准，公开出版发行。

【自然村落历史人文普查工作按要求完成】 全省自然村落历史人文普查工作自开展以来，城区克服困难，想方设法，落实措施，使该工作有序有效推进。至2018年5月31日止，全区自然村落统计199个，全面完成普查登记表、资料填报系统、初稿撰写、初审199个。11月完成复审工作，已向市上报终审，由市终审后报送省出版。至此，城区自然村落普查工作按省要求基本完成。

（陈春杰）

附：区档案局、档案馆、地方志办领导名录

局　长（馆　长、主　任）：许争荣

副局长（副馆长、副主任）：王耿绵

政协汕尾市城区委员会

【概况】 政协汕尾市城区委员会设主席1人，副主席6人（中国共产党3人，民主党派2人，无党派1人）。6个专委会：社会和法制委员会、提案委员会、科教文卫体委员会、学习和文史委员会、“三胞”委员会、经济委员会。政协机关设办公室、联络室、提案室。2018年，全区政协委员总人数191人。其中，中国共产党18人，民革2人，民盟6人，农工党5人，致公党6人，无党派、总工会、共青团、妇联、工商联9人，教育界11人，经济界63人，科技文体9人，医卫环保8人，侨联台属6人，民族宗教7人，农林水7人，特邀人士31人，社会福利与社会保障3人。

· 城区政协领导名录

主　席：黄义丞

副主席：黎炳林

郑前军

洪浩波

李楚云

庄永富

吕小芳

党组成员：黄义丞（党组书记）
黎炳林（党组副书记）
李楚云
庄永富
蔡辉卿
卓红钻
吴小臻
常　委：蔡辉卿
卓红钻
吴小臻
王晓卫
郭少鑫
林义鸿
吴惠芳
卓炎昌
罗世健
洪海燕
林礼标
林孟东
陈庆本
余远霖
林伟强
王茂松
蔡汉章
洪志隆
林晓良
吴文璠
郑　晓
施镇波
蔡国洲
刘秋生
胡家为
刘武明

城区政协各专门委员会领导名录

社会和法制委员会
主　任：陈业伟
副主任：王茂松
洪卫京
洪海燕
陈海生
胡家为
叶燕如

学习和文史委员会
主　任：郭少鑫
副主任：黄吉庆
许争荣
柯腾峰
林晓良

“三胞”委员会
主　任：刘秋生
副主任：罗世健
王冬妮

经济委员会
主　任：郑少奕
副主任：郑　亮
林义鸿
陈伟生
郑　晓
张开宇
吴惠芳
林孟东
洪志隆
蔡国洲

提案委员会
主　任：王晓卫
副主任：刘水照
蔡汉章
蔡奋雄
施镇波
吴文璠
陈庆本

科教文卫体委员会
主　任：林伟强
副主任：林礼标
邝学武
郑伟雄
吴义军
胡声华
王金鸿

·重要会议

【区政协五届三次会议】 1月21—22日，中国人民政治协商会议汕尾市城区第五届委员会第三次会议召开。会议听取并审议协汕尾市城区第五届委员会常务委员会工作报告、政协汕尾市城区第五届委员会常务委员会关于五届三次会议以来提案工作情况的报告，委员们列席汕尾市城区人民代表大会第五次会议，听取并讨论区政府工作报告和其他报告；会议通过了区政协五届三次会议提案审查工作情况报告，通过了区政协第五届委员会第三次会议决议。会议表彰了一批城区政协五届二次会议以来的优秀提案和承办提案先进单位，并听取了委员们的大会发言。市委常委、区委书记李庆新出席闭幕会并作讲话。

【常委会会议】 1月11日，区政协召开五届五次常委会。 会议决定：1.增补政协委员18人，其中，中共2人，特邀3人，经济界11人，医卫环保1人，科技文体1人。新增补委员已进行综评和考察。同意因工作变动辞去区政协委员职务13人。2.审议通过区政协五届三次会议议程6项、日程2项。3.审议常委会工作报告和提案工作报告。4.通报表彰区政协五届二次会议以来优秀提案和承办提案优秀单位的决定（草案）。5.听取区政协五届三次会议发言材料题目汇报。区政协主席黄义丞主持会议，区委组织部副部长赖振亚出席会议。

1月22日，召开区政协五届六次常委会议（扩大）：审议通过五届三次会议决议（草案）;听取各组讨论情况、提案审查情况及2018年常委会工作要点。区政协主席黄义丞主持会议，大会各组召集人及政协常委参加。

4月14日，区政协召开五届七次常委会议：区政协常委现场做学习小测试题；传达习近平总书记在参加十三届全国人大一次会议广东代表团审议时的重要讲话精神；黄义丞通报2018年区政协工作任务和各专委会工作要点，传达省委书记李希对学习贯彻习近平总书记对广东工作的重要讲话精神。

·重要工作及活动

【提案工作】 区政协五届三次会议以来，全体政协委员、政协各参加单位和各专门委员会，坚持围绕中心、服务大局，以高度的政治责任感和使命感，认真履行职责，积极建言献策，共提交提案67件。根据《政协提案工作条例》的有关规定对收到的提案及时进行审理，经审查立案65件，2件作为委员建议案处理，立案率97%。在立案提案中，各民主党派、区工商联、有关人民团体和区政协各专门委员会集体提案11有件，委员提案有54件。全部立案提案按照分级负责，归口办理的原则,除12件涉及市职能部门的提案转为市政协委员提案，其余53件分送32个承办单位办理，至2018年11月底全部办复。提案内容紧扣城区经济社会发展的重大问题和人民群众普遍关心的社会热点、难点问题，内容广泛，重点突出。

【开展“大学习”活动】 以思想政治建设为统领，认真开展“大学习”活动，夯实团结奋斗的共同思想政治基础，把牢城区人民政协事业发展正确政治方向。通过常委会、党组学习扩大会、专题会议、座谈会、领导干部带学督学等形式，认真组织学习习近平新时代中国特色社会主义思想、中共十九大精神、习近平总书记参加十三届全国人大一次会议广东代表团审议时重要讲话精神和视察广东重要讲话精神，学习宪法、党章、全国政协章程、《习近平谈治国理政》（第二卷）、习近平总书记关于加强和改进人民政协工作的重要思想等。引导政协委员、政协各参加单位旗帜鲜明讲政治，牢固树立“四个意识”，坚定“四个自信”，坚决践行“两个维护”，始终在事关道路、制度、旗帜、方向等根本问题上同以习近平同志为核心的中共中央保持高度一致。2018年，区政协共组织学习活动25场次，其中党组学习会22场次，政协常委学习会2场次、全体政协委员学习会1场次，印发学习资料250本，班子成员深入政协参加单位、委员企业、挂驻村（社区）带学督学28场次。组织各党派团体、政协委员参加市政协举办的“深入学习习近平总书记关于加强和改进人民政协工作的重要思想专题研讨活动”，推荐理论文章15篇，其中获市一等奖1篇，二等奖1篇，三等奖2篇。省政协举办的理论研讨活动，全省共有政协委员和理论工作者5万多人次参加，征集高质量论文370多篇，其中城区政协推荐的论文有2篇获优秀奖。

【服务改革发展大局】 围绕中心、服务大局是人民政协履职的重要原则。区政协聚焦区委、区政府中心工作任务，认真贯彻区委八届五次、六次、七次全会精神，围绕解决“八个重大问题”、全力打好“六大攻坚战”、加快实现“四大提升”和区政府工作部署，开展“深调研”活动，积极出谋献策，全力服务城区改革发展大局，为奋力打造首善之城、大美之区，把汕尾建设成沿海经济带靓丽明珠贡献智慧和力量。

聚焦“创文创卫”。城区作为全市“创文创卫”的中心区、主战场，区政协把“创文创卫”工作作为己任，树立“一盘棋”思想观念，举政协之力量，与区委、区政府同心同德，协助打好城区“创文创卫”攻坚战。区政协领导班子成员经常深入18个帮扶村（社区），指导“创文创卫”工作，及时帮助解决碰到的困难和问题。2018年，通过多渠道筹措资金约90万元，用于帮扶村（社区）环境整治、宣传、购买图书等。区政协专委会发挥职能作用，建言“创文创卫”工作。科教文卫体委员会组织开展“城区国家卫生城市创建工作”专题考察活动，组织调研组成员和区创卫办人员前往清远市清城区、英德市、连州市等地考察，学习他们创建国家级卫生城市经验做法，向区委、区政府提出5个方面22条意见建议。“三胞”委员会组织开展市区交通安全专题调研活动，针对市区交通安全存在的问题和不足，围绕管好人、控好车、治好路三大重点，向市交通管理部门提出加强交通安全工作5个方面意见建议。区政协委员积极响应区委、区政府号召，用情投入“创文创卫”工作。广大政协委员在各行各业中，以“功成不必在我”的精神，热情参与“创文创卫”活动，出钱出力，贡献自己的力量。在举行“为城市美容师点赞——城区政协委员春节慰问活动”中，区政协委员捐款向区环卫工作者赠送价值约13万元的大米、食用油和保温杯。积极参与城区工商联开展“五个一”创文活动、“安全文明交通，你我共建共享”助力创文赠送安全头盔活动、社团开展志愿者活动等。

聚焦乡村振兴。按照区委、区政府实施乡村振兴战略工作部署，区政协组织开展推动城区乡村产业振兴专题调研活动。调研组围绕发展乡村特色产业、海洋产业、旅游产业、生态环境保护、基层组织建设、农村社会治理等方面，深入镇村调查研究，召开座谈会听取意见建议，形成有参考价值的专题报告供区委、区政府决策参考，助推城区加快实施乡村振兴战略，为乡村实现产业兴旺、生态宜居、促进增产增收做出贡献。委员企业助力乡村振兴战略。积极参加城区首届特色产品推介会，创建农村电商平台，宣传推介城区农村特色产品，搭建农村青年创业平台，推动农村青年返乡创业，助力城区农村经济发展。

聚焦教育发展。围绕市委、区委提高中心城区首位度、建设全市教育中心决策部署，组织委员就加快城区教育发展问题开展了多次专题活动，撰写多件委员提案，为区委、区政府加快教育发展出谋献策。继2017年召开加快发展学前教育专题协商议政会议后，2018年按照区委八届五次全会提出的“着力研究解决教育落后问题”和区政府提出要“攻坚教育创现”的工作部署，组织开展加快教育发展专题视察活动，向区委、区政府提出了把教育事业放在优先发展位置、抓好“两支”队伍建设、努力提高教育教学质量等8个方面的意见与建议。动员委员们为“区教育发展基金会”捐款，共计250万元。

聚焦殡葬改革。为贯彻落实区委提出“着力研究解决殡葬陋习问题”和“生态文明大提升”的工作部署，组织开展推进城区殡葬改革工作专题调研活动。通过实地视察、走访、召开座谈会、听取汇报等多种形式，详细了解城区殡改工作现状，分析存在问题及主要原因，提出4个方面16条意见建议。由于意见建议具有很强针对性、可行性，区民政局采纳了大部分意见建议，转化为助推城区加快殡葬改革工作的具体措施。

聚焦经济发展。发展实体经济、壮大经济总量，项目是基石、产业是支持，土地是项目落地建设的前提和保障。为助力区委、区政府打好重点项目建设攻坚战和土地收储攻坚战，区政协组织开展城区重点项目建设和土地收储专题视察活动。建议各地、有关部门牢固树立抓项目和土地收储就是抓发展的理念，作为推动城区经济社会发展的重要引擎牢抓不放，集中力量打好重点项目建设和土地收储攻坚战，并就推进重点项目建设和土地收储工作向区委、区政府提出6方面意见建议。建立区政协班子成员联系委员企业制度，班子成员定期深入委员企业调研，了解企业生产中的存在问题和困难情况，鼓励企业既要抢抓发展机遇，又要妥善应对困难，走创新发展之路，做大做强，为城区经济发展作出贡献。

【做好凝心聚力工作】 区政协积极做好协调关系、理顺情绪、增进共识、加强团结的工作，广泛凝聚人心、凝聚智慧、凝聚力量，为城区社会和谐稳定做出贡献。

增进与各党派的团结合作。各民主党派和无党派人士是人民政协的重要组成部分。联合各党派和无党派人士围绕党政中心工作开展调研视察和提案督办，为民主党派与无党派人士在政协发挥作用创造条件，为城区经济社会发展建言献策。支持各民主党派、无党派人士和工商联在政协重要会议上发言、提建议、写提案，在区政协五届三次会议上发言6人，撰写提案35个。提案建议得到有关部门采纳，发挥了党派参政议政的作用。各民主党派做好社会服务工作，积极开展公益活动，为群众做好事办实事。区民革、民盟、农工党、致公党4个民主党派组织15名医务人员和20多名志愿者到捷胜镇大流村开展送医送药义诊活动，为当地村民义诊220人次，派送价值1.2万元的药品。区民革筹集资金6万元，在南汾村开展“博爱暖心”春节慰问活动，慰问贫困户180户。

密切与港澳台各界团结联谊。2018年，城区接待港澳台团体46批822人次，其中有香港保健海流协进会港岛分会组织的汕尾籍社团首长、义工访问团一行260人到城区访问交流。区政协领导多次赴港澳走访委员、出席社团活动，团结和引导爱国乡贤、商业精英和专业人士爱国、爱港、爱澳，积极为港澳繁荣稳定和家乡经济建设做出新的贡献。

加强政协民族宗教工作。认真贯彻党的民族宗教工作基本方针，加强与民族宗教界代表人士联系，积极宣传解释相关政策法规，做好团结教育和服务引导，促进了民族团结、宗教和睦、社会和谐。

【为保障和改善民生建言献策】 区政协坚持以人民为中心的发展思想，紧盯保障和改善民生重要决策部署落实，切实为增进民生福祉发声出力。

察实情进诤言。着眼民生关切，开展规范城区低保工作管理和提高困难群众救助补助标准专项民主监督活动，促进城区职能部门进一步提高城乡低保管理服务水平和困难群众生活水平，完善社会救助体系，确保民生保障政策落实到位。着眼人民健康、医疗卫生体制改革，组织召开补齐医疗短板专题协商议政会议，向区相关职能部门提出具有建设性、针对性的意见建议。着眼建设平安法治城区，结合扫黑除恶专项行动，组织开展禁毒工作专项民主监督活动，就城区进一步加强推进禁毒工作、深化社会治安环境管理、维护社会稳定献计献策。

关注困难群体。2018年，广大政协委员慷慨解囊，奉献爱心，捐款35万元，用于购买大米15吨由各镇（街道）分发给贫困户，慰问贫困户250户(次)，慰问生活困难老党员、老委员10人，资助贫困户危房改造1户等。区政协与区妇联联合开展“最美家居”“美丽庭院”创建活动。

倾听基层声音。市政协与区政协联合到红草镇开展市、区政协委员驻镇联络组活动，倾听民声、反映民情。联络组通过实地察看社会事业和经济发展项目建设情况，听取红草高新区园区建设发展情况、红草镇党政经济社会发展情况，与群众代表座谈交流，帮助化解基层问题3个，收集群众意见13条。收集群众意见经梳理后，及时形成报告，对能及时解决的，直接送市、区有关职能部门办理，不能及时解决的，提出建议供市、区职能部门决策参考，有效反映了社情民意，强化了基层民主监督，彰显人民政协履职为民情怀。

【提高政协履职能力和水平】 加强政协党的建设。

认真贯彻《中国共产党党组工作条例》《关于加强新时代人民政协党的建设的若干意见》，进一步强化区政协党组建设，发挥党组核心领导作用，为人民政协事业发展提供坚强政治保证。区政协始终坚持中国共产党的领导，准确把握人民政协性质定位，组织委员参加“加强新时代人民政协党的建设专题报告会”，引导委员把拥护中国共产党的主张作为最大的政治纪律和政治规矩，不断提高政治觉悟和政治能力，珍惜政治荣誉，勇于担当责任，遵守宪法法律和政协章程，自觉践行社会主义核心价值观，努力维护人民政协旗帜鲜明讲政治的本色和传统。严守政治纪律和政治规矩，严格执行请示报告制度，重大事项、重大问题及时向区委报告。严格落实新形势下党内政治生活若干准则，牢记“五个必须”，严防“七个有之”，坚决做到“三个决不允许”，全面彻底肃清李嘉、万庆良恶劣影响，营造风清气正的良好政治生态。

强化两支队伍建设。按照懂政协、会协商、善议政和守纪律、讲规矩、重品行要求，抓好政协委员队伍建设，组织全体政协委员学习会1场次，专委会组织学习12场次。开展“不忘初心、牢记使命”主题教育活动，组织常委、部分委员到河南学习红旗渠精神和焦裕禄精神。抓好政协机关队伍建设，努力提高工作水平和服务质量。2018年，区政协机关在顺利完成区政协常委会确定的18项重点工作任务的同时，积极配合省政协调研活动2次，市政协调研视察活动8次。

发挥政协文史工作优势。编写第十一辑《汕尾城区文史》，发挥政协文史资料“存史、资政、团结、育人”功能。保护传承优秀传统文化，与区委宣传部、区关工委联合开展为期一年的“传统文化进校园”活动，在全区中小学校举办26场次书法讲座、4场泥塑讲座，表彰66篇优秀作品，参加活动的中小学生3000多人次。文史委开展史料抢救挖掘调研，挖掘搜集1978年之前汕尾镇木器厂、竹器厂、渔钓厂等二轻企业有关史料；挖掘搜集后径村文化遗迹、明清史料、革命遗址和史料等。

提高委员提案办理质量。区政协五届三次会议共收到政协委员提案67件，立案65件，其中12件转为市政协委员提案。区委、区政府主要领导高度重视政协提案工作，区委书记李庆新、区长罗光钊亲自领衔督办重点提案，促使政协提案有效办理。政协委员提案交办后，提案委加大跟踪督办力度，各承办部门密切配合，确保了所有提案在规定时间内办理落实。提案工作的扎实推进，有效办理，对城区经济发展、民生实事改善、社会和谐稳定起到了积极促进作用。

加大宣传报道力度。利用区政协门户网站、“委员之家”网络互动平台、公众号、微信群等信息化媒介，向政协委员、社会公众推送区政协动态信息250多条，编发政协简报42期。利用汕尾电视台、《汕尾日报》和《今日城区》等媒体，宣传报道区政协重大活动、委员履职风采25次，不断扩大政协活动影响面，推动广大人民群众进一步认识政协、了解政协、支持政协。

【其他工作】 2月26—27日，区政协主席黄义丞，副主席郑前军、庄永富等一行到捷胜镇、东涌镇走访指导工作。

3月16日，召开区政协党组学习会（扩大）。会议传达学习了《中国共产党第十九届中央委员会第三次全体会议公报》,区政协正副主席、党组成员、各室主任和机关全体干部职工参加学习会。

3月19日，城区政协召开五届三次会议提案交办工作会议。

3月27日，区政协召开2018年度专委会工作会议。区政协主席黄义丞、副主席黎炳林、郑前军、庄永富和区政协6个专委会的正副主任出席会议。

4月7日，市政协主席郑佳到城区红草镇督导学习宣传贯彻习近平总书记参加十三届全国人大一次会议广东代表团审议时的重要讲话精神和全国“两会”精神工作。市委常委、区委书记李庆新，区政协主席黄义丞参加。

4月8日，区政协开展习近平总书记在十三届全国人大一次会议参加广东代表团审议时的重要讲话精神和全国“两会”精神的学习交流活动。区政协领导班子成员、各室负责人和党支部委员参加学习交流。区政协主席黄义丞解读了宪法修正案和政协章程修正案。

4月8日下午，区政协黄义丞主席到东涌镇东石村宣传督导学习习近平总书记在十三届全国人大一次会议参加广东代表团审议时的重要讲话精神及全国“两会”精神。

4月9日,城区政协各参加单位、专委会、政协委员和政协机关人员，参加区政协组织开展的“四个一”和“四个走进”的学习宣传贯彻活动。

4月23日，城区政协副主席郑前军、庄永富带领区政协文史委、联络室有关负责人，走进企业开展带学督学活动，与企业员工面对面座谈交流。

4月24日，城区政协副主席郑前军、庄永富带领区政协文史委、联络室有关负责人，到汕尾城市在线网站开展带学督学活动。

4月25日，城区政协学习和文史委开展史料抢救挖掘调研，挖掘搜集1978年之前汕尾镇二轻企业有关史料。城区政协副主席郑前军、学习和文史委全体成员，城区经信局、二轻集体企业联社有关领导、二轻企业退休干部和知情者共20多人参加了调研活动。

4月26日，区政协科教文卫体委召开学习贯彻习近平总书记重要讲话精神暨部署“加快教育发展专题视察”活动会议。

5月1日，区政协主席黄义丞、区人大常委会副主任王声效、副区长胡春莲、区政协副主席黎炳林和城区人大代表、政协委员一行共100多人，到城区首届特色产品推介会展示区参观体验特色产品。

5月8—9日，区政协主席黄义丞、副主席庄永富带领区政协专题调研组一行20多人，深入到东涌镇、捷胜镇农村，开展乡村产业振兴战略专题调研活动。调研组一行先后走访、视察了东涌镇和捷胜镇的9个贫困村。

5月11日，城区政协副主席庄永富带领区“传统文化进校园”中小学生书法评比活动组委会办公室、征稿联络组、区政协文史委、区教育局等部门有关负责人一行，到马宫中学、马宫中心小学、红草镇拾和小学等学校考察指导学生书法创作。

5月15日,区政协副主席郑前军带领区政协文史委成员一行10多人，到香洲街道后径社区开展史料发掘搜集调研，与该社区“两委”干部、老前辈、知情者和文史爱好者座谈。

6月12日，区政协组织党员前往海丰红宫红场和红色村新山村开展“传承红色基因，坚定理念信念”主题党日活动。区政协副主席李楚云、庄永富，党组成员卓红钻、吴小臻和机关全体党员参加活动。

7月9日，区政协组织开展加快教育发展专题视察活动，并召开座谈会，区政协主席黄义丞出席座谈会。

7月16日，由区政协、区委宣传部、区关工委、区教育局等部门联合举办的“传统文化进校园”全区中小学生书法评比活动颁奖大会,在城区党政大楼九楼会议厅举行。

8月2日，区政协主席黄义丞带领区政协视察组开展“创国卫”专题视察活动，区政府及相关部门负责人陪同视察。

8月18—19日，香港保健海流协进会港岛分会组织汕尾籍的社团首长、义工访问交流团一行260人到城区访问交流。区政协主席黄义丞，区委常委、统战部部长李振坚，区政府副区长余正茂等出席欢迎会。

9月13日，区政协副主席庄永富带领区政协“三胞委”调研组，到市区文德路、汕尾大道、东城路、腾飞路等路段，开展“加强交通安全管理”专题调研。

9月18日，区政协副主席黎炳林、郑前军等带领灾后走访组分赴马宫、红草、捷胜等镇（街道）走访委员企业，了解受灾情况，引导企业积极开展生产自救。区政协联络室、提案室等负责人陪同。

9月27日，区政协组织开展全区重点项目建设和土地收储专题视察活动。

10月31日，区政协党组召开扩大会议，传达学习贯彻习近平总书记视察广东重要讲话精神。

11月8日，城区政协召开全体政协委员学习会，学习贯彻习近平总书记视察广东重要讲话精神和中共中央《关于加强新时代人民政协党的建设工作的若干意见》精神。区政协领导班子成员、全体政协委员、区政协机关全体人员参加会议。

11月14日，城区政协副主席庄永富带领区政协专项民主监督组一行20多人，深入城区各地开展禁毒工作专项民生监督活动。

(吴小臻)

附：城区政协办公室领导名录

主　任：吴小臻

副主任：叶燕如

城区政协联络室领导名录

主　任：郭少鑫

城区政协提案室领导名录

主　任：王晓卫

中共汕尾市城区纪律检查委员会 汕尾市城区监察委员会

【概况】 2018年，在市纪委监委和区委的坚强领导下，区纪检监察机关深入学习贯彻习近平新时代中国特色社会主义思想和中共十九大精神，认真贯彻落实中央、省、市纪委全会和区委八届历次全会精神，坚守政治机关定位，牢固树立"四个意识"，坚定"四个自信"，做到"两个维护"，坚持稳中求进工作总基调，忠实履职尽责，勇于担当作为，深入推进党风廉政建设和反腐败斗争，纪检监察各项工作取得新进展，为城区扎实推进"五化五城"各项工作，全力打好"六大攻坚战"，加快实现"四大提升"，奋力打造首善之城、大美之区提供了坚强的纪律保障。

【政治建设】 切实推动"真落实"，把坚决落实"两个维护"贯穿纪检监察工作全过程，自觉在以习近平同志为核心的党中央坚强领导下履行职责、开展工作。加强对党内政治生活状况、党的路线方针政策执行、党中央重大决策部署贯彻落实情况的监督检查，强化纪律的刚性约束，为践行"两个维护"提供纪律保证。认真落实中央巡视整改，把区纪委承担的整改任务细化为55项具体措施，逐项推进落实。强化政治担当，一体推进落实"两个责任"，积极协助区委扛牢全面从严治党主体责任；印发推动各级党组织主体责任落实文件3份，督促区直82个单位党组织领导班子及其成员制定主体责任清单；开展述责述廉活动，4个单位"一把手"向八届区纪委三次全会作述责述廉报告并接受评议，69个区直单位主要负责人向区委提交书面述廉报告，督促述责述廉对象对所形成的"问题清单"进行落实整改。坚决全面彻底肃清李某、万某某恶劣影响，会同区委组织部组成专项督查组开展肃清工作情况监督检查，严明政治纪律和政治规矩，把发现和查处"七个有之"问题落实到巡察监督、纪律审查和责任追究的各个环节，坚决做到"五个必须"，推动落实"三个决不允许"。协助区委制定深入整治官商勾结问题构建亲清新型政商关系的责任分工方案，加强对官商勾结突出问题的专项治理，推动构建亲清新型政商关系。着力加强对一把手的监督，协助区委制定出台《加强对各级党组织一把手监督实施意见》，逐项细化明确监督措施和责任，推动管党治党责任落到实处。严把选人用人关，区纪委监委共回复党风廉政意见169人（次）。

【作风建设】 落实中央八项规定及其实施细则、省委实施办法、市委实施意见精神，协助区委制定出台《汕尾市城区贯彻落实中央八项规定精神实施意见》，严肃查处顶风违纪和各种隐性变异"四风"问题，开展领导干部利用名贵特产类特殊资源谋取私利问题专项整治，持续释放越往后执纪越严的信号，坚决防止"四风"问题反弹回潮。2018年，查处违反中央八项规定精神和"四风"问题9件，给予党纪政务处分5人，诫勉处理4人。

持续深化政务整治、正风肃纪，坚持暗访、查处、追责、曝光"四管齐下"，建立常态化明察暗访制度，开展日常、重点、专项明察暗访行动，全面深入整顿工作作风，着力打造廉洁优质高效的政务环境。2018年，查处了"师德师风"案件16件，"医德医风"案件8件。始终保持整肃"为官不为"高压态势，聚焦文明创建、扫黑除恶、脱贫攻坚等重点工作,加大责任追究力度，坚持以问责倒逼责任落实。2018年，查处"为官不为"问题66人，给予党纪政务处分22人，诫勉处理44人；严肃查处了区工商系统5名责任人在开展扫黑除恶专项斗争中严重失职失责、东涌镇政府相关责任人在创文创卫工作中履职不到位等典型案件，不断强化问责一个、警醒一片、推动工作落实的效应。

强化曝光警示，进一步发挥“政务整治、正风肃纪曝光台”作用，全区65个“曝光台”坚持实行同一内容、同步曝光、定期更新。2018年，曝光4期427件市、区两级查处的典型问题和案件；印发8期书面通报，集中通报各类典型案件和问题8件26人。通过曝光通报，发挥警示教育作用，有力促进了城区政务环境和机关作风持续好转。

【反腐败斗争】 坚持无禁区、全覆盖、零容忍，坚持重遏制、强高压、长震慑，持续保持反腐败高压态势。进一步发挥区委反腐败协调小组作用，聚焦中共十八大以来不收敛、不收手，问题线索反映集中、群众反映强烈，政治问题和经济问题交织的腐败案件，优先处理中央巡视组移交的问题线索。加大追逃追赃工作力度，完成外逃人员大起底工作任务。全区纪检监察机关立案100件，给予党纪政务处分70人；7个镇（街道）纪（工）委办案实现全覆盖。严守安全底线，全区实现办案安全零事故。

以落实基层正风反腐三年行动方案为抓手，围绕基层正风反腐8大领域惩治工作，集中整治群众身边腐败和作风问题。开展基层正风反腐三年行动以来，全区纪检监察机关共排查问题线索210条，立案查处违纪违法案件58件，重点查处了红草镇径口村委会原主任侵吞征地补偿款等违纪违法案件，震慑作用明显。

全面精准发力，深化扶贫领域专项治理，重点查处和纠正贯彻党中央脱贫攻坚决策部署不坚决不到位、弄虚作假等问题，严肃查处贪污挪用、截留私分，虚报冒领、强占掠夺等违纪违法行为，立案10件，结案7件。

敢于亮剑碰硬，纵深推进扫黑除恶专项斗争执纪反腐工作。深化线索摸排研判，倒推10年全面起底问题线索。强化部门联动，与公安机关建立双向联络机制，及时将凤山街道芦列坑村干部非法转让土地问题线索移送至公安机关，公安机关对涉案人员予以立案侦查，协同推进纪法有效衔接。深挖彻查“保护伞”，重点查处发生在群众身边的党员干部和行使公权力的公职人员涉黑、涉恶、腐败及其充当黑恶势力“保护伞”问题，立案查处涉黑涉恶案件13件，其中涉及保护伞案件4件，坚决查办了为盗取海砂超载货车提供保护等一批案件。认真落实中央扫黑除恶督导组反馈意见整改工作，全力做好督导交办线索核查处置工作，督导交办件均已办结或初步办结。

【巡察】 发挥巡察利剑作用，全面延伸基层监督触角。做实做强巡察机构，区委巡察机构形成“1办4组”架构，增配专职巡察编制，建立巡察人才库，充实巡察队伍力量。协助区委修订《汕尾市城区委巡察5年工作规划（2018—2022年）》，科学谋划巡察任务，深入推进巡察全覆盖，紧盯被巡察党组织政治立场和政治生态，做到发现问题，形成震慑。2018年，开展了4轮巡察，对21个党组织进行全面政治体检，移交问题线索69条，推动立案10件，给予党纪政务处分10人。推动“回头看”常态化，既检查巡察整改情况，又发现新问题，强化巡察成果运用，压实被巡察党组织主要负责人落实整改工作第一责任人责任，督促完成各类整改137项，建立完善体制机制50个。注重做好经验探索，城区的《压实巡察工作责任，灵活运用方式方法》村级巡察经验总结得到了省委巡视办的肯定。

【监察体制改革】 全面铺开发力，持续深化纪检监察体制改革。加强统筹协调，协助区委成立区深化国家监察体制改革试点工作小组，制定改革试点实施方案，明确时间表和路线图，做好区监委班子配备、机构设置、编制和人员调整等关键环节，全面完成区监委组建。主动作为运用措施，按照能试尽试、全要素使用原则，全面审慎、积极稳妥探索实践12项调查措施，全面开展监察调查工作。2018年，区监委共立案18件。坚持纪在法前，实现执纪审查与依法调查畅顺对接，加强监察机关与审判机关、检察机关、执法部门的工作衔接，形成既相互配合，又相互制约的体制机制。探索规范工作流程，对标对表制定5项监司衔接制度规定、3项纪法衔接制度，推进形成权责清晰、相互协调、有效管用的制度机制。

稳步推进派驻机构改革，发挥派驻监督“探头”作用。制定出台《关于加强区纪委派驻机构建设的改革方案》，赋予派驻机构监察职能，明确派驻机构监察权限和工作程序，实现对区直机关、事业单位、国有企业的党风廉政建设和反腐败工作监督全覆盖。向7个镇街派出监察组，推动监察工作向基层延伸，严密监督群众身边行使公权力的人员，初步形成了纪律监督、监察监督、派驻监督、巡察监督“四个监督全覆盖”的权力监督格局。

【纪律教育】 在持续强化不敢腐的震慑基础上，进一步扎牢不能腐的笼子、增强不想腐的自觉。坚持教育针对性实效性，扎实开展以“加强党的政治建设，营造良好政治生态”为主题的纪律教育学习月活动，不断丰富活动内容和形式，推动廉政教育入脑入心。坚持警示教育常态化，组织发放各类警示教育片147套，组织全区开展各项学习活动200多场次，集中观看电教片150多场次，在区、镇两级党校开设警示教育课14场次，其中，区纪委书记下基层作专题辅导报告6场次，开展廉政征文等活动，加强纪律学习和警示教育。坚持紧盯重要节点，向全区副科级以上领导干部和各村（社区）负责人发送廉洁提醒短信14224条，重申纪律要求，切实提高纪律意识。

【其他工作】 1月23日，在区八届人大三次会议大会上，区委常委、区纪委书记王俊锐当选为区监察委员会主任。经王俊锐提请，区人大常委会任命罗方俊、钟传鲕为区监察委员会副主任，林少锋、曾小湖、林莉莉为区监察委员会委员。新任命的区监察委员会组成人员现场参加了宪法宣誓仪式。

1月24日，城区召开区监察委员会成立大会。市委常委、区委书记、区深化监察体制改革试点工作小组组长李庆新出席会议并作讲话；区委副书记、区长罗光钊，区政协主席黄义丞，区委常委、组织部部长孔卓文，区人大常委会副主任余汉生，区法院院长陈嘉涛，区检察院检察长林建新等出席会议。区委副书记、政法委书记、区深化监察体制改革试点工作小组副组长郑良斌主持会议。区委常委、区纪委书记、区监委主任王俊锐代表区监察委员会领导班子作表态发言。当日，与会领导还参加了区监察委员会挂牌仪式。

2月11日，中共汕尾市城区第八届纪律检查委员会第三次全体会议召开。市委常委、区委书记李庆新出席会议并作讲话。会议传达了十九届中央纪委二次全会、十二届省纪委二次全会、七届市纪委三次全会精神，审议并通过了区委常委、区纪委书记、区监委主任王俊锐代表区纪委常委会所作的《以习近平新时代中国特色社会主义思想为指导、坚定不移推动全面从严治党向纵深发展》工作报告，听取了1名街道党工委书记和3名区直单位党组书记述责述廉报告并进行评议。区四套班子领导成员，区法院院长、区检察院检察长、区纪委委员、各镇（街道）和区直副科级以上单位主要领导等250多人参加。

3月13日，召开八届区委第三轮巡察工作动员部署会。区委常委、区纪委书记、区监委主任、区委巡察工作领导小组组长王俊锐出席会议，并对本轮巡察工作进行动员，作出安排。八届区委第三轮巡察安排了1个区委巡察组对捷胜镇党委进行常规巡察。同时，根据市委巡察工作领导小组安排，城区2个交叉巡察组对陆丰市有关单位开展交叉巡察，陆丰市派出2个交叉巡察组分别对城区捷胜镇的军船头村、大流村、埔尾村、沙坑村、南门外村及东涌镇的东石村、赤古村、洪流村、石洲村党支部进行异地交叉巡察。

是月，区深化监察体制改革试点工作小组办公室出台《区委政法委支持配合监察体制改革试点工作意见（试行）》《区公安机关配合区监察委员会查办案件工作意见（试行）》《区法院支持配合监察体制改革试点办理职务犯罪案件工作意见（试行）》《区司法行政机关支持配合监察委员会查办案件工作意见（试行）》《区检察院与监察委员会办理职务犯罪案件衔接意见（试行）》，建立区监委与政法委、公安、法院、检察和司法等部门的工作衔接机制。

4月25日，召开八届区委第二轮巡察情况反馈会。区委第一、第二、第三巡察组分别向区侨联、区残联、区科技文体局、区水利局进行八届区委第二轮巡察情况反馈。区委常委、区纪委书记、区监委主任、区委巡察工作领导小组组长王俊锐，区委常委、区委组织部部长、区委巡察工作领导小组副组长孔卓文分别出席会议并讲话。

5月3日，召开区委巡察情况通报会。会议由区委常委、区组织部部长孔卓文主持，区委常委、区纪委书记、区监委主任、区委巡察工作领导小组组长王俊锐讲话。会议通报八届区委第一轮、第二轮巡察情况，并对巡察工作提出要求。

6月21日，召开八届区委第四轮巡察动员部署会。区委常委、区纪委书记、区监委主任、区委巡察工作领导小组组长王俊锐出席会议并作动员部署讲话。

6月23日，区纪检监察党支部组织全体党员赴海丰革命烈士和革命斗争纪念馆、惠东高潭革命老区，开展“传承红色基因，坚定理想信念”主题党日活动。

6月27日，区委第一、二、三巡察组分别进驻东涌镇党委、新港街道党工委、凤山街道党工委，区委巡察工作领导小组在各单位召开了巡察进驻动员会，标志着八届区委第四轮巡察工作全面启动，进入了实质性阶段。

8月13日，区召开以“加强党的政治建设、营造良好政治生态”为主题的纪律教育学习月活动动员会暨科级干部（扩大）党章党规党纪教育培训班，传达全市纪律教育学习月活动动员会精神，对全区开展纪律教育学习月活动作部署和安排。市委常委、区委书记李庆新作学习月活动动员讲话，区委副书记、区长罗光钊主持会议。区四套班子领导成员，区法院院长，区检察院检察长，区纪委常委、区监委委员，各镇（街道）、区直单位班子成员，各村（社区）党支部书记、主任等450人参加了动员会和培训班。

8月13日，召开全区科级干部（扩大）党章党规党纪培训班举行报告会，邀请市人民检察院党组副书记、副检察长裴书荣作《增强党纪政纪法纪意识，做公正廉洁的党员干部》辅导报告。

8月20日，召开八届区委第三轮巡察情况反馈会。区委常委、区纪委书记、区监委主任、区委巡察工作领导小组组长王俊锐，区委常委、区委组织部部长、区委巡察工作领导小组副组长孔卓文出席会议，并对巡察整改工作提出要求。

8月24日，区监委向各镇（街道）派出监察组全部完成挂牌，标志着城区监察监督打通“最后一公里”，实现监察全覆盖。

8月27日，区委常委、区纪委书记、区监委主任、区委反腐败协调小组组长王俊锐主持召开区委反腐败协调小组联席会议。区公安分局、区人民法院、区人民检察院等成员单位主要负责人出席会议。

是月，区纪委印发《关于开展“纪律在身边”主题党课学习教育活动的实施方案》，在全区开展主题教育活动。

9月26日，区纪委会同区委组织部举办新提任的区管干部集体廉政谈话教育活动，旨在帮助新提任干部更好地把握全面从严治党、党风廉政建设和反腐败斗争的新形势新要求，进一步强化廉洁意识和担当意识。区委常委、区纪委书记、区监委主任王俊锐作讲话。

10月18日，召开八届区委第五轮巡察动员部署会。区委常委、区纪委书记、区监委主任、区委巡察工作领导小组组长王俊锐出席会议并作动员讲话，区委常委、区委组织部部长、区委巡察工作领导小组副组长孔卓文宣布巡察组人员组成和任务分工决定。

10月25日，区委第二巡察组进驻区妇联党支部、团区委党支部，区委第三巡察组进驻区总工会党支部、区外事侨务局党支部。区委巡察工作领导小组在各单位召开了巡察进驻动员会，标志着八届区委第五轮巡察工作全面启动。

11月5日，区纪检监察党总支部召开首次党员大会并进行党总支委员会委员的选举。会议按照相关程序选举产生党总支部委员7名，其中正、副书记各1名。

12月6日，召开八届区委第四轮巡察情况反馈会。区委常委、区纪委书记、区监委主任、区委巡察工作领导小组组长王俊锐，区委常委、区委组织部部长、区委巡察工作领导小组副组长孔卓文出席会议，并对巡察整改工作提出要求。

12月13日 市委常委、市纪委书记、市监委主任曹小华到城区开展“坚定不移正风肃纪反腐”专题深调研。

（黄映珠）

附：区纪委领导名录

区委常委、区纪委书记：王俊锐

区纪委副书记：罗方俊

区纪委副书记：钟传鲕

区纪委常委、区委巡察办主任：王茂松（2018年8月离任）

区纪委常委：刘启健

林少锋

曾小湖

区纪委常委、区委巡察办主任：凌巧雅（2018年8月任）

区监委领导名录

区监委主任：王俊锐（2018年1月任）

区监委副主任：罗方俊（2018年1月任）

区监委副主任：钟传鲕（2018年1月任）

区监委委员：林少锋（2018年1月任）

曾小湖（2018年1月任）

林莉莉（2018年1月任）

吕全闻（2018年1月任）

民主党派和工商联

·民盟汕尾市城区总支部委员会

【概况】 2018年，民盟汕尾市城区总支部委员会（以下简称民盟城区总支部）有5个支部，盟员69人。其中：60岁以上15人，40岁到60岁50人，40岁以下4人；医药界2人，教育界51人，政府机关单位3人，其他界别13人；具有高级职称的29人，中级职称的28人。盟员中担任市政协委员3人，区人大代表2人，区政协委员6人。

【思想建设】 民盟城区总支部始终把抓思想作风建设作为自身建设的首要任务，以各种有效形式促进思想建设的有效发展。

2018年2月3日下午，盟总支举行了“2018年参政议政工作会议暨新春座谈会”。会议总结了2017年度的工作并部署2018年的工作，表彰了2017年度优秀盟员。区委常委、统战部部长李振坚出席了会议并作讲话，充分肯定了区盟总支部在开展思想建设、参政议政、社会服务等方面的工作，并对区盟2018年的工作提出要求和希望，号召全区广大盟员朋友，团结一致，勤勉履职，热情服务党政中心工作，为提高城区首位度、振兴发展再做新的贡献。

区民盟总支部把学习宣传贯彻习近平新时代中国特色社会主义思想、习近平总书记参加十三届全国人大一次会议广东代表团审议时的重要讲话精神、习近平总书记视察广东重要讲话精神作为全年的首要政治任务，总支、各支部全覆盖开展学习，在学深悟透上下功夫，牢固树立“四个意识”，坚定“四个自信”。在集体学习方面，4月13日晚上，区民盟总支部在城区党政办公大楼三楼会议室召开专题会议，学习习近平总书记在参加十三届全国人大一次会议广东代表团审议时重要讲话精神和全国“两会”精神。4月28日晚，区民盟总支召开纪念中共中央发布“五一口号”70周年学习座谈会，组织学习中共中央发布“五一口号”70周年的历史背景和重要意义，重温了民盟的“合作初心”和历史贡献。10月20日，区民盟总支召开专门会议，传达市委书记石奇珠在全市各民主党派、工商联负责人、无党派代表人士座谈会上的讲话精神，40多名盟员骨干参加了会议。11月11日上午，区民盟总支在城区党政办公楼3楼会议室召开扩大会议，传达学习贯彻习近平总书记视察广东重要讲话精神。会议强调，一要旗帜鲜明讲政治，把学习宣传贯彻总书记重要讲话精神作为头等大事和首要政治任务。二要专心致志学原文、懂原义、悟原理，不断深化认识和理解，掌握精髓要义，吃透精神实质。同日，区民盟总支在城区党政办公楼三楼会议室召开扩大会议，学习新修订的《中华人民共和国宪法》，深入推进学习宣传贯彻宪法活动，引导全体盟员尊崇宪法、学习宪法、遵守宪法。会议要求，每位盟员要在工作中、日常生活中通过合适的方式方法加强宣传，深入宣传宪法的重要地位、作用和贯彻实施的重大意义，深入宣传宪法修正案的核心要义，营造良好的社会舆论环境，务求实效，在思想上政治上行动上同以习近平同志为核心的党中央保持高度一致。2018年11月和12月，民盟城区总支部先后被民盟省委、民盟中央委员会授予“民盟思想宣传先进集体”荣誉称号。

【参政议政】 区民盟人大代表和政协委员积极参加中共汕尾市委、市政府，区委、区政府邀请的各民主党派、无党派人士参加的各种座谈会、征求意见会，对所协商的议题认真准备，以高度的责任感和使命感，大胆建言献策，认真履行参政议政、民主监督职责。一年来，区民盟在参加市委、区委，市、区政协举办的各种座谈会、调研会上积极发声，通过撰写网络文章就汕尾市经济社会领域、民生议题建言献策，提出了许多有针对性和建设性的建议，受到当地党政和社会的好评。在市政协七届二次会议中，区盟总支王声效通过深入调研向大会提交了10个提案。在区政协五届三次大会上，区民盟和盟员共总支提交了12份提案（其中，盟总支2个，张庆伟4个，施长文3个，叶琼花2个，易光文1个）。这些提案质量较高，得到领导及委员的高度好评。在参加市政协的百名委员优秀提案竞赛中，王声效的《关于加快筹建海陆丰革命老区干部培训学院的建议》《关于将海丰县附城镇新山村打造成乡村旅游示范村的建议》2个提案获优秀提案。

【学习交流】 2018年4月，组织盟员前往惠州首个获得国家级重点文物保护单位称号的叶挺将军故居和纪念馆学习参观，学习了解叶挺将军的生平和革命功勋。随后又前往河源学习参观广东省重点文物保护单位阮啸仙纪念馆和故居，学习了解阮啸仙的生平和革命功绩。10月20日，部分盟员赴海丰县附城镇新山村、海丰红宫红场开展“红土地新征程”革命传统教育实践活动。参观了有关革命历史纪念馆、史料馆以及革命烈士故居，了解海陆丰革命斗争史，彭湃、蔡素屏等革命先烈的英雄事迹，缅怀中国共产党革命先烈丰功伟绩。

【社会服务】 区民盟总支部响应区委统战部号召，组织和动员广大盟员积极投身到城区的“创文创卫”活动中，在各自岗位发挥各自的作用。11月11日，部分盟员开展“助力创文志愿活动”，到新港街道立新社区打扫保洁生活小区、背街小巷，对沿街铺面经营者督促、劝导其落实“门前三包”，以实际行动为城区“创文创卫”贡献一份力量。12月，区民盟与深圳市民盟、区教育局联合举办助力教育“创现”支教活动，同深圳市教育局教师发展中心主任领衔的教育专家团队举办了6场讲座，通过深圳名师现场授课对城区1400多名教师进行教学技能方面培训，取得了良好的效果。

新城支部的刘东生，被区委组织部评为“2018年优秀组工信息员”和优秀教师。彭惠平在2018年9月教育攻坚战中，表现突出，成绩显著，被区教育局评为区优秀教育工作者。区直支部的陈历明的两篇教育教学论文分获市级二、三等奖；主持的一项省级课题和参与的一项市级规划课题成功结题；指导一位老师在省实验教学比赛中获得二等奖，指导四位老师完成科技创新项目经过区、市评审，被推荐为省赛项目；其撰写的一篇论文参加省、市政协系统的论文比赛荣获优秀奖。社会服务方面，热心公益活动，积极参加义务献血和创文志愿者活动。庄成舟在“师德师风建设”征文、“牢记嘱托，开创教育新局面”征文、教育教学论文选送参评中，所写的文章获得区、市、省的二、三等奖；所带的教学团队六年级获得小学升初中全区第一名，得到区政府两万元的嘉奖；所主持的学校兴趣班、美术书法班和白字戏班，多次参赛获奖，其中白字戏节目《三对面》参加区、市的演出比赛均获得一等奖，代表汕尾市参评省“地方特色文化传承”，获得三等奖。汕中支部李晓华工作业绩突出，被学校及区教育局推荐参加省1212名师工程培训班，并被评为优秀班主任。胡凤微担任汕尾中学2019届高三艺术班班主任工作突出，班风提升明显，学生成绩逐步提升，受到师生明显好评。田家炳支部黄生祝，2018年4月荣获2017年度“汕尾市城区师德先进个人”荣誉称号；徐珊在2018年4月荣获2017年度“汕尾市城区师德先进个人”称号，2018年被评为优秀班主任；康小玲在2018年5月，在汕尾市“平安汕尾”征文比赛活动中荣获成人组三等奖。凤山支部王义民在2018年“一师一优课、一课一名师”活动中获得县级“优课”教师称号。林建红所教的语文阅读获城区第一名。退休和离开区盟领导岗位的卓孝义、黄小雄、余家沛、余嘉、袁绍成、杨学洲、徐学良、赖一心、冯腾军、颜华夏等人，也为民盟事业贡献着自己的力量。

（卓　越）

附：民盟汕尾市城区总支部委员会领导名录

主　委：王声效

副主委：刘武明

唐万里

民盟汕尾市城区各支部主委名录

新城中学支部主委：卓孝义

汕尾中学支部主委：袁绍成

城区区直支部主委：唐万里

田家炳中学支部主委：易光文

凤山中学支部主委：余　嘉

·农工党汕尾市城区支委会

【概况】 2018年，农工民主党汕尾市城区支委会（以下简称支委会）有党员39人，其中女党员14名。党员平均年龄50岁。医药界21人，教育界11人，金融界1人，政府机关单位2人，退休党员5人。党员中本科学历16人、大专学历16人，高级职称有18名，中级职称的有19名，中高级职称全部党员占95%。

【思想建设】 支委会以习近平新时代中国特色社会主义思想为指导，带领全体党员深入学习贯彻习近平总书记的一系列重要讲话精神和中共十九大精神及农工党中央十六大精神，学习新时期统战理论政策和传达贯彻各有关会议或文件精神。认真学习《前进论坛》《广东农工》《统一战线》及《同舟共进》等农工党机关刊物和统战、政协机关刊物。结合支委会的实际情况，认真开展“坚持和发展中国特色社会主义学习实践活动”。4月，支委员会两次召开学习习近平总书记在参加十三届全国人大一次会议广东代表团审议时的重要讲话精神和全国“两会”精神交流会；11月，支委会主委洪浩波主持召开了两次支委会学习会议，传达学习贯彻习近平总书记视察广东重要讲话精神。为了坚定中国特色社会主义的理想信念，继承和发扬革命先烈的光荣传统，提高全体党员思想政治教育，增强组织的凝聚力，支委会组织全体党员赴江西瑞金开展“不忘合作初心，继续携手前进”主题教育学习活动。通过学习，党员们增强了自觉履行参政党职能的使命感和责任感，为在各自的工作岗位上尽责出力提供了强大的精神动力。支委会还积极开展各项活动，进一步增强组织凝聚力。积极开展“党内关怀”活动，春节前夕，对退休老领导、70岁以上老党员进行慰问，让老党员感受到农工党组织的温暖。

【组织建设】 组织建设和队伍建设是农工党履行参政职能，服务地方经济建设的重要保证。支委会一方面通过组织支委会领导班子成员参加市、区两级统战部门举办的民主党派领导干部培训班和民主党派党员骨干培训班，通过学习和培训，提高了班子成员与部分党员骨干自觉服从中国共产党的领导，积极参政议政的全局意识和议政能力，提高了支委会班子成员与党员骨干的政策理论水平，增强了他们作为民主党派成员的责任感及自豪感。另一方面，支委会着力抓好队伍建设，积极发展一批政治素养高、业务能力强，有一定社会影响力的优秀人才为农工党党员。6月，在区委统战部和农工党汕尾市委指导下，发展新党员1名。

【参政议政】 参政议政是民主党派的重头戏，是为发展社会主义民主政治做出积极贡献的主要途径，也是民主党派为国家经济建设服务的主要渠道。一年来，支委会主要从三个方面做好参政议政工作。一是积极安排相关专业的党员参与区政协、区委统战部组织的调研考察活动；二是根据区委、区政府中心工作拟定的年度重点调研课题，抽调精干人员组成调研组，确保调研报告质量，支委会做好组织协调、服务工作；三是充分发挥参政议政的作用，紧紧围绕区委、区政府的中心工作和社会关注、人民群众关心的热点与难点问题，深入调查研究，了解社情民意，广泛收集相关信息，认真进行分类整理、提炼。2018年，担任市政协委员的有1名，城区政协委员的有6名，其中区政协副主席1名、区政协常委1名。农工党市委会副主委1名、委员1名。积极参加中共城区委、城区政府邀请的各民主党派、无党派人士参加的各种协商会、情况通报会、座谈会、征求意见会，大胆建言献策，认真履行参政议政、民主监督职责。在区政协五届三次会议作了题为《优化城区教育资源配置提升教育水平》的大会发言并形成提案，有效地促使城区政府在2018年度启动优化教育资源整合方案的实施。同时，党员郭伟雄和林伟强提交了题为《推进文明敬香，建设生态寺庙》提案，洪浩波、许启航提交了《关于文明扫墓，绿色祭祖的建议》《加强市区机动三轮车管理的建议》提案，受到与会代表的一致好评以及区党政领导的高度赞扬。在区政协五届三次会议上，支委会提交的《“四举措”提升医疗服务》提案，被区政协评为优秀提案。

（颜秋萍）

附：农工党城区支委会领导名录

主任委员：　洪浩波

副主任委员：林伟强

·中国致公党汕尾市城区总支部委员会

【概况】 中国致公党汕尾市城区总支部委员会（以下简称城区总支部）是中国致公党在汕尾市城区的基层组织。2018年，总支部下辖3个支部，党员数55人，其中女党员21人。

【参政议政】 在2018年区人大、政协“两会”召开前夕，城区总支部经精心选题、深入调研，提出《完善教育管理机制，提高教育教学质量》一案，在区政协五届三次会议上作为发言提案。在该次会议上，总支部其他政协委员以个人或联合名义共提交了19件提案。总支部在2017年区政协五届二次会议上提出的《办活职业培训，给力红草高新区》一案，被评为优秀提案。此外，城区总支部的市、区两级政协委员、人大代表还多次参加市、区两级政府、政协、统战部等单位召开的协商会、视察、调研、意见征询会及其他相关会议等，提出各类建议多条，丰富了参政议政工作内容和形式，推动参政议政工作创新发展。

【学习活动】 2018年，城区总支部认真贯彻致公党市委会的决策部署，深入开展坚持和发展中国特色社会主义学习实践活动，努力提高履职能力和水平。一是传达学习中共十八大、十九大会议精神，致公党中央、省委会及市委会重要会议精神。二是传达学习全国“两会”及市、区精神。三是组织青年党员、骨干，认真参加致公党市委和中共城区委、区政府、区政协以及区委统战部组织的座谈会、研讨会、培训班等多项学习活动。四是开展形式多样的座谈学习活动。1月，城区致公党第三支部，在城区香洲路聚阅书吧举办了一次别开生面的读书活动。活动的主题是“支持读书，支持创文”。2月，致公党政协委员参加了区政协举办的“为城市美容师点赞——政协委员春节慰问环卫工人”活动，向广大环卫工人送上了价值约13万元的大米、食用油和保温杯，用实际行动积极回报社会，大力支持城区环卫事业的发展。3月，城区总支部召开全体党员新春座谈会，组织全体党员学习《中国致公》《广东致公》《致公粤讯》，让党员了解中国致公党的活动和2017年取得的成绩，号召全体党员要把思想和行动统一到中共十九大精神上来，用习近平新时代中国特色社会主义思想武装头脑、指导实践，做好城区总支部和各支部的工作。3月17日，总支部组织全体党员召开专题学习会，学习习近平总书记在参加全国人大十三届一次会议广东代表团审议时的重要讲话精神，学习了习总书记在参加全国政协十三届一次会议上在民盟、致公党、无党派人士、侨联届委员的联组会上的讲话精神，学习领会习近平总书记提出的“四个走在前列”的重要要求，在各自工作领域中把习近平总书记重要讲话精神学习好、宣传好、贯彻好，以习近平总书记重要讲话精神武装头脑、指导实践、推动工作，为建设首善之城、大美之区做出更大的贡献。5月19日，致公党城区总支部在城区聚阅书吧举行了形式别致的书法艺术分享会。分享会由书法名家黄霭芝主讲，他分享了自己的书法艺术人生，党员们表示要学习他在书法艺术的道路上不断求索向前、活到老学到老的可贵精神。为深入学习贯彻习近平新时代中国特色社会主义思想，提高全体致公党员的思想意识和政治站位，8月4日，总支部委组织全体致公党员赴井冈山革命根据地开展革命传统教育活动，党员们参观了黄洋界哨口，小井红军医院，毛泽东同志旧居及井冈山革命博物馆、北山革命烈士陵园，了解毛泽东率领中国共产党进行井冈山革命斗争的艰苦历程。11月6日晚上，城区总支部召开传达学习贯彻习近平总书记视察广东重要讲话精神会议。主委郑前军指出，全体党员是要把学习宣传贯彻习近平总书记视察广东重要讲话精神作为当前和今后一个时期的首要政治任务和头等大事，把学习贯彻习近平总书记重要讲话精神落实到城区总支部工作的全过程，认真加强自身建设，积极参加各自单位组织的各项学习活动；要以习近平总书记重要讲话精神为指导，结合本职工作，发挥各自的特色和优势，更好的展现致公党员的风采；要把学习贯彻习近平总书记视察广东的重要指示精神与参政履职的实践结合起来，围绕区委、区政府的中心工作，积极献言建策，认真履行参政党职能。为传承红色基因，重温革命历史，12月1日，城区总支部全体党员到海丰县革命老区进行考察学习，在附城镇新山村，参观革命纪念馆、农会旧址、部队旧址、烈士故居，在红场、红宫重温了先烈们的英雄事迹，深入了解了彭湃等革命先辈们的海陆丰革命斗争事迹。

【社会服务】 2018年，城区总支部高度重视党员的社会服务工作，教育引导全体党员努力发挥自身优势，立足本职工作，脚踏实地，广泛参与社会服务工作。在清明节期间城区开展的森林防火工作中，总支部全体党员积极配合区委、区政府工作部署，取消了节假日的休息时间，深入到各街道和社区开展防火活动。8月，城区总支部还参加了区委统战部举办的送医下乡义诊活动，深入到捷胜镇大流乡，帮助村民解决医疗上的难题。在教育线上的党员教师兢兢业业，在各自的岗位上也取得一定的成绩。如海滨小学的林文芳获得汕尾市音乐学会颁发的“优秀音乐家奖”；奎山小学的林金泉获2017年度“汕尾市城区师德先进个人”称号；汕尾中学的洪旭盛在汕尾市城区“师德师风建设”征文活动中，获一等奖；田家炳中学的温飞雁参加2018年汕尾市城区“一师一优课、一课一名师”活动中，获第3名。

（罗思琦）

附：致公党城区总支部委员会领导名录

主　委：郑前军

副主委：蔡慕玉

　　　　罗善球

致公党城区总支部委员会各支部主委名录

第一支部：胡家为

第二支部：曾志炜

第三支部：罗善球（兼）

·民革汕尾市城区支部委员会

【概况】 民革汕尾市城区支部委员会（以下简称区民革）于2016年9月经市民革和区委统战部批准成立，2017年5月挂牌。2018年，有党员19名、预备党员3名。党员中，有省人大代表1名，市、区政协委员3名、区政协常委1名，区人大代表1名；有主任科员1名、副科级2名、事业单位正副股级干部各1名，副高职称2名。

【参政议政】 2018年，区民革围绕区委、区政府中心工作，在区委统战部指导下，积极组织开展调研活动，紧靠区委八届六次全会提出的“六大攻坚战”，深入相关领域开展调研，提出工作建议，积极参政议政，助推中心城区扩容提质、乡村振兴发展。2018年，区民革党员分别在省、市、区的人大、政协会上提出意见、提案共计22个。其中，“关于规范物业管理的意见”被汕尾市人民政府采纳，市政府据此制订了汕尾市物业管理规范性文件；1个政协提案被城区政协评为优秀提案。区民革被民革广东省委会授予“2018年度全省示范支部”“2018年度先进集体称号”；区民革副主委黄晓丹被司法部授予“2018年度全国人民调解工作先进个人”，余伟东等4名党员被市民革评为优秀党员；党员施镇波在省人大会议上发挥积极作用，为助推城区全面发展建言献策。2018年，区民革被省、市媒体报道的各项事迹有23条。

【联谊交流】 2018年，区民革在市委台办、区委统战部指导下，先后接待了前来汕尾进行联谊、文化交流的台湾爱国团体6个，并与台湾“中华爱国同心会”结为友好组织。2018年3月31日至4月2日，台湾“中华爱国同心会”会长周庆峻一行5人组成参访团到汕尾进行联谊交流活动，与市委台办、区委统战部等单位的领导进行了座谈，参访团还参观了区民革“博爱书屋”“民革党员之家”。应台湾“中华爱国同心会”会长周庆峻的邀请，2018年8月30日至31日，区民革党员（台湾国民党员后裔）林奕雕等一行3人赴台交流联谊，在台北市“中华爱国同心会”办公室拜访了会长周庆峻及台北市议员候选人张秀叶等爱国人士。林奕雕一行受到热情欢迎，双方在温馨的氛围中，举行了茶话会，共述乡情，共享祖国繁荣昌盛。周庆峻表示，近期要组织一部分台湾爱国人士到汕尾举行联谊活动，共促祖国和平统一。

【社会活动】 开展助力乡村振兴活动。区民革在东涌镇龙溪村设立民革广东省内第一家藏书超过一万册的综合型书屋（民革博爱书屋），并保持正常开放。据不完全统计，该书屋全年接待村民及各界人士近6000人次。有力推动了农村文化建设。

开展服务社会活动。区民革与广东中山医科大学专家团队到城区逸辉医院联合举行送医送药义诊活动，并促成了中山医科大学在该院设立骨科专家诊室。

开展“浓浓民革情”春节慰问活动。区民革积极发动社会爱心人士筹集资金5.9万元，慰问了城区南汾村、龙溪村、安美社区的173户民革党员和困难群众，给他们送上节日慰问品和慰问金，鼓励他们增强生活信心，帮助他们过一个平安祥和的春节。

开展关爱露宿街头人员活动。1月9日，冷空气袭击汕尾，区民革党员及义工25人冒着寒风走街串巷寻找露宿者，给他们送上棉被、热姜糖水、牛奶和面包。当晚通过微信发动市民报料等办法找到12名街头露宿人员，送出13套棉被和食物。传递了民革博爱精神。

开展主题为“传承红色教育，弘扬爱国精神”的爱国主义教育活动。组织党员到惠州市叶挺故居接受红色教育，通过参观故居活动，缅怀革命先烈为新中国的成立所付出的功勋，为人民而死的坚贞信仰与牺牲精神。

开展文化宣传活动。在东涌镇龙溪村举办“区民革助力创文送戏下乡”中秋文艺晚会，现场有近4500名村民群众参与了活动。

（林铁流）

附：民革汕尾市城区支部委员会领导名录

主　委：林铁流

副主委：黄晓丹

　　　　蔡慧敏

· 区工商业联合会（商会）

【概况】 区工商联现有会员企业269家，其中设有党支部25家，139名党员，未设党支部的党员13名。区工商联党组成员3名（其中党组书记、副书记、党组成员各1名），机关党员6员。

【加强非公有制经济人士思想政治工作】 2018年，区工商业联合会认真学习贯彻习近平总书记重要讲话精神和中共十九大、“两会”精神，牢牢把握“两个健康”主题，坚持工商联“团结、服务、引导、教育”八字方针，发挥工商联机关的桥梁纽带作用，团结带领广大会员紧紧围绕区委、区政府中心工作，积极引导企业改革创新，奋发进取，推动“五化”、建好“五城”、建设“首善之城、大美之区”，助推民营经济壮大发展。积极做好新形势下非公有制经济人士思想政治工作，扎实推进各项主题教育活动。一年来，先后集中开展了工商联创文创卫活动、社会主义核心价值观教育实践活动、以守法诚信为重点的非公有制经济人士理想教育实践活动等。区工商联党组参加区委统战部组织的集中专题学习，并组织党组成员、会员企业党员和机关工作人员开展学习中共十九大、“两会”精神等专题培训班讲座、论坛，以学习习近平总书记参加十三届一次全国人大会议广东代表团审议时的重要讲话、习近平谈《治国理政》（第二卷）、习近平总书记视察广东的重要讲话精神、习总书记在民营企业座谈会上的讲话和省委书记李希在汕尾调研时的重要讲话精神。并组织党组成员全覆盖到各会员企业开展带读、导读等学习活动。在会员中继续开展以“增强非公有制经济人士对中国特色社会主义的信念，对党和政府的信任，对企业发展的信心，对社会的信誉”等“四信”为主要内容的理想信念教育实践活动，帮助会员提高对社会主义核心价值观认识，为汕尾加快发展贡献力量。

4月12日，组织区工商联执委以上职务的年轻会员80名，举办新的社会阶层人士培训班，聘请专家专题讲授《十九大为民营经济指明发展方向》，增强新的社会阶层人士对中国特色社会主义的道路自信、理论自信、制度自信，文化自信，牢固树立政治意识、大局意识、核心意识、看齐意识。7月30日，与区委宣传部、区司法局联合聘请专家在区党校举办普法知识法治讲座，动员120名会员企业参加。引导企业遵法学法守法用法，促进企业牢固树立法治意识和法治思维，遵守法律、重信守诺，自觉做创建守法诚信企业。11月22日，组织召开民营企业座谈会，重点学习贯彻习总书记在民营企业座谈会上的重要讲话精神，广泛听取、搜集民营企业家心声和建议。通过各项学习培训，不断加深巩固区工商联（商会）会员企业的政治理念、法治意识和各项业务知识。据统计，2018年，区工商联举办各类学习培训班等22多场次，参加学习人员500多人次。

【加强工商联班子建设】 按照中共中央、国务院关于“政治建会、团结立会、服务兴会、改革兴会”的要求，区委统战部及区工商联领导班子非常重视工商联（商会）的班子建设，注重发现和培养人才，及时推荐选拔综合素质好，各方面表现优秀的非公有制经济代表人士到商会协会领导班子中来，优化班子人员结构，彰显组织活力，展现工商联（商会）的先锋模范作用。2018年11月，召开区工商联（商会）六届三次执委扩大会议，增加20名新会员。同时通过多形式、多渠道拓宽区工商联（商会）的交流平台，让会员企业之间互相沟通和了解，把每月的8日定为主席（会长）交流活动日，制定交流活动日制度，两名主席（会长）轮流作为召集人，召集30名主席（会长）集中互相学习交流取经，共同研究，探讨企业发展之路，抱团发展。邀请有关领导和专家进行讲课辅导，进一步提高区工商联（商会）领导班子成员的综合素质，增强班子的凝聚力。

【发挥参政议政职能】 区工商联积极配合区委统战部对政治上素质好、经济上有实力、社会上有影响、热心工商联工作的非公有制经济人士向各级人大、政协推荐人选，为非公有制经济代表人士参与社会经济发展提供平台，充分发挥他们在经济社会方面的积极作用，为创建文明城市做出应有的贡献。至2018年，区工商联会员在各级人大、政协的各个界别中，共有全国人大代表2名，省人大代表1名、省政协委员1名，市人大代表13名（其中常委2名）、市政协委员20名（其中常委2名），区人大代表8名（其中常委3名）、区政协委员57名（其中常委7名）。还有30多名会员担任了市、区有关部门各类监督员，充分发挥了工商联参政议政和民主监督作用。坚持每年选派会员参加省委统战部、省工商联举办的广东省新生代非公经济人士培训班学习，提高思想觉悟和政治素质，坚定走中国特色社会主义道路的信心，增强了贯彻执行党的方针路线的自觉性。在区人大、政协“两会”期间，区工商联的人大代表和政协委员都能积极履行参政议政的职责，建言献策。2018年，共提交了26件提案和议案，其中李文坤在区政协五届三次会议的《加快建设城区电商创业园，扎实推进农村电商精准扶贫工作》（第08号提案）、陈小滨《关于建立高效机制及实施餐厨垃圾集中处理的建议》（第29号提案）、黄吉庆等《关于加强对汕尾港品清湖海面油污垃圾处理的建议》（第33号提案）、蔡举超《关于进一步巩固我区卫生城市成果加强卫生死角细化管理的建议》（第45号提案）被区政协评为“优秀提案”，受到有关部门的重视和采纳。

【解决企业融资困难】 区工商联紧紧围绕区委、区政府的中心工作，积极引导会员企业改革创新，为推动城区经济持续发展，把抓好“五化”、建好“五城”，建设“首善之城，大美之区”，贯彻落实到全年的工作计划之中，协调政企、银企关系，在着力改善营商发展环境，解决企业融资用工等方面充分发挥了工商联的职能作用。为切实帮助非公有制经济企业解决难题，区工商联积极协调银企关系，组织银企对接，大力解决会员企业在发展中遇到的困难，争取银信部门对会员企业的多渠道、多方位的支持，减轻会员企业的融资难度。例如会员企业为缓解资金周转困难，得到中国平安财产保险有限公司汕尾中心支公司提供无需抵押、不用担保的贷款形式，为企业贷款1000多万元，较好地解决了企业的资金困难问题。

【开展学习培训活动】 按照区委统战部开展非公有制经济人士教育培训工作的要求，区工商联加强部门合作，采取了协助配合的形式，与市、区有关部门共同举办“银联互动、合力惠企”“走进新时代，激发新活力”中小微企业系列活动、智能制造信息物理融洽系统技术专题研修班、“弘扬宪法精神，履行时代使命”法律讲座、中小微企业普惠金融银企对接等各类学习培训活动。据统计，2018年，区工商联共组织参加各类培训班、经济讲座、民营企业座谈会等活动5场次，培训规模达到500多人次。7月18日，组织50多位会员参加由省司法厅、省工商联在汕尾市举行的“弘扬宪法精神，履行时代使命”法律宣传月巡回讲座，旨在引导新的社会阶层人士，牢记社会责任，争做社会主义核心价值观的自觉践行者、创新发展实践的积极推动者、社会正能量的传播者。

【开展守法诚信企业创建工作】 区工商联从促进企业文化建设，开展守法诚信，推动文明创建全面提升素质出发，积极配合市中小企业局和市、区人社局、总工会等相关单位开展守法诚信文明企业创建工作，取得较好的成效，一批会员企业和个人先后获得国家和省市的荣誉表彰。据统计，2018年，会员企业获得表彰的有“广东省诚信示范企业”等称号22家，国泰食品有限公司被评为“广东省诚信企业”称号；沙滩宝贝婴童商贸连锁有限公司总经理蔡国洲荣获全省工商联唯一名“广东省岗位学雷锋标兵”荣誉称号；假日国际旅行社有限公司、开心假期旅行社有限公司和新青年旅行社有限公司荣获“2018年度汕尾市诚信旅行社”称号。

【引导企业参与社会事业】 区工商联一直以来支持企业家积极参与社会福利事业和光彩事业，积极引导他们承担社会责任，弘扬“履行责任，敢于担当，服务社会”的“企业家精神”，引导和促进民营企业弘扬企业家精神，积极履行社会责任。鼓励会员企业开展精准扶贫出实招安置贫困群众就业，发挥吸纳贫困群众就业主渠道作用，引导民营企业积极参与乡村振兴战略、美丽乡村建设和创文创卫等活动。积极帮助会员企业筹建民营企业关心下一代工作委员会组织工作，推动了民营企业关心下一代工作迈上新台阶。3月6日，组织30名女企业家举行商界庆“三八”茶话会，鼓励广大女企业家积极发挥“半边天”作用，坚持每年春节、中秋、“六一”等节日期间为精准扶贫户、福利院、孤寡老人、单亲孤儿等开展送温暖、送祝福和献爱心活动，为他们送上党和政府以及社会的关爱，为决胜全面建成小康社会贡献一份力量。被省评为“广东农产品电商创业带头人”的汕尾城市在线传媒有限公司李文坤创立精准扶贫农产品电商服务站，为汕尾乡村的本地优质农产品精准扶贫提供电商服务工作，帮助农产品打通线上线下的销售渠道，助推农村发展及加快扶贫步伐。会员企业安信网络服务有限公司在2018年第七届中国创新创业大赛（广东赛区）暨第六届“珠江天使杯”科技创新创业大赛中，荣获成长企业组电子信息行业优胜奖和汕尾市第三届“红海杯”创新创业大赛优胜奖；广东彭寿生物科技有限公司被评为省“高新技术企业”，该公司产品“辣木玛咖茶”荣获国际大健康产业展会组委、省会品安全质量协会“2018国际大健康产业展会名优食品奖”；汕尾诚效营销策划有限公司荣获中国房地产协会产学研用联盟“中国房地产最佳服务商”称号；国泰食品有限公司“老德头”品牌罗非鱼片和鲜咸南鲳鱼荣获“广东省名特优水产品”称号，并获得国际渔业博览组委会“最具影响力品牌奖”称号。2018年，区工商联会员企业在扶贫济困、捐资助学、创文创卫、为民赠送安全头盔、“城市美容师”慰问、教育发展基金、乡村建设以及春节、中秋、重阳、休渔、

"六一"、"八一"等节日开展送温暖、送祝福、献爱心等方面的活动，回报社会及扶贫济困等捐款捐物约350万元。

【加强民营企业党建工作】 加强党性教育。一年来，区工商联与区委统战部联合组织干部职工和部分会员企业，前往陆河县新田镇激石溪烈士陵园和广西百色、海丰红宫红场、惠东高潭等地，开展红色革命传统教育，学习革命先烈的光荣事迹，重温入党宣誓，还与当地有关部门进行互相学习、交流、取经，不断巩固党员的党性认识。

区工商联党组多次深入基层指导企业党建工作，带读、导读中共十九大精神、"两会"精神和习总书记一系列重要讲话精神，得到会员企业党支部的积极响应，认真开展了创先争优活动，充分发挥了党建工作示范点的带动作用。如美顿、万盛、国泰、五丰等企业党支部积极联系本单位实际，认真组织党员学习，带领党员到海丰红宫红场及梅州叶剑英元帅纪念馆和故居等地开展革命传统教育，在增强党性观念，带头当好模范作用，在爱岗敬业，热爱员工，推动企业发展发挥表率作用。发挥基层党组织在民营企业中的战斗作用，积极指导会员企业把党建工作与服务企业发展相结合，根据企业的实际，开展"比学赶帮超""学雷锋，做好事""践行社会主义核心价值观"等活动。

【精准扶贫工作】 一是配合区委、区政府的中心任务，到挂驻点新港街道前进村开展创文创卫的各项工作，并组织部分会员企业开展创文创卫为主题的宣传活动。二是做好对挂驻村前进村的100户精准扶贫对象工作，认真完成精准扶贫的各项工作，2018年度，为新港街道前进村解决工作经费和购买复印机等共约2万多元，筹集资金3万多元为低保户徐亮修建因台风吹损房屋一间。三是配合区委、区政府、区政协和区统战部、市工商联等，认真完成各项中心工作和调研任务。组织机关工作人员深入企业、商户开展森林防火，安全生产宣传工作，配合区委、区政府开展扫黑除恶、禁毒等工作，协助有关部门开展大排查、大宣传等活动，还组织干部职工到挂驻村和会员企业发放宣传资料等。

【宣传报道工作】 树典型、扬正气，反映企业发展情况，展示企业精神风貌，激发非公有制经济人士创业热情，是区工商联长期以来坚持服务的一项工作内容。城区工商联长期重视宣传和推介工作，一年来，在省、市、区内报刊、网站上发表消息、人物报道和信息52篇，大大提高了民营企业家和工商联的知名度，多次获得省、市工商联（总商会）的先进表彰。

（黄吉庆）

附：城区工商业联合会（商会）领导名录

区委统战部副部长、党组书记：蔡汉章
党组副书记、秘书长：洪志隆
主　席（会　长）：邱承杰
副主席（副会长）：林义鸿
许剑伟
张小兵
尤智慧
邹小霖
陈庆本
吴海平
林晓良
施坚武
许春江
何文聪
陈伟荣
吴惠芳
林礼标
林志权
林祥群
林孟东
涂家文
黄君铭
蔡国洲
黎文祥
黄宜合
黄斗拼
陈宏能
钟友锡
蔡坚宜

群众团体

·汕尾市城区总工会

【概况】 2018年，城区总工会在职职工5人，退休人员12人。一年来，区总工会在区委和上级工会的坚强领导下，紧紧围绕服务全区振兴发展大局，加强新形势下的职工思想政治工作，积极主动投入创建广东省文明城市和创建全国卫生城市的活动中，大力弘扬劳模精神、劳动精神与新时代的工匠精神，引导职工自觉践行社会主义核心价值观。不断加强工会组织建设，着力构建和谐劳动关系，加大帮扶工作力度，切实做好服务工会会员和职工群众工作，各项工作取得了新进展。

【发挥主力军作用】 区总工会以实现“中国梦、劳动美”为活动主题，广泛宣传劳动模范的先进事迹和崇高精神，进一步激发全区大众创业、万众创新热情和活力。全区共有劳模44名，其中，全国劳模2名，全国五一劳动奖章3名，省劳模11名，省五一劳动奖章8名，市劳模20名。全年全区各级工会共组织举办学习会4期。市、区两级总工会深入城区美顿食品有限公司，开展习近平总书记重要讲话精神和全国两会精神报告会。该次活动邀请了全国人大代表、广东银鹏集团有限公司董事长翁一岚作宣讲，市总工会和市商务局干部职工，城区总工会和各镇（街道）工会干部，部分劳动模范代表，城区红草镇埔边村工会联合会各企业职工代表共100多人参加了报告会。市人大常委会副主任、总工会主席李惠文深入城区红草镇埔边村工会联合会调研指导学习宣传贯彻习近平总书记重要讲话精神和全国“两会”精神工作。11月21日，市总工会主席李惠文并到国泰食品公司开展带学督学活动，为基层工会干部及职工代表作学习习近平总书记视察广东重要讲话精神和中国工会十七大精神的辅导。带学活动上，李惠文紧紧围绕习近平总书记视察广东重要讲话精神以及中国工会十七大精神作了讲话。12月14日，市总工会到城区德昌电子公司开展带学督学活动，为基层工会干部及职工代表作学习习近平总书记视察广东重要讲话精神和中国工会十七大精神的辅导。区总工会通过广泛宣传劳动模范的先进事迹，在全社会倡导劳动光荣、知识崇高、人才宝贵、创造伟大的新风尚，大力培养树立时代楷模。8月初，区总工会举办全区工会财务与经审工作培训班。全区各镇（街道）工会主席、各单位基层工会主席或负责人、经审主任及财会人员近200人参加培训。通过培训，规范各级工会经费收支预决算和财务管理工作，筑牢工会财会人员拒腐防变的思想防线，提高全区工会系统财务和经审工作人员业务能力和水平。一年来，全区上下凝心聚力、抢抓机遇、拼搏争先，涌现出一批实干争先、成绩突出的先进集体和优秀个人。其中：城区环境卫生管理局被广东省总工会授予“广东省劳动奖状”荣誉称号，汕尾市城区凤山中学教师陈松茂老师被广东省总工会授予“广东省五一劳动奖章”荣誉称号。全区各级工会不断激励和引导全区广大职工勤奋劳动、诚实劳动、创新劳动，不断提高职工的劳动技能和整体素质，为推进城区扩容提质、振兴发展提供源源不断的动力。

【保障职工权益】 一是做好普法宣传工作，提高工会干部及广大职工的法律意识。全年全区各级工会组织举办依法维权、安全生产、法律知识等培训班7期，参加培训的职工达到3000多人次。6月28日，市、区总工会联合在汕尾国泰食品有限公司举办“法在心中　共创和谐”普法宣传活动。活动邀请市总工会律师团成员李桂芝律师及法律工作者开展法律咨询。通过咨询和讲座活动，增强了企业和企业职工学法、懂法、守法、用法意识，构建和谐企业劳动关系，营造共建共治共享社会治理格局。9月28日，区总工会组织工会干部深入企业，开展扫黑除恶专项斗争集中宣传活动，向职工发放了扫黑除恶宣传册，明确十七类打击重点，鼓励职工积极提供黑恶势力性质违法犯罪活动线索。该次集中宣传活动共发放各类宣传资料1000余份，加深了广大职工对扫黑除恶专项斗争的认识，提升了扫黑除恶专项斗争的知晓率和关注度，让职工群众看得到、听得见、搞得明，积极参与到与黑恶势力作斗争中来，共同维护城区和谐稳定。11月30日，区总工会联合区经促局、区工商联在汕尾市新雅地毯制造有限公司举办“弘扬宪法精神暨禁毒知识”宣传活动。活动现场采取设置宣传点、悬挂宣传横幅、发放宣传资料、现场普及法律条例、接受法律咨询答等多种形式进行，主要从《中华人民共和国宪法》及《弘扬宪法精神 建设法治广东》《珍爱生命 拒绝毒品》《不让毒品进家庭》等方面进行广泛宣传，向广大职工讲解宪法基本知识及禁毒法律法规相关知识，增强职工群众对宪法、禁毒知识的了解，提高广大职工对毒品危害的认识水平和自我防范能力。此外，全区各级工会通过举办禁毒宣传、送法进企业、法律咨询等活动，不断引导职工学法、懂法、用法，进一步提高广大职工维权意识；二是配合人社部门做好农民工工资拖欠处理工作。4月，区总工会参与区解决拖欠异地务工人员工资问题的考核及完成考核内容所列的本职工作。三是积极参与联合执法和就业、分配、社会保障、劳动保护等考察和执法检查活动，积极参与企业的劳动安全卫生检查，发放法律法规、安全卫生小册子8000多份，培训职工4000多人次。全年共协助人社部门顺利调解3起劳资纠纷。四是为职工购买各类保险。11月初，区总工会与区委组织部联合发文转发《关于组织全市乡镇（街道）干部职工参加“广东省职工住院医疗综合互助保障”的通知》，为全区镇（街道）干部职工免费购买“广东省职工住院医疗综合互助保障”项目，区总工会已为全区7个单位购买安康保险138人次，为4个单位购买安康保险119人次。

【基层组织建设】 区总工会认真贯彻执行区委《关于新形势下加强基层工会建设的意见》文件精神，针对非公企业，区总工会坚持“哪里有职工，哪里就有工会”的建会思路，以区域性、行业性工会联合会建设作为重点，最广泛地把职工组织到工会中来。及时召开了组建工作会议，部署基层工会组建、换届和农民工入会工作，将上级工会要求的组建、换届、农民工入会任务逐一分解至各镇（街道）工会。全年已完成基层工会组建8家，基层工会换届12家。6月，召开了镇（街道）工会主席工作会议，部署2018年基层工会组建、换届和农民工入会工作，将上级工会要求的组建、换届、农民工入会任务逐一分解至各镇、街道工会，完成市总工会布置的任务数。9月，市总工会召开百人以上企业建会情况会议，重点排查百人以上企业工会建设情况。会后，区总工会严格按照市总工会安排，深入企业发动建会。10月12日，区总工会领导深入艺强科技有限公司调查，做宣传发动建会工作。11月1日，区总工会领导深入兴盛针织厂调查，做宣传发动建会工作。艺强科技有限公司已组建工会，兴盛针织厂处于建会筹备中。10月底，区总工会联合区委组织部下发《关于进一步做好镇（街道）工会组织建设的通知》，随后区总工会领导深入各镇（街道）指导建立工会委员会及选出工会主席。

【慰问帮扶困难职工】 区总工会认真组织开展帮扶活动，切实服务好职工，为困难职工排忧解难。截至年末，共完成生活救助帮扶困难职工170人,帮扶金额71.66万元。多次开展较大型慰问活动：1月24日下午，省总工会副巡视员李和森、省总工会实业发展中心主任庄江明等领导看望慰问了城区“全国五一劳动奖章”获得者、区环卫局副局长卓永红，并送去慰问金；1月25日上午，区总工会机关人员走访慰问了奎山社区贫困户；2月6日上午，区委副书记、区长罗光钊，区委常委、常务副区长曾向镇等一行走访慰问了城区的李汉儒、何惠平等劳模；春节前夕，副省长叶贞琴率领的省“送温暖”慰问团到汕尾市外来务工人员集中的企业和省定贫困村，看望慰问企业、困难外来务工人员及困难群众，送上省委、省政府对基层困难群众的关怀和新春祝福。另外，区总工会向全区各基层工会转发市总工会《转发关于做好2018年夏季职工防暑降温工作的通知》，要求做好一线工人的防暑降温工作，各镇（街道）、区直各基层工会及一些企业工会相继开展“送清凉”活动。7月11日上午，香洲街道工会为一线工人发放清凉饮料；7月31日上午，区总工会全体干部职工到天明房地产公司熙龙湾施工现场，为在高温天气下奋战在一线的职工送去了防暑降温饮料等；8月6日上午，区总工会在市区罗马广场开展“送清凉”慰问活动，看望慰问在一线工作的环卫工人，为他们送去消暑饮品，让环卫工人感受到党和政府及工会组织的关心和厚爱；11月30日下午，区总工会机关干部职工深入到汕尾市艺强科技有限公司，对该公司部分职工进行慰问，为他们送上被套等慰问品。12月19—20日，区总工会机关干部职工分别深入岭峰、国泰、万盛等企业进行送温暖慰问活动，为他们送上毛毯等慰问品，同时也为他们送去了新年的祝福。在慰问困难职工时，区总工会领导班子成员与企业职工亲切交谈，仔细询问他们的工作、生活情况，鼓励他们在党委、政府和工会组织的关怀帮扶下克服困难、努力开创美好未来。

【职工文化活动】 一年来，全区各级工会组织开展形式多样的活动，扩大活动参与范围，丰富职工文化生活，全面提升职工队伍素质，在城区营造了浓厚的文化氛围。“五一”期间举办系列活动，分别举办了第四届庆“五一”乒乓球赛、第六届“五一杯”围棋比赛和“匠心筑梦 劳动最美”的庆“五一”书法网络展。“三八”节期间，香洲街道工会组织了全体女干部职工、社区（村）妇联主席到汕尾市公安消防支队陆河大队开展了一场消防安全知识培训和演练活动。4月28日上午，香洲街道工会举办庆“五一”暨学习贯彻习近平总书记重要讲话精神和“两会”精神知识竞赛。

【服务中心工作】 区总工会紧紧围绕区委区政府发展大局，服务中心工作，开展好各方面工作。一是认真开展党建工作。全年区总工会开展学习习近平总书记系列重要讲话精神和全国“两会”精神12次，党课2次，开展学习习近平总书记视察广东重要讲话精神专题学习会4次，开展专题学习《习近平谈治国理政》（第二卷）1次，学习广东省委书记李希在汕尾研讨座谈会上的讲话精神1次，传达学习贯彻中央巡视组反馈意见精神1次，纪律学习月动员及学习部署1次。12月10日，区总工会召开工会系统学习贯彻习近平总书记视察广东重要讲话精神会议。会议主要是传达学习习近平总书记视察广东重要讲话精神，对全区工会系统学习贯彻工作进行全面动员部署。会议由区人大常委会副主任、区总工会主席刘泽扬主持。各镇（街道）工会负责人，区直副科级以上单位工会主席或负责人，区属较大规模非公企业工会主席和区总工会机关全体干部职工共60多人参加了会议。

二是认真开展精准扶贫工作，精心研究帮扶对策，制定脱贫方案，落实各项帮扶措施，补充完善档案材料和帮扶系统。帮扶干部积极走访慰问扶贫户，将惠民政策和帮扶计划、建议认真向帮扶对象讲解，激励他们增强脱贫的信念和斗志。通过对各户中有劳动力的成员进行技能培训、就业介绍等，切实增强自身“造血”功能。该年度，扶贫户林其彬一家已实现就业脱贫。

三是大力利用新媒体传播力量，建立了汕尾市城区总工会公众号，并多次发布相关宣传知识及活动。另外，通过宣传、发动，引导全区各级工会职工关注公众号。公众号关注已实现基层工会主席关注全覆盖，关注人数达935人。

四是主动做好奎山社区创卫网格化工作。配合城区的“大走访、大排查、大整治”活动以及灾后环境卫生清理行动，共协助奎山社区开展了环境卫生大扫除活动20多次，参与城区组织的统一行动20次，卫生宣传活动8次，禁毒宣传6次，消防检查5次，共发放创文、创卫宣传资料、禁毒预防资料和消防资料共1万余份，清理卫生死角30多处，清理非法广告上千处，支持奎山社区创卫工作经费2万元。

五是开展禁毒宣传教育活动。5月21日，通过单位公众单向广大职工推送“禁毒宣传：详解毒品是如何蚕食你的生活”，通过图文的形式讲解毒品的害处以及对个人、家庭的影响，进一步增强职工拒毒防毒意识。6月22日上午，区总工会在汕尾五丰水产品有限公司举办禁毒宣传教育活动。各镇（街道）工会主席、埔边村工联会、五丰公司、美顿公司、德昌公司和岭峰公司等企业职工代表和区总工会全体干部职工共60人参加该次活动。该次活动通过发放禁毒宣传资料、观看禁毒影片形式进行。活动要求各基层工会干部、企业工会负责人要重视禁毒宣传教育工作，告诫广大职工群众在日常的生活、工作中要牢记毒品的严重危害性，主动拒绝毒品，远离毒品、珍惜生命，健康生活，自觉守法。11 月 30 日上午，区总工会联合区经促局、区工商联在汕尾市新雅地毯制造有限公司举办“弘扬宪法精神暨禁毒知识”宣传活动。

六是开展消防安全教育活动。5 月 31 日，通过单位公众单向广大职工推送“消防安全知识十二条”，通过通俗易懂的方式向广大职工群众宣传具备消防安全知识的重要性，进一步增强职工消防安全意识。7 月 18 日，通过单位公众单向广大职工推送“暑期消防安全提示”，进一步加强职工暑假期间消防安全常识。

（郭宇锋）

附：区总工会领导名录

主　席：刘泽扬

副主席：刘友扬

　　　　叶素萍

区总工会内设各机关领导名录

办公室负责人：郭宇锋

组宣保障部：庄凯文

·共青团汕尾市城区委员会

【概况】 共青团汕尾市城区委员会（以下简称团区委）有行政编制 4 名，事业编制 1 名，在职人员 3 人。2018 年，全区共有 456 个团组织，包括 15 个基层团委、1 个团工委、12 个团总支、428 个团支部。一年来，团区委在区委和团市委的坚强领导下，全面贯彻中共十九大精神，以习近平新时代中国特色社会主义思想为指导，深入贯彻习近平总书记重要讲话精神，围绕中心、服务大局，聚焦改革、从严治团，服务青少年成长成才，团结带领全区各级团组织和团员青年，扎实推进城区共青团事业发展。

【开展“青年大学习”活动】 团区委坚持“党旗所指就是团旗所向”，深入校园和社团组织，持续宣传中共十九大精神、习近平总书记系列重要讲话精神、全国“两会”精神、共青团十八大精神。坚持线上和线下相结合，利用“学习强国”平台、团中央网上主题团课、入团仪式教育、学习会、宣讲会和专题培训等平台与方式，组织党员干部、团干部、少先队辅导员、团员青年、少先队员和青年志愿者，广泛开展“青年大学习”活动。

【成立区教育团工委】 为主动适应新形势下学校团队工作的需要，2018 年 5 月 17 日，共青团汕尾市城区教育工作委员会正式成立。区教育团工委作为团校合作、团教合作的桥梁和纽带，通过主动履职尽责和充分发挥作用，进一步强化团教协作力度，深入推进学校共青团、少先队改革创新，为全区共青团和少先队工作开创新的局面。

【服务青少年成长发展】 *禁毒普法*　2018 年，团区委与区禁毒委积极合作，多次进校园开展“拒绝毒品 健康生活”禁毒宣传活动，发放《依法禁毒 构建和谐》等禁毒宣传资料近万份，并通过校园公告栏和海报宣传，让青少年认识毒品危害并远离毒品。组织全区各中小学开展“珍爱生命 远离毒品”青少年禁毒讲座进校园活动，面向青少年讲解禁毒法律法规，调动广大师生参与禁毒斗争的积极性。与区司法局、区禁毒办、区妇联、凤山街道香洲社区等单位联合开展以“健康人生 绿色无毒”为主题的禁毒宣传咨询活动，通过展示毒品仿真模型、发放毒品举报宣传单、现场解答群众咨询等形式，加强青少年防毒警示教育。

助学项目　团区委通过开展助学项目活动，帮助留守儿童、单亲青少年、贫困家庭子女圆上学梦，减轻他们的就学升学压力，鼓励优秀学子。2018 年，通过“潮青爱心助学”“东莞潮商助学”“鹏城会亲”等项目共资助学生 58 人。

展翅计划　2018 年 6 月，团区委积极整合资源，主动联系和有效对接各镇（街道）团委和区直有关单位，完成 217 个优质实习见习岗位的募集工作，帮助毕业前后大学生做好职业规划，通过参与社会实践和职场体验活动，端正就业观念，提升就业创业能力。

创新创业　2018 下半年，团区委组织 28 位农村青年人才参加上级团委举办的“领头雁”培训，为他们带头创业致富提供学习交流机会。12 月，经组织筹备，成立汕尾市城区“创客园”并举行挂牌仪式，为青年人才创新创业提供发展平台。

【志愿服务工作】 截至2018年年底，城区“i志愿”系统实名注册志愿者人数41245人，志愿服务组织及团体数为773个，开展志愿活动5984个，累计志愿服务时长178万小时，人均志愿服务时长43小时，2018年人均志愿服务时长37小时。在壮大志愿者队伍的基础上，团区委常态化组织志愿者，大力开展志愿服务活动，弘扬“奉献、友爱、互助、进步”的志愿者精神，积极营造共建共治共享的社会治理格局。一是开展春节系列志愿服务活动；二是开展“汕尾处处有雷锋·文明创建我先行”志愿服务月系列活动；三是开展“文明祭祀 保护绿水青山”志愿宣传活动；四是开展交通协警志愿服务活动；五是开展创文创卫志愿服务活动；六是开展美丽乡村志愿行活动。

【“雏鹰假日，军民融合”建军节慰问活动】 为迎接2018年“八一”建军91周年，由团区委主办的“雏鹰假日，军民融合”暨2018年“八一”建军节慰问系列活动，于7月29日上午在广东海警二支队三大队营区举行。来自新港街道中心小学及凤山街道中心小学的少先队员代表参加活动。活动的开展，激发了城区少先队员关心、爱护、支持人民军队的爱国热情，增强维护军政军民团结的自觉性，在全区范围内形成拥军优属、拥政爱民的浓厚氛围。

【“全民反邪教·同心奔小康”演讲比赛】 为深化创建“无邪教示范区”活动，提升反邪教警示教育的覆盖面和普及率，12月7日，团区委联合区委政法委、区教育局举办汕尾市城区中小学校反邪教警示教育宣传系列活动之“全民反邪教·同心奔小康”演讲比赛，给城区青少年提供了一个展示自我、锻炼自我的平台，引导他们崇尚科学、反对邪教，切实提高广大师生识邪、拒邪、反邪的意识和能力。

(王晓珊)

附：共青团汕尾市城区委员会领导名录

书　记：杨凯彬

·汕尾市城区妇女联合会

【概况】 2018年，区妇女联合会（以下简称区妇联）以习近平新时代中国特色社会主义思想为指导，围绕党政中心工作，大力维护妇女儿童合法权益，积极帮扶困境妇女儿童，弘扬家庭美德新风，开展巾帼志愿服务活动，扎实基层组织建设，在创建文明城市中发挥了积极作用。

【认真学习宣传贯彻活动】 全年组织区妇联党员干部学习中共十九大报告及习近平总书记讲话精神计12场次，开展各种群众喜闻乐见的宣讲活动8场次1500人次。开展中国妇女十二大精神进机关、进公园、进社区、进农村、进学校、进广场等活动约20次，传达贯彻习近平总书记同全国妇联新一届领导班子集体谈话时的重要讲话和中国妇女十二大工作报告，落实中国妇女十二大部署的各项目标任务。

【节庆活动】 “三八”妇女节　3月4日，在凤山妈祖文化广场举办“巾帼心向党　建功新时代”——汕尾市城区纪念“三八”妇女节108周年大会暨广场舞展演。活动现场为6个巾帼志愿服务分队授旗，并举办千人大型广场舞展演，宣传和展现了全区妇女积极健康的精神风貌和昂扬向上的奋斗精神。同日，联合区国税局举办庆“三八”妇女节“国税杯”女子乒乓球团体邀请赛。3月6日，举办离退休妇联干部座谈会。“三八”妇女节期间，选树了一批区级“三八红旗手”“三八红旗集体”及巾帼文明岗等先进个人及集体典型。

“六一”儿童节　5月30日，联合区教育局、团区委在市区马思聪艺术中心举办“童心立高志 共筑中国梦”——汕尾市城区庆祝“六一”儿童节文艺演出，通过舞蹈表演、歌曲合唱、乐器演奏、诗朗诵等形式，展现了城区少年儿童阳光快乐、朝气蓬勃、奋发向上的精神风貌和向上向善、全面发展的时代风采。同日，配合市妇联在新港街道中心小学开展“关爱儿童　快乐六一”活动。市委书记石奇珠，市委常委、区委书记李庆新，副市长余红等领导参加活动，为困境儿童代表送上慰问金、礼品及节日祝福。6月1日，区委常委、常务副区长曾向镇到东涌镇中心小学慰问，区妇联、区教育局、区关工委等单位主要负责人及女企业家代表陪同慰问。曾向镇致辞并向学校送上慰问金，女企业家向困境儿童发放慰问金和礼品。

母亲节 5月10日，举办全区女干部职工健康讲座，邀请中医专家授课。5月13日，联合区科技文体局在市区坎下城广场举办汕尾市城区巾帼志愿者进社区活动暨庆祝母亲节专题演出。

【巾帼建功活动】 2018年，以创建“巾帼文明岗”为载体，促进行业树立文明新风，提高服务水平，培育了一批省市先进集体、先进个人。唐桂珊、吴小曼获得市“三八”红旗手荣誉称号；汕尾市城区政务服务管理中心获得市“三八”红旗集体荣誉称号；汕尾逸挥基金医院新生儿重症监护病房、汕尾市美顿食品有限公司糖果车间包装组获得市“巾帼文明岗”荣誉称号；林湘如、郑全玉获得广东百名“最美乡村女能手”荣誉称号，林湘如并获“全国巾帼建功标兵”荣誉称号；汕尾市城区机关幼儿园获得省“三八”红旗集体荣誉称号；汕尾市城区司法局法律援助处获得省“巾帼文明岗”荣誉称号。

【家庭文化建设活动】 广泛开展寻找“最美家庭”活动，全区评选出了10户“最美家庭”、16户“美好家庭”。全年创建健康家庭15936户，占全区家庭总数的21%，其中创建“健康家庭”示范户101户。以红草镇、晨洲村为试点开展“美丽庭院”创建活动。

【家庭教育工作】 全区95个（村）社区挂牌成立家长学校。其中建成14个区级家长学校示范点。依托家长学校常态化开展家庭教育大讲堂进村居活动近20场，开展家庭教育指导136次，开展家庭教育实践活动158次，参加的家长和儿童16372人。全年共开展家庭教育大讲堂10场次，参加的家长人数共4200人。

【巾帼志愿服务活动】 城区巾帼志愿队伍创建工作居全市前列。现有注册志愿者200多名，非注册志愿者2000多名。创新成立志愿者分类组织，授旗6个巾帼志愿服务分队，分别为文体分队、医疗卫生分队、维权分队、家庭文明分队、环保分队、创业分队，各分队针对各线条、各领域开展专业志愿活动。全年共参加开展创文创卫、禁毒、扫黑除恶、救灾复产、宪法宣传、清明防火、健康示范区创建等志愿活动4000多人次，发放宣传材料13000份。

【乡村振兴巾帼行动】 7月12日，区妇联在红草镇丰祺专业合作社开展“乡村振兴巾帼行动”科技服务活动，邀请农艺师为妇女群众们讲解虫害的防治，实地解答种植疑惑，指导植物土壤的培育及大棚作物的种植。以红草镇晨洲村、马宫街道长沙村、凤山街道香洲社区等村（社区）为试点，积极开展“美丽庭院”建设工作，以点带面,在全区全面铺开美丽庭院创建工作。开展职业技能技术培训活动，截至年底，共组织18名妇女参与就业培训，8名妇女取得职业技能技术培训证。

【法律宣传与信访工作】 通过12388妇女维权热线和接待窗口服务妇女群众，全年共接待来信来访来电50宗，做到事事有回音，件件有落实。

【帮扶困境妇女儿童】 以节日为契机开展慰问活动。2018年，共争取到各方支持资金及礼品约23.6万元，慰问了全区460多名单亲特困母亲、困境妇女、孤儿、困难女党员和困难妇女干部。开展“大爱救心”贫困儿童患先天性心脏病援助工作，救治帮助了1名心脏病患儿。

【妇女卫生健康行活动】 5月10日，举办全区女干部职工健康讲座，提高女干部职工的健康意识，做到对疾病的早预防、早诊治。11月13日，联合市妇联在捷胜镇开展“关爱女性健康，提高防治意识”健康讲座，普及“两癌”免费检查项目惠民政策，讲解“两癌”防治知识，提高妇女保健意识。联合区卫计局、妇幼保健院继续开展2018年妇女“两癌”免费筛查项目，活动共向全区近9000名适龄妇女提供了免费“两癌”筛查，提高了全区妇女的健康水平和健康意识。12月中旬，为5名贫困母亲申请“两癌”救助款每人10000元。

【基层组织建设】 大力开展“妇女之家”示范点及“儿童之家”建设。全区共建立“妇女之家”101个，其中，省级示范点14个，市级示范点18个；建立“儿童之家”20个，其中，省级“儿童之家”示范点11个，省级“儿童友好示范社区”6个。迎接省妇联调研组评估“儿童之家”建设。9月14日，省妇联家庭和儿童部到城区调研评估“儿童之家”建设工作，实地考察了香洲街道后径社区“儿童之家”的硬件设施配备、台账资料整理、关爱氛围营造、日常工作开展等情况，就如何开展社区儿童工作进行指导，并对城区妇女、儿童工作予以肯定。

（吴小曼）

附：城区妇女联合会领导名录

主　席：洪郁冬

副主席：罗海恩

陈雅姗

·汕尾市城区科学技术协会

【概况】 汕尾市城区科学技术协会（以下简称区科协）是区委领导下的人民团体，负责开展学术交流活动，开展继续教育和技术培训工作，开展科普、咨询活动，管理指导所属各专业学会、协会，指导镇（街道）科协开展工作。2018年，区科协按照区委、区政府和上级科协工作部署，坚持“为科技工作者服务、为创新驱动发展服务、为提高全民科学素质服务、为党和政府科学决策服务”的职责定位，团结引领广大科技工作者积极开展科技创新，弘扬科学精神、普及科学知识、传播科学思想和科学方法、推广先进实用技术，为提高人民群众的科学文化素质和技能，充分发挥科普工作主要社会力量作用，扎实实施创新驱动发展战略提供坚实保障，为建设首善之城、大美之区，提升中心城区首位度，为把汕尾建设成为沿海经济带靓丽明珠做出应有的贡献。

【讲好“四个故事”】 把深入学习宣传贯彻习近平新时代中国特色社会主义思想和中共十九大精神作为首要政治任务，推动宣传思想工作往深里走、往实里抓。提高政治站位，坚持和加强党对科技工作的全面领导，深入生动讲好习近平总书记关心科技事业、关爱科技工作者的故事、党治国理政的故事、科技工作者创新建功的故事、中国坚持和平发展合作共赢的故事。坚持以创新的理念、创新的机制、创新的方法，强化思想政治引领，团结广大科技工作者听党话、跟党走，汇聚建设科技强区、创新强区的磅礴力量。

【坚持“四项服务”】 一是坚持为科技工作者服务，为科技工作者打造“温馨之家”。制定印发《汕尾市城区科协加强对科技工作者政治引领实施方案》，召开科技工作者道德行为自律规范座谈会、创新驱动发展战略研讨会暨新时代科技工作者“重品行、树形象、做榜样”座谈会等一系列会议，鼓励和激发科技工作者为科技创新驱动发展出谋献策。打造城区科技创新平台，组建城区科技工作者之家微信群，为科技工作者搭建学术交流、工作学习交流平台，主动帮助广大科技工作者协调解决各种难题，营造开展科学研究的良好环境。

二是坚持为创新驱动发展服务，为地方发展提供智力支持和人才保障。围绕“科技强省，创新圆梦”主题，成功举办汕尾市城区科技创新驱动发展战略研讨会。通过这次会议，贯彻落实习近平总书记在十三届全国人大一次会议广东代表团审议时的重要讲话精神以及全省科技创新大会的工作部署，推进科技创新工作，奋力开创城区创新发展新局面；积极支持做好新时代文明实践中心建设，落实好科学科普工作平台建设，重点做好科普宣传栏、科普场所设施的布置工作；成功举办“汕尾市城区科普大篷车进校园活动”启动仪式、汕尾市城区首届青少年科技创新大赛；组织城区企业参加2018年第七届中国创新创业大赛暨第二届汕尾市“红海杯”创新创业大赛，并召开动员大会等活动，内容丰富，形式多样、亮点纷呈的科技活动。据统计，2018年城区科技创新驱动发展工作，新增国家高新技术企业5家，新建省级工程中心2家，省级新型研发机构1家，培育入库省级科技型中小企业15家。在第七届中国创新创业大赛中，城区6家企业晋级省赛，其中2家分别荣获省赛一、二等奖。3

家企业晋级国赛，其中1家荣获国赛优胜奖的好成绩。全年城区（含市直）专利申请量1960件，同比增长26.53%，其中，发明专利515件，实用新型1342件，外观设计103件；专利授权量1602件，同比增长249.78%，其中，发明专利38件，实用新型1467件，外观设计97件。

三是坚持为提高全民科学素质服务，营造支持科技创新的良好氛围。大力宣传推广普及科技创新知识，提高全民科学素质水平,在全社会形成讲科学、爱科学、学科学、用科学的良好氛围。开展“地震应急避险演练活动”、“科学防灾避险，保障生命安全”科普图展“科普一日行”“科技新生活”等一系列宣传教育科普活动，先后承办了一批全市性大型科普活动。如科技文化卫生“三下乡”活动、“全国科普日”健康进社区活动、“科普大篷车”进学校、进社区、进企业活动科普宣传活动等。2018年举办科普活动8场次，参加人数2000人次。同时，充分发挥城区是市委、市政府所在地和全市创文工作主战场的优势，把开展社会主义核心价值观贯穿于一系列科普活动中，联合区科技文体局支持指导各镇（街道）、各村（社区）综合性文化中心和科普长廊建设，积极宣传社会主义核心价值观及科普知识。

四是坚持为党委和政府科学决策服务，当好“智囊团”“思想库”。团结带领科技工作者从自身专业特长和学科优势出发，围绕区委、区政府重大战略部署、重要产业发展、“产学研”协同创新和社会热点、难点问题，开展深入研究，积极建言献策，为区委、区政府正确决策提供科学依据。积极向中国工程科技发展战略广东研究院提出研究项目的选题。为全力配合推动汕尾马宫中心渔港和马宫海洋渔业科技产业园建设，打造海洋产业科研等集海洋新兴产业、水产养殖业、海洋装备制造业、水产品深加工产业于一体的全产业链、产城一体的“南国渔都”，向中国工程科技发展战略研究院提出《汕尾（马宫）海洋渔业产业园区建设发展战略研究》项目的选题，为“南国渔都”提供智力支撑。

（许建伟）

附：城区科学技术协会领导名录

主　席：陈焕荀

·汕尾市城区归国华侨联合会

【概况】 2018年，汕尾市城区归国华侨联合会（以下简称区侨联）以习近平新时代中国特色社会主义思想为指导，深入贯彻落实习近平总书记关于群团工作和侨务工作的重要论述精神，坚持为侨服务宗旨，围绕中心，服务大局，认真贯彻落实区委、区政府和上级侨联的工作部署，充分发挥侨联职能作用，主动作为，开拓进取，全区基层侨联工作得到上级侨联的充分肯定。在8月底举行的第十次全国归侨侨眷代表大会上，区侨联获得“全国侨联系统先进组织”称号。

【参政议政】 区侨联充分发挥侨联界别的履职主体作用，引导侨界政协委员不断强化界别责任意识，积极参与政治协商和民主监督，为侨界群众的切身利益出谋献策。2018年，共组织侨界政协委员到基层开展调研活动2场次、协商议政活动1场次，派员参加区人大组织执法检查及调研活动7场次，协助完成区政协“三胞”委提案1份、调研报告1份。

【侨联改革】 2018年，区侨联根据省侨联和市委、区委有关领导关于做好侨联改革工作的批示精神，向市侨联和城区相关部门发出征求意见函19份，吸收意见建议5条，形成了《汕尾市城区侨联改革实施方案》（送审稿），并在11月14日以区委办名义正式发文实施。在实施过程中，区侨联组织人员到华侨管区取经“党建带侨建”和侨界人文社区工作，着力推进东涌镇新湖村、红草镇南汾村2个村试点开展“党建带侨建”工作，确保基层侨联活动有阵地、工作有活力、作用有发挥，实现党建侨建互动共赢，融合发展。

【为侨服务】 区侨联坚持“两个并重”，深化“两个拓展”，推动服务侨胞工作上新台阶。一是开展“大走访、深调研”和归侨普法宣传活动。全年共举办“城区涉侨法律法规暨创文宣传活动”1次，组织侨联干部和侨界代表、委员入户宣传5次，发放涉侨法律宣传手册400份。二是加强困难归侨侨眷的走访慰问工作。在春节期间对38户困难归侨侨眷进行帮扶慰问，发放慰问金23560元（含慰问物资1460元）。同时，通过联合区外事侨务局和汕尾博助慈善会向社会各界募集4.38万元资金，帮助1户贫困归侨进行危房修缮；联合市侨联开展重阳节慰问老人活动，走访年老、病重归侨、侨眷6人次，共发放慰问金2100元。三是协助外事侨务局开展2018年海外华裔青少年“中国寻根之旅”夏令营活动，与相关侨胞建立友好感情，进一步拓宽城区侨联对外联络的渠道和空间。

【中心工作】 “创文创卫”工作　2018年，区侨联积极参与“创文创卫”工作，为改善市区卫生状况和不良陋习出力。一是组织志愿者到东涌镇新湖村开展环境整治、“双创”宣传行动24次，以实际行动，号召市民告别生活陋习，树立文明新风，为创建国家卫生城市和省文明城市添砖加瓦。二是在清明节期间，派员轮流到东涌镇新湖村进行防山火执勤和文明祭祀宣传工作，确保挂驻村在清明节期间实现零火情。三是按区政府统一部署，协助完成汕尾中轴线东涌镇新湖片区等地的征地迁坟工作任务和挂驻新湖村“两违”整治工作任务，为城区的扩容提质、振兴发展做出了应有的贡献。

扶贫工作　2018年，区侨联积极转变以往单一的输血帮扶工作思路，认真开展就业、产业造血项目服务，着力提升困难群众的获得感。一年来，帮扶干部深入一线，主动服务，共帮助16名在校学生领取生活费补助28000元，帮助9户有劳力农户转移就业9人，发展种养项目4个，申请就业、产业项目奖励金共38422元。春节期间走访慰问贫困户并发放慰问金和慰问物资共计17600元。此外，组织慰问重病、死亡、子女上大学贫困户家庭9户9人，发放慰问金5800元。

【作风建设】 2018年，区侨联以学习贯彻落实习近平新时代中国特色社会主义思想、中共十九大精神、习近平总书记对广东重要讲话和重要指示批示精神为主线，狠抓党风廉政建设，持续推进“两学一做”学习教育活动，共组织专题学习会24场次，派员参加学习培训14人次、研讨班1人次，撰写学习心得7篇，切实增强干部教育培训的统筹性、针对性、实效性，进一步提升党员干部政治理论水平，强化党员干部“四个意识”，着力培养造就一支胸怀爱侨之心、恪守为侨职责、多办利侨之事的侨联队伍。

（朱辉彬）

附：城区归国华侨联合会领导名录

主　席：洪少红

·汕尾市城区文学艺术界联合会

【概况】 城区文学艺术界联合会（以下简称区文联）成立于2015年2月，由主席、副主席各1人，委员12人组成。区文联致力于建设“文化强区”，营造城区浓厚的文化氛围，充分调动广大文艺工作者的主动性、创造性，立足本土，贴近生活，努力创作一批人民群众喜闻乐见的文化精品佳作。组织开展各类文艺活动，加强文艺队伍建设，增强吸引力、凝聚力和感召力，促使区文联真正成为城区广大文艺工作者的温馨之家。结合区文联实际情况，加强组织建设，积极开展丰富多彩的文艺活动，力促取得实效，丰富广大群众的精神文化生活，推动城区文艺事业蓬勃向前发展。

【事记】 2018年，区文联在区委宣传部的正确领导和各协会的共同努力下，以习近平总书记在文艺工作座谈会上的重要讲话精神及在全国文代会上的重要讲话精神为指引，振奋精神，团结协作，为城区振兴发展，建设“首善之城，大美之区”发挥了积极的作用。

1. 承办汕尾市城区红色文艺轻骑兵新春走基层活动。2月1日，在市区玉台山慈云公园广场举行城区红色文艺轻骑兵新春走基层活动启动仪式，组织文艺家们为广大市民展演精彩的文艺节目，书画家现场挥毫为群众送福送春联。鼓励全区广大文艺工作者争当新时代的红色文艺轻骑兵，创作和演出更多反映新时代人民美好生活、群众喜闻乐见的文艺节目，以实际行动履行新时代文艺工作者的职责使命。

2. 承办“2018国乐升平——汕尾市城区迎春音乐会”。2月6日晚在市区马思聪文化中心举行。该次音乐会特邀广东民族乐团前来演出，旨在深入学习宣传贯彻中共十九大精神，弘扬中华民族优秀传统文化，开展文化惠民活动，大力营造祥和、喜庆的新春气氛，提升城市文化品位，打造“首善之城、大美之区”，助力创文工作。

3. 邀请省音乐家到城区进行汕尾渔歌采风活动。3月2日，分别到区渔歌传承基地和新港渔歌队实地采风交流。

4. 举办“弘德道 颂善美”汕尾市城区书画展。3月28日在市图书馆开幕，展期7天。展览作品内容丰富，形式多样、书画相辉，集思想性、教育性、艺术性于一体。书画作者们以生活为艺术创作源泉，用手中的笔，描绘家乡风物，抒发情怀，讴歌改革开放40年的成果，喜看汕尾城区变化，同时也展现了人民群众对美好生活的向往。

5. 举办“书香城区”全民阅读活动启动仪式。4月23日，在新城中学举行“弘经典文化，抒爱国情怀”城区书香节启动仪式，旨在大力倡导全民阅读，构建书香校园。并将通过策划开展诗歌讲座、吟诵国学经典等系列活动，推动社会阅读氛围持续升温，扎实推进建设“书香之城”。

6. 5月17日晚，在市区玉台山慈云公园广场举行“放歌红土地，开启新征程”——传承红色基因主题教育活动文艺晚会。党员干部职工、群团组织、企业代表及市民到场观看。晚会通过朗诵、歌舞等形式，讲英雄故事，唱英雄赞歌，进一步传承和践行红色基因，弘扬海陆丰革命老区精神，增强“四个意识”，坚定“四个自信”，展现城区人民发扬革命传统、敢于人先、奋发进取的精神面貌。

7. 协办“汕尾市城区2018年妈祖文化旅游节暨纪念妈祖诞辰1058周年”系列活动。5月8日上午，在凤山妈祖文化广场举行启动仪式。活动以“弘扬妈祖精神，建设善美之城”为主题，旨在贯彻落实习近平总书记重要讲话精神和中共十九大精神，进一步弘扬中华民族传统文化，宣扬妈祖立德、行善、大爱的精神，扎实推进崇德向善、和谐宜居的城市共创工作，加快城区文化旅游发展，创建广东省文明城市，打造善美之城。主要活动有文艺展演、旅游推介、舞狮、民乐表演、书画展、文化巡游、凤山祖庙炮会、地方戏表演等。

8. 出版城区文艺刊物《品清湖》（第三期）。6月，编辑印制完成，做好放发、邮寄等宣传工作。

9. 6月30日，在凤山祖庙旅游区举行“山海湖城·善美之区”创文主题文艺系列展演活动启动仪式。该次活动由区旅游局、区文联主办，旨在贯彻落实习近平总书记系列讲话精神和中共十九大精神，切实推进城区创文工作，实施文化惠民工程，丰富活跃群众文艺生活，提升旅游景区文化内涵。启动仪式邀请了市区部分表演单位献演汕尾渔歌、舞狮、西秦戏、白字戏选段等地方特色文艺节目，让市民和游客们在旅游观光中感受城区独具特色的地方文化。该次文艺系列展演活动每周举办一次，时间持续到9月底，取得了良好的社会反响。

10. 举办城区“八一”进军营双拥文艺演出。7月28日晚，在城区捷胜镇驻训营举行“拥军爱民当模范 军民携手情义坚”——2018年汕尾市城区“八一”双拥联欢文艺演出。

11. 策划制作禁毒文艺宣传。制作禁毒宣传歌曲及防范新型毒品的禁毒宣传视频，并在网络和校园大力推送宣传。

12. 参与“南国书香”全民阅读活动。8月，组织城区作协文艺志愿者，负责开展“读书有感”分会场活动。

13. 举办“善美金秋”——2018年汕尾市城区迎国庆贺中秋文化惠民系列活动。9月24—26日，在市城区凤山妈祖文化广场举办“善美金秋”——2018年汕尾市城区迎国庆贺中秋文化惠民系列活动。在24日晚，举行了首场大型的迎国庆贺中秋文艺晚会。

14. 举办“我爱你，中国”——贺国庆快闪文化惠民活动。10月1日下午，在市区凤山妈祖文化广场举办“我爱你中国”——贺国庆快闪文化惠民活动。活动旨在学习贯彻习近平新时代中国特色社会主义思想和中共十九大精神，弘扬爱国奋斗精神，牢固家国情怀，践行社会主义核心价值观，进一步推进城区文明创建活动。

15. 协办汕尾渔歌晋京专场展演活动汕尾专场工作。10月20日晚和21日晚在市区马思聪文化中心举办《渔歌里说——我唱渔歌给党听》汕尾专场展演活动。并于10月30日、31日两晚在北京民族剧院演出。

16. 协办“五彩汕尾·魅力通辽”两地文化旅游推介艺术图片展活动。11月19日上午9时，在汕尾市图书馆举行“五彩汕尾·魅力通辽”两地文化旅游推介艺术图片展开幕式。旨在通过该次活动让两地文化旅游积极互动起来，让更多的人充分了解“魅力通辽”北国草原风光和“五彩汕尾”南国大海情韵，推进两地文化旅游交流合作，推动旅游业发展。

17. 协助中国著名作家到汕尾市“红色文化之旅汕尾行”采风活动工作。11月20日著名作家采风团一行前往城区凤山妈祖文化广场、红草镇晨州村、善美广场等地采风。

18. 举办汕尾市城区迎新晚会。12月27日晚上8时，在市区新时代文明实践中心惠民广场（凤山祖庙文化广场）举办迎新晚会。

19. 举办音乐大师班讲座。12月28日上午，在华夏东方明珠（市区汕尾大道中）邀请著名声乐教育家、男高音歌唱家杨岩举办大师班音乐讲座，提升城区音乐爱好者和干部群众音乐文化综合素质。

（吕业群）

附：城区文学艺术界联合会领导名录

主　　席：吕业群

兼职副主席：周贵毓

　　　　　　刘金河

副秘书长：　吴玉婵

·汕尾市城区残疾人联合会

【概况】 2018年，城区残疾人联合会（以下简称区残联）有编制6名，理事长1名，副理长1名；党支部党员3人。村（社区）残疾人协会93个，聘任镇、村残疾人专职委员95人。全区登记在册残疾人共4605人。

【康复工作】 城区没有康复机构，靠借助外地康复机构和委托海丰老区医院对城区籍的残疾人因地制宜进行康复治疗。2018年，有51名0~6周岁城区籍的儿童得到康复治疗，800多名精神病患者得到救助治疗，发放辅助器具200多件。

【扶贫、教育、文体工作】 区残联认真开展残疾人生活救助、文化教育、康复就业及政策宣传等工作。积极开展第二十八次“全国助残日”活动，现场为群众免费检查身体，发放预防宣传单2000多份，解答群众咨询1100多人次，投入8万元慰问困难残疾人。协助区医疗中心对2909名重度残疾人免费参加城乡医疗保险。为2018年城区新入学5位残疾人大学生申报广东省“南粤扶残助学工程”助学金，每人1万元的政策性救助。做好挂驻红草镇亚洲村7户精准扶贫建档立卡贫困户的数据核查工作，帮助贫困户申请就业、产业“以奖代补”项目。做好残疾人“两项补贴”审核新增报送工作，保证能按时把两项补贴发放到残疾人手中。做好5家“社区康园网络”项目工作，以工养疗，以娱代治，增加残疾人康复的途径，带动他们逐步走向社会，接触更多的新人群、新事物。做好全国残疾人基本服务状况和需求信息数据动态更新工作，对全区4605名已办证残疾人的数据进行动态更新，了解他们的基本服务状况和需求信息，为更好地服务残疾人群体，加快推进残疾人小康进程打下良好的基础。残疾人颜烈兼在全省残疾人职业技能竞赛中获得盲人按摩第一名，并受到省残工委、省残联的表彰。

【残疾人就业】 做好残疾人职业培训宣传工作。区残联为进一步推动残疾人就业，帮助有就业意愿和有就业能力的残疾人更充分参加社会生产。2018年组织了3场残疾人实用技术和扫盲及盲人独立行走专业培训，共有75人参加，提高了残疾人就业技能，促进了他们的就业机会。多次参与市、区两级人力资源与社会保障局联合举办的大型企业用工招聘会，现场登记就业的残疾人25人，介绍残疾人就业22人。做好市、区两级残疾人用人单位残保金年审工作，完成市、区两级残疾人60家用工单位残保金年审。

【信访维权】 区残联十分重视做好残疾人信访工

作，认真贯彻《信访条例》。安排专人负责，领导亲自处理来信来访工作，对残疾人反映的康复、就业、教育、生活困难和权益等实际问题进行登记，并有针对性地帮助解决和做耐心细致的疏导说服工作，坚持矛盾不上交政府，将问题解决在基层。

【基层组织建设】 加强残疾人数据库建设，严格办证程序和办证标准，提高办证率。截至年底，全区共办理残疾人证14605份；招聘镇（街道）专职委员7人，并加强对各镇（街）、村（社区）专职委员的管理和教育；认真开展各项学习教育专题活动，大力推动政务环境和党建工作制度化、常态化、长效化，提高队伍综合素质及服务能力。紧紧配合区委、区政府中心工作，促进城区经济社会的稳定发展。

（巫少云）

附：区残疾人联合会领导名录

理事长：施培良

副理事长：王彩

·汕尾市城区红十字会

【全面开展各项宣传活动】 *举办“第71个世界红十字会日”活动* 5月8日是第71个世界红十字会日。按照市红十字会《转发关于开展2018年“红十字博爱周”活动的通知》，围绕“人道——为了你的微笑”这一主题，弘扬“人道、博爱、奉献”的红十字精神，凝聚更多的社会力量关心和支持红十字事业，提升红十字会影响力，传播正能量，广泛宣传红十字会在新时代开展的“三救三献”核心业务，区红十字会按照统一时间、统一主题、上下联动、形成合力的要求，在全区开展了形式多样、内容丰富的“红十字博爱周”活动。当日，在马宫街道的文化广场组织相关单位和红十字基层工作者、红十字志愿队伍，开展了“人道——为了你的微笑”暨家庭医生签约服务义诊活动主题一系列活动。活动期间，通过悬挂横幅、设立咨询点等形式进行了宣传，以通俗易懂的方式宣传《中华人民共和国红十字会法》和红十字人道、博爱、奉献精神，红十字会新时代“三救三献”核心业务。使红十字精神深入人心，让群众充分认识红十字会，了解红十字会，并在现场为村民免费提供义诊。共发放宣传材料2000多份，出动宣传工作人员16人，现场接受群众咨询和义诊近千人。

举办“红十字会世界急救日”活动 在9月8日“世界急救日”来临之际，9月6日，区卫生和计划生育局、区红十字会在新城中学开展了交通安全“救”在身边的首场应急安全教育大讲堂活动，为新城中学200多名高一军训的学生、教职工和志愿者上了一堂生动活泼的应急救护知识讲座。区卫计局选派了汕尾逸挥基金医院2名经验丰富的救护培训专家，讲解了基本的心肺复苏、创伤包扎急救知识和技巧，现场演示了心肺复苏操作程序使用方法。通过互动式的教学方法，激发了教职工、学生和志愿者们的学习热情，认真听取体验心肺复苏技术等急救知识，现场进行互动，互相伤口包扎。并结合日常生活中经常遇到的交通安全问题，引导学生们树立安全出行理念，从受保护人群和实施救护人群角度，讲授了交通伤害的预防措施和现场应急处理方法，收到了较好的效果。

开展艾滋病预防控制宣传服务活动 12月1日，该会开展艾滋病预防控制宣传服务活动，在全区各医疗卫生计生机构发放宣传海报等宣传资料近200份。

【深入开展救灾、救护、救助工作】 *开展“红十字博爱送万家”活动* 2018年春节前夕，开展了“博爱送万家”活动，于1月中旬对马宫街道马宫居委50多户精准扶贫户和城区20多户残疾人、孤寡老人、单亲家庭等困难群众进行走访慰问，为他们送去大米、食用油、棉被等物资，发放救助物品总价值约2万元。

积极开展救助活动 按照省红十字会办公室《关于开展2018年贫困家庭先心病儿童调查摸底工作的函》文件精神及省、市红十字会工作部署要求，在7月对全区贫困家庭先天性心脏病儿童进行了调查摸底登记。8月23日，组织城区贫困家庭先心病儿童23人到海丰县彭湃医院接受免费术前筛查，帮助5名儿童申请了李家杰基金并在省挂钩医院顺利完成手术。

积极开展帮扶活动 是年，帮助捷胜镇2名白血病儿童申请了“小天使”基金救助。11月18日，区红十字会联合省红十字会企业家志愿者“穿粤行”志愿者及医生对城区1名先心病术后儿童进行了回访慰问，践行了红十字会的人道主义救助精神。

【积极开展“六个核桃·读书慧”书库捐赠活动】 根据《省红会办〈转发关于向80所学校配送“六个核桃·读书慧”书库的函〉的通知》，城区东涌镇东古小学和青龙头小学获得配赠“六个核桃·读书慧”书库1套。区红十字会主动联系两所学校负责人，指导受赠学校收到书库后认真核对并将感谢信发至捐赠方。

（颜杰凤）

附：城区红十字会领导名录

会　长：颜杰凤

军 事

JUN SHI

人民武装工作

·组织工作

【人事调整】 2月8日，城区人武部召开宣布汕尾市城区人武部主官调整命令大会，汕尾军分区司令员李义林宣读广东省军区关于汕尾军分区城区人武部主官调整命令，经广东省军区党委批准，彭海任城区人武部部长。汕尾军分区司令员李义林及区委书记、人武部党委第一书记李庆新分别作了重要讲话和指示。8月21日，区人武部召开宣布汕尾市城区人武部主官调整命令大会，汕尾军分区副司令员熊毅宣读广东省军区关于汕尾军分区城区人武部主官调整命令，经广东省军区党委批准，王成刚任城区人武部政治委员。汕尾军分区副司令员熊毅及区委书记、区人武部党委第一书记李庆新分别作了重要讲话和指示。

【民主生活会】 6月28日，按照军分区的统一部署，城区人武部召开专了民主生活会，汕尾军分区司令员李义林到场检查指导会议。会上区人武部党委班子依照次序开展自我批评和相互批评。李义林作了重要指示。

·政治教育

【抓好思想政治教育】 2018年，城区人武部着眼建设实际，强化思想政治引领，不断激发干部职工内在动力。一是持续抓好“两学一做”学习教育常态化制度化。利用党委会、支部党员会的形式，及时传达学习习主席在全军开训动员、视察中部战区部队、检阅海军部队，以及在十九届中纪委二次全会、在十三届全国人大一次会议闭幕式等多个军地场合的重要讲话，结合军分区党委中心组带机关人武部第一季度专题理论学习，认真学习习近平总书记的中共十九大报告原文和中共十九届三中全会公报，搞好学习讨论发言，组织知识点背记考核。利用交班后的20分钟时间，每隔一周组织中共十九大知识点学习。给干部和专武干部配发《习近平新时代中国特色社会主义思想三十讲》，理论灌输紧抓不放，干部职工“四个意识”进一步增强。二是积极抓好主题教育和专题教育活动。召开党委会传达上级教育意见，分析教育形势。采取问卷调查、个别访谈、集体座谈等方式，深入开展思想调查摸底，为教育活动找准突破口。按照军分区统一部署，严格按照计划逐个步骤狠抓教育各个环节的落实。中央军委党的建设会议召开后，部党委认真做好跟进学习的工作。在上级部署下，同步参加军委国防动员部、省军区和军分区党的纪律教育系列授课辅导。三是认真抓好经常性教育。以贯彻落实311号文件为抓手，及时学习各类违规违纪问题情况通报，深刻剖析房峰辉违纪违法案件教训，并结合征兵工作、物资采购、人武部建设等敏感时期，经常性分析党风廉政建设形势，严查严防发生在干部职工身边的“微腐败”问题。加强与所属人员的谈心活动，做到“四个知道、一个跟上”。积极扶助家庭困难干部职工，营造拴心留人环境。

·行政管理

【筹划部署新年度工作】 1月16日，城区人武部全体干部参加军分区党委扩大会，认真学习领会军委国防动员部、南部战区和省军区党委全会精神要义，把握年度工作总体要求。1月18日，区人武部召开党委会，对军分区党委全会精神进行再学习，分析调整改革以来的基本形势，正确看待人少事多的矛盾，进一步鼓足干劲，激发活力。深刻领会上级部署要求，研究梳理出年度军事、政治、征兵、安全和保障领域重点工作，按照军分区明确的任务，拉单列表，明确责任科室，做到工作筹划精细到位，牢牢把握年度工作正确方向。

【安全工作专项检查】 2月2日，汕尾军分区司令员李义林带领分区机关检查组到城区人武部进行安全工作专项检查，此次专项检查主要针对人员、车辆、武器弹药、信息保密和涉军网上炒作等问题开展。区人武部对此次专项检查存在的问题进行整改。

【开展“四法四治”活动】 3月中旬，城区人武部根据军分区通知要求，制定关于开展“尊法学法守法用法、治松治散治虚治软”活动实施计划。以“四法四治”活动为主线，围绕学习贯彻落实新《条令》，广泛开展条令教育训练和军容风纪检查，强化条令意识、纪律观念和作风养成。巩固重大安全隐患整治成果，继续抓好人员、车辆、武器装备、涉密载体和经费开支的管理。从严整肃管理中的非军事化倾向以及办公场所生活化等问题。加大对哨所、办公楼等重要目标的安防、技防软硬件建设，确保不发生问题。

【开展“百日安全”活动】 10月上旬，城区人武部认真贯彻上级安全工作会议精神，按计划实施开展“百日安全”活动，定期召开安全形势分析会议，按照实现“四个确保”“六个不发生”的目标，针对突出人员、车辆、武器弹药、信息保密和涉军网上炒作等问题开展自查自纠活动，组织干部职工学习部队条令条例和法规制度，组织队列会操及条令条例知识考核，抓好点滴养成，正规“四个秩序”，确保了区人武部秩序正规，工作有序。

·战备训练

【组织战备演练】 2月1日，城区人武部组织城区民兵应急连进行战备演练。主要演练内容有紧急集合、紧急出动、快速集结、情况处置、装备点验。2月13日，城区人武部针对所处的地理环境，制定和完善了防爆处突预案。并按照预案组织干部、职工进行营区、仓库应急处突演练。

【参加军分区军事训练考核】 4—5月，城区人武部参加军分区半年军事训练考核，采取半工半训的方式，按计划组织6名现役干部展开军事训练。内容包括：军事理论（军事思想、政策法规、军兵种知识、作战理论、非战争军事行动理论、作战对象研究、战场环境研究）与军事技能（识图用图、战术标图、军用文书、主要武器装备操作、指挥作息系统使用、手枪射击和体能训练）。

·兵役工作

【开展兵役登记工作】 1月25日，根据市征兵办的统一部署，城区人武部召开兵役登记任务部署会，就兵役登记工作进行动员部署安排。同时，组织各镇（街道）进行兵役登记业务培训，规范兵役登记流程和标准要求，并要求各镇（街道）、村两级广泛开展兵役登记进村组、社区、企业、学校和家庭“五进”活动；充分利用电视、网络、手机短信和宣传横幅、标语等宣传手段对全体公民进行兵役登记宣传和教育。3月初，城区人武部继续走访地方公安、教育、学校相关单位，进一步协调开展兵役登记工作。

【开展征兵宣传工作】 1月底，城区人武部在城区政府微信公众号上发布兵役登记公告和征兵宣传内容；3月，深入城区汕尾中学、新城中学、田家炳中学、凤山中学、凤翔中学5所中学，扎实开展国防教育和征兵宣传进校园活动，1200余名师生现场聆听了讲座；4月，积极组织城区征兵办各成员单位集中办公，明确征兵工作形势，分解宣传发动任务，为下一步全面展开征兵工作打好基础；5月，联合区委宣传部下发《加强征兵宣传工作的实施方案》；6月，多次到区民政局协调解决基层反应突出的大学生入伍奖励金问题；6月下旬，在高校毕业生返校参加毕业典礼、中学生填写高考志愿的时机，分别到汕尾职业技术学院和5所学校高中部开展形式多样的征兵政策咨询活动，为全面展开征兵工作打下基础。

【年度征兵工作】 8月，城区人武部集中开展征兵体检、政治考核、预定新兵役前教育训练和“阳光征兵”选兵、定兵摇号活动，全面完成征兵任务，其中大学生新兵占43%。

·民兵工作

【民兵整组工作】 2月下旬，城区人武部根据上级机关年度工作部署，全面展开城区民兵整组工作。

部党委多次召开会议，分析民兵整组形势，研究对策措施。并多次向区主要领导汇报民兵整组工作进展，联合区政府办下发整组方案，区长指派政府督查室全程参与检查督导。3月，先后3次召开任务部署会、工作推进会、业务培训会，推进基层民兵整组工作的落实。各镇（街道）均成立整组工作领导小组，有序推进各项任务落实。根据各镇（街道）经济发展、人口状况、地理位置等实际情况，按照“四个有利于”（有利于领导，有利于提高质量，有利于开展活动，有利于执行任务）的原则，确定各镇（街道）基干民兵任务，克服有兵无编、有编无兵、一兵多编的问题。在编组对象上向退伍军人、军地对口专业人才、专业特长人才聚集，择优选定入编对象，提高了编兵质量。4月中旬，城区人武部联合区政府办及督查室，采取点验抽查、查阅资料、座谈交流等形式，对全区民兵整组工作进行了检查验收，共拉动点验7个民兵应急排，检查相关软件资料11类2500余套，检查情况通报送区主要领导审阅，并由区政府下发，确保问题有效整改落实。

【民兵训练工作】 2018年，城区人武部坚持定期分析民兵训练形势，形成大抓中心工作合力。3月，组织民兵应急分队20人参加军分区森林防火骨干集训；4—6月，共组织民兵400余人次参加点验拉动和训练，参训时间、内容都比往年有较大提高，民兵训练质量进一步提升；10—11月，分两个批次组织民兵应急连基础科目集训，从教学准备、训练的“四落实”、接受军分区考核情况均较好。

· 国防动员

【国防动员潜力调查】 4月，城区人武部根据汕尾市国防动员委员会部署展开城区国防动员潜力调查工作，区人武部请示协调区委、区政府成立了城区国防动员委员会。委员会下辖综合办、人民武装、人民防空、经济动员、科技装备动员、政治动员、交通战备7个专业办公室，各专业办公室各司其职，根据任务分工进行潜力数据采集。5月上旬，完成了城区国防动员潜力数据收集及上报。

【组织民兵演习】 12月4日，城区国防动员委员会各成员单位同步参加省组织的演习，区人武部组织民兵演练了预编兵员和民兵预备役人员收拢报到、临战训练、誓师动员大会、向国旗宣誓、组织登车出发等科目的演练。

· 双拥工作

【完成山火防护任务】 清明节期间，城区人武部根据区委、区政府山火防护任务部署，组织城区民兵应急分队300余人次，分赴到山火防护任务挂助村捷胜镇联星村区域执行防火巡逻、设卡检查等任务，帮助挂助村实现“零火情”。

【参与创文创卫活动】 2018年，城区人武部根据区委、区政府工作安排，挂驻城区新城居委及联兴居委开展创文创卫工作，部党委高度重视，多次组织干部职工、民兵队伍到挂驻社区开展社区卫生整治清洁、创文创卫氛围宣传等活动，为进一步营造干净、安全、和谐的社会环境贡献了力量。

【开展精准扶贫工作】 2018年，城区人武部挂钩捷胜镇联星村进行精准扶贫工作，派出工作队负责驻村帮扶。经捷胜镇扶贫领导小组和驻村工作队对贫困户开展精准识别和民主评议，最终确认联星村相对贫困户为41户，相对贫困人数为73人。针对各贫困户的现实情况和具体特点，驻村工作队逐户建立了“新时期精准扶贫精准脱贫贫困户帮扶记录簿”，制定出了详细的脱贫计划。由于贫困户分布较为分散，区人武部党员进行分工，每人帮扶4~5户，制定切实可行的有力措施，尽己所能，为群众干实事、助脱贫。

【演训部队保障】 2018年，城区人武部辖区内驻训部队较多，演训活动频繁。区人武部针对辖区内的演训保障实际，多次出动干部、职工、民兵参加了部队演训保障，并负责捷胜海训场的群众工作。为防止军警民纠纷的发生，区人武部坚持做到：1.加强与驻训部队的沟通，做到出现矛盾时能及时反馈；2.指导基层武装部经常性到驻训部队附近居民进行走访，做到发生矛盾及时解决；3.在驻训部队驻训后进行回访，积极解决遗留问题。

（刘哲霖）

附：汕尾市城区人民武装部领导名录

部　长：彭　海（2018 年 2 月任）

政　委：张宏文（2018 年 8 月转业）

政　委：王成刚（2018 年 8 月任）

副部长：毛建中

政工科长：孔　康

军事科长：郭宏瑞

人民防空工作

【概况】 2018 年，汕尾市城区人民防空办公室始终坚持以习近平新时代中国特色社会主义思想为指导，认真学习贯彻落实中共十九大精神和习近平总书记系列重要讲话精神，按照省、市人防办的部署要求，贯彻落实《中华人民共和国人民防空法》等有关规定，围绕军事斗争人防准备和全面深化改革促进融合发展的总要求，按照“长期准备、重点建设、平时结合”的方针，认真履行“战时防空、平时服务、急时支援”的使命任务，开展人防法规和知识的宣传教育等工作。

【人防宣传】 一是推动“五进”工作深入开展。落实市防办《关于印发〈2018 年汕尾市人防法制宣传教育工作计划〉的通知》要求，组织开展人防“进机关、进学校、进企业、进社区、进家庭”五进活动，先后组织活动 10 场次，参与人数 6000 多人。二是加强人防法律法规培训。先后参加由省市人防系统组织的学习活动 4 场次，着力提高人防干部以依办事能力。三是突出学校阵地教育。会同区应急办、区科技文体局在市区凤翔逸挥基金中学组织开展了防地震安全教育活动，普及人防知识，增强学生国防观念和人防意识，全区初级中学受教育学生 2000 多人次。四是开展形式多样的宣传。9 月 18 日，协助市防办举行汕尾市“全民国防教育日”鸣放防空警报活动；并定期在区政府门户网站、《今日城区》和政务公共栏等新闻媒体及公共场所开展人民防空宣传教育工作，共刊登或出刊人防知识宣传刊栏 3 次，悬挂人防宣传标语 20 多条，派发人防宣传传单、彩页 3 万多份，提高人民防空知识覆盖率、知晓率和认知度，增强广大党员干部、人民群众国防观念与人防意识。

（城区人民防空办公室）

附：城区人民防空办公室领导名录

主　任：黄振启

法 治

SHANWEI SHI CHENGQU YEARBOOK

汕尾市城区年鉴 · 2019

HUA ZHI

政法委及综治

【概况】 2018年，在区委、区政府的坚强领导下，全区政法机关紧紧围绕把城区打造成为全市最安全稳定、最公平公正、法治环境最好地区的目标任务，以深入开展“大走访、大排查、大整治”行动为抓手，以全面推进平安城区、法治城区建设为主线，打建并举，标本兼治，全力打好平安法治攻坚战，为打造首善之城、大美之区，实现“四大提升”提供坚强政法保障。

【维护社会大局稳定】 贯彻落实总体国家安全观，深入开展维护政治安全八个专项行动，强力管控邪教组织及人员，全年没有发生政治安全事件，没有发生涉邪教案件。全面掌握化解影响社会稳定的各类矛盾，全区录入社会矛盾纠纷管理系统14宗，已全部化解，化解率100%。圆满完成了全国“两会”、习近平总书记视察广东、改革开放40周年系列庆典等重大活动和敏感节点的维稳安保工作任务。全年没有发生严重暴力犯罪案件、个人极端恶劣案件和聚众滋事事件、群体性事件、重大公共安全事件。

【开展扫黑除恶专项斗争】 紧密按照中央、省、市关于开展扫黑除恶专项斗争的部署要求，把开展扫黑除恶专项斗争作为当前最重大的政治任务和平安法治攻坚战的核心工作抓紧抓实，强力扫黑、铁腕惩恶，强力推进扫黑除恶专项斗争。2018年，全区公安机关共立涉黑涉恶案件74宗，破61宗，抓获犯罪嫌疑人133人，刑事拘留132人、逮捕94人，自首11人，打掉涉黑恶势力犯罪团伙12个83人(其中：恶势力犯罪集团2个，一般恶势力犯罪团伙10个)，查封、冻结、扣押涉案资产420.102万元；区纪委查处涉黑恶腐败问题村（社区）干部6人，查处充当黑恶势力“保护伞”乡科级及以下干部2人、村（社区）干部2人，查处推动不力问题乡科级及以下干部3人。

【净化社会治安环境】 全区刑事案件、治安案件、信访案件等均明显下降。2018年，全区共立刑事案件447宗，同比下降8.6%，查处治安案件600宗，同比下降12%。全年共有324天无发生“两抢”警情，并实现最长连续71日无发生“两抢一盗”警情。全区进京、到省、到市、到区上访共97批226人次，同比批次下降40.4%、人次下降56.2%。人民群众安全感和满意度显著提升，第三方群众安全感和满意度测评高达97%，名列全市第一。

【创新和加强社会治理】 扎实做好创新城乡社区治理专项改革先行点工作，推进马宫街道金町村和凤山街道凤翔社区两个先行点建设，为全区乃至全市提供了新鲜经验。大力推进社会治安综合治理信息化，社会治理能力进一步提升。2018年，开通了区综治委、区综治办有关成员单位及各镇（街道）综治办的综治信息系统，完成了区、镇（街道）两级综治视联网会议室，全区有354名网格员配置手机APP软件，连接省综治信息化应用平台，实现网格化管理。全区三级综治中心共受理矛盾纠纷641宗，依法成功调处602宗，调处成功率94%，有效发挥了综治中心社会矛盾化解器的作用。

【法治建设】 司法办案各项指标数据持续向好，区检察院共受理提请批捕案件328件470人，已办结324件466人，所办案件均在法定期限内办结，平均结案天数仅3天。区法院共受理各类案件2251件，新收案件数同比上升19.42%；办结2080件，同比上升16.59%；结案率为92.40%，同比上升2.07%。区司法局建成监狱远程视频会见系统，打通了服刑（戒毒）人员家属帮教亲人的“最后一公里”。全区法律顾问参与纠纷调解91宗133次，提出法律意见72件，其他法律服务94件，靠法解决历史遗留问题取得初步成效。全区48个村（社区）成功创建省级民主法治村（社区），金町村被评为全国“民主法治示范村”。在法治广东考评和全省综治考评中，城区普法工作均获得100分，两项考评的单项工作均排名并列全省第一。

【政法队伍建设】 推进“两学一做”学习教育常态

化制度化，驰而不息纠正“四风”问题，加强专业化建设和执法司法规范化建设。全区政法队伍工作主动性和积极性不断提高，履职能力不断增强，以实际行动践行“两个维护”，成为推动城区政法工作强有力、靠得住的钢铁队伍和有力保障。2018年，全区政法机关开展学习活动1384场次，组织全体党员干部职工撰写心得体会2804篇，组织参加技能培训782人次，制作大型户外宣传广告牌3个、滚动LED宣传屏1个，制作主题横标20幅，张贴宣传海报80幅，制作宣传栏78个、学习园地25个，设立党员学习室2个，营造了浓烈的学习宣传氛围。

【事记】 2月12日，区委副书记、政法委书记郑良斌在区党政办公大楼九楼会议厅主持召开全区扫黑除恶专项斗争工作会议（动员大会）。

2月12日，在区党政办公大楼九楼会议厅召开全区政法工作会议，贯彻落实中央、省委、市委政法工作会议和全国、全省、全市扫黑除恶专项斗争有关会议部署，总结2017年全区政法工作，部署2018年工作。

2月26日，成立汕尾市城区扫黑除恶专项斗争领导小组。组长：郑良斌（区委副书记、政法委书记），副组长：孔卓文（区委常委、组织部部长），王俊锐（区委常委、区纪委书记、区监察委主任），叶凯旋（区委常委、宣传部部长），陈少华（副区长、市公安局城区分局局长），陈嘉涛（区法院院长），林建新（区检察院检察长）。

4月11日，郑良斌在区党政办公大楼七楼会议室主持召开城区扫黑除恶专项斗争领导小组第一次全体成员（扩大）会议。

5月24日，全区开始“大走访、大排查、大整治”活动。

6月14日，郑良斌在区党政办公大楼七楼会议室主持召开全区扫黑除恶专项斗争领导小组第二次全体成员（扩大）会议。

7月6日，调整汕尾市城区扫黑除恶专项斗争领导小组成员。组长：李庆新（市委常委、区委书记），第一副组长：罗光钊（区委副书记、区长），常务副组长：郑良斌（区委副书记、政法委书记），副组长：孔卓文（区委常委、组织部部长），王俊锐（区委常委、区纪委书记、区监察委主任），叶凯旋（区委常委、宣传部部长），陈少华（副区长、市公安局城区分局局长），陈嘉涛（区法院院长），林建新（区检察院检察长）。

7月23日，李庆新在区党政办公大楼七楼会议室主持召开全区扫黑除恶专项斗争领导小组第三次全体成员（扩大）会议。

7月31日，全省扫黑除恶专项斗争推进会及全市扫黑除恶专项斗争推进会结束后，全区扫黑除恶专项斗争推进会在区党政办公大楼六楼会议室召开。

9月1日，李庆新在区党政办公大楼六楼会议室主持召开区扫黑除恶专项斗争领导小组第四次全体成员（扩大）会议。

9月7日，李庆新在市公安局城区分局六楼会议室主持召开区扫黑除恶专项斗争领导小组第五次全体成员（扩大）会议。

9月18日，中央扫黑除恶第8督导组第五下沉组分为3个小组，深入到城区红草镇，市公安局城区分局、城西派出所、新港派出所，城区工商局香洲工商所、新港工商所，东渔市场等地开展督导工作。

9月19日，市委常委、区委书记、区扫黑除恶专项斗争领导小组组长李庆新在区党政办公大楼六楼会议室主持召开区扫黑除恶专项斗争领导小组第六次全体成员（扩大）会议。

9月20日，李庆新在区党政办公大楼七楼会议室主持召开区扫黑除恶专项斗争领导小组第七次全体成员（扩大）会议。

9月25日，全区研究部署中央扫黑除恶第8督导组下沉督导发现问题整改工作会议在区党政办公大楼九楼会议厅召开。

10月20日，李庆新在区党政办公大楼七楼会议室主持召开区扫黑除恶专项斗争领导小组第八次全体成员（扩大）会议。

（林维贤）

附：区委政法委领导名录

书　　记：郑良斌

第一副书记：陈少华

常务副书记：张水武
专职副书记：郑　暾（2018年2月离任）
施友隆（2018年2月任）
庄汉杰
委　　员：陈嘉涛（区法院院长）
林建新（区检察院检察长）
陈业伟（市公安局城区分局政委）
詹胜聪（区司法局局长）
陈寿华（区边防大队大队长）

公　安

【概况】 2018年，城区公安分局全面贯彻中共十九大精神，以习近平总书记对公安工作“四句话、十六字”(对党忠诚，服务人民、执法公正，纪律严明) 总要求为指引，全力以赴，投入到“扫黑除恶”“飓风2018”“雷霆18”“全民禁毒工程”“利剑行动”“粤剑扫毒”，“断源”“反渗”“清音”等专项斗争中去，有效地维护了全区社会大局稳定。

【指挥中心工作】 2018年，区公安分局指挥中心在局领导的重视和指导下，公文办理水平及数量进一步提升，保密和密码工作进一步加强，警务工作进一步深化。全年共签收密码电报758份，比2017年668份增加90份；承办、拟办各类文件895余份，比去年765份增加130份；按时完成了一年一度的《汕尾市城区年鉴（公安部分）》《公安大事记》《党史大事记》等编撰工作；在各级媒体发表公安题材文章45篇，比2017年40篇增加5篇；撰写各类材料356篇，比2017年225篇增加131篇；检修、维护通讯、办公设备3098次(台)，比2017年3008次(台) 增加90次(台)；服务各级视频会议的召开165场次，比去年144场次增加11场次。8月29日，经指挥中心多方筹备，开通了区公安分局“平安汕尾城区”微信公众号，为公安宣传工作增添微信这一宣传利器。

【国内安全保卫】 2018年，国保部门进一步加强情报收集研判和辖区阵地控制工作。全年上报各类情报信息78余条，为领导决策提供了依据。在2018“断源”“反渗”“清音”三个专项行动中，国保部门对邪教组织重点对象分级落实管控措施，确保了各个敏感节点平稳。协助市局开展某某幼儿园涉邪教线索排查工作，侦办张某某、周某某利用邪教组织扰乱社会秩序行政案件2宗，协助侦办部督“7·17”邪教组织专案。

【处置不稳定因素和化解矛盾纠纷】 区公安分局紧紧围绕突出的村居选举、征地拆迁等不稳定因素，积极配合党委政府深入开展矛盾排查化解，最大限度将各类矛盾纠纷解决在基层、化解在萌芽状态。全年妥善处置了保利金町湾因房屋质量问题、荣泰小区因房产证问题等引发的部分业主接连上访等一系列不稳定因素苗头和多起可能引发群体性事件的重大矛盾纠纷40余起。在全国“两会”期间，通过深入排查有上访迹象的人员共17名，及时进行劝阻，将问题化解在基层。

【信访工作】 2018年，城区公安分局扎实开展信访工作，强化积案排查化解工作，建立健全信访工作长效机制。局主要领导坚持亲自批阅信访件、轮流接访。局信访室狠抓跟踪督办的信访工作制度，将接访、移交、承办、督办和回访等环节的工作做实做细，力避因涉法涉诉而发生越级非正常上访问题，从源头上减少和预防群体性事件的发生，做到案结事了。截至年底，共接待来访群众32人次，受理信访案件22宗，办结18宗，办结率为82%。

【巡警工作】 2018年，巡警大队克服巡防力量相对薄弱，队员流动性大，装备不够完善等困难，充分发挥巡警快速、机动的优势，采取便衣巡逻、伏击、布建特情耳目以及视频监控、现场走访等措施，查破各类案件253宗，其中，刑事案件39宗(毒品案件29、盗窃案件3、赌博7)、治安案件214宗（涉毒案件196、赌博案件7、非法运输危险物品案件11)，共抓捕各类违法犯罪嫌疑人305人，其中，刑事案件40人（毒品案件29人、盗窃案件3人、赌博案件8人)、治安案件265人（强制隔离戒毒132人，社区戒毒75人、赌博案件47人、非法运输危险物品11人)。

【刑事案件】 全年共立刑事案件405宗（其中放火1宗、伤害24宗、强奸3宗、抢劫9宗、盗窃100宗、抢夺14宗、诈骗37宗、电信诈骗11宗、毒品犯罪104宗、经济犯罪10宗、其他92宗），查破刑事案件265宗（伤害12宗、强奸2宗、抢劫3宗、盗窃27宗、抢夺5宗、诈骗27宗、电信诈骗9宗、毒品犯罪96宗、经济犯罪7宗、其他77宗），抓捕犯罪嫌疑人362人。命案防范取得明显成效，确保了城区全年命案零发生。全年共立“八类”暴力性犯罪案件43宗，同比下降36.8%，破案34宗，破案率同比上升36.4%。先后侦破了李某某被绑架案，林某某涉嫌强奸案，顾某某涉嫌强奸、敲诈勒索案等一批影响较为恶劣的重大案件。

【案例选录】 卞某某冒充汕尾公安人员诈骗案 2018年11月15日，受害人刘某某到城区公安分局刑侦大队报案，称其于10月26日被一名自称在汕尾市公安局工作的名叫“何平”男子诈骗了5万元人民币。接报后，分局刑侦部门立即组织精干警力进行缜密侦查。经查，“何平”原名卞某某，男，53岁，四川省广安市人，系南方电网的保安。卞某某因经常去理疗按摩店按摩而认识了技师刘某某。卞某某为追求刘某某，博得其信任，经常请刘某某吃宵夜，并谎称自己是汕尾市公安人员和虚构了“何平”这个名字。此后，刘某某接受其追求并开始同居。2018年10月，卞某某谎称在四川广安有一套房愿意以10万元低价卖给刘某某，刘某某信以为真，先筹集了5万元转账给其提供的银行账户，卞某某收到钱后便叫人伪造了一本业主为刘某某的房产证给她，称是已经过户到其名下。侦查人员根据刘某某提供的有限线索，采取一系列有效措施，于2018年11月19日在市城区城南路附近将犯罪嫌疑人卞某某抓获。经讯问，犯罪嫌疑人卞某某对其利用伪造房产证进行诈骗的犯罪事实供认不讳。

卓某、施某某、吴某某团伙诈骗案 2018年年初，区公安分局侦查人员在对网络舆情梳理时，发现卓某、施某某等人有涉嫌诈骗行为，遂于6月7日立案侦查。经对相关线索进行研判，侦查人员于7月6日将犯罪嫌疑人卓某、施某某抓获。经依法侦查查明：犯罪嫌疑人卓某、施某某、吴某某与黄某某、林某某、肖某等人分分合合，利用QQ号及创建的QQ群在网络游戏“地下城与勇士”（简称DNF）交流平台发布买卖游戏装备、游戏币的虚假信息，引诱玩家上当后利用微信补单、买图等方式多次诈骗他人钱财26300元。

顾某某强奸、勒索案 2018年9月28日，事主刘某某带其女儿林某某（女2003年1月3日出生）到城区公安分局刑侦大队报称：其女儿林某某自2018年8月以来被人以裸照、视频曝光的手法敲诈勒索，并遭到性侵。经侦查，顾某某有重大作案嫌疑，2018年9月29日，侦查人员在汕尾市职业技术学院抓获犯罪嫌疑人顾某某。经审讯，犯罪嫌疑人顾某某供认：自2018年8月开始，多次与林某某QQ聊天并拍摄其裸照。尔后，以“视频曝光”勒索林某某钱财。2018年9月25日，犯罪嫌疑人顾某某将林某某骗至汕尾市城区奎山公园并对其强奸。

【扫黑除恶斗争】 2018年1月23日，中央政法委召开全国扫黑除恶专项斗争电视电话会议，部署为期三年的扫黑除恶专项斗争。根据上级部署，城区公安分局切实加强组织领导，明确工作措施，落实工作责任。2月14日，成立扫黑除恶办公室，抽调精干人员组成综合协调组、研判核查组、案件侦查组及扫黑除恶专业队。经过全局民警忘我工作，日夜奋战，扫黑除恶工作取得了明显成效。截至12月26日，全区公安机关共打掉涉黑恶势力犯罪团伙12个，抓获团伙成员67人，其中，恶势力犯罪集团3个，一般恶势力犯罪团伙9个，涉案公职人员6人，投案自首10人，查封冻结扣押涉案资产420.102万元。在线索摸排工作中，分局扫黑办共接受线索225条，其中，市局扫黑办转来的线索103条，督办12条（包括中央督导组督办线索2条），办结81条；城区扫黑办转来的线索54条，中央督导组督办线索6条，办结23条；本地摸排线索59条，立案37件，办结26个；纪委4条；群众举报30条。中央现场督导线索4条。根据公安警综系统的统计，全区公安机关共立涉黑涉恶九类案件74

宗，破案 61 宗，刑拘 132 人，批准逮捕 94 人，起诉 37 人。

“飓风 2018”专项行动　区公安分局各部门严格按照该局制定的“飓风 2018”专项行动方案，狠抓组织领导、宣传造势、奖励激活和高效打击，全面推进“飓风 2018”专项行动，并取得显著实效。打“盗抢”方面，立 133 宗破 38 宗，刑拘犯罪嫌疑人 34 名，逮捕 25 名，移诉 25 名，抓获涉盗抢年前逃犯 2 名。打击电信网络诈骗方面，立 11 宗破 9 宗，抓获犯罪嫌疑人 9 名，刑拘 7 名，批准逮捕 9 名，起诉 9 名；破获团伙案件 1 宗 3 人。开展治爆专项方面，立 1 宗破 1 宗，刑拘 2 人，批准逮捕 2 人，起诉 2 人。打击食药环违法犯罪方面，共立案 3 宗破 3 宗，刑拘 4 人。在“一长四必”工作和三大会战方面，共立 14 类案件 119 宗，勘查率及合格率均 100%。

“雷霆 18”专项行动　2018 年 6 月 22—23 日，区公安分局各部门开展了“雷霆 18”联合打击行动（以下简称“雷霆 18”）。共同打击一批有组织跨境犯罪团伙，清查一批重点场所，营造三地警方严厉打击有组织跨境犯罪的高压态势，震慑危害三地稳定和社会治安违法犯罪分子的嚣张气焰，切实维护粤港澳三地社会政治与治安稳定。在行动期间，共出动警力 446 人次，清查娱乐重点场所 412 处，查缉车辆 108 辆，抓获涉故意毁坏财物案逃犯 1 名、涉非法转让土地使用权案逃犯 1 名，抓获涉毒人员 9 名（其中容留吸毒案犯罪嫌疑人 2 名、强制隔离戒毒 3 名、行政拘留 1 名），协助河南警方抓获涉诈骗犯罪嫌疑人 3 名（已移交河南警方处理）。

【追逃工作】　2018 年，区公安分局成立强有力的追逃工作专班，采取专人负责，深度研判，情报导侦等措施，先后抓获年前在逃人员 35 名，其中，涉黑恶 12 名，5 年前在逃人员 8 名，其中 2 名是省公安厅“飓风 2 号”涉黑专项追逃行动目标在逃人员。4 月 8 日，扫黑除恶专业队与刑侦大队联手，摸清逃犯落脚地，在城区金鹏路一工地抓获了省厅“飓风 2 号”涉黑专项追逃行动目标在逃人员颜某某。

【打击各类经济犯罪】　经侦部门紧紧围绕服务经济建设大局，以“利剑”行动、“猎狐 2018”等专项行动为重要抓手，充分发挥职能作用，依法严厉打击各类经济犯罪活动。全年侦查各类经济案件 13 宗（其中不予立案 3 宗、待办 3 宗、立案 7 宗），破案 6 宗，抓获犯罪嫌疑人 15 名，涉案价值约 2679.5 万元。协助办理浙江、上海等外单位涉众型案件调查登记取证 66 宗 220 人。先后查破了肖某某涉嫌集资诈骗案、黄某某涉嫌非国家人员受贿案、郭某涉嫌持有假币案、邹某某等人涉嫌非法转让土地使用权案、黄某某等人涉嫌非法转让土地使用权案等一批案值数额大、涉及人员多、危害大、影响坏的案件。

【查处治安案件】　全年查处治安案件 608 宗（其中扰乱公共秩序 2 宗、妨害公共安全 16 宗、侵犯人身财产权利 41 宗、妨害社会管理秩序 549 宗），查处人数 798 人（其中治安拘留 119 人、拘留并处罚款 70 人、拘留并予以强制隔离戒毒 495 人、其他 114 人）。

【户口管理】　户政部门围绕为民服务大局，全力打造民生警务，全面推行“首问负责、限时办结、服务承诺、一次性告知、离岗告示”等制度，努力做到让群众最多跑一次。全年共办理户政业务 10446 条（其中办理出生 5901、死亡 601、迁出 2677、迁入 1267），办理居住证 3500 张，注销各类无相片人员、重复（虚假）户口、死亡及出国（境）户口 1922 条，协助政府各部门调查核验各类人员信息 18729 条；圆满地完成了一年一度的户口统计工作，2018 年，全区总户数 81530 户，总人数 390228 人。其中，男 202413，女 187815；农村户口 162418 人，城镇户口 227810 人。出生 5301 人，死亡 601 人，迁入 1674 人，迁出 3128 人；全区流动人口 26000 人。

【打击毒品犯罪】　2018 年，禁毒部门全面调动侦查资源，通过合成作战、专案侦查、公开查缉、跟踪布控、潜伏守候等切实有效的工作措施，共查破毒品犯罪案件 110 宗，抓获涉毒犯罪嫌疑人 130 人，缴获冰毒 40.95045 千克、液态冰毒 211.5 千克、麻黄素148.212千克、海洛因1736.22克、毒资50.09195万元、涉案汽车5部、仿制枪支2支、钢制子弹6发、信号弹3发。先后捣毁制毒窝点3个，破获涉毒团伙案件5宗，查破了“0208”制贩毒案件，“214”陈某等人运输毒品案，钟某某等人贩卖毒品案，“0509”制贩毒品案，范某某、范某某、李某某等人贩卖毒品案和张某某等人制造毒品案等案件。4月28日中午，禁毒大队在汕尾市城区海滨大道某酒店内，抓获贩毒犯罪嫌疑人钟某某（男，34岁，汕尾市城区人）、梁某某（男，28岁，汕尾市城区人）、梁某某（男，30岁，汕尾市城区人），及胡某某（男，30岁，湖南省永州市人）4人，缴获毒品“冰毒”1139.93克，现金人民币8万多元，小汽车1部及其他涉案物品等。经现场突审，又掌握该贩毒团伙的另一下线正在市区工业大道维也纳酒店的线索，禁毒大队民警循线出击，以迅雷不及掩耳之势，在市区工业大道维也纳酒店8822房抓获吸毒人员周某（女，32岁，四川省人）、陈某某（男，34岁，汕尾市红海湾开发区人）、刘某某（男，39岁，汕尾市红海湾开发区人），缴获疑似毒品冰毒1小袋（净重5.23克）；在该酒店8618房抓获涉嫌非法持有毒品犯罪嫌疑人刘某某（女，30岁，红海湾开发区人），吸毒人员曾某某（男，30岁，红海湾开发区人），并缴获毒品4小袋（净重88.43克）。5月4日，区公安分局禁毒大队在市局禁毒支队的带领下以及禁毒合成作战专班、网警支队等相关业务部门的大力支持下，先后在汕尾市区灰窑东三巷一出租屋和园林小区一出租屋捣毁2个吸毒窝点，抓获了公安部目标案件的主要犯罪嫌疑人蔡某某（男，25岁，汕尾市城区人）、王某某（女，23岁，海丰县人）、黄某某（男，27岁，汕尾市城区人），查获吸毒人员苏某某（男，25岁，汕尾市城区人）、苏某某（女，22岁，汕尾市城区人）、苏某某（女，27岁，汕尾市城区人），缴获疑似毒品冰毒9小袋（净重38.05克），现金人民币10000多元，电子厘称等涉案物品一批。5月9日，禁毒大队在城区和顺四区和富路市林业局对面出租屋、东涌镇汕遮路德美工业村后面养鸡场、东涌镇德美工业村东南边一民宅（黄某家）等处，分别抓获范某某、范某某、李某某等人制造毒品案。现场缴获成品冰毒约十几公斤，半成品两桶，现金人民币40多万元，制毒工具一批及其他涉案物品若干。

【禁赌　扫黄】 2018年，为切实加强涉黄涉赌问题打击整治工作，坚决遏制黄赌违法犯罪活动蔓延发展势头，有效解决群众反映强烈的突出治安问题。治安大队、巡警大队与各派出所联手，快速出击，重拳打击“黄赌”违法犯罪活动。全年查处赌博案件54起（其中作刑事案件处理13起），抓获违法犯罪人员131人（其中刑拘15人），缴获赌资25万元；6月2日，巡警大队在汕尾市区祯祥街六巷捣毁一个赌博窝点，抓获涉嫌开设赌场犯罪嫌疑人施某某（男，48岁，海丰县人），赌博犯罪嫌疑人郭某某（女，49岁，海丰县人）、曾某某（女，26岁，汕尾市城区人）及参与赌博违法人员10人。现场缴获骰子、瓷碗等赌具及赌资现金人民币1420元。8月22日23时许，巡警大队在汕尾市区面粉厂后四巷捣毁1个赌博窝点，抓获涉赌违法人员程某某（男，44岁，汕尾市城区马宫镇人）、邹某某（女，23岁，汕尾市城区人）、黄某某（男，43岁，四川达州人）等14名涉案人员，缴获赌资及赌博工具一批。全年查获卖淫嫖娼案件5起，其中作刑事案件处理2起，作行政案件处理3起，抓获违法犯罪人员14人。6月3日零时许，中区派出所民警在汕尾市城区园林东街93号兴扬百货店，查获一宗利用游戏机进行赌博的案件，现场查获为赌博提供条件的嫌疑男子陈某某（汕尾市城区人）、邝某某（汕尾市城区人），缴获游戏机（俗称“老虎机”）1部。2018年5月15日凌晨零时左右，治安大队在汕尾市城区大马路108号推拿按摩店内，查破容留卖淫案件1宗，现场抓获涉嫌容留卖淫人员1名、卖淫妇女2名、嫖娼人员2名，缴获避孕套一批。

【重大社会活动和会议安全保卫】 2018年，在城区举办的各类重大社会活动和各类大型会议共43场次，较为大型的有：1月7日，由国内著名户外运动组织网站磨房网主办，汕尾市体育局协办在汕尾市举行的“2018年第四届磨房汕尾40公里徒步活动”；1月16日—20日，举行汕尾市政协七届二次会议和汕尾市人大七届三次会议；2月17日（农历大年初二），区政府组织举办“善美之城贺新春”音乐烟花晚会；4月29日至5月1日，区政府在“五一”期间举办汕尾市城区首届特色产品推介会；5月25—26日、6月20—21日，省委、省政府调研团先后两次到汕尾市进行调研考察；5月17日，区委、区政府在汕尾市玉台山慈云公园广场，举办“放歌红土地 开启新征程”汕尾市城区传承红色基因主题教育活动文艺晚会；6月7—9日，2018年普通高等学校招生统一考试安保工作；6月17日上午9时至12时，汕尾市“我们的节日——农商银行·农信联社杯”龙舟锦标赛；6月26日，中共汕尾市第七届委员会第六次全体会议；7月31日至8月11日，2018年海外华裔青少年（荷兰）“中国寻根之旅”夏令营活动；9月7日上午，市政府在市区玉台山慈云公园广场举行“汕尾市纵深扫黑除恶专项斗争攻坚行动大会”；9月24日—26日，区委宣传部举办“善美金秋——2018年汕尾市城区贺中秋迎国庆文化系列活动”；9月15—21日，在汕尾市体育馆举行汕尾市第1届老年人体育健身大会；11月15—17日，城区“红色村”党建示范工程工作活动。对上述活动和会议共投入警力3350多人次，确保了各类活动安保工作万无一失。

【危爆物品管理】 治安大队与各派出所坚持严查严管，严打严防，深入开展危爆物品隐患排查、清查收缴等工作，先后查处了林某某、杨某某、李某某、张某某等人，利用长安牌小型面包车、五菱牌小型面包车、轻型厢式江淮牌货车等，非法运载液化气案件，共缴获液化气224瓶。4月22日，马宫派出所查扣一艘在马宫砍头山海域（位于北纬22°47′，东经115°13′）炸鱼的渔船（船号为粤汕城渔22166），抓获船主苏某某（男，63岁）及船员10名，查获17根疑似爆炸物品，16根疑似雷管和导火索一小捆。经初审，犯罪嫌疑人苏某某对其该批疑似爆炸物品是存储在粤汕城渔22166号船上用于炸鱼的违法事实供认不讳。全年共查处涉枪涉爆刑事案件1起，收缴雷管16枚、炸药3.2公斤，查处2人；排查涉爆人员63人；检查民爆物品从业单位4家35场次。

【出入境管理】 出入境部门进一步推进“放管服”改革，严格落实出入境制度改革，先后推出了“优先服务窗口”服务，为年满60周岁的老人、携带不满2周岁儿童的群众、孕妇、残疾人员或符合急事急办条件的申请人提供免取号排队、即到即办等18项便民利民措施。全年出入境窗口共受理中国因私出国（境）72090人次，其中受理往来港澳通行证60688人次（其中一体机受理33902人次、人工受理26786人次），定居1392人次，护照8220人次，台湾1690人次。审核上报中国公民因私出国（境）35797人次，其中，办理往来港澳通行证27877人次，办理定居2069人次，办理护照8439人次，台湾1733人次。

【公安法制】 法制部门在案件审核工作中，严把案件出口关，确保案件事实清楚，证据确凿，定性准确，程序合法，量罚和采取措施适当。全年审核刑事案件312件389人，其中刑事拘留292件369人（批捕319人，批捕率为86.4%，变更取保候审45人、释放1人、移送外单位处理2人、转强制隔离戒毒2人）；审核行政案件571宗713人，其中赌博案件26宗73人，盗窃案件3宗3人，卖淫嫖娼5宗14人，殴打他人案件28宗46人，吸毒案件462宗519人，其他案件47宗58人。

【警务督察】 警务督察部门深入推进党风廉政建设，坚决肃清李某、万某某流毒影响，构筑“不敢腐”“不能腐”“不想腐”的立体防线，提高广大民警防腐拒变的能力和严格执行廉洁自律执行各项规章制度的自觉性。开展“鞭策庸懒散、提升执行力”专项整治和“整治突出问题，纯洁公安队伍”专题教育活动。全年，监督室共出动警力351人次开展现场督察117场次、网上督察82场次，及时纠正问题31个，对城区存在黄、赌、毒现象进行暗访43次。

【公安宣传】 区分局坚持宣传先行、舆论先导、声势先造，利用多种宣传阵地，突出扫黑除恶主题，通过网络平台、电视报刊及出动宣传车、悬挂横幅、发送短信、设立固定宣传栏等方式，深入开展宣传，广泛发动，营造浓厚的社会氛围。在扫黑除恶专项斗争中，分局在各大网络媒体宣传发动共计152条，宣传举报线索公告微信公众号共计30条，悬挂横标114条，标语1万多张，设置宣传专栏95个，举报箱12个。在“5·15”打击和防范经济犯罪宣传日活动中，区分局汇同市公安局和邮政储蓄银行在市区香洲路、黄金海岸等地设点，开展防电信诈骗宣传活动，以提高群众防诈骗意识和甄别能力。通过悬挂横幅，摆放诈骗类型宣传挂图，向群众面对面介绍电信诈骗常见的种类及常见的作案手法和作案方式、特点以及识别、防范的方法。结合典型多发的诈骗案件，有针对性地向群众宣传讲解电信诈骗的危害及预防知识，并针对近期发生的冒充公检法人员、兼职刷单、网购退款等多种类型进行的方式进行宣传。此次活动共发放电信诈骗宣传资料2500多份，接受群众面对面咨询近500人次。8月29日，分局正式开通“平安汕尾城区”官方微信公众号，发布推文30条，总阅读量7万余人次，关注用户近2000名；“平安城区”官方新浪微博发布推文100余条，关注用户近17000名。

【治安拘留】 2018年，拘留所以硬件改造建设为重点，严格落实各项安全管理制度，全面提升监管质量和水平，确保了监管场所和监管队伍的“两个安全”。全年拘留所共收押违法人员共计752人,协破案件5宗，安全无事故完成关押任务。

(蔡子良)

附：汕尾市公安局城区分局领导名录

局　长：陈少华
政　委：陈业伟
副局长：卓汉胜
　　　　林春生
　　　　陈守鑫
　　　　翁金荣
　　　　刘志刚（2017年4月挂任，时间2年）
　　　　罗万盛（2017年12月挂任，时间2年）
纪委书记：欧作为

边防

【概况】 汕尾市公安边防支队城区边防大队成立于1988年12月，为副团职建制。下属单位有港口、马宫、捷胜、红草4个边防派出所，其中红草边防派出所于2013年建制但未实体运作。12月26日，城区边防大队集体退出现役，划转到地方公安机关。

2018年，城区边防大队在上级党委和地方党政、公安机关的坚强领导下，以深入贯彻中共十九大精神为统领，以不忘初心的忠诚使命承担改革重任，强基础、保稳定，大队党委统领能力和核心作用显著增强，各级党组织建设日趋规范，经费保障稳步提升，基础建设不断夯实，部队战斗力明显增强，确保了辖区和部队“双稳定”。2018年，全大队共立刑事案件20宗，查处治安案件30起，打击违法犯罪嫌疑人29人，其中：收戒12人，缴获毒品共261克，抓获在逃人员2人；共办理船舶案件48起，查处47人，查获非法成品油案件4起，查获成品油共计约9吨，查扣涉案车辆2台，查处涉案人员3人，取缔非法储油点4个，有效遏制了零星走私活动的发生。圆满完成了上级和地方党政交赋的各项工作任务，特别是在各项专项安保任务、抢险救灾、应急救援以及强台风“山竹”期间，党员领导干部带领官兵冲在前线，紧急转移群众，确保了辖区重灾中无一人伤亡事故，受到了当地党政和人民群众的一致好评。2018年，共有3名官兵荣立个人三等功，2名官兵荣获个人嘉奖。认真贯彻落实支队党委工作部署和上级指示要求，团结一心、迎难而上，全力以赴，认真做好部队管理和辖区稳控工作。

【党委班子建设】 2018年，大队党委班子召开2次党委（扩大）会议、24次党委会议、12次月讲评会议、40次军人大会，坚持召开日交班会，切实将官兵思想统一到党委决策部署上来。严格落实重大事项及时请示报告，大队党委先后2次向地方党政、公安机关报告部队改革和教育管理工作，共向地方党政、政法、公安机关等报送工作简报12期。调整完善大队党委分工和挂片联系点，建立了党委委员带队下基层面对面帮扶、点穴式指导、常态化谈心制度，明确了每名党委委员每周至少到所在联系点指导帮扶一次，更加畅通了大队党委同基层官兵双向传导渠道，确保了党委各项决策部署落实落地。2018年，公安部边防局副政委李裕禄，总队总队长陈惠溪，汕尾市委常委、城区委书记李庆新，副市长、市公安局局长李世华以及市边防支队李志群政委等领导，率队到大队指导了解部队情况，关心部队改革事宜，指导大队开展营房拆迁安置事宜并推动下步工作。

【改革宣传教育】 大队组织全体官兵迅速学习贯彻上级领导讲话精神，及时更新宣传栏墙报、横幅；开展向“最美家庭”家庭学习活动；积极派员参加支队征文、演讲比赛；分期举办集体生日会，定期开展家属来队探访活动；“八一”建军节期间组织参观海丰县红宫红场旧址，开展红色传承教育、传承红色基因；中秋国庆等节假日期间，举办文体活动。通过采取系列措施，教育引导官兵把握政策、服从大局、遵守改革纪律，干好当前工作，认真履行好工作职责。

【做好思想工作】 采取了问卷调查和座谈了解、个别谈话的方式，对全体官兵进行了专题调研，并召开队伍管理形势分析会。根据当前官兵现实思想反应和存在的问题，通过正面教育灌输，做好了政策深层解读；采用“一对一”帮扶和集体谈心的模式，严格落实“九个必谈”，谈心率达100%。同时，大队主官至少与每名官兵谈心2次，针对个别思想和现实问题比较突出的官兵，大队主官下到基层与其面对面谈心，做好了即时性、针对性思想疏导工作。

【暖心励警措施落到实处】 是年，公安部组织公安现役士兵转改考试考，为全力支持战士备考，各单位为士兵宿舍维修更换灯光、桌椅等老旧设施设备，购置学习用品，为士兵备考提供舒适的条件，聘请专业教师对考学士兵进行重点辅导和安排大学生干部对考生进行一对一辅导，帮助士兵解决课程的难点、疑点问题，提高士兵的应试能力，同时合理安排勤务，为考生提供充足的复习时间；及时了解官兵家庭存在困难，尽单位最大努力帮助官兵，传递组织关心；在开学季，主动为困难官兵子女购置了学习用品，送去温暖关怀；中秋、国庆期间，邀请家属到队用餐体验部队生活，与官兵共同参与文体活动。

【为民解困】 一年来，各派出所共走访辖区群众5957户次、12540人次，外来人员1450人次，检查船舶3650艘次，出海人员18630人次，排查化解各类矛盾纠纷95起，救助、转移遇险群众800余人。1月25日，港口所官兵在外出开会途中，路过市区发现一民宅3楼起火冒出浓烟，该所官兵立即主动疏散现场群众，并先后三次抵火场组织扑救，获得了救火现场领导副区长、公安分局局长陈少华的表扬和在场群众的认可。8月27日，马宫所及时处置一宗疑似精神病人危害安全的隐患，将其送往海丰县精神病院进行治疗，避免了辖区人民群众人身和财产受到伤害。9月15日，在强台风“山竹”登陆前，马宫所派出12名警力前往辖区保利金町湾协助当地政府转移780余名外来务工人员和辖区群众到村委、学校等安全地临时安置。9月16日，正值台风登陆，边防大队组织捷胜、港口所共13名官兵赴裕华冰厂施救撤离2名被困人员，同时救助被困在看船公司对开海域一艘渔船的8名群众，得到了市委常委、区委书记李庆新的高度肯定。

【打击违法犯罪】 一年来，大队和各派出所严格执法，严厉打击，有效震慑了违法犯罪态势。1月9日，港口所成功规劝一名涉嫌殴打他人的网上在逃人员投案自首；1月15日，马宫所成功告破一起2017年10月立案的故意伤害案，抓获并刑拘犯罪嫌疑人1人；1月、2月边防大队和马宫所联合马宫街道开展消防安全大检查行动，取缔拆除了3个非法储油点的油罐；4月22日，马宫所联合城区渔政大队在马宫港嘴海域查扣涉嫌非法炸鱼船舶1艘，在涉事船上查获2号岩石乳化炸药3216克，雷管16根，导火索3.2米，当场抓获犯罪嫌疑人2人。5月28日，捷胜所联合捷胜镇府职能部门在辖区开展联合清查时，在捷胜镇联安村查处吸毒窝点1个，缴获疑似海洛因260克，疑似冰毒2小袋约1克，吸毒工具一批，当场抓获吸毒人员1人。8月8日，捷胜所成功破获一起强奸、猥亵儿童案，抓获犯罪嫌疑人2人；11月，大队组织在港口辖区查处取缔了一辆废弃的厢式改装油罐车和一处疑似地下储油点等。通过大力打击各类违法犯罪，有效维护了辖区的安全稳定。

【深入开展扫黑除恶专项斗争】 各派出所组织驻村民警利用日常走访，联合村干部等群众力量围绕八种情形黑恶势力犯罪，深入易滋生黑恶势力的餐饮行业、渔排、码头等重点场所开展全方位排查，特别对辖区重点人员进行重点摸排，严密排查涉黑涉恶隐患。组织执法办案骨干对2008年至今的案件进行全面深入的涉黑恶线索排查，排查是否存在“有案不接、接而不立、立而不查、查而不处、处而不公”等执法问题，切实消除失职渎职、违法违纪的风险隐患。通过群众举报、自主排查以及警情案件自主梳理，各派出所共排查线索19条，其中，3条群众举报线索经查不属实，7条线索已办结，其余9条线索均已立案查处和进一步侦办。通过加大宣传力度，在人员聚集区悬挂横幅、张贴海报、发放传单等形式，向群众普及扫黑除恶、自身安全防范的基本常识，全面调动起群众与违法犯罪行为作斗争的积极性。组织官兵深入辖区码头、渔排等场所进行集中走访和线索排查工作，发动群众主动举报辖区涉黑涉恶线索，营造全民参与、全员打击的社会氛围。2018年，共走访群众2600余人次，悬挂横幅40余条，发放宣传资料1800余份，开展打击黑恶势力知识宣讲12场次。

【制定禁毒长效机制】 针对2018年城区禁毒面临的严峻形势和挑战，区边防大队研究制定了十项长效机制：一是“白+黑”的巡防防控常态性长效机制；二是进村入户、登船上渔排常态化长效机制；三是定人、定区域、定船只责任网格化常态化长效机制；四是每周组织开展联合联动清查行动常态化长效机制；五是码头、重点部位、风险点踏查管理常态化长效机制；六是利用无人机对辖区山林、偏僻地带进行不定时巡查常态化长效机制；七是沿海海防与打私视频监控巡查常态化长效机制；八是治安耳目、特情朋友线索收集常态化长效机制；九是宣传全民综合治理氛围常态化长效机制；十是民警村官100%兼任常态化考核长效机制。从7月起，大队每月向支队申请下派15名左右战士增援各派出所开展禁毒维稳工作，并根据派出所辖区和工作实际，科学调整勤务模式，每周组织下属三个派出所人员集中到其中一个派出所辖区轮流开展统一清查。通过落实常态机制，合力打击，辖区毒情隐患大大削减，形成全民禁毒的良好氛围。

【积极参与“创文创卫”工作】 大队党委高度重视“创文创卫”工作，加强宣传发动，大队主官带队到挂点社区协调开展“创文创卫”工作，并明确每次活动均由一名大队领导带队，组织官兵到社区联合开展卫生清理、创文创卫宣传等工作，确保工作有效落实开展，并为大队挂驻点凤山街道文亭社区支持设置了6副宣传栏。

【规范固定资产管理工作】 2018年，恰逢边防部队改制的时间节点，为确保固定资产不流失，区边防大队重新梳理清点单位资产情况，按制度规定进行盘亏、盘盈，并严格执行固定资产报废及登记制度，定期清查，并逐步建立健全了一套行之有效的固定资产管理制度。

【扎实推进营房建设】 2018年强台风“山竹”对大队各单位营区营房均造成了不同程度的损坏，为尽快恢复工作和生活，大队指导各派出所做好灾后重建工作，及时对受损营房进行修缮，有效保障官兵的工作生活环境。根据汕尾市政建设规划，区边防大队部和港口所现有办公地点涉及拆迁。经调研后，将原豪都酒楼主楼作为大队部办公点，新港街道新港村培新学校作为港口所临时办公地点，并由政府协调对原豪都酒楼主体楼和培新学校进行改造装修，用于区边防大队部和港口所临时办公地点。

【边防大队划转】 12月26日，公安边防部队宣布集体退出现役，边防大队全体官兵集体划转到地方公安机关，圆满完成了城区边防大队30年的边防辖区陆地治安、户籍管理和沿海的海上治安、台轮管理、沿边沿海反偷渡、反内潜、反走私、缉枪、缉毒、打击海上盗抢以及实施海上救助等历史使命，接下来将履行公安部门的相关职责。

（冯梓滨）

附：城区边防大队领导名录

大队长：陈寿华

政　委：李柏章

副大队长：芮伟江

　　　　　杜占江

　　　　　范国强

消　防

【概述】 2018年，城区消防大队党委一班人团结带领全体指战员奋力拼搏，积极采取了一系列行之有效的激励措施，在总队、支队组织的多项比武竞赛中均获得较好名次，基本完成了全年消防工作目标任务，有效维护了队伍稳定。同时，克服辖区内火灾因素增加的现实困难，积极推动政府部门压实责任，全力筑牢消防安全屏障，火灾形势稳中向好。

一是队伍高度安全稳定。全年未发生违法违纪事件，在消防体制改革的大形势下，绝大部分指战员自始至终都选择留队继续从事消防工作，真正实现了思想不乱、队伍不散。二是火灾形势持续平稳。2018年火灾四项指数除死亡人数外，其他指数全面下降，最高降比达33%。三是实战能力大幅提升。大队圆满完成了陆河“8·30”抗洪增援、抗击台风“山竹”、红海湾电厂火灾扑救，“9·24”西门市场火灾扑救等一系列急难险重任务，得到了各级领导和人民群众的高度肯定和赞扬。共有4人荣立个人三等功，14人受嘉奖，1名政府专职队员荣获抗洪救灾先进个人称号。四是服务辖区质量显著提升。大队克服执勤力量紧缺的困难，合理安排力量协助市、区两级政府开展“创文创卫”工作，派人到辖区人民医院、市直单位、市特殊学校等地开展服务工作。2018年6月，大队被评为市级“创文创卫”先进单位，1人荣获汕尾市“最美人物”称号。五是基础建设成果丰硕。一年来，大队紧紧围绕全面协调发展总规划，始终坚持放眼长远、未雨绸缪，争取财政预算经费905万元；新区消防站建设取得了实质性的突破，市政府已将该项目列入了2018年十大民生重点建设工程项目；大队共投入120万元进行场库室改造及修缮建设，着力推进精品队站建设。六是消防安全成为社会共识。2018年，通过开展系列消防安全整治，不遗余力地开展消防安全宣传培训，群众消防安全意识显著提高，火灾起数较2017年下降33%，火灾隐患举报投诉较2017年上升了700%。群众关心消防、整治火灾隐患的意识明显提高，关注消防安全已经成为全社会的共识。七是党委、政府高度重视。市委常委、区委书记李庆新先后11次对消防工作作出指示，区委副书记、区长罗光钊先后15次对消防工作提出要求，区政府主要领导多次亲自带队开展消防安全检查，推动解决了新区消防队站建设、专职队员保障经费、火灾高风险区域整治、电气火灾整治、电瓶车专项整治等亟待解决的问题。

【消防安全整治工作】 坚持以抓牢防灭火主业为核心，确保中心大局高度稳定。1. 全层级健全消防工作责任体系。提请区委、区政府先后11次专题研究消防工作，推动行业部门、镇街、公安派出所强化消防监督职责，对全区3镇4街道逐一约谈，压实工作责任。2. 全方位提升火灾防控水平。市委常委、区委书记李庆新亲自部署开展消防安全大走访大排查大整治，区委、区政府部署开展出租屋（群租房）、户外供电线路等自选专项消防安全整治行动。同时，结合上级工作要求，部署开展“六类场所、十项必查”、“打通生命通道”、大型商业综合体、夏季消防安全检查、冬春火灾防控等一系列整治行动，挂牌督办2个火灾高风险区域整治，区政府挂牌督办3个重大火灾隐患单位，对16个高危单位进行曝光。3. 全方位夯实公共消防安全基础。新建消火栓30个，推动全区36个社区、36个重点单位100%建成微型消防站，在区政府设立消防安全委员会办公室和消防安全专项整治办公室，抽调各相关部门共16人进驻办公，全区7个镇（街道）网格化全部实体化运作。在新林社区建立电动车消防安全整治试点，在全区5个高层住宅小区引进建设电动车智能充电车库。4. 多渠道推进消防工作社会化。联合区教育局开展“小手牵大手，安全校园行”活动，通过“爸爸妈妈给我讲消防”、组织疏散演练和参观消防站等活动，引导学生关注消防安全。联合教育、民政、卫计、科技文体等部门建立行业消防安全标准化管理示范单位，开展分行业系统开展针对性的消防安全培训21场次，提高行业监管水平。推动各户外LED及高层住宅小区插播消防公益宣传，协调市粤运公司开展公交车插播消防宣传广告，联合区科技文体局文化下乡推进消防知识下乡工作，拓宽消防安全宣传覆盖面。5. 全员额锤炼精兵，持续强化硬本领。一是紧抓执勤岗位练兵工作。大队领导带头亲自抓训练、促落实，亲自把关，形成自上而下、大队全员参训的良好训练氛围，同时贯彻“以人为本”的理念，邀请驻地卫生健康机构、饮食营养知识组织到队开展专业知识授课。二是改进组训模式，强化业务基础。组织全体指战员深入辖区体能房、游泳馆、体育学校等地学习专业训练方法，针对辖区民宅火灾多发情况，邀请“南方电网”技术人员开展两期电力知识培训，深入辖区西门、林埠等“城中村”开展实地操作训练。三是优化力量编成，强化专业队伍。根据辖区高层建筑、涉氨企业多的实际情况，组建高层火灾扑救、危险化学品泄漏处置专业组，积极推动“大应急”通信建设，组建应急通信保障分队，按要求配齐配全相关设备，在支队组织的多次应急通信直报直调拉动考核中成绩名列前茅。2018年，大队有1人被选拔参加总队高空拯救专业技术培训，并通过IRATA Level 1国际认证考核；2人参加国际RIB岸际救援并成功通过考核获得资质；1人参加华南五省区消防部队基层指挥员和班长骨干培训班；1人参加总队装备技师培训。

（陈少荣）

附：汕尾市公安消防支队城区大队领导名录

大队长：郭永金

政治教导员：尹 政（2018年3月离任）

检 察

【概况】 2018年，区检察院深入学习贯彻中共十九大精神和习近平总书记系列重要讲话精神，以习近平新时代中国特色社会主义思想为指导，充分发挥检察职能，全年共受理各类案件647件，办结628件，结案率97.1%，促进了全区社会稳定和经济发展。

【侦查监督】 侦查监督是审查逮捕和立案、侦查活动监督的总称。全年共受理提请批捕案件295件419人（受案数同比上升2.4%），已办结293件417人，结案率99.3%，其中批捕390人、不捕27人。所办案件均在法定期限内办结，平均结案天数仅3天。

开展立案监督。共受理立案监督案件5件，均已办结。如在开展专项立案监督工作中，获悉周某生产假冒“美心”月饼，涉嫌假冒注册商标罪，对此，建议城区工商局向公安机关移送该案件，公安机关予以了立案。

开展侦查活动监督。共发出《检察建议》2份、《纠正违法通知书》1份。如在办案中，发现某村多名村委和村小组干部多次非法转让集体土地使用权而其违法行为从未被行政处罚，区检察院在向相关行政执法机关发出的《检察建议》中，提出了四项预防性建议。在办理一宗涉嫌失火案中，经审查发现侦查机关对被取保候审的犯罪嫌疑人采取的保证方式违法，且因该案犯罪事实不清退回补充侦查，但侦查机关又未在法定期限内补查完毕，区检察院依法发出了《纠正违法通知书》。对提请批捕的案件，经审查依法作出不捕的，向公安机关发出《不批准逮捕理由说明书》20份、《不批准逮捕补充侦查提纲》9份；对虽证据不足，但仍有侦查空间的，逮捕后，发出《逮捕案件继续侦查取证意见书》15份。为规范侦查取证工作，区检察院联合区公安分局召开了业务座谈会，进一步促进在以诉讼为中心的大背景下规范执法司法行为。推进“两法衔接”信息共享平台建设。7月，主动走访相关执法部门，督促其加强平台录入工作。经督促，执法部门共补录案件信息139件。全年共录入行政处罚案件258件。自平台建成以来，28个成员单位共录入450件行政处罚案件，其中有6件通过平台成功移送立案、起诉、判决，实现了行政执法与刑事司法的无缝衔接。

【审查起诉】 2018年，共受理移送起诉案件348件527人（含旧存19件28人，受案数同比下降21%），已办结332件，结案率95.4%，其中，起诉301件393人，不诉10件11人，其他处理21件70人。除了需要退查或补查外，其余均在法定期限内结案，有27件在15天内办结。2018年，对侦查机关移送审查起诉的案件，经审查改变定性的案件13件35人，其中改变罪名8件17人，增加罪名5件18人，法院已作出判决的案件中均对区检察院起诉改变的罪名和增加的罪名指控予以认定。提起公诉的案件，法院均作有罪判决。

开展审判活动监督。加强对刑事审判活动的合法性以及裁判结果的正确性进行法律监督，共对刑事判决提出抗诉3件3人。落实检察长列席同级法院审判委员会会议制度，检察长和分管副检察长列席法院审判委员会会议2次。

【严打黑恶犯罪】 认真贯彻落实中央、省、市、区委关于开展扫黑除恶专项斗争的工作部署，积极投入扫黑除恶工作。一是全力开展涉黑恶案件提前介入工作。扫黑除恶专项斗争开展以来，对6件涉黑恶案件，在侦查机关提请批捕之前和移送审查起诉之前均组织精干力量主动提前介入侦查。如对中央督导组督办的以黄某、曾某为首的涉恶犯罪团伙案件，及时派出精干力量，主动提前介入，通过了解案情、参与案件研讨等，积极有效地引导侦查取证工作，解决法律适用、证据收集固定等问题。公安机关侦查终结后依法移送区检察院审查起诉。区检察院一经受理，即启动大要案办理机制，利用晚上和周末的休息时间加班加点，仅用8天时间将该案提起公诉。二是牢记“依法”两字。严格依照法律规定和“两高两部”的指导意见，对提请批捕和移送审查起诉的案件，认真审查把关，构成黑恶势力犯罪的，坚决从快批捕、起诉。共批捕涉黑恶案件13件53人，已起诉涉黑恶案件4件23人。三是深挖黑恶犯罪案件线索。组织力量倒查近十年来办理的刑事案件，搜集涉黑恶违法犯罪线索，并对搜集的线索集中研判、综合评估，逐件造册跟踪，甄选后将2条有效线索移送有关部门依法办理，其中1条经退回公安机关补充侦查后，已起诉到法院依法审判。四是加强宣传工作。组织干警深入各镇（街道），通过悬挂扫黑除恶宣传标语、发放宣传海报和宣传手册等方式，大力开展扫黑除恶专项斗争宣传活动。累计发放宣传海报100多份、宣传手册2000多本。制作“扫黑除恶”宣传牌和宣传栏，放置在挂驻村捷胜镇东坑村。8月，青年检察官宣讲团应区委党校邀请，为城区香洲街道和村（社区）干部“两委”开展扫黑除恶专项斗争专题辅导培训，提升街道和村（社区）干部“两委”干部履职能力。中秋和国庆期间宣讲团还应邀前往城区香洲街道、凤山街道、马宫街道、捷胜镇等，利用节假日为回乡的外出党员开办扫黑除恶专项斗争法律知识讲座，助力城区营造良好的法治环境。

【公益诉讼】 在开展公益诉讼工作中，一是争取支持配合。2018年年初，制定开展公益诉讼工作方案并向区委、区人大、区政府汇报，得到领导的高度肯定和支持。主动到城区及红海湾相关行政职能部门沟通交流工作，建立公益诉讼信息共享、线索移送、案件协查、结果反馈等协作机制。分别与11个行政职能部门签订《在开展公益诉讼工作中加强协作配合的实施意见》。二是大力开展宣传。印制宣传海报500份、宣传手册1000本，深入到机关、企业、农村，就公益诉讼法律并结合案例进行宣传。三是深入调查研究。针对影响环境资源治理的问题，到辖区河流、水库及林地实地调研，对河流受排水管道污染等情况研究监督措施。四是抓好办案实践。共办理公益诉讼案件2件。就霞洋客运站至保利金町湾的生态公益林地缺乏监管遭受破坏的线索，予以立案，并依法向管理职能部门发出检察建议，建议其采取有效措施，修复受破坏林地。对汕尾新闻媒体报道的5辆大型货车进入城区东涌镇新湖村委新寨村附近一水塘非法倾倒垃圾案件，区检察院依法立案后，多次前往有关行政管理职能部门沟通协调，对该案仍在跟踪监督中。

【民事行政检察】 2018年，共办理民事监督案件1件、非诉执行监督案件1件。在非诉线索排查中，发现某职能部门在对行政相对人作出罚款的行政处罚后，未在法定期限内依法向法院申请强制执行，为此，区检察院发出《检察建议》，督促其规范执法，已促使该部门向被处罚人追收部分罚款，余款定在半年内追收完毕。区检察院对该案的监督成效，得到了省检察院的肯定，被全省民事行政检察工作总结作为成功案例。

【刑事执行检察】 扎实开展社区矫正检察监督。一年来，到城区及红海湾各街道司法所就社区矫正工作进行检察监督和业务指导20次。通过调阅法律文书、查看工作台帐、审查档案和与社区矫正人员谈话等方式进行监督，严防脱管、漏管。共对社区矫正不当情况发出《检察建议》2份。依法开展羁押必要性审查工作，通过子系统新模式，综合评估犯罪嫌疑人、被告人是否具有继续羁押的必要作为启动羁押必要性审查的依据。受理羁押必要性审查案件12件，其中立案4件，发出检察建议3份。

【控告申诉检察】 发挥涉检涉法信访工作化解矛盾功能。共受理群众来信来访14件，其中申诉类9件，院领导先后接待群众来访14人次，通过及时处理群众诉求，有效推动矛盾纠纷化解。依法办理国家司法救助案件1件，对刑事受害人予以救助，彰显司法人文关怀。

（曾小倩）

附：城区检察院领导名录

党组书记、检察长：林建新

党组副书记、副检察长：张金水

副检察长：陈海生

法　院

【概况】 2018年，区法院深入学习贯彻习近平新时代中国特色社会主义思想和中共十九大精神，紧紧围绕“努力让人民群众在每一个司法案件中感受到公平正义”的工作目标，忠实履行宪法法律赋予的职责，坚持司法为民、公正司法，各项工作都取得了新进步。是年，共受理各类案件2251件（含旧存191件、新收2060件），新收案件数同比上升19.42%；办结2080件，同比上升16.59%；结案率为92.40%，同比上升2.07%。法官人均结案104件，同比上升16.85%。

【刑事审判】 坚持宽严相济，惩治刑事犯罪。是年，共审结各类刑事案件318件401人，结案率为93.26%。扎实开展扫黑除恶专项斗争，共审结自2018年1月23日以后立案的涉黑恶势力犯罪案件5件24人。切实维护公共安全，依法严惩贩卖毒品、寻衅滋事、聚众扰乱公共场所秩序等妨害社会管理秩序犯罪，其中审结涉毒案件117件121人，占已结刑事案件的36.79%。保护群众人身财产安全，依法审结“两抢一盗”、诈骗等侵犯财产罪案件38件50人。配合监察体制改革，深入推进反腐败斗争，审结职务犯罪案件18件29人。坚持寓教于审，惩教结合，切实保护未成年人合法权益，审结未成年人犯罪案件16件18人。坚持惩罚犯罪与保障人权相统一，落实宽严相济刑事政策，对犯罪情节较轻，且有悔罪表现的48名被告人依法适用缓刑。

【民商事审判】 坚持调判结合，化解民商纠纷。2018年，共办结民商事案件995件，结案率为90.20%，其中以调解和撤诉方式结案的案件有454件，调撤率为45.63%。妥善审理婚姻家庭、抚养赡养纠纷等案件，保护妇老幼残者合法权益，共办结家事纠纷案件371件；妥善审理民间借贷、金融借款合同、买卖合同、保险合同等案件，维护公平竞争秩序，保护市场主体合法权益，共办结合同纠纷案件319件；妥善审理道路事故人身损害赔偿、医疗事故损害赔偿、工伤事故损害赔偿等侵权责任纠纷案件，保护当事人合法权益，共办结该类案件64件。

【行政审判】 坚持平等保护，促进依法行政。是年，共审结行政诉讼与行政非诉审查案件127件。注重加强与行政机关的联系沟通，做到依法保护行政相对人的合法权益，监督和支持行政机关依法行政。深化行政机关负责人出庭应诉制度，进一步增强行政机关依法行政责任意识，促进司法与行政良性互动，行政机关负责人出庭应诉率为70%。向负责人不出庭应诉的行政机关发出司法建议，建议其今后要落实好出庭应诉制度，并收到其采纳的反馈意见。区法院审结的中国铁塔公司诉海丰县环保局行政处罚、海丰县人民政府行政复议纠纷案入选广东省行政审判和国家赔偿十大案例。

【执行工作】 坚持多措并举，破解执行难题。是年，共执结执行案件637件，执结案件数同比上升59.65%，执结率为95.07%，执行到位标的9566.02万元。全力推进网络司法拍卖工作，在淘宝网司法拍卖平台完成拍卖24次，成交额2909.6万元，溢价率23.00%。依托失信联合惩戒体系，依法发布失信被执行人96人次（其中包括法人或其他组织），限制高消费592例，对16名被执行人限制出境。为贯彻落实最高人民法院“用两到三年时间基本解决执行难问题”工作部署，区委、区政府以“两办”名义印发了《关于支持法院切实解决执行难的意见》，区委全面依法治区工作领导小组设立区基本解决执行难工作领导小组，区政法委及公检法司等15个区直单位联合出台《关于建立执行工作联动机制的实施方案》，进一步完善了加强人民法院执行工作的制度和机制建设，逐步建立起综合治理执行难工作格局。主动邀请人大代表参与执行和解工作，历时三年多的7宗金融借款合同纠纷等执行案件得以和解结案，兑现申请执行人债权共4600多万元。

【司法为民】 践行司法为民宗旨，积极回应社会关切。打造“多渠道、一站式、综合性”的诉讼服务中心，为人民群众提供便民利民服务；适应“互联网+司法便民”新模式，开通网上立案、缴费平台，减轻群众诉累，是年，共受理16宗网上立案案件，有638笔诉讼费通过网上支付方式缴纳；建立弱势群体维权“绿色通道”，切实传递司法温度，为17宗案件困难当事人缓交诉讼费113665.03元。积极构建审判流程公开、裁判文书公开、执行信息公开、庭审公开“四大平台”，让公平正义以“看得见”的方式实现。是年，上传生效法律文书1410份，生效裁判文书上网率为97.58%；6月8日，区法院刑庭公开开庭直播审理张某某贩卖毒品罪一案，敲响区法院庭审直播第一锤，开启庭审直播常态化新模式。积极贯彻落实“谁执法谁普法”普法责任制，以群众喜闻乐见的形式传播法治声音。是年，区法院法治宣讲团共开展“文明城区，与法同行”主题巡回普法活动13场次，向群众发放《中华人民共和国宪法》《中华人民共和国妇女权益保障法》等法律单行本近2000本，禁毒、扫黑除恶等宣传资料近10000份。精选与老百姓生活密切相关的典型案例以案释法，在《羊城晚报》《汕尾日报》等媒体刊发新闻稿件27篇次，做到审好一案、教育一片，为城区营造尊法学法守法用法的良好法治氛围。

【司法体制改革】 纵深推进司法改革，提升审判整体效能。健全区法院领导办案责任制，落实“入额必办案”要求。改革审判权力运行机制，实现“让审理者裁判，由裁判者负责”。建立专业法官会议制度，为法官办案提供咨询意见。2018年，区法院的员额法官共有20名，按照“法官+法官助理+书记员”的结构模式组建了8个审判团队和1个执行实施团队。深化繁简分流机制改革，推行刑事、民商事案件简化程序，快审快结，切实降低司法成本，进一步提高审判质效。稳妥推进内设机构改革，立足区法院实际，优化职能配置，精简内设机构数量，建立健全符合司法规律和人民法院实际的内设机构体系。

【队伍建设】 切实加强自身建设，全力打造过硬队伍。把学习好宣传好贯彻好习近平总书记重要讲话精神及全国“两会”精神作为首要政治任务，认真落实“三会一课”制度，共召开党组理论中心组学习会18次、党总支委会13次、各党支部及党小组学习会147次，深入推进“两学一做”学习教育常态化，以党建带队建促审判。开展多形式的党员教育活动，引导干警牢固树立“四个意识”，增强“四个自信”，做到“两个坚决维护”，进一步坚定社会主义法治信仰。推进司法能力建设，搭建锻炼平台，培养复合型人才，积极组织干警参加由上级法院和区委、区政府相关部门组织的培训590余人次，进一步提高法院队伍素能。强化法院文化建设，不断丰富文化室藏书种类，鼓励干警积极参加文娱活动、知识竞赛及演讲比赛等，让年轻干警在学习锻炼中提升才华。狠抓纪律作风建设，以开展纪律教育学习月活动为抓手，认真落实“两个责任”，狠抓“一岗双责”，深化司法廉洁教育，筑牢拒腐防变防线,严肃整治司法作风,完善“抓早抓小”制度，用好监督执纪“四种形态”，严格落实防止干预过问案件的“两个规定”制度，全年办案零事故、零违纪。

【事记】 3月9日,城区法院志愿服务队到香洲街道开展法律咨询服务活动。

5月30日，城区法院开展“传承红色基因，坚定理想信念”主题党日活动，组织党员干警参观海丰红宫红场。

9月4日，市中级法院院长任宗理到城区法院调研审判执行作。

12月11日，市人大常委会副主任李汉流一行到城区法院调研行政审判工作。

12月18日，区委政法委牵头组织召开全区执行工作联动机制推进会。

(林敏、辛小丹)

附：城区人民法院领导名录

党组书记、院长：陈嘉涛

党组副书记、副院长：洪卫京

党组成员、副院长：陈伟星

党组成员：何世木盛

胡良岸

司法行政

【概况】 汕尾城区司法局（以下简称区司法局）人员编制总额38名，其中行政编制28名（局机关政法专项编制12名、区法律援助处行政编制2名、基层司法所政法专项编制14名），事业编制10名(后勤服务人员事业编制2名、区公证处5名、区公职律师事务所参照公务员管理事业编制3名)。2018年年底，实有在编在岗人员35名，其中局机关9名，区法律援助处2名，后勤服务人员2名，公证处5名，公职律师事务所3名，司法所14名(7个司法所各2名)。

【普法宣传】 2018年，城区全面实施“七五”普法规划，紧紧围绕区委、区政府中心工作任务，以服务“扫黑除恶”、服务“创文创卫”、服务“四大环境提升”为重点，采取有力措施，抓重点、解难点，扎实推进普法和法治建设工作上新台阶。8月13日、10月16日，先后顺利通过市、省“七五”普法中期考核评估。

一是完善普法工作制度。区司法局联合区委组织部、区委宣传部、区人社局制定并落实《关于完善国家工作人员学法用法制度的实施意见》；出台《汕尾市城区关于实行国家机关“谁执法谁普法”普法责任制的工作意见》，明确各部门普法责任清单和普法责任履职报告评议安排。二是推动运用“学法网络平台”开展宪法法律学考。积极推进运用广东省国家工作人员学法考试系统工作，全区各地各部门注册人数7284人。在7月全省宪法专题学考中，城区参考率99.48%，优秀率96.46%，为全市第一，高于全省参考率2.1个百分点。三是大力开展全民普法。大力推进法治宣传进机关、进乡村、进社区、进企业、进学校、进单位活动。一年来，全区开展各类普法宣传活动290多场次。四是丰富普法载体和方式。以宪法、安全生产、涉毒涉枪涉爆、森林防火、市容市貌、治安管理法等为重点内容，收集整理相关法律法规及案例制作50多个流动宣传展板，提高宣传效果。推进“一镇街一法律长廊”建设工作，选择重点区域建设法治长廊5处。以城区东涌公园为基础建设省级法治文化主题公园。该公园按照省级标准，设有宪法、禁毒宣传专区，配备法治长廊、法治游戏设施、电子显示屏等法治元素，总投资98万元。发挥新媒体普法作用，进一步完善法治城区微信公众号建设，并入全省普法矩阵。自2017年11月开通以来，关注的总用户数3226，阅读量14964人次，多篇信息在“中国普法”“广东普法”推送。五是顺利举办

"12·4"国家宪法日活动。11月20日，召开全区普法成员单位和各镇（街道）分管领导会议，制定活动方案，部署安排开展"12·4"国家宪法日活动。11月30日，区经促局、区司法局、区总工会及区工商联等联合在新雅地毯公司举办"弘扬宪法精神暨禁毒知识"宣传活动。12月3日下午，召开全区学习宣传贯彻实施宪法座谈会。12月4日上午，城区在新城中学礼堂举办"宪法在我心中"主题学习宣传活动。区人大常委会主任张淑娟出席并讲话，区委副书记、政法委书记郑良斌主持活动，区领导叶凯旋、王声效和区普法成员单位主要领导、分管领导，各镇（街道）党（工）委分管副书记、人大负责人以及新城中学部分学生共700多人参加；12月4日下午，全区各普法成员单位分管领导和各镇（街道）宣传委员、司法所负责人，东涌村（社区）"两委"干部以及东涌中学学生600多人参加主题学习宣传活动；12月4日晚上，区普法办在城区凤山妈祖广场百姓舞台举办"宪法法律"灯谜会。六推进"民主法治村（社区）"创建活动。认真贯彻落实广东省法治建设"四级同创"文件精神，制定全区民主法治村（社区）创建方案和计划，配合区依法治区办扎实开展法治镇街、民主法治村（社区）创建活动，确保按质按量完成省级创建目标任务。2017年，有马宫街道等5个镇（街道）达到省级法治镇（街道）创建标准，马宫街道金町村等48个村（社区）达到省级"民主法治村（社区）"创建标准，其中金町村被评为全国"民主法治示范村"。11月8日，各镇（街道）已按照方案推荐申报市级、省级民主法治村（社区）共40个（东涌6个，红草6个，捷胜7个，马宫3个，凤山7个，香洲6个，新港5个）。2018年年底90%以上的村（社区）达到市级、省级创建标准。

【人民调解】 坚持和发展"枫桥经验"，进一步加强人民调解工作规范化建设，发挥人民调解在法治城区建设中的积极作用。一是进一步加强社会形势分析研判。坚持每月定期召开矛盾研判会议，研判矛盾纠纷态势，落实排查化解任务，确保"小事不出村，大事不出镇，矛盾不上交"。特别是春节、"两会"期间，落实特别防护期应急管理机制。截至12月31日，全区共受理、排查矛盾纠纷886件（排查152宗），调处成功883件，调解成功率99.7%，实现"民转刑"案件"零发生"。二是着力加强人民调解工作规范化建设。根据省、市"十件民生实事"的工作安排，按照"五落实六统一"标准要求，推进全区所有镇（街道）和80%村（社区）人民调解组织规范化建设。已完成捷胜司法所升级改造工程。认真落实市、区《关于进一步加强人民调解工作的意见》，着力抓好各级人民调解组织的组织建设、队伍建设和业务建设。加强对全区7个镇（街道）14名专职人民调解员的考核评估，制定考核标准，促进专职人民调解员认真履职。进一步完善"以案定补"制度。截至12月底，发放"以案定补"454宗97400元。三是坚持普法教育与人民调解工作相结合。发挥调解组织贴近群众的优势，坚持边调解边普法，以普法促调解，实现"调解纠纷一小件，普法教育一大片"的良好效果，更多群众通过法律渠道解决。四是加强人民调解队伍培训。编印了《人民调解员培训教材》，为全区各级调解组织统一印制了人民调解格式文书。举办全区调解员集中培训，并专门指派司法所长和驻村（社区）法律顾问对村居调解员进行一对一、面对面的培训。全年法律顾问开展人民调解工作培训6场次。通过多种形式的培训，人民调解员的调解能力和水平不断提升。全区调解档案资料齐全、建档规范的有454宗。

【社区矫正】 截至12月31日，全区累计接收社区服刑人员665人，期满已解矫484人，在矫人员181人，建档率100%，监管率100%，重新犯罪率为零。全部在档在册社区服刑人员没有发生重新犯罪现象。一是按照信息化、规范化、专业化、社会化的要求，切实加强社区矫正中心建设。扎实推进社区矫正功能室建设，已完成宣告室、远程视频会见室、监控指挥室、档案室等功能室建设；落实电子定位措施，社区服刑人员电子定位监控比例93.7%以上。二是完善远程视频会见（监狱视频探视）工作，落实探视制度。2月8日开通首例视频探视工作以来，截至12月底，区司法局已完成监狱探视204宗，有效提高服刑人员"监狱改造"质量。三是加强与法院、监狱、公安机关及村（社区）的协调合作，完善衔接机制，建立重点社区服刑人员动态管控名单，强化对社区服刑人员的监管教育。特别是重点时节、重要活动期间的管控，确保不漏管、不脱管。四是切实加强社区服刑人员管控。成立常态化的服务志愿者队伍，每月开展一次上门走访，加强对社区矫正对象的帮教，确保“周闻其声、月见其人”，全面掌握其动态。同时，加强对刑满释放解教人员的帮教。区司法局区分别“一般帮教”和“重点帮教”对象，开展走访排查并造册建档，落实帮教、安置措施，预防和减少重新犯罪。截至12月，全区在册刑满释放人员711人，其中重点帮教对象225人，基本做到底数清、去向明。

【公共法律服务】 坚持紧紧围绕区委、区政府中心工作，围绕服务保障民生，不断深化法律服务，改进和完善法律服务工作机制，着力提升法律服务能力和水平。一是完善法律援助各项便民服务基础设施建设。扩大法律援助范围，放宽条件，实行受理登记制，切实为弱势群体提供法律援助；推进刑事审判律师辩护全覆盖试点工作，建设完善法院法律援助工作站，完善律师值班制度，调配律师资源，确保试点工作顺利推进。2018年，办理刑事指派案件345件；积极为荣泰小区部分业主提供法律援助工作，化解信访及案，维护社会稳定，受理、办结荣泰小区部分业主法援案件11宗。一年来，法律援助处共受理群众咨询417人次，办理法律援助案件541件。二是加强公证法律服务。更好发挥公证法律服务在区重点工程建设、征地拆迁等方面的积极作用。发挥公证法律服务的政治效应，组织公证员、律师积极参与土地收储、老区改造等区重点工作，如红草镇征地拆迁工作等，及时提供法律服务。全年办理公证法律服务702件。三是提升驻村（社区）法律顾问在基层治理中的作用。引导法律顾问服务“创文创卫”、服务“扫黑除恶”、服务“四大环境提升”开展法律服务工作，督促律师深度参与基层法治创建工作，为村（社区）自治管理提供法律支撑。全年法律顾问参与纠纷调解91宗、133次，上法治课254场次，提出法律意见72件，开展法律咨询526场次，其他法律服务94件。四是全面发挥律师的法律顾问作用。积极协助区、镇两级党委政府聘请法律顾问工作，实现党委政府法律顾问全覆盖。制定并落实律师参与信访工作制度，组织律师参与涉法涉诉信访案件化解工作。2018年，律师参与信访工作8场次，提供法律意见4件，为信访人代书2件。抽调7名律师成立法律服务团，针对城区9件历史遗留问题进行研判、分析，提出意见建议。

【事记】 1月26日，区司法局牵头组织指导凤山司法所，对凤山街道全体社区矫正对象进行集中学习教育，并开展公益劳动。

2月8日，区司法局实现首例监狱远程会见。开通监狱远程视频会见系统是司法行政部门贯彻落实中共十九大精神，落实“治本安全观”的一项重要举措。

1月中下旬，区司法局组织下属7个基层司法所开展“震撼教育”和公益劳动。通过开展集中教育、公益劳动等多种形式，加强对社区服刑人员的监管、教育，防范和减少社区服刑人员脱管、漏管和重新犯罪。

3月8日，区多部门联合开展一系列形式多样的“三八”妇女维权周活动，充分展现城区广大妇女同胞的风采，促进妇女们以健康向上、活力十足的精神面貌投身于生活和工作中。

3月14日,区司法局召开“一村（社区）一法律顾问”工作座谈会，总结分析2017年工作情况，分析存在问题，部署2018年度工作。

3月22日，区司法局联合捷胜镇党委，在该镇举办“扫黑除恶专项斗争法治讲座”。区委常委、捷胜镇党委书记李辉雄和区司法局局长詹胜聪等领导出席讲座。法律顾问黎锦坤律师为该镇全体干部职工和各村（社区）“两委”干部、村（居）民小组长、村民代表共250多人上法治辅导课。

3月30日，区司法局召开专题组织生活会，传达学习贯彻习近平总书记在参加十三届全国人大一次会议广东代表团审议时的重要讲话精神。

4月10日，区司法局召开学习宣传贯彻习近平总书记在参加十三届全国人大一次会议广东代表团审议时的重要讲话精神和全国“两会”精神专题学习会。区委副书记、区委政法委书记郑良斌出席，并作辅导讲话。

4月12日，区司法局召开全区司法行政干部职工专题学习会议，继续深入学习贯彻习近平总书记重要讲话精神和全国“两会”精神。

4月23日，区政府副区长、区公安分局局长陈少华在区政府办副主任黄剑雄、区司法局局长詹胜聪等陪同下，走进企业开展带学督学活动，与企业员工面对面座谈交流，对学习宣传贯彻习近平总书记重要讲话精神进行动员部署，勉励企业要以习总书记重要讲话精神为指导，把企业做大做强做优，以实际行动落实习近平总书记的重托。

4月，区司法局组织全区7个司法所，分别对辖属社区服刑人员开展“扫黑除恶、涉枪赌博”集中“震撼”教育活动。

4月27日，区司法局和东涌司法所在东涌镇赤古村举办“基层干部宪法学习宣传教育活动”。

5月9日，在区司法局的支持指导下，马宫司法所组织辖区全体社区矫正服刑人员开展学习“习近平总书记重要讲话精神和宪法修正案”集中教育辅导活动。

5月18日，区司法局在市区坎下城公园举办“人民调解宣传月暨法律进村社”活动。

5月18—21日，在区司法局的支持指导下，马宫司法所分别在马宫社区、浪清村、深渔村、盐町村开展“扫黑除恶”专项斗争法治宣传讲座。

5月22日，汕区司法局副局长胡家为应邀为市体育运动学校和市业余体育学校全体师生上“做一名讲道德守纪律的好学生”道德课。

5月23日，区司法局组织社区矫正中心工作人员、社矫延伸警察、凤山司法所所长，走访、慰问凤山司法所辖区家庭贫困社区服刑人员的未成年子女，表达司法行政部门对社区服刑人员未成年子女的关怀、关爱。

5月27日，在“六一”儿童节即将来临之际,为推动社区服刑人员积极改造、服从管理，争取早日重新融入社会，区司法局、团区委联合开展关爱社区服刑人员未成年子女活动。

6月13日，区司法局邀请广东鹏港律师事务所律师姜泽洪为凤山街道奎山小学全体学生进行交通安全知识教育授课。

6月14日，区司法局在凤山司法所开展社区服刑人员集中“震撼”教育，组织该所辖区60多名在矫社区服刑人员学习有关法律法规。

6月20日，省社区矫正管理局局长杨运根一行，在市司法局局长潘恩宏等领导陪同下，到城区司法局调研指导社区矫正工作。

6月26日，在第31个国际禁毒日到来之际，区禁毒办、区公安分局、区司法局、区教育局、团区委等单位，联合在田家炳中学举行2018年汕尾市城区“6·26”禁毒誓师大会。区委副书记、区长、区禁毒委主任罗光钊，区委副书记、区委政法委书记郑良斌，区委常委、宣传部部长叶凯旋，区人大常委会副主任王声效，区政府副区长、区公安分局局长、区禁毒办主任陈少华，区禁毒委成员单位领导及工作人员，各镇（街道）党（工）委分管副书记、禁毒办负责人，以及田家炳中学全体师生共3000多人参加誓师大会。

7月5日，区司法局召开党风政风评议工作动员大会，动员部署全区司法行政系统党风政风评议工作。

7月16日，区禁毒办、区司法局、区妇联、团区委和凤山街道香洲社区等单位，组织律师、法律工作者和青年志愿者，联合在市区慈云山公园举行“健康人生 绿色无毒”禁毒宣传咨询活动。

7月30日，区委宣传部、区司法局及区工商联，联合在区委党校举办非公有制经济组织“弘扬宪法精神，履行时代使命”法治讲座。

8月2日，省社区矫正管理局副局长涂俊杰一行，在市司法局社矫科科长江荣刚陪同下，到区司法局调研社区矫正日常管理工作情况。

8月15日，市委全面依法治市办公室副主任孔峰、市司法局副局长郑晓红等带领市“七五”普法中期考核评估组，对城区“七五”普法开展情况进行检查督导。

8月17日，区司法局召开律师参与扫黑除恶专项斗争工作座谈会，就进一步推进律师参与扫黑除恶行动进行了再动员再部署。

9月3日，马宫司法所组织刑释解教人员开展

“扫黑除恶”震撼教育活动

9月4日，城区召开全区普法暨法治建设工作推进会。区委副书记、区委政法委书记郑良斌出席会议并讲话。各镇（街道）党（工）委分管副书记、区普法领导小组成员单位分管领导等参加会议。

9月11日，马宫司法所在马宫中心小学开展以“全民反邪教·同心奔小康”为主题的法治宣传讲座。

9月7日，区司法局组织普法志愿者、法律工作者和律师参加在市区玉台山慈云公园广场举办的“坚决打赢扫黑除恶专项斗争攻坚战”——汕尾市纵深推进扫黑除恶专项斗争攻坚行动，在现场开展相关法律法规宣传咨询活动。

9月12日,凤山司法所组织辖区社区服刑人员开展“扫黑除恶”专项斗争震撼教育活动。

9月14日，区司法局、区公安分局等10家责任单位，组织法律工作者、普法志愿者、公安干警和工作人员，在马宫街道金町村开展扫黑除恶专项斗争“送法下乡”活动。

9月25日，市司法局、区司法局、市律师协会在市区坎下城公园举行汕尾市“9·25”律师宣传日暨扫黑除恶法律宣传咨询活动。

10月19日，区司法局召开全区司法行政干部职工会议，专题学习宪法及宪法修正案。

10月24日，区人大内务司法工委、区司法局联合开展“学习宣传宪法 推进民主法治建设”宪法学习宣传“送法下乡”活动，分别在东涌镇品清村、马宫街道长沙村举行宪法宣传咨询活动。

10月25日，市委政法委、市妇联、区委政法委和区司法局联合在香洲街道后径社区开展“学习宣传宪法、推进民主法治建设”宪法宣传活动。

10月29日，区普法讲师团成员、区司法局副局长胡家为在区香洲中学为全体师生作“宪法进校园 法律伴我行”宪法法律学习辅导。

11月2日，区妇联、区司法局联合在红草镇西河村开展“宪法宣传进村（社区）”活动。区司法局副局长胡家为作《深刻领会宪法及宪法修正案的核心要义》学习辅导。

11月7—8日，区普法办联合东涌镇政府分别在石洲中学、东涌中学开展“宪法进校园、法律伴我行”主题法治教育活动，宣传普及宪法和禁毒知识，该校近千名师生参加活动。

11月14日，区人力资源和社会保障局、区司法局、区禁毒委员会办公室及南汾村村民委员会、中国邮政储蓄银行股份有限公司汕尾市分行等单位，联合在南汾村举办“弘扬新宪法精神暨禁毒知识宣传活动”。

11月19日，凤山街道、区司法局、区妇联在凤山街道香洲社区举办学习宣传宪法专题讲座，驻社区法律顾问黎锦坤律师应邀讲解《中华人民共和国宪法》。

11月20日，城区召开全区普法成员单位工作会议，部署“12.4”国家宪法日暨法治广东宣传周系列宣传活动。区委副书记、区委政法委书记、区普法领导小组组长郑良斌主持会议并讲话。

11月30日，区委宣传部、区经促局、区总工会、区司法局等，联合在新雅地毯制造有限公司开展“弘扬宪法精神暨禁毒知识”宣传活动。

12月3日，城区召开学习宣传贯彻实施宪法座谈会，深入贯彻落实习近平总书记关于加强宪法学习宣传教育的重要指示精神和中央、省委、市委关于深入学习宣传贯彻宪法的部署安排，围绕宪法的学习宣传和贯彻实施，开展相关实践研究讨论。区人大常委会副主任王声效出席座谈会并讲话。

12月4日，城区在新城中学礼堂举办“宪法在我心中”主题学习宣传活动。区人大常委会主任张淑娟出席活动并讲话，区委副书记、区委政法委书记郑良斌主持活动，区委常委、宣传部部长叶凯旋，区人大常委会副主任王声效，区普法成员单位主要领导、分管领导和分管部门负责人，各镇（街道）党（工）委分管副书记、人大负责人和新城中学部分学生等共700多人参加活动。

12月4日，城区在城区法治文化公园举办“12·4”国家宪法日宪法宣传咨询暨“游园学宪法”活动。区委副书记、区委政法委书记郑良斌，区人大常委会副主任王声效出席活动，区普法成员单位主要领导、分管领导和各镇（街道）宣传委员、司法所负责人，东涌村（社区）“两委”干部，东涌中学学生等共600多人参加活动。

12月4日晚，区普法办在市区凤山妈祖广场百姓舞台举办“宪法法律”灯谜会，将宪法法律知识与群众性文化生活紧密结合，上演了一场丰富多彩的法治文化大餐。

12月10日，区司法局和捷胜中学联合在捷胜中学举办法治讲座。区司法局副局长、区普法办副主任胡家为应邀为该校900多名师生上法治辅导讲座。

（胡家为）

附：城区司法局领导名录

局　长：詹胜聪

副局长：吴贤义

　　　　胡家为

政工室主任：黄文深

经济监督管理

JING JI JIAN DU GUAN LI

发展与改革工作

【综述】 2018年，区发展和改革局以抓好“五化”、建好“五城”为总揽，坚持稳中求进工作总基调，坚持新发展理念，落实高质量发展要求，坚持发展实体经济、壮大经济总量和项目是基石、产业是支撑的理念，坚定“项目为王、产业兴区”的思路，按照区委八届六次全会、七次全会和区政府的工作部署，全力打好“重点项目建设攻坚战”，全方位、高要求、紧节奏推进项目投资建设。积极推动“沿海经济带靓丽明珠”发展大势，全面聚焦产业建设、城市建设、项目建设、生态建设、民生建设，持之以恒抓重点、补短板、强弱项，大力实现“四大提升”奋斗目标，经济社会呈现平稳较快发展，圆满完成区八届人大三次会议确定的经济社会发展目标任务。全年实现地区生产总值118.58亿元，增长8.1%，城区GDP增速高于全国、全省、全市平均水平。规模以上工业增加值19.03亿元，增长7.6%；固定资产投资67.53亿元，增长20.1%；社会消费品零售总额111.51亿元，增长9.8%；地方一般公共财政预算收入5.84亿元，增长16.78%；完成外贸进出口总值人民币8.68亿元，增长1.2%；实际利用外资636万美元，下降5.9%；城镇居民人均可支配收入24150元，增长7.0%；居民消费价格总指数101.9%，保持基本稳定。三次产业结构由2017年的15.5∶41.3∶43.2调整为2018年的20.2∶29.9∶49.2。2018年，全区重点建设项目74个，年度计划总投资157.87亿元，完成投资158.13亿元，完成投资额比上年翻了一番，投建进度位列全市第一。

【主要措施】 一是高质量完成各项经济指标。坚持立足城区实际，深入调研和认真分析宏观经济，牢牢把握全区各项决策部署，针对经济运行中出现的问题，提出符合城区实际的建议对策和举措，推动区八届人大三次会议确定的主要经济社会发展目标任务高质量完成。全年实现地区生产总值118.58亿元，增长8.1%。规模以上工业增加值19.03亿元，增长7.6%。一般公共财政预算收入5.84亿元，同比增长16.8%。固定资产投资67.53亿元，增长20.1%。

二是全力打赢重点项目攻坚战。2018年，区发改局坚定“项目为王、产业兴区”的思路，按照区委八届六次全会、七次全会和区政府的工作部署，全力打好“重点项目建设攻坚战”，全方位、高要求、紧节奏推进项目投资建设。年初制订了重点项目建设责任分工方案，并经区委、区政府审定下达责任，坚持层层责任分工，实行重点项目建设进展情况月通报和重点督查，及时梳理项目推进中存在困难和问题，反馈给区责任领导及责任单位，强化协调处置，提出对策，跟进解决，推动项目落地投产，加快形成新的增长点。2018年全区重点建设项目共74个，完成投资158.13亿元，同比增长100.62%，完成年初投资计划164.99%。重点项目的投资额和完成实绩均比上年度翻了一番，投资建设进度位列全市第一。同时，广汕铁路、汕汕铁路、深汕西高速公路（城区段）改扩建工程等重大交通项目也在加紧推进。重点项目建设顺利推进，有效拉动了全区固定资产投资的增长。全年预计完成固定资产投资67.53亿元，增长20.1%。进一步优化民间投资环境，认真贯彻落实好国家、省和市鼓励和引导民间投资健康发展的政策措施，推动民间投资保持快速增长。

三是扎实推进广汕铁路、汕汕铁路（城区段）建设项目。按照省、市的部署，年初已完成了与广铁集团广州建设指挥部签订《广汕高铁汕尾城区征地拆迁实施协议》的工作。完成征地红线所涉及各村的村界划分及确认工作，开展地上作物和建筑物登记工作。拟定了广汕铁路征地拆迁的补偿方案，11月8日发出广汕铁路征地预公告，11月30日发出广汕铁路土地不动产首次登记公告。积极协调红草镇、东涌镇全力推进涉及各村签订征地协议，其中，东涌新湖村提前完成征地协议签订。

四是积极推动项目立项审批工作。按照“简政放权、放管结合、服务企业”的原则，以服务发展为宗旨，严格项目管理程序，积极探索，简化行政审批流程，提高办事效率，确保项目审批上报的及时、透明，推进项目尽快落地投产。2018年，办理社会投资备案项目共16个,审批政府投资项目共

101个。同时，对工程项目招投标过程及信息公开发布等方面进行全程监督及指导，进一步规范了投资建设程序，提高了投资效益。

深入推进“放管服”改革，加大简政放权力度 全面深化“放管服”改革，精简行政审批事项，清理规范第一批23项行政审批中介服务事项。对照《市场准入负面清单草案（试点版）》，对市场准入禁止或限制措施进行全面梳理。加大涉企行政事业性收费减免力度，持续贯彻落实省定涉企行政事业性收费“零收费”政策规定。全面实施涉企收费目录清单制度，根据《关于全面开展清理规范涉企行政事业性收费工作的通知》部署，对行政事业性收费进行清理、规范。不断优化营商环境，树立城区尊商、重商、亲商、安商的良好形象，使城区真正成为企业竞相落户的投资福地、置业家园和发展热土。

五是主动配合省、市开展重大发展规划编制。充分做好对接《海陆丰革命老区振兴发展规划》（以下简称《规划》）实施各项工作，加强《规划》实施工作的组织领导，完善工作机制，落实工作责任，使《规划》实施更具可操作性和有效性。按照省、市发改部门的部署和区政府有关领导的指示，拟定《汕尾市城区贯彻落实〈海陆丰革命老区振兴发展规划实施方案〉》，将《规划》的工作任务和扶持政策进行细化、具体化，形成36个方面179个任务项目化解到全区34个部门、7个镇（街道）。紧紧围绕区委八届七次全会提出“加快建设沿海经济带靓丽明珠，奋力打造首善之城、大美之区”的目标，参与制订发展沿海经济等的行动方案。按照市的统一部署，拟定城区工作方案。着力构建推动经济高质量发展的体制机制，加快构建现代化经济体系，推动“四大提升”，不断开创中心城区扩容提质、振兴发展新局面。

【发展与改革工作】 农业结构持续优化 农村农业经济健康发展。全年农业总产值38.24亿元，增长4.7%。粮食总产量2.1万吨，与2017年持平。有效防控禽流感、非洲猪瘟等疫情，全年肉类总产量5548.8吨。规范海上养殖管理，全年海水养殖产量12.55万吨，增长4.7%；海水养殖产值11.13亿元，增长11.3%。现代农业步伐加快。全区拥有农业龙头企业9家（其中，国家级1家，省级5家，市级3家），农民专业合作社45个（其中，国家级示范社2个，省级示范社4个），家庭农场16个，辐射带动农户8000多户。打造特色优势产业，大力培育农业品牌，5个产品获得“三品一标”农业品牌。农业基础进一步稳固。农田水利基础设施得到改善。加强水利基础设施建设和城乡水利防灾减灾建设，农田水利建设项目均已开工建设。政策性水稻种植保险工作推进有力。参保面积1.23万亩，参保率达到89.34%，实现“藏粮于地”，夯实粮食安全基础。扎实做好农村土地确权颁证扫尾工作。累计上报实测面积4.4万亩，颁证23050本，颁证率100%。农村集体产权制度改革工作加速推进，完成农村集体清产核资的经济组织有242个，占比100%。建立了区镇互联互通的农村集体“三资”管理服务体系，规范农村集体资产资源交易，完成中标交易67宗，成交额3102.39万元。

工业经济提质增效 规模以上工业回暖明显。围绕加速产业集聚、企业做大做强，采取措施加强技术改造、要素保障。全年第二产业实现增加值同比增长8.3%；完成规模以上工业增加值19.03亿元，增长7.6%；完成年度“四上”企业培育26家，超额完成22家的培育任务。除红草高新区外，全区有富达通钢化玻璃、华利电控设备、生利钢化玻璃镜业等一批新建企业相继建成投产。国泰食品、万盛针织两家公司已获得工信部“两化”融合贯标认定。全区工业用电量11.29亿千瓦时，同比增长15.24%。产业园区建设加快推进。全年共投入红草工业园区基础设施建设资金10.2亿元，征地218亩。香雪制药、江涛、索思等15个产业项目启动建设，已完成投资32.62亿元。信利第五代TFT-LCD生产线高端车载及智能终端显示屏工厂建设项目、国润纺织等项目已正式投产。创新驱动能力不断提升。全区网评通过高新技术5家，组织申报新型研发机构1家、企业研发中心10家、高新技术企业9家；城区（含市直）专利申请量1960件，同比增长26.53%，专利授权量达到1602件，同比增长249.78%。

全力打赢重点项目攻坚战 2018年，全区重点建设项目共74个，计划总投资592.88亿元，年度计划投资157.87亿元，已完成投资158.13亿元，同比增长100.62%，完成年初投资计划164.99%。其中63个市重点建设项目，全年完成投资156.05亿元，比上年增加79.04亿元。重点项目的投资额和完成实绩均比上年度翻了一番，投资建设进度位列全市第一。完成或超额完成年度投资计划项目31个，占比41.89%。其中，信利半导体第五代TFT-LCD高端车载及智能终端显示屏工厂建设项目、保利金町湾酒店项目、城区农村污水治理工程等7个项目竣工投入使用或投产（营业）。一批事关市区长远发展的支撑引领性项目及基础平台建设项目加快推进。同时，广汕铁路、汕汕铁路、深汕西高速公路（城区段）改扩建工程等重大交通项目也在加紧推进。重点项目建设顺利推进，有效拉动了全区固定资产投资的增长。全年完成固定资产投资67.53亿元，增长20.1%。进一步优化民间投资环境，认真贯彻落实好国家、省和市鼓励和引导民间投资健康发展的政策措施，推动民间投资保持快速增长。

经济效益明显提升　一是财税收入较快增长。全区实现地方一般公共预算收入5.84亿元，同比增长16.78%。其中，实现税收收入4.07亿元，增长33.85%；非税收入1.77亿元，下降9.68%，非税比为30.3%。地方财政一般预算支出23.21亿元，增长23.10%。完善预算编制管理，推进财政一体化管理系统和政府项目库建设，提高预算管理科学化、精细化水平。二是工业经济效益加快增长。认真贯彻落实各项降成本政策措施助力企业降本增效。全区规模以上工业实现利润总额同比增长18%。三是居民收入稳步提高。全区居民人均可支配收入24150元，同比增长7.0%。

消费市场平稳发展　全区完成社会消费品零售额111.5亿元，同比增长9.8%。电子商务发展加快，与阿里巴巴、淘宝、京东等国内知名电商企业开展合作。旅游产业发展明显加快。全年接待外来游客240.51万人次，增长24.3%；旅游收入13.8亿元，增长29%。物价涨幅基本稳定。全年居民消费价格总指数为101.9%，控制在年度预期目标内。进一步完善低收入群众临时价格补贴和保障标准与价格上涨联动机制。

开放合作不断深化　坚持“引进来”与“走出去”并举，外贸发展稳量提质。全区完成进出口总值人民币8.68亿元，增长1.2%。积极发挥商会、协会及企业家在以商引商中的积极作用，引导企业“走出去”步伐加快，加强与“一带一路”沿线国家合作，支持鼓励企业开拓国际市场，巩固欧美等传统市场份额，提升新兴国家特别是“一带一路”沿线国家市场份额。

推进《海陆丰革命老区振兴发展规划》有效实施　为贯彻落实好《海陆丰革命老区振兴发展规划》这一重大发展规划，发改部门牵头编制《汕尾市城区贯彻落实〈海陆丰革命老区振兴发展规划〉实施方案》并印发实施。开展《汕尾市城区乡村振兴发展战略规划》编制工作，注重增强规划的前瞻性、约束性、指导性、操作性，指导各地各部门分类、有序推进乡村振兴。扎实推进国家、省、市的国民经济和社会发展“十三五”规划纲要涉及城区的重大工程、重大项目、重大政策落实，开展城区《“十三五”规划纲要》监测评估工作，对照中共十九大提出的新目标新要求，对规划的重点建设项目进行调整。

重点领域改革深入推进　一是深化“放管服”改革。用最少的审批、最好的服务、最高的效益实现营商环境的优化。全面对标深圳、广州等“珠三角”地区，持续加大“放管服”力度，对企业的降赋减税、办事流程、便利度、执法、服务体系的建立进行重新梳理，推动项目投资建设审批制度改革落地见效。不断优化招商引资项目行政审批工作，着力打造“一站式”审批平台，规范服务窗口管理，推进重点招商引资项目代办制度和绿色通道制度。全区新登记各类市场主体4550户，注册资本（金）23.43亿元，同比增长近700%；累计完成“个转企”324户，超额完成年初计划320户目标任务。全区市场主体突破3万户。二是推进“数字政府”改革建设。加快建成区级统筹、整体联动、部门协同、一网通办的“互联网+政务服务”体系，进一步提升城区政府治理体系和能力现代化建设水平。三是加大供给侧结构性改革补短板力度。补短板行动计划推进顺利，加快新一代信息基础设施建

设，完成信息基础设施投资1.52亿元，完成年度目标任务的125.23%。新能源汽车充电基础设施建设加快。在市区投资395.43万元建设充电站1个，充电桩20个。互联互通交通网络进一步完善。市区道路建设投入资金11.32亿元，汕马路、红海东路等主干道已完成升级改造并投入使用，东城大道已基本完成建设；文明路、翠园街等一批市政道路正在加快拓宽优化，海汕路西闸至埔边段综合改造工程及海滨大道西段市政工程也正在加快推进中。实施新一轮农村电网改造升级工程，完成投资84.48万元。四是有效落实减负降费措施。继续推进价格改革，全面落实国家取消或停征涉企行政事业性收费政策，全面清理规范各类涉企收费，确保涉企各项优惠政策落实到位，减轻企业负担，全年共减免涉企收费232万元。降低电价成本支持实体经济发展。贯彻落实国务院关于“一般工商业电价降低10%”的目标，2018年工业用电量11.29亿千瓦时，同比增长15.24%。三次降价为全区一般工商业用户节省用电成本199.37万元，积极推进电力市场化交易改革，全区共66户用户参与电力市场化交易，节约用电成本4752.71万元。清理规范电网和转供电环节收费，转供电终端用户平均电价水平降低约33%，降低用电成本14.87万元。五是不断推进医疗体制改革。加快推进公立医院改革，县级公立综合医院取消药品加成和医用耗材加成，7所基层医疗卫生机构取消药品加成。全面实施基本药物制度，调整医疗服务价格，落实补偿机制，对2所公立医院取消医用耗材加成和取消药品加成的补偿情况进行测算。加快推进中医药发展，7所基层医疗卫生机构设有中医科（中医馆），90%的村卫生站提供中医药服务。加快推进医联体建设，培育“一镇（街道）一特色医疗集团分院”，促进资源下沉和布局合理。狠抓乡镇卫生院标准化建设，投资1.42亿元推进全区7所基层医疗卫生机构标准化建设。推进分级诊疗制度建设，进一步完善医疗集团内急救转诊流程。大力开展家庭医生签约服务，家庭医生常住人口签约人数超14万人，重点人群签约人数超6万人。积极有序开展各种疾病监测与防控工作，全区疫情总体平稳。

“创文创卫”成效显著　城区加大投入支持创文创卫基础配套，累计投入资金2亿多元用于完善基础配套和软文化环境建设。推进殡葬综合整治，清查清理违规新造坟225穴。深化殡葬改革，全区火化率达到100%。加强城市综合治理，结合“大走访、大排查、大整治”活动，针对“脏、乱、差”、违章建筑、交通无序、占道经营等突出问题持续开展“十大整治、十大提升”行动；拆除清理违章和私设广告设施728处，拆除乱搭建5000多处，取缔乱摆摊点1625处，实施市区公共用地、闲置土地围蔽工程；检查食品药品生产经营单位4191家；检查文化市场单位550家，查封关停违规经营的黑网吧、KTV一批；查处交通违法行为3.4万宗，查扣交通违法车辆1.4万辆，查获酒驾55人，公开销毁无牌无证、拼装车辆2562辆。通过大清理大整治，进一步优化市容市貌，城市洁净度和美誉度大幅度提升。

生态文明建设取得新进展　一是强化生态保护建设。全面完成2018年度节能减排目标任务，万元GDP能耗同比下降2.8%。全面推进新一轮绿化广东大行动，实施林业重点生态工程建设，投资2784.56万元实施森林碳汇、生态景观林带、森林抚育等7.2万亩。森林覆盖率43.41%，增长1.54%。完成贫困村绿化美化村庄5个。二是推进水体污染整治。全区共设置各级河（湖、库）长139人，湖长23人，形成市、区、镇（街道）、村（社区）四级全覆盖的河（湖、库）长体系。积极组织开展奎山湖、奎山河、后径排洪沟等城市黑臭水体排查和整治工作，协助市做好汕马公路、东城路两边排洪渠道的规划建设，全面完成文德路、康平路、城南路等奎山湖、奎山河围边管道清疏。三是完成中央环保督查组整改工作。主动协调处置中央环保督察反馈线索问题，全力落实环保督察交办案件，对红草工业园建设影响当地养蚝基地、城区存在无证经营碎石场、医疗废弃物处置及大伯坑垃圾处置场整治已全部及时进行查证处置。关闭碎石厂11家，拆除养猪场97家，全面完成了5个自然村生活面源污染问题整改工作，率先在全省饮用水源地生活面源污染完成“清零”的任务要求。四是加大污染治理力度。引进社会投资4400万元建设大伯坑生活垃圾二次转运场，投资近2000万元建设市区及4

个乡镇生活垃圾中转站。城市垃圾无害化处理率达100%，城镇生活污水集中处理率达88.5%，超额完成年度计划目标任务。

社会民生全面加强　一是精准扶贫成效显著。实现脱贫贫困人口259户1053人，100%完成年度脱贫任务。将2240名相对贫困户60岁以上老人，全部落实享受城乡居民社会养老保险待遇；对16~59周岁的贫困人口3776人，全部落实城乡居民社会养老保险，100%落实贫困人口大病医疗救助。实现对预脱贫的贫困户在安全住房、安全饮用水、用电、电视信号覆盖、网络信号覆盖、教育保障、医疗保障、稳定收入来源或最低生活保障等八个方面的基本保障。二是教育实现创现。累计投入创现资金3.8亿元，用于学校教学用房、多媒体教学设施及网络建设，大力发展普惠性幼儿园。实施新一轮学校布局调整，撤并“麻雀”学校15所。基础设施进一步完善，教学质量稳步提升，师资结构逐步优化。2018年12月28日，省教育厅根据省政府授权，授予城区“广东省推进教育现代化先进区”称号。三是就业持续平稳。积极落实就业政策，切实推进就业创业工作。全年全区新增就业人数7173人，完成年度任务110.35%；就业困难人员实现就业441人，完成年度任务108.75%；帮扶城镇下岗失业人员实现再就业2535人，完成年度任务110.22%；城镇登记失业率按要求控制在2.35%以内。四是社保水平不断提高。全年参加城镇职工基本养老保险人数4.69万人，完成任务的85%；参加城乡居民养老保险人数9.06万人；参加城乡基本医疗保险32.48万人，全面完成年度任务，全区征收社会保险基金8367万元。五是文化体育服务水平持续提升。全区已建设基层综合性文化服务中心83个，在建12个；全区基层综合性文化服务中心建设已进入收尾阶段，确保全面完成全覆盖建设任务。区“两馆”设施配套逐步完善，区图书馆、文化馆实行对外免费开放。基层文化站服务效能不断得到提升，7个镇（街道）综合文化站已全部建设完成，集中了文化娱乐、科普宣传、电子阅览、图书阅览、教育培训等功能，对外免费开放。全区共开展各种形式文艺活动153场次，同比增长10.87%，各艺术团体下基层表演395场次，同比增长32.56%。

【物价管理工作】　全年市场价格运行稳定有序。贯彻落实区委、区政府创文工作部署和要求，主动积极参与“创文”“创国卫”攻坚工作，加强组织动员发动，全面落实农贸市场明码标价工作（春节前已完成城区18家农贸市场的明码标价工作），加强农贸市场明码标价巡查力度，确保农贸市场明码标价工作常态化。在奎山市场安装了电子价格电子屏，实时公布不同市场的肉菜价格。同时，落实了网格化管理责任制，每月安排专项工作小组继续跟进后续查漏补缺和巩固提高工作。不断加强市场价格监管，配合市发改局开展了教育收费、药品价格、医疗收费、殡葬收费、涉企收费等7项专项检查。制定《汕尾市城区关于规范市区奎山市场肉菜价格和市城区海鲜批发市场价格的实施工作方案》报区政府审定印发。积极开展除恶扫黑专项斗争，开展对市场物价监管，主动配合区有关部门合力打击欺行霸市行为。1—12月共受理各类价格投诉36件，办结率100%，切实维护广大消费者和经营者的合法权益。加强市场价格监测和信息发布，特别是特殊时期和春节、清明、中秋、国庆等重大节日的市场价格巡查监控，防范市场价格异常波动，保证市场价格平稳运行。

【其他工作】　区发改局紧紧围绕区委、区政府工作大局，积极发挥发改部门职能作用。一是抓好规划实施，加强宏观谋划。根据省市部署要求，开展“十三五”规划纲要中期评估工作，印发了《关于开展汕尾市城区“十三五”规划纲要中期评估的实施方案》，协调组织各地、各部门开展“十三五”规划中期评估工作，向区人大常委会专题报告了“十三五”规划中期执行情况。同时加强对2018年国民经济和社会发展计划的各项任务指标完成情况的监控与预测，向区人大常委会专题报告了上半年国民经济和社会发展计划执行情况。二是牵头落实供给侧结构性改革相关工作，开展去产能、去库存、去杠杆、降成本、补短板行动。三是贯彻落实国家实施“暖企”政策，推进医联体改革等工作。四是全面实行公平竞争审查制度，完成市县两级现行排除限制竞争政策措施的清理废除，建立健全公平竞争审查工作部门间联席会议工作机制，实现对新制定政策措施开展公平竞争审查全覆盖。五是加快推进“信用城区”平台建设，推进公共信用信息平台和信用网站一体化建设。拟定了城区社会信用体系建设工作联席会议制度和城区社会信用体系建设联合惩戒专责小组工作方案。六是切实履行区委经济体制改革专项小组牵头单位的职责职能，研究部署推进城区经济体制改革的相关工作，推动经济体制改革纵深发展。七是大力实施乡村振兴战略工作。积极推进乡村振兴战略相关工作，做好乡村振兴重点项目建设规划。审批新农村建设立项项目40个，拟发《关于要求提供编制汕尾市乡村振兴战略总体规划（2018—2022）有关材料的函》和转发《转发关于协助召开编制汕尾市乡村振兴战略总体规划（2018—2022）座谈会的通知》。八是完成公务用车制度改革扫尾工作，持续巩固改革成果，会同区财政局认真对照检查，查漏补缺，按要求完成城区公务用车制度改革考核预填报工作和迎接上级考核评估准备工作。九是完成迎接国务院大督查的准备工作。按照责任分工表，完成了自查工作，并向区政府督查室报送了自查报告和问题整改工作台账。十是深入开展创文创卫和精准扶贫工作。深入联系对接，积极配合挂驻村香洲街道新兴社区开展创文创卫工作及精准扶贫工作，开展“门前三包”工作，创文创卫活动取得较好成效，一年来组织帮扶干部进村入户60多人次。

【全面加强机关党建工作】 一是深入学习贯彻中共十九大精神和习近平总书记在广东代表团重要讲话精神及习近平总书记视察广东重要讲话精神。结合发改工作实际，精心组织，周密部署，务求实效，把中共十九大精神及习总书记讲话精神转化为实实在在的行动和成效，展现发改部门新气象，致力新作为，全力助推城区经济社会发展。二是扎实推进“两学一做”学习教育常态化制度化，以理论学习、中心组学习、民主生活会等制度为主要抓手，组织全体党员干部定期开展集体学习，坚决维护习近平总书记的核心地位，坚决维护以习近平同志为核心的党中央权威和集中统一领导，更加坚定自觉地在思想上、政治上、行动上同以习近平同志为核心的党中央保持高度一致。三是组织开展党纪政纪教育活动。严格按照区委和区纪委的部署，认真开展纪律学习教育活动，多种形式组织纪律学习教育活动。全面彻底肃清李某、万某某流毒影响，杜绝“七个有之”，坚持“五个必须”，做到“三个决不允许”，全力营造风清气正的良好政治生态。四是认真抓好中央巡视组反馈意见整改工作。成立巡视整改工作领导小组，印发《中央第十二巡视组反馈意见的整改落实方案》，建立健全工作机制，压实工作责任，按时完成中央十二巡视组反馈意见的整改工作。

（胡炯森）

附：区发展和改革局领导名录

局　长：黄思平
副局长：蔡举瑜
　　　　何世烈
　　　　颜焕强

工商行政管理

【概况】 2018年，城区工商行政管理局（以下简称区工商局）系统共有正式干部职工141人，其中，公务员112人，事业干部6人，工勤人员23人。

是年，区工商局高举中国特色社会主义伟大旗帜，深入贯彻习近平总书记系列重要讲话精神，全面贯彻落实中共十九大精神，坚持全面从严治党，坚持发展是第一要务，以提高质量和效益为中心，加快形成引领经济发展新常态，坚持稳中求进，以深化改革创新为统领，以营造宽松平等的准入环境、公平竞争的市场环境、安全放心的消费环境为中心任务，深入开展党的群众路线教育实践活动，认真落实区委、区政府及上级工商部门的工作部署和要求，全面推进“创文创卫”工作，扎实推进工商登记制度改革，优服务、强监管、惠民生、提素质、稳队伍，提升工作效能，狠抓工作落实，为服务城区地方经济的发展，做出应有的贡献。

【深化商事登记制度改革】 以深化商事登记制度制度改革为抓手，大力推进“放管服”改革。降低市场准入门槛，简化办事流程，让群众少跑路，不断改善营商环境。有效推动大众创业、万众创新，激发市场活力，服务城区社会经济稳定、健康发展。

推进“多证合一”“一照一码”改革。根据《工商总局等十三部门关于推进全国统一“多证合一”改革的意见》文件精神。全面实行“二十四证合一”，投资创业的制度性成本进一步降低。截至12月31日，累计发放“一照一码”营业执照7076份，其中企业795份。

落实登记注册各项便利化改革。大力推进“证照分离”，精简工商登记前置审批，提升窗口业务能力水平，为服务对象提供“一站式”服务。进一步压减企业开办程序、环节和时间，取消名称预先核准和营业执照遗失登报声明，实行名称自主申报，开办企业流程压缩为4个程序，开办时间压缩到2天。推动全程电子化商事登记和电子营业执照应用，通过信息化、智能化改革提升服务效能，推广“商事登记银证直通车”服务。实现在工商登记窗口及银行均可办理营业执照和开户的互惠模式，实行“网上申请、网上受理、网上审核、网上发照”全程无纸化登记，为企业提供免费咨询代理、银行开户“政务+金融”一站式服务，企业开办便利度得到进一步提升。

扶持小微企业发展，“个转企”任务超额完成。把“个转企”作为加快城区经济振兴发展的重点工作来抓，切实抓好“四上”企业培育工作，提升全区市场主体竞争力，增强发展后劲，助力企业做大做强。截至12月31日，城区工商局累计办理“个转企”322家，政府下达指标320家，完成率101%，超额完成全年目标任务；培育“四上”企业6家，顺利完成年度规模以上服务业培育工作任务。

是年，全区新登记注册市场主体5727家（户），注册资本（金）28.98亿元，日均新登记市场主体21家（户），新注册资本（金）较2017年同期增长了9.6倍。其中：新登记个体户5033户，注册资本（金）2.61亿元；新登记企业694家，同比增长252%，注册资本（金）26.37亿元，是2017年同期的9倍。

【不断完善市场监管机制】 强化事中事后监管，完善市场监管机制。坚持放管结合，把规范市场秩序、维护公平竞争作为重要着力点，深入开展流通环节商品监管。

全面落实“双随机一公开”监管。根据省、市局工作安排，是年共开展3次大型随机抽查工作，共抽查企业141家，列入异常名录64家，发出责令改正1家。完善“双告知”机制，做好全市政务服务事项实施清单“十统一”标准化梳理工作，应行使事项999条已全部完成事项实施清单梳理。

不断完善信用监管机制。推进信息共享交换平台的利用，强化跨部门企业信息共享运用，助力“全国一张网”建设。截至12月31日，全区应纳入信用分类监管的市场为24个，已完成录入市场24个，其中，A类市场1个，B类市场12个，C类市场5个，D类市场6个。大力开展年报工作，发放年报宣传小册子5000份，张贴年报公告200份。年报工作已完成企业年报1427家（户），年报率87.82%，超额完成上级下达的的预定目标。加强异常名录管理工作，推进信息共享和联合惩戒工作。落实“一处失信、处处受限”，引导失信主体进行信用修复。截至12月31日，全区共有197家次企业被列入经营异常名录，申请移出19家，修复率约10%。

广告市场监管和网络监管不断加强。发挥虚假违法广告联席会议作用，加大查处虚假违法广告行为，开展2018网络市场监管专项行动，依法查处互联网违法广告行为。截至12月31日，全区共有广告经营单位213家，同比增长104.8%，广告经营单位已填报统计报表213份。共查处违法广告案件25宗，立案15宗，责令整改10宗，共计罚没款9.8万元。

执法办案水平不断提升。深入开展反垄断、反不正当竞争、港口海域禁毒等专项执法行动，依法查处取缔无照经营，重点打击假冒伪劣、商标侵权等侵犯知识产权行为，配合开展打私、打传、扫黄打非执法行动，持续加强对各类破坏市场秩序违法犯罪行为的高压态势。成功办结生产假冒“香港美心”注册商标月饼案并移送公安机关追究刑事责任。截至12月31日，共查处经济违法违规案件221宗，已罚没金额38.96万元，同比增长25%；

依法立案查处无照经营 87 宗，引导办照 24 户，罚没款 13 万元。

【消费纠纷调解】 深入贯彻《中华人民共和国消费者权益保护法》，围绕百姓消费升级趋势和消费热点，加大消费维权力，推进消费维权与社会监督体系建设，认真做好申诉、举报、咨询内容的记录及相关法律法规的宣传工作。并按申诉、举报的内容及时组织基层申诉站和相关部门进行协商、调查和处理，对市局、“12345”移交的消费者申诉、举报的案件依时把处理结果反馈给市局、“12345”投诉平台。截至 12 月 31 日，共接受咨询 798 宗，受理申诉案件 271 宗，同比增长 157%；调解成功 196 宗，同比增长 150%；挽回经济损失 82.43 万元,同比增长 21.3%；受理举报案件 27 宗。

【推进消防安全和安全生产工作】 根据安全生产工作部署要求，城区工商局积极配合政府有关部门开展节日烟花爆竹、危险化学品、春节期间安全生产、清明节期间安全防火、“五一”期间安全生产、学校安全生产、燃气热水器清查专项行动，以及“三小”场所、出租屋、电动自行车消防安全等安全生产和消防安全专项检查工作。并结合自身职能“打非治违”查处取缔无照经营专项整治行动。截至年底，共出动检查人员 5278 人次，车辆 1380 辆次，检查经营户 21814 户次，配合查获烟花爆竹 90 箱并移交给相关部门。

【推进精准扶贫和精准脱贫工作】 城区工商局根据区委、区政府的统一部署，结合扶贫政策及实际情况，积极动员帮扶干部，对接村委村干部进行工作协调；多次组织召开局领导班子与村“两委”工作协调会、村民代表座谈会等；多次组织帮扶干部前往扶贫村进行实地调研，合理安排帮扶活动，推动帮扶行动深入开展。城区工商局精准扶贫精准脱贫工作累计实现脱贫 40 户，2018 年度共脱贫 4 户 17 人，其中一般贫困户 2 户 9 人，低保贫困户 2 户 8 人；剩余未脱贫 4 户 22 人，其中一般贫困户 4 户 22 人。帮扶工作取得显著成效。

【开展扫黑除恶专项斗争】 严格按照“有黑扫黑、无黑除恶、无恶治乱”的总体要求，城区工商局制定了《扫黑除恶专项斗争工作市场管理制度》《扫黑除恶专项斗争工作市场管理机制》，加强对易于滋生黑恶势力的行业和场所的监管，集中、滚动排查移送商贸集市、批发市场、车站码头、旅游景区等场所行霸、市霸涉黑涉恶线索。据统计，截至 12 月 31 日，共出动扫黑除恶宣传车 548 车次，张贴海报 800 余张，派发联系卡 4000 余份，发放“致经营户的一封信”14000 份，在机关和工商所办公场所和各集贸市场、批发市场共设立举报信箱 31 个。线索摸排工作共出动执法人员 9946 人次，出动执法车辆 1993 车次，共记录线索巡查摸排记录表 970 份。摸排并移交线索 8 条，相关部门交办线索 7 条，均已全部办理完毕。

【推进“创文创卫”各项工作落实】 把思想和行动高度统一到区委、区政府的决策部署上来，加强组织领导，切实落实“创文创卫”各项工作任务。是年，城区工商系统共出动执法人员 22820 人次，执法车辆 4142 车次，检查商户 110615 户次、商场（超市）22 场次、网吧 4 场次，签订《文明经营责任书》12442 户，发放《汕尾市文明手册》300 份，发放《禁止向未成年人销售香烟》警示标识 110 份，派发《创建广东省文明城市调查问卷》25704 份，发出整改通知书 470 份，依法查封查处违法违规经营户 220 户，整治处理违法违规作坊、废品收购站点67 户次，查获非法组拼装摩托车 16 辆。

严格落实 18 个改造升级农贸市场网格化管理制度，加强驻点人员管理。及时纠正占道经营、货物乱堆乱放、环境卫生“脏乱差”、市场秩序混乱等违规行为，确保持照、亮照两个 100%目标。

开展大巡查大整治行动，严格落实“门前三包”责任制。与商户签订《文明经营责任书》，重点整治夜市、沿街商铺“门前三包”、市容市貌等。

开展清理废品回收站“回头看”专项整治工作。防止废品收购站出现“死灰复燃”现象，严厉打击“错峰经营”“盯梢经营”等躲避监管经营行为。

开展校园周边市场整治专项行动。确保校园周边200米范围内无“三无产品”、无违法违规销售经营行为、无经营性娱乐场所，严禁向未成年人售烟，建设文明校园。

组织局机关干部职工到挂驻点凤翔社区协助做好“双创”工作。配合凤翔社区开展“大走访、大排查、大整治”行动，获得全区创文工作测评第二名。

开展餐饮行业清理整治专项行动。对辖区内重点路段、重点区域餐饮经营户进行检查，规范餐饮行业市场秩序。

开展违法出版刊物专项检查行动。整治报刊、杂志等出版刊物市场，着力提升文化氛围。

开展整治组拼装摩托车、超标电动车工作，依法取缔无牌无证二、三轮摩托车、超标电动车。

开展非法碎石场加工厂专项治理行动。切实推进中央环保督察组第11批中央环境保护督察交办案件“市城区辖区内违法经营碎石加工厂行为”的整改工作落实。

开展违法违规畜牧养殖场清查整治专项行动。对违规畜牧养殖场的搬迁情况进行检查。

积极配合有关部门开展海汕公路、文明路拆迁扩建和升级改造工作。

【加强工商队伍建设】 加强党的建设，坚持全面从严治党。组织召开全系统专题理论学习会议，定期开展支部组织生活，落实“三会一课”制度，组织学习党的方针政策，推动中共十九大精神、习近平总书记重要讲话精神、习近平总书记视察广东时的重要讲话精神、省委书记李希到汕尾调研时的讲话精神及省、市、区委代表大会精神落地生根。积极开展多种形式的党员教育活动，组织去梅州开展红色基因党性教育活动，参观革命传统教育基地，以生动的革命事迹加强党员党性教育，始终保持党员先进性教育成果。

全面推进法治工商建设。加强宪法、法律法规宣传培训，做好“七五”普法工作，健全完善“谁执法谁普法”责任制度，深入开展法治宣传教育。加强新《中华人民共和国宪法》学习宣传教育，组织参加市工商局《中华人民共和国宪法》讲座和广东省国家工作人员学法考试系统宪法专题学考暨年度学法考试，组织行政执法人员参加汕尾市城区2018年深化依法行政加快建设法治政府专题培训。弘扬宪法和法治精神，不断提高工作人员法治思维和依法行政能力。

（区工商局）

附：城区工商行政管理局商领导名录

局　长：陈建文（2018年10月离任）

副局长：卢小泳（2018年10月负责全面工作）

叶志光

林锡良

安全生产监督管理

【概况】 2018年，城区安全生产监督管理局以习近平新时代中国特色社会主义思想为统领，深入贯彻落实习近平总书记、李克强总理等中央领导同志关于安全生产工作的重要指示批示精神，中共中央、国务院《关于推进安全生产领域改革发展的意见》以及上级安全生产工作要求，不断强化安全生产红线意识，着力推进“党政同责、一岗双责、失职追责”和“管行业必须管安全、管业务必须管安全、管生产经营必须管安全”的安全生产责任体系建设，积极主动履行工作职责，强化“打非治违”，全面深化隐患排查治理，切实推动企业落实安全生产主体责任，确保了全区安全生产形势的持续稳定。2018年，全区发生各类生产安全事故7起（其中，生产经营性道路交通事故6起，工矿商贸安全事故1起），同比减少10起，下降58.8%；死亡6人(其中，生产经营性道路交通事故死亡5人，工矿商贸安全事故1人)，同比减少9人，下降60%；受伤4人，同比减少5人，下降55.6%。生产安全事故指数呈现全面并大幅度下降。渔业船舶、消防等其他行业无发生生产安全事故，无发生职业病例，没有发生较大以上生产安全事故。

【落实安全生产责任制】 高位推进安全生产责任体系建设。区委、区政府高度重视安全生产工作，严格落实《地方党政领导干部安全生产责任制规定》，多次召开党委常委会议和政府常务会议,深入学习贯彻习近平总书记关于安全生产工作一系列重要论述，研究决策全区安全生产工作，听取安全生产工作专题汇报，及时解决安全生产重点问题。并把安全生产工作纳入经济社会科学发展指标、社会治安综合治理、精神文明建设等考核内容，把落实安全生产工作情况和考核结果作为地区、部门和个人评先评优及干部职务晋升的考量指标，落实安全生产“一票否决”。区政府与各镇（街道）、区安委会成员单位签订安全生产责任书，明确各部门和地方履行安全生产“三个必须”与属地管理责任。区安委会定期召开安全生产季度会议，分析、总结和部署全区阶段性安全生产工作。区委、区政府班子成员多次深入基层调研、部署、指导、督促安全生产工作，有力地推动了全区各级党政和部门安全生产领导责任的落实到位。全区各地各部门严格按照《中共汕尾市城区委 汕尾市城区人民政府关于推进安全生产领域改革发展的实施意见》的要求，结合《汕尾市城区党政部门安全生产职责》，负有安全监管职责的部门及时调整由领导班子副职中排名第一的领导分管安全生产工作，进一步明确安全监管机构。指定专人负责本部门安全生产日常工作，对所管辖行业领域的安全生产工作进行全面的研究和预判，制订相应安全生产工作计划和风险排查管控、隐患排查整治方案，切实深入开展一系列安全隐患排查治理行动，有效防范和遏制安全生产事故发生。把强化企业安全生产主体责任落实作为安全生产工作的核心任务，加强对企业主和员工的宣传、教育、培训，引导企业依法履行安全生产主体责任；采取约谈、检查、发出执法文书等行政手段，推动企业依法履行安全生产主体责任；开展企业参与安全生产公开承诺，促使企业主动依法履行安全生产主体责任；帮助企业建立安全生产规章制度，组织隐患自查治理，加大安全生产投入，形成企业全员参与，共同履行安全生产主体责任。

【安全生产监管和安全生产执法监察】 针对城区安全生产工作实际，紧盯重点行业、重点时段、薄弱部位，全方位开展安全治理工作，取得了较好成效。

开展城市风险点、危险源排查安全整治。全面摸清各类城市风险点、危险源的底数，按照不同等级划分安全风险，建立风险隐患数据库，完善全区重大风险点“一张图”，集中进行专项整治，防止认不清、想不到、管不到等问题的发生，彻底消除各类事故隐患。2018 年，全区共排查出各行业领域风险点、危险源 66 处（红色风险 4 处，橙色风险点处 4 处，黄色风险 21 处，蓝色风险 37 处），完成了相关数据收集，着手对所有风险点、危险源存在的安全隐患开展全面的整治；同时落实严厉管控措施，每季度组织有关部门开展一次专项检查，共发现隐患 114 处，消除风险点、危险源 2 处，发出责令整改指令书 22 份，建议函 9 份，并对排查出来的风险点、危险源整治效果及管控措施落实情况进行检查督查。

开展消防安全整治。在汲取 2017 年海丰“12·9”火灾事故教训大检查的基础上，深入推进“六类场所、十项必查”、“夏季消防安全检查”、“消防安全大排查大整治大宣传”、火灾高风险区域整治、冬春季火灾防控、出租屋、小产权房、电动自行车等专项治理工作。全区共检查单位场所 9700 余家，查封关停 800 余家，罚款 30 余万元，行政拘留 6 人。全区各地各类场所实施物防技防改造，在市区西门市场实施无线火灾报警试点，在新林社区实施出租屋、小产权房、电动自行车整治试点，各类场所按要求配备灭火器材。全区所有村（社区）建立微型消防站，成立镇（街道）消防安全网格管理中心 7 个，村（社区）消防安全网格管理中心 94 个，划分消防安全小网格 134 个，创建消防安全社区 35 个，并配齐个人消防防护装备及灭火装备。结合市政建设，市区海边街同步建设市政消火栓。全区火灾防控水平得到显著的改善，火灾防御水平得到了提升。

开展危险化学品、易燃易爆物品安全整治。对全区涉氨企业进行检查，发现隐患 98 处，发出责令限期整改指令书 35 份，立案 1 宗，处罚 5000 元；对全区加油站、化工零售门店等进行检查，发现隐患 113 项，责令限期整改指令书 17 份，对 7 家加油站进行约谈，查处 2 宗违规存放使用氢气、氧气，立案查处 4 宗，共处罚款 33000 元；严格烟花爆竹销售行政许可，对全区烟花爆竹零售点经营、储存等环节进行全面检查。加大在市区禁止销售烟花爆竹的工作力度，特别是在春节、元宵、清明、中秋等节日，组织区职能部门执法人员对市区违规储存、经营的违法行为进行全面的清理及打击，查扣并集中销毁违法违规销售、超量储存的烟花爆竹，共收缴非法销售的烟花爆竹1230多件，并依法予以销毁；对全区燃气市场进行专项整治，没收大小液化气钢瓶5000个，扣留违法运输车辆30部，把相关当事人移交到区公安局及派出所谈话做笔录30多人，拘留20人。累计换超期不合格钢瓶12万个，折物罚款10万元。

开展交通安全“夏季攻势”专项整治。开展道路交通安全宣传教育活动、机动车辆乱停乱放整治、打击酒后驾驶、交通事故“黑点”排查和路面临停车位施划等工作。2018年，共开展各类交通违法行为专项整治行动262场次，现场查获各类交通违法行为33906宗（驾乘摩托车和电动车无佩戴安全头盔行为13760宗，机动车辆乱停乱放行为19278宗，重点车辆交通违法行为148宗，其他交通违法行为720宗）；暂扣各类交通违法车辆13947部（摩托车类13760辆，其他车辆187辆），警告教育9600人次；现场查获酒后驾驶案件55起55人（醉酒驾驶4起4人），行政拘留无证驾驶11人；举行公开销毁无牌无证、假牌假证、组拼装机动车辆现场会3场次，共销毁无牌无证、假牌假证、组拼装机动车辆4842辆。全年没有发生一起死亡3人以上较大道路交通事故，也未发生因公路“三乱”行为和执法不当导致的群体性事件。道路交通秩序良好，交通形势总体较为稳定。

开展职业卫生危害安全整治。全面调查摸清涉及职业病危害企业情况，着力推进职业卫生“三同时”工作，加强对职业场所的检测、评价，从业人员职业健康检查，职业卫生档案建立的督促。突出对职业病防治设施、设备、防护措施的重点检查，排查和整治了一批隐患，发出责令限期整改指令书38份，立案1宗，罚款2万元，责令体检和评价18家，职业健康体检751人。全区涉职业病危害因素企业已申报110家。

开展建设工程安全整治。深入开展在建工程危险性较大部分工程专项安全检查，重点对在建工程深基坑、高大模板、脚手架、建筑起重机械设备等施工部位和环节严加检查督查整治；全面落实项目责任人的质量终身责任；严厉打击建筑工程违法转包分包行为；严格落实施工许可管理制度；实施项目经理资格台账管理和押证制度；对外来施工、监理、设计等企业实行验证登记备案手续制度。2018年，共出动人员155人次，检查在建项目10个。针对现场存在质量安全问题，发出建设工程质量（安全）整改通知书或隐患责令停工整改通知单共85份，限期整改到位，并对个别责任单位违章行为进行了行政处罚。

开展渔业船舶安全整治。利用AIS平台系统监控渔船的行踪、捕捞作业情况、安全动态，强化对船只船员和渔港的检查；加强伏季休渔期间渔港渔船的安全管理，消除安全隐患。加强渔船进出港签证管理，做到“四不签证”，对持失效的船舶检查证书、登记证书、捕捞许可证的渔船不办理出港签证，没有配备足额职务船员的渔船不办理出港签证，危险天气不办理出港签证，对存在事故隐患未整改的渔船不办理出港签证；以日常检查、突击检查、综合检查相结合，常态化在马宫及其周边海域、渔场等实施执法人员分组轮流值勤制度；建立镇（街道）、村（社区）联动机制，及时掌握一线情况和动向。2018年，共出动执法快艇329艘次、人员1576人次、检查船只865艘。检查发现：13艘渔船船名标示不规范、26艘渔船未按规定配备消防救生设备，2宗渔船职务船员不足，其他安全隐患18宗，共发出责令改正整改通知书59份。

开展重点时段安全整治。强化监管措施，制订印发了《关于加强清明期间烟花爆竹安全监管工作的通知》《关于开展“五一”节前安全生产大检查的通知》《关于开展中秋节、国庆前安全生产大检查的通知》《关于进一步做好当前安全生产工作的通知》《关于进一步开展安全隐患排查整治工作的紧急通知》《关于进一步加强安全隐患排查整治工作的紧急通知》《关于切实强化汛期安全生产工作的通知》和《2018年汕尾市城区今冬明春火灾防控工作方案》等文件，并成立专门领导机构，明确工作职责，提出工作要求，切实开展了一系列重点时段安全整治，确保了元旦、春节、元宵、清明、“五一”、全国“两会”、中秋节、国庆节和汛期等重大节假日和重大活动、敏感时期安全生产形势稳定。

【应急救援管理】 认真贯彻落实《生产安全事故应急预案管理办法》，进一步加大安全生产应急管理工作力度，组织专家开展应急救援预案的编制、评审、备案等工作，督促各镇（街道）、区直有关部门和各生产经营单位，针对本地区、本系统、本企业的情况制订、完善相应的应急预案，开展应急演练，切实提高部门及企业处置突发生产安全事故的实战能力。2018年，共开展应急演练17场次，参加人员7000多人。把各地各单位各生产经营单位的应急管理工作列入重点检查监督范围，进一步强化了应急救援工作的落实。

【安全生产宣传教育】 制定《2018年安全生产宣传培训教育工作计划》，开展了多形式、多层次的活动。举办全区企业主要负责人安全管理培训班、全区企业安全管理人员培训班、2018年企业风险辨识与管控培训班、全区消防安全管理等培训班；利用《汕尾日报》、汕尾一线网、善为网和市区新媒体、LED广告机、“一封信”等多种形式开展安全生产宣传，做到安全生产宣传工作进企业、进校园、进机关、进社区、进农村、进家庭、进公共场所；开展消防安全、交通安全、用气安全、用电安全、用火安全和职业卫生防治宣传图片展、讲座、咨询等一系列宣传教育培训活动；开展春节、元宵、清明节、中秋节禁燃烟花爆竹宣传活动；开展6月安全生产月和第二个全国《中华人民共和国安全生产法》宣传周宣传教育活动，制定《2018年安全生产月活动方案》《2018年“安全生产月”安全发展主题宣讲活动实施方案》和《2018年“安全生产月”安全生产知识宣传巡回展播活动方案》，开展安全生产月宣传教育活动启动仪式、安全生产咨询服务日、安全发展主题宣讲、安全生产宣传板展、安全生产知识宣传巡回展播、安全生产执法警示、应急救援演练等活动及参加省、市网上安全生产知识竞赛。2018年，举办各类安全生产专题学习培训班23场次，印制发放安全生产宣传册15万余份（册）。

（朱家博）

附：城区安全生产监督管理局领导名录

局　长：罗覃呈

副局长：吴华服

食品药品监督管理

【概况】 2018年，汕尾市城区食品药品监督管理局（以下简称区食药监局）坚持以习近平新时代中国特色社会主义思想为指导，始终站在政治和全局的高度，认真贯彻落实区委、区政府和市食药监局工作部署，把人民对美好生活的向往作为奋斗目标，切实保障人民群众饮食用药安全，坚决守住食品药品安全的底线，食品药品安全形势稳中向好，全年没有发生食品药品安全事故。全区有食品生产经营单位4575个，其中，餐饮经营单位1852个，流通2723个；食品生产加工小作坊41个。药品经营企业135家，其中，零售药店129家，农村药品供应点6家。保健食品经营企业107家，医疗器械经营企业82家。

【完善体制改革】 一是根据区政府调整后的食品安全委员会领导机构和成员单位及其工作规则，区食安办（区食药监局）认真履责，做好协调和职能工作，确保各项工作得到有效的落实。二是落实层级责任。区政府与各镇（街道）、食安委相关成员单位签订食品安全责任书。各镇（街道）配备联络员，村级建立食品安全协管员队伍，构建起覆盖乡村社区的食品安全协管网络，覆盖率达100%。三是做好扶贫脱贫工作。区食药监局高度重视挂驻点新北村的扶贫脱贫工作成立工作小组，由主要领导亲自带队深入群众，进村入户开展调研，同时派专人协助新北村建档立卡、落实“三保障”、做好以奖代补等工作。

【认真落实“放管服”工作】 是年，区食药监局加大办证力度，把办证时限从原来的15个工作日缩短为10个工作日，共办理食品经营许可1520件，受理药品经营许可申请61件，小作坊登记4件，并在全市率先划定食品摊贩集中经营区，发放“广东省食品摊贩登记卡”41份。

【及时消除食品药品安全隐患】 是年，区食药监局认真做好食品药品安全日常巡查监管和常态化工作，把日常监管与创文创卫、消防、禁毒和扫黑除恶等工作有机结合，加大对食品药品经营单位“双创”宣传教育力度、专项整治和行政执法力度。全年共出动执法人员3680多人次，检查食品药品生产经营单位5970多家次，发出《食品经营户须知》2263多份、《关于全面禁止使用（餐厨废弃物）饲喂生猪告知书》21份，发出食品安全监管信息公示牌194份，发出整改通知书388份，关停整改132家无证无照食品药品单位，张贴“禁止向未成年人出售烟酒”标语660张，发放创文调查问卷3800多份，上报药品不良反应报告254份，上报医疗器械不良事件90份。有效净化了我区食品药品安全环境。

【开展企业主体责任培训】 一是联合汕尾医药职业技能培训中心，通过邀请专家授课等方式，对城区药品经营企业营业员、企业负责人和GSP岗位人员开展了3场专题培训，累计参加培训人员1050多人，发放各类培训资料1050多份，进一步提高了城区药品经营企业从业人员的职业素养和专业技能。二是开展保健食品科普知识进社区进农村宣传讲座，共吸引了120多名群众参加。

【查处食品药品违法犯罪行为】 是年，区食药监局畅通投诉举报途径，及时处理群众投诉举报，全年共接到食品药品投诉举报130宗，对各类四品一械违法行为立案70宗，结案70宗，涉案金额3.77万元，罚没款约25.08万元。移送公安机关违法线索6起，转为移送案件3宗，有力震慑了食品药品生产经营违法犯罪分子。

【强化食品药品抽检快检工作】 一是通过已经设置的5个快检室，每天定期对市区10家农贸市场开展快速检测工作，及时将结果在市场公示栏进行公示并上传至“智慧食药监”平台。二是适时开展“你送我检”食用农产品快检便民服务。三是根据国家、省、市食药监局下达食品药品抽检任务，全年共开展食用农产品快速检测37897批次，其中，检测蔬菜34970批次，合格率为99.05%，处理不合格产品数量1545.1公斤；检测水产品2390批次，合格率为99.83%,处理不合格产品数量39.5公斤；畜禽肉蛋类537批次，合格率为100%。四是根据省、市食品检验工作实施方案有关要求，把食品检验量从每年每千人3批次提高到4批次。圆满完成食品抽检1415批次的任务，开展药品抽样127批次。

【推进食盐监管改革】 一是在食盐改革过渡期内与各部门密切配合，严格按照省、市、区有关要求，加强盐业监管工作，防止出现监管空档期。二是从2018年1月1日起，全区现有食盐定点生产企业和批发企业要依照新的规定申请许可，根据许可范围从事相应的经营活动，现有食盐定点生产企业许可证和食盐批发企业许可证不再重新核发。三是切实配合区及市食药监局做好有关新公务员招录工作。四是加强培训，逐步提升和强化食盐领域监管能力和水平，确保人民群众食盐安全。

【继续推进家禽生鲜上市工作】 一是完成省、市、区部署的工作任务，开展家禽“集中屠宰、冷链配送、生鲜上市”，通过减少人禽接触机会，强化防控禽流感措施。二是加强与区食安委及各成员单位之间的有效沟通及配合，开展联合执法，强化工作落实。以辖区内的各农贸市场为重点，全面开展监督检查，严防未经检疫的禽类进入市场。三是加强H7N9禽流感可防、可控、可治，普及科学防控知识宣传和舆论引导，提高全社会共同参与防控意识。四是加强和规范家禽的经营管理，切实推动对经营档口建设改造工作，对不能提供检疫合格证明的禽类，严禁上市销售。

【完善监管平台建设】 一是制定工作方案，成立领导小组，确保工作按部就班有序开展。二是通力协作，推进数据对接。逐步将辖区内获证监管对象实现90%接入“智慧食药监”平台，并与全省数据同步对接。三是划分三级网格，实现监管全覆盖。全区食品药品三级监管网格覆盖率达到100%。

【巩固“创卫创文”成果】 一是分别成立“创卫创文”工作领导小组，加强对创文工作的组织领导和统筹部署。二是结合本职工作，制定了“创卫创文”工作方案，明确各工作职责，确定创建工作目标，理清职责清单，细化责任要求，落实推进措施、责任领导和责任人，按时间倒逼工作落实，高要求，高标准做好“全国卫生城市”创建工作。三是落实创卫网格化管理任务，实行食品安全网格化监管，落实食品经营户实行亮照持证经营，及时落实“创卫创文”工作整改要求。四是落实城区“三个一”方案，协助挂驻社区清理环境卫生。五是包村包户，落实责任，及时做好环境卫生回访工作。六是扎实推进“一月一主题”创文创卫整治工作，积极参与全区“双创”统一行动，鼓励该局志愿者积极参与各项志愿服务。该局全年人均志愿服务时长近80小时，志愿活动参与率达到100%。

【普法宣传工作】 一是把日常宣传融入到食品药品日常监管工作中，强化食品药品法律法规的常态化宣传，全年共发放各类食品药品安全宣传资料9870多份，张贴各类相关海报900多份，发放《创文调查问卷》3800多份，发出文明用餐提示牌800多个，创文创卫宣传牌1200多张，发出《食品经营户须知》2263多份，与学校（幼儿园）签订责任书45份。市区药品经营企业中有LED显示屏的播放“双创”宣传标语20家，没有LED显示屏的张贴海报80家、悬挂横幅15家。二是结合“3·15”消费者权益日、食品安全宣传周等重点时间段，开展集中宣传活动。三是坚持上下联动和属地管理相结合，加强与镇（街道）的联动，建立以镇（街道）食安委为主的食品药品安全普法机制，深入开展食品药品安全进“六进”活动”。四是积极运用区政府门户网站、市食药监局官网、该局微信公众号和官方新闻等平台，发布与群众切身利益息息相关的食品药品安全信息及监管工作动态，提升群众对食品药品安全知识和监管工作的认知度。五是加强该局执法人员、食品药品协管员、专管员、监督信息员队伍建设，加大队伍的管理和培训。

（张桂嘉）

附：区食品药品监督管理局领导名录

局　长：王建忠

副局长：杨辉森

　　　　吴沛峰

区食安办副主任：曾招肯

审　计

【审计工作成果】 2018年，区审计局依法开展2017年度区本级预算执行和其他财政收支、重大政策措施落实情况跟踪、政府投资建设项目及经济责任审计等。按照上级审计机关统一部署，配合开展综合维稳和环境卫生整治资金专项审计调查、政府性债务和隐性债务等项目审计工作。是年，共完成审计项目15个，审计查出主要问题金额43358万元，其中，违规金额473万元，管理不规范金额42885万元。审计促进整改落实有关问题资金613万元，出具审计报告和专项审计调查报告18篇，审计提出审计意见和建议52条，被采纳审计建议49条，提交审计简报18篇次。

【重大政策落实情况跟踪审计】 按照上级审计机关统一部署，紧紧围绕推进供给侧结构性改革和“三去一降一补”等五大任务落实，将审计重点突出在“放管服”改革措施落实情况、重大项目推进情况、财政存量资金情况等方面。每个季度开展基层医疗服务能力建设政策推进情况调查。派出业务骨干，了解事实动向，有重点地实施政策跟踪审计，坚持目标导向和问题导向相结合，查源头、查原因、查责任、查后果。审计发现城区本级新增债券使用率不高，推进“放管服”改革情况还存在不彻底等情况，提出落实整改建议，促进了令行禁止、政令畅通，推动党中央国务院重大政策措施在城区落地生根。

【预算执行审计】 2018年，依法开展2017年度区本级预算执行审计和其他财政收支审计。审计结果表明，2017年，各地各部门围绕区委、区政府“抓好‘五化’，建设‘五城’，做好五项工作”部署，全力推进重点项目建设、土地收储、乡村振兴、

"创文创卫"、民生和平安法治"六大攻坚战"，全区社会和经济保持较好发展态势。2017年，区本级一般公共预算收入总收入254955.30万元，其中：本级收入49992.99万元，完成预算调整数的103.49%；总支出252156.43万元，上年结余12500.82万元；年终结余15299.69万元。审计查出未按规定核算结转结余资金、超比例安排预算稳定调节基金、非税收入未上缴国库等管理不规范问题。10月31日，区审计局局长受区政府委托，向区第八届人大常委会第二十次会议作2017年度本级预算执行和其他财政收支审计工作报告。按照区政府的统一部署，区审计局建立审计整改台账清单，指导督促被审计单位抓好审计整改工作，并于年底向区人大常委会报告整改情况。

【经济责任审计】 2018年，根据区委组织部委托，组织对区水利局、区残疾人联合理事会、区科技文体局、区卫生和计划生育局及区田家炳中学等单位主要领导任期经济责任履行情况进行审计。审计发现存在挤占专项资金、未按规定履行报批手续、未严格执行"收支两条线"规定、现金及固定资产管理不规范、往来款长期挂账、不合规发票入账等问题。依法客观公正、实事求是评价和界定领导干部经济责任，有效促进领导干部依法廉洁从政，权力规范运行，为组织人事部门管理使用干部提供参考依据。

【推进国资国企审计工作】 2018年，区审计局积极组织对区国有粮油收储有限公司2017年资产负债损益情况进行审计。重点审计企业债务的真实性、完整性和国有企业经营绩效情况，国有资本收益投入使用的合规性与效益性等方面内容，有针对性提出审计意见及建议，为城区加强国有企业、国有资产管理和促进提高国有资产使用效益及相关部门决策提供可靠依据。

【加强政府投资建设项目审计】 根据区政府统一安排，对红草马宫堤围下围段达标加固工程和市区13条支路改造项目等5个政府投资建设项目进行审计，核减结算造价37.63万元。审计还发现一些工程项目未按期完工和滞留征地补偿等问题，有效促进城区工程建设项目的规范管理，提高政府投资效益。

【加大2017年审计整改工作力度】 区委、区政府高度重视审计整改工作，区政府主要领导多次对审计整改工作作出批示；区政府专门召开会议，专题研究落实审计整改工作，把整改工作纳入督查督办事项，取得较好整改成效。区审计局不断加大审计整改力度，开展审计整改"回头看"；加强与被审计单位沟通，及时发出审计整改函，督促相关单位及时落实整改。针对《广东省审计厅关于贯彻落实省主要领导同志在2017年度22个县区党委政府主要领导干部经济责任审计结果报告上的批示精神的通知》指出的问题，将存在问题分解落实到各责任单位，督促各责任单位逐条逐项对照检查，举一反三，自查自纠。对能立行立改的问题立即落实整改，无法立即整改完毕的，制定相关措施，建立长效机制，杜绝今后再次发生。

【配合上级审计机关开展审计工作】 根据审计署关于开展政府性债务和隐性债务审计的工作要求，区审计局派出审计骨干配合上级审计机关对2017年度区本级政府性债务和隐性债务情况和财政暂存暂付性挂账事项开展专项审计，摸清城区政府性债务总体情况，进一步规范政府性债务融资管理，促进完善财政安全"防火墙"和风险防预警机制，防范、化解财政重大风险。区审计局配合市审计局工作安排，抽调人员赴汕头参加省审计厅统一组织的异地县委书记、县长经济责任同步审计。选派年轻公务员以跟班学习形式参与市审计局对海丰县大湖镇委书记、镇长任期经济责任同步审计。

【联合相关部门开展监督检查】 2018年5月，区审计局派出审计组联合区纪委、区财政局、区人社局和区教育局组成8个检查组，对全区行政事业单位开展违规发放津贴补贴情况进行抽查。联合区纪委依法开展安全生产领域审计监督。2月，联合区纪检监察部门和区财政局对安全消防大整治专项资金进行审计监督，促进专款专用、投入到位，更好发挥资金效益，提高安全生产保障能力。

【开展志愿活动】 一是以全市消防安全大排查活动为契机，组织帮扶干部到挂驻村开展村民用电、用煤气等消防安全大排查。聘请专业人员上门对用电线路、煤气管道等进行改造升级，更换用电插座和新型节能光源等，确保用电、用气等安全。向群众宣传用电安全、预防火灾等消防知识，进一步提高消防安全意识。二是积极参与城市环境污染整治工作。定期组织青年志愿者到挂驻村开展“创文创卫”志愿服务活动。清扫辖区卫生，同时宣传号召村民共同创建文明城市，建设温馨美好家园。通过积极开展志愿活动，进一步弘扬雷锋精神，助力文明城市创建，推动学雷锋志愿服务常态化、制度化。

【加强党建工作】 坚持以习近平新时代中国特色社会主义思想为指导，以推动《汕尾市城区加强党的基层组织建设三年行动方案（2018-2020年）》贯彻落实为切入点，按照新时代党的建设总要求，切实加强党的领导，进一步加强和改进党的组织建设，强化思想政治工作和领导班子建设，认真落实党风廉政建设责任制，突出抓好党的政治建设和制度建设。2018年2月，经区委批准设立区审计局党组，及时制定《中共汕尾市城区审计局党组议事制度》，进一步明确了党组的议事规则。4月，完成局机关党支部换届选举，把政治素质高、工作能力强、热爱党务工作的干部选拔到党支部班子中，配齐配强班子成员，提升班子的工作水平，增强班子战斗力。6月，制定出台了《汕尾市城区审计局“三重一大”工作制度》《汕尾市城区审计局党组理论学习中心组学习制度》《汕尾市城区审计局党组议事制度》《汕尾市城区审计局党支部党建工作责任制度》等共14个规章制度，进一步加强党的思想建设，规范完善党的制度建设，强化全面从严治党。

（钟华城、林映萍）

附：城区审计局领导名录

局　长：陈焕明

副局长：魏小娟

副主任科员：巫传永

统　计

【概况】 2018年1月，区委批准成立区统计局党组。区统计局坚持以习近平新时代中国特色社会主义思想为指导，认真贯彻落实中共十九大精神，深入学习贯彻习近平总书记视察广东重要讲话精神，按照区委、区政府的决策部署，紧紧围绕全区发展大局，紧盯全年工作目标，以提高统计能力、提高统计数据质量为核心，以强化统计优质服务为抓手，扎实推进统计各项工作。

【第四次全国经济普查】 2018年，区成立了第四次全国经济普查工作领导小组及办公室，落实普查经费，配置184部普查专用移动终端（PAD），指导各镇（街道）普查办完成“广东智能普查”系统注册“两员一督”334人以及137个普查小区划分、地图绘制工作。区经普办选调普查骨干人员参加市经普办在海丰县公平镇的综合试点工作及省经普办在东莞市举办的经济普查培训班，后期选调10余名业务骨干对全区400名“两员”（普查员、普查指导员）进行普查方案培训，协助95个普查小区完成普查清查、宣传发动等大量的基础性工作。

【统计业务和队伍建设】 扎实做好各项常规统计工作 2018年，区统计局认真履行统计监测经济运行职责，按照区委、区政府的决策部署，强化各项工作落实，认真履行统计监测经济运行职责，强化统计业务培训，严格贯彻实施2017年统计年报和2018年定期统计报表制度，积极开展工业、农业、交通运输、建筑业、贸易、投资、能源、服务业、劳动工资、地区生产总值等专业统计核算工作。不断加强“一套表”联网直报平台的数据质量控制和统计监测预警工作，促使全区经济运行呈现稳中趋升的积极态势，多数指标完成情况好于预期，增速逐步回升。

组织开展专项调查 按照上级统计调查部门的部署，组织开展城乡住户一体化调查、投入产出调查、规模以下服务业统计调查、人口变动抽样调查、妇女儿童发展规划统计监测评估等专项调查工作。

提供统计服务　紧紧围绕全区经济社会发展大局，坚持“用数据说话，为决策服务”的理念，密切监测经济运行态势，及时收集上报各项反映全区经济社会发展动态和趋势的统计数据资料，加强对全区经济运行态势及形势研判进行分析，及时为区党政领导提供决策、咨询及建议。主动加强与区直各部门的沟通协调，充分发挥统计部门的牵头作用和相关部门的主体作用，实现部门信息共享。继续做好“数据快报”、《统计资料汇编》等统计资料编印工作

营造统计法制氛围　10月13日，区经普办、区统计局联合市经普办、市统计局，在城区信利城市广场举办主题为“第九届中国统计开放日——走进汕尾四经普”宣传活动。向公众重点介绍了开展第四次全国经济普查工作的目的与意义、组织方式、依法普查等内容，并与汕尾广播电视台、《汕尾日报》等汕尾市主流媒体进行互动交流。通过媒体的力量进一步提高社会各界对统计调查工作的了解和支持，有效扩大了“四经普”的社会影响面和普及面，提高群众对“四经普”的关注和重视，为全面铺开普查工作、依法统计、科学统计、服务经济社会发展营造了良好的社会氛围。

培育“四上”企业工作　区统计局会同区经信、住建、工商、国税、地税、财政及旅游等职能部门，强化工作措施，明确分工，各司其职，全力做好区“四上”企业（即指规模以上工业企业，限额以上批发、零售、住宿、餐饮企业，资质等级的建筑业企业和房地产企业，规模以上服务业。下同）培育工作。2018年，全区已成功培育“四上”企业26家（其中，工业5家，商贸业10家，建筑房地产业4家，服务业7家），超额完成年度“四上”企业培育（22家）的目标任务，是全市唯一一个超额完成的县（市、区），对全市培育“四上”企业工作贡献突出。

【“创文创卫”工作】　积极开展创文创卫工作，严格按照责任分工的要求，在红草镇新村村开展创建文明社区志愿者服务活动，组织20多名志愿者，用实际行动推动城区“创文创卫”工作深入开展。

【经济和社会发展】　2018年，全区实现地区生产总值（GDP）118.58亿元，比上年增长8.1%；实现规模以上工业增加值19.03亿元，比上年增长7.6%；实现农业增加值24.04亿元，比上年增长4.7%；完成社会消费品零售总额111.51亿元，比上年增长9.8%；完成固定资产投资67.53亿元，比上年增长20.1%；完成一般公共预算收入5.84亿元，比上年增长16.8%。

2018年城区主要经济指标完成情况表

表3

指标名称	计算单位	2018年完成数	同比增长（%）
国内生产总值（GDP）	亿元	118.58	8.1
规模以上工业增加值	亿元	19.03	7.6
农业总产值	亿元	24.04	4.7
社会消费品零售总额	亿元	111.51	9.8
固定资产投资总额	亿元	67.53	20.1
一般公共预算收入	亿元	5.84	16.8
全体常住居民人均可支配收入	元	23935	6.0

说明：此表数据除“全体常住居民人均可支配收入”外均为初步统计数，并经汕尾市统计局核定，按可比口径计算。

【城乡居民收入与消费】 2018年，区政府通过鼓励创业拉动就业、帮扶困难企业职工稳岗转岗等系列措施，多方保障就业率，为居民工资收入增长提供了有力保障。同时，积极降低企业经营成本，扩大对外开放，支持经营市场健康发展，对中小企业支持力度增大，保障了居民经营收入稳定增长，居民消费结构优化升级，生活水平明显提升。据2018年城区城乡一体化住户调查资料显示，全体常住居民人均可支配收入增幅与GDP保持同步增长。2018年，全区城镇常住居民人均可支配收入为26610元，比上年增长6.0%；全区农村常住居民人均可支配收入为15352元，比2017年增长9.0%。实现了居民收入水平的稳定提升。2018年，全区城镇常住居民人均消费支出为20097元，比上年增长6.7%；全区农村常住居民人均消费支出为12735元，比2017年增长9.4%。

2018年城区常住居民人均可支配收入与人均消费支出情况表

表4

项目	全体常住居民	同比增长（%）	城镇常住居民	同比增长（%）	农村常住居民	同比增长（%）
人均可支配收入（元）	23935	6.0	26610	6.0	15352	9.0
人均消费支出（元）	18330	7.2	20097	6.7	12735	9.4

说明：此表数据由国家统计局汕尾调查队反馈提供。

（林伊露）

附：城区统计局领导名录

局　长：陈永潮

副局长：王灯彩

国土资源管理

【土地资源】 2018年年末，全区土地利用如下：

1. 农用地　城区农用地面积共19860.56公顷，占全区土地总面积28315.96公顷的70.14%。农用地包括耕地、园地、林地、其他农用地四类。

耕地。共3190.57公顷，占当年全区农用地面积的16.06 %，占全区土地总面积的11.27 %。随着经济社会的发展，人口的逐年增加和耕地被建设占用，人均耕地占有量逐年减少。2018年底，全区人均占有耕地0.01公顷，低于联合国粮农组织确定的人均耕地警戒线0.053公顷的水平。

园地。共2092.49公顷，全部是果园，占全区农用地面积的10.54%，占全区土地总面积的7.39%。由于粮油市场价格持续处于较低的水平，农民改种其他经济作物增加收入而占用耕地。

林地。共13992.03公顷，林地是农用地的主体，也是全区土地利用的主体，占全区农用地总面积的70.45%，占全区土地总面积的49.41%。

其他农用地。其他农用地面积2929.47公顷，占当年全区农用地面积的14.75%，占全区土地总面积的10.35%。

2. 建设用地　全区建设用地共5954.97公顷，占全区土地总面积的21.03%。建设用地包括城镇村及工矿用地、交通用地、水域及水利设施用地等。

城镇村及工矿用地。包括城市用地、建制镇设施用地、村庄、采矿、风景及特殊用地，面积共4868.29公顷，占全区土地总面积的17.19%。

交通用地。包括公路用地、铁路用地和港口码头用地类，面积为397.43公顷，占全区土地总面积的1.4%。

水域及水利设施用地。包括水库水面和水工建筑两类，面积共689.25公顷，占全区土地总面积的

2.43%。

3. 未利用地　未利用土地面积共 2500.43 公顷，占全区土地总面积的 8.83%。

【资源管理】 做好用地组件报批工作　2018 年，为保障辖区重点项目用地，原市国土资源局市区分局进一步强化用地组件报批工作，积极做好红草工业园区、中央商务区、汕尾市职业技术学院、汕尾市体育运动学校、捷胜消防训练场、广汕铁路城区段等项目用地组件报批工作，为城区振兴发展提供用地保障，促进重点项目及时落地，推动城区经济社会发展。

认真落实耕地保护责任　根据市政府与区政府签订的年度耕地保护责任书要求，均将各项指标分解到各镇（街道），由区长与各镇（街道）政府（办事处）一把手签订责任书，层层落实耕地保护目标责任制，将耕地保护目标纳入各镇（街道）年度考核指标体系，并将耕地保护责任目标考核结果作为镇（街道）政府（办事处）主要负责人工作业绩考核的重要内容，建立土地违法违规政府领导干部问责制，有效地保护了耕地。认真落实土地管理共同责任，明确了政府和有关部门耕地保护目标责任和分工。同时，原汕尾市国土局市区分局对于 2018 年度辖区征收土地占用的耕地进行了补充，坚持“占一补一”原则，确保辖区耕地保护量不减少，实现辖区耕地占补平衡。同时，顺利通过 2017 年度耕地保护目标责任履行情况考核。

开展汕尾市城区土地整治规划（2016—2020 年）编制工作　根据区政府办转发的《关于下达汕尾市土地整治规划（2016—2020 年）主要指标的通知》，结合《国土资源部关于加快推进地方各级“十三五”土地整治规划编制工作的通知》的文件精神，原市国土资源局市区分局严格按照上级下达的约束性指标及《县级土地整治规划编制规程》（TD/T 1035-2013）的要求，开展城区土地整治规划（2016—2020 年）编制工作。经编制规划文本、召开听证会、根据有关建议修改完善文本、市国土资源局专家评审会审核等工作后，形成《汕尾市城区土地整治规划（2016-2020 年）》报批稿，并经区政府常务会议研究通过后于 8 月 1 日印发实施。同时，将规划成果在汕尾市城区人民政府网站进行公告及上报市国土资源局备案。

全面完成农村地籍调查工作　根据市国土资源局《关于印发〈关于加快推进汕尾市农村地籍调查工作实施方案〉的通知》精神，原市国土资源局市区分局进一步加大力度推进城区农村地籍调查工作，加快农村地籍调查工作步伐。通过市国土资源局市区分局地籍科、基层国土资源所及技术单位的共同努力，城区农村地籍调查内、外业工作已全部完成，并顺利通过省国土资源厅复核及预建库工作。8 月，已报请市国土资源局对城区农村地籍调查成果进行验收。通过开展农村地籍调查，将进一步夯实农村地籍管理基础，明晰农村土地产权，推动建立现代地籍管理和土地产权管理制度，严格土地资产管理，保护农民合法权益，促进农村社会、经济可持续发展。

加大土地执法监察力度　开展卫片执法检查工作。以土地矿产卫片执法检查为契机，开展违法违规用地集中拆除复耕复绿工作，在规定时限内将违法占地比例控制在上级的要求之内。截至 12 月，已完成 2017 年度土地矿产卫片疑似图斑外业核查及资料整理内业工作，并开展整改工作，在城区政府牵头相关职能部门联合执法下，组织拆除典型违法图斑点 12 个，拆除建筑物面积约 8000 平方米，清除硬底化面积约 10000 平方米，依法立案查处违法用地案件 1 宗，落实行政罚款 75340 元。2017 年度卫片执法检查工作已顺利通过市土地矿产卫片检查工作领导小组验收。同时，加强日常土地执法监管，对省国土资源厅各季度下发的辖区卫片疑似违法图斑点均进行实地核查，采取相关处理措施予以查漏补缺。

加大土地动态巡查力度　按照“预防为主，早发现、早报告、早制止、早查处”的工作要求，原市国土资源局市区分局进一步加强土地动态在线巡查工作，通过落实下属国土资源所在线巡查人员力量及工作经费等措施，2018 年辖区各国土资源所动态巡查上线率每月均达到 90%以上。同时，做到定期巡查和重复巡查相结合，对违法违规用地发现一起处理一起。2018 年，在土地动态巡查中发现违法违规用地 86 宗，发出《责令停止国土资源违法行为通知书》86份，将大部分违法行为发现在初始、制止在萌芽状态。

扎实开展信访维稳工作　在信访工作中，原市国土资源局市区分局秉承公开、公平、公正的原则，合理处理好“网络问政平台”、群众来访来信和上级交办等各类信访案件。2018年，区国土局受理上级交办和群众来信来访信访案件共16宗。做到及时将问题化解在初始，避免造成信访积案和发生越级上访等土地群体性上访事件。

配合市国土部门推进耕地提质改造工作　2018年度，原市国土资源局市区分局继续积极配合市国土资源局推进垦造水田前期各项工作。3月，城区相关部门参加了市国土部门组织的城区初选地块实地踏勘工作。经勘察，城区适合垦造水田的地块较少，因市政府考虑到城区作为市的中心区，适合垦造水田的后备资源相对缺乏，将城区垦造水田任务列为市本级由市政府统一安排在华侨管理区实施。接下来将继续积极配合市相关部门继续推进耕地提质改造和垦造水田各项工作，确保城区承诺任务按时顺利完成。

扎实有序推进汕尾市城区第三次全国土地调查工作　根据《国务院关于开展第三次全国土地调查的通知》《广东省人民政府转发国务院关于开展第三次全国土地调查的通知》及市工作要求，原市国土资源局市区分局扎实有序推进城区第三次全国土地调查工作，成立了原第三次全国土地调查工作筹备领导小组，同时区政府成立了城区第三次全国土地调查领导小组及办公室，制订了《汕尾市城区第三次全国土地调查工作方案》《汕尾市城区城镇村内部土地利用现状调查实施方案》。同时，开展第三次全国土地调查宣传工作，在各镇（街道）村（社区）发放张贴宣传画共85套，确保宣传工作全覆盖。已对省下发的区、镇、村级调查界线进行了全面核实调查。

认真开展拆旧复垦工作　根据市国土资源局《转发省厅关于加快推进拆旧复垦工作的通知》要求，区国土局认真牵头会同区相关单位做好城区拆旧复垦工作。8月初，该局初步筛选了各镇（街道）拆旧复垦范围；9月初，编制了《汕尾市城区农村建设用地拆旧复垦工作实施方案》上报区政府待审批。同时，结合2017年土地现状数据库和权属数据库，区政府领导、镇（街道）及该局相关工作人员多次对拆旧复垦潜力地块进行了实地踏勘。

节约集约促进土地利用方式转变　2018年，原市国土资源局市区分局继续积极推进“三旧”改造工作，对闲置和空闲土地进行盘活，提高低效利用土地的利用效率。在市、区两级政府的高度重视下，大力推进汕尾市区和顺上村旧村庄改造项目进度。该项目经入库、范围确定、集体土地使用权和宅基地使用权确权登记、农用地转用、“三旧”方案编制、公示和报批环节，并通过了区、市两级审批，改造面积为13.6663公顷。

（徐丰羽）

附：市国土资源局市区分局领导名录

副局长：张晓斌（主持全面工作）

城区地产公司

【概况】　2018年，按照区委、区政府的工作部署，城区地产公司积极参与和做好凤飞山国防公路，汕遮公路扩建，厦深铁路，火车站片区一、二、三期和火车站站前路，红海西路，大鹏山项目，市区7条断头路，工业大道西等征地及地上附着物的拆迁补偿工作。随着火车站片区项目、红海西路、市区七条断头道路、工业大道西、中心医院等征地及周边附着物拆迁补偿工作加速推进，做到协调、快捷，达到了预期目标，维护了群众利益，加快了项目进度。

以加强服务工作、改善发展环境、提高工作效率为重点，协助东涌镇政府完成了环品清湖盐地、火车站片区第四期征地补偿工作；协助红草镇完成了海汕公路征地及拆迁补偿工作；协助红草高新区完成了4600亩填土工程。

（张伟江）

附：城区地产公司领导名录

负责人：郑汉为

农业农村和水利

NONG YE NONG CUN HE SHUI LI

农 业

·种植业

【概况】 汕尾市城区地处粤海沿海，东连潮汕，西接“珠三角”。辖区面积302.11平方公里，有7个镇（街道），95个村（社区），413个村社（小组），常住人口42.02万人，其中农业人口20.3万人。耕地总面积44007.83亩，主要粮食作物有水稻、番薯、蔬菜、花生、荔枝、龙眼等。

【农业生产】 2018年，全区农作物种植面积5.1万亩。其中，水稻播种面积1.37万亩，亩产量约370公斤，总产量约0.51万吨；番薯种植面积0.99万亩，亩产量约1540公斤，总产量约1.52万吨；花生种植面积0.46万亩，亩产量约160公斤，总产量约0.07万吨；蔬菜种植面积2.28万亩，亩产量约1520公斤，总产量约3.46万吨。全区水果种植面积1.61万亩，总产量约2.06万吨，其中荔枝种植面积1.55万亩，总产量约1.86万吨。

【耕地保护】 一是严守耕地保有量和基本农田保护建设。根据《汕尾市2017年度耕地保护目标责任书》，2017年度市下达的耕地保有量为3.8325万亩。依据2017年度土地利用变更调查的数据，全区耕地面积为4.8553万亩，高于市下达的考核任务数，达到了责任保护目标。市确定城区基本农田保护任务面积不少于1.22万亩，落实划定基本农田面积1.236万亩，近两年建设用地均没有占用基本农田，达到了责任保护目标。二是加强“大棚房”问题专项清理整治行动。以高度责任感落实耕地安全发展理念，完成红草镇丰祺蔬菜种植专业合作社违规改变土地用途面积0.95亩拆除工作，并积极推进复绿工作，复耕面积0.95亩。三是切实做好耕地质量保护与提升、耕地质量监测网络工作。根据上级农业部门工作要求和部署，及时印发了《汕尾市城区2018年耕地保护与质量提升项目实施工作方案》《汕尾市城区2018年化肥减量增效工作实施方案》，推动实施全区耕地质量保护与提升建设工作。按照省土肥总站的部署，重点做好1个省级监测点的定点监测工作，完成农产品产地土壤环境质量国控例行监测点4个采集送检工作。定期采集土样送省土肥总站测试分析，及时更新了耕地质量监测信息，进一步完善了全区耕地质量监测工作。经过技术单位对城区2015年与2014年国家自然质量等别对比，2015年更新评价后城区耕地国家利用等别不降低。认真做好全区耕地质量等级调查，完成了10个土样采集及第二次全国污染源普查质量控制普查点25个调查工作任务。

【粮食功能区划定】 一是切实做好粮食功能区划定工作。为保障粮食安全和农产品有效供给，城区精心部署、狠抓落实，扎实推进粮食功能区划定工作。省、市下达城区“两区”划定工作任务0.52万亩，实际划定面积0.520833万亩，完成率100.16%。划定镇数量3个，划定村委会数量15个，划定片块数量13个，划定地块数量22个，完成公告公示点15个，签订管护协议15份,竖标志牌数量4个。二是推广新技术新品种提高粮食生产科技水平。推广农业生产新技术新品种是种植业主要发展方向和保证农业稳步发展基础，积极指导种植户大力推广。示范推广高效农田节水面积1.8万亩，其中，膜下滴灌0.8万亩，“水肥一体化”喷（滴）灌0.5万亩，水稻薄膜育秧面积0.5万亩；推广测土配方施肥4.92万亩、水稻“三控”施肥技术1.0万亩，有机肥替代化肥1.1万亩；抓好农作物优质高产品种的推广，农作物良种覆盖率达90%以上。全区推广水稻高产栽培1.37万亩，水稻“三控”栽培技术1.3万亩，水稻病虫害综合防治1.2万亩，水稻测土配方施肥1.2万亩，粮食生产秸杆还田3.4万亩。病虫防治工作主要坚持“公共植保”“绿色植保”理念，落实“预防为主、综合防治”的病虫防治方针和技术，防治面积6.1万亩次，对防治工作起到了一定的指导作用;通过全面开展测土配方施肥工作，提高施肥效率约5~8个百分点，进一步提高了土壤综合生产能力和粮食质量。三是推进“五位一体”示范基地建设。省级现代农业“五位一体”示范基地建设规模30亩，总投资400万元，资金主要用于融合设施、农艺、科技、质量安全与经营主体建设一体化的示范基地建设，项目建成后，可根据区域市场需求，开展优良品种展示示范，优化农作物优良品种区域化布局。

【落实农业“三项”补贴】 一是切实抓好种粮补贴等强农惠农政策的落实，将上级补贴资金及时、足额拨付。根据市农业局《关于2018年汕尾市各县（市、区）中央耕地地力保护补贴的函》的要求，积极落实补贴政策，全区补贴面积51403亩，补贴资金标准每亩87.8元，补贴资金共4513183.4元。全面调动和保护农民种植积极性，促进农业生产稳定发展。二是积极宣传政策性水稻种植保险相关政策，提高农户参保积极性和主动性，布置政策性水稻种植保险参保任务。同时印发了《关于切实做好政策性水稻种植保险工作的通知》和《关于分解2018年早稻政策性水稻种植保险参保任务的通知》。全年水稻插植面积13736亩，参保面积12271.12亩，参保率达到89.34%。三是加强农用物资监管。为让农户用上放心优质种子、放心农资，组织农业执法人员加强农资供应店安全检查和农用物资库存情况调查，认真抓好优质种子、农药、化肥等生产资料的组织供应，及时组织调剂供应，确保农业生产资料充足。同时，加大对农资市场的监管，开展农资市场专项整治，严厉打击违法经营行为，杜绝不合格农资产品流入市场坑农害农。四是落实农机购置补贴政策。结合农机购置补贴项目的实施，引导农户采取粉碎还田、深翻、深耕、轮作等科学方式，提高耕地质量，提升利用效果。推广免耕直播技术，加快推进以农作物秸秆覆盖，少、免耕播种为核心的保护性耕作技术，在适宜地区推广农作物免耕播种等成熟技术。推广收割机加装粉碎装置、秸秆灭茬机、秸秆掩埋深翻犁等秸秆还田适用机械装备和大型少免耕直播设备。进一步提升了城区农机化装备水平，改变了农业机械装备结构，为现代农业产业化，规模化奠定了坚实基础，减轻农民劳动强度，实现耕地地力培育，为农民增收，农业增效起到了重大作用。通过落实相关惠农政策，强化工作力度，促进农民种植积极性和获得感，有效控制耕地撂荒情况。

· 现代农业

【概况】 按照市委、市政府关于发展现代农业，创建现代农业产业园的决策部署，根据省农业农村厅《关于印发〈2019—2020年全省现代农业产业园建设工作方案〉的通知》和《关于组织做好2019年省级现代农业产业园申报工作的通知》的精神，围绕“主导产业突出、现代要素聚集、设施装备先进、生产方式绿色、辐射带动有力”的要求，启动城区2019年省级现代农业产业园创建工作，引领带动全区现代农业加速提质增效，推动实施乡村振兴战略。

【现代农业产业园建设】 园区主导产业为水产，建设范围包括马宫街道、香洲街道、新港街道、捷胜镇、红草镇及龟龄岛、江牡岛附近海域，5个镇（街道）的面积为172.76平方公里，水产养殖总面积为6.86万亩。建设总投资为20020万元。水产产业园总体布局为“两区、三心、多基地”，其中：“两区”：为城区水产加工生产核心区与水产发展示范区，核心区为香洲街道、红草镇，承担水产加工、仓储、配送、科研等功能，示范区包括马宫街道、新港街道、捷胜镇，承担水产养殖与示范推广功能。“三心”：包括国泰水产冷库储运中心，承担产业园水产冷库仓储功能，位于香洲街道；广东省海洋健康食品研究中心，位于香洲街道，承担水产生物科技创新功能；胶原蛋白肽生产中心，位于红草镇，承担鱼胶蛋白肽加工与研究功能，以上各中心均位于核心区内。“多基地”：包括海洋牧场新业态发展基地（马宫街道江牡岛、捷胜镇龟龄岛，承担生态养殖与新业态项目）和标准化水产养殖与示范推广基地（马宫街道，承担水产标准化养殖与示范推广项目）。

牵头实施主体汕尾市国泰食品有限公司成立于2002年，注册资金7100万元，是国家级农业重点龙头企业、国家高新技术企业，并与华南理工大学联合建立省级工程技术中心——广东省海洋健康食品工程技术研究中心，技术力量雄厚。参建实施主体包括维明生物科技有限公司、汕尾市老德头贸易有限公司、汕尾市国泰海洋牧场发展有限公司、汕尾市顺安科研养殖有限公司、汕尾市城区金鲳水产养殖专业合作社等。产业园建设期限为2019—2020年。

联农带农以水产业发展基础，以龙头企业带动水产产业实现产前、产中、产后农产品深加工、销售一体化的产业化经营，促进水产品养殖、加工、物流、研发、示范、服务、旅游等相互融合，以点带面、梯次推进，带动周边科技企业的产业化经营，将产业园打造成示范引领渔业转型升级、提质增效、绿色发展的核心区。

产业园创建成功后集水产品生产、加工、流通、销售、旅游于一体，产业深度融合基本实现，辐射带动农民更加切实有力，经营主体发展壮大，龙头企业、专业合作社示范效应更加显著，农民收入实现有效增长。示范带动周边农户20000名以上，产业园内农民收入高于当地平均水平15%以上。

汕尾市城区现代农业产业园申报于3月7日经省政府公示批准通过，扶持资金5000万元已经到牵头实施主体汕尾市国泰食品有限公司。按照《汕尾市城区水产产业园（省级）财政资金使用方案》，牵头实施主体已将资金划转到各参与实施主体。

·农业其他工作

【培育农业品牌】 积极开展农产品“三品一标”认证和推进“名、特、优、新”农产品申报，鼓励和引导品牌主体加快商标注册、专利申请、“三品一标”认证等。以红草晨洲蚝、凤山红灯笼荔枝、军船头沙葛等为农产品主导产业，精心打造“万亩蚝田”发展晨洲蚝养殖业，并向国家申报晨洲蚝为地理标志，增强品牌保护意识和能力。城区原已成功申报的“三品一标”农业品牌有：汕尾市碧泉农业开发有限公司的凤山红灯笼荔枝，汕尾市城区绿农种养专业合作社的豆薯，汕尾市科都种养有限公司的丰祺黄瓜、苦瓜、西葫芦，汕尾市明研种养专业合作社的丝瓜，汕尾市绿地高新农业有限公司的苦瓜、芥蓝、白菜，汕尾市绿舜生态农业有限公司的苦瓜、辣椒、黄瓜12个农产品。2018年，获得广东省“三品一标”无公害产品认证农业品牌有5家：1.马宫街道梅优农业有限公司大米、甘薯；2.捷胜原野山塘种养专业合作社桑葚、桑葚酒；3.华绿种养专业合作社豆薯；4.东涌镇龙泰种养专业合作社无花果、竹笋；5.现代健康农业科技发展有限公司黄皮果、蜜柚。比历年增加83%。为提升农业品牌建设，助力乡村振兴，2018年度城区获奖农业品牌有10项（其中，国家级1项，省级8项，市级1项），比历年增加142.86%。其中，凤山红灯笼种植场获得2018年全国优质荔枝擂台赛“金奖”；6月，凤山红灯笼种植户崔保国被评为“广东省十大荔枝种植匠”。12月，城区琛成种养专业合作社获得2项奖项：首届2018年广东农民合作社领头人大会“优秀领头人”、广东省扶贫办创业致富带头人。被评为省级名特优新农产品有2家：“国泰老德头马鲛鱼丸”和“利群鱼皮饺”。被评为省高新技术产品有“五丰海洋生物科技有限公司益生元胶原蛋白肽”。被评为省高新技术企业有2家：国泰食品有限公司、雅泰隆食品有限公司。9月，国泰食品有限公司“老德头马鲛鱼丸”和“灵芝贡丸”被广东省庆祝首届农民丰收节组织指导会评为“地方特色农家美食”与“十佳农家美食”。红草晨洲蚝被评为“汕尾市名牌农产品”。

2018年，城区新增农业企业5家，分别是汕尾市城区丰润农副产品加工厂、汕尾市城区美雅梅园、汕尾市城区优雅生态园、汕尾市城区启胜养殖场、汕尾市城区易凯农副产品加工厂。新增家庭农场10家，分别是汕尾市城区俊华远东种植场、汕尾市城区梓威农场、汕尾市城区翊富种养场、汕尾市城区选利种养场、汕尾市城区吉卿种养场、汕尾市城区地泰种养场、汕尾市城区德志种养场、汕尾市城区如冰种养场、汕尾市城区荣荣种植场、汕尾市城区地发果木场。新增农民专业合作社18家，分别是汕尾市城区新联福渔业专业合作社、汕尾市城区盐町种养农民专业合作社、汕尾市城区宝洲水产品养殖专业合作社、汕尾市城区务实种养专业合作社、汕尾市城区大长合种养专业合作社、汕尾市城区海浚渔业专业合作社、汕尾市城区珍稀种养专业合作社、汕尾市城区新捷兴种植专业合作社、汕尾市城区荣润发渔业专业合作社、汕尾市城区民盐养殖专业合作社、汕尾市城区泓海渔业专业合作社、汕尾市城区禅农种养专业合作社、汕尾市城区正利渔业专业合作社、汕尾市城区埔尾种养专业合作社、汕尾市城区善和种养专业合作社、汕尾市城区同润种养专业合作社、汕尾市城区明和种养专业合作社、汕尾市城区赤古农业专业合作社农副产品专卖店。

【规范农村集体资产资源交易】 全区现已建立了区镇互联互通的农村集体“三资”管理服务体系。严格按照相关文件要求，健全规范了交易平台管理运作。全年完成中标交易64宗，成交额3102.4万元。其中，资产资源类交易7宗，底价535.8万元，成交额642.6万元，溢价19.93%；工程类交易57宗，底价2510.88万元，成交额2459.8万元，降价2.03%。规范农村集体“三资”交易行为，促进农村集体资产资源增值，村民增收，维护农村和谐稳定。

（邱国强）

附：区农业局领导名录

局　长：陈伦庭

副局长：李孝群

　　　　冯生杰

林　业

【实施林业重点生态工程建设】 2018年，计划投资2784.56万元，实施森林碳汇重点生态工程1414.5公顷，其中造林类1281.2公顷，封山育林133.3公顷；生态景观林带建设里程11公里，建设面积44公顷；森林抚育面积3355公顷，其中省级碳汇林抚育1956公顷，2017年中央森林抚育1399公顷；贫困村绿化美化建设工程5个。森林碳汇重点生态工程、生态景观林带建设工程、贫困村绿化美化建设工程、森林抚育等项目已完成建设任务，进入管理养护期。截至11月20日，完成森林碳汇造林面积1281.2公顷，封山育林面积133.3公顷；完成生态景观林带建设里程11公里，建设面积44公顷；完成贫困村绿化美化村庄5个；完成森林抚育3355公顷，其中，省级碳汇林抚育面积1956公顷，中央森林抚育1399公顷，已实施桉树改造退出35公顷。建设项目已完成区级自查工作，正在接受省级林业重点项目检查。

【开展生态修复】 统筹山水林田湖草系统治理，加大生态系统保护修复力度，优化生态安全屏障体系。加快红草、东涌两镇火烧迹地造林复绿项目更新修复，完成补植套种20.9公顷、点播灌木草籽6.6公顷，进入管护期工作。加强沿海防护林生态修复，实施梧桐至西洋沿海防护林带和芳荣补植17公顷。加快生物防火林带网格化建设，修复大鹏山防火隔离带3.6公里。实施2018年海汕公路两侧绿化美化及山体修复建设264公顷，计划投资4342万元，其中造林243.1公顷，挂网喷草134735平方米，已完成种植和挂网喷草任务，进入查漏补植、养护修复工作，有序推进全区林地山体生态修复。

【抓好森林防火工作】 坚决落实市委书记石奇珠森林防火工作三点指示和市长杨绪松提出六个到位批示精神，彻底改变城区群众历来上山祭祖燃纸钱放鞭炮的陋习，形成以鲜花祭祖，文明祭祖新风尚。坚持“以人为本、综合治理、分级负责、属地管理”的原则，落实森林防火“山长制”。在全区划定260个责任包干地段或山头，每个山头地块逐级落实到每个责任人，实现“全覆盖、无盲区”的森林防火网络化管理，做到“山有人管、林有人护、火有人扑、责有人担”，制定森林防火网格化管理方案，成立领导机构：区长担任全区总山长，分管副区长担任全区副总山长；镇（街道）书记、镇长（主任）担任全镇（街道）总山长，镇（街道）分管林业领导担任镇级副总山长；区挂驻镇（街道）领导任驻镇（街道）山长；村（社区）书记（主任）担任本村（社区）山长；镇（街道）挂驻村（社区）领导任驻村（社区）山长。各自然村（村民小组）村长（小组长）担任本自然村（村民小组）分山长，具体责任落实到山头地块。通过实施“山长制”，清明节期间发生森林火灾8宗，同比减少了43宗，下降约84.3%。查处违法、违规扫墓、不配合检查等违法行为23宗，其中，违规用火17宗，不配合检查6宗，处理违法人员24人，其中刑事拘留1人，行政拘留3人，行政处罚5人，并进行留置教育、曝光。对2个镇（街道）森林防火不力予以通报批评。由于清明节期间森林防火工作成绩突出，城区多次获得省、市通报表扬。9月28日，组织学习传达贯彻国家、省、市2018年秋季和2019年春季森林防火工作会议精神，同时部署城区秋冬季森林防火工作，加大宣传，落实森林火灾处置演练培训。

【打击破坏森林资源违法犯罪活动】 开展打击涉林专项行动。区林业局成立领导小组，制定《汕尾市城区开展打击破坏林地林木和野生动植物资源专项行动方案》，要求各镇（街道）结合实际情况，组织开展专项行动。区林业局、森林警察大队充分发挥职能作用，明确任务，落实责任，多次与区国土等部门联合开展“红线专项行动”等一系列工作。认真落实区检察院公益诉讼的检察建议，结合城区实际，开展打击破坏沿海防护林地资源专项行动。1—9月，联合市区国土、海洋部门及新港、捷胜、香洲、马宫等镇（街道）重点对霞洋客运站至保利金町湾、新港、捷胜沿海防护林非法占用林地的行为进行清查，发出整改通知书82份，限期整改。主动参与打击占用林地造坟、挖沙、挖土等行为，同时积极参与民政部门、镇（街道）清理“三道四区”造坟工作，取得一定成效。加大执法力度，严厉打击违法使用林地、破坏森林和野生动植物资源违法犯罪行为。切实加强林地和森林资源保护监管，加大对采石采矿取土等项目使用林地的执法检查力度，严防批少占多、批东占西。落实野生动植物保护措施，与区工商、食药监局开展联合执法行动，加强市场、餐饮店的检查。强化林业有害生物防治工作，建立灾害核查机制，提高社会化防治和绿色防控水平，遏制薇甘菊等灾害蔓延，认真做好外业调查，并制定逐年防治实施方案。据统计，1—11月，查处各类案件47宗。

加强林业基层站所的基础建设。推进林业装备现代化，打造高素质、专业化的林业干部队伍，全面提升适应新时代和谐林区建设需要的服务水平。投资10万元，建设东涌、捷胜2个规范化林业站。认真做好涉山林纠纷问题矛盾社会大化解行动工作。

【编制全区森林资源数据】 努力完成森林资源二类调查及古树名木普查和国家生态林落界等各项任务，确保省、市验收合格。认真做好重点建设项目林地用地使用审批上报工作。红草高新区占用林地项目和捷胜消防基地、市高级技工学校、汕马公路、中央商务区批次用地等6个项目获省林业局核准通过。认真做好森林经营规划工作，制定下发了生态公益林补偿资金放发方案与通知，并召开专门会议，已完成24个村的信息录入工作。认真开展森林督查工作。7月6日，区政府召开专题会议，部署具体任务，区林业局成立森林督查领导小组，已对124林业图斑变化情况分两组进行现场调查核实，整理填报表格数据后将自查结果上报市林业局。加快芳荣生态公益林示范区、大华山森林公园标志性牌坊和宣传牌建设与管理。

（徐丰羽）

附：城区林业局领导名录

局　长：游远坤

副局长：朱钦文

水利·“三防”

【概况】 2018年，城区水利局贯彻落实区委八届七次全会精神，按照区委、区政府抓好“五化”，建好“五城”，加快实现“四大提升”、奋力打造首善之城、大美之区的目标要求，积极履职，主动担当，水利工程建设、“三防”（防汛、防旱、防台风）工作、水资源管理和全面推进河长制湖长制等重点工作顺利推进。

【水利工程建设】 重点抓好列入2018年市、区重点建设项目的品清湖（东涌）治理工程、黄江（五雅河）治理工程、马宫河治理工程3宗中小河流治理项目，以及宝楼灌区节水改造工程、村村通自来水工程、捷胜海堤达标加固工程、红草马宫联围海堤达标加固工程、中央财政小型农田水利重点县2016年度建设项目6宗水利项目的续建。

（一）2018年3宗中小河流治理项目：品清湖（东涌）治理工程、黄江（五雅河）治理工程、马宫河治理工程，于2018年列入广东省中小河流治理

（二期）2018年度治理项目，经上级批准的概算总投资10926.93万元，治理河长52.411公里。其中：黄江（五雅河）治理工程4705.67万元，治理河长21.44公里；品清湖（东涌）治理工程4885.18万元，治理河长23.741公里；马宫河治理工程1336.08万元，治理河长7.23公里。省财政厅于2018年4月21日下达第一期省级补助资金6502万元，2018年12月29日下达第二期省级补助资金722万元。2018年完成了3宗中小河流治理项目初步设计的审批工作，并开展3宗工程施工公开招标前期工作。（二）宝楼灌区节水改造工程续建：该项目经上级批准的概算总投资2352.36万元，2018年年底前工程已完工，上级补助资金1910万元全部投入到工程建设。（三）村村通自来水工程续建：该项目经上级批准的概算总投资1665.65万元，2018年年底前工程已完工，到位的省级补助资金1244万元已全部投入到工程建设。该项目需要区政府落实配套资金421.65万元，2017年9月区政府落实了地方债券资金240万元用于村村通自来水第二期工程建设，2018年年底工程完工，地方债券资金240万元全部投入到工程建设。（四）捷胜海堤达标加固工程续建：该项目经上级批准的概算总投资6113万元，已到位省级补助资金2445万元，2018年年底前上级补助资金2445万元已全部投入到工程建设。（五）红草马宫联围达标加固工程续建：经上级批准的概算总投资5107万元，已到位省级补助资金2043万元，2018年年底前上级补助资金2043万元已全部投入到工程建设。（六）中央财政小型农田水利重点县2016年度建设项目续建：该项目经上级批准的概算总投资2230.6万元，到位资金2000万元，其中，中央资金1200万元，省级资金800万元，需要区政府落实配套资金230.6万元。2018年年底前工程已完工，上级补助资金2000万元已全部投入到工程建设。

【大力推进河（库）长制湖长制工作】 2018年，城区水利局主动履职，充分发挥河（库）长办职能，按照市河（库）长办公室和区河（库）长制工作领导小组的要求，大力推进河（库）长制湖长制的各项工作。

（一）制定方案。制定了《2018年度城区推行河（库）长制重点工作及分工方案》，修编《汕尾市城区畜禽养殖禁养区划定方案》。制定了“关于加强对黄江河（城区段）管理通告”，并经区政府八届二十二次常务会议通过印发，同时制定了“黄江河（城区段）清理工作实施方案”。结合中小河流治理前期准备工作，根据广东省2018年第一号总河长令《关于在全省江河湖库全面开展“五清”专项行动的动员令》，区河长办起草了《关于加强对河流、水库、湖泊管理的通告》报区政府审定后印发。9月，出台了《汕尾市城区全面推行湖长制实施方案》，设置了2个品清湖管理公示牌，接受社会监督。设置了市、区、镇（街道）、村四级湖长23人和湖长助理1人，把品清湖列入河（库）长制管理范围。印发了《汕尾市城区开展“五清”专项行动方案》，在全区范围内开展“五清”专项行动。

（二）大力开展河流、水库、湖泊综合整治工作。一是加快对河道、水库、湖泊开展“五清”（清污、清漂、清淤、清障、清违）等专项治理，组织“清漂”“五清”专项行动3次。各地按照区河（库）长办印发的《汕尾市城区开展水面漂浮物清理专项行动方案》，紧紧结合中小河流治理建设，至11月底，开展了水浮莲歼灭战，共投入资金1200多万元，清理河道26.8公里，清理水面漂浮物、淤泥约3400多吨，根本歼灭主要河流的水浮莲，整治了后径村排洪渠黑臭水体。同时，各地建立健全日常管护保洁机制，对河道进行常态化保洁管护，确保河道水面干净无漂浮物，全面提升水生态环境，初步实现了“河畅”目标。二是开展全区入河排污口调查登记工作。4月，区水利局、城区河（库）长制办公室制定了《汕尾市城区入河排污口调查摸底和规范整治专项行动工作方案》。区水利局组织各镇（街道）全面开展辖区内入河排污口调查登记工作。截至年底，全区调查摸底入河排污口共计218个（经调查摸底，已初步完成入河排污口照片、短视频上传和资料审查工作。经上级反馈，规模以上13个，规模以下205个）。其中：企业（工厂）入河排污口70个，雨污合流市政排水口22个，市政生活入河排污口3个，混合废污水入河排污口123个。入河排污口调查摸底工作质量、数量居全市各县（市、区）前列，受到市高度肯定。三是加强河道采砂管理和河湖执法。区水利局根据《汕尾市加强河道采砂管理实施意见》的要求，完善管理体系、健全执法监管机制、开展河道采砂专项执法治理行动等措施,加强和规范河道采砂管理,确保河道水域岸线和行洪安全。根据《汕尾市河湖执法工作方案（2018—2020）年》，深入开展河湖执法。截至11月30日，区水利局共出动执法人员200多人次，出动执法车辆40多台次，排查水库、河道50多处，发放通知书21份，案件立案2宗，行政处罚2宗。结案1宗，罚款35000元，没收违法所得6450元，拆除取缔洗砂场2家，水政执法工作打开新局面。通过专项打击，遏制了非法采砂行为，维护河湖健康。四是加快推进奎山河（湖）黑臭水体治理。协助配合市住建局、公路局、园林局、城管局做好汕马公路、东城路两边排洪渠道的规划建设及奎山湖、奎山河黑臭水体的整治工作。积极协调配合市水务局整治凤山街道香洲社区和顺村入湖排污口。落实资金，开展奎山湖周边住宅区污水管网的改造。财政落实了400万元的资金，由香洲街道负责对奎山湖周边住宅区雨水管网的改造，有效减少对品清湖的污染。五是大力推进农村雨污分流建设。各地结合正在进行的创建文明城市、卫生城市活动和新农村建设，大力开展雨污分流管网建设，建设美丽农村，有力地促进了全区城乡环境进一步优化、美化。六是取缔品清湖上游非法养猪场。2018年6月17日至22日，区政府开展取缔河流周边非法养猪场专项行动，组织区畜牧兽医局、区住建局、区水利局、区公安分局、区河（库）长办和东涌镇以及新湖村委会等单位，在市城管执法局、市环保局、市供电局等相关单位的大力支持配合下，对品清湖上游流域非法养猪场强行拆除，共拆除违规养猪场43家，猪舍64450平方米，消化存栏猪10000多头。同时，捷胜镇自行组织对前进河上游2家非法养猪场进行拆除，拆除猪舍3000多平方米，消化存栏猪500多头。香洲街道对奎山河上游埔上墩村的15家小型养猪场进行拆除，拆除猪舍4500平方米，消化存栏猪300多头。该次专项行动，全区共拆除养猪场97家（其中东涌43户、捷胜5户、香洲34户），拆除猪舍约70000平方米，投入资金近200万元。基本解决了品清湖河和奎山河上游多年来河流污染的老大难问题，流域周边群众评价高，居住生活环境大幅改善，幸福感大幅提高。七是加强品清湖巡查和执法监管。为加强对海洋环境的保护，区海洋与渔业局共悬挂宣传横幅6条，发放宣传资料200多份，发送警示短息8000多条次，举办护湖志愿者活动4场；共开展日常巡查执法共计出艇358次、清理竹竿1490多支、定置网和长城网具2280多个、各类浮标65多个、清理垃圾744车。清理拆解沉船3艘。清理工作仍在加紧推进中。八是加强对饮用水源水库的管理和保护。组织了对赤沙水库、宝楼水库饮用水源水库一级保护区3户违法建筑和2户养猪场的拆除；清理关闭了东涌镇合山门水库和东石石奎水库2家养鸭场；组织对宝楼水库、赤岭水库、琉璃径水库饮用水水源水库的规范化建设，全区6宗饮用水水源水库的规范建设已全部完成。

（三）加强督查考核。区河（库）长办充分发挥组织协调、监督指导作用，按照区委、区政府工作部署和市河（库）长办的有关要求，加强专项督导与日常检查，对各镇（街道）的工作加强指导督促。按照《汕尾市城区全面推行河（库）长制考核办法（试行）》，组织了对7个镇（街道）的年度考核，并反馈存在问题，要求落实整改，逐步提高镇（街道）河（库）长制湖长制工作水平，督促各地责任落实，工作落实。

【水资源管理与保护】 一是加强宣传。在3月下旬的“世界水日”和“中国水周”中，区水利局联合市水务局在市区设点开展宣传咨询活动，围绕宣传主题面向社会开展多种形式的宣传活动，放发宣传资料1000多份，张贴宣传画50张，悬挂横幅10条。5月，该局又制作了抵制到饮用水源水库游泳的动感视频，在汕尾头版、汕尾吧、《今日城区》等10个网站开展全方位的宣传，加强饮用水安全的宣传力度，提高全社会的爱水、惜水、保护水的意识，取得很好的社会效应。

二是认真查处水事案件。认真开展水利执法工作，严肃查处违反水法律法规的行为，尤其是违法采砂及在饮用水水源地进行污染水源活动的行为。

5月18日，区政府组织相关部门依法拆除关闭赤沙水库3家非法养殖场，并拆除一切违规建设设施；依法处理宝楼水库保护范围内非法修建工程设施和小型鸡舍的案件。认真做好禁止在供水水库游泳的有关工作，水库大坝竖立警示牌，水库管理人员定期定时巡查，劝阻人们进入水库游泳。是年，区水利局、水政监察大队和汕尾水利所每天早晚两班次巡查执法，共投入人员800多人次，现场制止在赤岭水库游泳近1000人次。

三是抓好饮用水源地保护工程建设。加大投入，开展水功能区规划编制及确界立碑工作，在主要饮用水源地的库区内设立水资源保护警示牌。按照市政府《汕尾市水功能区划》，城区确定河流、水库水功能区11个。经实地查勘、定位，已全面完成了南雅水库保留区（一级区）等11个水功能区的确界立碑工作。全区有饮用水源地保护区6个。是年，城区财政投入了75万元对赤岭水库、琉璃径水库、宝楼水库3个市、县级饮用水源地进行规范化建设，已完成饮用水源地警示牌安装和围网建设。

四是落实最严格水资源管理制度，完成了市对城区最严格水资源管理制度考核的工作。2018年，审批取水许可延续事项2件。积极开展城区入河排污口调查登记工作。2017年，城区制定了《汕尾市城区入河排污口调查摸底和规范整治专项行动工作方案》，组织各镇（街道）全面开展辖区内入河排污口调查登记工作，掌握行政区域内入河排污口的具体情况，为下一步规范化整治工作奠定了基础。

【水库移民后期扶持】 完成了2018年全区水库移民迁出广东省及死亡人口核减工作。经审核，东涌镇大陂头村有684人，红草镇桂星村72人，南汾村156人可继续享受水库移民后期扶持政策。发放水库移民资金直补到个人共41.04万元；项目扶持计划完成大陂头村基础设施建设共投入83万元。

【“三防”工作】 2018年，城区平均降雨量1887毫米，比2017年减少144毫米，偏少7.1%，比多年平均降雨量偏多6.4%。其中，2—5月，降雨较历史同期偏少，6月和8至9月降雨较历史同期明显偏多。6月6日至8日期间，城区遭受暴雨到特大暴雨的袭击，全区平均过程降雨量334.9毫米；8月28日至30日出现暴雨到大暴雨降雨过程，全区平均过程降雨量218.3毫米。全年共有2个台风影响城区（201822号台风“山竹、”201826号台风“玉兔”）。全年汛期降雨量偏多，降雨集中，由于强降雨各蓄水工程的蓄水量大增，6—8月期间，全区蓄水总量比多年同期偏多约20%，部分蓄水工程基本接近汛限水位，为确保安全多次排水泄洪。2018年，城区汛期特点主要是开汛晚（5月7日）、旱涝急转、龙舟水偏重，降雨量偏多，强降雨过程集中、降雨量大。受强降雨和台风影响，全区7个镇（街道）不同程度受到洪涝灾害影响。据不完全统计，2018年，全区受灾人口共2.54万人，转移人口1.65万人，农作物受灾4.96万亩、农作物成灾2.05万亩，水利设施估算损失1394万元，主要是水库、堤围、涵闸、灌渠及其他设施等受损。全区因灾估算经济损失约2.27亿元，没有出现人员伤亡事故。

一是加强组织领导，压实防汛工作责任。认真贯彻落实以行政首长负责制为核心的防汛岗位责任制，区政府及各镇（街道）根据人员变动及时调整“三防”指挥部成员，逐级完善防汛责任书的签订工作，落实了重点水利工程的防汛行政责任人和技术责任人。镇（街道）管工程行政责任人由副镇长（副主任）以上领导担任，技术责任人由镇（街道）水利所有关人员担任，重点水利工程技术责任人由区水利局工程技术人员担任。二是抓好汛前检查，防患于未然。2018年3月初，区政府派出以分管水利工作的区领导为组长，区政府办、区水利局、区“三防”办有关人员为成员的防汛检查组，详细检查了各镇（街道）防汛备汛工作、责任制落实、防汛抢险物料储备以及防汛通讯设备等各方面情况，全面掌握了全区7个镇（街道）水利工程的现状，发现并整改安全隐患工程，落实好“一隐患一预案”，确保工程运行安全。三是立足治本，抓好防汛安全隐患排查治理。各镇（街道）、各部门按照“早部署、细检查、重落实”的要求，做好防汛安全隐患排查和整改工作，分步进行整治，逐渐消除隐患。对暂时无法治理的灾害隐患点，明确了防灾责任单位，制定日常监测措施和危险区人员转移应急措施，落实预警责任人，同时落实了应急避护场所。四是全力以赴，做好防御暴雨洪水、台风工作。台风汛情发生时，各级“三防”部门坚持24小时值班及领导带班制度，区“三防”办工作人员持续工作，监控、协调、指挥、发布信息，为区领导指挥防台风工作提供及时、准确的信息。区“三防”指挥部各成员单位按联合值守制度的要求，参与联合值守。防汛、防旱、防台风期间通过“三防”信息接收系统、“三防”预警信息发布平台发布预报预警信息4.5万条，区“三防”指挥部共启动应急响应15次，其中，防冻应Ⅳ级急响应1次，防旱Ⅳ级应急响应1次，防汛应急响应Ⅳ级5次、Ⅲ级1次，防台风应急响应Ⅳ级3次、Ⅲ级1次、Ⅱ级1次、Ⅰ级1次。各镇（街道）、各村（社区）委及时将天气及汛情信息通知到广大人民群众，引导群众做好防御措施，并做好人员安全转移工作。五是以人为本，确保人民群众生命安全。区“三防”办按省防总“五个百分之一百”的要求，做好遇险应急人员转移预案，同时要求各镇（街道）、各村（居）委制订细化应急人员转移预案。在台风暴雨期间，引导群众做好暴雨、台风防御措施，并做好人员安全转移工作，累计转移人口1.65万人。全区没有出现人民群众伤亡情况，极大程度地减轻暴雨带来的损失。六是立足强基，强化“三防”系统标准化和信息化建设。紧紧围绕新形势下防汛防旱防风工作特点，牢固树立“两个坚持、三个转变”的防灾减灾新理念，扎实开展各级“三防”办标准化、信息化建设和“三防”风险评估等工作，以强化非工程措施为突破口，着力提升基层防灾减灾能力。进一步完善区、镇（街道）“三防”体系的组织架构、责任体系、工作预案、规章制度；镇（街道）“三防”办于6月份全部落实了“三防”专用值班室、会商区等工作场所，配备了“三防”应急信息接收保障系统、“三防”专用通信网络及供电保障。在区委、区政府的重视下，落实区级“三防”系统标准化建设场地，设置了“三防”会商区、“三防”成员单位联合值班区、“三防”办专用值班室、“三防”系统操作区等专用工作场所，于2018年12月底完工验收。推进“三防”信息化建设，着力推进“三防”信息化建设，由省“三防”办统一实施建设的13宗小（1）型水库动态监控系统已投入运行，加强水库运行状况的实时监测，强化突发险情的应对能力，提高水库安全运行管理水平，保障水库及其下游群众生命财产安全。

（邱国强）

附：城区水利局领导名录

局　长：刘宗锐

副局长：黎文录

　　　　林维忠

畜牧兽医

【概况】 2018年，汕尾市城区畜牧兽医部门围绕区委、区政府的工作部署，认真做好畜牧生产、动物防疫、畜禽屠宰、畜产品质量安全生产和推进畜禽养殖废弃物资源化利用等各项工作，深入实施动物疫病综合防控，不断强化动物卫生防疫与屠宰监管，确保不发生区域性重大动物疫情及重大动物产品质量安全生产事件，保障了全区畜牧业生产平稳发展。是年,全区畜禽肉类总产量达到了5548.8吨；猪饲养量8.25万头，累计出栏6.32万头，存栏3.63万头；肉牛、羊饲养量0.357万头（只），累计出栏0.34万头（只），存栏0.017万头（只）；家禽饲养量15.98万羽，累计出栏13.74万羽，存栏4.24万羽。

【做好强制免疫及消毒灭源工作】 2018年，为进一步切实做好全区春、秋两季重大动物疫病防控工作，严防H7N9流感、口蹄疫、高致病性禽流感和非洲猪瘟等重大动物疫情暴发流行，区畜牧兽医部门牵头组织在全区范围内集中时间、集中力量，认真开展春、秋两季重大动物疫病集中免疫行动。春、秋两季累计免疫禽流感疫苗11.2万多针次；免疫猪、牛、羊口蹄疫6.8万多针次，免疫密度均达到100%。坚决做到“镇不漏村、村不漏户、户不漏禽、禽不漏针、针不漏苗”，确保全区存栏畜禽处于免疫保护状态。此外，在各畜禽场所全面开展消毒灭原工作160次，参加人员1280人。用去消毒药物3.8吨，确保稳定控制，保障公共卫生安全。

【加强生猪屠宰检疫及畜禽产品质量检测】 2018

年，全区进场屠宰生猪67220头，全部经产地和屠宰检疫,进场检疫率达到100%。在生猪待宰期间和屠宰过程中，根据相关规定，实施检疫和肉品品质检验，对检出的病猪和不能食用的生猪产品，实施无害化处理。2018年，共无害化处理病死猪327头，确保出厂肉品质量安全。全区共出动技术人员588人次，抽检瘦肉精等违禁药物样品1107份，抽取畜禽血清565份（禽480份），棉拭子250份，环境样品220份，猪淋巴结57份，经省、市监测，全区送检的动物畜禽血清等全部合格,未发现“瘦肉精”等违禁药物和药物残留超标的畜禽产品。

【加强生猪屠宰管理执法】 2018年，区畜牧兽医部门认真组织协调各有关部门开展对全区生猪屠宰管理工作，牵头公安、食药监等部门，依法打击私屠滥宰和制售病害死猪等违法犯罪行为，维护正常的生猪屠宰和肉品经营秩序，确保市民吃上“放心肉”。是年，全区生猪屠宰管理共出动执法人员687人次，查处私宰点6个，立案3宗，罚款15000元，确保肉食市场的稳定和上市肉品质量安全。

【严防死守做好非洲猪瘟防控工作】 自8月初全国部份省相继发生非洲猪瘟疫情以来，区委、区政府高度重视，迅速行动，全面部署，采取措施，开展排查，切实做好非洲猪瘟防控工作。一是全面开展排（巡）查。区畜牧兽医部门认真组织对全区所有的屠宰场、养殖场开展全覆盖排查和日常巡查工作。做到每周至少两次排（巡）查，做好日常排(巡）查的记录登记，指导养殖场、屠宰场做好生物安全管理，要求各屠宰场、养殖场（户）要加强疫情监测，严格进出场人员和车辆管理，强化生猪安全防护和消毒灭源。2018年，全区共出动人员1890多人次，排查生猪养殖场（户）329户次，生猪定点屠宰企业85家次，排查生猪数量4.5万多头，检查学校食堂、餐饮单位经营户1100家，冷冻食品经营户14家，均未发现临床疑似病例。二是强化泔水喂猪管控。对屠宰场、养殖场和餐饮服务单位发出《关于全面禁止使用泔水（餐厨废弃物）饲喂生猪告知书》，屠宰场和养殖场由畜牧部门负责上门发放并签订《告知承诺书》，餐饮单位由区食药监局负责上门发放和签订《广东省餐饮服务单位防控非洲猪瘟疫病承诺书》，共签订1120份。三是开展对生猪运输车辆备案工作。对运输车辆进行信息登记和备案，发出了《致广大生猪从业人员的公开信》，与承运人签订了《生猪运输车辆承运人质量安全承诺书》。四是加强各部门联合监管工作，建立畜牧兽医部门、交通运输部门、公安部门在生猪调运监管过程联防联控工作机制。在长沙、埔边两个高速收费站设立检查站，并在四个出口制作警示牌，要求过往运输生猪产品的车辆接受检查，查验运输生猪的车辆备案表和动物检疫合格证明。五是强化生猪检疫管控。明确开证程序和审批手续，严禁为不合格或违规调运的生猪及其产品开具检疫合格证明；强化日常监管，督促生猪屠宰企业切实落实入场验查制度，加强查证验物，无动物产地检疫证明的一律不准进场。六是开展对全区餐饮单位、冷冻食品经营单位冷库冻猪肉全面排查。联合区食药监局、打私办、公安、工商、畜牧等部门对市区餐饮单位冷冻食品经营户等进行排查。七是加强抽样监测。在排查中发现了2宗冷冻库冻猪肉产品，立即查封送检，经送检未发现疫病。从外地定点屠宰场进入城区的猪肉产品抽样送检3家15份混合产品，市动物疫病预防控制中心出具了《动物疫病检验报告书》，未检出非洲猪瘟病毒核酸。八是监督生猪屠宰场实施“1110”制度，即开展“一日一清毒，一日一清洗，一周一扫除，每天零存栏”行动。九是做好应急物资的储备工作。购买了消毒药、喷雾器、采样工具、防护服等一批应急物资。十是加强宣传培训。加大非洲猪瘟防控知识宣传普及力度，发放《养殖场（户）非洲猪瘟预警告知书》《致广大生猪从业人员的公开信》《广东省规模化猪场和种猪场生物安全隔离带建设指引》《生猪运输车辆承运人告知书》《致广大生猪产业从业者和社会各界的公开信》和《关于全面禁止使用泔水（餐厨废弃物）饲喂生猪告知书》等防控挂图、明白纸等宣传资料3万多份。同时，还组织养殖场、屠宰场和相关人员，参加省、市非洲猪瘟防控技术培训班。

（邱国强）

附：城区畜牧兽医局领导名录

局　长：刘水照

副局长：洪学奋

渔　业

【概况】 区海洋与渔业部门坚持“以养为主，养殖、捕捞、加工并举，因地制宜，各有侧重”的方针，以优质、高效、生态、安全和渔区振兴发展为方向，实现城区海洋渔业经济的持续稳定发展。2018年，全区渔船数量2096艘，水产养殖面积5039公顷。渔业总产量21.98万吨，同比增长2.8%，其中：海洋捕捞9.17万吨，同比增长0.2%；海水养殖12.55万吨，同比增长4.7%；淡水养殖0.26万吨，同比增长8.3%；水产品总产值21.0817亿元，同比增长9.7%，其中：海洋捕捞产值9.65亿元，同比增长7.8%；海水养殖产值11.13亿元，同比增长11.3%；淡水养殖产值3017万元，同比增长11.5%。

【渔业船舶基础管理】 一是认真执行《渔业捕捞许可管理规定》，严格按照捕捞许可审批制度。全年完成182艘农业部渔船捕捞许可证的换发工作，其中，汕尾港籍渔船123艘、马宫港籍渔船59艘。二是执行国家和省在渔船更新改造的优惠政策。结合城区情况，加快渔船更新改造工作，支持淘汰改造一批残旧渔船，撤中小型渔船合并建造中型渔船。至年底，申请建造钢质捕捞渔船共52艘，总功率26895.3千瓦，其中：26艘渔船已建造完工并出具证书；已取得“渔业船网工具指标批准书”批准建造的钢质渔船渔船19艘；在申请证书7艘。全区共有19艘钢质南沙骨干渔船，总功率15703千瓦，其中15艘已建造完工出具证书并出具南沙专项许可证，2艘取得《渔业船网工具指标批准书》建造完工，2艘渔船正在申报《渔业船网工具指标批准书》。三是完成拆解老旧渔船46艘，总功率12442千瓦；申请拆解的渔船20艘，申请建造渔船15艘。此外，实施完成2015—2016年度渔船减船转产共22艘，总功率4876.7千瓦。四是完成发放14艘渔船更新改造资金补助，共2033万元，其中国家补助资金1498万元、省配套资金535万元。待发放2015-2016年度渔船减船转产资金3901.36万元，其中国家补助资金2438.35万元、省配套资金1463.01万元。

【渔业科技推广与资源增殖保护】 根据基层农技推广体系改革与建设实施的要求，围绕池塘鱼虾混养、高位池南美白对虾精养、网箱养殖鱼类、近江牡蛎等主导养殖品种，优化产业结构，突出标准化生态化发展。推广养殖生产经验和先进管理模式，提高技术人员养殖业务技能水平，大力推广“水产专家+示范养殖场、农技管理指导、辐射养殖户”等技术服务模式，提升渔业技术服务功能，确保主要推广品种增长增效。

做好红草镇晨洲村“一村一品、一镇一业”特色品牌产品蚝的生态化产业化规模化发展，组织成立汕尾市城区晨洲蚝业协会、汕尾市城区晨洲蚝发展有限公司，以“产品带产业、产业促发展”的乡村振兴的社会主义新农村。4月，广东省捷胜龟龄岛东国家级海洋牧场示范区建设项目开工建设，11月底浇注礁体共1790个，12月进行礁体投放工作。开展渔业增殖放流活动，修复海洋资源和维护水生生物的多样性，构建海洋生态文明建设，提高渔业资源环境保护意识。5月30日，在马宫港交易所码头附近海域实施渔业资源增殖放流，放流斑节对虾苗约800万尾。市委常委、区委书记李庆新参加增殖放流活动。9月9—15日，中央电视台农业频道《科技苑》栏目记者3人在城区水产技术推广站站长陪同下，专题采访了城区红草镇晨洲村的特色水产品晨洲蚝养殖生产，并于11月5日在中央电视台农业频道《科技苑》栏目进行专辑报道。9月，市政府与省海洋与渔业厅签订共建汕尾马宫渔业产业园区合作框架协议。10月12日，在城区红草镇政府举办了近江牡蛎生态养殖技术培训班，邀请南海水产研究所和广东海洋大学两位教授进行授课，130多人参加培训学习。中国水产科学研究院南海水产研究所编制《汕尾市城区养殖水域滩涂规划(2017—2030)》，11月下旬征求各镇(街道) 及有关单位的意见，12月下旬举行了《规划》评审论证及听证会。组织深入调研城区渔业的基础数据，积极配合区农业局申报创建省级现代农业产业园的工作。积极配合市海洋与渔业局实施“海洋产业战略集群企业风险补偿金”项目，大力扶持海洋产业链的优质企业，首批贷款500万元支持3家企业。

【渔业质量安全生产监管】 制定《汕尾市城区2018年渔业安全生产工作方案》。加强领导，落实责任。按照安全生产“一岗双责”的要求，成立了区渔业安全生产工作领导小组，明确责任分工和工作要求。落实24小时值班制度、安全事故及时上报制度。同时制定了《汕尾市城区2018年渔业安全生产应急预案》，成立应急抢险队伍。加强宣传教育，提高渔业安全生产意识。根据气候特点，及时发送警示短信，提醒船东、船长注意海上作业安全防范措施，强化渔业安全生产法律法规宣传。举办职务船员培训3次，共颁发证书418份。9月15日，落实《广东省人民政府关于切实做好今年第22号台风“山竹”防御工作的紧急动员令》，认真做好渔业防灾减灾工作，应急队伍24小时值班，做好台风的防御工作措施。加强安全监督检查。坚持以日常巡查、突击检查、联合检查相结合，重点对渔船船员配备和持证上岗、通信和救生设备配备、渔船适航要求、隐患整改落实等方面，实施排查整治。据统计，全年共发送安全生产警示短信39388条，出动执法快艇329艘次，人员1576人次，检查船只865艘，检查发现13艘渔船船名标示不规范，26艘渔船未按规定配备消防救生设备，2宗渔船职务船员不足，其他安全隐患18宗，共发出责令改正整改通知书59份。制定《2018年城区水产品质量安全监管工作方案》，认真做好水产品质量安全巡查执法监管和初级水产品抽检工作。全年共完成11批次的水产品质量安全抽检任务，检查养殖场130多场次，抽查水产品及水样等样品总数368个，其中监督抽查29个，例行、风险及水样等监测339个。抽检结果均合格。

【伏季休渔管理工作】 5月，制定《汕尾市城区2018年海洋伏季休渔制度实施方案》，休渔时间为5月1日12时至8月16日12时。休渔期间，落实休渔渔船防汛、防台、防火“三防”措施。共发放《休渔须知》《关于做好伏季休渔期间渔业船舶安全管理的通知》共1800多份，张贴农业部休渔通告21张，利用短信平台发送休渔短信2300多条，悬挂宣传横幅12条。重点落实渔港参休渔船的动态管控工作。制定实施马宫渔港伏季休渔期渔船安全整治工作方案，完善休渔期24小时值班制度和领导带班制度，设立休渔值班室和值班电话。同时，在马宫港供冰码头设立执勤点，下设2个执法小组，轮流落实海上巡查管控常态机制，加大对涉渔“三无”船舶（无船名船号、无船舶证书、无船籍港的船舶）打击力度。

受1816号热带风暴“贝碧嘉”的影响，8月13日，广东省海洋与渔业厅发出通知，全省休渔渔船开捕时间统一推迟至8月17日中午12时。据统计，休渔期间，区海洋与渔业局共开展执法行动216次，出动执法艇229艇次，执法车辆8车次、执法人员784人次；检查渔船770艘，发现安全隐患11宗，责令落实整改措施11宗。休渔期间，市海洋与渔业局、区海洋与渔业局、市海洋与渔业协会联合开展送温暖活动，分别在马宫街道马宫社区、市海洋与渔业协会、捷胜镇府向困难渔民派送大米、油、食品等。

【推进做好油补发放的惠渔政策工作】 2018年，成立油补工作领导小组，制定《城区2017年度油补工作发放方案》并经区政府批准实施。2017年全区油补对象渔船469艘，至8月底，各镇（街道）受理审核426艘（其中，新港240艘、马宫134艘、捷胜52艘）。完成捷胜港籍渔船39艘的审核、公示，资金304100元，已报区政府审批。

（邱国强）

附：城区海洋与渔业局领导名录

局　长：李树荣

副局长、渔政大队长：邝学武

工业·信息化

GONG YE · XIN XI HUA

工业·信息化

【概况】 2018年，区经济促进局按照区委、区政府工作部署，认真抓好经促各项工作，实现了全区工业、商贸基本保持平稳增长。全年工业产值93.84亿元，比增8.67%；完成工业投资20.3亿元，同比增长25.8%。

·工业

【红草工业园区建设】 汕尾市城区红草工业园区位于汕尾市城区红草镇三和村周边地带，东至南洋村和石牌村，南临埔边村，西邻亚洲村，北至拾和村，距市中心和汕尾港约10公里，与厦深铁路汕尾站相距12公里，毗邻沈海高速公路及埔边出入口、省道S242线和规划建设的深圳至汕尾轻轨支线，区位优势和交通条件优越。园区规划面积17.4平方公里，启动区建设面积为4.4平方公里，远期规划工业用地13平方公里。园区以承接深圳、“珠三角”地区的转移高端产业为主，重点以发展电子信息、海洋生物、食品加工、生物制药以及装备制造作为园区的主导产业，配套发展商贸、物流等现代服务业。

【企业技术改造】 加快推进传统产业技术改造和增资扩产，促进企业转型升级帮助指导一批企业申报国家、省技改专项资金扶持，引导企业实施自主创新与名牌带动战略，努力打造特色品牌，促进企业转型升级。通过开展产业转型升级，全区多数民营企业依靠技术改造，增加产品品种，提高产品档次，扩充产业链，提高竞争力。通过“走出去、请进来”的办法，加强对外经贸交流合作，指导企业开展探索发展新路子，拓宽企业发展空间。同时推进企业实施工业化与信息化融合（即两化融合）。

积极开展节能监察，促进全区节能目标全面完成 一是严格落实节能目标责任。将全区节能目标合理分解到各镇（街道）、各部门、各行业，落实各部门的监管督导责任。与镇（街道）、重点监控企业分别签订节能目标责任书，进一步细化节能目标责任内容，对镇（街道）、重点用能企业实施“双控制”责任目标管理机制。二是强化企业节能管理。认真做好对重点耗能企业的协调指导工作，推动年耗煤1000吨以上的10家重点企业加大节能资金投入，加快节能技术改造，落实重点耗能企业能源利用状况报告制度等各项节能降耗的措施，取得一定的节能效果。积极做好能源计量器具的配备工作，并且积极推行能源计量数据在线、实时、有效采集。同时，为加快推进能源管理中心建设，城区德昌电子有限公司和五丰水产食品有限公司作为首批能源管理中心已完成启用，实时掌握企业用能情况，为企业实行用能情况动态管理奠定基础。三是依法加强年耗能1000吨标准煤以上用能单位节能管理，强化重点用能企业节能管理，开展城区万盛织造厂、兴盛针织厂、营通水泥制品厂、恒威手袋厂、德昌电子有限公司、柏嘉玩具日用品有限公司、润通混凝土搅拌站、雅泰隆食品厂、仁裕轻质机砖厂和炜达行塑胶科技发展有限公司10家企业节能低碳行动。同时，落实目标责任，建立健全企业能源管理体系，实行能源利用状况报告制度，严格执行能源管理岗位和能源管理负责人备案制度。四是开展节能监察。加大对全区高耗能企业、重点公共机构和商贸酒店等领域的日常节能监察。严格根据单位产品能耗限额标准、落后生产工艺、设备淘汰制度、能源利用状况报告制度等执行情况，开展节能执法监察，严肃查处违法违规行为。

【民营中小企业经济发展】 2018年，城区继续紧紧围绕建设现代产业体系提高自主创新的目标，大力发展海洋经济，进一步扶持民营企业发展，积极鼓励企业增资扩产和技术改造，加快海洋产业和临港工业转型升级。

企业类型 城区民营工业主要有电子信息、机械制造、海产品深加工、纺织服装、船舶修造及制冰、工艺品加工、塑料制品、建筑材料以及其他依托海洋资源延伸的加工业等产业。初步形成了以五丰水产食品有限公司、国泰食品有限公司、维明生物科技有限公司、林记水产食品有限公司等为龙头的海产品深加工产业；以德昌电子、龙达电子、汕港船电、快捷电子、展辉实业等为龙头的电子信息产业；以银鹏机电、信昌机电、建成机电等为代表性企业的机电机械行业；以万聪、红海、建业、鸿业等为龙头的船舶修造行业；以兴盛、万盛等为龙头的纺织服装业。这些加工制造业成为城区民营经济重要的支柱产业。工业产品主要有海产食品、电子机电、纺织服装、塑料制品、珠宝首饰、工艺品、化工、制鞋、建材、船舶修造等，近几年来，增长较快的是电子机电、海产食品、纺织服装、塑料制品、建材等，其中海产品深加工业、电子信息、机电、服装纺织业、建材加工和塑料制品业的工业产值占城区工业总产值70%以上，成为城区的工业经济主导产业，带动了其他产业的发展。

企业创新升级　2018年，城区民营工业企业着力创新升级，总体运行情况良好。主要表现在以下几个方面：一是工业项目建设加快推进。是年有信利TFT5代线、比亚迪新能源汽车生产、肯迪文品牌服装、国信通手机配件生产、香雪生物制药、江涛中成药加工等项目正加紧建设中。二是自主创新能力明显提高。城区有一部分民营企业获得相关专利及注册自主品牌，自主创新能力得到不断提高。现有省级民营科技企业8家。全区累计获得国家专利156项，其中发明专利14项、实业新型44项、外观设计98项，主要涉及电子、玩具、食品、医药和服装等。快捷通导科技有限公司开发了三合一彩色海图定位仪等一批高新电子产业，铭基节能科技有限公司成功开发LED节能灯具，展辉实业和汕港船电公司等都拥有10多种国家产品专利，仁裕轻质砖厂开发了轻质环保墙体新型建筑材料产业，产品已完成研制并投向市场。三是企业转型升级明显加快。2018年，城区继续积极鼓励船舶修造、海产食品加工、船用产品研发企业等临港工业开展升级改造，加大技术改造和增资扩产，进一步加速产业转型升级。转型升级成效显著的民营企业有五丰食品、国泰食品、快捷通导、仁裕砖厂、新雅地毯等重点工业企业。其中五丰公司利用原料鱼残废料开发鱼胶原多汰原料，并利用其研制出了高级鱼胶原汰化妆品、口服液等高端产品。该开发项目被列入省500强目录，并成为城区唯一一家受国家委托制订该行业国家标准的民营企业。

企业转型发展　区经促局着力抓好全区工业投资项目和企业增资扩产与技术改造，经常性深入企业鼓励和指导企业加大投资力度，积极引导万盛针织、雅泰隆食品、银鹏动力、新雅地毯、润通混凝土等一批企业开展技术改造，促进企业转型升级。2018年，全区工业投资规模大幅提高，工业投资规模达到20.3亿元，其中工业技改投资15.41亿元。并积极承接“珠三角”产业梯度转移，已有华信新材料、富达通钢化玻璃、华利电控设备、生利钢化玻璃镜业等一批企业建成投产。

（陈若谷、林永钟）

·信息化建设

【基础设施】　2018年，中国电信汕尾城区分公司全年完成业务收入14519万元，完成市分公司下达预算目标103.69%，同比增幅7.08%。全年移动净增7850户，完成目标值的23.03%；宽带净增1064户，完成目标值的5.64%；天翼高清净增5851户，完成目标值的23.83%。

中国移动城区分公司全年累计完成扩容22928户，覆盖数29420户（包含铁通融合覆盖数）。通过加强企业宽带资源的覆盖的梳理，提前在集团内部扩大宣传，提升业务影响，企业宽带得到高速发展，累计新增企业宽带2919户。2018年度中国移动城区分公司累计新增18139户。在推动宽带与电视、固话融合营销方面，全面推广“百兆手机宽带+电视+固话”融合产品，家宽客户的电视净增达12774户，比2017年提升了21.29个百分点。

汕尾城区联通以建设精品网络为目标，加大对4G移动网络的建设并切实做好降费提速工作。2018年，汕尾城区联通50M宽带平均降价240元/年，100M宽带平均降价360元/年。同时，针对光网用户免费提速到50M及以上，截至2018年年底，城区50M以上用户占比超过80%。

【电信与通信】　2018年，中国电信汕尾城区分公司在光纤建设方面，建成141024个端口，端口利用率为47.55%，新建资源利用率22.46%。完成259个光建节点13500个端口开通工作，完成了城区重点建设任务，包括农村营服铜退建设、“存量扫场

630”项目、大马路、金海明珠、新墟小区、比亚迪、保利04地块、亲海公寓、遮浪美景豪庭等高价值区域新建楼盘光纤资源建设。

在接入网络方面，城区的接入网络以铜缆、光缆组网，承载不同类型的业务接入。已建成的接入网络、宽带业务已全部覆盖，市区的商业区域、新建住宅小区等重点区域已基本覆盖，提供光纤到户、光纤到办公室的全光接入网络。

（电信、移动、联通城区分公司）

· 电力供销

【概况】 2018年，城区供电局累计完成供电量16.976亿千瓦时，同比增长7.21%；完成售电量15.826亿千瓦时，同比增长9.02%。综合线损率6.78%，同比下降1.33%。当年电费回收率99.95%，同比上升0.03%。完成配网建设投资9556万元。

2018年，城区供电局配网基建项目工程年度计划投资9532万元，其中，2017年续建项目计划投资4786万元，2018年新建项目计划投资4746万元。此外，应急及业扩配套项目计划投资1297万元。2018年共完成投资9556万元，年度电网建设投资计划完成率100%。扎实推进工程建设工作，努力通过工程改造消灭区域内单辐射线路，中压线路环网率达85%；提高线路自动化水平，自动化覆盖率达到58.3%,解决44台重过载配变等问题。

强化安全隐患排查治理和安全检查、督查机制。全年排查一般安全隐患19起，已整改15起；落实防汛安全检查，发现问题9项，已整改5项；开展安全督查444次，完成年度安全督查率111%，发现违章行为为29起，已全部整改。制定城区供电局乡镇供电所（配网）防范人身事故专项治理行动计划45项，落实推进排查安全隐患整治。完成高考、“两会”等58次保供电任务。组建内、外部应急抢修队伍各1支，共84人。

（城区供电局）

附：城区经济促进局领导名录

局　长：游建雄

副局长：陈伟生（兼区二轻联社主任）

林永钟

马启凤

主任科员：曾昭敏

交通·城乡建设

JIAO TONG·CHENG XIANG JIAN SHE

城区交通

【概况】 2018年，城区交通局突出做好全区交通基础设施建设，重点做好农村道路规划、农村道路硬底化建设工作；加快推进X141线品清至新安路段的前期工作和捷胜古井山至沙角尾农村公路升级改造工作；抓好渡口渡船安全管理工作。

【完善综合交通网络】 *提升高速公路网络效率* 配合省做好广东滨海旅游公路汕尾段前期工作，打造一条沿海丝绸带公路。积极争取深圳至深汕合作区第二条高速延长至汕尾市区，促进高速公路和城市交通快速路有机融合，强化高速公路与县城及重要经济开发区的快速连接。

改善普通公路技术状况 根据《汕尾市公路网规划（2016-2035年）》及《汕尾市综合交通运输体系发展“十三五”规划》，优化提升城区普通公路技术水平。计划至“十三五”期末,国道一级公路比例达26%左右，二级公路比例达74%，省道一级公路比例达5%左右，二级公路比例达62%左右。实现普通国道覆盖县、省道覆盖乡镇的目标。力推连接沿海港口、产业园区、中心镇、旅游景区的公路建设。以“四好农村路”为目标，切实提高农村公路路面等级标准、通达能力和安全防护水平。

优化港口航线发展格局 加快沿海港口转型升级，打造区域性大港口、大枢纽、大物流，提升港口在全省珠江东岸战略定位，全面改善港口集疏运条件，优化主要港区疏港交通布局，加强疏港公路与高速公路网的便捷连接。谋划开展汕尾新港区规划建设前期工作。推动汕尾、香港海上交通复航。配合省探索开通香港—深圳—惠州—汕尾海上旅游航线，完成深惠汕海上客运航线规划的编制工作，并做好开通海上客运航线的基础工作。“十三五”时期计划新增码头泊位3个，新增年吞吐能力1500万吨；谋划推进汕尾新港区10~15万吨级码头规划建设。

完善客货运输枢纽体系 基本构建区、镇、村三级客运枢纽体系，完善农村客运网络体系，建设一批乡镇客运站，全面提升交通运输效率。推进大型综合客运枢纽的零距离换乘，鼓励同站换乘。优化换乘条件，建设连接站场间的风雨走廊、自动人行道，提高换乘的便利性和舒适度。完善综合客运枢纽集疏运系统。开发建设高铁站、汽车客运站和公交枢纽站，完善末端网络接驳。

提高公路养护和保畅能力 建立“路域环境整治示范路”长效机制，持续推进路域整治和文明示范路建设。深入实施公路安全生命防护工程。加强桥梁养护和管理，确保桥梁安全通行。完善公路超限超载运输治理体系。

【推进农村运输服务均等化】 *提升农村公路服务水平* 继续推进自然村通硬化路建设，推进完成镇通行政村公路“畅返不畅”路段整治，进一步提升农村公路服务水平，实现更高质量惠民。提升农村公路设计、建设水平。推进“四好”农村公路（建设好、管理好、养护好、运营好）建设，集中攻坚无路面路改造、窄路面路改造及危桥改造。开展农村公路急弯陡坡、临水临崖等重点路段的安全隐患治理和公路穿城路段的安全整治。改善农村客运通行条件，完善没有通客车的建制村的道路条件和安保设施，整治通行客运班线与接送学生车辆集中的农村公路重点路段安全隐患，确保所有建制村均符合通客车条件。建立健全农村客运道路通行条件联合审查机制提升与农产品流通节点衔接的农村公路的技术等级、安全水平，畅通农村客运及农村物流公路网络，促进农村电子商务发展。

完善农村公共客运服务 采取灵活多样的农村客运形式，满足农村群众出行需要。巩固农村客运三个“百分百”成果，实现建制村通班车（含农村道路客运）比例达100%。开展农村物流节点布局规划研究，建立县城物流园、乡镇物流站、村级物流点的三级物流网络。

提升客运服务水平 优先发展城市公共交通，实现交通基本公共服务均等化相关目标。提高城市公交的通达性、可靠性、便捷性和舒适性，提高乘客对公共客运服务的满意度。

提升货运物流水平 全面落实《汕尾市物流体系及重点物流园区发展规划》，推动参与“一带一路”沿线的综合运输大通道的建设。加快推动港口

物流业发展，构建以港口为中心的区域性物流枢纽。以推进"一带一路"为契机，依托区域的港口、铁路以及物流大通道，明确各地物流节点定位，指导地方共享、共建区域性重大交通基础设施，实现与区域物流网络的互通互联，打造区域性物流枢纽。

加强行业信息化建设　全面推进交通基础设施、运载装备、经营业户、从业人员等基本要素以及交通证件、执法案件、货运单据、客运票据等核心要素的信息化。完善普通公路、内河航道运行监测设备，加强常规公交、长途客运车辆以及重点物资、危险品运输车辆的卫星定位、智能监测和无线网络覆盖，夯实对区内主要运输通道客货流量的监测管控基础。

加快构建绿色交通　积极创建城区绿色交通，不断推进综合交通运输体系下的结构性节能减排，加强交通运输各领域节能降碳和生态环保新技术应用，强化绿色交通管理能力建设。

【客运交通设施建设】　2018年，城区建成投入使用具有一定规模的新能源公交车停保场2个，配套充电桩151个；建成公交候车亭162个，候车站牌100个。

（市年鉴资料摘录）

【农村公路建设】　2018年，区交通局计划建设9个省定的贫困村公路7.549公里，争取到上级建设补助资金136万元，至12月，已全部完成农村公路硬底化7.549公里。

【加快推进X141线品清至新安路段建设工程】　县道X141品清至新安公路路面大修工程。原东涌镇区县道X141线品清至新安路段全长8.8公里（其中要抓紧大修4.4公里），路面破损严重，部分路段危及行车安全，同时路面等级和宽度也不能满足现有交通量的要求。经与市交通部门协调，拟将县道X141品清至新安进行路面大修改造，已委托有资质的设计单位进行优化设计，已完成施工图设计。东涌至赤古路段长800米已完成混凝土路面铺设，完成投资130多万元。

【渡口渡船管理】　积极主动协助市、区有关部门，加强对渡口渡船的检查和督查，协调有关部门加强监管，特别在重大节假日，区交通局组织人员进行专项检查，加强值班，严格管理，查漏补缺，落实安全生产和防范措施，并建立安全台账。真抓实干，严格管理，确保辖区内水上交通安全。

（麦贤坤）

附：城区交通局领导名录

局　长：曾向平

副局长：陈国亮（正科级）

市区交警

【概况】　2018年，市区交警大队根据市公安局的统一部署和交警支队的具体工作安排，紧紧围绕"创文创卫"活动要求，充分发挥交通管理职能作用，针对辖区交通实际认真进行分析研判，严格落实各项勤务，通过一系列行之有效的工作措施和工作手段，有效提升了交通管理工作水平，圆满完成了各项交通管理工作任务。经统计，全年大队共出动警力32380人次，警车10720架次，开展各类交通违法行为专项整治行动262场次；现场查获各类交通违法行为33906宗（包括驾乘摩托车和电动车无佩戴安全头盔行为13760宗，机动车辆乱停乱放行为19278宗，重点车辆交通违法行为148宗，其他交通违法行为720宗）；暂扣各类交通违法车辆13947部（包括摩托车类13760辆，其他车辆187辆），警告教育9600人次，现场查获酒后驾驶案件55起55人（包括醉酒驾驶4起4人）；行政拘留无证驾驶11人；举行公开销毁无牌无证、假牌假证、组拼装机动车辆现场会3场次，共销毁无牌无证、假牌假证、组拼装机动车辆4842辆。

是年，市区交警大队结合辖区道路交通管理实际，开展交通安全宣传活动109场次，举办宣传讲座74场次，发放宣传资料12万余份，受教育群众超12万人。圆满完成春运交通管理工作、春节、元宵节、清明节、"五一"、端午节、中秋节、高中考及各项大型会议、活动和上级领导到汕尾考察调研等安保工作共146场次。因工作部署到位，管理措施有力，全年辖区没有发生一起死亡3人以上较大道路交通事故，也未发生因公路“三乱”行为和执法不当导致的群体性事件，道路交通秩序良好，辖区交通形势总体较为稳定，广大群众安全感和满意度得到有效提升。

(黄国维)

附：市区交警大队领导名录

大队长：叶小武

教导员：江齐备

副大队长：洪海锦

住房和城乡建设

【城乡建设与管理】 *农村污水设施建设* 先行推进的9个省定贫困村农村生活污水设施治理工程(其中捷胜5个村、东涌4个村)，总投资2880万元，已全面完成建设任务，并于11月28日竣工验收工作。同时，全区农村污水设施建设工程已完成《汕尾市城区农村污水治理工程可行性研究报告》，于12月4日邀请专家进行评审，根据专家评审意见，区建筑设计院已完成了可行性研究报告的重新修改和完善工作，并上报区政府研究组织实施建设任务。

“厕所革命” 根据推进“厕所革命”建设工作方案要求，对全区59行政村和6个社区规划建设标准化公厕66座，总投资1835万元。区住建局通过委托安徽省城建设计研究总院股份有限公司华南分公司完成了“厕所革命”的设计工作，并交由各所在镇（街道）组织实施建设任务。截至年底，已完成建设任务的有37座，在建的有29座，大部分已在抓紧推进室内的装修工作。

“一村（社区）一主题公园” 根据主题公园建设安排，全区需建设90主题公园座，其中东涌镇22个，红草镇20个，捷胜镇19个，香洲街道11个，新港街道4个，凤山街道4个，马宫街道10个。区住建局通过委托安徽城建设计院等三家设计公司完成了主题公园的设计工作，并交由各所在镇(街道）组织实施建设任务。截至年底，已完工的有5个，分别是东涌镇1个，红草镇1个，马宫街道3个；已开工建设的34个，其中捷胜街道6个，东涌镇21个，马宫街道7个；其余51个正在申请立项中。

【建筑业】 *建筑工程项目服务* 严格按照国家、省、市、区等有关建设法律法规的规定，把好建设工程施工许可准入关，不断完善建设工程管理股各项业务办事指南，简化办事程序，缩短办结时限，及时反馈意见。做好企业（个人）业务咨询服务，提高办事效率，对前来申请办理业务的单位或个人实行一次性告知，给予悉心指导，有效地提高了办事效率和服务质量。2018年，全区报建工程6宗，建筑面积779868平方米，合同造价180258万元，比2017年114310万元增长58%。规范办事流程，严把备案关。一是严格招标备案制度。按照《房屋建筑和市政基础设施工程施工招标投标管理办法》规定，加强招标文件审查和监管，对违法违规的招标代理机构及有关单位责任人员依法给予处理，规范招标代理机构行为。全年招投标备案项目共22宗。二是严格执行工程竣工验收备案制度。指导和监督已竣工项目相关责任单位合法的验收程序，并按法定期限督促责任主体办理工程竣工验收备案。全年工程竣工验收项目3个，验收合格率100%。

建筑工程质量安全监管 1.切实加强建筑安全监管，落实安全生产“一岗双责”制度。局领导高度重视，亲自部署及带队，组织局建工股、区质安站对在建工程安全生产开展专项检查、抽查，对存在安全隐患的项目，狠抓整改，确保了建设工程安全生产工作平稳有序。2018年，开展对区报建工地开展施工安全各项专项检查行动，共出动人员190人次，对存在安全隐患的项目发出整改通知书35份，责令落实整改，及时消除隐患。全年城区在建工地没有发生安全生产事故。2.开展工程质量监督专项执法检查。按省住建厅、市住建局的工作要求，加强对施工、监理企业履行质量责任行为的监督。经检查，工程项目施工、监理机构的资质情况和人员落实到位情况基本符合要求及有关规定，施工质量控制中监理有关管理人员基本上能履行职责。对在建工程建筑用砂使用、卫生间防渗漏、外墙挂网等方面列为检查重点工作，预防发生工程质量通病，发出《质量整改通知书》25份，限期落实整改。全区在监项目没有出现质量投诉和工程质量

事故。在为期一个月的“质量月”活动中，按照上级的要求，围绕提高工程质量，认真组织并开展了一系列活动，有力的促进了全区工程质量的提高，对在建工程质量起到了极大的促进作用。由汕尾市金海明珠房地产开发有限公司投资建设，国基建设集团有限公司承建的“金海明珠”工程项目，获得汕尾市“十大明星楼盘”及“宜居宜业贡献奖”。3. 认真执行建筑节能、绿色建筑规范。按照工作导则、管理办法的规定，积极贯彻执行节能验收规范，重点检查施工图设计文件审查、设计变更，节能专项施工方案和监理规划编制审批，技术交底及示范样板确认，抽查节能材料的送检与实体检验情况，促使全区建筑节能、绿色建筑工作规范不断推进。

在建工地“文明施工” 按照“创文”的工作要求，严格督促各施工单位加强对在建工地围挡封闭、物料运载、建筑淤泥运输车辆的管理。对施工现场落实围挡围蔽共 2980 米，围挡面积约 9150 平方米。创文公益广告按照规定比例张贴，全面做好在建工地围挡“创文创卫”宣传工作，营造“双创”良好工作氛围。严格推行在建工地文明施工“六个 100%”工作要求，天豪熙龙湾项目列入市区创文示范工地，并在全市推广其先进管理经验。加强报建项目扬尘防治监管，开展网格化管理，落实扬尘防治工作责任。全区报建项目工地施工现场基本达到扬尘治理要求，出入车辆设置冲洗设施，施工现场出入口车辆自动冲洗设施及关键控制部位视频监控设备基本安装到位，落实了工地砂土全覆盖，工地路面全面硬底化。

【房地产业与住房保障】 *房地产投资* 2018 年，围绕市区重点建设项目中心工作，积极指导协调天豪熙龙湾、瑞城花园、御景壹號等 5 个重点房地产开发项目。全年区属项目共 5 宗，计划总投资额 5.8 亿元，已完成年度投资额 7.8771 亿元，占年度投资比例的 135.8%。其中，天豪熙龙湾项目完成投资 1.3781 亿元，占年度投资 138%；瑞城花园项目完成投资 1.3535 亿元，占年度投资 135%；御景壹號项目完成投资 2.2155 亿元，占年度投资 123%；华夏东方明珠项目完成投资 1.98 亿元，占年度投资 165%；铜鼎山庄项目完成投资 0.95 亿元，占年度投资 119%。区属 5 宗报建房产项目均超额完成年度投资计划。同时，认真做好“四上”企业帮扶工作，结合住建领域有关企业运行实际情况，重点对恒锦、恒瑞城、新凯丽、华师附中凤凰城等四家企业进行对接帮扶。年底，恒锦、恒瑞城、新凯丽、华师附中凤凰城 4 家企业已全部达到“四上”企业申报条件，顺利完成申报工作。

房产交易 2018 年，全区房屋办证 478 宗，交易面积 7.26 万平方米，成交金额 45401.61 万元。其中：存量房 413 宗，面积 5.4 万平方米，金额 31335.22 万元；商品房 65 宗，面积 1.86 万平方米，金额 14066.39 元。

公积金缴存 2018 年，公积金提取金额 4044.52 万元，同比增长 60%；发放个人住房贷款 160 笔，金额 2621.50 万元。

廉租房补贴 2018 年，廉租房租赁补贴任务 66 户，按照各镇（街道）低保、五保、精准扶贫对象，孤儿户的人口比例分配到 7 个镇（街道）。通过全面做好廉租房补贴的申报、审核及发放校对意见函到各有关单位等前期工作，确保廉租房补贴资金落实到有需要的廉租户手上。年底前已全面完成 66 户廉租房的补贴工作，补贴资金已全部发放给各廉租对象户，超额完成省下达 60 户廉租房补贴工作任务。

【燃气管理】 做好燃气经营许可申报服务工作。围绕上级推进“放管服”工作要求，对企业及销售点申办“燃气经营许可证”由原来的 20 个工作日，缩短为 10 个工作日，并实施了网上申报服务系统，促进服务管理水平的提高。同时强化燃气安全管理工作。联合区有关职能部门对市区燃气市场开展了 200 多次燃气市场排除整治工作，发出整改通知书 130 多份，开出执行决定书 114 份，没收大小液化气钢瓶 5000 多个，扣留违法运输车辆 30 部，取缔非法经营点 10 多个，对相关当事人由区公安局及派出所进行拘留 30 人。累计更换超期不合格钢瓶 12 万多个，向市民免费派发减压阀 1000 多个，软管 2000 多米，投入宣传经费近 5 万元。

【基础设施建设】 后寮新区左直巷等14条破旧市区道路建设项目，总工程费用75万元（实际造价以财政部门核算为准）。建设内容包括道路维修、铺设排水管道、清疏排水管道、新建雨水井等，于5月完工投入使用。

市区千金妈一直巷等6条背街小巷建设项目，总工程费用430万元（实际造价以财政部门核算为准）。建设内容包括道路维修、铺设排水管道、清疏排水管道、新建雨水井等，于7月底组织实施，8月底组织竣工验收，全部投入使用。

市区道路人行道改造修复项目（红海西路临主干道两侧楼体），总工程费用379.99万元。建设内容包括两侧楼梯外墙修复、建设社会主义核心价值观围栏等，2月11日开工建设，于6月竣工验收并投入使用。

【其他工作】 协助抓好中央环保督察工作。由于城区没有设置环保局，根据区委、区政府工作要求，区住建局作为中央环保督察对接协调部门。为确保中央环保督察工作有序推进，顺利完成中央环保督察工作任务，区住建局积极发挥对接协调工作作用，对照中央环保督察工作要求，主动对接协调市环保局及区水利局、区林业局、区环卫局及各镇（街道）等各地各职能部门，收集汇总有关文件资料及有关文件上报等工作，做到对接及时、上报及时。同时，主动协调处置中央环保督察反馈线索问题，全力落实环保督察交办案件。对红草工业园建设影响当地养蚝基地、无证经营碎石场、医疗废弃物处置及大伯坑垃圾处置场整治等问题，采取有效措施，已全部及时进行查证处置。特别是针对省环境保护督察组现场督查的赤沙水库饮用水源地生活面源污染问题，按照省环保督察组的要求，奋战10天，全面完成了5个自然村生活面源污染问题整改工作，率先在全省饮用水源地生活面源污染完成“清零”的任务要求，较好地完成中央环保督察工作任务。

（吕以润、范易扬、朱锦滔）

附：城区住房和城乡建设局领导名录

局　长：林惠雄

副局长：刘儒彬

　　　　余德荣

【企业介绍】 城区建筑安装公司 2018年，城区建筑安装公司总资产达2000多万元，职工98人，有各类专业技术职称人员93人，各种大中型机械设备齐全。

2018年，公司在区委、区政府的领导下，积极参与建筑市场的竞争。在占有汕尾建筑市场的同时，积极开拓外地建筑市场，谋求发展空间。公司在“质量求生存、信誉求发展、管理要效益”的经营宗旨的指导下，发扬“求实创新、团结拼搏”的企业精神，全年完成工程造价近7000万元，工程合格率95%以上。

（黄界洲）

附：区建安公司领导名录

经　理：张家生

城区第一建筑工程公司 2018年，城区一建公司有中初级工程师、助理工程师、二级建造师、专业技术人员、“五大员”（包括施工员、安全员、质量员、资料员、预算员）等96人。公司本着质量求生存，信誉求发展，以重合同、守信用为原则。坚决筑牢安全生产防线，全年完成建设工程总造价共12000万元，建筑面积共50000平方米，比2017年同期增长50%，创税收1500万元，税收增长50%。实现工程质量合格率100%，施工生产全年无重大安全生产责任事故。

同时，不断加强内部管理和标准化建设，细化工作夯实工作责任，加大检查力度，以风险防范作为增强内部管理的重要手段，以创新管理作为提高经济效益的重要保证，强化项目管理，并注重企业文化建设和廉政建设，企业取得了良好的社会信誉及经济效益。截至2018年，公司已连续30年获得广东省“守信企业”称号。

（林荣加）

附：城区第一建筑工程公司领导名录

党支部书记：余鸿儒

总经理：王云健

城市环境卫生管理

【概况】 2018年，汕尾市城区环境卫生管理局（以下简称区环卫局）承担汕尾市区约350万平方米主要道路及公共场所的日常清扫保洁及40万平方米绿化带的正常保洁，日常420吨生活垃圾（含乡镇）的清运处理，市区约1.9万户居民生活垃圾的上门收集服务，以及市区4座垃圾转运站和12座公厕的管理任务。是年，区环卫局以创建“广东省卫生城市”“广东省文明城市”为契机，采取有力措施，开展一系列专项整治“脏、乱、差”行动，全市区道路清扫保洁率达到98%以上，市区全部道路机械化清扫率达到50%以上，垃圾袋装化普及率达到90%以上，生活垃圾无害化处理率达到100%。进一步提升了城市形象，优化了人居环境。

【工作成效】 2018年，区环卫局根据区委、区政府的工作部署，认真履职，以改善城市环境卫生为目标，建立健全长效管理和精细化管理机制，全面推进环境卫生整治工作深入开展，先后开展了一系列专项整治行动，大大改善了市区“脏、乱、差”的面貌，城市环境卫生管理水平和环卫作业质量明显提升，市区人居环境不断优化。

加强组织领导，压实责任 该局根据《汕尾市城区创建省级文明城市实施方案》《汕尾市城区创建国家卫生城市实施方案》，结合工作实际，制定出台了《汕尾市城区环境卫生管理局创建国家卫生城市实施方案》《汕尾市城区环境卫生管理局创建省级文明城市实施方案》，将工作任务和目标细化、分解到各环卫站、车队、生活垃圾处理场。同时，成立了以局长为组长，副局长为副组长，属下各站队场的主要领导或负责人为成员的“双创”领导小组。领导小组下设办公室负责具体工作的指导和协调工作，切实做到主要领导亲自抓，分管领导具体抓，形成一级抓一级，一环扣一环的工作格局，做到层层传导压力，层层压实责任。

环境卫生管理机制改革取得根本性突破 完善《汕尾市区道路清扫、保洁、垃圾收集岗位网格化责任方案》，明确了责任路段、责任小区、作业人员、清扫保洁时间、管理责任人和片区负责人的责任。

1. 落实清扫、保洁岗位责任制。严格执行道路清扫保洁作业标准，规范作业流程，健全完善垃圾清运和日常保洁网格化机制，实行全时段、全覆盖的清扫保洁网络。

2. 落实居民生活垃圾收集岗位责任制。居民生活垃圾收集实行“三定”：一是定时。实行垃圾上门收集每天一次，即晚上7时至9时30分，垃圾摇铃收集每天早晚各一次，即早、晚7时至9时30分。二是定岗。垃圾收集按平均约每350户配一个岗位，对个别片区岗位不足的，及时调整充实工人岗位，确保岗位责任制的落实。三是定点。对工人岗位设定固定的区域和服务范围，按分配的作业区域落实固定岗位作业，确保垃圾收集率。

3. 落实道路主次干道机械清扫和冲洗责任制。对可用扫路车和高压冲洗车清扫和冲洗的道路列出作业安排表，分路段安排责任车辆定时巡回清扫和冲洗，主次干道机械化清扫率达到51.4%。

4. 推进环卫管理体制改革。为进一步加强市区环境卫生管理，不断提升市区环境卫生管理水平，按照“两级政府、三级管理”的城市管理体制，充分发挥街道、村（社区）在城市环境卫生管理的重要作用，结合市区环境卫生管理实际情况，从8月1日起，将5个基层环卫站下放到各街道办事处，将市区环卫管理职能移交给市区三个街道统一管理，充分调动街道、村（社区）的积极性，进一步提高了环境卫生管理能力和作业水平，夯实市容环境基础。

环卫保洁质量显著提高 创新环卫作业方式，落实环境卫生管理网格化、垃圾收运日产日清作业标准，加强市区道路、公共广场、背街小巷和住宅小区的清扫保洁作业管理，加大对城中村及城乡结合部的卫生整治力度，做到全覆盖、无死角，使城市清扫保洁率达到98%以上，道路机械化清扫率达到50%以上，垃圾袋装化普及率达到90%以上，生活垃圾无害化处理率达到100%。同时，强化集贸市场周边环卫保洁工作，加大对主次干道沿街立面“牛皮癣”的治理，全面整治各类乱涂乱画、乱张乱贴等影响市容美观的行为，美化了城市环境。

及时收集、转运垃圾 坚持做到垃圾日产日清，清运率达到100%。垃圾转运站的垃圾运输车为密闭车辆，标志清晰，运输过程中密闭不撒漏、不滴漏，实现了转运全过程密闭化，杜绝二

次污染。

垃圾转运站及公厕管理水平明显提高 垃圾转运站有给排水设施，污染物排放符合标准，定期聘请区爱卫办专业人员对垃圾转运站各个部位进行科学投药灭杀病媒生物。由该局管理的12座公厕均为冲水式厕所达到了二类标准。

基础设施设备投入不断增加 共投入资金460多万元维修了垃圾转运站和公厕，购买了扫路车、压缩车、三轮车、保洁车、高压冲洗车和果皮箱等一批设备，进一步提高了环卫作业水平。

（孙淑权）

附：城区环境卫生管理局领导名录

局　长：王金鸿

副局长：许永斌

　　　　卓永红

商贸流通·服务业

SHANG MAO LIU TONG · FU WU YE

外贸与引资

【概况】 2018年，外贸进出口总值人民币9.7亿元，同比增长4.3%，其中，进口2.55亿元，同比42.12%，出口7.15亿元，同比5.26%。实际利用外资636万美元，同比下降5.92%。

【投资促进服务与管理】 2018年，城区外贸工作稳中求进的总基调，贯彻新的发展理念，落实对外经济高质量要求，以供给侧结构性改革为主线。积极扩大招商引资和对外贸易渠道，有针对性地引进符合国家产业的鼓励项目。有效引进了汕尾市高瞻冷链物流项目、广东康浦龙电子项目、汕尾市生利钢化玻璃项目、汕尾市捷远网络科技项目等一批优势项目落户城区。同时，同步跟进掌握重点项目建设进度，协调解决项目建设过程中遇到的各种问题，促进引进项目健康有序推进，落地生根。

城区积极参与“一带一路”建设，扩大国际产能合作，把握“中国制造2025”发展战略机遇，引进高端制造业、服务业、金融业、物流业。组织内外贸企业参加国家、省、市各项招商活动，参加国际性的中国广交会、中国加工贸易博览会、二十一世纪海上丝绸之路国际博览会等一系列招商活动，推进城区国际产能合作提质增效和提高企业“走出去”的能力。

按照国务院外商投资管理体制改革的要求，对投资项目实施准入前国民待遇负责清单管理，采取放管结合、优化服务的工作方向，对不涉及国家规定实施准入特别管理措施的外商投资企业设立及变更实行备案管理。同时，加强政策宣传和业务培训，组织外商投资企业办事人员参加业务培训会，提高企业办事人员掌握政策水平与业务能力。建立宣传长效机制，编制政策文件资料、办事流程、办事指南等，便于企业办事，降低办理成本，确保服务企业工作落实到位。

（陈若谷、庄保平）

商贸流通

【概况】 2018年，城区以“创文”、“创卫”为契机，做好“三线”整治工作，完善市场升级改造工作，努力创造良好的市容市貌，着力改善城区的人居环境。累计投入市场改造资金1500多万元、“三线”整治资金1686万元；投入社会主义核心价值观和诚信经商等宣传活动资金20万元。全年完成社会消费品零售总额110亿元，增长10%。

【主要工作】 2018年，区经促局大力促进商贸流通服务业发展，主要抓好几方面工作：一是积极组织开展扩内需促消费行动，进一步拉动内需。根据市商务局《关于印发〈汕尾市商务局关于抓住时机加大力度推进扩消费专项行动实施方案〉的通知》《汕尾市商务局关于做好2017年消费促进工作的指导意见》，组织引导行业协会、重点商贸流通企业等开展多种形式的促消费活动，进一步营造促消费环境和氛围，培育和壮大城区消费群体，扩大内需，促进商贸业平稳较快发展。二是全面推进农贸市场、农产品批发市场的改造升级，促进农产品体系发展。结合创建省卫生城市、文明城市工作，为全面推动农贸市场升级改造，建立健全农产品市场体系，起草并以区政府名义发出《关于印发汕尾市城区全面开展农贸市场升级改造实施方案的通知》，为农贸市场升级改造提供了规范性指导意见。加强对全区农贸市场硬件升级改造工作指导，推进菜市场标准化建设，完善流通设施，全区已完成了18家农贸市场的硬件升级改造工作，改善了市场经营环境，进一步健全农产品市场体系，扩大市民消费。三是推进连锁经营。把加快发展连锁经营作为促进流通现代化的工作重点来抓，重点培育连锁流通龙头企业。通过培育引导，连锁经营加快向各行业渗透，一些大中型企业陆续开展连锁布局，连锁经营等现代流通方式已成为城区经济新的增长点。四是完善商业网点规划，推动大型网点建设落地。在市商务局指导下，着手开展《商业网点规划（2016—2030）》的编制，编制设计单位已经做出《商业网点规划》初步成果。大力推进城区各类专业市场建设和转型升级，继续推进万达广场和粤东水产物流商贸中心（汕尾马宫海洋渔业产业园）、汕尾火车站片区的国际商贸物流城规划建设，进一步壮大经济实体。五是开展限额以上商贸企业的培育。根据《汕尾市人民政府关于大力培育“四上”企业的实施意见》，区经促局牵头负责限额以上商贸企业培育工作，深入企业调研，积极协调解决企业经营存在的困难，组织对商贸企业的清理清查，大力发动和培育限上企业，超额完成了企业入统任务，提高了社消零核算的企业基数。

【连锁经营】 把加快发展连锁经营作为促进流通现代化的工作重点来抓，重点培育连锁流通龙头企业。一些大中型企业陆续开展连锁布局，如汕尾市信利广场贸易有限公司、汕尾市信诚商业连锁有限公司、汕尾黄金海岸实业有限公司、苏宁云商销售有限公司在城区开设多家分店。特别是近两年来东莞的“美宜佳”连锁店着力在汕尾布局，美宜佳便利店覆盖了汕尾市区，在汕尾地区是最成功、覆盖面最广的连锁企业。开拓农村市场，培育引导大中型流通企业进入农村，发展连锁经营，加强直营农家店、加盟农家店建设。同时，国际餐饮连锁巨头麦当劳、肯德基等企业也在城区得到了很好的发展。连锁经营等现代流通方式已成为汕尾市区经济新的增长点。

【现代物流】 为加快建立扩大消费需求的长效机制，促进城区现代物流业加快发展，大力支持冷链物流发展。依托汕尾火车站片区商贸物流城项目以及汕尾新港的独特地理优势，整合全区物流网点，通过功能整合，技术创新，规模运作，培育区域性陆港联运中心、区域性大宗物资集散平台以及以服务汕尾为主的地方性物流配送中心，提升物流的集约化，降低流通成本，提高供应链整体效率，努力建成与“珠三角”充分对接的现代物流基地，打造辐射粤东地区的商贸物流节点城市。为加快汕尾市区扩容提质，推进汕尾火车站片区的国际商贸物流城项目建设，汕尾万达广场商贸物流项目的商业谈判正在加快进程，推动项目早日落地。

（陈若谷、余小霖）

特色产品推介会

【概况】 4月29日至5月1日，城区在市区凤山祖庙旅游区成功举办了汕尾市城区首届特色产品推介会，全区近百家企业参加推介活动。参展特色产品有9大类106个品种。据统计，推介会期间，共接待市民和游客10.8万多人次，销售产品及订单有725万元。

该次推介会开幕前举行了精彩的传统文艺表演，把地方文化与地方特色产品推介有机结合起来，更加突出了城区的地方特色。推介会展出的特色产品有美食小吃、手工工艺、农副产品、工业产品等颇具地方文化和特色的产品，深受城区广大市民和游客朋友们的点赞和青睐，场面十分火爆。据统计，推介会期间共接待市民和外来游客10.8万多人次，销售产品及订单达725万元。推介会的成功举办，既活跃丰富了“五一”小长假的节日气氛，又创造了良好的经济效益和社会效益。

深入贯彻落实习近平总书记对广东工作“四个走在全国前列”新要求的具体实践，是城区实施乡村振兴战略的重要举措，充分挖掘了城区特色产品的发展潜力，提升特色产品的市场美誉度和知名度，对加快打造城区“一镇一业、一村一品”的产业发展模式具有重要的意义。

（区经济促进局）

附：城区经济促进局领导名录

局　长：游建雄

副局长：陈伟生（兼区二轻联社主任）

　　　　林永钟

　　　　马启凤

主任科员：曾昭敏

城区食品公司

【概况】 2018年，城区食品公司职工306人，其中离退休154人，在职人数152人。

【加强食品市场管理】 2018年，区食品公司认真贯彻落实国务院《生猪屠宰管理条例》，配合行政管理部门，成立市场管理执法队，实行全天候管理。抓好城区生猪定点屠宰管理工作，按照“定点屠宰，集中检疫，”八字方针。按照屠宰操作规程屠宰生猪，实行宰前检疫、宰后肉产品检验。切实加强对市区汕尾肉联厂和红草、捷胜、东涌嘉兴等定点屠宰场的管理，确保了肉食市场的肉品安全和吃肉需求，取得了良好的社会效应与经济效益。同时，区食品公司认真配合政府有关部门以及各镇政府严厉打击私宰生猪歪风，加强肉食市场管理和监督。高度重视“非洲猪瘟”疫情，多次到各肉联厂检查督导，发放了“强化非洲猪瘟防控，保障猪肉市场供应倡议书”，要求各肉联厂不计成本组织猪源，确保市场肉食正常供应，确保了肉品安全、卫生和放心肉品的流通。

（蔡惠旋）

附：城区食品公司领导名录

经　理：黄少占

粮食储备管理

【概况】　区粮食局是区政府直属事业单位，赋予粮食行政管理职能。内设人秘股、监督检查股、调控储运股，下辖区直属粮食储备库、区国有粮油收储有限责任公司及区军粮供应站3个独立法人的企事业单位。2018年，区粮食局围绕“粮食安全”这一主题，切实落实粮食安全责任制，加强粮食宏观调控，强化粮食流通监督检查和依法行政，进一步完善粮食应急预案，做好粮食应急机制建设，巩固和发展与粮食主产区的长期合作关系，加大仓储建设力度，保障全区粮食供需平衡和市场粮价稳定。

【粮食安全责任制考核】　2018年，严格执行省政府《关于进一步加强全省地方粮食储备工作的通知》和市政府《关于进一步加强全市地方粮食储备工作的通知》，100%完成了市下达城区地方储备粮任务（原粮）和储备食用植物油指标。为解决城区粮食仓容紧缺，确保粮食安全，区政府高度重视新建粮食仓库，计划投资8200万元建设6座智能化标准仓库和军供仓1座、器材仓1座，截至2018年12月底已投资5960万元。同时，不断推进粮食流通体制改革，巩固和发展与粮食主产区长期合作关系，抓好粮食应急工作与流通设施建设，全面承担起辖区内粮食安全的责任。

【粮油储备管理】　2018年，全区地方储备粮油任务全部落实到位，量足质好，粮情处于安全状态，粮食安全生产零事故。一是严格执行储备粮油的各项规章制度，真正做到“一符三专四落实”（一符：符合操作规程；三专：专仓、专人、专管；四落实：落实岗位责任制度、落实粮食出入制度、落实粮情检查制度、落实帐卡管理制度），定期开展春秋两季粮油普查，进一步提高科学保粮水平，延缓粮食陈化，降低粮温，采取自然通风和机械通风的形式，有效保障粮食质量安全。二是适时做好储备粮油轮换工作，确保库粮油推陈储新，严格执行储备粮油轮换制度，按照《汕尾市城区区级储备粮管理办法》完成了2018年的地方储备粮轮换任务，并在华南粮网挂牌竞价销售、采购。三是完善储备粮油管理办法，不断创新管理机制，加强储粮安全生产和化学药品制度管理，做到集中存放、专人、专管、专账，明确责任、领用规范，严格管理。

【粮食市场宏观调控】　抓好粮油宏观调控工作。一是加强对粮油市场监测和分析，认真做好粮油市场价格月报工作，定期向市报送有关信息，及时分析粮食市场动态和价格变化情况。二是做好粮食收购工作，认真执行省有关部门制定的2018年度早籼稻、晚籼稻最低收购价政策，并根据市场粮食价格变化，合理定价、按质论价，创新收购方式，积极抓好粮源。三是做好农户稻谷收获，质量调查和品种监测工作，同时建立城镇居民粮情调查点。2018年，全区城镇居民固定调查户24户，为全区粮油供需平衡提供重要依据。四是继续推进省际间粮食产销合作关系，调剂全区粮食缺口，确保粮食总量平衡。五是积极开展宣传贯彻国务院《粮食流通条例》《广东省粮食安全条例》和《广东省粮食收购资格暂行办法》，同时加强对储备粮轮换销售处理的全程监管，依法实施粮食流通行政许可。不断加强粮食执法队伍建设，完善粮食市场管理机制，确保全区粮食市场平稳和发展。

【城区国有粮油收储有限责任公司】 2018年，该公司在区粮食局的领导下，承担全区粮油储备任务，做到团结一致，扎实工作，发扬艰苦创业精神，顺利完成上级下达各项任务。把好粮食入库质量关，入库粮食达到了："干、饱、净、无虫"的标准，切实加强仓储管理工作，严抓安全生产，杜绝隐患，严格药物管理，降低粮食熏蒸成本，推广科学保粮技术。做好储备粮油轮换工作，掌握市场行情信息，千方百计完成储备粮轮换任务，确保粮食安全，为政府宏观调控提供有力保障。

【城区军粮供应站】 2018年，承担全区武警、消防、边防、海军、驻汕部队及海训部队的粮油供应，做到不脱供、断供，较好完成军粮供应任务，得到部队的好评，实现"零"投诉。按照《军粮质量管理办法》的要求，规范军粮质量管理，确保军粮质量安全，建立健全了一套军粮供应手续完备，财务管理规范，服务功能较全，应急能力较强的军粮供应管理服务机制。

（郑勇银）

附：区粮食局领导名录

局　长：何宏源

副局长：蔡昌流

城区供销联合社

【概况】 城区供销联合社辖有城区农业生产资料公司、土产公司、日用杂品公司、果菜副食品公司、供销工贸公司、供销综合公司、红草供销社、马宫供销社、东冲供销社、捷胜供销社10个单位。2018年全区供销社系统在册职工142人，离退休人员422人。区联社本部行政编制14人，实际在册8人，其中，财政编制6人，无财政编制2人，临时聘用工作人员2人（主要负责电脑打字、卫生、门卫等）。全系统拥有经营网点80多个，经营网点面积约0.6万平方米，资产价值约2500万元（按账面价值）。资产经营主要采取租赁经营方式。

【经营管理】 2018年度，全系统10家社有企业实现总购进4148万元，总销售4669元，分别完成年度计划的101%和107%。其中，实现农资销售527万元，销售各项化肥1540吨、农药16.7吨。截至2018年年底，全系统累计亏损13万元。

【站点建设】 利用区域优势，在四个镇建设"三农"服务站，推动全区农业生产有序稳妥发展。是年，在红草及东冲两镇建设完成"三农"服务站6个。

（许建民）

附：城区供销联合社领导名录

主　任：洪向金

城区商业（企业）集团公司

【概况】 2018年，城区国有商业（企业）集团公司辖属下区食品系统、纺织品、饮服、糖烟酒、华侨、五交化、百货、综合、友谊、信托、发展、物资回收等17个公司，各公司实行独立核算、自负盈亏。全系统干部职工共1261人，其中在岗62人，待岗458人，退休741人。区国有商业（企业）集团公司设党总支部，属下各公司设党支部，共有党员139人，其中退休党员107人。

【党建及党风廉政建设工作扎实有效开展】 结合"三会一课"，开展"大学习、大讨论、大调研"活动，共组织专题学习7次，专题研讨3次，集团公司班子成员讲党课共计4次；扎实开展党建项目工作，举办"传承红色基因 坚定理想信念"系列活动；狠抓党风廉政建设，公司主要负责人与班子成员、属下各公司经理层层签订党风廉政目标责任书，同时强化主体职责，从领导班子成员到中层干部形成全面从严治党主体责任清单。

【加强企业管理】 落实有力措施，加强内部管理，想方设法完善门店承包经营机制，提高企业经济效益。加强生猪管理工作，认真贯彻执行上级有关生猪管理工作的规定和政策，切实加强对市区肉联厂及红草、东涌、捷胜、马宫四个乡镇的生猪屠宰管理工作指导和监督，确保人民群众吃上"放心肉"。

【切实做好重点工作】 一是从大局利益出发，积极为企业排忧解难，化解矛盾，协调关系，多次排除了国有企业人员的群体上访和越级上访的稳患，为稳定社会，促进企业发展做了大量工作。二是抓好作风建设，以树创机关新作风为主题，开展自查自纠，边整边改。严明纪律，真正做到优化服务，严格制度，明确奖罚，树立“为民、务实”的工作作风。三是认真做好本系统的安全生产工作，做到检查督促，常抓不懈，杜绝消防安全生产方面事故隐患发生。四是认真落实挂驻点东涌民进村的扶贫工作，对5户贫困户通过技能培训安排就业，增加家庭人均收入，确保了5户贫困户在2018年全部脱贫。五是根据区委、区政府落实“创文创卫”工作部署和要求，紧紧围绕工作任务指标和职责分工认真扎实开展创建工作，较好地完成了各项工作任务。六是贯彻上级扫黑除恶专项斗争工作部署，专门成立了扫黑除恶专项斗争工作领导小组，积极参加扫黑除恶专项斗争。

（蔡剑锋）

附：城区商业（企业）集团公司领导名录

副总经理：陈冬云

财税·金融

CAI SHUI·JIN RONG

财　政

【概况】 2018年，区财政局高举习近平新时代中国特色社会主义思想伟大旗帜，深入学习贯彻落实中共十九大精神和习近平总书记重要讲话精神，按照“四个走在全国前列”重要指示和区委八届七次全会工作部署，团结带领全区财政系统干部职工，着力加强财源建设，优化支出结构，规范执行管理，深化财政改革，全区一般公共预算收入增幅、一般公共预算支出增幅等多项指标排在全市前列，为全区经济社会持续稳定发展提供坚强财力保障。

【财政收入】 2018年，全区一般公共预算收入总计完成28.02亿元。其中：区本级一般公共预算收入5.84亿元，增速位列全市第一（税收收入完成4.07亿元，同比增长33.85%；非税收入完成1.77亿元，同比下降9.68%），完成年度收入目标的100.74%，比上年增收0.84亿元，增长16.78%。转移性收入合计17.88亿元，包括：返还性收入0.45亿元，一般性转移支付收入11.32亿元（含市下达的土地出让金分成收入1.43亿元），专项转移支付收入4.58亿元，上年结余收入1.53亿元。调入资金4.30亿元。

【财政支出】 2018年，全区一般公共预算支出总计完成26.22亿元。其中：完成一般公共预算支出23.21亿元，增速全市第一（区本级支出14.14亿元，同比增长12.22%）；地方政府债券还本0.04亿元；转移性支出（上解省市支出）2.97亿元。

全年全区八大类支出完成17.89亿元，与上年15.55亿元相比增加2.34亿元，增长15.05%，占2018年度一般公共预算支出23.21亿元的77.08%，增速全市第一。主要包括：一般公共服务支出4.33亿元，占18.66%；公共安全支出0.33亿元，占1.41%；教育支出6.32亿，元占27.23%；社会保障和就业支出3.01亿元，占12.95%；医疗卫生与计划生育支出2.56亿元，占11.02%；城乡社区支出1.29亿元，占5.56%。

2018年，一般公共预算收支相抵结余及结转1.80亿元，其中，安排预算稳定调节基金0.30亿元，结转2019年使用支出1.50亿元。区级公共财政预算实现收支平衡。

【财税收入管理】 一是加强财税监测分析。通过对财税收入形势分析和经济运行情况的研判，强化对收入工作的组织协调和目标管理，及时掌握财政经济形势。二是积极配合税务部门抓综合治税、抓联动征管、抓主体税种、抓区域监管，加大税收收入组织力度，确保税收收入总量稳步提升。三是清理规范非税收入项目，加强政府性基金、行政事业性收费、罚没收入、国有资源（资产）有偿使用收入征缴管理，提高非税收入入库率。四是努力做好土地摘牌结算工作。完成品清湖（星河湾第一期）3块地块结算工作，城区土地出让金收益分成款1.43亿元。五是积极主动争取省、市财政部门的大力支持。城区在省级财政分配体系里没有单列“户头”，现行的财政转移支付机制和税收收入分配政策，致使城区可支配财力不大，加上市自身财力不足，无法实现“履行对市辖区基本财力保障的主体责任”，城区财政长期压力很大。为做好“保工资、保运转、保民生”和保障重点项目支出，区财政部门积极主动配合市、区领导争取省、市支持，通过直接向省、市领导反映困难情况和委托省人大代表向省委、省政府、省财政厅提建议等方式，切实为城区争取最大利益。

【优化支出结构】 一是投入教育支出6.32亿元。支持教育“创现”、推进城乡教育一体化、义务教育补短板和提升教育信息化水平等基础教育现代化工作。二是投入医疗卫生与计划生育支出2.56亿元。支持医疗卫生“创强”，支持公共卫生体系建设，推进医疗卫生制度改革，把惠民政策和民心工程带入千家万户。三是支持打造城乡、社会、政务、生态“四大环境”。全区投入3.5亿元打造“四大环境”，支持开展扫黑除恶、禁毒整治、“创文”“创国卫”和政务环境整治，持续加大生态环境保护与治理投入力度。四是大力推进乡村振兴战略和社会新农村建设。全区投入农林水支出4.07亿元，落实“一村一法律顾问”、农业保险、农业地力补助、村级组织运转经费保障和村容村貌整治。坚持农业农村优先发展，完善村级组织运转经费保障政策，改善农村人居环境，重点做好垃圾污水处理、厕所革命、村容村貌提升等基础设施建设项目。五是支持打赢脱贫攻坚战。全年安排扶贫资金2382万元支持精准扶贫、建立健全财政资金动态监控机制，继续制订扶贫资金有关管理规定，进一步加强和规范城区精准扶贫资金的管理，支持落实产业发展、社会保障、教育、文化、医疗保障等扶贫工程，推动相对贫困人口脱贫增收。六是逐步完善底线民生保障。稳步提高低保、特困、残疾人、孤儿优抚对象生活补贴标准，将城乡居民基本养老保险基础养老金从120元/人月提高到148元/人月，城镇、农村低保补助补差水平分别从460元和210元提高到510元与235元；城镇及农村特困人员补助标准分别从745元/人·月和675元/人·月提高到1021元/人·月与704元/人·月，孤儿集中供养水平和分散供养水平分别从1450元/人·月和880元/人·月提高到1560元/人·月与950元/人·月，城乡医疗救助最高补助标准提高到8万元，困难残疾人生活补贴和重度残疾人护理补贴分别从150元/人·月和200元/人·月提高到157.5元/人·月与210元/人·月；城乡医疗等民生事项支出从年支出12156万元增加到年支出14318万元，增加支出2162万元。较好地完成上级下达的提高标准任务。

【深化财政改革】 一是深化预算执行监督管理改革。完善预算编制管理，推进财政一体化管理平台和政府项目库建设，实现预算管理科学化、精细化。二是牵头推进降低实体经济企业成本行动。2018年，全区落实国家各项惠企降费减税政策合计1.9118亿元。其中，实施营改增减税0.68亿元，支持小微企业增值税减税0.28亿元，企业所得税优惠减税0.95亿元，减免教育费附加7万元，地方教育附加11万元。三是妥善推进“僵尸企业”有序退出。按照上级相关规定和城区实际，成立区联合资产托管公司，将区水产供销公司等11家“僵尸企业”纳入解制，通过清产核资等方式，将原企业进行出清重组。四是配合做好机关事业单位养老保险制度改革。按照上级关于机关事业单位工作人员养老保险制度改革工作部署，从2018年11月开启城区机关事业单位养老保险制度改革工作，区财政部门积极配合区人社、社保等单位有序推进机关养老并轨。截至12月底，全区机关事业单位工作人员养老保险已登记征收单位共188个6762人，累计征收金额1.04亿元。其中：养老保险1.01亿元，职业年金0.03亿元。已纳入养老并轨由社保发放退休工资单位共160个2042人，社保累计发放退休人员工资0.46亿元，财政累计发放退休人员差额工资0.10亿元。完成机关个人账户退费单位共162个4863人，共0.90亿元。

【规范财政管理】 一是提高政府投资评审效率。截至2018年12月底，共完成项目评审513个。其中：结算送审工程项目68个，送审工程造价0.70亿元，经审核工程造价0.68亿元，核减率2.82%；预算送审工程项目445个，送审工程造价3.88亿元，经审核工程造价3.60亿元，核减率7.43%。正在评审项目48个。二是防范和控制债务风险。成立汕尾市城区政府性债务管理领导小组，制定出台《汕尾市城区政府性债务风险应急处置预案》《汕尾市城区本级关于加强政府性债务管理的实施意见》等规范性文件。三是开展财政专项检查。深入开展中央和省级、市级财政专项资金、会计信息质量、预决算公开等财政专项检查，提升财政监管水平，规范财政资金使用。四是全面推进预算绩效管理。努力构建“预算编制有评审，预算执行有跟踪，预算完成有评价，评价结果有反馈，反馈结果有应用”的财政资金绩效管理新体制。五是出台一系列规范性文件。进一步完善财政编制执行监督绩效管理工作体系，先后出台了区级资金管理规定、扶贫资金管理规定、财政支出标准体系、行政事业单位国有资产管理办法和政府性债务管理意见等规范性文件9个。

【落实老区财力保障】 一是组织班子成员和业务骨干认真学习领会《海陆丰革命老区振兴发展规划》政策内容，特别是14项财政政策相关事项，研究对比列出详细差异。二是多次向省财政厅反映我区实际困难，反馈政策落地情况。三是多次通过省人大代表反映城区实际困难，请求资金支持。已掌握可列入 2019 年预算事项的资金约 1.2 亿元，包括增补财力 3000 万元和教育、低保配套等公共服务事项；公共服务补助城区列为一档，按 10:0 比例计算（即由省全额配套）。并得到省财政厅有关领导口头答复，尽量加大对城区财力转移支付支持。但要全面落实转移支付财力保障机制，还需继续努力跟进争取。

（陈贵层、郑钧熙）

附：区财政局领导名录

局　长：吴秋业

副局长：蔡奋雄

张开宇

国有资产监管

【概况】 2018 年，根据《汕尾市城区人民政府关于区国资办属下企业出清重组"僵尸企业"促进国资结构优化的指导意见》和《汕尾市城区国资办属下国企出清重组"僵尸企业"促进国资结构优化的实施方案》，对全区被纳入的 12 家"僵尸企业"调查摸底后进行归类、统计。12 家"僵尸企业"总人数 914 人，在职职工 522 人，离退休职工 392 人。2018 年年底，已注销关停"僵尸企业"3 家，企业基本出清，历史遗留问题得到根本性解决，有价值资产得到有效处置。此外，部分特困企业出清重组后基本脱困。

（区国资办）

附：城区国有资产管理办公室领导名录

主　任：刘家好

税　务

【概况】 国家税务总局汕尾市城区税务局成立于 2018 年 7 月 20 日，由原区国税局、区地税局合并组成。主要负责汕尾市直、城区区域内各项税收、社会保险费和有关非税收入征收管理和纳税服务工作的职能部门，为正科级全职能局。有正式人员 201 人，离退休人员 85 人，局领导班子成员 11 人。内设级别为正股级 13 个行政股室、4 个副科级派出机构分局和 1 个事业机构（信息中心）。

2018 年，城区税务局坚持以习近平新时代中国特色社会主义思想为指导，全面贯彻落实中共十九大精神和习近平总书记对广东工作的重要批示以及视察广东重要讲话精神，围绕中心、服务大局，机构改革整体进程和各项税收工作稳步推进，取得较好的工作成效。

【党建工作】 一是多措并举，深入开展学习宣传贯彻中共十九大精神以及习近平总书记视察广东的重要讲话精神。制定具体的学习方案，精心组织党委中心组理论学习扩大会议、支部党员大会、党小组会议等各项专题学习贯彻活动，在全局掀起学习热潮。二是开展"不忘初心 牢记使命"主题教育活动。通过组织党员撰写十九大精神学习心得体会、习近平总书记重要讲话精神学习心得体会等活动，不断深入加强党员教育。三是加强党建平台建设。紧紧围绕"政治建设—思想建设—组织建设—作风建设—纪律建设—制度建设"六大模块，完成党建工作室内容的全面更新。四是严格落实好党内政治生活制度。组织开展了 2017 年度党员领导干部民主生活会以及2017 年度组织生活会和民主评议党员工作。五是扎实做好数字党建 6.0 系统的应用。进一步推动区局党建管理工作信息化。

【纵深推进各项改革】 一是国地税征管体制改革平稳落地。城区税务局对标对表、有力有序推进税务机构改革各项工作的顺利开展。顺利完成 7 月 20 日挂牌工作、10 月 25 日"三定"宣布等关键环节；同时，整合香城办税厅和香洲办税厅，实现"一厅通办""一窗通办"。二是社保费和非税收入征管职责划转工作顺利推进。区局和城区财政局、人社局共同成立了城乡居民基本养老保险和城乡居民基本医疗保险征管职责划转工作专班，制定了《汕尾市城区税务局城乡居民基本养老保险和城乡居民基本医疗保险征管职责划转工作方案》，顺利推进各项划转工作的有序开展。三是个税改革稳步推进。区局成立个人所得税改革过渡期工作领导小组及工作组，集中办公地点和值班人员；积极开展对税务人员和纳税人相关政策、纳税人客户端培训6场次约650人；做好对标对表推进和数据清理工作，积极做好宣传推广，组织业务骨干到重点企业单位开展新个人所得税法“点对点、面对面”专班辅导，实现了财政统发工资单位全员全额明细申报的全覆盖。

【税费收入质量管理】 2018年，城区税务局共组织税收收入280973万元，同比增收42431万元，增长15.10%。其中：实现中央级收入124813万元，增收18721万元，增长15%；实现省级收入54461万元，同比增收6010万元，增长11.04%；实现市县级收入101699万元，同比增收17700万元，增长17.40%。组织社会保险费收入101279万元，征缴率104.61%，同比增收19839万元，增长19.59%，圆满完成中央、省、市、区各级税收入和社保费收入任务。一是狠抓税源管控。紧抓重点税源，严密监控企业原材料购进、产品出厂价格变化情况以及企业申报资料的审核，深化税源分析，摸清税源底数，确保重点税源税收实现有效增长。二是注重日常管理。综合运用纳税评估、以票控税、大数据管税等手段，严格做好对企业日常申报资料的审核，积极开展对税负率偏低、销售收入增长而纳税额减少、低税额、长亏不倒户、成本费用列支异常等企业的评估。三是规范税收秩序。开展对房地产、建筑安装行业的巡查清理。四是狠抓规费征管。创新服务手段，在国家政策性减税降费力度加大、征管体制改革任务繁重情况下实现了规费收入稳步增长。五是落实税收优惠。2018年办理增值税留抵退税2.6亿元，享受小微企业增值税优惠政策的纳税人共6034户，享受减免增值税税额2655.12万元。

【依法治税】 一是认真学习宣传法律。组织干部职工认真学习税法等法律知识，做到学法、懂法、依法、用法、守法，不断增强干部职工的依法行政意识。二是严格依法行政依规办事。严格执行税务总局制定的税收执法权力清单，做到公平公正执法、依法依规办事。三是充分运用法律武器。把税收法律法规作为干部教育培训的主要内容，提高干部职工运用法律的综合能力，正确运用法律法规开展工作。四是增强执法风险防控能力。认真研究执法过程中的风险点，强化对重点环节、重点岗位、重点人员执法风险的识别和防范，减少执法过错的发生。

【推进“放管服”改革】 一是简化集成，放有“真实感”。区局坚持在简政放权上做“减法”，实施权力和责任清单制度，进一步优化审批流程，精简涉税资料，让纳税人对简化规范的涉税办理更有“真实感”。二是规范透明，管有“公平感”。区局使事前审核向事中事后监管、从固定管户向分类管理、从无差别管理向风险管理、从经验管理向大数据管理、从单人应对向团队应对的“五个转变”，实现了办税全流程的公开透明，让纳税人享受涉税服务更有“公平感”。三是便捷高效，服有“获得感”。区局积极落实税务总局和省税务局关于办税服务厅整合工作要求，按照时间节点做好办税服务厅人员整合、地点整合、工作整合，于11月1日起实现国地办税两厅合并；开展“问需求、优服务”纳税人座谈活动，全面深入了解辖区内纳税人在日常办税中存在的“堵点”“痛点”，同时积极采取措施，尽快推动解决纳税人办税的操心事和烦心事。

【合理化解税务风险】 对内，区局实行“团队化管理、项目化推进、实体化运作、模版化应对”，提高税收风险管理工作统筹扎口管理效能，强化风险回归分析，提升应对精准度；充分运用发挥风险管理系统作用，建立健全事前提醒、事中干预、事后应对的风险运行制度，有效促进税收管理方式的转变。对外，区局采取“重点防范、风险阻断”双保险的做法，有效防止税收风险转化为执法风险。针对商贸企业数量众多且纳税水平参差不齐的特点，区局在重点加强对商贸企业的税收风险防控的同时，分行业、有计划地进行数据筛选及分析，进行重点防控；并及时对发现的问题的企业进行风险应对，将可能存在的税收风险点进行流程控制、适时阻断。

【干部队伍教育培训】 一是全面启动教育培训工作。确定16项重点业务培训工作，制定《2018年春训活动方案》。全年共举办各类培训班20期，学习会议4次，参训参会人员共计达1900人次；二是文化建设工作多措并举。整合税务文化建设园地，汇聚发展能量，区局“四个之家”、文化建设园地的作用有效发挥，较好地发挥了文化载体及活动阵地的教育熏陶作用。

【加大监督执纪问责力度】 一是持续深入推进“转职能、转方式、转作风”。进一步健全廉政惩防体系，加强税收征管和税收执法的监督检查，进一步规范执法、堵塞漏洞；二是深化政务整治正风肃纪。印发《2018年政务整治正风肃纪集中行动实施方案》，开展纪律作风巡查监督。三是加大执纪问责力度，提升监督工作质效。经常性开展巡查监督、明察暗访，全年组织开展明察暗访22场次，开展廉政谈话83人次，开展谈话提醒12人次，批评教育1人次，向系统发送廉政提醒短信900多人次；四是开展扶贫领域腐败和作风问题专项治理。对贯彻落实党中央关于打赢脱贫攻坚战的重大决策部署、执行情况、作风建设等情况进行专项监督检查。五是发挥“一书一卡”系统监督作用。共发放“一书一卡”39份，进一步发挥“一书一卡”廉政监督作用，切实规范税务人员执法行为及廉政纪律。

（罗声远、孙冬奇）

附：城区税务局领导名录

党委书记、局长：郑　亮

党委副书记、副局长：郑少奕

党委委员、副局长：罗伟锋

蔡锦涛

邓绍润

彭怡生

党委委员、纪检组长：黄壮龙

党委委员、副局长：吴海平

谢　戈

邱海山

2018年度纳税额50万元以上企业一览表

表5

单位：元

序号	企业名称	税额总额
1	汕尾市碧桂园房地产开发有限公司	242,518,495
2	汕尾市弘扬碧桂园房地产开发有限公司	187,279,831
3	汕尾市保利房地产开发有限公司	171,060,914
4	信利光电股份有限公司	122,653,923
5	广东烟草汕尾市有限公司	120,010,488
6	汕尾市碧桂园实业投资有限公司	108,475,101
7	汕尾星河湾房地产开发有限公司	84,754,893
8	信利半导体有限公司	60,926,548
9	汕尾市恒瑞祥房地产开发有限公司	54,696,790
10	汕尾万盛房地产有限公司	44,544,373
11	汕尾市建安建筑安装工程有限公司	42,230,583
12	汕尾市万业房地产开发有限公司	41,985,150
13	汕尾市雅居乐房地产开发有限公司	40,619,254
14	汕尾市恒锦房地产开发有限公司	37,252,948
15	汕尾市鸿业服务有限公司	36,269,418
16	广东电网有限责任公司汕尾供电局	35,531,842
17	中国工商银行股份有限公司汕尾分行	31,908,596
18	汕尾市誉城房地产开发有限公司	31,439,337
19	汕尾市土地开发储备中心	29,266,141
20	汕尾市雅生房地产开发有限公司	27,311,690
21	汕尾市金海明珠房地产开发有限公司	23,450,543
22	汕尾星皓房地产开发有限公司	23,034,515
23	广东金粤建设有限公司	22,034,307
24	中国建设银行股份有限公司汕尾市分行	18,428,687
25	汕尾市城区第一建筑工程公司	17,458,570
26	广东鸿安送变电工程有限公司	16,541,381

续表 5

单位：元

序号	企业名称	税额总额
27	汕尾市弘扬教育有限公司	16,487,717
28	汕尾市市政工程有限公司	16,013,162
29	汕尾市润通实业有限公司	14,204,409
30	中国人民财产保险股份有限公司汕尾市分公司	13,900,296
31	信利电子有限公司	13,237,363
32	中国银行股份有限公司汕尾分行	12,273,129
33	汕尾农村商业银行股份有限公司	11,359,961
34	中国移动通信集团广东有限公司汕尾分公司	10,496,956
35	汕尾市金湖贸易有限公司	9,703,388
36	中国平安人寿保险股份有限公司汕尾中心支公司	9,384,708
37	汕尾市富丽混凝土搅拌有限公司	8,643,181
38	汕尾市广业建筑安装工程有限公司	8,124,223
39	中国太平洋财产保险股份有限公司汕尾中心支公司	7,970,802
40	中国平安财产保险股份有限公司汕尾中心支公司	7,805,203
41	中国邮政储蓄银行股份有限公司汕尾市分行	7,262,703
42	汕尾市广业环保产业有限公司	7,226,786
43	汕尾市城区建筑安装总公司	6,919,910
44	汕尾农村商业银行股份有限公司城区支行	6,900,063
45	汕尾德昌电子有限公司	6,742,449
46	汕尾中升恒通汽车有限公司	6,443,124
47	汕尾市城区四方土石方工程有限公司	6,422,548
48	汕尾比亚迪实业有限公司	6,236,265
49	广东景翔建设工程有限公司	6,142,303
50	汕尾高峰科特纸业股份有限公司	6,034,982
51	汕尾中燃城市燃气发展有限公司	5,949,958
52	广东华夏建安工程有限公司	5,599,725
53	中国石化销售股份有限公司广东汕尾石油分公司	5,369,303
54	汕尾市信利广场贸易有限公司	5,126,480

续表 5

单位：元

序号	企业名称	税额总额
55	中华联合财产保险股份有限公司汕尾中心支公司	5,067,928
56	汕尾市增达置业有限公司	4,956,110
57	汕尾市国泰食品有限公司	4,937,320
58	汕尾市大中华实业有限公司	4,695,977
59	中国人寿财产保险股份有限公司汕尾中心支公司	4,674,006
60	汕尾市宏祥贸易有限公司	4,577,913
61	中国电信股份有限公司汕尾分公司	4,488,332
62	中油碧辟石油有限公司汕尾分公司	4,429,754
63	中铁一局集团市政环保工程有限公司汕尾分公司	4,298,548
64	汕尾市红海大酒店有限公司	4,123,714
65	安信证券股份有限公司汕尾香洲西路证券营业部	4,107,454
66	中国农业银行股份有限公司汕尾分行	4,050,031
67	汕尾市汇能电力设计有限公司	3,681,903
68	汕尾市天豪房地产开发有限公司	3,651,487
69	汕尾市鑫湾建筑工程劳务有限公司	3,640,265
70	汕尾万盛针织时装有限公司	3,573,318
71	广东邮电人才服务有限公司汕尾分公司	3,542,885
72	汕尾市水利水电工程公司	3,391,284
73	中信汕尾医疗投资管理有限公司	3,329,163
74	汕尾市供水总公司	3,315,588
75	汕尾市兴业混凝土搅拌有限公司	3,255,111
76	广东省体育彩票管理中心汕尾分中心	3,036,228
77	汕尾市粤运汽车运输有限公司汕尾客运分公司	2,990,016
78	鼎和财产保险股份有限公司汕尾中心支公司	2,981,842
79	汕尾黄金海岸实业有限公司	2,960,649
80	天安财产保险股份有限公司汕尾中心支公司	2,857,231
81	汕尾市建筑工程质量检测站	2,807,058
82	誉福实业（汕尾）有限公司	2,801,168

续表 5 单位：元

序号	企业名称	税额总额
83	中国人寿保险股份有限公司汕尾分公司	2,758,440
84	广东省高速公路有限公司深汕西分公司	2,693,477
85	泰康人寿保险有限责任公司广东汕尾中心支公司	2,585,469
86	汕尾市人民医院（汕尾市红十字会医院）	2,533,914
87	汕尾市粤运汽车运输有限公司	2,507,143
88	汕尾苏辰建设有限公司	2,446,024
89	汕尾雅泰隆食品有限公司	2,426,372
90	汕尾市兴林园林工程有限公司	2,369,957
91	汕尾广物汽车销售服务有限公司	2,290,990
92	中国农业发展银行汕尾市分行	2,143,454
93	汕尾汇能综合能源服务有限公司	2,137,767
94	汕尾市润顺实业有限公司	2,125,324
95	汕尾市汇能电力物业有限公司	2,102,331
96	深圳中铁二局工程有限公司汕尾分公司	2,092,759
97	汕尾骏荣汽车销售服务有限公司	1,975,439
98	汕尾兴盛针织厂有限公司	1,919,078
99	汕尾市安宏民爆物品有限公司	1,865,357
100	汕尾市信诚商业连锁有限公司	1,863,479
101	汕尾市鸿宇劳务服务有限公司	1,849,087
102	汕尾市金的泰装饰工程有限公司	1,844,200
103	碧桂园智慧物业服务集团股份有限公司汕尾分公司	1,796,520
104	广东恒宇信息科技有限公司	1,716,186
105	汕尾市公安局	1,678,627
106	汕尾大参林药店有限公司	1,668,282
107	汕尾市宇力混凝土预制品材料有限公司	1,656,834
108	汕尾炜达行塑胶科技发展有限公司	1,645,646
109	汕尾市福利彩票发行中心	1,608,863
110	前海人寿保险股份有限公司汕尾分公司	1,586,359

续表 5 单位：元

序号	企业名称	税额总额
111	汕尾市绿荫环艺有限公司	1,536,070
112	汕尾市振兴投资有限公司	1,524,857
113	汕尾市公信建设工程设计审查有限公司	1,524,844
114	汕尾市鸿远建材有限公司	1,507,431
115	汕尾信利齿科材料有限公司	1,503,453
116	平安普惠投资咨询有限公司汕尾城区分公司	1,501,162
117	汕尾市中达环保科技有限公司	1,498,200
118	广东美景园林建设有限公司汕尾分公司	1,498,165
119	华南师范大学附属中学汕尾学校	1,428,934
120	汕尾市汇通水司管道安装工程有限公司	1,395,423
121	汕尾市艺强科技工程有限公司	1,315,887
122	盐城永恒工程设备安装有限公司汕尾市分公司	1,276,898
123	汕尾广物东本汽车销售服务有限公司	1,273,094
124	汕尾市金保保安押运有限公司	1,261,577
125	汕尾市鸿润电气安装有限公司	1,260,024
126	汇丰银行（中国）有限公司汕尾支行	1,252,455
127	中铁七局集团第五工程有限公司汕尾分公司	1,225,720
128	汕尾市仁裕轻质砖厂有限公司	1,206,236
129	誉福实业(汕尾)有限公司巴黎半岛酒店	1,204,973
130	中国邮政集团公司汕尾市分公司	1,196,838
131	汕尾市城区东山园林绿化有限公司	1,189,422
132	汕尾市投资控股有限公司	1,174,997
133	汕尾市统宇建设工程有限公司	1,169,706
134	汕尾阳易新能源投资有限公司	1,161,471
135	广东银鹏动力设备有限公司	1,152,577
136	汕尾市二运汽车有限公司	1,151,747
137	汕尾市海珍实业有限公司海珍酒楼	1,140,520
138	汕尾市江南园林绿化有限公司	1,133,820

续表 5 单位：元

序号	企业名称	税额总额
139	汕尾市春绿洲园林绿化工程有限公司	1,115,074
140	汕尾市光正实业有限公司	1,094,924
141	信利仪器（汕尾）有限公司	1,089,316
142	汕尾市宏辉爆破工程有限公司	1,088,325
143	汕尾逸挥基金医院	1,056,757
144	保利物业发展股份有限公司汕尾分公司	1,051,930
145	汕尾市兴业水泥制品有限公司	1,037,307
146	汕尾市康利药业有限公司	1,030,268
147	广东金东海集团有限公司汕尾分公司	1,021,264
148	汕尾市营通水泥制品厂有限公司	1,018,803
149	汕尾市新能源开发有限公司	1,015,616
150	汕尾市和兴药业有限公司	1,012,315
151	广东保美西装厂有限公司	1,006,902
152	汕尾亮睛工程眼科医院	1,005,494
153	汕尾中溢丰田汽车销售服务有限公司	972,774
154	广东中盈通信息系统工程有限公司	964,078
155	汕尾市天成餐饮有限公司	931,962
156	汕尾市营盛园林绿化有限公司	918,148
157	广东鼎讯通信工程有限公司	918,065
158	汕尾城区恒富实业有限公司	915,553
159	国家海洋局汕尾海洋环境监测中心站	908,152
160	富德生命人寿保险股份有限公司汕尾中心支公司	905,311
161	信利工业（汕尾）有限公司	896,738
162	汕尾市长虹广告装饰有限公司	876,417
163	汕尾市城区成源安装装饰部	866,464
164	汕尾市水利水电建筑工程勘测设计室	843,387
165	御园景观集团有限公司汕尾分公司	833,505
166	汕尾天贸新能源科技有限公司	833,490

续表 5 单位：元

序号	企业名称	税额总额
167	广东岭峰包装印刷有限公司	829,193
168	汕尾市营基建设工程有限公司	827,030
169	广东穗香食品有限公司	826,245
170	粤财普惠金融（汕尾）融资担保股份有限公司	823,605
171	湖南大中建筑工程有限公司汕尾分公司	822,768
172	汕尾市君乐汽车销售服务有限公司	819,339
173	汕尾市红草产业园投资开发有限公司	811,821
174	汕尾市晟浩建材有限公司	805,092
175	中国联合网络通信有限公司汕尾市分公司	804,579
176	汕尾市苏宁易购销售有限公司	791,282
177	汕尾恒大广告装饰有限公司	789,608
178	汕尾市胜佳电气安装工程有限公司	769,551
179	汕尾市城区广华实业有限公司	769,465
180	华夏人寿保险股份有限公司汕尾中心支公司	768,907
181	汕尾市新智源劳务服务有限责任公司	742,603
182	汕尾市教育建筑工程有限公司	734,738
183	汕尾市维明生物科技股份有限公司	731,105
184	汕尾市保安服务公司	728,567
185	太平洋昊诚（汕尾）建设有限公司	723,655
186	广东易达电子科技有限公司	723,117
187	汕尾市汇讯科技有限公司	679,789
188	汕尾市城区泰鼎建筑工程有限公司	660,726
189	广州通和通信建设有限公司汕尾分公司	653,028
190	汕尾市恒正房地产评估有限公司	652,077
191	中升（天津）保险销售有限公司汕尾分公司	649,408
192	广东省盐业集团汕尾有限公司	644,717
193	汕尾市启信汽车销售服务有限公司	643,893
194	汕尾市君正建筑工程有限公司	641,183

续表 5

单位：元

序号	企业名称	税额总额
195	汕尾市禄马汽车运输服务有限公司	638,533
196	汕尾市弘源科技有限公司	634,310
197	广东省汕尾中油通达有限公司恒嘉加油站	618,353
198	汕尾市索思电子封装材料有限公司	615,985
199	广东建安消防机电工程有限公司汕尾分公司	610,705
200	汕尾市益昌物业管理服务有限公司	609,597
201	中国石油天然气股份有限公司广东汕尾销售分公司	608,417
202	汕尾市劳务服务有限公司	603,973
203	汕尾友谊宾馆	595,649
204	汕尾市天地融通信工程技术服务有限公司	593,045
205	深圳捷信信驰咨询有限公司汕尾分公司	589,285
206	汕尾市城区恒业纸制品有限公司	586,233
207	汕尾市城区友谊大酒楼	580,698
208	汕尾市华厦物业管理有限公司	579,374
209	汕尾市利安建设有限公司	578,199
210	广东新华发行集团汕尾新华书店有限公司	575,973
211	汕尾市育才教育书店有限公司	569,550
212	汕尾市长通科技有限公司	568,755
213	汕尾市鑫科机电设备安装有限公司	564,495
214	汕尾市粤源水利建设监理有限公司	558,406
215	广东正上工程管理有限公司	554,150
216	信元光电有限公司	552,204
217	汕尾市博雅印务有限公司	551,181
218	中国人民人寿保险股份有限公司汕尾市分公司	536,472
219	汕尾市城区长丰房地产有限公司	530,607
220	汕尾市家信利酒店有限公司	519,189
221	汕尾名盛房地产开发有限公司	514,622
222	汕尾市金港濠驾驶员培训有限公司	508,776

·汕尾农村商业银行

【概况】 经中国银监会批准，汕尾农村商业银行股份有限公司（以下简称汕尾农商银行）于2014年1月26日正式挂牌开业。汕尾农商银行作为一级法人金融机构，坚持“阳光、专业、规范”的经营理念，秉承“审慎经营、创新发展”的发展思路，致力于为当地经济发展提供全面、高效、优质的金融服务。汕尾农商银行连续十二年荣获“汕尾市重合同守信用企业”的荣誉，是一家集政策金融、合作金融于一体的金融机构，自成立以来始终坚持市场定位，深化转型创新，以振兴地方经济为己任，切实打造政府的“满意银行”、群众的“便民银行”、企业的“伙伴银行”、社会的“责任银行”、员工的“家园银行”。2018年，汕尾农商银行辖下营业网点共有16家，其中：总行营业部1家、支行11家、分理处4家；有自助设备室27间；在乡镇、行政村设立简易便民服务点30个。

（苏舜凯）

附：汕尾农村商业银行领导名录

党委书记：龚佳田
行　　长：杜东龙
纪委书记：龚卫东
副 行 长：郑伟生
党委委员：刘聪莎
　　　　　黄胜章
行长助理：陈世武

处置地方金融风险工作

【概况】 城区处置地方金融风险办公室（以下简称区处置办）是挂靠区政府办公室的议事协调机构的办事机构，正科级。2018年，内设机构有人秘股和办案股。人员编制为7名。其中，主任1名，副主任1名，正副股长2名，办事员3名。主要工作职责是：负责全区地方金融风险化解工作和地方金融机构服务、监管工作，包括调处全区民间“标会”工作，督促、指导、协调全区各类基金会的清理、追债和资产处置工作，配合政法机关处置民间借贷、民间非法集资工作，解决城市信用合作社遗留问题，组织、协调、监管小额贷款公司日常运转，加快推进农村普惠金融建设，提升金融服务“三农”水平，进一步优化金融生态环境等。

【民间借贷和非法集资处置工作】 做好民间“标会”和基金会遗留问题工作。20世纪90年代初，城区是民间标会的重灾区。近些年市区又陆续出现一些新的“标会”，并出现有个别会头携款外逃的现象，这是社会不稳定的隐患。全区原来有各类基金会20家，除已解决的7家农金会外，尚有其他类型的13家基金会，由于无法兑付股金，股民意见大，情绪激动，多次向区、市上访。对于“两会”遗留问题，区处置办根据上级关于认真做好信访突出问题及群体性事件处置工作的指示，积极参与区处理信访突出问题及群体性事件联席会议，继续深入基层了解情况，做好“会脚”、股民等上访群众的耐心说服教育工作。与有关街道一起调处解决了因“会脚”向“会头”讨“会款”引起的纠纷。通过印发《致广大市民的一封公开信》，告诫市民拒不参会、远离标会、杜绝起会，拒绝参与非法集资，不贪财、不放贷、防骗子，正确引导“标会”群众认清“民间标会”的欺骗性和危害性，从急功近利和贪小便宜的误区中走出来，通过遵纪守法、辛勤劳动而脱贫致富。

全面做好防范、打击和处置非法集资工作。区处置办认真履行综治维稳（平安建设）成员单位职责，按照《汕尾市城区人民政府办公室关于印发汕尾市城区2018年度防范和处置非法集资宣传教育工作及宣传月活动方案的通知》要求，集中5月一个月与市金融局和各有关单位、各金融机构联合举办“防范和处置非法集资宣传月”活动。5月11日，区处置办联合共青团汕尾市委、香洲街道和东兴社区，在城区东兴社区文德路，结合创建文明城市内容，联合举行防范非法集资宣传活动。5月15日，以全国公安系统“5·15”打击和防范经济犯罪宣传日活动为契机，联合汕尾市公安局、城区公安分局、香洲街道城西居委并邀请市烟草专卖局、市人民银行等单位在市区香洲街道城西社区坎下城小广场举办主题为“与民同心 为您守护”的打击经济犯罪、防范非法集资宣传日活动。5月31日，联合汕尾保险业协会成员单位在红草镇埔边村举办“提高风险防范能力、自觉抵制非法集资”为主题的防范和处置非法集资宣传活动。区人大、区政府、区政协有关领导亲临现场指导，共同参加宣传活动。各场次活动通过摆设宣传展板，张贴宣传海报，发放宣传单，宣传手册，纪念品，现场向群众讲解非法集资、假币犯罪、网络传销等多发性经济犯罪的防范，为现场群众提供各种咨询。活动现场人头涌动、气氛热烈，达到提高人民群众的防范意识。结合贯彻落实中央、国务院关于开展扫黑除恶专项斗争的通知精神，根据上级扫黑除恶工作部署要求，7月，区处置办在香洲街道城西社区坎下城小广场设立扫黑除恶和打击非法集资大型宣传画，9月，印制了涉金融领域扫黑除恶专项斗争倡议书发放给市民。通过开展一系列活动有效维护全区的社会经济秩序，取得较好的社会效果。同时，组织城区两家小额贷款公司在门前摆设开展扫黑除恶专项斗争和防范非法集资展板与宣传资料，并组织市区各银行机构、保险机构、证券机构、小贷公司门前电子屏幕和LED视频滚动播放开展扫黑除恶专项斗争及防范非法集资安全提示等宣传标语，全方位开展宣传。

【城市信用社撤销清算工作】 城区城市信用合作社(以下简称城信社)，是城区人民政府于1988年提出申请，经汕尾市人民银行批准成立的一家具有法人资格的地方性合作金融机构。其经营范围主要是办理城市集体企业和个体工商户及承包租赁的小型国有企业的存款、贷款、结算、个人储蓄等，还兼营代办保险及其他代收代付、代理发行经人民银行批准的证券及其他金融业务。财务上实行独立核算、自负盈亏、自主经营的方式。行政上归属城区人民政府办公室（后改为城区经委）管理；业务上接受汕尾市人民银行的指导、监督和稽查。该社开业后，由于内部管理不善，违规经营，于1998年5月停业关闭。对此，区处置办组织有经验的专门人员，积极稳妥做好城信社历史遗留问题涉及人员的说服疏导工作，有效防止出现到省、市集体上访，维护了社会稳定。目前社会面尚处于可控状态，全年未出现集体上访事（案）件。

【小额贷款公司监管工作】 根据省政府的统一部署，在市金融工作局的大力协助下，区处置办抽调专门人员组成工作组，对城区两家小额贷款有限公司（华泽小额贷款有限公司、德成小额贷款有限公司）进行有效监管，使之依法依规经营，发挥了小额贷款公司对城区“三农”和中、小、微型企业的支持作用。两家小贷公司注册资金共8000万元，截至12月底，华泽小贷贷款余额5315.79万元，德成小贷贷款余额3175.13万元。为有效防止小贷公司经营出现偏差，与市金融工作局联合对两家小额贷款公司进行了两次现场监管，同时还经常派驻管理人员进行不定期非现场监管，确保两家小额贷款公司合法依规经营，不出现超范围放贷和暴力收债等涉黑恶事件，将有限的资金投向“三农”和中小微型企业，有效地缓解了“三农”工作和中小微型企业融资难、贷款难问题，促进了经济发展。目前，两家小额贷款公司经营正常。

【推进农村普惠金融工作】 为加快推进农村普惠金融建设，提升金融服务“三农”水平，进一步优化金融生态环境，根据市政府金融工作局《关于开展全市农村普惠金融试点工作的通知》精神，结合城区实际，坚持“政府推动、金融支持、试点带动、逐步推广”的原则，以深化农村金融改革为动力，大胆作为，主动探索，大力推动以建设区级综合征信中心、信用村、乡村金融（保险）服务站、乡村助农取款点，推广农村产权抵押担保贷款、“政银保”合作农业贷款、妇女小额担保财政贴息贷款、金融扶贫贷款等“八项行动”为主要内容的农村普惠金融建设，优化农村金融环境，提升金融服务水平，打通农村金融服务的“最后一公里”，切实解决农村融资难、融资贵的问题，实现农业增效、农民增收、农村发展。2016年，城区开始全面开展落实农村普惠金融试点工作，在规定时间完成“八项工作”。红草镇、东涌镇、捷胜镇作为首批试点镇，之后4个街道全面开展农村普惠金融工作，相继建立信用村、乡村金融（保险）服务站、乡村助农取款点。截止2018年底，城区已建成区级综合征信中心1个，已建成信用村35个，已建设乡村金融（保险）服务站55个，建立乡村助农取款点55个，并且在年底已通过有关部门验收达标。

【开展扫黑除恶工作】 全力协助区政府金融办履行好扫黑除恶成员单位工作，把思想和行动统一到以习近平总书记为核心的党中央集中统一领导上来，统一到省、市、区开展扫黑除恶专项斗争的决策部署上来，切实增强政治责任感和历史使命感，认真开展大走访、大排查、大整治，深入基层广泛开展宣传，发动群众积极举报金融领域的黑恶势力线索，做到有黑扫黑、无黑除恶、无恶治乱，为把城区建设成为全省最安全稳定、最公平公正、法治环境最好的地区之一而努力奋斗。

（林寒财）

附：城区处置地方金融风险办公室领导名录

主　任：刘　衡（2018年9月离任）

副主任：林寒财（负责全面工作）

旅游·科技·文化·体育

Lü YOU·KE JI·WEN HUA·TI YU

旅　游

【概况】 2018年，汕尾市城区旅游局全面贯彻落实习近平总书记重要讲话精神和全国“两会”精神，按照区委八届六次、七次全会精神，积极推进旅游事业快速健康持续发展，扎实推进“五化”“五城”各项工作，不断开创中心城区扩容提质、振兴发展新局面。

旅游工作以创建滨海旅游城市为目标，以发展休闲度假旅游为主题，加快推进旅游规划和重点景区建设，开发红色旅游景点，逐步把城区建设成特色鲜明、设施完善、服务一流、有一定知名度和竞争力的旅游城市。

【旅游节事活动】 元旦期间，联合区凤山祖庙旅游区举办“全国文明单位”授牌仪式暨妈祖颂歌迎新年文艺活动。

3月2日（正月十五）晚，在凤山祖庙旅游区举办“元宵灯谜喜乐会”活动。

4月29日至5月1日，联合区经促局承办了“汕尾市城区首届特色产品推介会”。

5月7—9日，联合凤山祖庙旅游区举办“2018年中华妈祖文化旅游节暨纪念妈祖诞辰1058周年”系列活动。

5月7日下午，在四海大酒家举办“山海湖城善美之区”——汕尾市城区旅游推介会活动，广州、深圳、东莞、梅州、肇庆等50多家旅行社负责人参加了活动。

6月30日上午，“山海湖城·善美之区”——汕尾市城区创文主题文艺系列活动正式启动，7-8月份每周展演一次。

7月3—5日，联合东涌镇政府举办“汕尾市城区第二届荔枝旅游文化节活动”。

10月14日，在铜鼎山旅游区成功举办喜迎重阳“情暖重阳 登高览胜”——汕尾市城区文体旅游助力创文主题活动。

【旅游宣传推介】 印制“山海湖城 善美之区”精美文旅宣传折页和拍摄汕尾市城区旅游风光宣传推介光碟以及《山海湖城汕尾美》旅游宣传歌曲。

参加旅游宣传推介活动，4月中旬，配合市旅游局前往佛山、肇庆、清远三市参加“中国农运摇篮世界休闲港湾”旅游推介活动。

9月7日，组织区属各旅游企业前往广州参加国际旅游博览会。

9月9日—14日，参加“万绿河源 滨海汕尾”旅游推介会。

9月9日—14日，前往西宁、乌鲁木齐举办的“万绿河源 滨海汕尾”旅游推介会。

10月中旬，组织区旅行社参加2018年赴郴州株洲汕尾旅游专题推介会。

【旅游安全市场监管】 在元旦春节、“三八”妇女节、“五一”劳动节、暑假、中秋、国庆等重要时间节点，组织人员开展全区旅游安全生产、环境卫生大检查工作，尤其是重点打击国内旅行社违规组织“境外及港澳游”活动，进一步规范旅游市场行业监管，良化业态秩序。全年出动检查人员168人次，检查经营单位28家次。积极开展安全生产、服务礼仪宣传教育。7月7日，举办安全培训班，景区、星级酒店、旅行社等旅游相关单位50多名旅游从业人员参加了培训。

（区旅游局）

附：区旅游局领导名录

局　长：郑　晓

副局长：陈楚雄

·凤山祖庙旅游区

【概况】 凤山祖庙旅游区位于汕尾市区东南面品清湖畔凤山路，三面傍湖海，绿树婆娑，花香鸟语，风景秀丽，是汕尾港的发祥地。

“先有凤山妈祖，后有汕尾港”。几百年前，闽籍渔民飘洋过海捕捞谋生，带着妈祖保护神来到汕尾海岸之凤山（原为岛屿）开基创业，并建立妈祖庙。清康熙年间解除海禁，汕尾港得到迅速发展，出现“舟楫云屯、商旅雨集”的兴旺景象，凤山祖庙也因此于乾隆七年（1742）把原来的小栅庙加以扩建，整座庙宇采用粤东建筑风格的三进两院布局，面阔三间，风火式山墙，硬山顶，称“金星抱印，龙虎相护”，主体建筑面积840平方米。

1991年，凤山祖庙被批准为区级文物保护单位，1992年，按原风貌重修凤山祖庙，1993年新建天后阁、钟鼓楼，于凤山之巅竖立妈祖石雕像。1994年12月12日凤山祖庙首期工程竣工暨旅游区成立。2005年被批准为市级文物保护单位，同年建成6万平方米的妈祖文化广场及市城区实践社会主义价值观中心广场，是广场文化展示平台和群众休闲的好去处。凤山祖庙已成为粤东旅游黄金海岸重要景点之一，也是粤东地区乃至广东省的妈祖文化传播中心，中华妈祖文化交流协会常务理事单位；广东省妈祖文化科研基地和民俗文化研究会会员单位；广东省中华传统文化传承基地；国家AAAA级旅游景区；全国文明单位。

凤山祖庙旅游区以妈祖文化、海洋（疍家）文化、海陆丰戏剧文化建设旅游区。凤山祖庙旅游区管理处发挥妈祖文化作用，被列入国家“十三五”规划纲要，为妈祖信俗成为人类非物质文化遗产创造了有利条件，并大力开展凤山妈祖庙会活动。

【主要活动】 2018年元旦，凤山祖庙旅游区管理处主办了“全国文明单位”揭牌仪式暨“妈祖颂歌迎新年”文艺晚会。特邀制作的《凤山妈祖颂》歌曲，于北京录制完毕，在新年文艺活动中首唱。

4月底，举行2018汕尾市城区中华妈祖文化旅游节暨纪念妈祖诞1058周年系列活动。有“妈祖大爱·海丝情缘”书画展、妈祖春祭典礼、民间文艺巡游、凤山祖庙炮会、旅游推介等活动。

中秋节前，举办“善美金秋——2018汕尾市城区迎国庆贺中秋”系列活动，有文艺晚会、书画笔会、棋艺大赛等活动。

【创卫创文】 根据区委、区政府“创文创卫”工作部署，为美化亮化景区环境，投入60多万元提升改造景区绿化、路道、柴布井、厕所及游客接待中心、母婴室、宣传栏等设施，打造古文物遗址、景区、公益广场3个创文示范点。

6月至8月，举办“山海湖城、善美之区”——汕尾市城区创文主题文艺系列展演活动，活动每周一次，已举办了10多场次，助力“创文创卫”工作，充分展示了凤山祖庙旅游区的旅游资源优势。

10月，为净化美化旅游区环境，消除安全隐患，助力“创文创卫”，引导凤山祖庙理事会发放提倡文明敬香，三支清香拜妈祖的宣传单2000多份，于12月15日正式执行庙区内禁止燃烧各类纸质银锭财帛等祭品的规定，布置6名工作人员对信众携带的各类纸祭品进行统一收集处理。

投入100多万元，对凤山祖庙、天后阁、石牌坊、凤仪台景区、相思园、凤山小公园、妈祖文化广场大舞台进行亮化工程建设，并于春节前夕举行亮灯仪式。完成凤仪台景区妈祖圣迹馆、妈祖文化广场舞台立面、海陆丰戏曲园、柴布井、母婴室等配套设施的升级改造，并于国庆节重新对外开放。

【扶贫济困】 开展妈祖“大爱、立德、行善”精神传温暖活动，筹集扶贫济困暖人心春节慰问金6万元与当地党政干部深入各贫困户家庭送上节日问候。母亲节期间，凤山祖庙妈祖义工队与城区妇联联合开展“汕尾市城区巾帼志愿者进基层暨庆祝母亲节专题演出”活动，现场发放慰问物资和节日礼品。

在凤山祖庙旅游区游客接待中心多媒体室，举办由城区妇联主办、凤山妈祖文化协会承办的“情系困难学子、共建善美之城”——2018年金秋助学慰问活动，以妈祖奉献大爱精神，致力扶贫济困，崇文助学。投入大量资金，发展文化文艺体育事业，建设妈祖艺术馆，曲艺器乐培训和书画公益培训班，支持汕尾市青少年体育俱乐部第1届小篮球赛活动，组队参加福建莆田举办的第2届“妈祖杯”国际羽毛球挑战赛等。

【文化交流】 7月22日，福建莆田学院妈祖文化研究院调研课题组到凤山祖庙调研，双方召开座谈会，其《一路一带与妈祖文化传承发展研究》的调研课题，对凤山祖庙妈祖分灵宫的重要作用加以肯定。当晚，调研组一行观看了凤山祖庙民乐团的西秦、白字、渔歌演唱和民乐表演，双方互赠了文化作品。

（区凤山祖庙旅游区管理处）

附：区凤山祖庙旅游区管理处领导名录

主　任：张昌富（2018年8月退休）

副主任：陈壮军（2018年9月起负责全面工作）

科技·文化·体育

【概述】 2018年，城区科技文化体育局全面贯彻落实习近平总书记重要讲话精神和全国“两会”精神，按照区委八届六次、七次全会精神，积极推进文化广电、旅游、体育事业快速健康持续发展，扎实推进“五化”“五城”各项工作，不断开创中心城区扩容提质、振兴发展新局面。

科技工作紧紧围绕实施创新驱动发展战略，以提高自主创新能力为核心，围绕“首善之城 大美之区”主题，从城区的经济社会发展战略和总体目标出发，突出科技创新,增强科技供给能力，加大科技服务力度，加强对企业技术创新支持力度，有效推进各类创新主体。

文化工作重点是坚定文化自信，着力推动城区文化繁荣发展。树立新的文化发展理念，弘扬解放思想、改革开放的时代文化精神，创造条件，不断完善健全公共文化设施建设，推进文化惠民工程，加强文化对外交流，打造地方特色文化品牌；精心做好城区文化遗产的保护和传承工作，弘扬红色文化和城区特色文化；确保文化市场长治久安。

体育工作以社会资源与政府投入为共建工作思路，着力推进公共体育设施建设；通过举办各类体育活动或组织参加各级体育竞赛，引导和推进全民健身活动的开展；加大社会指导员的培训力度，规范和加强公共体育安全管理。

·科技事业

【科技创新指标大幅度增长】 2018年，专利申请量城区（含市直）1960件，同比增长26.53%，其中，发明专利515件，实用新型1342件，外观设计103件；专利授权量达到1602件，同比增长249.78%，其中，发明专利38件，实用新型1467件，外观设计97件。

【落实创新驱动发展战略】 先后起草并报区政府审定印发了《汕尾市城区人民政府关于加快实施创新驱动发展战略的若干意见（试行）》《汕尾市城区人民政府关于加快实施创新驱动发展战略的若干意见科技成果类实施细则》等6个文件。

【推进高企培育】 积极组织10家企业申报市级企业研究开发中心；新增国家高新技术企业5家，新建省级工程中心2家，省级新型研发机构1家，培育入库省级科技型中小企业15家。同时，组织城区申报省科技创新普及专题项目1个，项目资金21.61万元；申报省级科技创新战略专项资金项目3个，项目资金100万元；申报汕尾市创新驱动发展战略专项补助资金项目8个。

【加强科技宣传和普及】 围绕“科技强省，创新圆梦”主题，举办汕尾市城区科技创新驱动发展战略研讨会暨新时代科技工作者“重品行、树形象、做榜样”座谈会；在城区职业技术学校举办“汕尾市城区科普大篷车进校园活动”；开展主题为“倡导创新文化·尊重知识产权”的“4·26”世界知识产权日宣传咨询活动；邀请广东省食品进出口集团公司刘定发研究员、博士指导城区企业专利申请与高新技术企业申报工作。

【做好创新创业大赛工作】 积极发动组织企业参加创新创业大赛，在第七届中国创新创业大赛中，城区有6家企业晋级省赛，其中2家分别荣获省赛一、二等奖。3家企业晋级国赛，其中1家荣获国赛优胜奖。

【推进农村科技创新创业】 在各个电商平台为城区乡村振兴建设提供信息化服务，特别是城市在线推出的汕美手礼网为城区宝楼村、赤古村等农产品拓宽销售渠道与宣传服务，助推乡村旅游发展。

·文化事业

【健全公共文化设施】 截至2018年年底，全区共有区图书馆1个、区文化馆1个，有7个镇（街道）

综合文化站，综合文化站集中了文化娱乐、科普宣传、电子阅览、图书阅览、教育培训等功能，并对外免费开放。全区共投入基层综合性文化服务中心建设资金930万元（其中：省补助城区基层综合性文化服务中心建设资金320万元，市补助城区基层综合性文化服务中心建设资金183万元，区补助配套基层综合性文化服务中心建设资金427万元，是城区首次大手笔投入公共文化服务设施建设资金），建成基层综合性文化公共文化服务中心94个，基本实现全覆盖，全面完成2018年建设任务目标。

【文艺创演】 2018年，城区开展文艺活动153场次，同比增长10.87%，各艺术团体下基层表演395场次，同比增长32.56%。

1月，由区委宣传部、区科技文体局联合主办，区文化馆、捷胜泥塑工作室联合承办的广东省省级非物质文化遗产项目捷胜泥塑周仲富（师徒）艺术作品展在市图书馆展厅成功举办。汕尾渔歌《斗歌》参加由广东省民政厅、广东省老龄办主办，中国人寿广东省分公司、广发银行支持的广东省“银龄安康杯”2018年老年迎春联欢晚会，喜获金奖。2月27日至3月1日，城区新港渔歌队、城区汕尾渔歌传承基地代表队精心组织选送《织网谣》《喊出金银满滩头》参加广东省（汕尾）渔歌邀请赛，分别获得创新金奖和渔歌表演金奖。

5月17日，区科技文体局承办“放歌红土地 开启新征程”汕尾市城区传承红色基因主题教育活动文艺晚会；10月10日，应中国文联戏剧艺术中心、中国戏剧家协会邀请廉政题材白字小戏《公烛》选送参加在浙江省桐乡市举办的“中国·桐乡全国小戏艺术邀请展”演出。10月30日至31日，“渔歌里说——我唱渔歌给党听”广东省汕尾市渔歌专场在北京民族剧场演出，以全新的艺术面貌为首都人民呈现了极具地方特色的渔歌盛宴。11月13日，参加广东粤剧院举办的“广东省第九届群众戏剧曲艺花会决赛”，参赛戏剧作品《公烛》以第六名的成绩获得戏剧类作品金奖，为城区首次在“广东省群众艺术花会”获得该项殊荣。

11月9日，2018年全区中小学校“经典照亮人生”诵读大赛在新城中学大礼堂隆重举行，来自城区中小学校共26个代表队一起同诵中华经典。12月4日，在凤山妈祖文化广场百姓舞台举办“宪法法律”灯谜会。12月11日，选送汕尾渔歌代表作《渔汛催我再起帆》赴潮洲参加2018年“广东省民歌乐大赛”决赛。

12月27日，联合区文明办、区文联举办“汕尾市城区迎新晚会”。

【文化遗产保护】 2018年，共收集“非遗”线索资源561条，项目资源56条。积极申报各级“非遗”项目，全区入选国家级1项，省级3项，市级2项，县（区）级3项。入选国家级“非遗”项目代表性传承人1人，省级3人，市级4人，省民间文化传承人1人。积极指导香洲街道做好《坎下城文物保护规划》和落实“四有”措施，加强对坎下城城墙的保护与修复工作。

【探索文化娱乐行业转型升级及技术平台监管】 按照文化部《关于推动文化娱乐行业转型升级的意见》，从城区实际出发，积极探索城区文化娱乐行业转型升级，加强对已确定的2间（网吧、KTV各1间）文化娱乐转型升级示范场所的监管，努力促使城区文化娱乐行业转型升级工作取得新成效。

·体育事业

【完善公共体育设施建设】 建设城乡15分钟健身圈，为汕尾市省定的9个贫困村各配建一套健身路径，切实改善农村健身环境。8月，对辖区内损坏的健身器材进行登记备案，制定修缮计划，完成了器材维护工作。

【开展全民健身活动】 全年主办承办各种全民健身活动16场，丰富群众体育生活，不断提高全区人民身体素质、健康水平和生活质量。

农历正月初一至十五，在东涌镇、捷胜镇、红草镇、马宫街道举办了象棋赛、猜灯谜、广场舞、篮球赛、健身舞表演、少年跆拳道舞展演、女子拔河赛、乒乓球赛活动等。

3月7日晚，联合汕尾市城区老年体协在东涌镇举办庆“三八”妇女节联欢晚会。

3月17—18日，在小风帆艺术学校举办第十五届“国税杯”少年儿童围棋赛暨“税法进校园”系列活动。

4月21—22日，协助城区总工会举办第6届“五一杯”围棋比赛、第4届庆“五一”乒乓球比赛。

6月17日，配合市体育局举办“我们的节日——农商银行·农信联社杯”龙舟锦标赛，城区选派3支龙舟队盐町头一队、盐町头二队、和顺龙舟队，共42人参加比赛，城区盐町头一队获得200米直道赛冠军和比赛总成绩第一名。

7月6日，参加2018年健身气功站点联赛，取得团体项目4组都获得第一名，个人项目3人获得第一名、2人获得第二名、3人获得第三名的优异成绩。

8月8日，汕尾市体育局在市区凤山妈祖文化广场开展“新时代全民健身动起来”为主题的全民健身日活动，参加活动展演的有汕尾市城区老年人体育协会、华威跆拳道馆，共600余人。

8月8日，举办2018年全国百城千村健身气功交流展示（广东汕尾）系列活动，城区太极拳协会共200人参加交流展示。

9月12—14日，举办广东省跆拳道协会主办，城区科技文体局承办的2018年广东省（汕尾地区）大众跆拳道初级教练员及大众二、三级裁判员培训班。

9月15日，参加汕尾市第1届老年人体育健身大会有8个项目，分别是气排球、乒乓球、柔力球、健身球操、广场舞、太极拳（剑）、健身气功、棋类等，有运动员121人，加上领队、教练员，总人数134人。城区代表团在该届老年人体育健身大会上取得了优异成绩，总分排名第二名，获得金牌5面、银牌11面、铜牌9面，同时荣获汕尾市第1届老年人体育健身大会优秀组织奖。城区代表团优异的成绩展现了城区老年人体育事业蓬勃发展，推动城区全民健身运动，突出城区首位度，展示出善美之城老年群体健康向上的活力和风采。

10月1–3日，与东涌镇府、城区足球协会联合举办汕尾市城区东涌村“和谐杯”足球比赛，共有6支足球队参加。

10月14日，联合区旅游局在铜鼎山举办“情暖重阳、登高览胜”文体旅游助力创文主题活动。

10月20—21日，在汕尾市体育馆举办“快捷杯”广东省青少年跆拳道联赛。

11月3—4日，联合区教育局在汕尾中学举办汕尾市城区2018年创建文明校园中学生运动会，该次中学生运动会共有16所学校共计22支代表队参加比赛。运动会分初中组和高中组，比赛项目6项，领队、教练、运动员、裁判员、医生、工作人员共615人。

11月19—29日，与城区教育局联合举办2018年汕尾市城区校园足球比赛，参加队伍由小学、初中、高中共36支足球代表队组成，共比赛100场次。

12月23日联合汕尾银行同业工会、汕尾市城区乒乓球协会举办2018年汕尾市金融机构“银行杯”乒乓球男女混合团体赛，共11家银行机构参加。

【科学健身指导服务水平稳步提升】 城区社会体育指导员有1565人，其中，国家级7人，一级52人，二级439人，三级1067人。按照新周期的目标任务要求，2018年已达到每万人拥有30名社会体育指导员的指标，社会体育指导员占比0.37%。

·市场监管

【文化娱乐经营单位基本情况】 汕尾市城区有文化体育经营单位118家。其中：网吧17家、酒吧及KTV22家、电子游艺室9家、演出单位14家、印刷企业1家、音像店8家、书报刊单位20家、多厅数字电影院3家、艺术品经营单位19家、高危险性体育场所5家。

【加强文化市场管理】 2018年，区科技文化体育局共出动执法人员3382人次，检查全区各文体经营单位668家次。重点下发《关于做好消防安全三提示和一懂三会的通知》《消防安全告知书》，要求各文化市场营业场所张贴消防安全宣传海报。

【加大“扫黄打非”、扫黑除恶力度】 全面推进“扫黄打非”进基层工作。全区已录入103个站点，率先在全市完成“扫黄打非”进基层挂牌工作。区科技文化体育局通过对城区音像制品、书店、报刊亭、路边摊贩等进行全方位清查，收缴一批涉黄、盗版光碟及书籍，同时制作扫黄打非宣传警示牌，悬挂于各文化市场经营单位。

附：城区科技文化体育局领导名录

局　长：黄　超

科协主席、副局长：陈焕荀

副局长：邓丽娟

地震局局长：李武汉

教 育

JIAO YU

教　育

【概况】 2018年，城区教育系统坚持以习近平新时期中国特色社会主义思想为指导，以新时代、新要求、新理论、新征程为动力，以推进教育现代化先进区创建工作为抓手，夯实创均创强成果，深化教育体制改革，加快推进优质均衡，全面推进素质教育，提高教学质量，多措并举促进城区教育事业发展。12月，汕尾市城区荣获“广东省推进教育现代化先进县区”称号。

2018年，全区有中小学校61所（公立学校57所，民办学校4所），其中，完全中学5所，职业技术学校1所，初级中学及九年制学校10所，小学45所（公办小学41所，民办小学4所）。公办幼儿园8所（含区直机关幼儿园、新港街道中心幼儿园在建），已办证民办幼儿园33所。

全区共有中小学学生49194人，其中，高中生6084人，中职生1106人,初中生11502人,小学生30502人。幼儿园学生数13955人（含民办幼儿园）。

全区公办中小学校在职人员3441人，其中，高中710人，初中1034人，小学1697人。

【加强党建工作】 城区教育局党组围绕教育抓党建，抓好党建促教育，加强中小学校党的基层组织建设。8月出台《汕尾市城区教育局加强党的基层组织建设三年行动方案》，力促2018年各中小学校党组织建设全面升级。各中小学校认真抓好党员活动室的建设，并对党员活动室提出了“五有六上墙”的标准，开辟专题学习栏和宣传栏。加强政治学习，认真学习宣传贯彻中共十九大精神，组织开展中共十九大精神宣讲会4场，专题组织生活会71次，主题党日活动10多次，各校主题班会600多次，设置宣传栏70多个，悬挂宣传标语140多条，撰写“学报告、学党章”心得体会1000多篇，网上考学全体党员100%参加。深入学习宣传贯彻习近平总书记重要讲话精神。组织开展以《牢记总书记嘱托，开创城区教育新局面》为主题的“十个一”学习教育活动，共召开专题学习会300多次，设置宣传栏70多个，悬挂宣传标语160多条。传达学习省委书记李希在汕尾调研时的讲话精神。6月2日，组织召开全局干部职工会议，专题传达学习省委书记李希在汕尾调研时的讲话精神和市委书记石奇珠在市委常委会（扩大）会议上的讲话精神。按照该局统一部署，各中小学校迅速召开贯彻传达会议，组织专题学习；认真学习领会和贯彻落实习近平总书记在全国教育大会上的重要讲话精神。组织召开了以“‘九个坚持’是习近平新时代中国特色社会主义思想关于教育的新成果”为主题的学习会；深入学习贯彻习近平总书记视察广东重要讲话精神。在全区教育系统中，多形式、全覆盖的推进学习工作。全区教育系统共召开各类型学习会205场次，累计学习人数7902人次，撰写心得体会3800多篇。

【荣获“广东省推进教育现代化先进县区”称号】 2018年，城区认真按照省、市的统一部署强力推进教育“创现”工作，克服各种困难，增加教育投入，抓重点、补短板、强弱项，扎扎实实开展创建工作，有效推动教育发展。城区各级各类学校在巩固创强的基础上，努力改善办学条件，严格对照教育现代化先进县（市、区）的标准，在全市率先实现了创建广东省推进教育现代化先进县（区）的目标。12月，城区荣获“广东省推进教育现代化先进县区”称号。

2018年，城区积极履行政府责任，制定发展规划，全力创建“广东省推进教育现代化先进区”。成立了以市委常委、区委书记李庆新为组长的城区推进教育现代化工作领导小组，各镇（街道）相应成立了由书记任组长的教育“推现”工作领导小组，全区上下形成“一把手负总责”的教育“推现”工作机制，全面、强势推进教育现代化建设。

把抓好学校布局调整作为创建教育强区，推进教育现代化的基础工程来抓。2018年，撤并了15所规模小、办学条件差的薄弱学校和教学点，整合优化全区教育资源。同时，加大教育投入，做到教育财政拨款的增长比例高于财政经常性收入的增长比例，生均预算教育经费和公用经费支出不断增长，中小学生公用经费全部按时下拨给学校。并多方筹集资金累计3.4亿元，对照标准化学校和规范化幼儿园的建设标准，对全区中小学校、幼儿园校舍、运动场地、功能室、教学仪器设施设备、教育信息化建设等进行全面改造、升级提升。

2018年重点建设项目：新城中学校舍改造工程、凤山街道盐町头小学重建工程、新楼小学新教学楼建设工程、香洲中心小学新教学楼建设工程、光明小学（后径小学）建设工程，于9月已顺利完成验收并投入使用。田家炳中学新教学楼附属配套工程、城区特殊教育学校建设工程、城区青少年宫、中小学生综合实践基地、捷胜镇、新港街道中心幼儿园改建工程、马宫街道中心小学新教学楼等建设工程进展顺利。

据统计，2018年共有15个学校建设项目，计划总投资11531.4万元，完成10182.4万元，实际完成率88.30%。

大力推进教育信息化建设，投入资金4112.32万元，为全区中小学校更换多媒体教学设备1088套。年初，完成了第一批中小学校600套多媒体教学设备更换工作，第二批488套，计划在2019年安装完成。投入资金448.16万元，完成了城区教育城域网校级项目建设，对城区规模较大的35所中小学校校园网络设施、综合布线进行升级建设，确保35所中小学校网络畅通；城区按照汕尾市教育局与中国电信公司签订汕尾市教育城域网建设项目协议，提速升级了各学校接入网络带宽。至年底，有27所学校接入500M宽带、9所学校接入100M宽带、25所小学校接入“光纤宽带到班”，达到教育先进区督导验收方案的要求。

【推进“县管校聘”管理改革工作】 按照省、市有关中小学教师“县管校聘”的工作部署，结合城区实际，认真推进中小学教师“县管校聘”管理改革工作。4—7月，完成核编、定岗工作；8月，区教育局、区编办、区财政局、区人社局共同制定了《汕尾市城区推进中小学教师“县管校聘”管理改革实施方案》。在此基础上，区教育局制定了《汕尾市城区中小学校长、教师交流轮岗制度》，从8月中旬开始，全面推进校长、教师交流轮岗，以“在市区学校与乡镇学校之间、优质学校与薄弱学校之间、超编学校与缺编学校之间进行交流轮岗，确保学科对应、岗位对接”为原则，以教师自愿提出申请为前提，采用公平、公正、公开的调整方式，进行交流轮岗，共交流轮岗校长及中层干部20人，教师411人。进一步优化教师队伍，促进教师资源合理配置，推动教育人事管理制度改革健康发展。

【实施新一轮学校布局调整】 2018年，加紧推进新一轮学校布局调整，坚持以学生就近入学，群众满意为原则，对位置不合适、规模小、办学效益差的学校进行撤并，通过压实“四个到位”（即责任到位、经费到位、督查到位和宣传到位），确保“四个优化”（即优化学校布局、优化师资配备、优化教学教研和优化学位结构），推进“四个一批”（即调一批、劝一批、退一批和转一批），把好“四个关口”（即思想关、维稳关、质量关和平安关）等一系列工作措施，完成了马宫街道、捷胜镇、东涌镇和红草镇4个镇（街道）的学校布局调整工作，顺利撤并了15所规模小、办学条件差的学校。对撤并的15所闲置学校进行资源再利用，利用撤并学校旧址筹建镇、村幼儿园，教师培训中心基地和少年宫等教育文化基地。通过布局调整，优化教育布局，整合教育资源，促进城区城乡教育均衡发展，全区教育资源得到了进一步整合和优化。

【开展师德师风整治专项行动】 5月，区教育局制定出台了《2018年汕尾市城区教育系统师德师风整治专项行动实施方案》，深入贯彻2017年9月11日全区教育工作会议精神，把加强教师队伍建设作为现阶段教育事业发展最重要的基础工作来抓。坚持以“办人民满意的教育”为宗旨，以强化队伍管理，优化师德师风为核心，以思想教育、制度建设、集中整顿、严明纪律为抓手，规范全区学校管理，全面加强师德师风建设。持续开展全区中小学、幼儿园师德师风建设，开展工作纪律作风整顿，及时查处违规违纪行为，全面清理查处教师吃空饷、经商、赴港定居等违法违纪行为。2018年，清理清查违规赴港定居教师11人，对4名上班时间不在岗的教师进行诫勉谈话，并在师德师风曝光台通报曝光。

【开展“感动城区年度教师”评选活动】 城区在2017年全市率先成功开展“感动城区年度教师”评选活动，取得良好效果的基础上，2018年6—8月，继续开展2018年汕尾市城区教育系统“感动年度教师”评选工作，进一步强化城区教育教师队伍建设，立标杆，树典型，展现教师新风采，传递教育正能量，弘扬尊师重教的社会风尚。8月28日，在马思聪艺术中心举行了近千人参加的2018年汕尾市城区教育系统“感动城区年度教师”评选决赛。经评审，捷胜镇中心小学林秋燕老师当选为2018年“感动城区年度教师”。11月10日开始，区教育局连续组织举行6场“2018年汕尾市城区教育系统‘感动城区年度教师’分享活动暨师德建设专题讲座”，全区中小学（幼儿园）教师全员参加，充分发挥”感动城区年度教师”的辐射引领作用，大力弘扬正能量。

【提高教育教学质量】 2018年，全区高考本科上线人数658人，本科入围率30.69%，同比增长15.6%，中考成绩总平均分全市排名第一。

1. 加强高考备考工作。城区高考备考工作坚持以科学发展观为统领，坚持“向管理要质量，向研究要质量”的备考理念，牢固树立发展意识、质量意识、统筹协调意识和竞争忧患意识，抓早抓主动。一是组织全区高三学生参加“市调研考”“深圳一模”，召开分析会及各学科质量分析会，形成分析报告和评价意见，为下一阶段备考提供指导意见。二是区教育局领导多次带队对五所高中学校弱科辅导工作进行专题检查、指导，提出弱科辅导工作指导意见。三是树立“专家、名师引领”的指导思想，采用“请进来、走出去”的形式，加大学科备考指导力度，搭建学术交流平台。一年来，区教育局先后3次聘请了省内9名学科的专家、名师到城区指导备考工作。区教育局还组织了高三9个学科的教师分2次到东莞市东莞中学松山湖学校听课、学习交流，取得了较好的效果。四是抓早备战2019年高考，8月12日，在城区职业技术学校召开2018年高考总结暨2019年高考备考大会，向全区各高中学校发出了高考备考动员令，抓早制定、出台《2019年汕尾市城区高考备考方案》，完善备考制度建设和创新备考管理办法。

2. 组织开展片区教研活动和骨干教师、学科带头人示范活动。根据《汕尾市城区开展片区教研活动方案》，城区继续开展中小学片区教研活动，2018年开展片区教研活动60节次，参与活动2000多人次。该年度开展学科带头人教学示范活动17个，活动的开展发挥了学科带头人和骨干教师的示范作用，为教师们提供了展示个人才华和互相学习的平台，提高了教师的教学能力和水平。

3. 大力推进城区教育科研课题研究的开展。“十三五”期间，城区申报课题共98项，其中省级课题40项，已有2项结题，其余38项正在研究中；市级课题立项58项，其中37项已召开开题报告会，9项已接受市教育科研办的中期检查，1项已通过专家鉴定结题。2018年度，城区教师积极撰写教育教学论文参加各级评选，取得了较好的成绩，省级获奖35篇，市级获奖335篇。

【推进素质教育落实】 为发挥学校教化功能，推进素质教育的有效落实，全区中小学校组织开展了各级各类文体活动，助力城区创文创卫工作。

城区举行2018年创建文明校园中学生运动会 11月3—4日，区教育局与区科技文体局联合举办的汕尾市城区2018年中学生运动会在汕尾中学举行，共有16所学校22支代表队参加比赛。经过激烈的角逐，新城中学获得初中组团体第一名，凤山中学第二名，凤翔逸辉基金中学第三名；获得高中男子组第一名的是新城中学，第二名是城区职业技术学校，第三名是田家炳中学；获得高中组女子组第一名的是田家炳中学，第二名是汕尾中学 ，第三名是新城中学。

举行中小学校中华经典诵读大赛 为传承和弘扬中华优秀传统文化，11月9日，由区教育局和区图书馆主办的2018年全区中小学校“经典照亮人生”诵读大赛在新城中学大礼堂隆重举行，来自全区中小学校共26个代表队一起同台诵中华经典。

该次比赛是集吟诵、演唱、舞蹈、书法于一体的中华经典诗文诵读大赛，既是检阅学校开展“传统文化进校园”的成效，也是创建省级文明城市，加强未成年人思想道德建设，推动学校进一步加强经典诗文教学，掀起经典诵读的热潮，营造人人能吟唱、班班读经典良好氛围的重要举措。经过激烈角逐，小学组一等奖由新港街道中心小学获得，中学组一等奖由新城中学高中和凤山中学获得；红草镇埔边小学、新港街道海滨小学和马宫街道中心小学获得小学组二等奖，汕尾中学高中、田家炳中学高中、新城中学初中、东涌中学、田家炳中学香洲学校和逸夫中学获得中学组二等奖；东涌镇中心小学等5所学校获得小学组三等奖，捷胜中学等9所学校获得中学组三等奖。

举办校园足球联赛　11月19—29日，2018年汕尾市城区校园足球联赛在田家炳中学、东涌中学、香洲街道光明小学举行。

该次校园足球联赛由区教育局、区科技文体局主办，田家炳中学、东涌中学、香洲街道光明小学承办。全区共有36支高中、初中、小学足球代表队参加比赛。小学组：冠军是新港街道中心小学代表队、亚军是东涌镇品清小学代表队、季军是东涌镇中心小学代表队。中学组：冠军代表队是田家炳中学代表队、亚军是东涌中学代表队、季军是红草第一中学代表队。高中组：冠军是田家炳中学代表队、亚军是东涌中学代表队、季军是捷胜中学代表队。各学校以优秀学校和足球队伍为榜样，以此次比赛为契机，努力打造校园足球文化，继续推动足球人口的普及和城区教育足球水平的提高。

城区举办创建国家卫生城市“爱卫杯”中小学生绘画大赛精品展　为深入贯彻落实中共汕尾市委关于创建国家卫生城市的决策部署，广泛动员广大师生积极参与创建工作，推动学生文明卫生素质提升，12月，区教育局举办了以“积极开展爱国卫生运动，倡导科学文明生活方式”为主题的学生绘画大赛。大赛共收到各类参赛作品208幅，参赛作品主题鲜明，内容积极向上。该次比赛共有30幅作品获得一等奖，并在区教育局企业微信号进行表彰和展示，希望能起到抛砖引玉的作用，鼓励师生积极参加到“创文创卫”大行动中来，用实际行动为共同维护城市文明卫生尽一份心、出一份力。

举行2018年少先队鼓号仪仗队花样操比赛　为深入学习贯彻习近平总书记对少年儿童和少先队工作的系列重要讲话精神，全面提高城区少先队鼓号队的演奏水平，进一步培养少先队员的组织意识和集体意识，增强少先队员的光荣感和责任感，展示新时代少年儿童健康向上、积极进取的精神风貌，12月29日，由区教育局、团区委联合举办的城区少先队鼓号仪仗队花样操比赛在城区田家炳中学举行。

15支代表队参加比赛。新港街道中心小学代表队荣获此次比赛一等奖；新港街道海滨小学代表队、马宫街道中心小学代表队荣获二等奖；东涌镇中心小学代表队、香洲街道新楼小学代表队、凤山街道中心小学代表队获得三等奖。

【开展毒品预防教育和示范学校创建工作】　区教育局认真落实青少年毒品预防教育工作责任制，明确学校主要负责人为毒品预防教育的第一责任人，落实分管领导和具体部门专门负责，发挥课堂教学主渠道主阵地作用。6月26日，市宣传部、市禁毒办等单位联合在田家炳中学举办了汕尾市城区“拒绝毒品健康生活”万人禁毒誓师大会。大会通过禁毒宣誓、禁毒签名、参观禁毒展览、召开座谈会等形式，加强了师生对“珍爱生命、远离毒品”的教育，推进学校预防毒品教育的规范化、制度化和常态化。城区现已建成田家炳中学、凤山街道中心小学、区职业技术学校、香洲街道中心小学、马宫街道中心小学5所省级毒品预防教育示范学校。

【清理整治无牌无证幼儿园】　按照区政府的工作方案，区教育局加强与各街道（镇）和政府各职能部门的对接沟通，并要求辖区各中心小学加强对幼儿园的清理整治和日常监管。在开展无牌无证幼儿园清理整治期间，联合公安、消防、卫生、民政、食药监、物价局等部门出动1000多人次，发放告家长一封信、消防安全告知书10万份，各街道（镇）关停无牌无证幼儿园48所，全面完成了工作任务，取得良好的工作成效。通过这次清理整治，进一步规范了城区幼儿园办园行为，全面提升了全区幼儿园安全水平，促进了城区学前教育事业的健康发展。

【开展培育和践行社会主义核心价值观活动】　11

月，城区教育局以培育和践行社会主义核心价值观为主题，多形式多渠道开展社会主义核心价值观宣传教育活动，使社会主义核心价值观融入到中学小生学习成长的全过程。核心价值观融入校园文化建设中。全区中小学、幼儿园张贴“24个字”图片共1800多幅，出版宣传栏共240多个和图说“24个字”，出版以核心价值观为主题的黑板报共3300多期。核心价值观渗透课堂教育。各中小学坚持在周一升旗仪式国旗下的讲话、班会课等对学生进行社会主义核心价值观的教育，全区中小学共开展教育3800多次；积极开展以“培育和践行社会主义核心价值观”为主题道德讲堂活动，全区中小学开展道德讲堂有100多场，全区教师和学生参与率达到100%。核心价值观融入到文体比赛活动。开展了社会主义核心价值观“24个字”校际、班际不同层次的背诵比赛、作文竞赛、手抄报比赛、绘画比赛、书法比赛等系列活动；举办以“经典照亮人生”为主题全区性中小学中华经典诵读活动共100多次。

【精准扶贫献爱心】 严格执行中等职业教育国家免学费和国家助学金政策。2018年，城区中等职业学校免学费学生598人，免学费资金209.3万元；享受国家助学金学生295人，补助资金为59万元。落实学前教育家庭经济困难资助、义务教育贫困家庭学生生活费补助和普通高中国家助学金工作。2018年，学前教育家庭经济困难资助1400人，资助资金140万元，义务教育非寄宿制贫困家庭学生生活费补助1552人，资助资金43.73万元；补助资金43.37万元，普通高中国家助学金享受对象1192人。同时开展大学生源地贷款工作，2018年，累计贷款人数657人，贷款金额520.385万元。幼儿园8所（含区直机关幼儿园，新港街道中心幼儿园在建），已办证民办幼儿园33所。是年，基本完成每个镇（街道）一所公办中心幼儿园的目标，基本实现了学前教育资源乡镇全覆盖。坚持学前教育的公益性和普惠性，进一步完善以政府为主导、社会参与、公办民办并举的办园体制，保障适龄儿童接受基本的、有质量的学前教育。8月，新港街道中心幼儿园开工建设，该项目计划投资445万元，改造教学用房1825平方米，新建活动场地1102平方米，第一期工程可开设6个班，容纳幼儿180人，计划2019年9月投入使用。

【义务教育】 全区有义务教育阶段学校55所，其中，小学45所（公办小学41所，民办小学4所），初级中学及九年制学校10所。在校学生42004人，其中，小学生30502人，初中生11502人。2018年，区教育局继续落实义务教育免试就近入学的规定，实施小升初入学电脑派位，免试就近入学，切实规范招生行为，促进教育公平。

【小学选介】 凤山街道盐町头小学　建设项目计划总投资5000万元，占地面积10751.64平方米，建筑面积10228.20平方米（其中，地上建筑面积6763.20平方米，地下建筑面积3465平方米），可设置36教学班，容纳一至六年级1800名学生入读，于9月建成并投入使用。新落成的盐町头小学是一所具有前瞻性、高标准、风格独特的义务教育现代化小学，服务凤山街道盐町头和滨海社区近4万群众的子女就近入读小学的学位需求，解决周边学校学位拥挤的情况。

香洲街道光明小学　由深圳市光明区（原光明新区）出资2100多万元援助重建的香洲街道光明小学，也于9月建成并投入使用。学校占地10920平方米，新增建筑面积9852平方米，可开设30个教学班，容纳学生1500人，极大地解决城区尤其是香洲街道学位不足的现状，是城区推进教育现代化学校建设的亮点。

【高中阶段教育】 2018年，全区有全日制高中学校5所，职业技术学校1所，高中生6084人，中职生1106人。2018年普通高考，全区5所高中学校，参加高考考生共2144人，全区高考本科上线人数658人，本科入围率30.69%，同比增长15.6%。

【民办教育】 2018年，城区有注册获办学许可证民办学校4所，已办证民办幼儿园33所，社会培训机构10所。其中，民办小学4所、在校学生数3730人；已办证民办幼儿园33所，在园幼儿5038人。社会力量办学校（园）数占比：小学校数占比为 6.89 %、学生数占比为 12.2 %；已办证民办幼儿园数比上一年增加 12 所，同比增加 36.4 %。民办教育的发展缓解了城区公办学位紧缺的局面，为城区教育事业的稳步发展发挥了较大的作用。

【特殊教育】 城区特殊教育学校项目，择址东涌镇桂青村片区（原桂青小学），计划投入资金 3300 万元，已到位资金 2756 万元（省财政新建标准化特殊学校专项资金），该项目总规划占地 15000 平方米，第一期规划占地面积 5000 平方米。新建教学楼、宿舍楼、培训楼、大门围墙等内容。2018 年 5 月开工，计划 2019 年 4 月封顶，8 月完工交付使用，9 月招生开学。城区特殊教育学校的动工建设，将推动城区特殊教育事业的发展。

（余湖飞、王利捍）

附：城区教育局领导名录

局　长：陈小凯

副局长：吴义军

罗方辉

徐子岳

· 新城中学

【概况】 城区新城中学是一所公办全日制完全中学，占地面积 52062 平方米，建筑面积 42658 平方米，为广东省一级学校、广东省普通高中教学水平优秀学校，2009 年 12 月通过广东省国家级示范性普通高中初期督导验收。2018 年，有 59 个教学班（初中 25 个，高中 34 个），在校学生 2940 人（初中 1140 人，高中 1800 人），教职工 293 人。

【办学理念】 学校坚持“立德树人，人文立校”的办学理念，以“知书达礼，全面发展，时代精英”为育人目标，以信息化、终身化为发展方向，以“红色引领，礼气素养”为办学特色，以“明德砺志，自强不息”为校训，形成了“团结、勤奋、求实、创新”的教风和“博学、笃行、自主、合作”的学风。建立了教代会和家长委员会制度，努力实现管理的科学化、民主化、高效化。

【办学条件】 学校拥有理化生实验室 12 间，计算机室 5 间，生物标本室、历史、地理、美术、舞蹈、音乐等功能室多间。图书馆藏书 12 万多册，报纸杂志 300 余种，初中部、高中部各有学生阅览室 2 间。建有宽带网络系统、监控系统，教室全部装有最新型多媒体教学一体机，校园网覆盖整个教学区和生活区，实现了网络化、现代化教学，是广东省现代教育技术优秀实验学校。

【党建工作】 学校发挥党总支政治核心作用，坚持“党建+”工作理念，把党建工作延伸到年级、科组、线条，着眼“四有”（有人、有地、有活、有威信），实施“五大工程”（坚持红色引领、筑牢红色阵地、弘扬红色文化、发挥红色示范、用好红色基金），努力构建“支部建在一线、党员干在一线、作用发挥在一线”的党建工作新格局。成立了高中组、初中组和后勤组 3 个党支部，每个支部根据不同的科组搭配，各下设 2 个党小组，进一步加强党对学校各项工作的领导，全校 83 名党员在各自岗位发挥骨干中坚力量和示范引领作用。

【教师团队】 学校拥有一支高素质的教师队伍，教师来自全国 26 个省（市、区），师资力量雄厚。教职工 293 人，其中：初中 116 人，高中 177 人。现有广东省特级教师 1 名、国培对象 6 名、省级骨干教师 8 名、“南粤优秀教师”7 名、市名教师培养对象 6 名、区以上学科带头人 18 名。学历 100%达标，有研究生学历 9 人。高级教师 73 人，一级教师 133 人。

【教学活动】 学校实施“九礼五气”素养教育，注重发展学生核心素养，大力进行课堂教学改革，取得了一定的成效。2018 年，学校本科以上入围 232 人，完成率居全区第一。2018 年中考进步显著，该届初三毕业考试总平均分由入校时全区第六名跃至中考全区第二名。

5 月，学校学生参加“全国基础教育英语综合能力竞赛”，2 人获一等奖，4 人获二等奖，8 人获三等奖。

该校麦伊敏等 5 位教师参加汕尾市城区“牢记

总书记嘱托，开创城区教育新局面”征文活动获奖，一等奖2人，三等奖3人。

6月29日，该校陈子愿和陈雅滢同学参加汕尾市教育局主办的2018年汕尾市第二届“和教育–口语易杯”中小学生英语口语决赛，分别获得初中组一等奖（暨第一名）、高中组三等奖（暨第六名）。学校荣获该次活动的优秀组织奖。

6月，汕尾市城区“师德师风建设”征文评选，陈曼红老师的《用爱铸造师魂》获二等奖，张秀生老师的《牢记总书记嘱托 开创新中新局面》获三等奖，黄俊派老师的《牢记总书记嘱托 虚心做新型教师》获优秀奖。

第16届（2018）汕尾市青少年科技创新大赛，该校有12名同学获奖，其中获得一等奖1名，三等奖11名。

2018年汕尾市城区青少年科技创新比赛，有高一（12）班黄辉彬等22名同学获奖，陈锦燕、黄亚2位老师的科技作品获奖，该校获优秀组织奖。

2018年汕尾市中小学规范汉字书写比赛，有6名同学获奖，其中初一（1）班叶辅骐同学获中学软笔特等奖，高二（3）班黄泽倍同学获中学硬笔特等奖。

2018年城区教育局举办的全区中小学生“经典照亮人生”诵读大赛，在中学组17个节目中，该校代表队凭借优异的表现取得了优秀成绩：高二（5）班陈守旗、高二（6）班梁诗雅等4位同学诵读（姚兴华老师指导）的《琵琶行》获中学组一等奖，初三（1）班丁晓萱、初三（2）班林韩琳2位同学诵读（蔡晓君老师指导）的《生如胡杨》获中学组二等奖。

汕尾市城区2018年中学生运动会，该校代表队夺得高中组团体总分第一名、初中组团体总分第一名、高中男子拔河队第一名、高中女子拔河队第三名的好成绩。

2018年广东省“谁是棋王”全民争霸赛汕尾市城区中小学生棋类比赛，该校获“围棋中学组团体赛冠军”，魏绮彤等4名同学获奖。

2018年“体彩杯”汕尾市第七届棋类锦标赛，该校代表队荣获围棋少年A组团体季军。

汕尾市第一届（2018）中小学生（含幼儿）棋类大赛中，该校共有8名学生获奖（初中部3名，高中部5名）。

2018年汕尾市第一届“善美杯”棋类邀请赛，该校获象棋高中组团体季军。

【教研活动】 学校申报的7项汕尾市教育科学“十三五”规划2017年度研究课题成功开题，该校申报的“新高考背景下高中语文阅读教学策略探究”等4项汕尾市教育科学“十三五”规划2018年度重点课题成功开题。黄玉红老师的个人专著《高中英语高效课堂的时间与应用》已由辽海出版社面向全国正式出版发行。

杨秋红老师在2018年广东省中学青年教师数学问题讲授核心片段展示评比中荣获三等奖。（广东教育学会中学数学教学专业委员会 2018年5月）。

【学校荣誉】 学校先后被评为广东省文明单位、广东省绿色学校、广东省安全文明校园、广东省普通高中教学水平优秀学校、广东省中小学心理健康教育示范学校、广东省现代教育技术优秀实验学校、广东省语言文字示范校、广东省中小学校本培训优秀示范学校、广东省依法治校示范学校、广东省中小学教师培训实践基地、广东省中小学知识产权试点学校、广东省青少年科学教育特色学校、广东省群众体育先进单位、广东省第二届厂务公开民主管理示范单位、全国特色语文示范校、全国普通高级中学特色项目学校。此外，该校还是华南师范大学和广东体育职业技术学院教学实践基地、广东省社会科学普及示范学校、华南农业大学和南方医科大学等高校优质生源基地、美国东洛杉矶学院姊妹学校。

（邱如君、刘东生）

附：新城中学领导名录

校 长：林礼祝

副校长：邱 斌

·汕尾中学

【概况】 汕尾中学是汕尾市城区重点中学，汕尾市一级学校，市德育示范学校，首批省现代教育技术实验学校，市级安全文明校园，全国优秀家长学校实验基地，全国青少年校园足球特色学校，国防教育特色学校、广东省基础教育研究实验基地学校“海洋文化跨学科课程实验基地”。2018年，学校共有57个教学班，在校学生2712人，其中，初中24个教学班，学生1151人，高中33个教学班，学生1561人。有教职工270人，特级教师1人、正高级教师1人、高级教师81人、中级教师125人。其中有省名班主任培养对象1人，省”百千万工程”名师培养对象1人，“南粤优秀教师”4人，省骨干教师培养对象10人，市名校长培养对象1人，市名师培养对象1人，市、区学科带头人16人。广东省蔡森名师工作室一间、汕尾市刘金魁中学语文教师工作室一间、汕尾市王正国名班主任工作室一间。

【成果业绩】 2018年高考，该校优先投档上线37人,本科上线233人。第一批及本科以上上线人数、各批次上线率、所有参考学科平均分均位列全区第一。在各类学生竞赛活动中，该校师生也都有出色的表现。崔秀兰老师的公开课获得广东教育学会中学数学教学专业委员会组织的数学问题讲授核心片段展示评比一等奖；张小虎老师在汕尾市中学物理实验操作与创新技能竞赛中获得实验操作一等奖；封凯恩、徐于珊、李依晴、钱紫茵、李晓桧、林惠淇、陈楚枫、陈诗铟、谢文慧、卢琳琳、钟佩思等同学参加2018年汕尾市城区青少年科技大赛获得一等奖。

【重大活动】 4月21日，由市委宣传部主办，市文广新局、市文联承办的“红土地新征程 奋斗开创幸福路——汕尾市文化走基层流动大舞台”演出活动在汕尾中学举行；8月7日下午，海外华裔青少年“中国寻根之旅”夏令营一行到该校开展交流学习活动；10月17日，举行智常楼落成典礼暨“黎智常奖教金”颁发仪式，黄陆生等18位老师获得第六期“黎智常奖教金”，杨其倍等8位教师被评为为汕尾中学“首席教师”；12月29日，召开汕尾中学历史沿革研讨会，旨在厘清学校的历史脉络，对学校历史进行界定，具有里程碑意义。

【荣誉奖项】 2018年，该校黎燕妮、张美凤老师获得全国青少年毒品预防教育“6·27”工程优秀教师；刘金魁老师被评为“特级教师”；刘洋老师被评为“南粤优秀教师”；校团委书记林君立被评为2017—2018年度“广东省优秀共青团干部”；庄子校副校长被评为汕尾市“优秀教育工作者”；冯家学老师被评为汕尾市“优秀教师”；金伊平、冯家学老师荣获2018“感动城区年度教师”提名奖；刘明辉、彭晓洁、陈慧勇老师被评为城区“优秀教师”。

（陈慧勇）

附：汕尾中学领导名录

校　长：张竞能
副校长：蔡小然
　　　　林建好
　　　　庄子校
工会主席：郭佩琴

·田家炳中学

【概况】 汕尾市城区田家炳中学始建于1995年，原名称为凤山二中，后改为新湖中学，1998年6月，汕尾市城区人民政府和香港田家炳基金会共同出资建成为一所公办完全中学，并更名为田家炳中学。学校坐落在风景秀丽的品清湖畔，占地面积72465平方米，建筑面积36697平方米。2018年，有教学班70个（初中31个，高中39个），学生3430人，教职工351人。学校为汕尾市一级学校、广东省绿色学校、广东省现代教育技术实验学校、广东省体育特色学校、全国校园足球特色学校。

【配套设施】 学校有教学楼、办公楼、学生宿舍楼、教工宿舍楼、师生食堂、多媒体教室、语音室、电脑室、教学质量监督和课教资源智能采集系统、400米环形塑胶跑道、人工草皮标准足球场以及其他各项场地和设施。教学楼的建设按照省一级学校的标准，在教学楼内建造配套功能室以及教学设施。教学设备设施齐全，绿化率达标，实现校园美观，生活区、运动区及教学区“三区独立”。

【办学特色】 学校以“尚德、笃学、乐群、致远”为校训，践行“以人为本、和谐发展”的办学理念，构建“全面发展、培养特长”的办学模式，形成了三个鲜明的办学特色：“尚德笃学，仁爱奉献”的幸福教育、“体验分享，全人发展”的品德教育、“培养特长，多元发展”的艺体教育。

【教学成绩】 办学以来，教育教学质量稳步提高。2018年，初三学生在初一入学成绩排在全区第七、生源基础较差的基础上，经过三年的努力，中考平均总分跃升至全区第三名；高考本科以上两个批次均超额完成区政府下达的奋斗目标，向社会展示了一个“低进中出、中进高出、高进优出”的良好态势，成为一所家长信任、学生向往、社会好评的区域性优质学校。

【荣誉奖项】 学校先后荣获全国文明单位、全国特色语文示范校、广东省依法治校示范校、广东省安全文明校园、广东省工人先锋号、广东省巾帼文明岗等50多个荣誉称号。2018年，学校被省文明办授予“广东省创建全国文明校园先进学校”称号；魏小毅、钟帝赐、钟登林、黄惠霞4位教师被城区教育局评为“优秀教师”和“优秀班主任”。

（颜烈敏、王少贞）

附：田家炳中学领导名录

校　长：许伟东

副校长：蔡海棠

　　　　蔡笃雄

工会主席：简汉波

·捷胜中学

【概况】 捷胜中学，位于城区捷胜镇，创办于1943年秋。学校几历沧桑，数易校址，1974年定址“狗地”，李劳工烈士碑侧。二十世纪六七十年代承担高中教育，80年代后改办为初级中学。随着义务教育的全面普及，1994年9月，鉴于捷胜中学当时校舍已难以适应全镇初中教育的需要，于是，捷胜镇增建了第二所初级中学即捷胜文昌中学。1998年9月，文昌中学增办高中教育。后遂成为副科级建制的普通完全中学。多年来，捷胜中学教育质量在城区乡镇初中学校中成绩斐然，获评为全国青少年校园足球特色学校和首批国防教育特色学校。而捷胜文昌中学在全市乡镇高中学校中也办学成绩不斐，书画教育特色尤为突出，获评省书法教育名校、高考艺体类优秀学校，有30多位师生中成为捷胜书画社社员。近年来，学生书画作品参加省、市、区学生书画展100多人次获奖称号。两所中学均于2015年获授“广东省标准化学校”，多年来一起为捷城培育出了无数品学兼优、励志向上的箐箐学子，驰才于四方。

随着城市化进程的加快发展，两所中学的生源都逐年锐减，整体教育资源日濒浪费。为进一步优化教育资源配置和捷胜镇中小学学校布局调整，促进捷胜镇教育事业整体均衡良性发展，打造教育强镇，全面推进教育现代化，按照区委区政府、镇委镇政府和区教育局的指示精神，在广泛征求听取社会各界人士意见的基础上，于2018年1月9日，将两所中学合并为“汕尾市城区捷胜中学”，校址迁到捷胜文昌中学，仍为副科级建制的普通完全中学。2018年春季新学期如期开学，势头良好。合并后成效明显，学校已基本做到行政班子、教师、学生三融合，各项工作开展井然有序。合并后的捷胜中学，现有学生1003人，初中17个班，学生705人，高中10个班，学生298人。在编教职员工169人，其中，专任教师146人，工勤6人，中层干部13人，班子成员4人。高级职称教师9人，中级职称教师83人，城区学科带头人3人，市首批名师培养对象1人，省级骨干教师4人，市级骨干教师5人。

【教学设施】 学校占地3.5万平方米，校舍建筑面积约1.5万平方米，有教学楼2栋，综合实验楼1栋，学生宿舍楼1栋，教师宿舍5栋38套。设有物理、化学、生物实验室、电脑室、多媒体电教室、语音室、图书室、美术室、文昌艺术馆等20多间功能室；每个班均新装多媒体电教互动平台，初具了教育信息化设施；校园绿化面积达9500多平方米。但是，对照标准化学校建设和推进教育现代化以及各项安全工作标准的要求，学校仍须不断完善各项办学条件，期待更进一步的发展壮大。

（林位彬）

附：捷胜中学合并工作组领导名录

组　长：何纯宾（负责学校全面工作）

副组长：王　剑

黄礼荣

邝泽普

· 东涌中学

【概况】 东涌中学创办于1958年，是城区一所乡镇全日制公立完全中学，区一级学校。学校坐落在汕尾市城区东郊的东涌镇，面临风光秀美的品清湖，毗邻五星级豪华商住区碧桂园，背倚宏伟壮观的厦深铁路中转站。校园占地面积52000平方米，校舍建筑面积14657平方米。2018年，有教职工171人（高中90人，初中81人），其中专任教师152人（高中72人，初中80人）。教职工中，研究生学历3人，本科学历160人，专科学历8人，学历达标率为100%；高级职称17人，中级职称86人，初级职称62人，未评聘6人。全校有30个教学班，学生1255人。（其中高中15个，学生573人；初中15个，学生682人）。

【文化理念】 学校坚持“以人为本，和谐发展”的办学理念，秉承“尊师、守纪、团结、进取”的校风，恪守“怀德、尚学、砺志、感恩”的校训，创建高中艺体办学特色，注重培养具有创新精神和实践能力的新人，塑造学生健全人格，促进学生全面、主动、和谐发展。

【配套设施】 学校硬件配套设施较为完善，建有办公楼、教学楼、实验楼、师生宿舍楼；建有300米环形跑道的运动场及看台，壮观的学校大门和坚实的西侧围墙；配备计算机室、图书阅览室、理化生实验室、仪器室及其他功能室；各年级办公室已配备教师办公电脑及相应办公桌；教室配套可调节高度的学生课桌椅；各楼层设有过滤净水饮水机；整改校园安防、消防及应急照明设施；铺设多媒体教室“班班通”网线并加强校园文化建设。

【党建工作】 2018年，按上级党委要求，学校党支部经申请中共东涌镇党委批准，升格为党总支部，分设第一支部和第二支部，学校党总支部通过支委会提名，经镇党委批复后选举党总支书记、副书记及支委人选，为更好地做好支部党建工作夯实了基础。

学校党总支部多场次组织全体党员教师认真学习《中华人民共和国宪法》；深入学习习近平总书记视察广东时的重要讲话精神，分场次进行讨论交流学习心得体会，并形成书面材料上交党组织检查存档，很好地促进学校支部建设。并按要求落实全校教师下载“学习强国”APP，通过党员教师带动全体教师深入学习，认真对照本职工作中存在的问题和不足，深刻地作自我剖析及改进，提高了全校教师的思想政治站位，全面促进师德师风建设。全校教职员工按学校的规章制度坚持全员在岗，严格履行考勤制度和请假手续，实行全员坐班制。

【教学工作】 2018年，学校认真推行“高中抓特色，初中出成绩”的教学策略，落实常规教学管理，通过实行“推门听课”教研方案，学校领导和驻科行政深入课堂听课评课，形成常态，带动全校教学质量稳步提升。高中落实培优辅差计划，强化术科训练教学，注重综合科和艺体生文化成绩的提高，准确定位、科学备考。2018年高考，学校前三批入围人数126人，本科入围人数5人，本科线入围人数超额完成区政府下达的高考指标。受到市、区教育局的表扬，也得到社会的好评和群众的认可。

2018年，学校筹组了家庭教育委员会，聘请有正气、有能力的学生家长担任学校家庭教育委员会的成员，配合学校做好学生的监管工作。学校组织开展深入学生家庭普访和问题学生特访活动，校长许荣文亲自带领副校长、驻级行政、级长及班主任，利用课余时间，深入学生家庭普访，了解学生在家庭的学习生活状况，向家长汇报学生在校的学习情况。构建学校家庭教育网络共同体，加大对学生的监护力度，确保学生在家校的共同管理之下健康成长。

【荣誉奖项】 2018 年，方来良老师承担主讲的高二语文科教学片区示范课，教法独特，教学效果良好，得到片区学校听课教师和区教研室领导的高度评价。高中部和初中部校园足球队参加“2018 年度汕尾市城区校园足球”比赛，获得市级、区级校园足球比赛“双亚军”，赢得了市、区领导的一致好评。刘曼靖同学参加汕尾市城区中小学校反邪教警示教育宣传系列活动的“全民反邪教，同心奔小康”主题演讲比赛，荣获全区第二名，高中部罗思琳、冯夏蕊、翁嘉欣等同学参加城区“经典照亮人生”的诵读比赛荣获全区二等奖，得到区教育局的表扬。

（张永聪）

附：东涌中学领导名录

校　长：许荣文

副校长：刘东晓

梁金旦

何秀坤

· 城区职业技术学校

【概况】 汕尾市城区职业技术学校创建于 1984 年，是由翁域等 10 位老人自发筹资创办的一所“私立汕尾公学”，2010 年 8 月转制为公办学校，是一所汕尾地区创办最早，知名度较高，集中专学历和成人培训于一体的中等职业学校。学校坐落在城区香洲街道后径村西北侧，占地面积 2 万平方米，建筑面积近 2 万平方米。2018 年，在校生约 1300 人。有教职工 106 人，专任教师 92 人，学历达标率 100%，其中具有学士学位的专任教师 63 人，“双师型”教师比例高达 70%。高级职称 9 人，中级职称 28 人，初级职称 68 人。17 人获得区级以上优秀荣誉称号。

【校园文化理念】 学校坚持“以人为本，和谐共进”的办学理念，致力营造“感恩、诚信、文明、和谐、绿色”的校园文化。学校校训为“崇德感恩，笃学精技”。校歌为“汕尾市城区职业技术学校校歌”，翁域作词、黄琛作曲；校徽以传统的徽章、印章的图形为主轮廓，以 SLZ 三个字母为主要元素，SL 为“十老”拼音首字母，寓意汕尾市城区职业技术学校是由十位老人创办的，Z 为学校的重要元素，寓意职业教育类型，置于 SL 之下，并以流畅的线条表现，犹如海浪，象征汕尾市城区职业技术学校在汕尾这座城市创办并卓越发展。校庆纪念日为每年的 3 月 4 日。

【教学科研】 2019 届毕业生在全区中考、春季分类高考中取得较好成绩。截至 2019 年 5 月，学校在汕尾市教育教学优秀论文（案例）交流评比中累计有 176 篇论文获奖，其中 2018—2019 学年度获奖论文 28 篇。学校青年教师在师德师风建设征文评比、“我爱汕尾教育”征文大赛、汕尾市青年教师能力大赛、“精彩擅微人”汕尾市教师微课制作比赛、广东省“创新杯”教学能力大赛、广东省第 34 届科技创新大赛等重要赛事中皆有不俗的表现。

【配套设施】 学校实现了网络全覆盖，班班配有多媒体电教平台并与网络直通，学生实习实训设施设备完善，共有专业实训室 24 间。学校配有一座现代化图书馆和一间 400 多席位的学术报告大厅。另外，学校拥有独立运动场，包括 200 米跑道、田径运动场、篮球场、排球场、羽毛球场等。

【专业设置与就业】 学校开设有计算机平面设计、会计电算化、电子技术应用、电子商务、美术设计与制作（室内设计）、农村经济综合管理、农村电气技术 7 个专业。为了让学生有更多继续深造的机会，学校开设了高职类普通高考班，并与汕尾职业技术学院实行三二分段专业对接。对接专业有计算机平面设计、会计电算化、电子技术应用、电子商务、美术设计与制作（室内设计）。在近几年严峻就业形势下，学校毕业生的一次性上岗就业率依然高达 98%以上。

【教育成果与荣誉奖项】 建校以来，学校为社会培养了一万多名毕业生，大多数人已成为企业单位的骨干，相当一部分人拥有自己的企业。学校先后荣获“广东省绿色学校”“广东省职业教育先进单位”“广东省成人教育先进单位”等荣誉称号，是广东省首批规划建设的“骨干示范中等职业学校”、第一批“国家星火计划农民科技培训星火学校”、第二批“广东省青少年校园足球推广学校”、“广东省安全文明校园”、“汕尾市依法治校示范校”。

（罗国鹏）

附：城区职业技术学校领导名录

校　长：祝小惠

副校长：罗继炳

　　　　林长春

　　　　罗东升

卫生·人口与计划生育

WEI SHENG · REN KOU YU JI HUA SHENG YU

卫生·人口与计划生育

·卫生工作

【概况】 2018年，城区有医疗卫生机构171家。其中：区公立医院1家、区妇幼保健计划生育服务中心1家、区慢性病防治站1所；镇卫生院3所、社区卫生服务中心4所、社区卫生服务站1所，乡村卫生站52所；社会力量办医108所，其中，民营医院2所，个体诊所（门诊部）106所。区、镇（街道）、村（社区）三级卫生服务网络基本健全，逐步向规范化管理迈进。

【卫生创强工作】 一是补齐卫生健康事业基础短板。2018年，为了改善基层医疗卫生服务基础设施条件，提升服务能力，区卫计局通过夯实业主单位责任，继续加大推进区级重点项目建设力度，全力加快推进区级重点项目、基层医疗卫生单位标准化建设项目、中医馆建设、村卫生站规范化建设。其中：逸挥基金医院肿瘤防治中心，在进行一期工程内部装修，并在一期工程的基础上增加五至八层，二期工程在进行续建前期各项工作，累计完成投资3408万元；逸挥基金医院信息化建设项目，已完成主机房、动力机房的装修建设，安装部署了机房内核心设备，累计完成投资1545万元；住院医师规范化培训基地，已完成大楼主体建设，正在申报规划部门验收，累计完成投资1493万元。区妇幼保健院综合楼项目已于2018年1月投入使用；红草中心卫生院、捷胜镇卫生院标准化建设项目已完成工程验收并投入使用；东涌镇卫生院标准化建设项目已完成主体工程建设，配套工程项目在按程序申报建设；马宫街道社区卫生服务中心门诊住院综合楼改建项目首期工程已完成验收并投入使用，二期建设工程已完成室内装修。凤山街道社区卫生服务中心标准化项目在进行业务用房4—5层装修；香洲街道社区卫生服务中心择址新建项目，占地面积5000平方米，建筑面积3750平方米，已完成规划许可证，已开展土地征地确权工作；新港街道社区卫生服务中心标准化建设项目2个，其中，中心门诊大楼改造升级工程已完成门诊楼质量评估、环评、工程概算、工程预算，中心综合住院大楼续建工程在办理开工前期手续。在红草中心卫生院建设“中医适宜技术推广视屏网络平台培训基地”，投入40万元。同时，持续督促业主单位加快中医馆建设进度，捷胜、红草卫生院和马宫、凤山街道社区卫生服务中心中医馆已完成建设并投入使用，新港、香洲街道社区卫生服务中心和东涌镇卫生院中医馆正在规划设计中。2017年村卫生站公共卫生规范化建设任务为16间，该工作已开始招标采购38种基本医疗设备，待完成设备采购及招聘相应医务人员后可投入使用。2018年，全区共有26间村卫生站和5间精准扶贫村卫生站公共卫生规范化建设任务，已完成4间精准扶贫村卫生站建设，其他卫生站已明确建设择址，在进行前期建设工作。

二是加快补齐卫生计生事业的人才短板。继续加大卫生人才引进力度，加强人才引进政策设计。区卫计局牵头起草《汕尾市城区关于加强医疗卫生人才队伍建设的实施意见》，已完成实施意见征求意见工作，并已联合区人社局、区财政局、区编办将实施意见呈报区政府审定。是年，城区向汕尾市政府系统卫生、教育专项招聘平台上报招录人才计划107名，其中，区医疗集团拟招聘105名，区妇幼保健计划生育服务中心拟招聘2名；参加2018年广东省汕尾市卫计系统急需紧缺人才专场招聘项目，发布急需紧缺专业技术人才招聘需求66名，现场招聘签订医师聘用协议5人，签订就业协议1人。订单定向免费培养农村卫生人才计划16人，已组织完成签订协议手续，16名人员均已按要求到高校报到。基层医疗卫生单位设置全科医生特设岗位，2018年，经公开报名、资格审查、面试、考察、体检、公示等程序，4人获得通过。继续加大卫生人才培养力度，依托医师转岗培训项目，积极组织医务人员参加培训。2018年，共派遣全科医生参加转岗培训28名，全科医生岗位培训7人，产科医生（助产士）转岗培训6名。2018年，共组织了188人参加全国卫生专业技术初中级资格考试，22人参加全国护士执业资格考试，56人参加广东省卫生系列高级专业技术资格实践能力考试，22人参加2018年度卫生系列高级职称评审申报。加强医疗机构执业准入的管理。2018年，全区报考执业（助理）医师138名，报考中医医术确有专长人员医师17名。截至2018年12月，全区电子化注册执业（助理）医师共激活598名，电子化注册护士共激活597个，其中2018年护士首次注册36名，电子化注册进度100%。

【医药卫生体制改革工作】 一是通过加快城区医疗集团建设，推进分级诊疗制度建设，开展家庭医生签约服务实施分级诊疗体系工程，认真抓好制度设计工作，进一步推进医疗集团信息化建设，继续培育“一镇（街道）一特色医疗集团分院，开展健康体检活动。区医疗集团总院配置了3部医疗巡诊车，配备了车载移动DR拍片机、彩色B超机、心电图机、血液检测等设备和专业技术人员，配合全区各基层医机构到村（社区）开展基本公共卫生健康体检工作，在一定程度上提高了基层基本公共卫生服务能力和服务质量。是年，制定出台《汕尾市城区医疗机构分级诊疗双向转诊工作实施细则（试行）》《汕尾市城区医疗机构分级诊疗目录（试行）》等文件，进一步完善了医疗集团内急救转诊流程，建立了双向转诊绿色通道。牵头医院转诊服务中心为基层医疗机构上转的患者提供“一站式”医疗服务，对转诊患者实施优先诊疗，为下转康复病人提供连续性服务。是年，区医疗集团内基层医疗卫生机构上转患者2763人次，牵头医院下转患者444人次。实施“1+1+1”组合签约服务模式，加大上级医院专家对全区基层组成家庭医生签约服务团队29个。5月开展以“家庭医生：我承诺 我服务”为主题的家庭医生签约服务暨宣传活动，活动现场签共720人。9月开展为期一周的“服务百姓健康行动”全国大型义诊周活动，义诊人数共计587人次，其中农村建档立卡贫困人口49人次，并开展家庭医生签约服务工作的督导活动，对发现的问题予以通报并责令整改，提升服务质量。截至2018年12月底，家庭医生常住人口签约人数143264人，常住人口签约率34.28%，重点人群签约人数62954人，重点人群签约率60.04%。

二是加强公立医院综合改革，按照《汕尾市城区城市公立医院综合改革实施方案》文件精神，积极探索公立医院综合改革。在2017年7月8日取消公立医院药品（中药饮片除外）加成后，按照总量控制、结构调整的原则，继续调整提升体现医务人员劳务价值的医疗服务价格，通过建立补偿机制，多渠道补偿药品加成减少的收入，保障医院后续发展。推行按病种付费为主的复合型医保支付方式，逸挥基金医院严格执行《汕尾市城镇职工城乡居民基本医疗保险定点医疗机构医疗服务协议书》的规定，对住院病人推行按服务项目结算、按定额结算和按病种付费三种方式相结合的结算方法进行付费。截至2018年年底，逸挥基金医院按病种付费的病种达到30个。

【公共卫生服务工作】 一是扎实推进基本公共卫生服务。是年，区卫计局扎实推进基本公卫生服务，及时调整区基本公共卫生领导小组成员，细化分工，积极协作，合力推进，各项服务项目进展顺利。至12月，全区共建立电子档居民档案316313份，建档率75.69%，动态记录156229份，动态使用率48.24%。大力开展宣传教育活动，举办健康教育讲座、公众健康咨询活动共138期，参加人员近12973人次；发放宣传单、小册子、宣传画折页97种10.7万份；播放的宣传音像资料有91种，播放时间达到13189小时。加强预防接种服务。各小学、幼儿园及托儿机构等开展接种证查验、查漏补种工作，全区1—10月预防接种门诊共接种一类疫苗约10.4万针次，单苗接种率为95%以上。对重点人群健康服务，做到统筹兼顾，突出重点。积极开展妇女、儿童、老年人和高血压、糖尿病、重性精神疾病、肺结核患者健康服务管理，新生儿访视率、0~6岁儿童管理率分别为81.43%和81.8%；孕产妇早孕建册率、产后访视率为83.71%和81.43%；高血压患者11914人，规范管理率63.56%；糖尿病患者3968人，规范管理率63.18%；老年人管理率64.67%。

二是加强重大疾病防治工作，落实城区防治重大疾病工作联席会议制度，积极有序开展各种疾病监测与防控工作，科学防控重大传染病，全年全区疫情总体平稳。加强严重精神障碍患者管理。成立了区领导小组，制定《汕尾市城区重性精神病患者项目管理实施方案》，开展年度精神病专题培训班，组织5名医务人员参加省为期一年的精神病培训班，增强城区技术力量。逐步建立综合预防和控制严重精神障碍患者危险行为的有效机制，组织精神卫生专业人员，开展排查新发病患者，防止严重精神障碍患者肇事肇祸案件的发生。是年，新发现确诊严重精神障碍患者189例，全区有在册管理病人共有1657人。争取政府加大投入，严重精神障碍患者得到免费治疗，减轻精神病患者家庭负担，使全区没有发生严重精神障碍患者严重肇事肇祸案件。

三是规范实施预防接种服务。对全区7个乡镇（街道）进行儿童预防接种规范管理工作检查和指导；开展疑似预防接种异常反应的监测，及时妥善处理异常反应，同时完善预防接种反应报告系统。自2018年月15日吉林长春长生疫苗事件发生后，根据省、市、区的部署和要求，成立了区相关领导小组，认真开展排查、督查，核查、封存、设立咨询台及补种等相关工作，累计出动人次数100多人次。

四是认真谋划广东省慢性病综合防控示范区建设工作。区卫计局按照国家卫生城市标准，切实增强责任感和使命感，积极行动，提前谋划，逐步推进慢性病综合防控示范区建设工作，牵头起草《汕尾市城区创建广东省慢性病综合防控示范区工作方案》，方案已征求相关部门意见并报区政府审核。

【平安医院建设】 结合开展“平安医院”建设活动，按常态对各医疗机构医疗质量工作进行管理，对申请校验的医疗机构进行逐间审查，规范医务人员诊疗行为，保障就医患者医疗安全。同时，要求全区各医疗机构建立健全各项规章制度和应急预案，不断加强医务人员业务能力与医德医风教育，不定期组织医疗管理人员以及医务人员开展相关培训，提高诊疗业务水平。加强突发事件处置能力，依法妥善处理好医患纠纷。是年，全区医疗卫生单位共收治诊疗人数668971人次，同比增11.87%。其中：门急诊644053人次，同比增长11.81%；出院人数24918人，同比下降2.20%。医疗业务收入约2.87亿元，同比增长1.39%。其中：住院收入2.05亿元，同比下降0.97%；门急诊人均费用130.17元，同比增长0.78%；住院人均费用8193.4元，同比下降0.91%；住院人均每日费用1085.5元，同比下降0.92%；药品占医疗收入比重33.71%，同比下降3.06%。

【创建省健康促进区】 2018年，城区全面启动省级健康促进区建设工作，区卫计局作为牵头单位，高度重视，积极行动，发挥综合协调作用。成立了城区健康促进委员会和健康专家委员会，建立城区创建健康促进区工作网络，制定出台了《汕尾市城区健康促进与教育工作“十三五”规划》《汕尾市城区创建省级健康促进区工作实施方案》等文件，为全面做好健康促进工作打好基础，确保创建省级健康促进区工作正有序开展。一是全方位开展健康促进宣传工作。利用微信公众号新媒体开办了“汕尾健康促进”公众号，制定出台《汕尾市城区健康促进微信平台建设方案》，成立了城区“汕尾健康促进微信平台”工作领导小组和微信平台运维编辑小组。5月18日，微信公众号“汕尾健康促进”正式启动，每日推送健康教育与健康促进的相关信息。积极开展健康促进宣传活动。5月，开展校园健康巡讲活动，活动参与人数共计200余人，发放健康教育资料300余份；8月，举办将健康融入所有政策专题策略讲座，共计400多人参加了讲座；结合“4·25”儿童预防接种宣传日、“5·31”世界无烟日等重大节日，深入全区城乡开展健康主题活动。创新健康素养媒体传播方式，将“健康素养66条”制作成动漫公益广告，该项工作在进行中。二是开展居民健康素养监测工作。为了解全区居民健康素养水平和变化趋势，推进城区健康促进行动项目，按照省、市统一部署，城区于10月开展省级健康素养监测项目工作，11月开展市级健康素养监测工作。由省健教中心抽选3个镇（街道）中的6个社区开展问卷调查，其中省级按每个社区调查45份问卷，一共270份；市级每个居委完成175份问卷，一共1050份。各监测单位已经完成省级健康素养监测任务。三是大力开展健康促进行动。根据《城区创建省级健康促进区实施方案》要求，全面开展健康促进医院、健康促进学校、健康家庭、健康促进机关创建和无烟单位建设工作，各项创建工作步入规范化轨道。四是加强健康促进工作督查指导。为加快创建健康促进区工作进程，确保创建任务按时按质完成，自2018年7月开始，区工作督导组开展了督查，全面了解各地各单位开展健康促进工作建设情况，查找不足，积极改进，为创建省级健康促进区工作迎接考核评估奠定坚实基础。是年，下发督查通报共3则。

【创建国家卫生城市】 在“创卫”工作中，区卫计局、区爱国卫生办公室作为创建卫生城市的牵头协调部门，主动担当,发挥综合协调、技术指导作用,认真落实工作职责,严格对照创建国家卫生城市的标准，逐级逐项落实“创卫”工作任务。一是抓好制度设计和台账资料整理工作。统一协调全区创建国家卫生城市工作以及制度设计、健康宣传教育、信息上报、档案资料收集整理等工作。牵头起草《汕尾市城区创建国家卫生城市实施方案》《关于实行创卫工作网格化的通知》等文件。二是抓好督查指导工作。根据职能部门主体职责和属地管理职责要求，加大“创卫”工作督查力度，督促各责任主体全面履行岗位职责和属地管理职责，做到及时督办到位、通报到位，对于查摆出来的问题，加强技术指导，迅速补齐创卫短板。已组织专项督查12次，已印发督查通报2期，整改通知函5份。

·人口计生工作

【简述】 2018年，城区紧紧围绕“实施全面两孩政策”和“综合改革人口计生工作”中心任务，以开展免费技术服务为抓手，以计划生育兼职单位落实工作职责为依托，稳妥扎实有序推进新《广东省人口与计划生育条例》的落实，人口计生工作取得较好的成效。全面完成了市下达的人口计划和各项工作任务，顺利通过省、市的人口计生目标责任制考核。

【抓好计划生育基础工作】 继续深化全面实施两孩政策后生育引导、政策衔接工作。继续抓好人口责任制考核工作，对各镇（街道）进行计生日常督查工作，出生人口数据按月有序录入计生信息系统，做好计生各项基础性工作。

【平稳实施全面两孩政策】 在继续深化全面实施两孩政策后生育引导、政策衔接工作的基础上，继续强化计划生育服务水平，做好计生各项基础性工作。2018年，全区常住总人口为36.14万人，出生4944人，出生率为13.58‰，同比下降1.7%；自然增长率为9.48‰，同比提高0.3‰；政策生育率为85.80％，同比下降11.97%；性别比为108.78。各项指标均优于2017年。

【加强家庭发展能力建设】 开展计划生育特殊家庭优先便利医疗服务，为计划生育特殊家庭开通优先便利就医“绿色通道”，提供挂号、就诊、转诊、取药、收费、综合诊疗等优先便利医疗服务。5月开展“2018年度汕尾市家庭发展促进月暨健康素养宣传年启动仪式”，共接受群众咨询1200多人次，发放各类宣传资料6000多份、避孕药具2000多盒，活动效果明显，深得群众的好评。继续抓好香洲街道“新家庭计划—家庭发展能力建设”项目。重点落实“四项”奖扶制度，2018年，全区享受省计划生育家庭奖励的受益对象共1240人，发放奖励金共1531179元，计划生育奖扶制度及优惠政策落实率100%。

【全面落实妇幼健康服务】 强化妇幼基本服务体系建设。适应新形势下群众生育需求，做好生育全程服务。一是调整扩增产科、儿科床位设施，进一步扩大优质妇幼健康服务资源供给。二是完成区出生缺陷干预中心建设，实施出生缺陷防控干预。三是进一步优化整合孕前保健、孕期保健、住院分娩、儿童保健、预防接种和计划生育服务等内容，将妇女儿童纳入家庭医生签约服务范围，打造生育全程医疗保健服务链。四是积极实施重大公共卫生项目，努力提高妇幼健康服务质量，全区完成适龄妇女“两癌”筛查11092人次，孕前优生健康检查2213人次，出生缺陷防控筛查4084人次，发放叶酸4232人份；新生儿遗传代谢病筛查率为92%。

【做好流动人口服务管理】 认真做好流动人口集中服务管理工作，制定出台《汕尾市城区开展流动人口集中服务管理专项活动方案》，部署各镇（街道）开展流动人口服务管理活动。5月26日，开展了“流动人口均等化服务”宣传服务活动，为现场的群众提供流动人口基本公共卫生服务均等化、流动青少年健康促进、家村留守儿童健康关爱等知识咨询、健康免费检查等服务。开展流动人口清查摸底登记工作，及时将清查名单反馈给辖区卫生院（社区卫生服务中心），为其进行基本公共卫生服务。此外，凤山街道被国家定为2018年流动人口动态监测调查点，区卫计局积极协调街道计生办，开展调查人员进户技能培训和前期流动人口名单筛查、上报工作，加强人员进户工作督导，做好数据监测、汇总、报送。

【事记】 1月26日，区卫计局联合区红十字会“开展博爱送万家”活动，对马宫街道马宫社区50多户精准扶贫户、城区20多户困难群众进行走访慰问，为他们送去博爱物资，发放救助物品总价值约2万元。

3月13日，区卫计局召开创建国家卫生城市和广东省文明城市活动大会。

4月19日，区卫计局、区计生协会组织开展上门送保险单到基层服务活动。

4月24—26日，区卫计局组织城区各镇卫生院、街道社区服务中心，开展为期三天“4·25”儿童预防接种活动日。

5月4日，区卫计局党总支组织全体党员和入党积极分子共40人，赴海丰县开展“传承红色基因 坚定理想信念”党日活动。

5月26日，区卫计局开展“流动人口均等化服务”宣传服务活动，为现场的群众提供流动人口基本公共卫生服务均等化、流动青少年健康促进、家村留守儿童健康关爱等知识咨询、健康免费检查等服务。

8月23日，邀请广东省健康教育所中心主任汤捷到城区开设“将健康融入所有政策”专题讲座。市卫计局副局长许晓文、市直有关单位领导、各县区有关领导、区健康促进委员会成员单位及下属单位、各镇（街道）主要领导、各村（社区）主任以及城区中大型企业主要负责人等400人参加了讲座。

9月8日，区卫计局联合区红十字会在新城中学开展2018年“世界急救日”交通安全“救”在身边大讲堂活动，共有近200多人参加。

9月28日，城区卫计局在市区坎下城开展“以人人动手、灭蚊防蚊、健康迎国庆”为主题的2018年秋季爱国卫生运动统一活动，共有300人参加了活动。

10月14日，全国爱国卫生专家到汕尾市指导国家卫生城市创建工作。

11月27日，区卫计局组织开展了2018年流感医疗工作培训班，共约200名医务人员参加培训。

（朱少立）

附：城区卫生和计划生育局领导名录

局　长：刘克涛

副局长：郑伟雄

林庆和

冯少添

汕尾市第二人民医院（汕尾逸挥基金医院）

【概述】 汕尾市第二人民医院（汕尾逸挥基金医院）组建于1997年，是由香港爱国同胞洪逸挥无偿捐资和市城区人民政府出资兴建的一所公立医院，2011年经汕尾市人民政府同意升格冠名“汕尾市第二人民医院”，2011年成功创建三级乙等医院，2016年成功创建汕尾首家三级甲等医院，是汕尾地区集医疗、教学、科研的于一体三级甲等综合医院。医院推行新的管理体制和运行机制，尤其是公立医院法人治理结构的改革管理经验在全省医院交流推广。是汕尾市试点医联体建设单位、公立医院薪酬制度改革试点单位、现代医院管理制度试点单位，汕尾市城区医疗集团总院。

医院占地总面积30000多平方米，总建筑面积40000多平方米，由门诊楼、医技楼、住院楼三座主体建筑和两座附属楼组成，加上即将投入使用的肿瘤防治中心和科研教学大楼，医院总建筑面积将达到 60000 平方米。

该院建院以来，成功创建“无红包医院”，并获得汕尾市人民政府纠风办颁发“无红包医院”称号，在百姓中享有良好口碑。医院连续八年四届获得了广东省“文明单位”，并先后获得了全国“百姓放心医院”、广东省委“先进基层党组织”、省职业道德建设“百优单位”、省“百家文明医院”、省“白求恩式先进集体”、省“文明窗口单位”、省“物价先进单位”、汕尾市“廉政建设先进单位”等一系列荣誉。2016 年 5 月，医院被广东省委、省人民政府授予“广东省先进集体”称号，并以“现代化平民医院”进行公开报导。2017 年，荣获汕尾市“创文创卫文明单位”称号。

2018 年，汕尾市第二人民医院（汕尾逸挥基金医院）有医职员工近千人，卫生技术人员 838 人，高级职称 121 人，中级职称 148 人，初级职称 531 人。开放病床 560 张，病床使用率 93%。全院出院病人达到 24513 人；住院麻醉手术台数 6044 台，同比增长 4.4 %；门诊服务病人 51.4807 万人次。

【医疗科目】 医院内现设有医技临床科室 45 个,内设有一级临床科室：内科、外科、妇产科、儿科、急诊科、重症医学科等；设有二级专科：心血管内科、消化内科、呼吸内科、肾内科、普外科、骨科、胸外科、泌尿外科、神经外科等。医技科室设有：医学影像科、功能科（B 超、心电图、脑电图、经颅多普勒等）、检验科、输血科、病理科等。其中，心血管内科、急救医学科和中医脾胃病科是省级临床医学重点专科,还设立了胸痛中心、卒中中心。骨科列为广东省重点扶持建设医学临床专科，妇产科已获得省卫计委四级手术技术准入；还有耳鼻喉头颈外科、眼科、微创手术、肿瘤介入诊断等具有技术优势的特色专科。

医院目前拥有如 64 排 128 层 CT 机、1.5TMR 核磁共振、DSA、DR、CR、钼靶、多功能麻醉机、麻醉监护仪，腹腔镜系统、输尿管镜系统、宫腔镜、超声刀、多功能电刀、白内障超声乳化仪、多功能显微镜、快速消毒炉、等离子内镜消毒器、全自动生化仪、快速冰冻切片机、血透机、电子胃肠镜、彩超等，适应三级医院的临床诊疗、教学、科研等的需要。

【党建工作】 医院设党委，全院有党员 234 名，预备党员 10 名，入党积极分子 25 名。其中，高级职称的党员有 66 名、中级职称 59 名，占党员总数的 53.4%。研究生学历的 8 名，学士学位 84 名，硕士 23 名，本科生学历的 133 名，大专学历 76 名，大专以上学历 217 名，占党员总数的 92.7%。医院党的组织构成是以密集型知识分子为主体。医院党委成立后，把党建工作放在第一位，与医院工作紧密结合，下设 8 个党支部。把支部建在科室，充分发挥党员的先锋模范作用和战斗堡垒作用，涌现了一批优秀医生护士党员，医院党委先后两次荣获“广东省委先进基层党组织”称号。

【医疗科研】 2018 年，医院继续与中山大学孙逸仙纪念医院等省级三甲医院加强技术协作，不断提高临床技术水准和科研教学能力，提高医院教学、管理和科研水平，定期开展学术讲座、医疗查房、病例讨论等工作，在业务、技术上进行指导，取得较好效果。同时，医院充分发挥行业特点，往多学科方向发展，加强服务能力建设，相继建立了胸痛中心、脑卒中中心、创伤中心等高水平急救中心，为急危重症病人提供便捷的诊疗服务。

【医德医风建设】 2018 年，医院继续强化“以病人为中心”的理念，想病人所想，急病人所急，从管理细节入手，用精湛的医术和优质的服务赢得患者的信任。医德医风建设作为塑造医务人员的品质和灵魂的活动，是一个十分复杂的过程。医院注重加强领导，强化教育，健全制度，综合治理，继续保持和发扬该院“无红包”医院的品牌优势，加强对年青医生道德质量教育，培育员工的价值观体系，建立优秀医德医风团队；做好临床药师药学查房和处方点评，规范临床用药和路径管理。加大内审监督力度，完善廉洁行医制度；继续落实治理医药购销领域和廉洁行医规章制度，加强阳光用药和及商业贿赂，杜绝回扣，全面提升员工综合素质。

【事记】 1 月 4 日 市政府副市长余红在市、区党政领导和卫计局等部门领导的陪同下，到捷胜镇卫生院、凤山街道卫生服务中心、汕尾市第二人民医院（汕尾逸挥基金医院）等单位，就城区推进医联体建设工作进行实地调研，实地察看了医疗集团远程会诊设备及操作流程，与医护人员进行交流，就医联体建设推进过程中需要解决的问题进行了探讨并指导工作。

1月18日上午，省卫计委信息统计处甘远洪处长一行在汕尾市卫计局领导的陪同下，到汕尾市第二人民医院（汕尾逸挥基金医院）就全民健康信息化工作进行实地调研和指导工作，实地察看医院信息管理中心及新建立的信息化系统，并表示赞赏。

1月20日，医院泌尿外科成功完成一例腹腔镜下肾上腺巨大肿瘤切除手术，患者恢复良好。

1月27日，汕尾市医学会放射学分会年会暨医学影像新进展学术论坛在该院十三楼学术报告厅举行。汕尾市医学会会长胡立峰、名誉会长李振雄、汕尾市第二人民医院（汕尾逸挥基金医院）院长余健儿、常务副院长洪浩波、汕尾市医学会放射学分会全体委员及来自汕尾市各级医疗机构放射科、临床各科相关专业医务人员约200人参加了会议。

2月6日上午，在新春佳节即将来临之际，汕尾市第二人民医院（汕尾逸挥基金医院）邀请市广播电视台、汕尾日报社等媒体记者和汕尾时代网、汕尾市民网、汕尾在线网以及部分新媒体代表进行座谈会。医院党委书记、院长余健儿，副院长曾斌、卓雅淑及党政办、工会等部门负责人和相关人员参加了会议。

2月12日上午，医院志愿者服务队与汕尾市血站联合组织无偿献血活动。

2月15日（农历大年三十）下午，院长余健儿和值班干部慰问节日值班的医务人员。

3月17日，孕产妇管理培训班在医院学术报告厅开班。培训班由汕尾市医学会主办、汕尾市医学会妇产科分会协办。深圳市人民医院教授郭晓辉，汕尾市医学会会长胡立峰、副会长兼秘书长唐珠兰出席并授课。汕尾市各级医疗机构妇产科及相关专业医护人员约200人参加了培训班。

3月27日上午，由区卫计划生局主办、汕尾市第二人民医院（汕尾逸挥基金医院）协办的“献血，现在献血，经常献血”全区卫生系统无偿献血活动在该院住院部一楼大厅举行。

4月8日，“千家医院消化领域能力建设项目”学术活动在医院举办。活动特邀北京医院消化科主任许乐、广东药科大学附属第一医院消化内科首席专家何兴祥副院长、汕头市中心医院大内科兼消化内科主任郑永平参加并授课。汕尾市各级医疗机构消化内科及相关专业医护人员约150人参加了学术活动。

4月11日，城区卫计系统进一步学习贯彻习近平总书记重要讲话精神及全国“两会”精神——“以新的更大作为开创广东工作新局面”专题学习会议在医院召开，掀起全区卫计系统党员干部了学习热潮。区卫计局中层以上干部，各街道、镇社区服务中心、卫生院正、副主任（院长），汕尾逸挥基金医院院领导及各职能部门正、副主任参加了学习会。会议由区卫计局局长刘克涛主持。

4月19日下午，医院胸痛中心建设知识培训在十三楼学术报告厅举行，汕尾市第二人民医院（汕尾逸挥基金医院）党政领导班子及全体干部、职工、医护人员、后勤工人、保安等参加了培训。

4月20日，医院相关领导组织员工分批对香洲路区域及深入西兴社区进行环境卫生集中整治活动，对沿街杂草、杂物、烟头、废纸、果皮、积存垃圾、废弃堆积物等进行清理大扫除。

4月21日下午，汕头大学医学院2018年硕士在职研究生同等学力课程汕尾班开学典礼在医院举行。

5月13日，医院党委书记、院长余健儿带领班子成员、党员、团员和志愿者近一百人，深入红草镇红草社区帮扶创文创卫工作。

5月17日，汕尾市胸痛中心创建活动培训会议在医院学术报告厅举行。此次培训由卫计局主办、汕尾市第二人民医院（汕尾逸挥基金医院）协办。中国胸痛中心认证工作委员会副主任委员兼秘书长向定成教授率领国内胸痛知名专家团队汇聚汕尾，指导胸痛中心建设。

5月26日，医院组织团员、志愿者在医院住院部一楼大厅开展“共建美丽乡村”捐书活动。为城区红草镇红草社区居民献出爱心，完善红草社区文化室建设，助力医院创文帮扶点完成创文工作。

5月31日，第31个世界无烟日。当天上午，汕尾市第二人民医院（汕尾逸挥基金医院）党委书记、院长余健儿带领医院50名党团员志愿者前往慈云山公园参加第31个世界无烟日现场宣传活动仪式。

5月31日下午，为让福利院的孩子们感受到社会大家庭的温暖，在六一儿童节前夕，医院组织开展“关爱孤残儿童，呵护身心健康”主题党日活动。医院党委副书记、纪委书记、工会主席郭坤营带队，组织20余名党团员干部和志愿者赴汕尾市儿童福利院慰问孤残儿童，为孩子们带去食品、学习用品、玩具、生活用品等物品，慰问人员并与孩子们在游戏中亲切沟通交流。

6月9日，广东省中医药学会肿瘤治疗与康复专业委员会2018年学术年会暨“肿瘤中医药治疗新方法、新技术学习班”及中西医肿瘤专家汕尾义诊和护理健康讲座在汕尾市第二人民医院（汕尾逸挥基金医院）举行。

6月21日　市委常委、区委书记李庆新，区委副书记、政法委书记郑良斌在区公安分局召开“扫黑除恶”专题座谈会，调研扫黑除恶工作。

6月30日，为加强急诊医学领域学术交流，促进急诊医学发展，提高对急诊患者诊治水平，广东省医学急诊医学分会汕尾学术直通车会议在汕尾第二人民医院（汕尾逸挥基金医院）学术报告厅举行。

7月17日，为贯彻落实市委、市政府创建文明城市工作部署，汕尾市第二人民医院（汕尾逸挥基金医院）联合多单位在城区香洲街道城西社区居委会门口小广场举办“2018年汕尾市健康科普社区活动”。

7月24日，汕尾市第二人民医院（汕尾逸挥基金医院）在医院学术报告厅举行“2018年新员工（住培医师）岗前培训”开班仪式。

8月8日，由医院党政办组织的志愿者服务队在党委副书记、副院长曾斌的带领下，深入香洲街道西兴街道、红草社区开展卫生大清理大整治行动。

8月18日，为深入贯彻落实习近平总书记的重要指示精神，大力弘扬“敬佑生命、救死扶伤、甘于奉献、大爱无疆”的崇高精神，汕尾市第二人民医院（汕尾逸挥基金医院）精心筹备，举办了“医学人文之光配乐演讲”活动，以演讲互动形式，让医生讲述自己身边的故事，抒发医者情怀，推动全社会形成“尊医重卫”的良好氛围。

8月25日，举行中山大学孙逸仙纪念医院和汕尾市第二人民医院举行医联体签约仪式及“广东省提升县级医院乳腺甲状腺疾病诊疗服务能力建设单位”牌匾揭牌仪式。并举行首届“中国医师节”暨逸仙医学学术论坛“粤东乳腺甲状乳腺疾病诊疗进展学术报告会”。为了让病人更多的了解乳腺癌，战胜乳腺癌，树立信心，坚持治疗，促进康复，提高生存质量，汕尾市第二人民医院（汕尾逸挥基金医院）邀请在院进行过治疗的病友，成立了“汕尾市美丽曲线友爱会”。

8月29日，2018年全科医生转岗理论培训班开班仪在汕尾市第二人民医院（汕尾逸挥基金医院）十三楼学术报告厅举行。

9月14日，由城区卫计局主办、城区医疗集团、汕尾市第二人民医院（汕尾逸挥基金医院）协办的城区2018年“服务百姓健康行动”全国大型义诊活动在红草社区举行，汕尾市第二人民医院组织内、外、妇、儿等各科医疗专家服务队，深入红草社区免费为居民送医送药，为他们提供医疗服务，宣传普及卫生健康知识。

9月15日，“广东省医师学会感染科医师分会基层党建活动——慢性病毒性肝炎规范性治疗和管理巡讲”汕尾站在汕尾市第二人民医院（汕尾逸挥基金医院）举行。

9月21日，受医院党委书记、院长余健儿委托，汕尾市第二人民医院党委副书记甘强率领精准扶贫工作队，深入香洲街道西兴社区慰问贫困户。

9月25日，按照区委、区政府和区卫计局的工作要求，汕尾市第二人民医院（汕尾逸挥基金医院）召开“扫黑除恶专项斗争再动员再部署”全院职工大会。

9月29日，广东省庆祝“改革开放四十周年”宣讲报告会汕尾专场在汕尾城区奎山公园举行，近500名市民自发赶到现场聆听了报告会。市委常委、宣传部部长曾晓佳出席了报告会。该次汕尾专场4位宣讲人中，有全国优秀医院院长、广东省五一奖章获得者、汕尾市第二人民医院党委书记、院长余健儿。

10月19日，汕尾医疗集团城区居民健康体检启动仪式在汕尾市第二人民医院（汕尾逸挥基金医院）门诊部广场举行，院领导、各职能部门负责人，以及居民健康体检服务团队参加。活动总负责人、副院长何永越主持了启动仪式。

10月24日，汕尾市第二人民医院（汕尾逸挥基金医院）在住院部十三楼学术报告厅召开以“尊崇宪法、学习宪法、遵守宪法、运用宪法”为主题的全院职工大会。大会分设4个会场，全院职工除了值班人员外有近800人参加。

10月30日，为进一步创建省级文明城市和国家卫生城市，加强医院精神文明建设，加大医院控烟力度，营造良好的诊疗环境，按照上级有关文件精神，结合医院实际情况，医院控烟领导小组近期在全院范围内开展创建无烟医院志愿活动。

11月5日，汕尾市第二人民医院（汕尾逸挥基金医院）党委召开主题为“迎接新时代、抓住新机遇、接受新挑战，把改革开放不断推向深入”的党委扩大会议，传达全省、全市干部会议专题学习贯彻习近平总书记视察广东重要讲话精神。医院党政领导班子，党委委员、各支部书记、支部委员，以及各部门正副主任等参加了会议。

11月17日，“广东省胸部肿瘤防治研究会汕尾市分会胸部肿瘤多学科综合治疗论坛”暨汕尾市医学会肿瘤学分会年会在汕尾市巴黎半岛酒店隆重举行，并邀请汕尾地区各级医疗机构多名肿瘤专科人员参加。

11月24日，“汕尾市卒中防治工作推动会暨脑卒中防治学术会议”在汕尾市第二人民医院（汕尾逸挥基金医院）举行，标志着汕尾市脑卒中防治工作揭开新的一页。

12月1日，中山大学孙逸仙纪念医院与汕尾市第二人民医院举行骨科联合义诊活动。马若凡、许杰等多名骨科专家教授将到现场为群众义诊。

12月26日上午，汕尾市第二人民医院（汕尾逸挥基金医院）为夺取首届STORZ杯全国优秀中青年妇科腔镜知识技能大赛亚军的王斐斐医生颁奖。院党政领导和有关科室负责人等出席了颁奖仪式。

12月20日，汕尾市第二人民医院深入西兴社区及居委管辖区开展挂驻帮扶基层文明卫生创建工作。

（黄建军、罗珠池、林晓曼）

附：汕尾市第二人民医院（汕尾逸挥基金医院）领导名录

党委书记、院长：余健儿

常务副院长：洪浩波

党委副书记、副院长：曾 斌

副院长：彭俊锋

　　　　卓雅淑

党委副书记、纪委书记、工会主席：郭坤营

党委副书记：甘 强

副院长：何永越

　　　　叶晓东

妇幼保健

【概况】 城区妇幼保健计划生育服务中心于2015年11月18日由原城区妇幼保健院和城区计划生育服务站合并组成，业务用房面积2625平方米。2018年，在职专业技术人员31名，其中副主任医师1名，中级技术职称16名，初级技术职称14名。设办公室、妇幼保健科、围产期保健科、儿童保健科、医教科、后勤科等科室。主要负责全区重大卫生项目的实施，全区妇女儿童保健工作，计划生育技术服务工作，对辖区内妇幼卫生计划生育服务信息进行收集、统计、分析及汇总上报。承担全区预防艾滋病、梅毒、乙肝因素传播的技术指导、检查及检验人员培训，农村孕妇叶酸补服发放、农村妇女免费“两癌”筛查，基层开展公共卫生妇幼保健适宜技术指导和培训工作，计划生育服务技术，计划生育避孕药具免费发放，免费孕前优生健康等工作。

【创新管理机制】 落实综合目标责任考核制。与妇产科、儿科等科室签订责任目标状，细化责任目标考核细则，做到及时督查、及时反馈、及时整改。

实施妇幼保健院综合改革。围绕孕产妇、妇女、儿童三大人群健康需求，办公室、儿童保健科、妇女保健科、围产期保健科、医教科、后勤科，实现保健与临床的学科结合、功能结合、管理结合。按绩效薪资考核方案。认真贯彻“九不准”规定，建立以岗位性质、技术含量和风险程度、服务数量与质量等要素为主要依据，以服务效率、服务质量、群众满意度为主要内容的综合目标绩效考核体制。全年门急诊26866人次，业务收入166万元。

【强化医疗安全】 注重医疗安全。进一步加强落实病历书写制度、医师值班交接班制度、三级医师查房制度等医疗核心制度，改进医疗服务质量和服务流程。增强医疗安全意识，开展医患沟通及医疗纠纷防范培训，提高医务人员医患沟通技能和医疗纠纷防范意识。加强急救技能培训，全院“急危重”患者的抢救能力和各项应急能力有了长足的进步。加强护理管理。提升护理人员的素质和业务技能水平，认真执行护理核心制度，定期开展护理三基培训，护理质量不断持续改进，护理质量有效提高。完善院感管理。加强医院感染的监测及监管，定期、不定期对各个科室无菌技术操作、消毒隔离制度的执行及医疗废物处置情况进行考评检查。

【人才培养】 加大人员引进及培养力度。选派7名医务人员到城区逸挥基金医院转岗培训，参加外出短期培训近40人次。加快新技术、新项目实施步伐。

【规范妇幼保健管理】 落实基本公共卫生妇幼保健项目管理　截至12月，全区孕产妇保健管理率为99%以上，住院分娩率、高危孕妇筛查率、高危孕妇住院分娩率均达100%，孕产妇死亡率为零。新生儿访视率95%，出生缺陷发生率、围产儿死亡率和婴儿死亡率分别控制在2.9‰、10.2‰和0.48‰以下。

做好重大妇幼卫生项目工作　一是启动新一轮的农村妇女“两癌”检查工作。全年共为7个镇（街道）的11092名农村妇女开展免费“两癌”检查工作。二是认真落实农村孕产妇住院分娩补助政策。三是认真实施农村妇女免费增补叶酸预防神经管缺陷项目工作，全年免费增补叶酸4232人份。四是继续做好孕产妇艾滋病、梅毒、乙肝母婴阻断工作,全年完成7146例“三病”检测并阻断。五是为辖区育龄夫妇提供免费孕前检查，全年共检查2213对。六是开展出生缺陷孕妇早期初筛，全年共筛查4084对。

加强儿童群体保健管理　做好一年一度的儿童体检工作，共为55626余名儿童进行了体检，并进行了视力与口腔病筛查。

【推进健康促进医院建设】 狠抓行业作风建设。一抓工作纪律，对各科开展工作纪律、工作作风督查；二抓服务态度，对服务态度和服务行为进行集中整治，重点整治语言生硬、脸色难看、推诿病人等不良行为；三抓执行力，加大中层干部执行力的考核，考核执行时间、考核执行结果，考核执行效果，切实提高医院整体战斗力和运行效率。丰富职工业务文化生活。分别于“三八”妇女节期间通过减免诊察费、检查费、手术费等措施，开展了关爱女性活动；“五·一二”护士节开展了护士护理礼仪表演比赛。加大舆论宣传力度。及时宣传好人好事和新业务、新技术等，在妇幼微信公众号，定期更新医院动态，及时更新医院网站信息，对各科室业务开展妇幼卫生知识进行有效宣传，提高医院知名度，树立良好的社会形象。根据健康促进医院建设的具体要求，认真做好组织管理、健康环境、无烟医院、健康教育等方面的工作。

【事记】 区妇幼综合楼于2018年1月17日正式揭牌，完成整体搬迁工作并投入使用。

区出生缺陷中心在原有设备的基础上，增购四维B超并投入使用，提升产前诊断工作水平，为城区出生缺陷防控工作奠定了坚实的基础。

各项业务工作按进度推进，门诊量同2017年相比，增长了10%。

“两癌”筛查工作作为常态化工作，完成了省级、市级项目任务，并把国家免费“两癌”精准扶贫任务认真落实完成。定期组织一支6人的筛查小组到各镇（街道）、村开展筛查工作，使农村妇女在自己家门口就能享受到国家惠民政策。

（林义彬）

附：区妇幼保健计划生育服务中心领导名录

主　任：林伟强

副主任：卓海激

　　　　陈裕柱

慢性病防治

【概况】 2018年，城区慢性病防治站在编在职医务人员16名。其中，副主任医师1名，临床主治医师4名，临床执业医师3名，临床执业助理医师1名，检验师2名，护理师3名，医士2名。配备彩色B超、心电图仪、DR-X光机、全自动血球仪、全自动尿液分析仪、全自动生化仪等设备。

【业务工作】 2018年，城区慢病站重点做好麻风病防治、肺结核防治、性病监测、性病艾滋病高危人群综合干预、全区重性精神疾病网络管理工作。

麻风病防治 2018年，全区麻风现症病人1例，为多菌型病人，患病率为0.2025/10万人。城区属麻风病老疫区、高发区。2000年，经省考核验收，宣布全区基本消除麻风病。但基本消灭麻风病不等于完全消灭，人群中还有一定数量的隐藏病人，麻防工作仍按提高全民麻风病知晓率做全面宣传、预防，用科学有效方法，主动发现病人，做到早诊断，早治疗，早康复。

肺部结核病防治 1994年，城区开始实施肺结核病控制项目，对活动性肺结核患者实行全程病情监管，实施免费治疗，直至把患者治愈。2018年，该站为全区550例肺结核可疑患者提供免费检查，发现活动性肺结核患者320例。在册登记结核病患者460例，全年完成治疗430例，完成治疗率达到93.48%。

加强学校结核病防控工作 坚持属地管理、联防联控的原则，进一步加强对学校结核病防控工作的组织领导。举办“结核病防治健康教育进校园活动”“学校结核病防治健康教育活动周”等健康促进活动。加大宣传教育力度，动员全社会，共同关心、支持、参与结核病防治工作，开展多渠道、多形式的宣传教育活动，使广大群众了解结核病的危害，掌握结核病防治知识，提高自我防护能力，发现可疑症状及时就诊，最大限度地提高病人发现率。

性病监测 全区共报告性病658例，其中，梅毒556例，淋病16例，尖锐湿疣53例，生殖器疱疹4例，生殖道沙眼衣原体29例。

性病、艾滋病高危人群综合干预工作 为控制性病、艾滋病的流行，开展宣传和培训等形式，现场讲解性病、艾滋病的预防和生殖健康等知识。2018年，共完成干预工作56次，干预不同场所23间，干预从业人员362人次，免费发放安全套1580份，宣传资料和健康教育手册1148份，发放并收回有效调查问卷148份，举办健康讲座5场次，发展、培养同伴教育员6人。免费进行艾滋病性病初筛检测148人次，共检查出艾滋病（HIV）阳性0例，梅毒阳性5例，淋病0例，生殖器沙眼衣原体阳性7例。

重性精神疾病网络管理工作 全区各镇卫生院，社区卫生服务中心重性精神病人报告情况：2018年，全区共报告录入严重精神障碍患者1660例，其中马宫街道99例，红草镇252例，东涌镇350例，捷胜镇297例，凤山街道213例，新港街道200例，香洲街道249例。检出率3.96‰,管理率为96.33%，规范管理率为49.1%，规律服药率为55.3%。

（林培歆）

附：城区慢性病防治站领导名录

站　长：林培歆

副站长：杨瑞璘

爱国卫生工作

【概况】 汕尾市城区爱国卫生运动委员会办公室成立于1990年7月21日，原人员编制1名，2012年6月21日经上级有关部门同意增加编制至3名，2018年经上级有关部门同意增加2个编制，共5个编制。区爱卫办属公益一类正股级事业单位，负责区爱卫会日常工作，组织成员单位开展爱国卫生工作。

【爱国卫生工作】 区委、区政府将爱国卫生工作纳入重要议事日程，全面实施了“一把手”工程，区属各单位、各部门主要领导担任爱卫会成员，形成了强有力的爱国卫生组织领导机构。完善了区、街道（镇）、社区（村）三级管理体系，使爱国卫生工作层层有人抓，事事有人管，人人有责任，从而保证了各项目标任务的落实。每年爱国卫生统一行动月，区委、区政府高度重视，印发工作方案，组织全区干部职工、学校师生、青年志愿者和社区（村）居民开展群众性爱国卫生活动。

【卫生城市创建工作】 2018年3月13日，城区召开了全区创建国家卫生城市动员大会，正式启动“创国卫”工作，并明确提出要努力把城区的基础设施、环境卫生、综合管理水平提高到一个新的台阶的目标。城区迅速行动，扎实推进，深入开展爱国卫生运动和环境综合整治，取得阶段性成果。

一是始终坚持把综合整治作为强势推进“创国卫”的重要手段，着力改善人居环境，通力配合，扎实推进，抓好环境卫生“三个一”制度的落实，以“一月一测评活动”“爱国卫生活动月”等为契机，动员广大职工群众，大力开展环境卫生整治。二是始终把督导检查作为推动工作的重要抓手，确保各项工作符合标准、按期推进，区创卫办督查组对社区环境卫生、健康教育、门前三包、公厕、病媒生物防制等内容进行专项督查，及时发现问题，积极督促整改。三是继续强化18个改造升级农贸市场管理，落实农贸市场网格化管理制度，加强日常宣传与市场巡查，及时纠正占道经营、货物乱堆乱放、环境卫生“脏乱差”、市场秩序混乱等违规行为，确保持照、亮照经营。四是大力开展病媒生物防制活动，聘请专业病媒生物防制消杀公司，开展区域内公共场所外环境的灾后病媒生物防制消毒消杀行动，对汕尾市区内公共环境、公园、公厕、主次干道、垃圾中转站等区域进行病媒生物防制消杀。组织各单位、街道（镇）开展爱国卫生运动统一行动，清除建筑、生活垃圾，清除积水，清除“四害”孳生地。同时，坚持专业队伍与群众运动相结合的方针，通过发放除“四害”药品、聘请专业人员进行消杀活动、指导群众使用药品开展消杀活动等方式，广泛发动群众开展除“四害”活动，努力把“四害”的危害控制在最低限度，保障人民群众身体健康。

【宣传工作】 2018年，区委宣传部、区创卫办、区卫计局、区教育局、区爱卫办等单位充分发挥健康教育主力军作用，多方位拓宽宣传领域，巩固发展宣传教育阵地。区直机关单位、街道（镇）、社区（村）等都设置宣传栏开展宣传工作；各级医院、学校定期开展健康生活知识的传播和教育；汽车站、广场、公园均设置有固定大型的宣传栏，由各管理单位定期开展健康知识教育宣传。印发了大量倡议书、宣传海报、宣传折页，曝光“创卫”重难点和卫生死角，报道创卫带来的新气象、新面貌，形成强大舆论攻势，提高广大群众对创卫的认识。

（罗珠池）

附：区爱卫会领导名录

主　任：陈景元

副主任：李泗远

　　　　刘克涛

区爱卫办领导名录

主　任：刘克涛

社会生活

SHE HUI SHENG HUO

人力资源·社会保障

【概述】 2018年，城区人力资源和社会保障局（以下简称区人社局）认真学习贯彻习近平总书记重要讲话精神和习近平总书记视察广东重要讲话精神、全国“两会”精神、局党组及时制定工作方案及学习计划，召开党组会集中学习13次，党支部会学习7次，党员会学习6次，党小组会学习10次，每名党员有一套学习资料、一篇心得体会、一本学习记录本，做到人人学习、人人体会、人人记录。并注意培养年轻干部，补充新鲜血液，培养入党积极分子3名，确定发展对象2名，吸收预备党员3名。

同时，认真落实全省人力资源社会保障工作会议精神，紧紧围绕区委、区政府工作部署及上级人社部门的工作要求，坚持以促进就业和社会保障为工作重点，努力推进城区人社事业改革发展迈上新台阶，统筹做好各项人力资源和社会保障工作。不断优化服务，切实加强窗口作风建设，不断提高窗口服务质量，全面规范窗口工作人员的服务态度、工作纪律和审批行为，严格要求窗口经办人员对待前来办理业务的群众做到耐心、主动、积极服务，督促窗口经办人员认真履行“五制、四公开、三亮明”工作要求，不断优化畅通举报投诉渠道，对群众反映事项及时处理并反馈，强化为民服务理念。2018年，办理居民医保零星报销件约4800件，办理居民特殊门诊新增及延期约1500件，办理居民养老遇领取资格认证34467人，审核职工特定门诊患者93人，办理失业就业登记4219人。

【就业工作】 城区用工服务工作信息被市委办《信息汇报》（2018年第12期）采用。一是积极落实就业政策，切实推进就业创业工作。截至12月底，全区新增就业人数 7173人，完成年度任务110.35%；就业困难人员实现就业441人，完成年度任务110.25%；帮扶城镇下岗失业人员实现再就业2535人，完成年度任务110.22%；城镇登记失业率控制在2.36%；零就业家庭动态管理归零，创建充分就业村（社区）94个，农村劳动力更新累计约14.2万人。二是多场次举办企业用工招聘会。全年共举办各类招聘会24场次，参与招聘共有225多家企业，提供就业岗位达26000个，求职咨询约18500多人次，达成用工意向约4900人。三是积极开展就业创业工作。四是落实各项补贴政策。鼓励创业和多种形式灵活就业，受理就业困难人员灵活就业社保补贴。前三季度共发放社保补贴1848379元（其中：第一季度补贴639人，金额692696元；第二季度542人，金额586590元；第三季度485人，金额569093元）。五是积极实施“双转移”战略，做好农村劳动力培训转移。全年完成转移农村劳动力5270人，完成目标任务109.79%，其中就地就近就业3085人，农村劳动力转移就业率88.69%；输出到“珠三角”地区就业1829人；向深圳市输出农村劳动力1324人（完成任务110.33%），向惠州市输出农村劳动力254人（完成任务110.43%），向东莞市输出农村劳动力251人（完成任务109.13%）。六是积极开展劳动力技能提升培训，截至12月底，通过省劳动力技能晋升培训系统录入的共有2345人，分为60期进行培训，培训工种为中式烹调师（初级）、美容师（初级）、育婴师（初级）、美发师（初级），通过培训并获取国家职业资格证书共1808人，完成市下达任务的181%。

【社会保障工作】 一是做好社保扩面和基金征缴工作。截至12月底，预计全区养老保险参保人数46914人，完成率85%，累计征收23905万元。其中：企业养老参保人数40250人，完成率99.38%，征收12262万元，完成率93.3%；失业保险参保人数15509人，完成率84.29%，累计征收262万元，完成率99.24%；工伤保险参保人数18714人，完成率95%，累计征收191万元，完成率70%；生育保险参保人数12248人，完成率93%，累计征收218万元，完成率114.74%。二是深入做好城乡居保的参保宣传和发动工作，2018年参保人数90580人，完成100.4%，其中领取待遇人数36526人，实际缴费人数40000人，完成100%，累计征收6633万元。三是做好养老保险养老金发放审核工作。全年办理城乡居民养老金发放生存认证34467人，健在31573人，死亡485人，暂停不符合条件2409人，死亡人数63人，及时办理养老金暂停，保证基金安全。四是积极核实并追回死亡冒领养老金工作。对省审计指出至2018年3月有22名居民死亡后继续违规领取养老待遇人员和1名服刑人员领取待遇的问题，通过组织人员对疑似死亡对象的核查，对于22人已经确认死亡的，由各镇（街道）人社所发放《养老金追缴通知书》，由其家属签名确认，并说服其尽快退回多领的养老待遇，同时发函督促市区社保分局与养老金发放银行衔接。至11月26日已经退回多领养老金的23人（其中服刑人员1人），共40675.13元。已办理退回重复领取养老金及终止居民城乡养老保险关系的有21人，合计重复领取885人次，退回重复领取金额56856元。五是开展打击骗取医保基金专项行动。成立汕尾市城区医疗保险稽核小组，成员由区人社局、汕尾市社保局市区分局、区卫计局、区医保中心、区劳动监察执法大队组成，对10家定点医疗机构开展经常性的检查、评价（每月3次），加强医疗费用控制，及时发现、解决医疗服务中存在的问题，防止虚假住院，杜绝骗取社会保险基金的行为，确保医疗保险基金的安全。六是依法依规进行工伤认定。2018年度，共收到投诉或申请工伤认定案件27宗，共收到工伤认定案件27宗，其中已经作出工伤认定13宗、不予受理3宗、不予认定3宗，中止申请1宗，撤销2宗，双方达成协议2宗，补偿金额110.9万元，仍在调查办理的3宗。有效地维护了企业和职工的合法权益。七是做好被征地农民保障名额的核定工作。被征地农民每人计提9000元，累计落实养老保障的被征地农民16675人，落实保障资金15007.5万元。八是做好下岗失业人员档案管理工作。认真做好全区各企业1300多名下岗失业人员的档案管理以及社保续保补保、退休、调动等服务工作。

【统筹推进人事人才工作】 该局紧紧围绕区委、区政府的中心任务以及上级人社部门的工作要求，认真抓好人事人才各项工作。一是积极做好公开招考录用公务员的各项工作。为提高城区新招录公务员综合能力，2018年，城区在招录新公务员学历设置及职位设置上打破常规，率先在全市各县区设置本科学历学士学位以上，且职位设置为科员和副主任科员。共有64人通过审查符合报考职位要求，22人通过面试入围，其中2人放弃录用资格，新招录20名公务员。二是认真做好全区机关事业单位工作人员年度考核和政府行政任免、年度考核和日常管理工作。全年办理提请、报请区政府任免的工作人员34人次，办理公务员转任7人次;做好2017年公务员年度考核1078人，事业单位管理人员年度考核5424人，优秀比例d 15%以内。三是做好高校毕业生报到服务工作。为方便高校毕业生报到就业，全面实行高校毕业生（非师范生）网上报到，工作人员网上审核，实现毕业生最多跑一次。截至12月底，网络接收应（往）届毕业生网上报到人数1626人，转接应（往）届毕业生人事档案共1892份，并归档录入信息系统，办理档案转递394人。四是认真做好工资福利业务工作：1、调整工资标准。根据国办发［2018］3号文件规定，调整全区机关事业单位工作人员工资标准及离退休人员增加离休费，其中调整机关工资人数1120人，事业工资人数5190人，人均月增资300元，离休人员12人，人均月增资400；2、规范津贴补贴。根据中共广东省委组织部、省人力资源和社会保障厅、省财政厅、省审计厅《关于开展工资津贴补贴发放专项清理的通知》（月人社明电［2018］58号）文件要求，参照市的做法，规范城区机关事业单位工作人员津贴补贴（绩效工资）和离退休人员生活补贴；3、切实做好工资福利审批的日常工作，确保全区机关事业单位人员每月工资能够按时发放；4、做好离退休费、抚恤金和遗属生活困难补助费等核实、审批工作。五是规范事业单位人事管理。根据区委组织部、区人社局《关于进一步规范股级干部选拔任用工作的通知》文件精神，进一步强化党管干部、党管人才，规范干部选拔任用工作。全年共审批实名使用岗位139个，其中，管理岗位7个，专业技术岗位131个，工勤岗位1个。六是办理机关事业人员调动。共办理区内公务员调动3人，事业人员调动22人（其中，区内调动10人，调出城区12人；调出城区的12人中，有教师7人、医生1人）。集中办理事业单位新进人员70人、转业士官指令性安置3人。七是推进县管校聘管理改革工作。该局联合区编办、教育局、财政局，分成两个调研组，深入全区各中小学进行走访调研，依据在校学生数量、年级分布和教育需求，重新核算各校教师编制，并广泛听取校长、中层干部、普通教师对“县管校聘”的意见建议，结合城区实际制定出台《汕尾市城区中小学教师“县管校聘”管理改革实施方案》。在深调研的基础上，根据各地教学需求，撤销“麻雀”学校31所，妥善、合理分流教师和学生，避免教育资源浪费，实现教育资源整合利用，为“县管校聘”改革的顺利开展做好各项前期工作。八是加强专业人才引进工作。该局积极培训、培养和引进高层次人才，加快优化教师和医生人员结构，按照城区教育创强工作要求，正在开展24名全日制研究生的招聘工作；针对医疗卫生专业技术人才紧缺的状况，在市委组织部的牵头下，将到贵州等山区现场招聘医生66名；为促进基层卫生事业发展，满足群众的医疗需求，通过有关程序，招聘4名基层医疗卫生机构特设岗位全科医生；安排16名高考学生作为订单定向免费培养农村卫生人才，在校学习期间免除学费和住宿费，并补助生活费，毕业后直接安排到基层卫生院工作。九是开展机关事业人员培训。2018年，举办初任公务员培训班39人，组织15名乡镇公务员去深圳参加能力提升专题培训，开展全区公务员“不忘初心、牢记使命”全员培训班，开展全区企事业单位管理人员和专业技术人员继续教育公需课培训班。

【维护劳动者合法权益】 一是充分发挥劳动监察大队职能作用，强化部门协调，加大执法检查力度，及时化解劳资纠纷。截至12月底，该局检查用人单位261家，共受理劳资纠纷案件案件102宗，已调处100宗，结案率为98%，为1510名务工者追回工资3716.875万元。其中，受理建筑业52宗，调处51宗，为1410名农民工追回工钱3640.0185万元。发放《中华人民共和国劳动合同法》《中华人民共和国社会保险法》等法律宣传手册8000多份。2018年度城区处理农民工工资支付工作代表全市接受省政府考核，汕尾市取得全省排名第一。二是推进和谐劳动关系示范区建设。严格按照示范区“十个全面”的标准，认真实施该局制定的《全面推进创建和谐劳动关系示范区工程实施方案》，加强对示范点创建工作的指导。已建立了红草镇、东涌镇、捷胜镇、马宫街道、凤山街道、香洲街道以及针织行业示范点7个，涉及企业总数210家，职工总数27281人；参加创建工程的企业达到了企业总量的78%，符合和谐劳动关系示范区创建标准的示范点达到72%。三是做好劳动人事争议处理工作，城区劳动人事争议仲裁委员会立案受理共13宗，已结案13宗，涉及劳动者13人，涉案金额2847896.42元。同时，加强和完善镇（街道）、村（社区）劳动人事争议调解中心的组织建设，设立了镇（街道）调解中心7个，村（社区）调解中心93个，配备调解员100人。四是完善企业用工管理，规范用工关系。加强对企业劳动合同签订情况的跟踪和监督，与劳动监察部门联合行动，深入企业调查摸底，督促和指导企业补办劳动合同，提高劳动合同的签订率。全年全区各类用工单位与劳动者签订劳动合同39103人，劳动同签订率达到了93%。

【全力推进中心工作】 做好精准扶贫工作。一是推进精准技能扶贫工程，落实就业创业和技能晋升培训优惠政策。2018年，全区转移贫困劳动力就业1708人，贫困劳动力职业技能培训10人，农村实用技能培训656人，优先安置特别困难人员到公益岗位就业10人。二是落实精准扶贫户技工院校减免学费优惠政策。已排查落实55名城区户籍贫困生学费减免及生活费补助政策，并补发55人生活费合计186000元（其中，2016—2017年度生活费11人次共33000元，2017—2018年度生活费51人次共153000元）。三是落实养老保险参保工作。截至12月底，全区建档立卡贫困人员7209人，符合参加城乡居民养老保险人数3755人（不含已参加企业职工养老保险和在校生），已参加城乡居民养老保险人数3755人；60周岁以上领取养老待遇2149人。做好清明节期间防火工作。根据《关于印发汕尾市城区2018年清明节期间森林防火实施方案的通知》要求，提前部署，安排人员，落实责任，清明节期间全力协助挂驻村红草镇南汾村做好森林防火工作，认真检查进入山区祭祖人员和车辆并做好登记，其间没有发生一宗山火事件。做好“创文创卫”工作。一是认真开展“创建省文明城市”自查工作，协助创卫挂驻社区做好创卫工作。二是及时制定开展“大走访、大排查、大整治”工作方案，为期一个月，组织人员到挂驻红草镇南汾村开展排查整治活动。三是协助红草镇、南汾村开展消防安全隐患排查整治活动。四是联合区司法局、区禁毒办到红草镇南汾村开展“送法下乡”专题宣传活动。

（魏孝佳）

附：城区人力资源和社会保障局领导名录

局　长：卢立对

副局长：陈春风

吴瑞能

林小青

黄泽霖

主任科员：余立宗

社会保险

【概况】 2018年，市区社保分局加强党建工作，抓好学习教育；紧紧围绕全区工作中心，持续深入开展创文创卫工作，创建优质服务单位，做好精准扶贫工作，帮扶贫困户脱贫；认真履行主体责任，坚持依法经办、强化管理、优化服务，以抓好各项政策落实为重点，拓宽、创新服务渠道和手段，不断提升社保经办服务能力，努力推进城区社保工作。内设股室：综合股、保险关系股、待遇核发股和医疗待遇核发股。在编14人，聘用19人，共33人。

【参保人数和基金收支】 养老保险：参保人数31685人，其中，企业养老24923人，征收企业养老金11772万元，支付15367万元,累计结余3837万元;机关养老6762人，征收机关养老金11232.61万元，支付4510.65万元，累计结余6805.58万元。

医疗保险：参保人数29702人，其中，退休2146人，征收统筹基金2716.26万元，支付2902.15万元，累计结余负5425.73万元。

失业保险：参保人数16600人，征收321.76万元，支付81万元，累计结余2449.96万元。

工伤保险：参保人数20297人，征收基金215.12万元，支付55.65万元，累计结余1598.79万元。

生育保险：参保人数17235人，征收基金231.73万元，支付552.29万元，累计结余负530.81万元。

城乡居民养老保险：参保人数99756人，征收新农保基金6395.25万元，利息收入131.20万元，财政收入补助5620.79万元，发放待遇人数426416人/次，支付待遇7129.96万元，累计结余74729.97万元。

【认真落实工作部署】 一是做好全区2018年机关事业单位退休人员享受医保个人账户划拨待遇验证工作。全区机关事业单位退休人员需验证165个单位，共1757人。截至6月底，已验证156个单位，确认生存1701人，已亡43人，已停止医疗个人账户的划拨。二是依据《关于进一步规范企业职工基本养老保险参保缴费政策的通知》，对全区灵活就业人员进行补缴工作，已参加补缴的人数为500人，补缴金额约1200万元。三是根据区人社局工作部署，做好被征地农民纳入城乡居民养老保险。2018年度失地农民补助征缴总人数3729人，经过一次性计提，每人每年600元，补助15年合计9000元，征缴补助3729人，确认到账33561000元，待遇重算2104人。四是根据市社保局《转发省社保局关于落实审计整改核实清理重复领取养老保险待遇工作的通知》，做好重复领取养老保险待遇的核查清理工作。全区城乡养老与职工待遇重复领取人员共有14人，通过电话联系参保者、与参保者户口所在地社区沟通、发函给重复领取地协助核查等，14名重复领取人员的金额已全部追回，共计43896元。五是根据《汕尾市社会保险医疗核查、零星报销、窗口作风“百日突击行动”实施方案》（汕人社发〔2018〕93号），与区人社局联合开展医疗保险核查、零星报销、窗口作风三项重点工作“百日突击行动”。

【规范基金支付管理】 多措并举，全面推行医疗智能监控，严禁侵占挪用基本医疗保险基金，确保医保资金运行安全。一是对所属10家定点医院进行巡查，抽查住院病历、空床情况。对4家涉及限制用药违规的医院要求其立即整改并将违规金额共2264.42元存入市区社保分局账户。二是联合人社、药监、卫计、公安等部门对市区的31家定点零售药店进行巡查，药店未全员参保、刷卡消费处未安装摄像设备、销售药品必须与三目不匹配、药师不在岗、处方药销售备案登记不完善、未明确标示可使用社保卡刷卡的区域及在收银台立牌未告知不可刷社保卡范围6类问题。对5家存在问题的药店，暂停服务协议，限期整改。三是充分利用医疗智能监控系统，对医院存在的可疑数据进行认真筛选，并要求医院同步自查，核查存在的问题要求医院整改并对违规的金额发放扣款告知书。

【加大工伤保险政策法规宣传工作】 为了加强工伤保险政策宣传力度，9月14日，在区司法局组织的汕尾市城区扫黑除恶专项斗争“送法下乡”活动中，该局与城区人社局一起下乡发放《中华人民共和国社会保险法》《工伤认定办法》《汕尾市工伤保险办理服务须知》《广东省工伤保险条例》《建筑业工伤保险申报》《中华人民共和国宪法》等宣传资料500多份,并到施工地向工人们宣传工伤保险，向包工头了解情况，耐心、详细地进行答疑和宣传《工伤保险条例》《建筑业工伤保险》。10月30日，市人社局、市社保局、区人社局与该局联合举办了社会保障法律法规暨工伤预防宣传咨询活动。发放《中华人民共和国社会保险法》《工伤认定办法》《汕尾市工伤保险办理服务须知》《广东省工伤保险条例》《建筑业工伤保险申报》《中华人民共和国宪法》等宣传资料1000多份，解答群众咨询200人次，营造了浓厚的宣传氛围，取得了良好的宣传效果。

【加强经办能力建设】 认真贯彻区委、区政府及市局文件精神，狠抓窗口作风，加强社保经办能力建设，提升服务效率和服务水平，树立文明服务良好形象。一是积极组织学习《服务规范》《工作纪律要求》《文明服务用语》以及相关业务知识，强化经办服务能力，提高整体素质，提升服务水平。二是坚持首问责任制、限时办结制、一次性告知制等，设置意见箱，自觉接受群众监督。三是明确窗口服务项目，梳理编制公开服务事项经办指南，通过经办大厅LED显示屏播放公开，设立各窗口指示屏，亮明岗位职责、主办业务等信息，明确大厅经办服务指引，方便群众及时、高效、准确的找准办事业务窗口。四是推行“汕尾人社”App及异地就医结算系统，完善群众网上社保查询、居民医疗养老在线缴费等功能，实现在全国范围内实现跨省异地就医登记结算。

【推进机关养老改革】 2018年度，按照区委、区政府及市局统一要求，精心组织，周密部署，扎实推进机关事业单位养老保险改革工作。一是高度重视，多次召开协调培训会，充分利用休息时间，组织该局业务人员先行学习省市相关文件政策，吃透文件精神，熟知业务系统。二是加强协调联动，建立社保、人社、编办、财政、地税的多部门沟通协调机制，方便各部门负责人及时对接工作任务。三是不断创新工作方法，建立城区机关事业单位养老保险改革工作QQ群，微信工作群，加强业务指导和工作调度，安排专人专职，做好数据审核、登记、征缴、待遇发放及补缴等工作。截止11月份止，已登记征收单位数233个，人数为6762人，累计征收金额10175.15万元，其中，养老为9941.82万元，职业年金为233.33万元。待遇支付单位累计218个，共1736人，待遇支付金额共3805.23万元。完成96%的机关个人账户退费，已退单位为162个，已退人数4863人，已退金额为8963.03万元。

【推进养老资格认证手段多样化】 2018年，为全力做好退休人员领取养老金资格认证工作，该局不断创新服务方式，打破历年单一认证方式，推进认证手段信息化、便民化、多样化。一是启用自助终端机人脸验证，广大离退休人员可到该局、各乡镇（街道）人社所，自行运用自助终端机进行养老资格认证。二是推出“汕尾人社”手机APP，在华为安卓市场、百度手机助手、腾讯应用宝、苹果应用商店搜索“汕尾人社”下载APP实名注册认证后，可选择“本人认证”或“他人认证”功能自行或者帮助他人进行认证。三是对部分高龄、卧床不起和行动不便者，组织工作人员上门认证，切实打通服务群众的“最后一公里”。全区需验证单位共256个，2017年12月底前需要验证的离退人数共5909人，通过自助终端机和“汕尾人社”手机APP验证人数共2000人，异地验证人数为211人，上门验证人数为60人。截至11月，已验证5882人（其中已办理退休死亡待遇人员95人），停止发放待遇人员27人。

【推行窗口“综合柜员制”】 根据市局统一要求，认真按照《社会保障视觉识别系统》《社会保障服务中心设施设备要求》等建设标准，加快推进社保经办大厅建设，重新划分受理服务、自助服务、等候休息、咨询服务以及后台办公等业务办理功能区域，统一形象墙、经办柜台、指示标志等社保形象标识标志，完善智能叫号、自助饮水、自取资料等便民设备，努力为办事群众提供良好服务体验。推行窗口“综合柜员制”。按照前台受理、后台审核的模式优化窗口设置,打破前台经办人员工作中的条块分割现象,将原来按业务分设的窗口优化整合为“综合柜员”窗口，统一经办。各股室设置窗口2个，配备综合柜员4人，确保“综合柜员制”服务的正常运行。

（翁穗妮）

附：汕尾市社会保险基金管理局市区分局领导名录

局　长：陈　衡
副局长：黎洁新
　　　　邓思南

民政事业

【基层政权与社区建设工作】 2018年，城区辖3个镇、4个街道，共有95个村（居）委会，（其中，村委会59个，社区居委会36个）。村（居）民小组413个（其中，村民小组267个，居民小组146个）。村（居）会成员488名，村（居）务监督委员会成员337名，村（居）民小组长404名。

加强城乡社区治理　一是加强民主管理。2018年，下发《关于规范使用村（居）务记录“四簿一卷”记录的通知》，要求村（居）民委员会准确、及时、工整填写相应栏目，妥善保管，切实推进村（居）务记录制度化、标准化工作。制定出台《关于进一步建立健全村规民约（社区公约）和村民自治章程的通知》，指导各村、社区制定村民自治章程、村规民约、居民公约，完善村、社区民主管理。据统计，全区95个村（社区）都有制定村规民约、居民公约，实现全区村级基层组织自我管理、自我教育、自我服务。二是加强民主决策。制定出台了《全区村民议事决策工作》《汕尾市城区城乡社区协商制度》，为村、社区民主决策机制提供制度保障。三是加强监督委员会建设工作。下发《关于加强村（居）务监督委员会规范化建设的函》文件，推进村务监督委员会“九有”建设，完成全区95个村（居）务监督委员会的挂牌、刻章工作。加强村（居）务监督委员会班子建设，2018年起，落实监委会成员工作补贴每人月675元。

做好社会工作　2018年，区民政局加强对香洲街道社工站业务指导，加大资金投入，同时加强对服务站和社工的宣传力度，通过开展活动和公众号、新闻媒体等形式进一步推广；为社工们打造更多独立的公共活动空间，发动社区居民参与到活动中来，把社工之家变成居民之家。定期组织学习社工专业知识和培训课程，了解熟悉民政政策的相关内容和工作，促使社工工作向专业化、职业化的方向发展。香洲社工站一共开展社区服务活动22场，包含社区学堂系列活动3场共15节、李嘉诚妇女儿童项目共8场活动，服务人群涵盖老年人、妇女、青少年、儿童及民政对象，总服务人次超过400人次，民政对象直接受益人数95人次、撰写社区行动研究报告2万余字、跟进个案服务案例4个、政策咨询和资源链接25人次、培育社区志愿者和志愿骨干25人、活动媒体相关报道3次。2018年度的服务活动次数和服务人次与2017年相比，有明显的数量增长和服务成效，主要体现在社区居民参与活动的积极性得到提高，民政对象的困难及实际需要得到一定的改善，社工在社区的宣传和知名度也得到明显的提升。

加强地名普查和管理工作　2018年，区民政局通过政府采购与广州欧科达公司签订合同，以购买服务的方式由欧科达公司开展地名普查工作。通过内外作业、专家认证、走访座谈，逐级审核把关，共采集了12大类，69小类，1599条地名，并通过国家验收。2018年，共完成省交办的地名成果素材的编写工作，共上报10地名成果素材，完成地名词条编纂工作18条，审批建筑物（住宅区）地名命名2条。

【双拥工作】 2018年，城区拥军优属工作，认真贯彻落实习近平总书记提出的“根据时代变化和工作要求，不断改革创新、与时俱进，全面提高新形势下双拥工作水平”的重要指示精神，强化责任意识和使命感，开拓进取，查漏补缺，取长补短，丰富双拥工作形式与内容，推进双拥工作社会化、经济化、制度化，进一步巩固和发展军民共建关系。动员全民参与，大力推进国防双拥宣传教育社会化，打造双拥文化品牌，以保持争创双拥模范区创建为目标，大力推进军爱民、民拥军的大好局面，促进军民融合发展。完善创建工作，采取有针对性、操作性的具体措施，按照双拥模范区的创建标准，大力做好双拥模范区创建工作，走出一条适合城区形势发展的新路子。

加强与驻区部队的互动，把重要节日走访慰问部队及重点优抚对象固定制度化，形成了与驻区部队的良性互动。全区上下以高度政治自觉性推进双拥工作，把双拥工作作为巩固国防安全、社会稳定、促进经济快速发展的坚强保证，作为实现全面建成小康社会宏伟目标的重要抓手。按照市委、区委“议军会议”精神，研究相应的政策措施，完善抚恤政策体系，协调解决现实困难。全力保障退役军人安置，做好军属随调随迁和安置就业工作，安置转业士官3名，解决自2011年《退役士兵安置条例》实施以来符合政策安置士官安置期间的生活补助问题，补发放符合政策安置退役士官安置生活补助28.9万元。落实各项优抚政策，全区享受定期抚恤补助的对象1337人，全年发放抚恤金为11003347元；义务兵自谋职业补助金标准每人年1.25万，共发放退役士兵自谋职业补助金305.3万元。落实定期抚恤补助对象医疗保障服务工作，全区1126多名优抚对象全部纳入城镇医疗保障，享受基本医疗保障待遇及住院治疗费“一站式”结算服务。帮助解决医疗困难优抚对象174人（次），共41.36万元。

做好烈士纪念设施的维护工作，上报立项申请省级专项资金，对凤山鼎盖山烈士纪念碑和捷胜李劳工烈士纪念碑进行维护升级改造，于9月30日前完成维护计划的第一期建设，促使烈士纪念设施发挥爱国主义教育和国防教育功能的作用更加突出。

全力做好涉军维稳工作，把涉军维稳作为头等大事来抓。努力化解涉军人员矛盾，减少上访事件。区民政局通过约访、主动下访等一系列措施，深入到涉军人员群体当中，与他们讲感情、讲政策、讲法律法规。依照相关政策规定，可以为他们解决的问题，在政策规定框架内想办法为他们解决，切实维护退伍军人的合法权益；不能解决的问题，向他们摆事实、讲道理，取得他们的理解与支持。

【社会福利和社会事务】 一是落实孤儿保障工作。完成孤儿基本生活费发放工作，2018年全区孤儿人数为167人，按社会散居孤儿每人月950元、集中供养孤儿每人月1560元的养育标准发放补贴资金，全年发放孤儿基本生活费191.4万元。二是落实事实无人抚养儿童的福利政策。2018年，全区事实无人抚养儿童共90人，每人月基本生活费500元，全年发放总金额53.8万元。三是落实残疾人“两项补贴”制度，全年发放“两项补贴”资金981.3万元。2018年，全区护理补贴对象平均每月2623人次，领取护理补贴661万元；生活补贴对象平均每月1694人次，领取生活补贴320.2万元。四是已落实省、市下达城区“每千老年人口养老床位数”28张床位、总数1211张的目标任务。五是不断完善社会福利机构环境建设，进一步推进农村养老事业发展。区福利院坚持以人为本，不断提高服务质量和办院水平，为收养人员提供良好的生活环境，特别是为部分行动不便的收养人员生活提供便利，区民政局积极筹措资金配套各项设施，进一步优化收养环境。六是坚持依法收养，严格按照《中华人民共和国收养法》规范收养程序，坚持收养条件，确保收养登记工作无错办、漏办的情况发生,2018年共办理收养登记3宗。七是切实做好社会流浪乞讨人员和“三无”流浪精神病人救助救治工作。八是加快推进城区养老服务业发展，进一步探索完善居家为基础、社区为依托、机构为支撑的养老服务体系，积极争取省、市福利彩票公益金支持村（社区）扩建改造升级一批居家养老服务中心，提升养老服务功能。

【殡葬管理】 2018年，区委、区政府始终按照市委、市政府《关于全面推进殡葬改革加强殡葬管理工作的实施意见》《关于开展占地毁林建坟专项整治工作方案》的要求，认真部署殡改工作，调整和充实殡葬管理工作的领导力量，制定工作计划，出台了《汕尾市城区殡葬改革工作实施方案》《关于开展占地毁林建坟专项整治工作方案》。2018年，全区共火化遗体1700具，平均火化率100%，完成全年预测死亡数的100%。贯彻落实市委办、市府办《关于强化汕尾市殡葬管理工作追究的意见》和汕尾市殡葬改革领导小组《关于开展全市殡葬管理专项整治工作的通知》文件精神，积极开展“一月一测评”主题活动，制定下发《全区“三道四区”清坟专项行动工作方案》，有序推进“三道四区”占地毁林造坟整治工作。2018年，全面清理2016年7月后“三道四区”可视范围内的违规新造坟墓225穴。

【婚姻登记】 从2003年10月1日起，城区对国内居民实行集中婚姻登记，由区民政局办理婚姻登记。2016年开始办理全区国内、涉外、涉港澳台、华侨婚姻登记。为减轻群众负担，2017年4月开始办理婚姻登记取消收费。2018年度，共办理结婚登记3310对（其中，国内结婚登记3100对，涉外、涉港澳台、华侨结婚登记210对）；离婚登记938对(其中，国内离婚登记917对，涉外、涉港澳台、华侨离婚登记21对)；补领婚姻登记证书488宗。补录历史婚姻数据11829条。

【救灾救助工作】 2018年，城区着眼保障困难群众的基本生活权益，不断加强社会救助体系建设，确保民生保障相关政策落实到位，社会救助水平得到逐步提高。

实现低保、特困提标　2018年，全区列入低保救助3012户7465人，其中，城镇低保1152户2632人，农村低保1860户4833人。从8月起实现低保提标，城镇低保标准由每人月580元提高到638元，农村低保标准由每人月400元提高到440元；城镇人月均补差由460元提高到510元,农村人月均补差由210元提高到235元。全年共发放低保金3574万元。2018年，全区有特困供养对象634户634人，其中，城镇特困人员88人，农村特困供养546人，从8月起提高五保供养标准，城镇特困每人月1021元，农村特困每人月704元。截至12月，共发放五保供养金542.5万元。

城乡医疗救助　为有效缓解城乡困难居民因病致贫、因病返贫和看病难的问题，根据《汕尾市城区困难居民医疗救助实施办法》，结合城区实际，制定了困难居民医疗救助实施细则，明确申请医疗救助条件、救助标准、救助项目、申请和审批程序以及资金审核结算、来源等内容。安装了“广东省城乡医疗救助一站式管理网络系统”的配套软件，出台了医疗救助实施办法，实现医疗救助“一站式”即时结算服务。全额资助城乡低保五保对象参加医保，同时对困难对象给予适当医疗救，2018年提高救助比例按个人合规费用自费部分按80%比例给予救助。2018年，全区得到医疗救助群众有2662人次，支出657.7万元。

临时救助　2018年全区共筹集下拨临时救济、救灾等救助金133万元；临时救助709人次84.07万元。2018年，出台了《社会救助政策文件汇编》和《汕尾市城区社会救助工作》操作流程，实行信息化管理，救助资金的发放进一步规范，使用更加合理。

【社会组织管理工作】 2018年，全区登记成立社会组织共有108个，其中，民办非企业单位67个，社会团体41个。区民政局社会组织管理工作在上级的精心指导和大力支持下，按照坚持培育发展和监督管理并重，坚持日常检查与专项检查并重的方针。一是强化守规守法意识，确保正确的政治方向，完善和规范了社会组织章程，要求社会组织在章程中增加党的建设和社会主义核心价值观有关内容，实行重大事项备案制度。二是严格社会组织年检工作。通过年检，严格审查社会组织执行法律、法规与有关政策情况、党组织建设情况、开展业务活动情况、财务管理和经费收支情况、机构变动及人员聘用情况等，掌握社会组织动态。三是创新社会组织培育扶持。以培育发展为着力点，创新社会组织培育扶持机制，区政府将社会组织列为政府购买服务、转移职能的承接主体；建成区级社会组织培育中心为社会组织搭建孵化培育、交流合作、公益展示的平台，在促进社会组织健康有序发展过程中，加快推进社会组织党的建设，实现了社会组织党组织和党的工作全覆盖。截至2018年，全区社会组织中已组建党组织17个，实现了社会组织党组织应建已建率100%和党的工作全覆盖。

【老龄工作】 2018年，城区全面贯彻落实习近平总书记关于加强老龄工作重要指示和讲话精神，进一步推动老年人优待政策，营造社会尊老敬老良好氛。

积极做好新形势下的老龄宣传工作 随着中国人口年龄结构进入老龄化社会，老龄工作日益受到全社会的重视和关注，区民政局抓住机遇，通过召开会议、印发宣传材料等形式，认真宣传人口年龄结构进入老龄化社会老龄工作面临的形势任务；宣传《中华人民共和国老年人权益保障法》和广东省《养老服务业的实施意见》，不断增强全体公民的老龄意识和法律意识。面对人口年龄结构老龄化的形势和任务，区民政局坚持把宣传教育作为老龄工作的一项重要内容常抓不懈，以持之以恒的宣传教育促进老龄工作的稳步发展，为老龄事业的发展营造了良好的社会环境。

结合实际，全面落实老龄工作目标 1. 老年优待证工作。根据《老年人优待办法》，抓好老年优待工作的落实。对年满60周岁以上老年人免费办理“老年人优待证”，全年共免费发放“老年人优待证”9500多张。2. 高龄老人津贴发放工作。根据《汕尾市80岁以上高龄老人津贴发放》《关于做好高龄老人津贴发放工作的通知》精神，通过个人申请，社区（村）初审，街道（镇）审核，区民政局审批，再将审批申请对象统一造册报区财政局备案和发放。全年发放80~99周岁高龄老年人19667人次，发放金额1770030元；100周岁及以上百岁老年人48人次，发放金额28800元。全年共发放高龄老人津贴金额为1798830元。3. 老年人意外伤害保险工作。随着人口老龄化，老年人在日常生活中遭受意外的风险概率偏高。根据《广东省关于加快发展养老服务业的实施意见》《关于实施“银龄安康行动”的通知》以及广东省民政厅关于印发《2015年民政重点工作综合评估的通知》文件精神，2018年，由政府统一出资50万元全覆盖为全区60周岁以上老年人及农村五保老年人购买每人每份12元的老年人意外伤害险。2018年，中国人寿汕尾分公司理赔城区老年人意外险有86宗，理赔金额63.62万元，为老年人家庭减轻经济负担。4. 敬老活动工作。区民政局在“敬老月”按高龄津贴的发放渠道对全区百岁老人发放“敬老月”慰问金每人200元；组织区有关领导、街道（镇）及村（居）委会有关人员对空巢老人、孤残老人走访慰问。

2018年汕尾市城区百岁（含百岁）以上老人名表

表6

序号	村（居）委	姓名	出生年月日	年龄	性别	申请时间	享受金额（元）
1	洪流村	林乙	1913—11—18.	105	女	2017年3月	600
2	新安村	陈玉	1916—01—17	103	女	2017年3月	600
3	东涌村	黄氏	1913—11—07	105	女	2017年3月	600
4	宝楼	王氏	1918—01—20	101	女	2018年12月	600
5	联兴	蔡尤	1918—08—23	100	女	2018年12月	600
6	联兴	许春梅	1917—11—12	101	女	2018年12月	600
7	南汾村	徐秀	1916—11—12	102	女	2017年3月	600
8	南汾	林娘铁	1918—08—10	100	男	2018年12月	600
9	石岗村	刘月	1916—01—15	103	女	2017年3月	600
10	前进村	黎梅	1918—09—24	100	女	2018年12月	600
11	长沙村	李二妹	1914—09—09	104	女	2017年3月	600
12	浪清村	陆琴	1917—07—06	101	女	2018年12月	600
13	兴祥社区	李彬	1913—12—16	105	男	2017年3月	600
14	海滨社区	吴鸟毛	1913—01—20	106	女	2018年6月	600
15	立新社区	王珍	1918—07—04	100	女	2018年9月	600
16	新港村	蔡香莲	1918—03—15	100	女	2018年9月	600

（邹春怀、陈文清、庄镇声、陈金杰、邱保国、黄巧云、叶志浩、田方彬）

附：区民政局领导名单

局　长：曾昭谋

副局长：刘　槐

何文学

吴春莉

精准扶贫、对口帮扶工作

【概况】 根据《汕尾市城区机构编制委员会关于调整区农业局、区扶贫办有关机构编制事项的通知》，整合区农业局有关农村工作综合协调、农村改革、新农村建设指导等职责和区扶贫办的职责，设立中共汕尾市城区委农村工作办公室（以下简称区委农办）。区委农办在区农业局挂牌，独立运作。区扶贫办、区革命老根据地建设委员会办公室（以下简称区老建办）与区委农办“一套人马、三块牌子”，合署办公。核定区委农办编制6名（从区扶贫办连人带编划转4名，区农业局划转机关事业编制1名，增加行政编制1名）。其中，区委农办（区扶贫办、区老建办）主任1名（正科级），副主任1名（副科级），股长2名，后勤服务人员1名。人员经费由区财政核拨。区委农办主要职能是负责全区农村工作的组织领导和统筹协调、决策服务等工作，同时承担区扶贫开发领导小组和区革命老根据地建设委员会日常工作。

城区下辖7个镇（街道）95个行政村（社区），全区有73个行政村（社区）有相对贫困人口。其中：相对贫困村9个，由深圳市对口帮扶8个村，汕尾市住建局帮扶1个村；相对贫困村外有分散贫困人口的村有64个。全区新时期精准扶贫相对贫困户2583户，相对贫困人口7209人。其中，有劳动能力贫困户1381户、5431人，无劳动力贫困户1202户、1778人。全区2016、2017、2018三年共脱贫2295户、6093人，剩余未脱贫有288户、1116人。

【完成计划年度脱贫任务】 2018年，全区脱贫259户、1053人，已100%完成年度脱贫任务。实现脱贫的贫困户安全住房、安全饮用水、用电、电视信号覆盖、网络信号覆盖、教育保障、医疗保障、稳定收入来源或最低生活保障8个方面都得到保障。

【完成扶贫资金年度使用任务】 2016—2018年，省、市（含对口帮扶市）财政拨给城区新时期精准扶贫开发资金共计9746.3106万元。用于贫困户子女教育生活费补贴466.3万元；用于小额扶贫风险担保金和贴息资金500万元，有劳动力贫困户培训资金46万元，用于以奖代补奖补资金977.3446万元元，投资固定资产收益项目资金6210万元。全区累计使用扶贫资金约8199.6446万元，使用率84.13%。其中2016—2017年扶贫资金已100%完成年度使用任务。

【落实扶贫责任】 及时调整充实区扶贫开发领导小组，由区委书记任组长，区长任第一副组长，区委常委、常务副区长及有关常委、副区长任副组长，统筹全区精准扶贫工作。落实党政“一把手”亲抓扶贫工作，并建立扶贫工作例会制度。2018年，召开区委常委会25次、区政府常务会、区长办公会议14次，扶贫开发领导小组会议6次，扶贫工作部署会14次，研究并部署精准扶贫工作；精心制定全区脱贫攻坚工作要点，制定《汕尾市城区脱贫攻坚责任制实施意见》《汕尾市城区扶贫领域作风问题专项治理工作方案》《汕尾市城区关于进一步压实责任加大惩治扶贫领域腐败和作风问题工作力度的方案》《汕尾市城区2018年脱贫攻坚“八大行动”工作实施方案》等工作方案，制定全区脱贫攻坚责任清单，进一步明确区领导，帮扶单位，帮扶干部职工，镇（街道），村（社区）两委，驻村工作队职责。全面落实党委书记遍访贫困户制度，区委书记已落实了遍访全区9个省定贫困村和脱贫任务中的非贫困村（新港街道前进村）；各镇（街道）党（工）委书记和村党组织书记落实了遍访贫困户。各镇（街道）党（工）委、政府（办事处）和各帮扶单位按照脱贫重点任务责任分工，各司其责，抓好落实。成立区脱贫攻坚督导组，推进全区脱贫攻坚各项工作全面、及时、高效落实。按照省扶贫开发工作成效考核的要求，开展全区2018年脱贫攻坚“八大行动”工作，区扶贫办牵头全区各行业部门严格对照标准，就完成扶贫工作情况开展了自查自评。同时，区成立核查小组，开展对各镇（街道）扶贫成效进行核查的工作，并将核查结果予以通报，各镇（街道）按照通报提出的整改要求，深入剖析原因，开展整改落实工作。确保高质量完成城区2018年脱贫攻坚各项目标。

【落实政策性保障任务】 一是城区建档立卡无劳动力贫困人口1202户、1778人，区民政部门已按照规定程序，对建档立卡无劳动能力的贫困人口100%纳入农村低保和特困人员救助供养。2018年，区政府将补差标准从每月235元提高至375元，每人每月增加了140元。实现社会保障兜底脱贫，保障政策落实到位。二是建档立卡贫困户子女在校生总数1277人，已100%落实发放贫困户子女在校生教育生活费补贴。其中，小学至高中阶段（含技工）学生每人每年补助3000元，大专生每人每年补助7000元。保障贫困子女不因贫困而辍学，解决因学致贫问题。三是全区贫困人口7209人，已按照规定程序，由政府资助全面落实贫困人口100%参加基本医疗保险。落实相对贫困户60岁以上2193人符合领取待遇的老人100%享受城乡居民社会养老保险待遇，贫困人口16~59周岁城乡居民社会养老保险3787人，由区政府全额出资100%落实城乡居民社会养老保险；100%落实贫困人口大病医疗救助。

【实施金融扶贫政策】 制定了《扶贫小额信贷工作实施方案》，与汕尾农村商业银行合作和汕尾农业银行签订了扶贫小额信贷合作协议，从扶贫开发资金中拿出500万元资金作为扶贫小额信贷风险担保金和贴息资金，对建档立卡贫困户扶贫小额信贷给予全额贴息。区扶贫办印发《关于做好为贫困户发展生产提供小额信用贷款工作的通知》，各镇（街道）、村（社区）、帮扶单位大力做好宣传发动工作，鼓励有就业创业潜质、有发展项目、有技能素质的贫困户申请贷款，汕尾城区农村商业银行合作和汕尾城区农业银行大力支持配合。截至12月止，全区累计申请小额信用贷款有97户，批准贷款额178.4万元。

【推进产业扶贫和就业扶贫工程】 一是产业扶贫工程初见成效。通过项目支持、资金支持、技术服务等途径，大力支持乡村、贫困户立足自身资源，按照“一镇一业、一村一品”发展模式，红草镇初步形成以养殖晨洲蚝为主导特色产业，带动贫困户合作经营和就业，以达到增收脱贫的目标；捷胜军船头村沙葛种植项目，南门外、大流光伏扶贫项目，赤古村农业专业合作电商等产业项目已初步发挥效益。捷胜镇荷花莲藕生态园农业观光项目、荷塘酒店项目、沙坑村地瓜薯粉厂、东涌镇赤古村农贸市场、石洲村光伏项目、石洲农贸市场项目、东涌镇东石村光伏项目、洪流村光伏项目、捷胜镇埔尾村光伏项目、捷胜军船头村农贸市场项目、村现代农业汕尾展示园（龙溪）建设项目等产业项目正在加紧推进中。此外，深圳市对口帮扶单位还帮助东涌镇东石村、捷胜镇南门外村、埔尾村建设公共服务中心，并为贫困村改造公厕、修建村道、排水沟等基础设施项目，改善了农村生产生活条件。二是就业扶贫工程不断深入。举办有劳动力贫困户技能培训班。委托汕尾崇文职业技术学校对有就业意愿的有劳动力贫困户进行技能培训，提高贫困户的劳动技能，开拓就业门路。全区有就业意愿的有劳动力贫困户参加农村实用技能培训2192人，完成了计划培训任务。同时，组织有就业意愿的有劳动力贫困户参与“企业招聘面对面”等送岗位下乡活动，为贫困劳动者和企业搭起桥梁，转移劳动力就业。

【落实抓党建促扶贫工作】 按照《三年行动方案》要求，推进抓党建促扶贫工作。城区高度重视扶贫干部的培训工作，从政治站位上、思想认识上、业务上进行培训。组织全区扶贫干部培训2次，对村党组织书记培训1次，同时，加大软弱涣散基层党组织建设力度，对全区10个后进党支部，区委在区直机关中选派10名副科级干部驻村担任第一书记，提升党支部的组织力、战斗力。在区直机关选派19名干部到镇（街道）充实扶贫工作力量。公开招聘大学生村干部30名，安排到各村（社区）担任村官，解决农村基础组织人才不足的问题。

（区委农办）

附：区委农办领导名录

主　任：林悦钊

副主任：黎友群

老区建设工作

【概况】 汕尾市城区老区建设促进会（以下简称区

老促会）是经区委批准成立，由热心老区建设的城区退休干部、企业家、社会有识人士组成的非营利性社会团体，具有法人资格。区老促会主体性质为群团组织，接受区革命老根据地建设委员会办公室的业务指导，附带履行社团性业务行为，按群团和社团性质分列运作。2018 年 9 月换届选举产生第五届理事会理事 36 名，其中，设驻会常务理事 6 名（其中，会长 1 名，副会长 1 名，秘书长 1 名），副会长单位成员 11 名，机关理事 19 名。主要工作业务：一是全面贯彻落实习近平总书记关于“加快老区发展，使老区人民共享改革发展成果，是我们永远不能忘记的历史责任”的战略决策，宣传贯彻中央、省、市、区关于老区建设的方针、政策和意见，宣传解读省委、省政府出台的《海陆丰革命老区振兴发展规划》，发挥党委、政府参谋助手作用，推动有关部门与社会各界人士、企业家等关心支持老区建设；宣传老区的光荣革命历史以及对革命的重大贡献；宣传老区改革、发展的成就，传播老区建设经验，弘扬老区人民发扬光荣革命传统和奋发图强、艰苦奋斗、自力更生的精神。二是做好调研，协助有关部门做好老区红色革命遗址的保护利用工作，传承红色基因，支持建立革命传统教育基地，加强对老区人民的爱国主义教育。三是协助区委、区政府发展老区经济和社会各项事业，助推革命老区扶贫攻坚，乡村振兴战略的实施，支持培训老区建设的各类必需人才，推广科技成果，不断促进老区生产力发展。四是加强宣传工作，充分发挥全区企业家在老区建设中的积极作用，推动老区资源开发和经济发展。

【换届工作】 经中共汕尾市城区委批准，区老促会于 2018 年 9 月 13 日召开换届会议，老会长吕子春代表第四届理事会作工作报告，同时举行第五届理事会第一次会议，选举产生第五届理事会理事 36 名（其中驻会理事 6 名，副会长单位并聘任为会长 11 名，区直机关理事 19 名），陈镜炉当选为第五届理事会会长。会上颁发了当选证书及为副会长单位授牌。会议通过了《汕尾市城区老区建设促进会章程》修改草案。区委常委、组织部部长孔卓文受区委书记李庆新委托出席会议并作重要讲话，对区老促会过去几届的工作作了充分肯定，并对新一届理事会的工作提出更高要求，希望新一届理事会继承上一届老同志的好精神、好传统、好作风，发扬新班子的新作风，展现新担当，实现新作为，继续发挥余热，努力为城区经济社会发展建言献策，为把城区打造成为首善之城、大美之区做出新的更大的贡献。区老促会的顺利换届，实现了新老交替、承上启下的顺利过渡，确保了区老促会工作的连续性。

【推动老区政策的对接落实和重点项目申报】 2018 年，区老促会主动向区直机关、各镇（街道）及全体副会长单位宣传中共中央办公厅、国务院办公厅《关于加大脱贫攻坚支持革命老区开发建设的指导意见》《国家发改委办公厅关于广东海陆丰革命老区贫困县纳入国家贫困革命老区扶持范围有关问题的复函》等文件精神，组织驻会人员学习研讨《海陆丰革命老区振兴发展规划》，对规划中 12 章 46 节、八项任务、六大政策要点、17 个专栏、59 条主要政策、77 项近期重大项目表进行详细解读，使之熟知规划内容，明确规划重点。以省老促会落实规划专题调研为动力，研究城区项目，着力推动老区政策的对接落实。截至年底，全区筛选、申报重大项目 76 个，规划总投资 605.55 亿元，2019 年度计划总投资 160.01 亿元。

【加强对红色革命遗址的调研】 2018 年，为更好地弘扬革命精神，传承红色基因，加快推进红色革命遗址的保护与利用，区老促会组织对全区 7 个镇（街道）21 处重点红色革命遗址（全区有红色革命遗址 60 处）开展为期 3 天的调研走访工作。调研采取直观遗址、访问老人、组织座谈等形式，基本摸清了重点红色革命遗址的历史背景及其产生的历史意义、目前的现状等方面的情况，并形成调研报告，向区委、区政府提出保护、修复革命遗址的意见和建议。一是要广泛开展宣传教育，强化保护利用红色革命遗址的领导责任和社会认同感；二是要突出重建重点遗址，特别是“海陆丰中心县委”和“汕尾市苏维埃政权”旧址（东南楼），充分发挥带动效应；三是要全面开发红色资源，推动城区旅游产业优化升级，建设沿海经济带靓丽明珠。

【组织编纂《革命老区发展史》】 为贯彻落实习近平总书记关于“发扬红色资源优势，深入进行党史、军史、老区革命史优良传统教育，把红色基因代代传下去”的指示，根据中国老促会的部署要求，区委、区政府迅速成立汕尾市城区革命老区发展史编纂领导机构，由区委副书记郑良斌任组长，同时成立《汕尾市城区革命老区发展史》编辑部，吴大集任主编，抽调11名责任心强、有一定写作能力的人员组成写作班子，并组织编写人员到外地参观考察学习，加班加点全力投入编写工作，至年底已完成全书初稿征求意见和送审。

【推动扶贫攻坚与乡村振兴战略】 2018年，区老促会全力协调有关部门、相关镇、村，以省老促会对城区开展老区贫困村创建社会主义新农村示范村情况专题调研为契机，推动城区开展脱贫攻坚“八大行动”，促使全区实现预脱贫的贫困户安全住房、安全饮用水、用电、电视信号覆盖、网络信号覆盖、教育保障、医疗保障、稳定收入来源或最低生活保障8个方面都得到保障，全年完成精准脱贫259户、1053人，100%完成年度任务。大力推进国家老促会发起的“电商扶贫”工程，主动协助区政府相关部门制定出台《城区“电商扶贫”工作实施方案》，协调有关部门推动建立和完善三级电商平台，拓展农村电商企业近10家，其中赤古村农业专业合作社电商平台等产业项目已初步发挥效益，为全面落实乡村振兴战略树立了样榜。

【组织亮睛工程眼科医院开展义诊活动】 2018年，区老促会联合汕尾亮睛工程眼科医院在全区范围内多次开展进机关、进村镇、进学校爱心义诊活动。进机关方面，组织“岁月不败明眸，健康宣教义诊”助力创文创卫眼健康讲座义诊活动，为城区171名退休干部职工讲解老年人常见眼病，免费做眼部全面检查，3天时间检出白内障患病率为35.09%，可行白内障手术的有60人、111眼，为退休人员赠送老花镜50副、眼药水200支，为10人进行翼状胬肉手术提供治疗参考意见。进学校方面，组织东涌镇、捷胜镇所有小学校4029名学生进行眼健康筛查活动。发现其中1168名学生屈光不正（近视、散光），视力不良率达29%。眼科医院已为部分学生进行矫正治疗。

【组织发放烈士后裔大学生助学金】 2018年，区老促会组织资金71600元（其中，省、市老促会33000元，区财政配套资金38600元），为全区64名烈士后裔在校大学生发放助学金，其中，本科生每人1200元，大专生每人1000元，特困生每人增发800元。激发了学生们不忘使命、勤奋学习、报效祖国的热情。

【帮扶老区村推进民生项目】 2018年，争取市老促会拨款24万元，支持城区6个民生建设项目（主要是铺设村道、改造公厕、疏浚沟渠），区老促会根据老区村实际情况，严格把关，定准项目，发动群众投资投劳，完成了93万元的工程建设，发挥了4倍的投资效应。截至年底，6个民生项目工程已完成施工任务并已交付使用。

（刘 衡）

附：区老区建设促进会领导名单

会　长：吕子春（2018年9月离任）
　　　　陈镜炉（2018年9月任）
副会长：黄　彩（2018年9月离任）
　　　　邵银洲（2018年9月任）
秘书长：林娘新（2018年9月离任）
　　　　刘　衡（2018年9月任）

关心下一代工作

【概况】 1990年6月，成立汕尾市城区关心下一代工作委员会（以下简称区关工委）以来，通过配强区关工委领导班子，落实“双主任”制，成立以区委书记、区长、常务副区长、组织部长为名誉主任，责任心强、经验丰富的处级退休老同志为主任、副主任，正科级退休老同志为成员的区关工委领导班子，并成立区关工委党支部，强化党的领导。7个镇（街道）、95个村（社区）、62所中小学校（公办幼儿园）、12个区关工委成员单位和20个

"非公"企业相应成立关工委，由党组织书记或副书记担任主任；同时通过党组织发动、领导邀请、关工委成员推荐等办法，壮大"五老"特别是党员"五老"队伍。2018年，新发展有威望的"五老"人员500多名，基本实现了有党组织、有青少年的地方就有关工委。

【深入开展"传承红色基因，争做时代新人"活动】 区关工委在全区青少年中开展以"传承红色基因，争做时代新人"为主题的系列教育活动，培养青少年学生从小热爱党、热爱祖国、热爱社会主义的思想道德情操。区关工委副主任曾昭群先后为学生进行了以《学两史、爱中华、感党恩、共筑梦》《开展红色教育，培养"四有"新人》《牵手红领巾，传播正能量》《长征，光耀未来的精神丰碑》等为主题的宣讲教育。副主任曾昭群摒弃过去坐在讲台、照本宣科的讲课模式，离开讲台走进学生中间，用给学生讲故事的形式与同学们面对面交流互动。讲述"狼牙山五壮士""八女投江""海陆丰农民运动"等革命时期英雄人物的事迹和可歌可泣的红色史实，引领学生穿越到战火纷飞，激情燃烧的岁月，使学生更加形象生动地了解中国革命历史和党的光荣传统，了解党领导人民进行的奋斗历程和取得的辉煌成就；讲述本地区革命先烈彭湃、李劳工以及少年英雄许城四、韩松泗等英勇奋战，壮烈就义的事迹。使青少年学生认识到今天的幸福生活来之不易，是革命先烈用生命换来的，增添了青少年学生对革命先辈的敬佩，懂得了在成长路上要学会感恩和珍惜。还通过现场讨论、小测试形式，调动学生的情绪，使现场气氛活跃，掌声阵阵。同时，各中小学开展了红色主题团、队活动，引导学生把通过红色文化教育的收获转化为学习动力，发愤读书，立志成才，尽忠报国。据统计，"传承红色基因，争做时代新人"宣讲活动，在市区28所中小学中开展了32场次的巡回宣讲，受教育的学生达4万多人次，取得良好的教育效果。

【积极开展各种关爱青少年活动】 区关工委把青少年的健康成长同国家前途命运紧密相联，将关爱青少年工作作为出发点和落脚点，是年先后组织了多次关爱活动。4月，区关工委与汕尾市国泰食品有限公司联合在该公司农村青年创业培训基地，为城区农村、汕尾渔村失地青年农民和转型青年渔民进行种植技术与就业技能培训。特邀了两名农业局农艺师、专业人士为100名培训对象授课，授课内容受到欢迎，大家受益甚高。区关工委发挥老同志的政治优势，积极向社会开展公益募捐和向上争取资金，开展爱心助学，为贫困学生圆上大学梦。9月，为城区在本届考上大学的20名家庭经济困难的学生，每人发放资助金5000元，共100000元。为激励提升城区教育质量，对在全区中考、小学质量监测中获得第一名的凤山中学奖励40000元、凤山街道中心小学奖励20000元，为争创一流学校助力。区关工委把关爱留守儿童工作作为关工委重要工作来抓，认真抓好留守儿童"希望家园"工作，"五四"青年节，区关工委组织有关成员单位团区委、妇联和共青团员志愿者，到香洲街道香洲中心小学、捷胜镇军船头小学希望家园，开展心连心交朋友活动。了解留守学生在校的学习、生活、情绪、身体等方面情况，与他们交朋友，交流感情，培育良好心态和健康心理，鼓励孩子们坚强不屈、健康成长。同时指导留守学生写一封亲情信给远方父母，问候父母近期的工作情况，汇报自己的学习、生活、健康情况，培育他们的表达能力和书写能力等感恩教育。

【助力教育"创现"工作】 为进一步推进城区教育现代化的发展，充分发挥校长在教育现代化建设和应用过程中的领导力和带动力，4月18—19日，区关工委与区教育局联合举办了教育"创现"培训班。邀请省教育厅电教馆馆长唐连章、广州市教育局电教馆馆长张嘉志、省教育厅电教馆办公室主任苏卫等专家，为区关工委、区教育局班子成员，各中小学校长、分管副校长及教导主任百余人授课培训。同时，观摩了逸夫中学智慧课堂并与省电教专家就如何全面提升教育信息化，加强教师队伍信息化应用水平，推进教育信息化与课程深度融合等工作进行了深入交流探讨，省电教专家现场指导答疑解惑。

【推进无毒校园创建工作】 创建“无毒校园”是贯彻落实《全国青少年毒品预防教育规划（2016—2018）》的目标任务，也是2018年的一项重要工作。是年，区关工委在扎实推进“无毒校园”创建工作中，取得了很好的成效。6月26日国际禁毒日，区关工委与区司法局、区禁毒办、区妇联、团区委联合在市区通港路中段举行以“远离毒品、珍惜生命”为主题的“6·26”国际禁毒日宣传咨询活动，接受群众咨询200多人次。并向社会各界人士和群众发放禁毒宣传资料1000多份。同日，组织全区各中小学校举办毒品预防教育活动，以主题班会、国旗下宣誓、签名宣誓等形式开展声势浩大的毒品预防教育，营造校园禁毒宣传氛围，让青少年学生加强识毒、防毒、拒毒意识，增强法律观念和法律意识，增强自觉抵御毒品的能力。为深化“无毒校园”创建工作，区关工委多次深入校园，对2017年创建的“无毒校园”进行抽样检查，主要对学校在创建“无毒校园”中领导机构是否健全、方案是否完整、措施是否有效、工作是否落实等进行全面检查。被检查的汕尾中学等5所学校都能够认真贯彻落实区创建“无毒校园”实施方案，各项工作基本到位，有力地推动了城区“无毒校园”创建工作的深入开展。

【继续深化“三教”融合工作】 区关工委继续深化“三教”融合工作，以家庭教育为基础、学校教育为主体、社会教育为依托载体，加强青少年思想品德教育工作，促进青少年健康成长，收到了较好的效果。多次联合区教育局、区妇联等有关单位举办家庭教育讲座、家长学习班等提高学生家长在家庭教育中的整体水平。是年，与团区委、妇联等联合举办“做文明少年”“做最棒的父母”为主题的教育讲座。12月15日，联合区妇联、区教育局邀请中国家庭教育高级指导师深圳市家庭教育委员会会员、讲师曾慧梅，在市区马思聪艺术中心举办3场家庭教育讲座活动，有3000多名中小学学生家长、教师参加听讲。通过各种讲座活动向学生家长传授为人父母的基本道德，鼓励学生要刻苦学习，立志成才。此外，为助力城区抓好“五化”、建好“五城”，大力推进文明城市创建工作，联合区政协、区委宣传部、区教育局、区机关诗书画协会开展“传统文化进校园”活动。

（江力航）

附：区关工委领导名录

主　任：石建平

副主任：曾昭群

　　　　王　琼

民族宗教工作

【加强城市民族工作】 在春节、中秋节、开斋节等节日期间，通过走访慰问城区散居少数民族人员，关心、了解少数民族人员在城区的工作生活情况，并向他们发放宣传资料，鼓励积极主动参与“创文”、融入“创文”。完成《少数民族干部、专业技术人员基本情况》调查，并登记造册。指导新城中学总结民族团结进步创建活动经验材料上报省民宗委，推荐该中学为第六批县级以下全国民族团结进步创建示范区（单位）参评单位。

【依法管理宗教事务】 一是建立健全“三级工作网络两级责任制”，夯实基层宗教工作基础。在全市率先出台《关于建立三级民族宗教工作网络两级责任制的实施方案》，区与各镇（街道）、镇（街道）与村（社区）分别签订《民族宗教工作责任书》，建立健全镇（街道）民族宗教工作力量和村（社区）民族宗教工作力量，解决基层民宗事务“有人管、管什么及不善管、管不实”的问题，实现民宗事务基层监管全覆盖。二是加快创建“平安宗教活动场所”，强化宗教活动场所日常管理。调整加强区“平安宗教活动场所”创建工作领导小组，制定《区“平安宗教活动场所”工作方案》，推进平安宗教活动场所创建工作，完成2017年度依法行政、平安宗教活动场所创建工作台账，被省、市考评组检查考核通过。督导全区宗教场所共完成78项安全隐患问题整改，发放扑火把150支配备消防安全重点防控场所。出台《关于切实加强清明期间宗教活动场所消防安全工作的通知》《关于做好“五一”期间消防安全工作的通知》《关于进一步加强宗教活动场所交通安全宣传教育工作的紧急通知》

《关于切实做好中秋、国庆节期间安全工作的通知》等文件加强各宗教场所安全工作。三是加强境外宗教渗透和非法宗教活动排查整治，及时消除风险隐患。印发工作方案开展对境外宗教渗透和非法宗教活动等6个方面专项排查整治工作，协调处理矛盾纠纷一批，清查、制止违法违规行为一批。抓好中央巡视组反馈意见的整改，落实宗教领域意识形态工作，召开区宗教工作会议部署加强宗教事务管理，规范宗教事务管理和宗教活动，强化宗教阵地思想管理相关工作。四是坚持宗教中国化方向发展，进一步推进宗教工作法治化建设。在汕尾天主堂等3处场所新设置核心价值观、习近平总书记系列重要讲话等内容宣传栏4幅。认真开展“宗教政策法规学习月”活动，指导6处重点宗教场所设置《宗教事务条例》宣传栏，组织40名宗教活动场所负责人参加市新修订《宗教事务条例》培训班，单位落实普法工作，印发《宗教事务条例》《民族宗教法规规章制度汇编》《宗教政策法规应知应会》等资料200多份到各镇（街道）政府（办事处）、宗教场所、区直有关单位。完成换发新《宗教活动场所登记证》、政务公开、网上中介服务超市服务事项相关信息录入、普法工作台账、行政许可申请审批、政务服务事项实施清单“十统一”标准化梳理等工作。五是依法做好各宗教重点工作，维护宗教领域和谐稳定。规范全区宗教活动场所建设，转发《区政府关于严厉查处市区违法建设的通知》，指导得道庵落实《建设总体规划（一稿）》论证修改。牵头开展宗教活动场所殡葬领域突出问题专项整治行动，推动骨灰存放设施整治工作落实。指导区天主教推荐15名爱国爱教代表参加市天主教爱国会换届会，开展涉天主教专项调研。指导基督教品清堂做好教堂倒塌后善后工作，牵头做好《关于落实解决基督教汕尾堂房地产遗留问题的请示》意见反馈，指导基督教汕尾堂加强堂务管理完善殡葬制度，解决该堂一宗教产归还遗留问题。转发《广东省民族宗教委关于开展民间信仰普查工作的通知》，开展民间信仰普查工作。牵头开展滥塑大型露天宗教造像治理工作，督导某庙理事会落实民间信仰造像治理责任和省宗教工作督查组迎检任务。积极引导宗教界开展“感恩·回报”公益慈善活动，先后筹资50多万元购米油帮助困难家庭，受惠贫困群众达4000多户；组织15名佛教人士前往汕尾中心血站无偿献血5000毫升；协助凝波寺5名教职人员参加社保。

（郑和悦）

附：区民族宗教事务局领导名录

局　长：郑和悦

镇（街道）概况

ZHEN (JIE DAO) GAI KUANG

凤山街道

【地理位置】 凤山街道位于东经 14°54′至 116°13′24"，北纬 22°37′40" 至 23°38′35"，地处广东省汕尾市区东南部，东面濒临品清湖，西面与汕尾大道连接，南面与新港街道毗邻，北面为市汽车总站和芦列坑村。街道总面积为 21.09 平方公里，街道办事处驻设于市区四马路口。

【建制沿革】 凤山街道成立于 1989 年 2 月，辖原汕尾镇的第一至第五居委（社区）及盐町头、奎山、香洲、新林、卫东、革新 6 个管理区（行政村）。1993 年 7 月增设凤苑社区居委会。1995 年 2 月芦列坑管理区从香洲街道析出划归凤山街道管辖。1997 年 4 月增设滨海社区居委会。1999 年 3 月，盐町头、奎山、香洲、新林管理区改为社区居委会；同年，卫东和革新管理区合并设为卫东渔业村，2002 年 11 月改为小岛渔业村。同时，第一至第五社区居委会依次更名为联兴、文亭、凤照、安美和凤翔社区居委会。至 2018 年，街道辖 11 个社区（含 119 个居民小组），3 个行政村（含 18 个自然村）。

【人文特点】 2018 年，全街道户籍人口 85112 人，其中，男性 44044 人，女性 41068 人。是年人口出生率 11.71‰。由于地缘靠近珠江三角洲和港澳地区，当地居民，特别是年轻一辈，文化方面既保持着海陆丰传统习俗又受港澳大都市文化影响。

【自然资源】 凤山街道辖区主要以平地为主，气候温暖，年平均气温为 21℃~33℃，水稻安全生长期 260 天左右，境内雨量充沛，年平均降雨量为 1800~2400 毫米，气候温和宜人。辖区内集“三山一湖”（凤山、鼎盖山、屿仔山、品清湖）为一体，人文景观和自然景观甚多，吸引众多海内外旅游者。主要旅游景点有刻载着汕尾港埠发展史的“关帝庙前街碑记”、革命烈士陵园、凤山妈祖庙、关帝庙，其中，市级文物保护单位 1 个，区级文物保护单位 2 个。明末清初兴建的凤山妈祖庙、安美妈祖庙和关帝君庙，其建筑技艺集中体现了清代粤闽文化在这里的传承。凤山妈祖庙布局错落有致，前后宫殿建造风格古香古色，具有传统建筑艺术特色，一座 16.83 米高，重 1000 吨，由 468 块福建惠安优质花岗岩石构成的妈祖艺术石雕像，屹立于凤山之巅，凤山祖庙旅游区已成为粤东旅游黄金海岸的重点景区。区内海域水产资源丰富，盛产海虾、海蟹和多种鱼类。

【学习宣传贯彻中共十九大精神】 街道党工委及时召开党委会议传达学习中共十九大精神，研究贯彻落实意见；召开全街道传达贯彻中共十九大精神大会，发出学习宣传贯彻通知和学习宣传工作方案，提出明确要求。根据区委统一安排，召开区委宣讲团中共十九大精神宣讲报告会。各党支部按照要求，第一时间召开党支部会议、专题民主生活会，认真组织学习宣传贯彻中共十九大精神，研究贯彻落实意见，并结合实际制定具体工作安排。各社区（村）、街道直属各单位认真做好学习宣传贯彻中共十九大精神的组织工作，各级领导干部带头学、认真学、扎实学，发挥表率作用，迅速掀起学习宣传贯彻热潮。组织街道党政班子成员及社区（村）书记、主任参加全区学习宣传贯彻中共十九大精神大会，举办街道股级干部以上及社区（村）书记、主任专题学习班，开展集中学习研讨活动，并作为“两学一做”学习教育常态化制度化的重要内容。街道宣传部门召开“学习宣传贯彻中共十九大精神研讨会”，组织全街道各社区（村）各单位各部门集中学习中共十九大精神，根据中共十九大报告内容，结合工作实际提出贯彻意见。全街道各社区（村）各单位各部门撰写理论文章、学习心得，并汇集成册。驻队工作组赴社区（村）开展宣讲辅导，引导全街道广大党员干部深入学习领会和准确把握中共十九大精神实质。同时，强化宣传报道，开展多种形式、全方位的专题宣传报道。街道党工委把中共十九大精神作为重要课程，纳入党员集中轮训工作，并同步抓好各社区（村）各单位党员、干部的学习工作，采取集中学习与个人自学相结合、运用干部培训网络平台以及组织专题讨论会、开展专题组织生活等方式，组织党员干部认真学习研讨，实现全员覆盖，不断深化对中共十九大精神的理解和把握。

以中共十九大精神为引领，把习近平新时代中国特色社会主义思想贯彻到社会主义现代化建设全过程、体现到党的建设各方面，按照区扭住“三大抓手”、做强“三大产业”、打造“四大环境”、攻坚“四大民生”，抓好“五化”、建好“五城”的部署和要求，全力推进土地收储、重点项目、新农村建设、全面从严治党等重点工作任务，在新起点上再创佳绩。

【基层党建工作】 一是加强基层组织建设。健全并落实好“三会一课”，定期开展党章学习和批评与自我批评，加强基层党员的党性锻炼。坚持“亮身份、作承诺、见行动”，党员佩带党徽亮身份，落实责任岗，承诺上承诺树，进一步增强党员意识。筛选出35~46周岁、文化程度较高、外出经商、复退军人等党员作为社区（村）“两委”干部后备人选着力培养，入库储备党员有36名。组织党员干部开展大讨论，全面肃清李某、万某某流毒影响，坚决杜绝“七个有之”，切实做到“五个必须”，营造良好的政治生态。二是扎实推进“头雁”工程。通过“选塑典型巩固一批、教育培训提升一批、实践锤炼提拔一批、区镇机关选派一批、整顿后进撤换一批、动员乡贤回归一批”，选优配强社区（村）党支部书记，发挥“头雁”作用。已选塑典型2名，其中凤翔社区党支部书记在“七一”时受到市委书记石奇珠的慰问。调整撤换党支部书记2名，其中从街道下派1名干部到凤苑社区担任支部书记后，社区“两委”干部变得团结有力，各项工作落实及时，社区面貌变化很大，创文工作也经常受到市督查组的肯定。三是加强党风廉政建设。认真落实全面从严治党决策部署，把纪律和规矩挺在前面，旗帜鲜明地抓好党风廉政建设，在街道机关内形成风清气正的工作格局。加大正风肃纪力度，全年共查处各类违纪案件12件，纪律审查党员14名，其中开除党籍3名，党内警告8名，严重警告2名，行政警告1名。

【基础设施建设】 一是新农村建设。聘请广州中大城乡规划设计研究院有限公司对两个村进行新农村总体规划设计。小岛村已完成社会主义核心价值观、法治公约、传统礼仪、地方特色等壁画宣传栏和墙壁粉刷工作；村头公园及进村公路铺设石板路面也在谋划建设中。芦列坑村“三线”整治和无障碍公厕通道均已完成，村头公园建设已完成设计。重点推进先行点建设。凤翔社区点建设方面：前期主要完成区域内乱搭乱占物清拆、巷道硬底化、破损路面修补及三线整治等工作。近期，停车线完成了新的规划和标识，更趋合理；文化室的制度牌已进行精简和调整；逐家逐户做工作，动员辖区内每户家庭自觉整理阳台、窗口等的堆放物和悬挂物，做好“门前三包”，保持辖区内环境整洁有序；辖区内四条需修复的道路，其中两条道路已完工，还有两条道路尚在修复中；凤山街道文化古街已完成初步设计。滨海社区点建设方面：前期主要建设了文化小广场，配备了健身器材，环境卫生进入常态化管理，三线整治工作已完成。近期，社区新建了综合性文化服务中心和新时代文明实践站，即将投入使用。二是文明路升级改造工程。为了确保文明路北段升级改造工程征地拆迁工作的顺利开展，势必采取一定的措施，做到统筹谋划、精心布置、有序实施，切实做好各项工作细则和实施，让工作人员有章可循。同时做好宣传工作，把有关拆迁的法律法规和政府的相关政策告知到每家每户，大力宣传拆迁工作的重大意义、目的和相关政策规定，搞好宣传，强化声势，突出大气势，营造大氛围。调查摸底，做好测算，对拆迁户进行调查摸底工作，调查拆迁户数，被拆迁户的主业及联系方式、房屋性质、建筑面积，征用土地面积等摸底的数据进行造册。对拆迁户开展协调工作，将所采取的数据得到拆迁户的认可后进行拟定补偿协议，做到“公开、公正、公平”。加强管理、签订协议，严格审查拆迁补偿协议是否符合拆迁政策规定，在与被拆迁户达成一致意见后，签订拆迁补偿协议，落实货币补偿。严肃工作纪律，公平、公道、公正推进签订协议，收回已理赔宅基地的原始产权证件，如果是部分被征用的，在宅基地证件上加以注明，经户主确认后由村民小组盖章后再归还户主。对凤山街道及2个社区在经费上给于适当的补助。截至年底，已签订协议18户71间（其中，盐町头社区招待所12间商铺，出租屋32间），已拆除8户61间（其中，盐町头社区招待所12间商铺，出租屋32间）

拆除面积3279.2平方米。

【扎实推进重点工作】 一是创文创卫工作。在2017年被评为全市先进单位的基础上，2018年街道按照以“干净”为底色、以“方便”为导向、以“安全”为底线、以“和谐”为目标的要求，巩固成果，乘势而上，扎实推进双创工作，辖区市容市貌有了很大改观，市民文明卫生意识有了较大提升。结合“爱国卫生月活动”“全区大清扫大整治”行动，组织发动社区（村）干部、市区挂驻单位人员、机关干部、志愿者队伍和“五老”人员10642人次，群策群力推进创文各项工作。发放《告市民一封信》1.5万份，“门前三包”责任书1.2万份和创文测评调查问卷4.5万份。在辖区内开展环境集中整治活动19次，出动大小车辆76辆次，清理垃圾黑点35个，建筑垃圾108多吨。联合城管、工商等部门先后组织460次综合整治行动，其中，开展辖区“牛皮癣”“小广告”专项整治行动50余次，清理“牛皮癣”“小广告”600多处、卫生黑点50余处；清理整治辖区占道经营商户169家，流动占道摆卖摊档47位，拆除乱拉乱挂帆布、太阳遮蓬等53块，乱张挂广告标语26幅。仅在11月以来，查封不落实“门前三包”顽固户98家。拆除违章建筑62处，神庙神龛迷信石柱53处，围蔽闲置土地1624米。投入30万元把三马路至凤翔社区停车场出口路段打造成古文化街。拆除三马路关帝庙周边危房65间，扩建关帝庙文化风景区。二是重点项目建设扎实推进。和顺上村“三旧改造”项目完成1265户、1268间、468块地的征拆工作，在9月底动工建设。完成红海东路升级改造和金湖路停车场征地拆迁工作。文明路升级改造工程完成签订协议69间，已拆除8户51间（其中盐町头招待所12间铺面、32间出租屋），拆除面积共计3279.2平方米，包括拆除了自建区以来一直无法拆除的盐町头旅社。

【主要经济指标】 2018年，全街道完成规模以上工业产值10.2亿元，同比增长3.77%；农业产值6248万元，同比增长4.6%。

【工业与贸易业】 辖区内规上企业主要有兴盛针织厂、建业船厂、营通水泥制品厂和艺强装饰有限公司等。贸易零售业比较活跃，主要有显达广场、泰濠材料装饰城、金海明珠广场、东辉批发市场等。

【农业】 2018年，全街道有耕地1104.11亩，旱地854.11亩，山坡地1100亩。粮食作物播种面积60亩，亩产250千克，总产量12.5吨；薯类播种面积4亩，亩产600千克，总产量2.4吨；蔬菜播种面积3亩，亩产200千克，总产量0.6吨；水果种植面积1100亩，产量1000吨。渔用机动船299艘，渔业养殖面积80公顷，海水产品总产量11684吨。继续巩固农业基础地位，充分发挥芦列坑近万亩宜林、宜牧、宜果山坡地的地缘优势，积极引导有经济能力的专业户兴办果场，拓展特色经济。

【科技】 坚持科学发展观，以扩大科技应用为出发点，以提高农民科技素质为突破口，以产业结构调整为途径，以发展经济有利于农民增产增收为目的，应用和推广科学技术。在水产养殖方面加大投入，更新了养殖所有设备，使之达到了产品出口的加工标准。依靠科技使水产品加工结构进一步加快调整，促进了整个行业加快发展。多次邀请国家、省、市有关专家，深入生产场地进行科技授课和指导，深化水产品养殖文化。同时组织引导一批骨干企业进行体制创新，鼓励有实力的养殖企业实行跨地域、跨企业联合，实行企业上规模，提高企业资源的整体效益。

【教育】 全街道有义务教育标准化学校8所。其中，初级中学2所（凤山中学、凤翔逸挥基金中学），九年一贯制学校1所（田家炳中学香洲学校），完全小学4所（凤山中心小学、林伟华小学、奎山小学、第四小学），非完全小学1所（继彭小学）。初中在校学生3662人，在职教职工325人，其中专任教师296人；小学在校生8998人，在职教职工539人，其中专任教师504人；全街道教师学历达标率100%,义务教育标准化学校覆盖率100%；小学适龄儿童入学率、六年级学生升学率均达到100%，小学“三残”儿童入学率达到97.13%；初中入学率100%，初中毕业生升学率达到98.5%；成人文化技术学校1所；街道中心幼儿园1所，在园幼儿318人。九年义务教育在全面普及的基础上向均衡、优质深度发展。

【文化体育】 2018年，以满足人民群众基本文体需求为目标，加快推进公益性、多层次、多元化、广覆盖的公共文化服务体系建设。一是维护好公共文化设施。13个村（社区）共有13个文化室，13个村（社区）设立了文化活动场所和开设"农家书屋"，实现了全覆盖。共收藏图书2.5万余册，丰富了群众文化生活。新林社区居家养老服务站，为群众提供舒适休闲的活动场；小岛村文化室，为党员活动提供方便；街道综合文化站，配套电脑16台，购买图书6000多册，并设置了青少年服务中心(内设体育运动器材)，报刊阅览室、图书阅览室、电子信息阅览室、教育培训室、文化活动室以及宣传栏等功能区，定时开放图书阅览室、电子信息阅览室，坚持每周开放时间不少于40小时。同时，充分利用现有资源举办各种培训，普及农技知识和科普知识，切实提高群众的各项技能，增强群众再就业机会。二是积极开展群众性文体活动。全街道有4个全民性健身广场，7个简易篮球场，3个足球场，有广场舞、太极队、狮队、腰鼓舞等9支健身队伍。街道多次在慈云山公园和妈祖广场举行全民健身活动大型表演，演出人员达上千人，有广场健身舞、太极表演、民乐、气功表演等多个集体演出节目。每逢节假日，街道组织开展象棋、猜谜、乒乓球、篮球等形式多样的文体活动，丰富了群众的精神文化生活。

【综治维稳】 以"大排查、大走访、大整治"为抓手，深入推进信访维稳、消防安全、扫黑除恶、禁毒等工作，信访案件量、火灾事故量等都明显下降，社会较为稳定。2018年，全街道无发生群体性上访事件，没有进京上访；到市上访10批15人次，批次同比下降72.2%，人次同比下降88.9%。消防安全形势明显好转，发放消防宣传手册3.8万份，全面排查 "三小"场所2293家，工业建筑19家；查封店铺137间；全年街道发生较小火灾事故13宗，与去年同比下降61%，没有发生致人伤亡的火灾事故。扫黑除恶专项斗争扎实推进，积极开展"一村一研判" "一人一约谈"活动，14个社区(村)已完成研判；从历年300多件舆情访情案情中深挖筛选有效线索，共排查出13条线索，其中有价值线索5条，其他的线索还在核查处理中。禁毒保持严打高严态势，2018年，共出动16161人次、清查民居12539户、出租屋323间、养殖场185处、果场111处、废弃厂房48间、小档口490间、三合一场所179间，发放禁毒消防宣传资料7.3万份、承诺书4.6万份；成功破获贩毒品案件17宗，比去年同期增加94%；抓获犯罪嫌疑人20名并刑事拘留，比去年增加85%；查处吸毒案件101宗，比2017年同期增加60.3%；抓获吸毒人员101名，比2017年增加60.3%；社区戒毒100人，比2017年下降4%。

【生态文明】 加强水体污染整治，掌握摸清辖区内各类排污口共5处，并进行登记造册。投入112万元整治芦列坑河段，建立芦列坑污水处理系统，加强饮用水源头的保护。严格执行《广东省全面推行河长制工作方案》，全街道共设置各级河（湖、库）长12人。加强对河（库）动态管理，做好芦列坑河、奎山河、品清湖沿岸巡查工作，及时清理岸边垃圾，防止污染水体。全年组织巡河92次，参加人员293人次；投入28万元清理芦列坑河水面漂浮物共29吨。

【民心工程和社会保障】 完成芦列坑和小岛村两个新农村建设点的农村总体规划设计。芦列坑村"三线"整治和无障碍公厕通道均已完成，村头公园建设已完成设计；小岛村已完成社会主义核心价值观、法治公约、传统礼仪、地方特色等壁画宣传栏和墙壁粉刷工作；村头公园及进村公路铺设石板路面也在谋划建设中。坚持教育优先发展，投入资金124万元推进教育现代化建设，主要包括信息化建设、图书购置、师资培训、其他配套设施等。盐町头小学重建工程顺利完成并投入使用。不断完善社会保障体系。据统计，全街道低保户504户1017人，发放低保金596万元。并对低保户进行动态管理，深入调查核实，严把"进出"关，做到"应退尽退、应保尽保”。全街道五保户43户43人，发放金额48万元;优抚对象168人，发放优抚款165万元；解决自然灾害临时救助748人，发放救济款8.6万元；义务兵家属优待金对象41人，发放金额28.7万元；低保医疗救助对象75人，发放66万元；发放廉租房租赁补贴17户142811.9元。劳动保障有效落实。全街道城镇劳动力40254人，其中男性22679人、女性18075人，失业人数1536人，城镇失业率2.16%。农村劳动力1006人，其中男性572人、女性434人。2018年，为社会人员提供就业岗位1460个。全街道城乡居民养老参保保险人数累计4891人，其中新增人员达864人；领取老年养老保险4259人。

【消防安全整治工作】 全街道登记在册“三小”场所2172家，工业建筑6家。2018年，进行消防约谈6家，开展社区（村）消防安全培训和演练2次，对辖区内小作坊、小型加工厂、煤气站、封闭空间作业企业、危化品企业的安全生产以及消防检查1108人次。1. 突出重点，全面清查。组织安监站和街道巡逻队联合公安派 出所、工商所对辖区内的7个市场、主要道路、迷信用品店、“三小”场所以及高层建筑、出租屋、建筑工地、学校、电影院、网吧、娱乐场所和人群密集场所、危险化学品企业，以对标一流、全员参与，“地毯式、拉网式”进行全方位、全覆盖大排查。2. 开展宣传，营造氛围。通过多渠道、多形式、全方位地宣传安全生产管理法律法规，组织安全生产宣传车巡逻宣传，印制安全生产宣传手册以及消防安全告知书7. 2万份，悬挂宣传横幅38条，张贴消防安全警示牌198张，消防安全生产宣传画396幅。同时，动员组织党员、居民代表，到各家各户宣传禁炮和安全生产工作。3.组织力量，加强巡查。始终坚持安全生产工作“日日查、日日治”，建立地毯式、全方位的动态监控和巡查机制。严格执行《凤山街道安全隐患排查整治专项行动工作方案》《凤山街道安全生产网格化管理责任分工表》，确保街道安全隐患“一发现，一治理”，上下协作，部门合作，日夜巡查，群策群力，坚决地守好凤山安全第一线。

【计生和殡改工作】 认真贯彻计生新条例，以服务型计生为工作理念，提高优生优育服务水平。2018年，全街道出生人口989人，出生率11.71.‰，人口自然增长率7.12‰。殡改工作按市、区规定实施火化政策，全年火化率99%。

【精准扶贫工作】 2018年度已帮扶脱贫34户100人，未脱贫10户48人。发放以奖代补资金23户28人，共100150元。根据《汕尾市城区财政扶贫开发资金使用分配方案》的规定，制定《凤山街道精准扶贫收益分配方案》，利用上级拨给的财政资金100万元投资汕尾市和顺物业管理有限公司的物业管理项目，2018年度合计收益72000元。另外，在9月与衍生果木场签订投资额30万元的合作协议，收益共3600元。

（曾丽妮）

附：凤山街道办事处领导名录

街道党工委书记：王海寅
党工委副书记：罗绵龙
庄剑锋（挂职）
黄进英
李东琴（挂职）
委　　员：凌巧雅
连清荣
陈响友
王伯待
吴锦新
曾冠中
吕碧娱
王瑞明
办事处主任：罗绵龙
副　主　任：邱小健

香洲街道

【概况】 香洲街道位于汕尾市区西南部，是市、区二级党政办公所在地。辖地依山临海，东连东涌镇和凤山街道，南邻新港街道，西接马宫街道，北与红草镇交界。辖区总面积约20.8平方公里。户籍总人口82484人，外来人口53420人。

香洲街道原属海丰县汕尾镇，1989年5月经汕尾市人民政府批准，撤销汕尾镇，划分为香洲街道、凤山街道、新港街道。香洲街道下辖东兴、中区、园林、后径、城西、新兴、西兴、新区、新瑶、城南、新城、兴祥12个社区和梧桐、西洋2个村。街道内设党政办公室、社会事务办公室、经济发展办公室（挂农业办公室）、计划生育办公室4个办公室。综治信访维稳中心及站所按要求设置。

【基层组织建设】 2018年，香洲街道以改革创新精神，树立党建工作是第一保障理念，在发展经济的同时全面推进基层组织建设，夯实基层执政基础，形成了融合发展、齐头并进的良好格局。一是提高政治站位,推动学习贯彻习近平总书记系列讲话精神往深里走、往实里抓。将学习贯彻习近平系列讲话精神作为头等大事和首要政治任务，街道党工委通过驻村领导到各挂驻村（社区）党支部开展领学、带学、督学；各村（社区）、直属单位党组织通过“三会一课”、专题学习会等形式迅速组织传达学习；街道党校充分发挥阵地作用，分层分类、分期分批组织党员进行集中轮训，掀起学习宣传贯彻热潮；将习近平总书记对广东一系列重要指示要求一体学习领会、整体贯彻落实，切实把习近平总书记重要讲话精神及时传达到每一名党员干部群众，并将习近平总书记视察广东重要讲话精神转化为推动工作、指导实践的强大思想武器和力量源泉。一年来，街道共召开党工委扩大会议专题学习6场次，街道党校组织培训4场次。二是认真贯彻落实《汕尾市城区加强党的基层组织建设三年行动方案》，着力加强基层党组织规范化建设。积极开展党员“亮身份、作承诺、见行动”活动，进一步发挥基层党组织的战斗堡垒作用和党员的先锋模范作用。三是通过规范基层党支部执行“三会一课”制度，进一步规范党内政治生活，积极开展“主题党日”活动，采取集中组织学习、红色教育基地现场教学、志愿服务等形式，教育广大党员增强党员意识，坚定理想信念。此外，利用外出党员中秋、国庆节返乡时机，指导各村（社区）党支部举办外出党员节日培训班。四是认真落实“一村（社区）一研判”，对全街道14个村（社区）党组织书记的履职情况和“两委”班子的运行情况进行全面摸底排查，并将各村（社区）涉毒、刑满释放、敏感人员等对象进行摸排登记。选派“第一书记”扎实推进软弱涣散村（西洋）党组织整顿提升工作。

【综合经济指标】 街道坚持新发展理念，注重高质量发展，紧扣交通基础设施建设、产业园区扩能增效、中心城区扩容提质“三大抓手”，促进经济发展。全年实现工农业总产值54.45亿元，其中工业总产值53.53亿元，同比增长2.3%，农业总产值0.92亿元，同比增长5.2%。固定资产投资总额11.2亿元，同比增长2.3%，社会商品零售额25.44亿元，同比增长4.3%，经济发展保持持续增长态势。

【重点经济项目建设】 街道坚持“项目为王、产业兴街”的工作方针，妥善处理稳和进的关系，充分发挥党组织和党员在城市建设中的“红色引擎”作用。成立街道项目征地补偿工作领导小组，党工委书记任总指挥，办事处主任任常务副总指挥，班子其他成员任副总指挥，抽调街道、涉及村（社区）的精干力量为成员。分为7个征地小组分片推进，实行挂图作战，以时间倒迫进度，分解量化日进度，有序推进街道10多个重点项目工程和土地收储任务，取得了明显成效。截至年底，全面完成海汕公路 (香洲段) 两侧的森林景观提升和城苑街等道路升级改造；汕马路升级改造（香洲片413亩）已交地施工，并被打造成为汕尾道路新亮点；完成新衢路及西城大道（190.9亩）的清表工作，确保施工无障碍；仅仅用了一个多月的时间，全面完成了市高级技工学校一期460亩的征地补偿工作，完成地上作物补偿，迁移坟墓1613穴、金斗2695个，刷新了汕尾市征地新速度，在和谐拆迁中树立了新标杆；用20天的时间，完成海滨大道西段征地拆迁工作，完成征地补偿52户，征收面积达78亩；工业大道西（1150.6亩）完成作物附着物补偿788.5亩；完成金鹏路东段（24.4亩）中后径段；工业大道南（933亩）涉及的后径、新兴社区已召开村民代表大会同意征地，其中汕尾职业技术学院扩建项目已签订补偿协议147亩；沙滩公园（1150亩）涉及的梧桐、西洋已召开村民代表大会同意征地。此外，启动了市区西片区（930亩）和金鹏路西段的征地工作，翠园街、兴华路等道路进行施工建设。同时，为解决后径、盐屿、新楼等村的留成地问题，保障被征地农民的合法权益，为全面征地拆迁工作扫清阻力，街道及时了解和反映村民的意愿和要求，积极加强与村和市国土、规划部门以及市分管领导的协调沟通和衔接工作，妥善解决了后径、盐屿、新楼等村历史遗留以及现征的留成地问题，及时化解了涉及村的不稳定因素，为推进各村征地工作奠定了坚实的基础。

【农业】 街道以农民增产增收为立足点，大力发展现代农业，利用区域自然资源优势，改造升级电网水网路网等农田水利设施，发展生态农业、景观农业和林下种植业。在城乡结合部的后径、新兴、西兴、梧桐和西洋村（社区）等地引导村民发展果蔬种植基地13个、海淡水养殖场6个、成片果林7个、花卉种植场5个，种养面积共约4200多亩，经济总量达到3950多万元，有力地促进农户增产增收，成为农民增收、生态改善、村级经济可持续发展的一大亮点产业。

【工业】 街道紧扣市、区"扩容提质、振兴发展"的战略部署，加快中小企业发展，发挥商贸集约地有利条件，落实"暖企"措施创造良好经营环境，以市场为导向，大力发展经济实体。截至2018年，全街道"四有"企业35家，规模以上企业5家，网上直报上规模贸易业、服务业、餐饮业有32家，法人单位和产业单位250多家，个体经营户6130多户，商品和产业的集聚效应初显，经济发展后劲持续增强。

【商业】 香洲街道地处汕尾市区商贸圈中心区，是各类商业企业的聚集地和商品集散地，商贸往来较为频繁。辖区内有巴黎半岛酒店、友谊宾馆、海珍酒楼、泰林酒楼、友谊酒楼、富临酒楼等餐饮住宿企业；有信利、协兴、信诚、万盛等大型综合商场；有文德、新楼、永昌、新兴、百汇、西门、兴安等农贸市场；有苏宁、根德、美侨等大型电器商场，是手机、电子产品、家用电器的集散地。商贸的快速发展，为香洲街道经济社会发展注入新的活力，也带动金融、货运、物流等周边行业的蓬勃发展。城乡接合部的西兴、梧桐、西洋等社区（村）逐步发展起农家乐、乡村会所、休闲运动场所等多种形式的乡村旅游休闲经济。

【交通】 香洲街道位于汕尾市区中心，是全市、全区政治、经济、文化、商贸、教育、医疗的中心，常住人口密集，流动人口往来频繁。辖区内社区（村）的道路基本完成水泥硬底化建设，有汕尾大道和通航路纵横贯通，与文明路、通港路、城南路、城内路、香城路、红海路等道路形成交通网格，加上濒临汕尾港，海上交通便利快捷，水陆交通发达。红海西路已实现全线建成通车，有效缓解市区交通压力；工业大道西、金鹏路、新衢路等道路建设的征地补偿工作有序推进，辖区内的兴华路等3条"断头路"建设在加紧协调中，将编织起西片区交通网络，进而拉宽城市架构、拓宽城市发展空间。

【文化体育】 香洲街道历史悠久、文化底蕴浓厚，人类文明历史最早可追溯到新石器时期，现西兴社区埔上墩村尚存有新石器时期人类活动遗迹，具有较高的考古价值。城西社区的坎下城有400多年的历史，是全国两座保存最完整的明代海防城池之一，也是广东省至今保存最完整的一处明代建筑。省级文物保护单位坎下城城墙遗址保护方案完成修改，东门和南门修缮工程进入公开招投标环节工作。打造文化名片，推进古村落、古驿道、文化祠堂和红色史料及革命遗迹等普查登记工作，深挖历史文化底蕴和发扬光大文化传承。

街道坚持以人民为中心，将人民群众对美好生活的向往作为奋斗目标，致力做好为民服务和办好民生实事，加大对公共文化体育设施投入，大力发展文化体育事业。改造升级街道文化站、新兴文化室、西兴社区村头公园、城西社区体育公园和小广场，完善群众文化休闲娱乐设施。

【教育】 街道始终高度重视教育事业发展，不断加大资金投入，努力改善办学条件，优化教育结构布局，全面推进教育均衡发展。2018年，在深圳和本地财政的大力资助下，街道香洲中心小学、新楼小学各新建了1栋教学办公楼，后径小学拆除重建，均于9月全部投入使用，有效缓解学位紧缺的情况。同时，按照教育创现的标准，街道8所公立学校已全面实现500兆的互联网光纤接入，教师办公室全部无线覆盖，教室教学平台全部更换为一体机。发动乡贤、企业家、村（社区）干部群众捐资助力“创强”。如西兴社区无偿提供2500平方米土地给西联小学作为教学用地。发动乡贤筹资30万元为全街道6所公立小学的教师统一每人订制了6套教师服装（夏装、秋装、冬装各2套），为香洲教师塑造了富有时代朝气的崭新形象。10月底，街道以高分通过省教育强镇的复评验收。

【“创文创卫”工作】 街道严格对照“创文创卫”标准，不断提升城市管理水平和社会文明程度，逐步提高市民的参与度、群众的满意度和城市的美誉度，持续增强群众的获得感和幸福感。在全街道广大干部群众的共同努力下，“双创”工作取得了显著成效。

一是加大宣传力度营造“双创”氛围。2018年，街道通过增设宣传栏、悬挂横幅、张贴市民文明公约、发放倡议书等多方式多渠道加强宣传教育，营造浓厚氛围。共更新创文宣传栏24个、增设关爱未成年人宣传栏15个、讲文明树新风宣传栏15个、健康教育宣传栏30个、图说价值观和文化墙15个、横幅70多幅、发放倡议书18000多份。实时发布“创文创卫”微信资讯，共推送28期创文微信简讯，在《汕尾日报》发布信息25余条。此外，通过开展学雷锋志愿服务活动、妇女群众学消防、学习习近平总书记重要讲话精神知识竞赛、“五一”志愿服务活动、感恩母亲节活动、“六一”儿童节活动等活动，进一步提高市民参与文明创建的主动性和积极性。二是开展环境卫生巡查保洁工作。各社区（村）实行网格化管理，各网格员常态化开展巡查保洁工作，对重点区域、巷道卫生死角进行清理，发现问题及时解决，确保街道辖区内干净整洁。特别是台风“山竹”过后，各地一片狼藉，街道马上组织各村（社区）连夜清理辖区主干道路面障碍、垃圾，拆除危险广告牌等，确保各路道恢复通畅。街道组织全体干部职工、社区（村）“两委”干部、村小组干部以及挂驻单位分29支队伍，连续3天在辖区内开展灾后市容和环境卫生大清理、大整治活动，确保辖区市容环境短时间内全面恢复。三是开展常态化夜间红袖章巡查。全街道14个社区（村）分成14个综合巡查队，坚持每周一、三、五晚开展综合巡查行动，针对辖区内环境卫生、“门前三包”落实情况、消防安全隐患等问题进行巡查，对各种不文明行为加以劝导和教育，有效净化了辖区环境卫生。四是整治居住小区环境。为改善街道辖区小区内杂物乱堆乱放问题，街道和各社区（村）多次开展专项整治行动，对辖区各居住小区内杂物乱堆乱放、违章建筑等现象进行专门清理整治。五是联合整治城市乱象。街道联合城管部门，多次整治市区城内路、城南路、通港路、吉祥路等主要道路两边乱堆乱放、乱停乱放、占道摆摊经营等现象。特别是从11月起，街道牵头工商、城管等职能部门人员组成综合执法队伍，分3组分别由3名领导带队，坚持每晚分片区巡查整治，督促商户落实“门前三包”制度，通过以查封促整改，铁腕进行整治，推动“门前三包”责任落实。共查封不落实“门前三包”的商户58家，教育、督促商户进行整改405家（次），促使沿街店铺环境秩序得到明显好转。同时，街道针对主次干道、重点街道的商户组建了多个微信群，在群内经常性宣传“门前三包”等内容，对巡查发现的问题及时发至微信群，督促各商户及时进行整改，时刻提醒商户自觉遵守，形成人人“不等不靠”，自觉行动、主动参与到市容环境整治行动中来。六是加快基础设施建设。投入近200万元完成了城苑街升级改造工程。指导各社区（村）在相关位置科学划分停车线，全街道共划分停车线900多处，进一步规范车辆停放秩序。此外，指导后径社区完成了全市唯一一家社区未成年人心理辅导站建设。投入资金推进莲塘村、新楼村及华园小区排水整治工程和道盐屿村排涝改造工程，从根本上解决黑臭水体和内涝问题。七是强化督导促整改。街道“双创”办公室不定期对各社区（村）的环境卫生等方面进行检查督导，并对检查中发现的问题及时提出了整改意见。同时，对街道和上级在“双创”办公室督导检查中发现问题的整改情况进行复查，确保整改到位，问题不反复。特别是针对后径社区华园小区被市“创文”办督查出小区内存在“脏、乱、差”等现象，街道高度重视，对标问题整改清单，采取有效措施迅速落实整改工作，针对小区内部分道路未硬底化的现象，街道和后径社区积极筹措资金 23 万元，组织施工队连夜对辖区进行全面硬底化建设，确保小区环境干净整洁，达到创文标准。

【平安社会建设】 街道牢固树立法治理念,围绕“强综治、创平安、促发展”目标，采取切实有力措施维持平安稳定的社会环境，不断开创基层治理新局面。一是加大法制宣传力度。坚持日常宣传和集中宣传相结合，线上宣传和线下宣传相结合，通过积极运用各类普法平台开展宪法宣传，充分发挥广播、电子屏等传统传播力量，依托各类网站、微信等现代传播平台，组织开展各形式的法治宣传活动；针对领导干部群体的宪法教育工作，把宪法列入街道党工委理论学习重要内容，纳入干部教育培训主要课程，组织宪法专题集体学习，开设宪法学习教育专题班，增强领导干部和工作人员宪法观念；同时通过法律工作者辅导、领导领读、交流心得体会、学习讨论、免费赠送宪法文本书籍等方式，以“法律六进”为抓手，进村入户、进企入厂，大力宣传新修改的宪法。二是严格落实工作机制。坚持党工委书记第一职责，落实社会综合治理“六联”工作机制，做到每周一排查、十天一督查和一月一研判，重大节假日实行每日一查一报和即查即报制度，每月配合区委开展区委书记大接访活动，全面排查辖区内的矛盾纠纷和存在问题。抓好信访维稳，认真落实党政联席会议制度、大接访制度、班子成员信访值班制度和人民调解制度，促使接访规范化、制度化。三是将信访维稳工作下移。带着问题深入基层一线下访，尽可能把矛盾解决在基层，解决在萌芽状态，巩固维稳的“第一道防线”。同时，街道加大矛盾纠纷排查调处力度，积极开展对各类社会矛盾纠纷的排查调处工作，全力解决各种历史遗留问题，分别妥善解决了后径与盐屿、后径与新楼、西洋与梧桐等（社区）村的边界争议。其中，辖区的后径和盐仕两个村因边界产生纠纷已有上百年之久，多年来纠纷不断，矛盾突出，街道主要领导亲自介入调解，通过查实历史、勘查现场，分析争议焦点,沟通两村干部、理事、村民代表等意见,最终与两村确认了明确的界线，彻底化解了两村历史性不稳定因素。同时对两村部分集体土地进行了交换调整，为下一步项目征地工作的顺利推进奠定基础。一年来，全街道共排查各类信访矛盾纠纷 41 宗，成功调处矛盾纠纷 39 宗，调处率达 95%，其中，综治中心受理信访件 19 宗，已办理 17 宗，调处率达 89%。社区工作站受理矛盾纠纷 22 宗，已办结 22 宗，调处率达 100%。辖区没有因为各类矛盾纠纷调处不及时或调处不当引发集体上访或群体性事件和酿成重大治安、刑事案件，社会管控面较好。四是抓好社会治安集中整治。加强对 58 名社区矫正人员和 105 名刑释解教人员的帮教工作，确保不出失控脱管现象，使重新犯罪率控制在标准范围内；认真排查出 214 名精神障碍患者，并按照要求建立档案资料实行有效管控，档案规范率及管理率均达到 99%；扎实开展“8.31”工程，配备了 2 名社工人员，对辖区 69 名社区戒毒社区康复人员定期进行教育引导，执行率 100%，尿检率 97.10%，并建立了一人一档的管理制度，有效巩固戒毒成效。此外，多次联合公安机关对重点区域和突出治安问题集中进行整顿、重点打击，促使社会面治安稳定可控。五是全面打响禁毒人民战争。通过设置宣传栏、悬挂横幅和发放倡议书等形式加大宣传攻势，在社区（村）举办巡回“法治讲堂”、中小学上法治课等；把“自愿将制毒窝点建筑物进行拆除”等内容编入《禁毒承诺书》，广泛发放至各户进行签订；引导各村（社区）召开村（居）民代表大会将禁毒工作纳入村规民约，形成全民自觉抵制毒品的社会氛围。一年来，街道累计出动人员 25593 人次，排查清理各类场所 14998 场次，多部门联合实施集中整治行动 16 次，对易藏匿涉毒犯罪行为的区域开展“地毯式”的排查清理和联合整治，做到“横向到边、纵向到底”，不留盲点死角，对涉毒涉枪犯罪形成高度威慑和高压打击态势。六是深入扎实开展扫黑除恶专项斗争，街道始终把扫黑除恶专项斗争摆到突出位置，作为“一把手”工程来抓，多次召开党工委扩大会议专题讨论研究，并召开街道三级干部会议进行动员布置，引用约谈等问责机制,加强督查力度,推进工作落实到位。充分利用宣传标语、横幅、微信群、宣传广播车等深入广泛宣传，通过强大的舆论攻势，在辖区内形成黑恶势力人人喊打的社会氛围。利用社区（村）干部、派出所民警、治安队等力量，全面开展“村霸”、宗族恶势力等黑恶犯罪线索摸排工作，全方位、多领域排查掌握涉黑涉恶活动线索。共发现问题线索共23条（其中，街道排查10条，区交办13条），已核查11条（其中，初步办结6条，已办结5条），上报区扫黑办协助职能部门核查5条，街道正在核查中7条。按照上级部署要求，街道新兴社区盐仕村、梧桐村列入重点打击对象，已制定详细的打击整治方案，务求取得打击震撼效果。

【民生服务工作】 加大农村基础设施建设投入，加快建设美丽乡村。为全面提升城区厕所建设管理水平和卫生状况，按照城区“厕所革命”的建设要求，街道在辖区内建设二类公厕4座和三类公厕3座。另一方面，街道加快推进“一村一主题公园”建设，在梧桐等11个自然村建设主题公园，正在全速推进中。此外，街道加大资金投入开展绿化、美化工程。对梧桐、霞洋等村部分道路进行硬底化建设，合理在村内划分了停车线。全面完成海汕公路（香洲段）两侧的森林景观提升；投入130万元实施盐屿村排涝改造工程，解决盐屿村的内涝问题。

组织富余劳力3500多人参加招聘活动和技能培训，解决新增就业人员1300人、失业人员再就业415人、就业困难人员再就业85多人、转移农村劳动力450人、促进自主创业20人、落实社保补贴等优惠政策330人，并完善劳动关系协调机制和解决好劳动纠纷。对全街道627户低保户进行全面重新核查，核查清退了219户，切实做到“应保尽保、应退必退”，确保国家扶贫救济政策落实到位。认真推进2019年度城乡居民基本医疗保险参保缴费工作，截至2018年年底，已完成32975人。另外，积极宣传退役军人登记工作，配合区民政部门做好退役军人和其他优抚对象的信息采集工作。同时，认真完成本年度征兵工作，严把征兵操作环节,该年度送出兵员30人。

【旅游】 香洲街道历史悠久、文化丰厚，旅游资源丰富且颇具地方特色。有明代海防城池坎下城遗址、山清水秀的琉璃径岭水库、历史韵味浓厚的埔上墩官道等旅游宝地；有夏天消暑的西洋水上基地、赤岭水上乐园，风光旖旎的霞洋海边沙滩，市民户外攀登的西洋、梧桐后山都是游乐观光的好去处；有奎山休闲公园、大鹏山森林公园、沙滩公园、城西多功能健身园等休闲娱乐场所；有觉源寺、福缘寺、关帝庙等宗教活动场所。

（吴春满）

附：香洲街道党政领导名录

党工委书记：彭少华

副书记、办事处主任：黄思达

副书记：曾昭极

委员、人大联络室主任：黄春波

委员、办事处副主任：李小燕

委员、纪工委书记：孙振江

办事处副主任：蔡慧敏

委　员：何世群

马腾蛟

刘晓星（2018年3月任）

江海航

新港街道

【概况】 新港街道于1989年2月成立。辖区范围以二马路、通航路、汕马公路为界，沿汕尾港南北两岸分布，陆地总面积20.03平方公里。下辖5个村委会（芳荣、新港、红卫、前进、东风）和5个社区居委会（海滨、海港、立新、新园、金海）。总人口59046人，其中渔业人口23405人。

【自然资源】 新港街道对面海半岛的新港村、芳荣村一带土地资源充裕，有将近8000亩可开发土地资源优势。其中大华山还是森林公园，绿色生态资源丰富，私密性较强，属于城市稀有资源。海洋资源丰富，辖区海岸线长35公里，渔业是新港街道经济的支柱，有各类渔船 535 艘，总功率 67824 千瓦，总吨位 26043 吨。常年盛产鲍鱼、龙虾、石斑、海胆、对虾等 100 多种优质高值水产品，有国家"一级渔港"之称。辖区内的红卫渔业村发展深海渔业，东风和前进两个渔业村发展中海渔业，立新社区、新港村和芳荣村为半渔业。

【党建工作】 狠抓基层组织规范化建设，打造坚强堡垒。一是以高度的政治自觉和行动自觉，咬住学习贯彻不放松。把学习贯彻中共十九大精神与习总书记视察广东时的重要讲话精神作为首要政治任务和头等大事，街道党工委发挥示范带动作用，坚持班子成员深入基层带学送学，以街道党校为阵地，确保学习贯彻往深里走、往实里抓。党工委（扩大）会议、街道理论中心学习组等学习共 43 次，班子成员带学送学 54 次。二是认真贯彻落实《汕尾市城区加强党的基层组织建设三年行动方案》，着力加强基层党组织规范化建设。整顿软弱涣散组织，推进干部队伍建设。排查出存在软弱涣散的芳荣村，已配备"第一书记"。并制定印发《汕尾市城区新港街道软弱涣散村（社区）党组织整顿工作方案》，同时建立整顿台账，加大整顿力度，提升干部素质。三是深入开展"一村一研判"，注重问题导向，找准问题症结，强化整改措施，加强基层组织建设。通过查阅资料、个别谈话、实地察看等方式，进一步掌握"两委"的运行建设情况和班子成员的思想动态，排查摸出各村（社区）的存在问题和薄弱环节，采取有效整顿措施，并落实整顿责任。撤换了前进村党支部书记及金海社区 1 名居委会委员，全街道 10 个村（社区）已全面完成研判；四是规范党员发展，严格预审制度，积极开展组织关系排查工作，确保党员质量关。全年发展入党积极分子 30 名，预备党员 14 名，党员转正 23 名；处理涉出境定居，没有办理相关手续的党员 2 名；处理涉嫌 2016 年 1 月至 2018 年年底未缴纳党费、未参加党组织生活党员 1 名。五是深入开展"亮身份、作成诺、见行动"活动。推动基层党员干部佩戴党徽，亮明身份，强化党员干部排头兵意识，增强主动担当作为，发挥先锋模范作用。各村（社区）设置"党员责任岗"，汇集"承诺树"上墙，全街道悬挂"共产党员户"牌子 621 户，发放党员志愿服 650 件，完成率 100%。六是深入开展党员干部教育培训工作，充分发挥党校"三个阵地、一个熔炉"的重要作用。全年街道党校开展学习培训 27 场次，党员参加学习约 5000 人次,有效加强了对基层普通党员干部的政治理论、党性修养、政策法规和知识技能等教育培训。七是抓紧抓实全街道各党组织意识形态学习，并紧紧围绕习近平新时代中国特色社会主义思想、中共十九大精神、习近平总书记在参加十三届全国人大一次会议广东代表团审议时的重要讲话精神。组织全街道各单位开展宣讲累计 24 场次，党员干部宣讲 1000 余人次，不断以新理论武装全街道党员干部头脑。与此同时，为推动全街道党员干部全面用习近平新时代中国特色社会主义思想武装党员干部头脑，向全街道党员发放《习近平谈治国理政》（第二卷）1053 册和《学习语录》1053 套，做到全街道党员人手一册（套）。街道宣传部门按照街道党工委的部署要求，编印《学习贯彻中共十九大精神系列资料汇编》1 期共 30 册；发放《习近平总书记参加广东代表团审议时重要讲话精神学习手册》（口袋书）到全街道全体党员干部职工、"两新"组织、街道各人民团体、学校等；编发《致广大市民朋友们的一封信》（附习近平总书记重要讲话精神学习彩页照片）2000 多封。并在全街道各学校中开展"小手拉大手——习近平总书记重要讲话精神进校园、进家庭"活动，共发放习近平总书记重要讲话精神学习彩页 3000 份。

【综合经济指标】 2018 年，全街道完成工农业产值 177347 万元，同比增长 18.8%。其中，工业总产值 60785 万元，同比增长 78.77%（其中，规模以上企业产值 36114 万元，同比增长 380%；规模以下企业产值 24671 万元，同比增长 0.7%）；农业产值 116562 万元，同比增长 1.2%。渔业产量 99318 吨，同比增长 2.4%，产值 124400 万元，同比比增 2 %。社会消费品零售总额 75880 万元，同比增长 4.7%。总体上，全街道经济运行呈平稳增长的发展势头。

【重点项目建设】 紧跟时间节点，扎实有序推进重点项目建设。一是汕尾市区海滨大道西段市政工程。涉及新港段征地拆迁补偿工作任务共73家（户）（其中，主干道38家（户）、支路35家（户）），已完成主干道的企业和民居30家（户）、机关单位3个的征收补偿工作，还有8个机关单位已有5个完成评估，3个在走程序中（海警二支队属下的海警三大队、舰艇大队、海缉大队），已清拆建筑物及附属物约1.2万平方米。支路35户中已对有房产证的房屋进行评估，其他的陆续推进中。二是海滨大道东段、6条支路的升级改造工程陆续推进中。其中汕马路（含通航路）绿化改造工程的新港段已完成人行道铺设，人行道植株绿化至文华路口；海滨大道至金湖路市政道路升级改造工程，新港路段涉及清拆7户，在无任何补偿款的前提下，于8月8日到9日，街道办事处联合市城管新港大队对7户拆迁建筑物进行全部拆除。

【“创文创卫”工作】 决战决胜，全力打好“双创”攻坚战。以高度的政治敏感性和强烈的责任感，举全街道之力，采取综合整治措施，扎实推进“创文创卫”工作向纵深发展，全力打好“创文创卫”攻坚战。一是加大宣传教育力度，将海滨大道及海边街的建筑围墙共长1235米，面积达2470平方米的创文宣传墙栏全部更换升级，率先制作“四个走在前列”的大型广告牌；10月19日，通过进村入户，派发宣传单及小礼品的方式开展“关爱女性健康，提高防治意识”专题宣传活动，宣传妇女健康知识；12月2日，开展组织各村（社区）巾帼志愿者共30多人，开展“助力创文创卫　新港巾帼献力量”活动；12月10日，开展新港街道无偿献血活动。通过开展一系列活动，有效推进文明城市创建工作，提高创文创卫工作的知晓率、参与率，营造人人皆知，广泛参与的良好氛围。二是深入开展环境卫生等“一月一测评”主题活动。积极开展各项整治建设活动，制定《新港街道开展环境卫生整治工作“一月一测评”主题活动实施方案》《新港街道开展主干道两侧坟墓整治暨社区服务建设“一月一测评”主题活动的实施方案》。进一步整合社区公共资源，拓展优化社区公共空间，完善社区服务功能建设，完善社区公共服务站（中心）、老年人活动室、未成年人活动室等功能场所，组织开展核心价值观各类宣传教育活动，建立规范“善行义举”光荣榜等建设。三是常态化开展环境卫生综合巡查整治，配合上级集中开展“双创统一行动”，结合街道自身实际，将市、区、街道挂驻各村（社区）干部及10个村（社区）“两委”干部统一着装（红马甲），分为东西两片，每周一晚，周三、周五下午就整治市容环境卫生、店外经营、占道经营、“门前三包”等主要内容开展常态化“双创统一行动”。全街道签订《新港街道“门前三包”责任书》3934份。特别是在台风“山竹”过后，街道马上组织各村（社区）连夜清理辖区主干道路面障碍、垃圾，拆除危险广告牌等，确保道路通畅。街道组织全体干部职工、村（社区）“两委”干部、村小组干部、市区挂驻单位，陆河支援队伍连续3天在辖区内开展灾后复产和环境卫生整治，确保辖区市容环境短时间内全面恢复。同时街道印制6000张《关于开展灾后复产落实“门前三包”的通知》发放至沿街商铺及群众等。四是多部门联动开展整治活动。街道联合城管、工商等部门，对市区大马路、二马路、广场路等主要道路两边乱堆乱放、乱停乱放、占道摆摊经营等现象进行多次整治。特别从是11月起，由街道班子成员带队每晚坚持巡查整治，督促沿街商户落实“门前三包”制度，以查封促整改。通过整治，沿街店铺环境秩序得到明显好转。五是全力推进基础设施建设。完善水、电、路等基础设施服务功能，努力改善人民群众的生产生活环境，增强社会经济发展的活力，进一步推动主要道路的美化亮化及破损路面的修复。投入资金200多万元重新铺设渔村大路、前进村道等3条路；投入资金60万元对前进村进行“三线整治”、穿衣戴帽、装灯等村容村貌的升级改造。指导各村（社区）对辖区的小区、内街小巷等进行统一规划划线，有效规范车辆的停放，得到周边群众的一致好评。此外，完成对面海2座公厕的建设，4个主题公园的建设也在紧锣密鼓的筹备中。

【综治维稳工作】 进一步深化社会治理，建设平安稳定和谐新港。坚持“打防结合、预防为主”的工作方针，发挥社会治安综合治理体制机制优势，加强对黑恶势力、毒品易发多发地带排查整治，推动落实重点领域监管责任。新港街道按照区委政法委、区禁毒办的工作要求，加强对主要山头、港口海域、仓库、废弃房屋、养殖场等重点部位的巡查，做到严密监控，堵源截流，持续保持高压态势，最大限度消除各类不稳定因素。同时，与派出所、村（社区）落实网格化管理机制，推动落实重点领域监管责任。全年立刑事案件59宗，破24宗；查处治安案件立案182宗，查处完结80宗；收戒吸毒人员66名。街道、村（社区）调处社会各类矛盾纠纷和信访案件共58宗，其中街道受理14件，调处成功率100%。全年实现零上访、零命案、零山火等目标，社会大局平安稳定。

一是深入开展扫黑除恶专项行动，全力排查化解处置社会矛盾。全街道扫黑除恶摸排发现线索21条，有效线索20条，办结15宗，调查取证5宗，刑事拘留37人，逮捕26人。二是深入推进禁毒人民战争，力促“摘帽”成功。街道提出“以职务带任务，以任务保职务”，层层压实责任，用责任倒迫落实，用时间倒迫禁毒。将全街道10个村（社区）、10946户、5万多人划分成36个网格进行网格化管理，制作网格管理区域示意图，在重点部位安装监控头56个。对全街道每户居民入户采集人口信息，使常住人口、外出人口、外来人口、重点人口、管控人员登记造册，并录入电脑管理信息系统。并印发常住人口信息登记表和出租屋外来人口登记表、娱乐场所登记表、敏感对象登记表、重点管控场所登记表。同时，着力加强规范APP手机网格系统的使用，按时按量上传工作日志，使日常禁毒管理工作形成动态管理，保持禁毒整治工作“鲜、活、实”。全力做好“五员”排查管控工作。对全街道10个村（社区）的“五员”情况进行一一模排，登记造册，全面掌握信息动态。已掌握的全街道“五员”人数共有1185人，其中，涉毒人员1074人，刑满释放人员47人，有不良记录人员31人，无正当职业人员21人，外来敏感人员12人。加强对19名社区矫正人员和48名刑释解教人员的帮教工作，确保不出失控脱管现象，确保重新犯罪率控制在标准范围内。认真排查出153名精神障碍患者，并按照要求建立档案资料实行有效管控，档案规范率及管理率均达到99%。扎实开展“8·31”工程，配备5名社工人员，对辖区112名社区戒毒社区康复人员定期进行教育引导，并建立了一人一档的管理制度，有效巩固戒毒成效。发放禁毒消防宣传资料37000多份、承诺书13411份、一封信3567份、小册子688份、横幅15条、宣传栏15个、不锈钢宣栏28个、硬板贴104张。

【安全生产工作】 抓实抓紧安全生产工作。一是扎实开展“大走访、大排查、大整治”活动，全面部署“打通生命通道”工作。尤其是在5月27日辖区民居发生火灾后，街道吸取教训，采取强有力措施加快推进消防及安全生产大排查大整治行动。整个行动做到全面覆盖，不留盲点死角，坚决遏制和预防重特大火灾事故的发生，确保广大人民群众生命财产安全。开展消防安全排查整治，街道消防安全检查组及各村（社区）干部对辖区内所有场所进行严密排查，严厉整治，坚决遏制和预防消防安全事故的发生。特别是在元旦、中秋、国庆等重大节假日对渡口及辖区内重点企业、人群密集地加强排查，确保广大人民群众生命财产安全。一年来，累计出动人员8580多人次，排查“二合一”“三合一”和“三小场所”1300多家，排查安全隐患1080多处，现场责令整改990多家，限期整改29家，查封101家；排查民居9600多家。促使辖区安全生产形势向好。加大资金投入，加强消防安全设施建设，已建成微型消防站共11个。加大消防安全宣传教育，发放《家庭防火告知书》18500多张、宣传画册3100多份、《今冬明春火灾防控告知书》7500多张。全街道10个村（社区）各落实2名安全宣传大使，设立宣传栏16个，张贴宣传海报3000多张。安全生产月期间在主要道路、广场设咨询摊，为群众讲解安全生产和消防安全知识，促使消防安全宣传教育做到街知巷闻，增强群众消防安全意识和防范自救能力。二是加大生态环境保护力度。牢固树立“绿水青山就是金山银山”的理念，加强清明节期间山林防火工作，有效保护生态环境。从3月17日至4月9日，坚持“六到位”（领导到位，人员到位，岗卡设置到位，灭火队员到位，宣传教育到位，责任追究到位），全街道设置防火工作站点6个、防火监察点20个，组织3支救火队共75人，发放通告、给市民一封信等10000份，悬挂森林防火宣传标语41条，制作宣传牌15块，每日通过宣传车上路宣传，以各种宣传方式引导教育警示广大群众，使森林防火工作家喻户晓，人人参与防火工作。出动街道、村（社区）人员达2000多人次，收缴迷信品一批，取得连续三年清明节期间“零”火情的佳绩。

【乡村振兴】 全力以赴落实乡村振兴的各项任务。按照区委、区政府乡村振兴“五个一”工作部署要求，切实推动对面海半岛新港村、芳荣村两个渔农村的振兴步伐，以建设美丽乡村为目标导向，以渔业、养殖业、旅游业作为乡村振兴的重要抓手，推动乡村振兴战略的开展。一是加紧编制规划，制定切实可行的工作方案。新港、芳荣两个村的方案正在拼合，其中芳荣村委各个自然村的方案已完成，新港村委还差一个自然村在加紧编制中，在2019年年初可以完成，并可进入项目库。二是加大环境治理。街道投入资金280万元，积极开展“三清理、三拆除、三整治”工作，新港、芳荣两个村清理整治工作已进入收尾阶段，已清理村道、巷道、沟渠、空旷地的杂草杂物等垃圾140多吨，回填土方800多立方米；拆除占道违建棚寮、猪舍牛棚、老旧危房共36间670平方米。大大改善了新港、芳荣两个村的人居环境。三是加快打造村头公园，逐步完善基础设施建设。推动对大华村、五福村、银牌村、李厝乡“一村一主题公园”的建设，已完成组件，正在申报立项中。同时，在深圳对口帮扶汕尾指挥部的大力支持下，投入资金约850万元，对新港村白石头村前公园进行提升改造建设，已进入招标阶段，待完成投标后即可动工。

【作风建设】 开展政务整治正风肃纪活动，加强作风建设。以纪律教育学习月为契机，围绕“加强党的政治建设、营造良好政治生态”主题，以党员领导干部为重点，面向全街道党员开展纪律教育学习月活动，进一步引导广大党员旗帜鲜明讲政治，坚定理想信念。落实党风廉政建设责任制，加强纪律教育和廉政建设，积极开展农村基层党员干部违纪违法线索排查。街道纪工委提醒谈话32人次，诫勉谈话3人，排查村（社区）违纪线索41条，并开展线索调查取证工作和案件查处工作，已立案2宗，开除党籍2人（其中开除公职1人）。6月，区委第二巡察组对新港街道党工委进行巡查，对于巡察出来的问题，街道党工委切实履行整改主体责任，做到不推诿、不敷衍，以讲政治的高度建立问题清单、任务清单、责任清单，制定整改方案，确保件件有着落、事事有交代。

【民生、医保、计生等工作】 抓好民生保障民生服务工作，增强群众“三感”。牢固树立以人民为中心的发展思想，加快推进各项民生保障、民生服务工作，进一步增强群众的幸福感、获得感、安全感。一是进一步抓好精准扶贫工作。2018年，全街道精准扶贫建档立卡贫困户245户748人，投入使用资金共788.0743万元。其中，以奖代补投入资金38.0743万元，投资合作使用资金750万元。12月开展2018年脱贫攻坚“八大行动”工作及扶贫业务会议，落实工作措施：1.走访入户，到贫困户家庭调查收入情况，做好2018年“以奖代补”工作。2.资产收益分配，全街道有劳动能力人口数为545人，发放收益分红资金每人年900元，共490500元。3.做好扶贫信息系统数据更新录入，做好扶贫资金台账。4.核对辖区2018年秋季贫困在校生人数173人，办理贫困户小额贷款11户，组织有劳动力贫困人员120多人参加技能培训。5.在社会救助工作中，对全街道在册的低保对象继续进行核查，逐户上门调查核实。截至12月，全街道低保户共495户1450人，发放金额44.5160万元；五保户口26户26人，发放金额1.8938万元；同时低保应退22户，低保申请12户。6.办理医疗救助9人，受理残疾人两项补贴申请12件，终止补贴2件。7.完成广东省居家养老信息化服务平台老年人数据库信息采集工作。在伏季休渔期间，着力解决渔民困难户生活救济175户共5.3万元。二是以稳定低生育水平、提高人口素质为目标，不断创新服务方式和管理制度，完善计生服务对象全员信息系统数据。全年全街道出生率控制在11.67‰，政策生育率达到92.36%，自然增长率达到6.81‰，人口与计生管理目标责任制全面达标。三是积极开展公共服务平台建设，做好便民惠民工程。2018 年，新港街道公共服务中心受理行政服务类 70 件，办结 67 件；10 个村（社区）受理行政服务类 65 件，办理 32 件，生产服务类 814 件，办理 753 件，组织运作类 2 件，办理 2 件。并实行代办员制度。四是全力做好城乡居民医疗保险收缴工作。全年全街道有 45586 人购买医疗保，覆盖率达 96%。开展辖区内城乡居民退休人员领取养老金资格认证工作。养老保险参保人员累计 7100 人，符合养老金领取人员 5880 人，新增 550 人，已为 3480 人办理了退休人员生存认证。五是积极广集就业信息拓宽就业渠道，组织富余劳力参加各类招聘活动和技能培训，增强职业技能促进就业。2018 年，解决新增就业人员 830 人、失业人员再就业 436 人、就业困难人员再就业 326 人、农村劳动力培训转移 100 多人、农村劳动力转移就业 211 人。全街道无发生劳资纠纷。六是移风易俗树新风。深化殡葬改革，加大移风易俗宣传力度。迁移坟墓 10 穴，有效遏制了偷埋乱葬的现象，加大推进复绿补绿工作，进一步推进了街道殡改工作上新的台阶。全年火化率达 100%。同时，全力控制再造、重修新坟，对“三道四区”坟墓进行绿化、屏蔽，改变了“青山白化”的状况，进一步遏制丧事大操大办的行为。七是社会民生事业持续改善。加强学校安全管理，特别是加强重点时段、重要地段的管理，切实消除各类安全隐患，营造了安全整洁、健康文明、秩序井然的育人环境。10 月底，新港街道高分通过省教育强镇的复评验收。

（曾伊妮、叶惠珍）

附：新港街道党政领导名录

党工委书记：曾昭好

副书记、办事处主任：叶朝阳

副书记：卢友聪

委员、办事处副主任：吴静（2018 年 3 月任）

委　员：李　利

曾彦森

陈雅姗

陈锦隆

办事处副主任：林悦彬

曾伊妮

人大工委主任：林创龙（2018 年 3 月任）

副科级干部：余敏玲

马宫街道

【概况】 马宫街道地处红海湾畔、汕尾市区西部，东与红草镇及汕尾市区接壤，西北隔长沙湾与海丰县石安半岛相望，西、南两面濒临红海湾，面积 22.63 平方公里，海岸线 15 公里，属亚热带海洋气候，一年四季气候温和，阳光充足，雨量充沛，常住人口 21811 人。下辖 7 个村（社区），分别是马宫社区、深渔村、盐町村、浪清村、新北村、长沙村、金町村。

【历史沿革】 明万历三年（1575），于马鬃山下建成天后庙（贯称“妈祖宫”）。“妈祖”显威名，慕名至者众多，清中叶该地成集镇，先以马鬃山得名“马鬃镇”，后因妈祖宫名盛易称“马宫镇”一直沿用。清代隶属惠州府海丰县金锡都，辛亥革命后几经隶属变化。中华人民共和国成立初，马宫属海丰县第五区，曾与红草镇合称“青马镇”。1959 年 4 月从红草公社拆出，设为马宫镇人民政府。1988 年 3 月，汕尾建市，马宫镇划属市城区。2002 年 12 月，经省民政厅批准马宫镇更改为马宫街道，区域不变，2005 年正式挂牌。

【自然资源】 马宫街道自然条件优越，资源丰富，滩涂广阔，渔场临近，盛产鱼、蟹、虾、蚶、牡蛎等。2018 年年底，全街道有海水养殖面积 876 公顷，有渔船 375 艘，渔船总马力达 42000 千瓦。马宫三面环水，交通便利，水路由马宫港可通汕尾、汕头、广州、香港等地港口，陆路有深汕高速公路过境并在长沙村设有互通口，厦深铁路过境马宫，汕马公路、海马公路联通汕尾市区、海丰县。马宫拥有妈祖庙、普照寺、倚壁虎炮台、长沙炮台、浪清烟墩、浪清蚝石栏、碑刻等丰富的人文景观，也有白沙浮、南湖海、金町湾等吸引众多游客的旅游资源。

【基层党政建设】 加强学习，夯实基层党建工作基

础 深入学习贯彻习近平总书记重要讲话精神、中共十九大精神和李希书记调研汕尾的重要讲话精神，推进《汕尾市城区加强党的基层组织建设三年行动方案（2018—2020年）》全面落实，强化理论学习，不断提搞基层党员党性修养和理论水平。一是制订学习总体方案，街道党校、各村（社区）、机关企事业单位党支部相应制订学习计划和培训计划，明确学习方式、步骤及具体要求，把党的十九大精神、习近平总书记重要讲话精神、全国“两会”精神、《习近平治国理政》（第二卷）、省委书记李希重要讲话内容及习近平总书记视察广东重要讲话精神等作为重要学习内容，不断丰富基层党员干部理论知识。二是多次召开专题学习会传达贯彻上级部门相关文件和会议精神，以党建为统领，统一全体干部职工的思想。三是领导班子成员坚持带学督学,到所挂驻村（社区）召开“两委”干部会议、支部党员大会开展“送学活动”。一年来，共开展领导班子成员带学督学63场次。四是发挥街道党校功能，邀请区党校老师、专家等开设专题学习讲座，对全街道26个党支部党员（包括外出党员）进行轮训，共开展了学习培训30次，实现党员培训全覆盖。

帮扶整顿，切实推进软弱涣散党组织整治 根据区委组织部关于开展整顿软弱涣散基层党组织的有关文件精神，在认真排查、分析各村（社区）党支部班子建设、集体经济收入的基础上，确定盐町村党支部为软弱涣散村党组织。街道成立整顿工作领导小组，召开整顿工作会议，建立整顿台账，落实整改措施，使盐町村党支部软弱的“症结”得到有效整治。“创文创卫”、乡村振兴、殡改、计生等各项工作任务顺利开展。与汕尾东海集团协商合作开展新农村建设项目，已完成规划设计，相关工作在加紧推进中。

压实责任，全面落实党风廉政建设工作 一是落实党风廉政建设责任制，严格履行“一岗双责”，落实街道班子成员党风廉政建设工作岗位职责，规范权力运行，建立责任清单。街道与各党支部书记签订责任书，压实责任，明确工作任务，并把贯彻落实党风廉政建设责任制的情况列入目标管理的重要内容中。二是开展正风肃纪、政务整治行动，加大明察暗访力度，对全街道窗口部门进行明察暗访50多次，对村（社区）的工作作风和服务群众情况开展明察暗访，对个别村干部上班迟到、早退、不在岗等行为进行批评教育谈话提醒；暗访督办了街道环境卫生脏乱差等问题。通过大力开展政务整治、正风肃纪集中行动，全街道机关作风进一步好转，政务服务效能进一步提升。一年来，开展警示教育6场次，有400多人次参加。三是强化措施，监督“村账代理制”制度落实。对街道会计中心代理人员在代理村账中是否严格执行会计制度进行审核，加强监督把好入账关。成立街道督查组，对救济救灾、低保、种粮直补、生态林补贴、危房改造、精准扶贫等涉农惠民资金的发放工作加强检查监督，确保每一环节不出错、不违规，还村民一本“明白账”。四是查处基层违纪违法案件。街道加大力度开展案件线索排查和案件查处，扫清在查办违法违纪案件中遇到的阻力。全年共排查违法违纪线索17条，线索转立案5宗，结案5宗，谈话提醒11次。

【综合经济指标】 2018年，各项经济指标稳步上升。完成工农业总产值162976万元，同比增长5.9%，其中，工业总产值115126万元，同比增长6.3%，农业总产值47850万元，同比增长5.0%。完成渔业产量43186吨，同比增长1.5%，总产值19558万元，同比增长1.1%。社会固定资产投资额26280万元，同比增长652%。社会商品零售总额42877.7万元，同比增长9.2%。

【重点项目顺利开展】 一是抓好金町湾保利度假旅游项目二期施工。继续全力做好配合协调工作，加快相应的配套设施建设，推进项目早日完成。二是抓好汕马路扩建（马宫路段）项目征地补偿工作的收尾工作。汕马路（马宫路段）征地面积共约300亩，其中，路道用地面积约220亩，留成地以及金町村委会办公楼用地约80亩。涉及金町、新北、长沙3个村委会16个村民小组，已完成了征地四至范围定点，村和村民小组分界，召开了村民代表会议，签订了征地协议，地上附着物全部作了拍摄及完成登记造册，已补偿地上物219.06亩、水体养殖补偿97.53亩，已登记坟墓186穴、金斗190个，已迁移坟墓186穴、金斗190个。并于4月30日全部提供给工程队施工建设。三是抓好金沙湾项目建设的协调工作。该项目已完成土地平整、注水桩工程、打桩等前期工作，并已开始进入挖地基工程。四是全力开展马宫中心渔港、金町湾三期土地收储工作。马宫中心渔港、金町湾三期征地工作共涉及土地面积2720亩，其中，马宫中心渔港1570亩，金町湾三期1150亩。征地范围的土地涉及金町村、长沙村、新北村等3个行政村17个村民小组。截至年底，所涉及的17个村民小组已全部签订征地协议同意征地，已签订水体或地上附着物赔偿协议17户，面积306.7亩。其中，马宫中心渔港所涉及8个村民小组已全部签订征地协议同意征地，已签订水体或地上附着物赔偿协议12户，面积226.7亩(其中长沙村5户、面积86.7亩，新北村7户、面积140亩)；金町湾三期所涉及9个村民小组，已全部签订征地协议同意征地，已签订水体或地上附着物赔偿协议5户、面积80亩。

【推进新农村建设】 按照区委、区政府新农村建设要求和部署，马宫街道成立了专项领导工作小组，并投入资金约1200万元开展新农村建设工作。一是选定金町、长沙、盐町3个村为新农村建设示范村，以点带面，带动新北村、浪清村、深渔村3个村全面推动新农村建设工作。截至12月，6个村均委托华南创图设计有限公司规划修编，并完成规划修编工作和初审评估。二是推进“三清理三拆除三整治”工作。截至12月，共清理杂草、杂物、积存垃圾139处66吨，清理村巷道及生产工具、建筑材料乱堆乱放等79处104吨，清理沟渠池塘溪河淤泥、漂浮物和障碍物等54处198吨，拆除破旧房屋、破棚寮43间4475平方米，拆除乱搭乱建、违章建筑40处685平方米，拆除违规商业广告、招牌35宗230平方米，整治三线乱搭乱接、污水乱排乱倒等120宗;新建公园3个，在建公园7个;已改造地下水道1500米;新建设硬底化道路3500米，建设观海栏杆800米，建筑竹篱笆约3000米;建设路灯100支;实施美化绿化42处4620平方米，清旧补绿6处1460平方米。辖区人居环境得到明显改善，群众幸福感和获得感显著提升。

【工业】 马宫街道继续维持船舶修造、渔业加工、玩具、皮革等为主的工业体系。全年工业总产值115126万元，同比增长6.3%。

【农业】 2018年，全街道落实农作物面积3633亩，其中，水稻早造种植420亩，蔬菜475亩，番薯690亩，花生398亩，其他农作物1650亩。抓好病虫害的防治，保证农作物的健康生长。针对各个节候的特点，组织农户做好病虫害的防治。深入基层开展技术培训，减少虫害侵袭，确保产量稳步增长。加强灾情的预警，保证农业生产安全。由于2018年上半年，当地天气干旱，雨水少，为确保农作物的按时播种，引导农民种植耐旱品种，同时想方设法改善生产条件，浚疏新北村新乡前水田的排灌渠道800米，方便农民灌溉，确保春耕生产的顺利进行。做好街道农业办的日常事务性工作，完成上级下达的工作任务，认真填报农业生产的各项报表，按时将相关数据统计汇总上报。

继续完善“三资”管理的各项资料台账，制定了“三资”交易一整套较为成熟的流程，保障村级一有项目上马，就能及时上平台交易。拟上平台交易有3宗，其中，长沙2宗（村委会办公楼装修、村文化室建设)，盐町1宗（村文化室建设)。

认真推进农村集体土地确权登记颁证工作。紧紧围绕区委、区政府的工作部署，扎实土地有序推进确权工作。全街道共有23个经济组织，其中，因整村征地免确权的经济组织有11个（金町村埔一、埔二、埔三、埔四、深田、岭头、埔美、新塘、新兴、大园以及长沙村的长东)，应确权的经济组织有12个，应确权的农户户数1615户1680亩，应颁证1615本。已全面完成确权任务。

【马宫渔港】 马宫渔港位于长沙湾出海口，渔港2700米护岸蜿蜒形成耳型半湾，港口门朝西敞开，宽1.2公里，港池面积18.6平方公里，水深4~6米，是一个天然的优良渔港，属国家二级渔港，广东省重点渔港。2001年，被省海洋与渔业局评为“文明渔港”。渔港有2个千吨级船坞、小型修造厂、制冰厂、冷冻库、供油站、网具等后勤配套设施基本齐全。凭借其优良的自然条件，便利的水陆交通，以及齐全的渔业后勤服务配套，吸引了省内沿海地区以及浙江、福建、广西、香港等地的渔船经常到马宫渔港装卸渔货和补给。尤其是每年渔讯期，更是渔船云集，渔货交易量俱增，港区热闹非凡。万聪、红海2座5000吨级的船舶修造厂，更为渔船的上排进坞、保养修理提供了便捷。马宫渔港已经获得2011年省十一届人大四次会议代表提案，省海洋与渔业局已将马宫渔港列入“广东省2011—2015年规划建设渔港建议名单”，并全力支持将马宫渔港列为全国渔港建设“十二五”规划。马宫现有2家捕捞业渔业专业合作社，分别是“汕尾市城区海宝渔业专业合作社”（以下简称海宝合作社）和“汕尾市城区新嘉顺渔业专业合作社”（以下简称新嘉顺合作社）。“海宝合作社”成员5人，向农业部申请南沙生产骨干渔船6艘，已获农业部批准建造的有4艘，已有2艘船已在万聪船厂建成下水，每艘船造价1100万元。2艘船在红海船厂开建。该船类型为拖网，新造船总长63.8米，型宽9.8米，1500吨位。该船造成后将成为粤东最大型渔船之一。“新嘉顺合作社”成员10人，拥有大吨位的钢质渔船26艘，其中属南沙特许捕捞渔船18艘（已建成8艘，在建的6艘，正在申报的4艘）。该合作社渔船总吨位1万多吨，总功率15000千瓦。每船吨位300吨，每船功率600千瓦，每船总长45米，型宽7.8~8米。该社还拥有渔业辅助船1艘，申报增加建造辅助船1艘。年产优质鱼获物约1万吨，产值约8000万元。

【基础设施】 马宫街道以创建文明街道为目标，进一步改善群众居住环境、卫生状况和生活质量，切实加大农村基础设施建设力度。2018年，街道持续投资修建了公共健身场所、公园等基础设施建设，进一步改善了村容村貌，并给群众的出行和生产生活带来很大的便利。

【“创文创卫”工作】 2018年，马宫街道狠抓落实，狠补短板，全力抓好新农村建设及“创文创卫”工作。

1. 科学统筹，扎实推进新农村建设工作。积极引进社会企业积极参与，与香港东海集团达成初步框架协议，共同开展新农村建设工作。一是高起点规划设计。邀请专业设计团队，对该街道金町村、长沙村、盐町村、浪清村、新北村进行规划设计。金町村、盐町村、长沙村已基本完成规划设计文本，预计投入1000万元以上。二是加大投入，完善基础设施。已完成道路硬度化建设1600米，建设公共厕所7间，投入20万元进行环境绿化美化，投入60万元对重点排洪沟渠进行清淤和改造。三是大力开展“三清三拆三整治”行动。行动以来共清理积存垃圾、清理沟渠池塘溪河淤泥和障碍物等20余处；拆除旧房危房、乱搭乱建、违章建筑、非法违规广告招牌等100余处；整治垃圾、生活污水及水体污染10余处。

2. 提高责任意识，强化组织机构建设。街道成立“创文创卫”工作领导小组，各村（社区）参照成立工作领导小组，制定工作方案，建立街道、村（社区）两级管理机制。街道班子成员包片驻村，全体干部职工挂驻村（社区）工作组为单位进入各村（社区）开展双创工作，村干部分别挂驻各自然村。并层层签订责任书，级级落实指标任务,一级抓一级，层层抓落实，形成街道、村（社区）干部职工带头干，带动群众齐参与的工作局面。

3. 狠抓任务落实，确保“创文创卫”工作出实效。一是加强宣传学习贯彻，营造“创文创卫”浓厚氛围。街道党工委理论中心学习组以中共十九大、《习近平谈治国理政》（第二卷）、习近平总书记在十三届全国人大一次会议广东代表团审议时的重要讲话精神、省委书记李希在汕尾调研时的重要讲话精神、市委七届六次全会及区委八届七次全会精神为重点学习内容，组织开展学习18场次；领导班子成员“带学送学”活动19场次；组织参加市、区、街道各类宣讲活动10场次；各党支部自行组织学习45场次；征订发放学习资料3000多份册。为大力营造良好的宣传氛围，街道共制作宣传栏35个，宣传横幅110条，发放宣传资料8000多份，电子屏20多个，大型户外广告8个，画报60幅。促使“创文创卫”工作深入人心，奠定了良好的群众基础。二是齐抓共管，开展专项整治行动。联合城管部门，开展违章建筑清理整治。共拆除辖区内主干道、重点场所100余处违章建筑物，清理违章广告牌、空调机、花盆、花坛等一批。联合工商等有关部门，开展占道经营整治，对乱摆乱放、无证经营的11家零散商品经营户和13户海鲜流动摊档进行了整顿，同时重新划定小码力渔船停靠及流动摊档经营区域，在一定程度上遏制了违法占道行为及现象。联合交通部门开展交通秩序整治。对原车站进行整改，解决车辆停靠位置不足的问题；并明晰标线，规范车辆停靠位置，规范公交车、出租车运行线路和停放秩序，严禁乱停乱放。同时，配合交警部门查抄违规乱停乱放车辆80余辆次。经过整治，车辆乱停乱放的现象得到改善。

4. 丰富群众文化生活。积极利用“我们的节日”主题开展群众性文化惠民，在春节、元宵等节日期间组织举办舞狮贺岁、文艺汇演、灯谜竞猜、民乐演奏、足球比赛一系列群众喜闻乐见的文体活动。通过一道道丰富的文化大餐，为传统节日增添浓郁的文化气息，为群众营造更为祥和、喜庆、文明的节日气氛。在妈祖诞期间举办文化节，弘扬妈祖精神，弘扬具有地方特色的优秀传统文化。加强文化站（室）规范化建设，建设金町村、盐町村综合文化中心，为开展群众性文化活动提供平台。

5. 深入开展环境卫生整治。投入大量的人力、物力、财力“创卫”工作，按照创建国家卫生城市的标准和要求，在全街道范围内轰轰烈烈开展声势浩大的爱国卫生运动，环境卫生发生了根本性的变化，广大群众的创卫意识也得到了大幅度提高，健康水平得到有效提升。一是严格实行“网格化”管理。建立街道、村（社区）二级环境卫生和主次干道卫生监管“路长制”，建立一支保洁员队伍，形成环卫保洁长效管理模式。2018年，将清洁工人数由30人充实至61人，由各村（社区）统筹分配，并实行“创文创卫”工作测评机制及奖惩机制，确保路路有人管，村村有监督。二是拆除乱搭乱建、取缔不合规废品回收站，环境卫生大清理、大扫除，河道、溪塘大整治等专项行动150多场次，投入挖土机、东风车、铲车、垃圾三轮车等设备6754辆次，清理垃圾约10000余吨，配备卫生垃圾桶1000多个，投建垃圾屋9间，购置垃圾三轮车10辆，雇请卫生保洁员51名，投入资金共约800多万元。三是抽调骨干力量组成综合执法队伍，开展全街道环境卫生以及农贸市场和重点路段的整顿，坚决清理乱摆乱放，占道经营等行为。一方面加强巡查力度，发现问题。街道严格按照考核奖惩办法进行处罚和问责，列入年终评先评优条件；另一方面街道对各村（社区）、企事业单位环境卫生情况和集镇内“门前三包”情况，开展定期督查，表彰先进，曝光落后。四是加大宣传力度，利用宣传栏、横匾、标语、宣传单做好宣传工作，并开展“全民宣传日”、“爱国卫生月”“6·5”世界环境日等专题宣传活动，营造良好社会氛围，发动和引导群众共同参与。同时在主次干道、人流聚集区和重点地段设立环境卫生整治巨幅宣传栏和警示牌，设立固定宣传横幅70多处，小标语1697条，汕马公路和X125县道沿途照明路灯杆设立装饰宣传广告150幅，印发《门前三包》《平安交通》和《致广大人民群众一封信》等资料各10000份，出版“创卫”简报18期。

【教育文化卫生】 教育 2018年，全街道有幼儿园2所，其中，公办幼儿园1所，在园幼儿280人；有执业证民办幼儿园1所，在园幼儿120人，共有专任教师43人。小学2所，在校生700人，专任教师68人，小学适龄儿童入学率100%。初中1所，在校生138人，专任教师36人，小升初升学率100%。九年义务教育覆盖率达100%。

文化 马宫街道综合文化站，占地面积560平方米，建筑面积350平方米，主楼二层，先后投入资金50多万元配套内部设施，文化站设置书报刊阅览室、电子信息阅览室、文化娱乐室、广播影视室、科普培训室、宣传教育室、青少年校外活动室等，并配备电脑、网络服务器、电视机、投影仪、音响等设备。同时，不断完善文化站建设，制订管理制度，建立免费开放工作台账，组织开展各种具有地方特色的文娱活动。

卫生 马宫街道有卫生院1所，病床24张，专业卫生人员20名，其中，全科主治1名，执业医师3名，执业助理医师3名，注册护士5名。村级卫生站6个。

【综治维稳】 加强社会治安综合治理，着力提升法治创建水平。马宫街道深入推进社会治安综合治理，创新完善社会治安防控体系，健全公共安全风险隐患排查治理和应急处置机制，始终保持对违法犯罪严打高压态势，着力推进全民禁毒工程，继续加大信访工作力度，坚持把党委、政府的工作纳入法治化轨道，努力提升依法治理水平，逐步提高人民群众的安全感、满意度。年初，该街道在市、区综治工作考评中被评为优秀等次；在省司法厅“七五”普法中期考核、社区矫正工作检查及市、区扫黑除恶工作督导中，受到上级领导肯定。

加大矛盾纠纷排查调处力度。街道党工委、办事处高度重视社会矛盾排查化解工作，由党政“一把手”亲自抓、负总责，分管党群和政法副书记具体负责。设立信访接待中心、人民调解委员会和有关专项领导小组，紧紧围绕“发现得早、化解得了、控制得住、处置得好”的总体要求，提高矛盾纠纷排查调处工作实效。落实排查调处责任，严格执行矛盾纠纷排查制度和重大事项报告制度，坚持一旦出现矛盾纠纷，责任领导马上带队前往现场组织处置，及时把矛盾解决在萌芽状态，把问题化解在基层，杜绝影响稳定的群体性事件发生。2018年，该街道综治中心受理信访件12宗，已办结10宗,正在办结2宗。

从严开展禁毒工作。该街道与各村（社区）、各责任单位签订禁毒工作责任书，层层压实责任，全力推进“无毒社区”创建活动，强化社区戒毒工作措施，把禁毒工作列入常态化管理。一年来，该街道结合禁毒、扫黑除恶等工作，认真开展“大走访、大排查、大整治”行动，联合区公安分局、区工商局、区海洋与渔业局、区打私办、马宫边防派出所，以及街道综合执法队、街道各部门和村（社区）“两委”干部，多次开展禁毒清理清查、扫黑除恶专项行动，对辖区内港口、码头、船舶停靠点、废弃场所、养殖场、出租屋、住户等进行拉网式清理清查。据统计，全年共出动8300人次，共清查了船厂等企业14家，渔船400多艘，养殖场（户）240次，果木场30次，废弃场所30处，出租房625间，旅馆业2间，娱乐场所1间，“三小”场所464家，居民户4320户；签订禁毒承诺书3650份，发放宣传资料13250份。2018年，马宫街道辖区内查处贩毒案件0起，吸毒案件2起，强戒2人。

铁腕整治社会治安。深入组织开展“扫黑除恶行动”、港口海域禁毒专项行动、“国门利剑2018”“海上利剑2018”、秋季反偷渡等专项行动和博鳌论坛、改革开放40周年纪念展等重大活动安保工作，强化社会面防控，扎实有效做好社会治安综合管控工作。2018年，刑事案件共立案13起，破获5起；发生治安案件19起，查处9起；抓获各类违法犯罪嫌疑人16名。并组织开展辖区治安隐患和消防检查共80余次，开展港湾清查40次，陆地清查280次，组织联合清查行动35次。有效打击了各类违法犯罪活动。

开展扫黑除恶专项斗争。认真落实上级扫黑除恶专项斗争会议精神和工作部署，本着“有黑扫黑、无黑除恶、无恶治乱”的原则，以铁腕的手段和零容忍的态度坚决打一场扫黑除恶攻坚战，维护地方平安和谐稳定，服务好发展大局，进一步提升人民群众的获得感、幸福感、安全感。主要做好“五个强化”：一是强化政治担当，迅速动员部署；二是强化领导，压实责任；三是强化宣传，提高知晓率；四是强化排查，合力打击黑恶；五是强化举措，纵深推进。在开展扫黑除恶专项斗争中，坚持抓住工作重点，全方位开展涉黑涉恶线索排查，组织相关职能部门人员深入港口码头、农贸市场、企业工厂、出租屋、水产品交易所、建筑工地等重点部位，通过进村入户走访、座谈等形式，收集掌握相关线索及时排查分析研判，一经核实，坚持严厉打击。截至12月，排查涉黑涉恶线索9宗，其中，该街道排查5宗，上级交办4宗，已办结8宗，在办理中1宗。

加强对特殊人员的教育和管理。加强对刑满释放人员、社区矫正人员、社区戒毒（康复）人员等特殊群体的安置帮教、行为矫正和日常管理工作。高度重视严重精神病患者救治救助工作，组建工作专班，集中排查摸底，建立工作台账，落实监护补助工作，严防失控漏管和个人极端事件发生。2018年，全街道在册在管严重精神障碍患者共95例，三级精神病患4例，将2名严重精神障碍患者送到海丰老区精神病院接受治疗，消除了肇事肇祸隐患。

发挥人民调解、法律顾问作用。着力推行“一村一法律顾问”制度，发挥驻村法律顾问、人民调解员、治保主任的作用，为驻村干部、村（社区）“两委”干部和广大人民群众作法律法规宣传解读，免费提供法律咨询和无偿民事代理服务，使各村（社区）基层治理进一步法治化，切实解决了一些问题。2018年依法办理人民调解案件56宗。

加强法治宣传，营造良好氛围。马宫街道不断加大力度，创新形式开展法治宣传教育活动，营造全民“尊法、学法、懂法、守法、用法”浓厚氛围。2018年，马宫街道根据“七五”普法工作要求，大力开展学习宣传宪法、扫黑除恶、禁毒、反邪教法治宣传讲座进村社、进校园、进企业活动共计23场次，举行宪法宣传咨询活动2场次，扫黑除恶专项斗争“送法下乡”活动3场次，禁毒宣传活动3场次，反邪教警示教育宣传活动2场次，信访法规宣传普及日活动2场次，出动流动宣传车80多车次，发放宪法读本1000本，悬挂法治宣传横幅64条，制作学习宣传栏21个，张贴宣传海报200多张，发放宣传资料8000多份。

【精准扶贫】 找准着力点，精准识别贫困户。为了确保该项工作取得实效，做到有章可循，该街道找准该工作的着力点，严谨规范识别贫困对象的程序，在工作中严格遵循“四个坚持”的工作原则：即坚持统一标准、全面调查；坚持实事求是、科学识别；坚持分级负责、分类指导；坚持严格程序，公开公正。该街道采取在农户申请的基础上，各级工作人员组队进村入户调查，全面了解掌握各户收入情况，逐户计算人均收入。同时，严把“报—查—评—审—批”五个环节，把丧失劳动能力的低保对象、有劳动能力的扶贫对象、具有一定劳动能力的低保对象和老弱病残等明显弱势群体人员的家庭优先纳入贫困人口范畴，然后根据调查收入将低于新标准以下的农户拟定为贫困户。工作组按照“入户调查，村组评议，名单公示，街道审核”原则做好贫困对象的识别工作，确保新标准下农村贫困人口甄别和建档立卡工作的质量和实效，为接下来的贫困对象的帮扶工作打下扎实的基础。通过驻村工作队进村入户调查核实，截至12月，已精准识别出贫困户279户856人，其中，五保户45户45人，低保户131户384人，一般贫困户103户427人；有劳动能力户173户681人，无劳动能力户106户175人，残疾户91户286人。

【殡葬改革及森林防火】 深入开展厚养薄葬、文明办丧的教化，着力整治丧葬用品市场，整治乱埋乱葬，切实改变“青山白化”现象。一是加大对殡葬方面管理。严控丧事大操大办，火化率达100%。二是加大对“三道四区”坟墓整治工作。从3月起实行对“三道四区”的2016年1月前及2016年后的坟墓进行了登记和调查，10次街道综合执法队与民工组织共整治了坟墓24穴，屏蔽清理难度大的1000多穴坟墓。三是做好清明节期间森林防火工作。制定《马宫街道清明期间森林防火工作应急方案》，共投入资金约70万元，购置森林灭火风机、扑火把、灭火器、灭火水箱、无人机、消防山地车、防火服等消防装备一批,并由街道组织在各村（社区）重点山头路口设立卡口22个，各村各卡口的山头各配备10人巡山防火队伍，同时街道抽调30名骨干精英组建应急队伍，严防死守，确保了在清明节期间实现“零”火情。

【推进民生实事工作】 一是为165户530人精准扶贫对象建档立卡。对因特殊情况造成生活困难的家庭，给予非定期、非定量的临时救助，着力缓解困难群众突发性、临时性生活困难。全年发放临时救济、救灾款79800元。二是做好低保专项整治工作。全街道原有低保户344户762人（其中，非农业户口低保户39户62人，农业户口低保户257户652人，五保户48户48人）。经调查核实对不符合低保政策条件的低保户148户306人予以清退，（其中，低保农业户口133户289人，非农业户口8户10人，五保户7户7人）；符合低保政策条件新纳入低保户14户31人（其中，低保户口11户28人，五保3户3人）。调整后，全街道共有低保188户484人(其中，城镇低保33户56人，农村低保155户428人，五保43户43

人）。三是做好退伍军人信息采集的工作。按上级工作部署，对辖区内健在的退伍军人进行信息采集，至12月14日，共录入信息140条140人，接下来将加大精准范围按时完成信息采集任务。四是做好残联工作。开展2018年残疾人基本服务状况与需求信息数据动态更新调查工作，共调查238人，完成率100%。残疾人家庭无障碍改造，共有9户在进行改造中。残疾人两津补贴有36人，其中，护理补贴19人，生活津贴17人。

【事记】 1月16日，区委书记李庆新到马宫街道领学督学中共十九大精神，贯彻落实区委八届六次全会精神和工作调研。

1月26日，马宫街道金町村社会主义新农村建设示范项目“华夏·金沙湾”开工仪式举行。区委副书记、区长罗光钊，区委常委、副长区曾向镇，区委常委、统战部部长李振坚，区委常委刘学深，马宫街道党工委书记刘宗棍，香港东海集团董事长蔡东华等出席仪式。

2月24日，马宫街道对港口、码头、船舶、海域等重点对象开展地毯式清理清查，于25日拆除了金町白鹤寺旁非法码头。并加强对“三无”船只的取缔力度，发放《致渔民一封禁毒公开信》3000份、《禁毒承诺书（业主）》11份、《禁毒承诺书(船主)》370份，制作禁毒宣传标语36条，广告栏一个。

3月21日，马宫街道召开殡葬管理暨清明节期间森林防火工作会议。

3月30日，市委书记石奇珠，市委常委、区委书记李庆新到马宫街道金町村进行基层党支部建设调研。

4月11日，马宫街道召开学习贯彻习近平总书记重要讲话精神和全国“两会”精神会议。

4月26日，马宫街道在全街道范围内开展禁毒清查大行动。

6月1日，马宫街道持续开展全方位、地毯式“大走访、大排查、大整治”行动。

6月19日，马宫街道全面完成农村土地确权登记颁证工作。

7月3日，马宫渔港首艘消防船正式启用，填补了马宫渔港水域灭火救援装备的空白。

7月4日，马宫街道开展纪念建党97周年系列活动。

8月20日，马宫街道金町村荣获“全国民主法治示范村”称号，为全市该批次唯一获评村。

9月20日，马宫街道组织边防派出所、工商所及各村（社区）集中开展中秋、国庆期间安全生产大检查行动。

10月27日，马宫街道召开宪法学习会，要求各部门、各村（社区）要再升温、再鼓劲，掀起学习宣传宪法热潮。

11月16日，马宫街道举办学习贯彻习近平总书记视察广东重要讲话精神培训班。街道全体干部职工、各村（社区）“两委”干部、企事业单位负责人参加学习培训。

（麦庭铨、康腾飞）

附：马宫街道党政领导名录

党工委书记：刘宗棍

党工委副书记、办事处主任：林楚城

党工委副书记：林创龙（2018年2月离任）

党工委副书记：刘立全（2018年2月任）

党工委委员、人大工委主任：芮耀枢

党工委委员、纪工委书记：刘立全（2018年2月离任）

党工委委员、纪工委书记：卓楚群（2018年2月任）

党工委委员、办事处副主任：林奋杰

党工委委员、派出所所长：谢宏斌

党工委委员：卢文霞

党工委委员：石泽旭

党工委委员、武装部长：梁东东

办事处副主任：骆志雄

办事处副主任（挂职）：李伟凯（2018年11月离任）

办事处副主任（挂职）：冯小苏

工会主席：卓楚群(2018年2月离任)

红草镇

【概况】 红草镇位于广东省汕尾市城区北部，距市区中心约11公里，东接城区东涌镇，香洲街道，西靠长沙湾，北与海丰县陶河镇接壤，南临城区马宫街道，是城区的政治、经济、交通、商贸、农业中心镇。全镇面积69.73平方公里，海岸线13.6公里。红草镇下辖14个村和1个社区（分别是梧围村、海梧村、径口村、拾和村、南汾村、三和村、亚洲村、晨洲村、新村村、青山村、五雅村、西河村、埔边村、光明村和红草社区），共63个自然村。2018年，总户数8863户，总人口42528人，其中外来人口5993人；从业人数25762人，其中外来从业人员6809人。

红草镇依山傍海，气候温和，是汕尾市城区的工农业大镇。东南部群山连绵起伏，东南、东北部多台地和山地，是红草镇水果种植基地。中、北部为平原区，盛产粮食、蔬菜、花生等。西北部濒临长沙湾，海岸线全长36.9公里，为黄江、丽江、大液河的交汇处，水生生物丰富，是汕尾海水养殖的重要基地。水产品十分丰富，尤其是牡蛎、对虾、青蟹、金枪鱼等名贵海产品，更是享誉中外。丘陵宜林宜果宜牧，发展开发性农业生产基地大有作为。红草镇晨洲村以牡蛎（生蚝）养殖闻名，有"中国蚝乡"之美称。

【基层党政建设工作】 红草镇党委下辖党支部43个，其中，村（社区）党支部15个，机关（企）事业单位党支部15个，"两新"组织（新经济组织和新社会组织）党支部13个，共有中共党员1140人。

2018年，红草镇党委始终把学习宣传贯彻习近平新时代中国特色社会主义思想、中共十九大精神、习近平总书记在参加十三届全国人大一次会议广东代表团审议时的重要讲话精神及习近平总书记视察广东重要讲话精神等系列重要讲话精神作为头等大事和首要政治任务，一体学习领会，整体贯彻落实。

一是狠抓建立落实"第一议题"学习制度。通过组织召开党委中心组学习扩大会、全体干部职工大会，镇班子成员到村开展领学带学督学、各村（社区）党支部召开党员大会和"两委"班子一周一学习会等形式，结合"两学一做"和"不忘初心、牢记使命"主题教育活动，让镇、村、组三级干部职工，尤其是党员干部，学深悟透习近平新时代中国特色社会主义思想和习近平总书记系列重要讲话精神。2018年，党委理论中心组召开专题学习会24次，班子成员到所挂驻村开展带学督学50次，各党支部召开全体党员大会45次、村"两委"班子一周一学习会360场次。二是持续开展宣传宣讲。充分利用镇、村两级宣传栏、横幅、乡村广播、LED屏幕设施及微信公众号等方式深入开展宣传，大力宣传党的思想政治理论的科学内涵和核心要义。全镇共设立学习宣传栏75个，在显眼处悬挂宣传标语180多条，多次推送微信简讯，努力营造学习贯彻的浓厚氛围；充分发挥镇工会、共青团、妇联等职能部门作用，由镇班子成员带头推动中共十九大精神、习近平总书记视察广东重要讲话精神进企业、进农村、进机关、进学校、进社区，做到家喻户晓、深入人心。三是加强意识形态阵地建设。始终紧绷意识形态安全这根弦，压实意识形态工作责任制，坚持党管意识形态原则不动摇，坚持党管宣传、党管意识形态、党管媒体，强化意识形态安全阵地管理，守牢意识形态阵地。通过微博、微信等媒介及时回应网络舆情6次，将社会矛盾化解在萌芽状态。在思想上行动上筑牢意识形态安全"护城河""防火墙"，切实维护意识形态安全。四是推动基层党组织规范化建设。根据《红草镇优化党组织设置工作实施方案》文件要求，扎实推进基层党组织规范化设置工作。通过增设党组织，优化管理结构，确保全镇1140名党员都纳入党组织的有效管理，以提升基层组织的组织力；大力完善基层党组织活动阵地，解决各村（社区）党支部办公场地空间过小问题，抓好村级办公场所升级为党群服务中心建设。五是加强党员教育管理。在全镇深入开展党员"亮身份、作承诺、见行动"主题活动，向全镇1140名党员发放了党徽，亮出党员身份，7个村树立了党员承诺树10株。在晨洲村、梧围村打造党员先锋模范街，110名党员"一对一"联系村民，落实党员联系户制度，要求党员当好"十员"角色，引领群众投身新农村建设。六是坚决整顿软弱涣散村（社区）党组织。按照"虑近及远、一村一策、起底换人、强核固本"的整顿原则，结合软弱涣散党支部实际情况，制定出整改方案，明确整改问题、整改目标、整改责任人、整改时限。对拾和、埔边、三和村3个软弱涣散党支部，实行镇主要领导带头“一对一”挂勾，充分发挥区选派驻村第一书记作用，从加强党性学习、抓好班子建设、规范制度体系、强化阵地建设等几个方面入手，着力提升班子整体战斗力，增强组织凝聚力和群众公信力，增强干部服务能力和服务意识，带领村“两委”深入整顿软弱涣散问题，促使“后队”变“前队”。七是大力实施“头雁”工程。选优配强基层党组织书记。通过“选塑典型巩固一批”“教育培训提升一批”“实践锤炼提拔一批”“镇机关选派一批”“整顿后进撤换一批”“动员乡贤回归一批”，镇党委撤换了南汾、拾和村党支部书记；抓好农村党支部书记后备人选的培养，通过对15个村（社区）的调查，建立了书记后备人员名册，把18名大专以上学历、年龄30~40周岁的党员列入组织考察对象；加强对党支部书记教育培训，镇委党校制定了支部书记教育培训方案，每季度对支部书记至少专题培训一次。

【综合经济指标】 2018年，全镇完成工农业总产值42.10亿元，同比增长9.8%。其中工业总产值38.86亿元，同比增长20.02%；农业总产值3.24亿元，同比增长3.8%；社会商品零售总额10.77亿元，同比增长9.8%。

【工业】 红草镇充分利用地理优势，大力构建工业发展平台，工业增速明显加快。工业发展规模初步形成，主要有电子元件、电机、汽车、食品加工等高技术产业。经过多年的发展，电子机械类及汽车销售已成为该镇主要产业支柱。

【农业】 2018年，红草镇按照“发展特色种养业，稳步推进农村经济产业化”的思路，不断加大对农村产业发展的政策扶持力度，推进粗放型农业向精细型农业转变，大力扶持特色养殖业发展，不断增加牡蛎、对虾、青蟹、金枪鱼等名贵海产品养殖面积，海水品养殖总面积达到26901亩。此外，大力实施特色农产品品牌战略，重点打造优质“晨洲蚝”农业品牌，从做好蚝产品的深加工、包装设计、品牌注册等工作入手，壮大蚝民专业合作社，提升农民组织化水平，提高产品市场竞争力和占有率。同时，成立了广东晨洲蚝业发展有限公司，有力推动“资源变资产，资金变股金，村民变股民”农村产业发展模式。加强养殖基地生态环境保护，加快打造“一镇一业、一村一品”的产业发展模式，促进全镇经济持续发展。

【招商引资】 按照市、区的总体规划部署，在红草镇的三和、拾和、径口、亚洲、西河、埔边、青山、亚洲、南汾等村征地建设汕尾高新区红草园区。汕尾高新区红草园区是省级产业集聚地、汕尾新区三大起步区之一、汕尾高新区拓展区，同时也是汕尾市委、市政府重点开发建设、培育汕尾新的经济增长极的产业园区，规划总面积17.3平方公里，启动区建设面积4.38平方公里。汕尾高新区红草园区位置优势明显，处于汕尾市区和海丰县城两个主城区的中间点。园区周边四通八达，厦深铁路、深汕高速、省道242线穿境而过，距离深汕高速出入口仅300米，距厦深铁路汕尾站仅8公里，距离汕尾港12公里，深汕已开通城际捷运高铁，从深圳北站到汕尾站仅需1小时，正在建设的广汕高铁，将于2020年通车，广州到汕尾仅50分钟，处于“珠三角”东岸地区1小时生活圈。2018年，红草园区储备土地征收工作顺利推进，基本完成2018年储备土地收储任务219亩的征地协议书签订工作。园区土地平整工程快速推进，完成4860亩土地平整任务覆盖面积约4200亩，完成86.42%，为汕尾高新区建设和企业入园落户及时提供用地保障，营造了良好的营商环境。

园区产业规划为发展高端新型电子信息、新能源新材料、生物医药、机械装备制造和现代服务业等新兴产业。红草园区招商引资成效显著，共引进产业项目达52个（其中，续建扩建项目32个，2018年新开工项目20个），已全面开工建设。其中包括比亚迪红草工业园项目、信利国际有限公司TFT5代线、香雪制药有限公司健康产业园项目、江涛集团创新园项目、万亨达热传科技产品生产项目、高锐触控一体机项目等。2018年，累计完成固定资产投资共约44.51亿元，其中，基础设施10.95

亿元，工业32.29 亿元，非工业 1.27 亿元。

【基础设施】 红草镇农田水利设施完善，有山塘水库 16 个，水源充足，排灌渠道畅通。深汕高速公路在红草镇埔边村设置出入口，海汕公路贯穿全境；全镇 15 个行政村（社区），均已实现了公路水泥化，全面通电、通邮、通水、通有线电视、通电信网络等。

2018 年，红草镇顺利推进多个基础设施建设工作。大力推进道路建设，已完成晨青路扩建工程设计方案及招投标工作，准备动工建设；边马路路灯亮化工程按时完成，有效提升群众的获得感和幸福感；海汕路西闸至埔边红草段综合改造工程征地工作顺利完成，红草段长 8000 米、宽 70 米，征地红线宽度 80~148 米，征地面积约 40 万平方米，征收土地约 50 万平方米，拆迁面积 8.6 万平方米，涉及梧围、海梧、径口、拾和、埔边 5 个村 23 个村民小组共约 1100 户，其中，民房 496 户。在区委、区政府坚强领导下，在镇、村、村小组三级干部日夜兼程、风雨无阻、攻坚克难下，仅用 90 天就全面完成了海汕路征地拆迁任务，推动了汕尾交通道路高质量发展。全力推进“厕所革命”，投入资金 500 万元新建设星级公厕 24 座（其中，二类厕所 2 座，三类厕所 22 座），已完工 23 座；推进“一村一公园”建设，规划建设公园 21 个，已开工建设 7 个；推进雨污分流建设，投入 500 万元，完成埔边村、晨洲村雨污分流工程建设；全镇新建 15 个垃圾收集屋和 1 个垃圾中转站，并对原有的西河村垃圾中转站进行升级改造，同时新增配备卫生垃圾桶、果皮箱等。

【旅游】 红草镇历史悠久，民风淳朴，旅游资源丰富，拥有多处自然景观，优美海岸线。辖区内有国家 AAAA 级旅游景区——铜鼎山森林郊野公园区，面积 120 万平方米，旅游资源丰富，建有游客服务中心，大型生态停车场，消防主题公园、爬山道及机动设施等，内设铜鼎盛世、黄帝塑像、双台远眺、迎旭亭、趣味廊、林荫溢翠、天垒、心手同天、忘忧亭等 13 个景点，满足游客“食、住、行、游、购、娱”旅游 6 大需求。此外，该镇正在大力推进社会主义新农村建设，坚持规划先行，14 个村全部聘请专业公司进行新农村规划设计，已完成初步村庄编制规划；坚持示范引领，大力推进晨洲、新村、梧围村等新农村示范先行点，加紧打造晨洲村“鹭家蚝门—蚝情文化广场—竹影蚝幽—白鹭码头—风味蚝街—闻蚝小筑”精品旅游线和梧围村水乡休闲运动农业公园。

【科技】 埔边工业园区拥有规模以上工业企业数十家，分别是：德昌电子有限公司、银鹏发展有限公司、岭峰教育印刷有限公司、营通水泥制品厂、柏嘉玩具日用品有限公司、吉发食品有限公司、五丰水产食品有限公司、高峰科特纸业有限公司、中央直属冷冻储存仓库、雅泰隆食品有限公司、五丰海洋生物科技有限公司、快捷通导设备有限公司、美顿食品有限公司，均为生产规模大、经济效益好、品牌知名度高的龙头骨干企业。汕尾高新区红草园区是省级产业集聚地、汕尾新区三大起步区之一、汕尾高新区拓展区，是汕尾市委、市政府重点开发建设、培育汕尾新的经济增长极的产业园区。园区定位为“汕尾中心城区北拓支点，高新技术产业集聚区，现代产业新城”。园区产业规划为发展高端新型电子信息、新能源新材料、生物医药、机械装备制造和现代服务业等新兴产业。园区累计投入开发资金约 24.24 亿元，开发面积已达 7000 亩，具备通水、电、气、路等“七通一平”条件，形成“两横两纵”路网，建成污水处理厂及企业服务中心等一批基础配套设施。园区先后引进比亚迪、信利国际、国信通科技、香雪制药等一批带动性强的项目51 个，总投资额超 300 亿元，投产后每年将创造500 多亿元的产值和 30 多亿元的税收。园区逐步形成电子信息、新能源新材料、生物医药三大产业链条集聚发展，将成为汕尾市新的经济增长极和新引擎。

【教育】 红草镇有中学 3 所，其中，2 所初级中学（红草第二中学，逸挥中学），1 所职业中学（红草中职学校），有教职工 147 人，在校学生 685 人。小学 6 所，教职工 108 人，在校学生人数 1247 人。中心幼儿园 1 所，教职工 22 人。

2018 年，红草镇继续抓好教育创现工作，坚决执行义务教育学杂费减免政策，加大对各中小学的投资力度，完成一批学校基础配套设施建设，按标准配置教学仪器设备，全面改善办学条件。优化教育资源配置，圆满整并了五雅、海梧、梧围、南山及培英5所麻雀小学，12月通过省教育强镇复评验收，促进教育均衡发展。

【文化体育】 红草镇文化生活丰富多彩，民间娱乐生活多姿多彩。西秦戏，白字戏，各种戏曲以及舞龙舞狮唱曲等传统戏艺皆有在节日里在各个村落上演。各村皆建设了村级文化娱乐室。2018年，全镇文化娱乐室超过25家，建筑面积超过1000平方米。红草镇综合文化站投入使用，建筑面积约500平方米，内设5个功能室，包括办公室、图书阅览室、多功能活动室、老年人活动室、教育培训室，配套配备了投影仪、电脑、乒乓球桌、书籍等。

【卫生健康】 医疗卫生方面，有红草中心卫生院1所，私人个体医疗站15家，专业卫生医疗人员超过60人，医用床位60个，农村医疗保险覆盖率100%，推行了农村新型社会养老保险。其中卫生院配备有较全的医疗器械及具有诊断和治疗经验的医护队伍，各村的个体医疗站作为辅助型医疗，形成社区型配套医疗服务的覆盖体制，全年卫生状况良好。2018年，红草中心卫生院标准化建设已完工投入使用，西河、五雅、径口、海梧村4个新建村级卫生站已完工投入使用，其余10个村级卫生站建设已完成选址、设计等前期工作，正在稳步推进建设中。

【综合治理】 红草镇以维护社会稳定为核心,以解决群众关切的公共安全、权益保障、公平正义等为主题，以加强和创新社会管理为主线,组织动员各方面力量，深入开展创建平安镇、村（居）活动,着力防范违法犯罪，化解社会矛盾，确保全镇政治稳定、社会和谐、经济发展,加快综治、平安工作的推进。2018年，全镇组织出动治安巡逻车辆315次，执法人员2150人次，排查人员24536人次，排查出问题线索15条，抓获涉嫌领导、组织、参加黑社会性质组织犯罪嫌疑人13人，批捕13人，起诉12人。抓获涉嫌恶势力犯罪嫌疑人12人，刑事拘留12人，批捕、起诉7人。破获了“7·24”涉恶系列案等社会影响恶劣的案件，极大地震慑了犯罪分子，净化了社会环境。全面推进全民禁毒工程，结合大走访、大排查、大整治行动，全覆盖无死角彻底排查辖区重点区域及废弃房屋、出租屋等重点场所，推动全镇15个村（社区）制定禁毒村规民约，与各村（社区）“一把手”签订禁毒承诺书，督促各村（社区）与各村民小组长签订禁毒承诺书，全镇共签订各类禁毒责任书15000多份，公安机关共抓获吸毒人员46人。坚决落实遗体火葬政策，火化率100%；重点清理了“三道四区”可视范围内裸露坟墓132穴，有效改变“青山白化”现状。深入排查安全隐患，狠抓安全生产、消防安全“一岗双责”和网格化管理，投入专项资金160万元，安装防火隔离门135个，切割逃生窗口160处，配备逃生扶梯200多套，安装烟雾报警器300多个，基本实现人店分离；进一步加强消防专业队伍建设和完善预防控制体系，建立埔边、青草2个微型消防站，有力保障了人民群众生命财产安全。

【民生工程和社会保障】 自启动新一轮精准扶贫工作以来，红草镇调整充实领导小组，制订工作制度，明确责任分工，广泛开展宣传，按照新一轮精准扶贫标准和要求进行精准扶贫识别，2018年有47户180人脱贫对象全面落实了帮扶措施。全力推进产业帮扶工作，将帮扶投资在红草镇自来水公司所获得的收益42万元，均额每人527.6元发放到786名有劳力扶贫对象，确保实现“脱真贫、真脱贫”目标。切实改善用水条件，投入2100万元升级扩建尖山自来水厂制水设施，日产水量由6400立方米提高到1.8万立方米。完成镇自来水管网升级改造，并接入市网，有效解决尖山水库水源不足问题。完成南汾、晨洲、青草、新村、三和等村自来水村村通建设工程，切实保障民生用水。着力抓好镇、村卫生基础设施建设，改善医疗环境，努力提高卫生院、站服务能力，进一步解决“看病难”问题，全年辖区没有发生重大疫情和公共医疗卫生事件；全面落实计生惠民政策，积极开展免费“两癌”筛查工作。加大文化体育设施投入，全年共投入专项资金116万元，新增健身器材2016件、乒乓球台11张、乐器382件套、图书120大类1000多小类共11058本；基本完成镇及15个村（社区）综合性文化服务站（室）建设。惠农惠民政策落实到位，全力推进失地农民养老保障工作，已投入2727万元完成2975个名额的录入发放，让失地农民老有所养，共享发展成果。按时发放年度生态林、种粮直补和老龄补助等惠农资金。农村集体产权改革清产核资工作有序推进，全面完成64个经济组织数据录入。组织动员15个村（社区）有就业需求的群众参加企业用工招聘会，妥善解决农民就业问题。

（黄成斌、周文开、苏奎毓）

附：红草镇党政领导名录

区委常委、镇党委书记：刘学深

党委副书记、镇长：陈宏开

镇人大主席：韩如初

党委副书记：李锦楷（市法院挂职）

党委副书记、副镇长：洪向泊

党委副书记：林东佳

党委委员、组织委员：黄成斌

党委委员、副镇长：黎明静

党委委员、武装部长：方武腾

党委委员：邱振祥

党委委员、纪委书记：赖俊斌（2018年3月任）

镇人大副主席：吴东琼（2018年2月任）

工会主席：黄保辉（2018年9月离任）

东涌镇

【地理位置】 东涌镇位于北纬22°47′，东经115°24′，地处汕尾市城区东部，东与海丰县赤坑镇接壤，南与红海湾毗邻，西与汕尾市中心相连，北与海丰县陶河镇相邻，怀抱品清湖，距汕尾市中心区仅6公里，海陆地面积106.62平方公里。东涌镇地势北高南低，海拔自0米至41米，东部和西部为平原，南部为修建于泻湖滩涂的盐田，中部为台地，从平原过渡到台地，局部分布有阶地，北部为岗地缓丘，羊古岭山峰为东涌镇的最高点，海拔527.6米。东涌镇属亚热带海洋性气候区。其特点是水、热，光资源丰富，气候终年温暖。境内矿产资源以非金属矿为主，有优质花岗岩体（安华村等），沉积沙（沙海北沙滩）。

【历史沿革】 相传1000多年前，福建莆田县大井头等地农民移居到此，以种田晒盐为生计。最早的居民点在品清湖东面的河没处形成，而当地称海潮可达之河处为涌，涌处品清湖之东，故取名东涌。海丰方言“涌”与“冲”两字谐音，且“冲”易读易写，群众常将“涌”简写为“冲”，因此曾一度将“东涌”改为“东冲”。明清时代，东涌隶属海丰县，新中国成立后，东涌镇先后隶属红草区和汕尾区（五、七区）；1957年撤区建立高级社（并大乡镇），下设东涌、品清、流安3个乡；1958年将三乡合并成立东涌人民公社，1984年1月撤人民公社建立区公所；1987年4月改区为镇；1988年3月，汕尾市设区，东涌镇隶属汕尾市城区。

2018年年末，辖新地、品清、新湖、东石、东涌、赤古、石洲、洪流、新安、宝楼、新民、龙溪、安华、民群、民进15个村和东涌、碧桂园2个社区，下设41个村民小组。

【人口·人文】 2018年年末，辖区常住人口75993人。其中：男性39856人，占52.45%；女性36137人，占47.55%。

辖区山海风光兼备，历史文物众多，既有历史悠久的人文景观，又有风光旖旎的自然景观，蕴藏着丰富的文化遗产，特别是位于东涌镇西北侧的“湖田古刹”始建于明初，清嘉庆十七年（1812）重修，原貌已改变，石匾额为重建时所竖。此外，还有清代建立的天主教堂（町前村、洪桥村、品清村等），品清乡的元朝古墓等。

【基层建设】 选强配优支部委员。为解决原有基层组织班子老化、软化、弱化和良莠不齐的问题，打造坚强领导班子，对党支部委员进行适当调整，补充年青优秀干部作为党支部委员。调整充实党支部书记11人，调整党支部第一书记7人。培养后备干部28人。

注重班子和党员队伍的教育，夯实思想基础。

一是深入开展学习习近平新时代中国特色社会主义思想、习近平总书记对广东工作重要讲话精神和重要指示批示精神、中共十九大精神、省委十二届四次全会精神和《广东省党的基层组织建设三年行动计划（2018年—2020年）》，为把汕尾建成沿海经济带靓丽明珠提供理论指导。二是深入开展“法治村社”创建活动，引导基层组织开展基层治理，打造平安乡镇。三是深入开展“钢的班子，铁的队伍”创建活动，打造履职有为坚强战斗堡垒。四是深入在基层党员开展“亮身份、作承诺、见行动”活动，强化党员干部排头兵意识。全镇17个村（社区）党支部召开党支部大会全面开展“亮身份、作承诺、见行动”活动，党员现场作出“一句话承诺”和承诺办一件力所能及的实事，各党支部上门给党员的家庭挂上“共产党员户”1136张。五是深入开展学习宣传贯彻中共十九大精神，引领广大党员干部进入新时代，开启新征途，推动各项工作扎实有序展开。为了更好地开展学习活动，该镇采取了多种学习形式，如发放学习彩页、口袋书，召开学习会、座谈会，举办知识竞赛等。同时，利用镇党委党校阵地平台，开班授课34班次，对全镇1600多名党员进行轮训一次。六是牢牢确保意识形态领导安全稳控，压实党支部责任，强化意识形态领域排查，加强教育引导和网络舆情处置，牢牢掌握意识形态领域领导权、主动权、话语权、管理权。

加强党内制度建设。镇委坚持把制度建设贯穿于党内各项建设，坚持用制度管人管事。一是落实“三会一课”制度建设，严格党内组织生活。各党支部都建立“三会一课”制度，并作为“两学一做”的延伸，开展主题党日活动。二是镇党委定期召开“两个联席”会议制度，切实解决党政班子只管线条工作，忽视基层党建工作的倾向。三是建立民主评议党员的制度。四是推行党务公开。镇村两级都设置党务公开栏，定期公布党务工作情况，接受党员监督。五是开展党员关爱行动。对满50年党龄的党员给予发放纪念章，并对生活困难党员给予经济上的支持帮助。

加强党员活动阵地配套建设。全镇17个村（社区）党支部及有关单位，普遍都建立了党员活动室、党务公开栏和学习园地等，发展党员流程图装裱上墙。建立了镇党委党校，开展党员骨干业务培训，规范村（社区）远程教育网络，为广大党员提供学习园地。

【重点建设项目】 2018年，东涌镇集全镇之力，加快推进土地收储提质增速工作，完成上级交付的征地任务800公顷，涉及14个行政村31个村民小组。

完成火车站片区四期地上附着物补偿195公顷，迁坟2500多穴，其中在镇、村、组三级干部的共同努力下，只用28天时间就完成了华润地块范围内921穴坟墓的迁移清理工作；环品清湖东南岸片区地上附着物补偿195公顷（包括海滩涂35公顷），迁移坟墓134穴，其中民进、民群、新安、洪流提前完成征地补偿任务。中轴线两侧新湖村的桂青、三联、红山等村民小组和火车站北片区东石村大园村民小组边征地边开展补偿工作，已补偿17公顷。同时，东涌镇按照上级的工作部署和要求，全方位服务好落户该镇的汕尾星河湾、恒大、雅居乐、保利大都汇、碧桂园时代城、深汕中心医院等16个重点项目建设，确保无缝对接零障碍施工。

【主要经济指标】 2018年，东涌镇经济社会保持平稳健康发展。据统计，全镇完成社会总产值35.8亿元，同比增长4.7%。其中，工农业产值实现32.2亿元，同比增长5.1%；规模以上企业累计完成工业产值25.4亿元，同比减少1.1%；农业总产值4.2亿元，同比增长3.0%；社会商品零售总额1.59亿元，同比增长6.5%；建筑业产值8268万元，同比增长6.5%；运输业产值8451万元，同比增长6.5%。居民人均可支配收入10231元，城镇失业登记率2.38%，就业率97.62%。

【工业经济】 坚持稳中求进工作总基调，主动适应、把握和引领经济发展新常态，牢固树立新发展理念，以推进供给侧结构性改革为主线，狠抓中心城区东拓机遇，依托东涌镇先天的土地资源和中央商务区落户该镇的优势，在打造良好营商环境上狠下功夫，加大招商引资力度，做大做强实体经济。规模以上工业企业7家，个体户902户；工业总产值 28 亿元，规模以上企业累计完成产值 25.4 亿元，同比减少 1.1%。

【农业经济】 东涌镇农产品主要有稻谷、番薯、蔬菜、荔枝、龙眼、青梅等，因开展土地征收工作，农产品产量有所减少。

粮食作物以水稻、番薯为主。2018 年，全镇农业总产值 42187 万元，粮食产量 8558 吨，同比减少 12.0%。其中：水稻 13796 亩，产量 4436 吨，同比增长 1.3%；番薯面积 2676 亩，产量 4122 吨，同比减少 22.8%。经济作物主要有蔬菜、花生、荔枝、龙眼等，名优特农产品有凤山红灯笼荔枝、洋葱、姜。蔬菜种植面积 9521 亩，产量 15425 吨，同比减少 29.8%；花生种植面积 1950 亩，产量 308 吨，同比增长 1.0%；荔枝种植面积 3201 亩，产量 3616 吨，同比增长 25.0%；龙眼种植面积 505 亩，产量 482 吨，同比增长 21.7%。农民年均纯收入 11258 元。

2018 年，全镇生态林共 48000 亩。畜牧业以生猪、家禽为主。2018 年，畜牧业总产值 10478 万元，占农业总产值 25%。生猪饲养量 48230 头，年出栏 34578 头；家禽饲养量 135478 只。年产肉类 6868 吨，其中猪肉 5016 吨。

渔业以对虾养殖为主，2018 年水产品总产量 23592 吨；渔业总产值 16574 万元，占农业总产值的 39%。

【基础设施】 东涌镇是《汕尾市总体规划（2003—2020）》中规划的新城市中心。厦深铁路汕尾火车站位于辖区内，海汕公路、东城路、汕可公路、红海湾大道、品清湖环湖路等公路穿境而过，市区公共汽车直达镇内各村，全镇 100%行政村通水泥路，自然村绝大多数也实现道路水泥硬底化。

中央商务区基础设施建设。计划总投资 454.5 亿元，累计投入 173 亿元，其中 2018 年度投入 50 亿元。站前路及配套已经完成，尚欠路面沥青施工。园林绿化土方回填完成 95%，绿化种植完成 43%,给水管完成 61%。完成站前横二路至东二路、南面至横五路的清表，横五、六路仍在清表，完成土方路基回填 66.3 万立方米，东二路路基完成 93%，横三路路基全部完成。横五路路基完成 65%，雨水管完成 16%，供水管完成 14%，污水管完成 18%。基础设施建设及土地平整 1 期，完成清表 52 万平方米，占 80%，完成平整 27 万平方米，完成道路土方回填 16.5 万立方米。

【安全生产】 坚持“安全第一、预防为主、综合治理”的方针，认真履行“党政同责，一岗双责，齐抓共管，失职追责”，结合实际，建立安全生产有效的管理机制，加强基础工作，突出重点深化安全专项整治。全镇配备 5 名专职安全员和 27 名兼职安全员。2018 年，加大安全生产宣传力度，挂横幅 90 多幅，张贴小标近 1200 多张，还利用宣传栏、微信公众号等形式开展宣传教育活动；组织企业单位、机关单位、村委会、学校、幼儿园等第一责任人和直接责任人学习安全生产的有关法规及安全知识等，提高干部、安全生产管理人员的思想认识与安全意识，增强安全生产观念以及业务素质。发动企业单位主要负责人参加上级组织的安全生产管理培训。通过大力宣传，不断提高了广大人民群众安全生产意识。同时，积极配合市、区消防局、区安监局等职能部门的工作，组织派出所、工商所、卫生院、劳动服务站、食品站等单位执法共 23 场次，对全镇 3 个集易市场、企业单位和燃气销售点进行地毯式安全生产大检查，出动检查人员共 373 人次，发出整改通知书 579 份（其中关系消防安全 563 份）。投入资金 60 多万元用于安全生产和消防安全专项整治工作，有效地强化了全镇安全生产工作，全年该镇没有发生较大安全生产事故。

【科技】 东涌镇党政领导重视科技工作，形成各地、各部门通力协助、上下联动推动科技进步的新局面。一是采取多项措施鼓励企业进行技术创新，如信联毛织厂电脑织机的引进和使用。二是培育农业龙头企业，建设现代农业科技示范基地，如良种母猪的引进、优质高产高效农作物应用和推广。三是强化科普宣传，提高人民群众的科技素质，激发全社会的创新意识。

【教育】 认真贯彻落实德、智、体、美、劳全面发展的教育方针，努力培养社会主义建设新人。该镇共有小学12所、完全中学1所（东涌中学）、初中1所（石洲中学）。小学适龄儿童入学率达到100%。全镇有初中、高中教师205人，小学教师224人。初中在校学生共854人、高中573人，小学2416人。东涌镇普惠性公办中心幼儿园占地约4516平方米，投资近1200万元，已于2017年11月9日开始招生，可容纳670名幼儿入园。2018年，在园幼儿415人，幼师（编制外）38人。

【文化】 东涌镇文化生活较为活跃，有优良的历史传统。有西秦戏、白字戏业余剧团和舞狮队等每逢节日、农闲时间为群众演出喜闻乐见的节目，春节期间，还有舞狮、唱曲、品清看新娘等传统活动。全镇有村级文化室17个，建筑面积约2000平方米。大型文化设施有东涌村旅港企业家黄瑶个人投资近亿元建设的的汕尾市东涌文化馆，面积1.3万平方米。该馆的宗旨是继承源远流长的乡土文化艺术，展现乡民昔日的勤劳俭朴、和睦互爱、尊老爱幼的传统美德，成为群众开展文化活动、启迪后辈追宗思远之场所。东涌镇还以洪流村铜锣寨红色村扛旗引路，积极开展讲好红色故事、重走红色线路、举办红色课堂等系列活动，为该镇打造出一道亮丽的红色“风景线”。

【卫生】 2018年，有卫生院1所，病床5张。专业卫生人员38人，其中专业技术人员32人，拥有高级职称医生1名，中级职称医生7人。投资700万元占地3500平方米建筑面积3326平方米的镇卫生院门诊住院大楼已完成主体楼房的施工，进入配套设施建设。全镇有7个村卫生站新建工程完成验收，另有7个村卫生站已签订协议，正在加紧动工。群众看病难问题将得到有效缓解，健康村（社区）建设工作稳步推进。

【综治信访】 2018年，东涌镇狠抓综治信访维稳工作不放松，大力开展“大走访、大排查、大整治”行动，抓实抓好扫黑除恶、禁毒排查、吸毒人员社区康复和社区矫正以及刑释人员安置帮教、严重精神障碍患者救助救治、反邪教等工作。成功调解各种矛盾纠纷93件，调解率100%；接收83名社区矫正人员，已解矫61人；信访案件42件，办结39件；“12345”平台转来件21宗，办结率达100%。畅通的信访渠道，让群众有地方表达诉求，而且群众诉求能得到及时解决，真正做到“小事不出村，大事不出镇”，大幅度减少了越级上访和群访。

【民心工程和社会保障】 东涌镇坚持民生优先，努力增进民生福祉，让群众有更多的获得感和幸福感。按照年初制定的目标，扎实做好涉农、社会保障等各项工作，农村土地确权工作全面完成，确权面积1029公顷，颁证8743本，颁证率100%。全镇56个经济组织清产核资工作已完成92.86%。投入30万元改造部分村自来水管网。发放各类救助金合约32万元。农村计划生育奖励扶助申报，年审率达100%。新建村级卫生站7个，全镇城乡居民基本养老保险和基本医疗保险基本实现全覆盖。建成17个村（社区）公共服务中心，形成“镇、村、组、户”四级服务网络，实现群众办事“开门可服务，事务不出村”。加强文化普惠，全镇新建新时代文明实践所（站）18个，文化综合服务中心实现全覆盖。

2018年，东涌镇救助低保城镇居民共计54户182人，每月救助金92885元；扶持农村低保户363户847人，每月救助金202765元；帮助城乡五保户3人，每人每月1021元，每月救助金3063元，农村五保户186人，每人每月704元，每月救助金130944元。

【美丽乡村建设】 美丽乡村建设呈现新面貌。2018年，东涌镇大力实施乡村振兴战略，4个省定贫困村社会主义新农村示范村共有建设项目78个，已完成60个，正在建设18个，已投入专项资金3944.46万元，占年度任务的98.61%。同时，在深圳市和市、区帮扶单位的大力支持下，帮扶工作队认真落实各项措施，已投入“三清理三拆除三整治”资金600万元。同时，加大乡村产业发展力度，扩宽招商引资渠道，实施连片开发产业项目。社会主义新农村建设加快推进，全镇建设项目有71个(不包括区住建局污水工程)，资金概算4620

万元，其中，已竣工 41 个，建设中 25 个，未动工 5 个，已投入资金 2131 万元。此外，该镇市级饮用水水源地环境整治工作在全省率先完成并受到上级肯定。

【精准扶贫】 镇党委、政府加大对扶贫工作的领导和业务指导，明确责任分工，确定工作目标，完善工作机制。突出抓好基层组织建设，增强党组织的战斗力、凝聚力、号召力、公信力，为打赢脱贫攻坚战提供坚强的组织保障。

为保证扶贫资金用在刀刃上，确保扶贫工作取得实效，从规范管理与民主理财角度出发，指导各村通过召开党员、村民代表会议讨论决定落实项目建设，保证了扶贫资金使用公开、公正、透明。一是经由 4 个贫困村委托，镇政府整合贫困村和非贫困村扶贫资金 1500 万元与汕尾市国泰食品有限公司投资合作，以每年不低于 7%的投资收益率，将产生的收益分配给有劳动能力户，以增加他们的家庭收入。据统计，2018 年度投资收益资金 105 万元，实际发放 331 户 1370 人，共 1004604 元。二是以各村为主，实施扶贫产业项目建设。重点以赤古农产品专卖店、洪流田园综合体、石洲光伏项目、赤古光伏项目、东石田园综合体等产业项目发展为抓手，积极推动其他扶贫产业项目的建设落地。三是实施基础设施建设扶贫。在 4 个贫困村通过落实卫生站、综合文化中心、垃圾屋、无害化公厕、雨污分流及巷道硬底化等基础项目建设，全面完成贫困村人居环境整治。在 11 个非贫困村通过落实“三清理、三拆除、三整治”工作，确保全镇人居环境得到进一步改善。

想方设法拓宽增收渠道，确保贫困户收入的增加和巩固。一是积极调整产业结构，发展特色产业。2018 年，东石等 4 个省定贫困村根据本村气候、土壤等特点，大力发展特色农业产业，扩大东石蔬菜种植面积，强化洪流水果产业生产，为群众增收脱贫打下了坚实基础。二是积极组织劳务输出，转移富余劳动力。组织富余劳动力到信利电子厂等企业进厂务工增加收入，并实施扶贫开发、生产活动等项目，雇佣贫困户劳动力，增加收入。据统计，2018 年，该镇共转移富余劳动力 108 人。三是继续执行“以奖代补”政策，根据贫困户实际情况，以就业扶贫和产业扶贫两方面为工作重点，对符合申请条件的贫困户实施“以奖代补”政策，增加他们的家庭收入。2018 年度发放就业扶贫“以奖代补”资金 1320.2 万元，产业扶贫“以奖代补”资金 119170 元。四是加强与对口帮扶单位对接，多方争取资金，加快脱贫步伐。2018 年，15 个帮扶单位在农业生产、基础设施建设、产业项目建设以及技术技能培训等各方面积极开展扶贫工作，促进了帮扶村各项事业的发展。据统计，2018 年度全镇参加技能培训人数为 554 人。

在实施脱贫攻坚工作过程中，牢固树立“以人为本”的服务理念，采取有效措施，加大工作力度，积极稳妥地推进社会事业的全面发展。一是社会保障工作扎实推进。新型城乡合作医疗参合率均达 95%以上。截至年底，已有相对贫困户 533 人享受老人金待遇，744 人享受低保补助，142 人享受五保补助，479 人次享受教育补助，补助资金 73.65 万元。

2018 年以来，在上级的正确领导下，在帮扶单位的大力帮助下，该镇脱贫攻坚工作取得了一定的成效。据初步统计，2018 年预脱贫户 95 户，428 人。

（潘欣宜、何世辉）

附：东涌镇党政领导名录

书　记：林木利

副书记、镇长：曾远通

人大主席：陈德伦（2018 年 4 月任）

挂职副书记：郑伟锋

镇委副书记：林汉扬（2018 年 2 月任）

党委副书记：刘焕庚 （2018 年 2 月任）

党委委员、副镇长：卢本召

党委委员：叶庆添

曾昭钟

吴秀红

党委委员、纪委书记：吴华勇

党委委员、副镇长：陆海声（2018 年 2 月任）

组织委员：黄秋业（2018 年 2 月任）

人大副主席：罗　宇（2018 年 4 月任）

副镇长：王海平

工会主席：余泽群

捷胜镇

【地理位置】 捷胜镇地理坐标北纬22°43′至22°44′，东经115°23′至115°24′，位于汕尾市区东南侧的红海湾畔，距市区18公里。辖地东与红海湾经济开发区毗邻，西与新港街道大华半岛接壤，北与东涌镇连接，南濒临太平洋。海域中分布有莱屿岛、龟龄岛等，明石暗礁盘踞。境内西北有大伯山、虎洞山，西南有烟墩山，中有云山。自东向西错落有石狗湖、双石湖、沙坑湖、东坑湖等四湖朝海。陆上被九伯岭分隔为两部分，中部地势略高，旱地居多，耕地多为沙质土，有少量淤泥，适耕性较强。

【土地、人口】 全镇辖区陆地面积约47.96平方公里，海岸线长12公里。有耕地面积约11250亩，其中，水田4439亩，旱地约6811亩，人均耕地面积0.18亩。2018年，全镇户籍人口55589人，其中，男28453人，女27136人。

【历史沿革】 明洪武二十八年（1395），朝廷为保沿海安全，命千户侯良择地捷琅埔建筑城防。城刚建成，倭寇来犯，吏民倚城英勇抗击，大败来犯之敌，大功告捷。为纪念此役，取“捷琅埔”之“捷”字，后加战胜之“胜”字，故名“捷胜”，沿用至今。明清年代捷胜城设城所、镇武司。吏目厅等官方机构，故有“捷胜所城”之称。军事上属陆丰碣石卫管辖，行政上隶属海丰县金锡都。民国2年（1913），捷胜属海丰县第七区署，民国34年（1945），撤区设镇。1949年捷胜解放，属海丰县第七区。1953年改称捷胜区。1958年成立捷胜人民公社。1984年撤社设区。1987年改区为镇。

【建置时间】 1988年3月建市设区后，设立汕尾市城区捷胜镇人民政府，隶属市城区管辖。现辖东门、西门、南门、北门4个社区，有30个居民小组。辖联安、联星、大流、五爱、埔尾、前进、石岗、石头、南门外、东坑、沙坑、牛肚、沙角尾、军船头14个行政村，共有34个自然村。

【人文特点】 捷胜镇建城六百多年，人文历史、文化积淀、文化遗风、诗画艺术等源远流长、底蕴深厚，素有“文化古城”之称。

捷胜地处偏壤，海角天涯。恶劣的自然环境、清贫的物质生活，造就了捷胜人勤劳精明的求生本领，熏陶出捷胜人乐天知足的性格以及极为丰富充实的精神崇拜和宗教信仰。寺庙林立、神宫遍地，是捷胜镇自古以来的另一特色。

捷胜有悠久延续的人文积淀。首先，捷胜城建成以后，成为周边乡村政治、经济和文化的中心，改变了传统的单一的小农生产结构，百工诸业随之兴起。其次，建置之后，屯军戍守，有部分官兵留居捷胜，生息繁衍（现全镇姓氏达86个）。驻捷官兵多来自中原、东部各省，他们各自带来了当地的才识、技艺和习俗等文化。数百年来，内外文化相互交融，共同促进，并积淀成比较深厚的、颇具包容性的文化底蕴。再次，重视兴学育才。城里的内文阁和城郊的外文祠，是古城作为集中培训应科举考试的学子处所。各大姓氏在自家的祠堂亦都办起了私塾。城里各社区利用公共场所，在东、西、南各城楼设塾，城外各村亦设有村塾。明清以来，该镇在文学艺术，教育科技等领域中，出现了许多取得重大成绩的人士。

白字、西秦、正字等地方戏剧有浓厚的群众基础。清末起，当地群众自办戏班，代代传承，还先后为海陆丰其他地区输送了不少演员，后来成为闻名的艺人。有西秦老生罗益才、“活曹操”林友平、正字名伶张细抱、西秦名丑何念砂、西秦名伶罗宗满、乌面名伶刘妈倩、正字戏名丑赖佛良、著名鼓师刘彩、白字戏何纯禧、白字戏赖一心等。民国时期有被鲁迅誉为“最有战斗力的版画家”何白涛，有擅长画竹（国画）的林大蔚、画梅（国画）的许兆寅，被当地群众称为“林厝竹”“许厝梅”。捷胜作为文化艺术之乡，有着悠久的文化艺术脉络。为继承发扬这种传统，建区以后，在1994年成立捷胜诗词社，现有会员72人。至2018年年底已出版《捷胜诗词》56期，出版《捷胜》期刊3本，每期3000册，共9000册。在1996年捷胜成立书画社，目前会员近56人，出版期刊约36期，其作品交流海内外。在2003年成立群众乐器组织“群乐社”，经常开展活动，其宗旨是挖掘、整理稀有剧种、传承地方戏曲文化。

清末以来，捷胜古建筑、贝雕、木雕、石雕、泥塑等以其独特的风格而享誉海陆丰。尤以捷胜泥塑等传统工艺颇具特色。“捷胜泥塑”，历史悠久，以简洁、夸张、传神为特点，具有海洋特色古韵的传统工艺。2012年，经广东省人民政府批准、省文化厅确定“捷胜泥塑”为第四批省级非物质文化遗产名录。捷胜泥塑已走向中国香港、中国澳门、中国台湾和东南亚地区，并从民间庙堂走进艺术殿堂。作品《飞天》《同寿图》《观音》《海陆丰稀有戏剧脸谱》等获省以上多种奖项并被省文化厅等单位收藏。其作者周仲富2009年被授予“广东省民间文化杰出传承人”称号。

捷胜是一个革命老区。为纪念在第一、二次国内革命战争时期，抗日战争时期，解放战争时期牺牲的革命志士，1956年，经海丰县人民政府批准，建造了革命烈士纪念碑。位于捷胜镇北门外，占地面积1000平方米，建筑面积828平方米，分大小2个纪念碑，大碑为108位烈士英名，小碑为革命烈士李劳工之碑。

【自然资源】 捷胜自然资源丰富，风光秀丽。南面海岸对开海面3公里处有一岛屿，状似海龟，名龟龄岛，面积0.27平方公里，周边有牛皮洲、赤腊、鹰屿、青屿、芦蔸屿5个小岛。岛上建有一座妈祖庙和高约30米的妈祖石雕像。还有形象逼真的风景地貌——南天门、羊回头、卧佛、蘑菇石等。该岛三面岩岸，西北侧沙岸，可泊大小船只数十艘，避9级以下大风。

【水产资源】 捷胜水产资源丰富，盛产鱼类、贝壳类和藻类。其中鲍鱼、龙虾、石斑、海胆、角螺、蚌蚝、紫菜等水产品以其质优驰名中外。

【矿产资源】 12公里的海沙滩中贮藏有玻璃矿砂和钨矿（储量未探明）。岛屿山坵中花岗石储量较多。

【旅游资源】 捷胜名胜古迹名闻遐迩。它有距今6000年至3000多年的新石器时代中晚期的沙坑北、沙坑南、东坑南、牛肚南、沙角尾等遗址；还有唐宋元时期的海底城寨、大石牯古村落及茅埔墟镇等遗址。城西东坑村有建于南宋末期的白石庵；城内有建于明代初年的观音堂、古城址和具有建城标志的城隍庙、五土四社稷；城西和城南有建于明崇祯年间的云山寺、云海寺；石厝村山岗有明末清初爱国志士廖天佐和刘锷隐居的天然石室“黎明洞”，其摩崖石刻文是汕尾市重要文物古迹之一；牛肚西南的海滩有建于明末为抵御敌寇而牺牲的“七老将”祠；南海岸东西两处还有建于清代的烟墩遗址；西门近郊有建于清光绪年间仿西式建筑造型的天主教堂，该教堂是当时海丰县中心教堂之一；北郊的狗地埔还有纪念第一、二次国内革命战争时期至解放战争时期牺牲的革命烈士纪念碑，这些文物古迹是汕尾市有名的旅游胜迹。

【重点基础设施】 全力推进捷胜渔港、古井山至沙角尾乡村公路等镇级重点项目建设。积极主动协助做好龟龄岛保护与开发利用、捷胜海堤加固工程等市、区重点项目建设。全面完成市消防训练基地和消防后勤保障站征地、环品清湖东片区征地及地上物补偿工作。快速推进汕尾市东部水质净化厂征地工作，在15天内召开东坑村村民代表大会并得到一致通过。

【基层党政建设】 一是持续深入抓好学习。始终把学习宣传贯彻习近平总书记重要讲话精神作为头等大事和首要政治任务，坚持与习近平新时代中国特色社会主义思想的整个思想体系贯通起来，与学习贯彻中共十九大精神紧密结合起来，学深悟透，真学真用，坚定不移沿着总书记指引的道路奋勇前进。2018年，捷胜镇委相继召开党委（扩大）会、党委中心组学习会、专题学习会共36场次。由镇党政领导带头深入分管部门、村（社区）党支部带头学、带头讲，坚持下沉一线带学督学。各村（社区）、基层党支部制定学习计划，利用党支部“三会一课”、专题组织生活会等形式，抓好“第一议题”落实，坚持“一周一学习”，深入开展传达学习贯彻活动，用好用足党员教育“一台一网”（远程教育平台、共产党员网)。各基层党支部召开专题学习会共118场次，学习人数共5244人次，其中参训党员人数974名，多次受到市、区督查组充分肯定。

二是突出党校阵地作用。镇委党校统筹制定年度镇干部职工和村（社区）干部培训主体班次计划，科学合理设置课程，深入传达学习贯彻中共十九大精神、习近平总书记重要讲话精神和全国“两会”精神、习近平视察广东重要讲话精神以及扫黑除恶专项斗争、乡村振兴等内容。2018年，共举办培训班48期，发放学习资料约4000册，发放口袋书1263册，参训党员达6760人次，实现全体党员轮训一遍的目标。利用节日外出党员回乡之际，集中开展节日培训班2次，覆盖外出党员240人。并投入资金10万元，完善党校设备配套建设，把原校舍由70平方米扩建到110平方米。

三是全面加强基层组织建设。深入落实省、市加强党的基层组织建设三年行动计划，推动基层组织全面进步、全面过硬。建立村（社区）党组织书记档案，加强村（社区）党组织书记因私出国（境）管理；镇党委研究编制《党支部标准化建设工作手册》，指导各村（社区）严格执行新形势下“三会一课”“一周一议会”等制度；全面推行村（社区）党支部书记抓基层党建工作述职评议考核工作制度，党委书记不定期听取各支部书记述职报告，不定期对各党支部党建工作进行督查，作为各支部年终党建考核评优评先的重要依据。创新推进党组织活动，将联星村党支部作为示范点建立外出党小组，抓实小单元激活基层党组织的“神经末梢”。借力腾讯为村构建平台，用“互联网+”打造“智慧农村”，已有18个村（社区）已完成平台建设。

四是树立正确用人导向。认真贯彻落实区委关于“六个一批”措施要求，建强“头雁”队伍，调整2名不合格的村（社区）支部书记和1名支部副书记、1名支部委员。选派1名有党建工作经验且在社事部门工作的年轻干部兼任软弱涣散村党组织书记，强化村级党组织的领导核心地位，使软弱涣散村党组织重新焕发生机活力。深入推进大力实施“人才回乡”计划，动员外出务工经商人员、农村创业致富带头人、返乡大学生中的优秀党员建立后备书记库，目前后备书记库人选37人，平均年龄34岁，其中25人为大专及以上学历。开展党员“亮身份、作承诺、见行动”主题活动，通过党员一句话承诺公开栏、建立党员微信群等方式加强党员的教育培养。扎实做好发展党员规范化及党费收缴工作，全年共发展18名预备党员，有14名预备党员按期转正，2位预备党员被取消预备党员资格，全镇党员共缴纳党费90087元。

五是推动全面从严治党向纵深发展。坚持把监督挺在前面，重点聚焦党员领导干部这个“关键少数”，本着“教育在先，预防为主”为原则，对镇、村（社区）两级干部身上存在的苗头性、倾向性问题，进行及时的廉政谈话和“约谈”提醒。一年来共开展提醒谈话12人14人次，约谈36人42人次。加大基层反腐倡廉力度，全面开展党员违纪违法线索集中排查，全年镇纪委查办问题线索36条（其中上级转办18条，历史遗留线索4条），已办理了结问题线索19条，2条处于立案审查阶段，15条处于初核阶段；立案7件，已结案5件，其中，取消预备党员资格1人，党内警告2人，开除党籍2人。此外，协助区纪委立案10件，已结案5件，其中，党内警告1人，党内严重警告3人，留党察看两年1人。抓好中央巡视反馈问题的整改和区委巡察整改工作，不折不扣推动整改工作落到实处，见到实效。

【综合经济指标】 2018年，全镇完成工农业总产值10.18亿元，其中工业总产值6.17亿元（规上企业3.05亿元，规下企业3.12亿元）；农业总产值2.92亿元（其中渔业产量8890吨，产值0.94亿元）；社会商品零售总额1.09亿元，同比增长3%。

【工业】 2018年，新增企业25家、新增农民专业合作社6家、新增个体户102家，经济发展动力进一步增强。

【招商引资】 在稳步推进本土企业做大做强的基础上，不断优化投资环境，努力推进招商引资工作，与广东福华集团签订了关于旅游发展的《战略合作框架协议》；规划了建设海洋文化特色小镇研究报告，引进深圳檀悦度假酒店集团规划捷胜檀悦国际滨海旅游小镇；引进蓝贝雷国际安全管理（深圳）有限公司、广东珠海台湾农民创业园、深圳雷德文化发展有限公司等企业，打造全镇农业观光示范产业园区、国防教育基地、青少年军事拓展训练基地、乡村旅游民宿等。同时，依托广东邻居合伙人电商平台上线“一村一品”特色农产品，强力助推打造文化旅游特色小镇。

【农业】 全面完成农村土地承包经营权确权登记颁证工作；加大农村集体产权制度改革推进力度，全面完成全镇经联社集体资产清产核资工作。

积极培育农民合作社，整合优化特色产品，全力打造“名特优”产品。用心搭好电商平台，上线各村特色农产品，打造“捷胜特产”“捷胜手信”品牌，形成线上线下融合，强力推进捷胜特色产品“网络+”的新模式。与珠海台资企业进行战略合作，整体打造农业观光科技示范产业园区项目，建成一个集现代农业的规模化种植、科研、产业化示范推广以及民族文化创意、旅游休闲、生态住宅、生态养老等于一体的综合性园区，把军船头村作为前台展示，各村（社区）“一村一品”作为后台供给，提高捷胜镇农业产业和旅游产业整体水平。

【基础设施】 2018 年，投入基础设施建设资金 4000 万元，完成了车站路的路面雨污分流改造工程、沙角尾路口桥面改造工程、省定贫困村的路道硬底化建设、“雨污分流”工程、4 个机电污水处理终端工程和自来水饮水管网改造工程等，改扩建了 21 座二类、三类标准化公厕、18 个综合性文化服务中心及配套建设，19 个“一村（社区）一主题”公园建设。

【科技】 一是狠抓农业产业化经营，坚持科技兴农；二是优化农业产业结构，积极推广科普知识，提高群众科技意识，引导群众科学种养，有效促进了农业增效，农民增收；三是扎实推进农业项目建设，夯实科技兴农发展基础；四是加快科技兴农步伐，继续实施农业科技入户工程，新型农民培训工程，提高农村劳动力技能水平。

【教育】 2018 年，捷胜镇在全区率先完成教育资源整合与保护利用工作，合并捷胜中学和文昌中学为捷胜中学，将军船头、东坑、沙坑、牛肚小学撤并到镇中心小学。成功通过了省督导组对广东省教育强镇复评工作的督导验收。

【文化】 一是充分发挥捷胜历史底蕴深厚、文化遗产丰富的优势，积极开展“我的节日”、“古城风”书画艺术展、灯谜会等文体活动；推进捷胜诗词社、黎明书院《黎明》杂志发行工作和省级非物质文化遗产“捷胜泥塑”进校园活动等。二是不断完善镇文化站、文化广场和村（社区）综合性文化中心配套建设，免费向群众开放。以高标准建设实践所 1 个，实践站 18 个，投资 1200 万元改建沙坑小学原校址为沙坑文化博物馆和综合性文化中心，广东省省级非物质文化项目“捷胜泥塑”传承创作室在捷胜落地。三是传承捷胜历史文化，深挖红色资源，编写《捷胜镇志》，已完成 30 多万字的初稿和部分照片收集整理任务，将可进入修改工作。

【卫生】 完成扩建捷胜卫生院公共业务楼标准化建设项目主体工程。完成军船头等 6 个村级标准化卫生服务站建设。

【综治】 2018 年，把维护社会稳定和长治久安作为实现发展的着力点，加强和创新社会管理，大力推进乡镇专职消防队建设，全力保障人民群众安居乐业，切实增强人民群众安全感。以打造全区最平安、最稳定、最和谐的乡镇为目标，以深入开展“大走访、大排查、大整治”活动为主抓手，实现零上访、零命案、零安全事故、零火情等目标。深化禁毒工作，坚持海陆并进、查堵结合，持续深入开展禁毒人民战争，共立毒品案件 5 宗，破 5 宗；查获吸贩毒窝点 1 个，抓获吸贩毒人员 1 名。强力推进扫黑除恶工作，认真做好中央专项督导整改工作，开展“一村（社区）一研判”活动，全镇共收到举报线索 30 条、有效线索 28 条，办结 8 条，初步办结 2 条。全面加强安全生产和消防安全工作，持续推进常态化排查整治工作，2 次获市民赠致谢锦旗。投入资金 400 多万元完善消防设施配套，成立全区首支具有作战能力的乡镇专职消防队，配备消防队员 10 名。

【民心工程和社会保障】 2018 年，全面落实解决优抚人员保障工作，全镇享受优抚 224 人，发放资金 163.1 万元；全面落实“应保尽保、应退尽退”的救助原则，全年享受低保 674 户 1668 人，发放资金 515.6 万元，五保 160 人，发放资金 139.7 万元，基本保障了困难群众的温饱问题。公共服务平台服务效率显著提高，办事量在全区排列第一。全面完成农村土地承包经营权确权登记颁证工作和全镇所有经联社集体资产清产核资工作。大力开展各种文化活动，特别是成功举办“古城风”书画艺术展，受到市、区领导高度肯定。推进军船头、大流、埔尾、沙坑 4 个省文明村创建。

【扶贫工作】 2018 年，强化资源整合，精准扶贫及 5 个省定贫困村新农村示范村建设工作取得显著成效，以点带面同步推进 9 个生态宜居美丽乡村建设，逐步绘就美丽乡村蓝图。一是强力推动新农村示范村建设。军船头村等 5 个社会主义新农村示范村、牛肚村等 5 个市级生态宜居美丽乡村和五爱村等 4 个区级生态宜居美丽乡村，均已完成人居环境综合整治与村庄总体规划。省定贫困村新农村建设项目资金使用率达 95%以上，位居全市前列，完成 88 个基础设施建设项目。其中：军船头村通过整村“穿衣戴帽”和实施“一环一轴三横五纵”景观节点微改提升；沙坑村通过整体村容村貌提升和沙坑文化博物馆建设，奋力打造为 2 个省级特色精品村和全市样板示范村。二是重点推动产业振兴。大力发展“一镇一业”“一村一品”，统筹产业扶贫资金 5000 多万元，重点打造军船头村荷花莲藕生态园、荷塘酒店和捷胜特色产品农贸市场，以及沙坑文化博物馆、大流光明商会幼儿园、大流桑椹酿酒合作社等项目，各项目在加紧推进中。同时，依托“企业+合作社+农户+网络”创新模式，整合包装特色农产品，提高产品附加值，参加城区首届特色产品推介会，沙葛、番薯粉丝、海产品等 10 多个产品在“邻居合伙人”电商平台上线。三是精准发力脱贫攻坚。借助深圳对口帮扶，大力推进新时期精准扶贫、精准脱贫工作，全镇完成脱贫 764 户 1763 人，并全部落实“八有”保障。全面落实贫困户“两不愁”“三保障”政策，并通过“以奖代补”发放资金 165 万元；整合资金投资合作股份分红收益发放 133 万，增加了贫困户收入。

【事记】 1 月 4 日，副市长余红到捷胜镇卫生院开展医改体调研工作。

1 月 24 日，市委副书记、市委政法委书记陈少荣到捷胜镇南门外村开展扶贫调研活动。

1 月 30 日，区委书记李庆新到捷胜镇开展调研指导工作。

2 月 26 日，区委书记李庆新到捷胜镇调研。

3 月 5 日，省扶贫考核组到捷胜镇考核精准扶贫和社会主义新农村工作。

3 月 19 日，八届区委第三轮巡察第一巡察组巡察捷胜镇党委、第二巡察组巡察捷胜镇省定贫困村党支部动员工作会召开。

4 月 29 日，汕尾市城区首届特色产品推介会在汕尾市区举行。区委书记李庆新、区长罗光钊考察捷胜街展摊。

4 月起，捷胜镇开展全市首个三线整治工程。

5 月 9 日，区政协到捷胜镇调研乡村振兴工作。

5 月 25 日，市消防到捷胜镇察看消防基地建设情况。

6 月 27 日，捷胜镇专职消防队联合新雅地毯厂进行消防安全应急演练活动。

6 月 28 日，市委常委、区委书记李庆新到捷胜镇埔尾村慰问老党员。

7 月 20 日，群众向捷胜镇消防队赠送锦旗。

7 月 21 日，区长罗光钊到捷胜镇调研河长制工作。

8 月 19 日，中国共产党捷胜镇委员会第十五届代表大会第三次会议召开。

9 月 4 日，区委、区政府主要领导到捷胜镇沙坑、军船头开展创文创卫、新农村建设“查、看、比、学”。

9 月 14 日，镇领导代表镇委、镇政府慰问 2018

年度感动城区教师林秋燕。

9月19日，省政协副主席邓海光到捷胜镇军船头村调研。

9月29日，致公党广东省委到捷胜镇军船头、沙坑村调研。

10月12日，捷胜镇召开新招录下乡锻炼公务员和村（社区）工作人员座谈会。

10月16日，《捷胜镇志》（初稿）编修工作座谈会召开。

10月27日，市、区、镇三级人大代表到捷胜镇参观污水处理厂。

11月8日，区委书记李庆新到捷胜镇军船头村督学活动。

12月17日，市委常委、统战部部长余锡群到捷胜镇埔尾村调研创文创卫和新农村建设工作，并在镇政府召开座谈会。

12月19日，捷胜镇第十六届人民代表大会第六次会议。

12月29日，举办“古城风”第四届捷胜书画艺术作品展。

（孙振华）

附：捷胜镇党政领导名录

区委常委、镇委书记：李辉雄

党委副书记、镇长：吴春磊

镇人大主席：何世海

党委副书记：范远途

党委副书记：刘锦林

党委委员、副镇长：曾海生

党委委员、纪委书记：颜震宇

党委委员、副镇长：李庆新

党委委员：黄晓珊

工会主席：黄海蓝（2018年9月离任）

党委委员、边防派出所所长：邓进逵

镇人大副主席：江海滨（2018年3月任）

2018年区政府主动公开文件目录

QU ZHENG FU ZHU DONG GONG KAI WEN JIAN MU LU

2018年区政府（区政府办）主动公开文件目录

表7

序号	文　　号	标　　题	公开方式
1	汕市区府函〔2018〕188号	汕尾市城区人民政府转发汕尾市人民政府关于印发汕尾市城市排水与暴雨内涝防范应急预案的通知	主动公开
2	汕市区府函〔2018〕213号	汕尾市城区人民政府转发广东省人民政府关于公布省重点保护野生动物名录（第一批）的通知	主动公开
3	汕市区府函〔2018〕224号	汕尾市城区人民政府关于印发汕尾市城区实施商标品牌战略服务我区经济社会发展实施意见的通知	主动公开
4	汕市区府办函〔2018〕1号	汕尾市城区人民政府办公室关于调整汕尾市城区铁路建设工作领导小组成员的通知	主动公开
5	汕市区府办函〔2018〕7号	关于启用新印章的通知-汕尾市公共资源交易中心城区分中心	主动公开
6	汕市区府办函〔2018〕10号	汕尾市城区人民政府办公室关于成立汕尾市城区海洋工作领导小组的通知	主动公开
7	汕市区府办函〔2018〕23号	汕尾市城区人民政府办公室关于调整汕尾市城区突发公共事件应急委员会成员的通知	主动公开
8	汕市区府办函〔2018〕24号	汕尾市城区人民政府办公室关于印发汕尾市城区政务信息系统整合共享工作方案的通知	主动公开
9	汕市区府办函〔2018〕29号	汕尾市城区人民政府办公室关于印发汕尾市城区做好企业用工服务实施方案的通知	主动公开
10	汕市区府办函〔2018〕31号	汕尾市城区人民政府办公室关于调整汕尾市城区春运工作领导小组组成人员的通知	主动公开
11	汕市区府办函〔2018〕46号	关于启用汕尾市城区医院管理委员会印章的通知	主动公开
12	汕市区府办函〔2018〕66号	汕尾市城区人民政府办公室关于成立汕尾市城区减灾委员会的通知	主动公开
13	汕市区府办函〔2018〕69号	汕尾市城区人民政府办公室关于调整汕尾市城区防汛防旱防风指挥部成员的通知	主动公开
14	汕市区府办函〔2018〕82号	汕尾市城区人民政府办公室转发广东省人民政府法制办公室关于印发行政执法流程和执法文书范本的通知	主动公开
15	汕市区府办函〔2018〕83号	汕尾市城区人民政府办公室转发汕尾市人民政府办公室关于印发汕尾市第二次全国污染源普查实施方案的通知	主动公开
16	汕市区府办函〔2018〕93号	汕尾市城区人民政府办公室关于成立汕尾市城区畜禽养殖废弃物资源化利用工作领导小组	主动公开

续表7

序号	文　　号	标　　题	公开方式
17	汕市区府办函〔2018〕95号	汕尾市城区人民政府办公室关于汕尾市城区畜禽养殖废弃物资源化利用工作方案的通知	主动公开
18	汕市区府办函〔2018〕106号	汕尾市城区人民政府办公室关于成立汕尾市城区第二次全国污染源普查工作领导小组的通知	主动公开
19	汕市区府办函〔2018〕117号	关于要求成立“汕尾市城区现代农业产业园创建工作领导小组”的请示	主动公开
20	汕市区府办函〔2018〕139号	汕尾市城区人民政府办公室关于印发汕尾市城区粮食生产功能区实施方案的通知	主动公开
21	汕市区府办函〔2018〕140号	汕尾市城区人民政府办公室关于印发汕尾市城区畜禽养殖废弃物资源化利用实施方案的通知	主动公开
22	汕市区府办函〔2018〕141号	关于要求建立汕尾市城区粮食生产功能区划定与建设工作联席会议制度的请示	主动公开
23	汕市区府办函〔2018〕142号	汕尾市城区人民政府办公室关于成立汕尾市城区省级现代农业（水产）产业园创建工作实施小组的通知	主动公开
24	汕市区府办函〔2018〕143号	汕尾市城区人民政府办公室关于成立汕尾市城区南粤古驿道保护和修复利用工作领导小组的通知	主动公开
25	汕市区府办函〔2018〕151号	汕尾市城区人民政府办公室关于建立汕尾市城区道路交通安全工作联席会议制度的通知	主动公开
26	汕市区府办函〔2018〕156号	汕尾市城区人民政府办公室转发汕尾市人民政府办公室转发广东省人民政府办公厅关于加快推进重大建设项目批准和实施领域政府信息公开工作的通知	主动公开
27	汕市区府办函〔2018〕171号	汕尾市城区人民政府办公室关于调整汕尾市城区健康促进委员会成员的通知	主动公开
28	汕市区府办函〔2018〕175号	汕尾市城区人民政府办公室关于调整汕尾市城区道路交通安全工作联席会议制度成员的通知	主动公开
29	汕市区府办函〔2018〕177号	汕尾市城区人民政府办公室关于成立汕尾市城区第四次全国经济普查领导小组的通知	主动公开

续表7

序号	文　　号	标　　题	公开方式
30	汕市区府办函〔2018〕185号	汕尾市城区人民政府办公室关于印发汕尾市城区政府性债务风险应急处置预案的通知及预案	主动公开
31	汕市区府办函〔2018〕193号	汕尾市城区人民政府办公室关于成立汕尾市城区健康专家委员会的通知	主动公开
32	汕市区府办函〔2018〕195号	汕尾市城区人民政府办公室关于调整汕尾市城区禁毒委成员会组成人员的通知	主动公开
33	汕市区府办函〔2018〕197号	汕尾市城区人民政府办公室转发汕尾市人民政府办公室关于印发汕尾市2018年度政府网站考评方案的通知	主动公开
34	汕市区府办函〔2018〕198号	汕尾市城区人民政府办公室关于印发汕尾市城区政务公开相关工作机制的通知	主动公开
35	汕市区府办函〔2018〕202号	汕尾市城区人民政府办公室关于调整汕尾市城区爱国卫生运动委员会成员的通知	主动公开
36	汕市区府办函〔2018〕257号	汕尾市城区人民政府办公室关于成立汕尾市城区高速公路建设指挥部的通知	主动公开
37	汕市区府办函〔2018〕266号	汕尾市城区人民政府办公室转发汕尾市人民政府办公室印发关于支持农业转移人口市民化若干财政政策实施意见的通知	主动公开
38	汕市区府办函〔2018〕278号	汕尾市城区人民政府办公室转发广东省人民政府办公厅关于进一步加强野生动物保护管理工作的通知	主动公开
39	汕市区府办函〔2018〕284号	汕尾市城区人民政府办公室关于印发汕尾市城区创建广东省慢性病综合防控示范区工作方案的通知	主动公开
40	汕市区府办函〔2018〕285号	汕尾市城区人民政府办公室关于印发汕尾市城区“粤菜师傅”工程实施方案的通知	主动公开
41	汕市区府〔2018〕1号	汕尾市城区人民政府转发广东省人民政府关于印发贯彻落实国家《十三五促进就业规划》实施意见的通知	主动公开
42	汕市区府〔2018〕2号	汕尾市城区人民政府关于转发广东省人民政府转发国务院关于做好当前和今后一段时期就业创业工作意见的通知	主动公开

续表7

序号	文　　号	标　　题	公开方式
43	汕市区府〔2018〕5号	汕尾市城区人民政府转发《汕尾市人民政府关于公布市政府文件清理结果的公告》的通知	主动公开
44	汕市区府〔2018〕9号	汕尾市城区人民政府关于印发汕尾市城区旅游发展总体规划（2017—2025）的通知	主动公开
45	汕市区府〔2018〕10号	汕尾市城区人民政府关于印发汕尾市城区畜禽养殖禁养区划定方案的通知和方案	主动公开
46	汕市区府〔2018〕15号	汕尾市城区人民政府转发汕尾市人民政府关于公布市政府文件清理结果的公告	主动公开
47	汕市区府〔2018〕16号	汕尾市城区人民政府转发广东省人民政府关于印发广东省人口发展规划（2017—2030年）的通知	主动公开
48	汕市区府〔2018〕30号	汕尾市城区人民政府关于加快实施创新驱动发展战略的若干意见（试行）	主动公开
49	汕市区府〔2018〕35号	汕尾市城区人民政府关于重新公布区直部门权责清单的决定	主动公开
50	汕市区府〔2018〕40号	汕尾市城区人民政府关于公布汕尾市城区取消证明事项目录的通知及事项目录	主动公开
51	汕市区府〔2018〕41号	汕尾市城区人民政府印发关于加强政府性债务管理实施方案的通知	主动公开
52	汕市区府〔2018〕43号	转发广东省人民政府关于取消和调整一批省级行政职权事项的决定》的通知	主动公开
53	汕市区府〔2018〕45号	汕尾市城区人民政府转发《广东省人民政府关于修订部分文件的决定》的通知	主动公开
54	汕市区府〔2018〕47号	汕尾市城区人民政府关于调整区政府领导同志分工的通知	主动公开
55	汕市区府〔2018〕48号	汕尾市城区人民政府转发《广东省人民政府关于宣布失效一批文件的决定》的通知	主动公开

续表7

序号	文　　号	标　　题	公开方式
56	汕市区府〔2018〕49 号	汕尾市城区人民政府转发《汕尾市人民政府关于进一步加强农村道路交通安全工作的意见》的通知	主动公开
57	汕市区府〔2018〕50 号	汕尾市城区人民政府转发汕尾市人民政府关于公布汕尾市二级保护古树名录的通知	主动公开
58	汕市区府〔2018〕51 号	汕尾市城区人民政府转发广东省人民政府关于印发《广东省人才优粤卡实施办法（试行）》的通知	主动公开
59	汕市区府〔2018〕54 号	汕尾市城区人民政府转发汕尾市人民政府关于进一步加强农村道路交通安全工作的意见的通知	主动公开
60	汕市区府〔2018〕57 号	汕尾市城区人民政府转发广东省人民政府转发国务院关于在全国推开“证照分离”改革的通知	主动公开
61	汕市区府〔2018〕58 号	汕尾市城区人民政府办公室关于转发广东省气象灾害预警信号发布规定的通知	主动公开
62	汕市区府〔2018〕61 号	汕尾市城区人民政府关于第二批清理规范区政府部门行政审批中介服务事项的决定	主动公开
63	汕市区府〔2018〕62 号	汕尾市城区人民政府转发广东省人民政府关于印发广东省进一步促进就业若干政策措施的通知	主动公开
64	汕市区府〔2018〕64 号	汕尾市城区人民政府转发广东省人民政府关于印发广东省“数字政府”建设总体规划（2018—2020 年）的通知	主动公开
65	汕市区府〔2018〕72 号	汕尾市城区人民政府转发汕尾市人民政府关于印发汕尾市加快推进一体化在线政务服务平台实施工作方案的通知	主动公开
66	汕市区府〔2018〕73 号	汕尾市城区人民政府转发广东省人民政府转发国务院关于推动创新高质量发展打造“双创”升级版意见的通知	主动公开
67	汕市区府办〔2018〕5 号	汕尾市城区人民政府办公室关于印发汕尾市城区城镇独生子女父母计划生育奖励实施办法的通知	主动公开
68	汕市区府办〔2018〕6 号	汕尾市城区人民政府办公室转发汕尾市人民政府转发广东省人民政府办公厅关于印发广东省国工营养计划（2017—2030 年）实施方案的通知	主动公开
69	汕市区府办〔2018〕8 号	汕尾市城区人民政府办公室关于印发汕尾市城区发展学前教育第三期三年行动计划（2017—2020 年）的通知	主动公开

续表7

序号	文　　号	标　　题	公开方式
70	汕市区府办〔2018〕9号	汕尾市城区人民政府办公室关于印发汕尾市城区防汛防旱防风防冻应急预案的通知	主动公开
71	汕市区府办〔2018〕11号	汕尾市城区人民政府办公室关于下达汕尾市城区2018年科技创新体系指标任务的通知	主动公开
72	汕市区府办〔2018〕12号	汕尾市城区人民政府办公室关于印发汕尾市城区健康促进与教育工作“十三五”规划的通知	主动公开
73	汕市区府办〔2018〕13号	汕尾市城区人民政府办公室转发汕尾市人民政府办公室关于印发汕尾市贯彻落实广东省进一步扩大对外开放积极利用外资若干政策措施实施意见的通知	主动公开
74	汕市区府办〔2018〕15号	汕尾市城区人民政府办公室转发汕尾市人民政府办公室关于印发汕尾市工业用地使用权先租赁后出让和弹性年期出让实施办法的通知	主动公开
75	汕市区府办〔2018〕16号	汕尾市城区人民政府办公室关于印发2018年汕尾市城区食品安全重点工作安排的通知	主动公开
76	汕市区府办〔2018〕17号	汕尾市城区人民政府办公室转发汕尾市人民政府办公室关于印发汕尾市人民政府办理人大代表建议和政协提案办法的通知	主动公开
77	汕市区府办〔2018〕18号	汕尾市城区人民政府办公室转发汕尾市人民政府办公室关于印发汕尾市人民政府办理市人大代表重点建议办法的通知	主动公开
78	汕市区府办〔2018〕19号	汕尾市城区人民政府办公室转发汕尾市人民政府办公室关于印发《汕尾市征收市区土地补偿实施办法（暂行）》的通知	主动公开
79	汕市区府办〔2018〕20号	汕尾市城区人民政府办公室转发广东省人民政府办公厅转发国务院办公厅关于印发全国深化“放管服”改革转变政府职能电视电话会议重点任务分工方案的通知	主动公开
80	汕市区府办〔2018〕24号	汕尾市城区人民政府办公室关于转发广东省人民政府办公厅关于全面加强乡村小规模学校和乡镇寄宿制学校建设的实施意见的通知	主动公开
81	汕市区府办〔2018〕25号	汕尾市城区人民政府办公室关于印发汕尾市城区贯彻落实国务院安委会道路交通安全“十三五”规划实施方案的通知	主动公开
82	汕市区府办〔2018〕26号	汕尾市城区人民政府办公室转发《汕尾市人民政府办公室关于印发汕尾市“三旧”改造实施办法的通知》等八个文件的通知	主动公开
83	汕市区府办〔2018〕27号	汕尾市城区人民政府办公室转发汕尾市人民政府办公室关于印发汕尾市完善集体林权制度工作方案的通知	主动公开

荣誉奖项

RONG YU JIANG XIANG

2018 年汕尾市城区获国家部委以上表彰先进集体一览表

表8

获奖单位	评定单位	荣誉名称	授予时间
汕尾市城区马宫街道金町村	司法部、民政部	全国民主法治示范村（社区）	2018 年 7 月
城区侨联中华全国归国华侨联合会	全国侨联系统	先进组织	2018 年 8 月

2018 年汕尾市城区获省委、省政府及省直单位表彰先进集体一览表

表9

获奖单位	评定单位	荣誉名称	授予时间
城区环境卫生管理局	广东省总工会	广东省五一劳动奖状	2018 年 4 月 q

2018 年汕尾市城区获汕尾市委、市政府及市直单位表彰先进集体一览表

表10

获奖单位	评定单位	荣誉名称	授予时间
共青团汕尾市城区委员会	汕尾市全面开展文明创建工作领导小组	汕尾市文明创建工作先进单位	2018 年 3 月
区政务服务管理中心	汕尾市全面开展文明创建工作领导小组	汕尾市全面开展文明创建工作先进单位	2018 年 3 月

2018 年汕尾市城区获国家部委以上表彰先进个人一览表

表11

姓名	工作单位	评定单位	荣誉名称	授予时间
黄晓丹	汕尾市城区马宫街道办事处	司法部	全国人民调解工作先进个人	2018 年 5 月
黎燕妮	汕尾中学	国家禁毒委员会办公室、中国禁毒基金会	全国青少年毒品预防教育“6·27”工程优秀教师	2018 年 6 月
张美凤	汕尾中学	国家禁毒委员会办公室、中国禁毒基金会	全国青少年毒品预防教育“6·27”工程优秀教师	2018 年 6 月

2018年汕尾市城区获省委、省政府及省直单位表彰先进个人一览表

表12

姓名	工作单位	评定单位	荣誉名称	授予时间
陈松茂	城区凤山初级中学	广东省总工会	广东省五一劳动奖章	2018年4月
林君立	汕尾市城区汕尾中学	共青团广东省委员会	广东省优秀共青团干部	2018年5月
林煜然	共青团汕尾市城区委员会	共青团广东省委员会	广东省优秀共青团员	2018年5月
陈锦燕	新城中学	广东省教育厅、人事厅	广东省特级教师	2018年8月
黄玉红	新城中学	广东省人民政府	南粤优秀教师	2018年9月
刘洋	汕尾中学	广东省委工作委员会、广东省教育厅	南粤优秀教师	2018年9月
何俊峰	凤山中学	广东省委工作委员会、广东省教育厅	南粤优秀教师	2018年9月
彭淑齐	田家炳香洲学校	广东省委工作委员会、广东省教育厅	南粤优秀教师	2018年9月
刘金魁	汕尾中学	广东省委工作委员会、广东省教育厅	特级优秀教师	2018年9月
陈锦燕	新城中学	广东省委工作委员会、广东省教育厅	特级优秀教师	2018年9月

2018年汕尾市城区获汕尾市委、市政府及市直单位表彰先进个人一览表

表13

姓名	工作单位	评定单位	荣誉名称	授予时间
卓晓文	汕尾市城区香洲中学（学生）	共青团汕尾市委员会	市级最美南粤少年	2018年6月
卓晓文	汕尾市城区香洲中学（学生）	共青团汕尾市委员会	市级优秀共青团员	2018年6月
江思淋	汕尾市城区香洲中学（学生）	共青团汕尾市委员会	市级最美南粤少年	2018年6月
江思淋	汕尾市城区香洲中学（学生）	共青团汕尾市委员会	市级优秀共青团员	2018年6月
罗博闻	汕尾市城区汕尾中学（学生）	共青团汕尾市委员会	市级最美南粤少年	2018年6月
罗博闻	汕尾市城区汕尾中学（学生）	共青团汕尾市委员会	市级优秀共青团员	2018年6月
刘炫颖	汕尾市城区凤山街道奎山小学（学生）	共青团汕尾市委员会	市级最美南粤少年	2018年6月
刘炫颖	汕尾市城区凤山街道奎山小学（学生）	共青团汕尾市委员会	市级优秀少先队员	2018年6月

续表13

姓名	工作单位	评定单位	荣誉名称	授予时间
林叙伊	汕尾市城区汕尾中学（学生）	共青团汕尾市委员会	市级最美南粤少年	2018年6月
林叙伊	汕尾市城区汕尾中学（学生）	共青团汕尾市委员会	市级优秀少先队员	2018年6月
陈钊润	汕尾市城区凤山街道中心小学（学生）	共青团汕尾市委员会	市级最美南粤少年	2018年6月
陈钊润	汕尾市城区凤山街道中心小学（学生）	共青团汕尾市委员会	市级优秀少先队员	2018年6月
杨子庚	汕尾市城区新港街道中心小学（学生）	共青团汕尾市委员会	市级最美南粤少年	2018年6月
杨子庚	汕尾市城区新港街道中心小学（学生）	共青团汕尾市委员会	市级优秀少先队员	2018年6月
胡　粤	汕尾市城区凤山街道奎山小学（学生）	共青团汕尾市委员会	市级最美南粤少年	2018年6月
胡　粤	汕尾市城区凤山街道奎山小学（学生）	共青团汕尾市委员会	市级优秀少先队员	2018年6月
陈家钊	汕尾市城区红草第二中学（学生）	共青团汕尾市委员会	市级优秀共青团员	2018年6月
邹姗珊	汕尾市城区香洲中学（学生）	共青团汕尾市委员会	市级优秀共青团员	2018年6月
陈奕青	汕尾市城区香洲街道逸夫学校（学生）	共青团汕尾市委员会	市级优秀共青团员	2018年6月
冯秋晓	汕尾市城区捷胜文昌中学（学生）	共青团汕尾市委员会	市级优秀共青团员	2018年6月
林诗曼	汕尾市城区凤山街道凤翔逸挥基金中学（学生）	共青团汕尾市委员会	市级优秀共青团员	2018年6月
游晓雨	汕尾市城区香洲街道中心小学（学生）	共青团汕尾市委员会	市级优秀少先队员	2018年6月
钟智勇	汕尾市城区东涌中学（学生）	共青团汕尾市委员会	市级优秀共青团员	2018年6月
曾彤洁	汕尾市城区红草镇中心小学（学生）	共青团汕尾市委员会	市级优秀少先队员	2018年6月
施舜坚	汕尾市城区香洲中学（学生）	共青团汕尾市委员会	市级优秀共青团员	2018年6月
罗苑真	汕尾市城区凤山街道凤翔逸挥基金中学（学生）	共青团汕尾市委员会	市级优秀共青团员	2018年6月
黄佩琳	汕尾市城区红草第二中学（学生）	共青团汕尾市委员会	市级优秀共青团员	2018年6月
陈迎曦	汕尾市城区香洲街道中心小学（学生）	共青团汕尾市委员会	市级优秀少先队员	2018年6月

续表13

姓名	工作单位	评定单位	荣誉名称	授予时间
余国鹏	香洲街道新楼小学	汕尾市教育局	优秀教育工作者	2018年9月
庄子校	汕尾中学	汕尾市教育局	优秀教育工作者	2018年9月
冯家学	汕尾中学	汕尾市教育局	优秀教育工作者	2018年9月
朱年斌	新城中学	汕尾市教育局	优秀教育工作者	2018年9月
方来良	东涌中学	汕尾市教育局	优秀教育工作者	2018年9月
严柳青	凤山中学	汕尾市教育局	优秀教育工作者	2018年9月
莫道旋	新港街道海滨小学	汕尾市教育局	优秀教育工作者	2018年9月
林秀芳	香洲街道中心小学	汕尾市教育局	优秀教育工作者	2018年9月
蔡映君	马宫街道中心小学	汕尾市教育局	优秀教育工作者	2018年9月